KB047666

한국 외교관이 만난 독일모델
MODELL DEUTSCHLAND

장시정 지음

차례

추천의 글

1964년 이래 한국은 엄청나게 큰 성장과 빠른 발전을 보이면서 지난 50년간 세계 그 어떤 나라보다도 큰 경제적 성공을 이룩했다. 이처럼 비길 데 없는 탁월한 성공은 사실 대기업들, 이른바 재벌들 덕분이다. 한국 정부는 전략적으로 이들 기업을 육성했고, 그것은 분명히 효과가 있었다. 그러나 이 같은 발전 전략은 바람직하지 않은 부작용을 가져왔고 이제 한국의 운명은 이들 소수 대기업에 크게 의존하는 처지가 된 것처럼 보인다. 한국의 10대 대기업이 국내 총생산의 절반 이상을 차지하고 있다. 이 같은 집중 현상은 바람직하지 않다. 핀란드의 예에서 우리는 이런 현상이 얼마나 위험한지 분명하게 알 수 있다. 2000년 핀란드에서는 성공적 기업이었던 노키아가 당시 핀란드 전체 수출의 20퍼센트 이상을 차지했다. 그러나 지금 노키아의 영광은 사라졌고, 핀란드는 갑자기 어려움에 빠졌다.

독일의 구조는 이와는 완전히 다르다. 독일 경제는 한국과 달리 수출에 강한 미텔슈탄트를 기반으로 훨씬 분산화되어 있다. 비록 한국이 수출 강국이기는 하지만, 10년이 넘는 기간을 관찰했을 때 독일의 1인당 수출량은 한국의 거의 두 배에 이른다. 바로 독일 미텔슈탄트의 뛰어난 성과 덕분이다. 나는 이런 생각을 『히든 챔피언 글로벌 원정대』에서 밝혔다. 당시 나는 한국 경제에 도움이 될 만한 히든 챔피언의 모델적 특성들을 찾고자 했다. 그리고 이제 놀랍게도 이 책의 저자 장시정 대사는 나의 이러한 경제적 관점을 사회적, 정치적 구도로까지 확장했다. 그는 "독일모델"에 대한 국경을 뛰어넘는 거시적 통찰을 통해 한국에 접목시킬 수 있는 성공요소들을 밝히려 시도했다.

독일과 한국을 서로 연결하는 몇 가지 공통점들이 있다. 독일과 한국은 좋은 교육이 경제적으로나 사회적으로 인정받으며 출세의 기회를 열어주는 능력주의 사회다. 교육은 사회적 변화의 중요한 추동력이 되고 있다. 한국에는 힘들어도 제대로 일하려는 생각과 높은 성과에 대한 자부심이 있다. 나는 한국을 방문하면서 노력과 끈기로 성공을 이룬 몇몇의 인상적인 기업인들을 알게 되었고, 이들과의 만남을 통해 한국의 눈부신 발전을 확인할 수 있었다. 한국의 교육수준은 높고, 그 호기심과 학습 열의는 매우 인상적이다. 또한 한국인들은 나의 고국 독일에 대한 관심도 크다.

이 책은 저자가 10년 이상 독일과 오스트리아에서 외교관으로 활동하며 관찰하고 경험한 것들을 바탕으로 한다. 저자는 큰 지적 호기심에 이끌려 독일 사회를 이해하고 독일 경제의 성공 요인들을 밝히고자 했다. 그는 여러 분야의 저명한 학자, 전문가들과 만났을 뿐 아니라 일반인들과도 대화하며 다양한 생각을 들었다. 이 책에 포함된 그들과의 대화 내용들은 독자들이 독일모델을 명료하게 이해하고 심도 있게 접근할 수 있도록 도와줄 것이다. 물론 나와 저자 간의 대화도 포함되어 있다. 저자는 이 책에서 독일모델의 경제적 측면으로서 미텔슈탄트, 공동결정권, 사회적 시장경제, 그리고 최근 화두인 환경과 에너지 같은 주제를 다루고 있으며, 정치적 관점에서는 연방제, 법치주의, 합의제 의회정치를 조명하고 있다. 여기에 독일 현대사에서 나타난 "과거사 극복"이나 한자정신과 종교개혁 등 정신적 유산이 독일 사회에 갖는 연관성을 밝히고자 시도했다. 저자는 베를린장벽 붕괴 이래 진전된 독일과 유럽의 통합을 상이한 시간에 걸쳐 여러 장소에서 목도했다. 이러한 이유로 이 책은 독일의 정치, 경제, 사회에 대한 드물고 흥미로운 관점을 제시한다. 특히 저자는 독일의 모델적 요소와 최근 동향을 한국과의 관계에도 비추어 이들이 한국에 어떤 함의를 갖는지에 대해서, 아울러 세계화의 시대에 직면하고 있는 두 나라의 도전들에 대해서도 함께 다루고 있다.

모쪼록 이 책이 여러분들에게 새로운 통찰력을 줄 수 있기를 바라며 글로발리아 시대에 독자들의 건승을 기원한다!

2017년 5월 본에서

지몬-쿠허 & 파트너스Simon, Kucher & Partners 회장

헤르만 지몬Hermann Simon

들어가는 말

내가 본 독일모델과 한국

1990년 통일된 독일은 이제 "지각생의 나라"에서 독일 최초의 민주적 민족공동체인 "젊은 나라"로 발전했다. 2017년 1월 요아힘 가우크^{Joachim Gauck} 대통령은 이임연설에서 "독일은 지금까지 독일이 가져봤던 나라 중 최고"라고 했고 타계한 저명한 사회학자 울리히 벡^{Ulrich Beck}도 "역사에 비추어 지금의 독일은 단순히 좋은 나라가 아니라 최고의 나라다"라고 언급했다. 전후 독일을 전면에 내세우지 않았던 관례에 비추어 가우크 대통령이나 벡의 발언은 매우 용감한 것이다. 그들은 오히려 "지금까지 독일이 가져봤던"이라는 제한을 둠으로써 조심스럽게 표현했다. 다른 나라와 비교해서 최고라는 것은 아니다. 그렇기에 트럼프^{Donald Trump} 대통령의 "미국 우선주의" 같은 개념이나 표현은 아니지만 독일은 이제 실제로 세계 최고라고 할 만한 나라, 그리고 세계 시민들로부터 가장 사랑받는 나라가 되었다. 이것은 세계인들을 대상으로 한 영국 공영방송 BBC의 국가 선호도 조사나 미국의 US 뉴스 앤드 월드 리포트^{US News & World Report} 사의 "세계 최고국가" 조사 결과이기도 하며, "독일, 이보다 더 좋을 수 없다"란 ≪프랑크푸르터알게마이네^{FAZ}≫

기사에서 보듯이 통계 수치로 나타난 것이다. 2016년 「세계 최고국가 보고서Best Countries Report」에서 독일은 "좋은 지도자, 강력한 미텔슈탄트Mittelstand, 높은 삶의 질"로 세계의 낙원이라는 스칸디나비아 국가들이나 스위스, 캐나다, 호주를 제치고 60개 조사대상 국가 중 최고의 평가를 받았다.

이런 평가는 나의 관찰과도 일치한다. 지금의 독일을 볼 때 "참 잘한다"는 생각이 든다. 물론 유럽의 나라들 중 덴마크가 "더 잘한다"는 평가도 있다. 덴마크는 안락한 "휘게hygge"의 나라이자 세계적으로 "최선의 관행Best Practice"이라는 노동시장의 안정성과 신축성을 모두 갖춘 "플렉시큐리티Flexicurity"의 나라다. 그러나 인구가 600만 명이 채 안 되는 나라의 이 제도는 인구가 5000만 명이 넘는 한국이나 독일에는 적합하지 않다. 우리나라나 독일에서는 인구 규모가 커서 우선 재원 조달부터 어렵기 때문이다. 그러니 국가 규모 면에서 우리나라가 벤치마킹할 수 있는 나라를 봐야 한다면 덴마크보다는 독일이다. 독일에 대한 비판이 없는 것은 아니다. 그러나 대세적으로 판단하는 것이 중요하다. 독일모델이라면 연방제, 합의제 정치, 법치주의, 사회국가, 사회적 시장경제, 미텔슈탄트, 공동결정제, 듀얼시스템 같은 것들을 꼽는다. 이러한 제도들은 잘 작동하고 있으며 민주사회에서 소임을 다하는 시민들이 이것들을 만들고 떠받치고 있다. 바로 가우크 대통령이 말한 "잘 작동하는 제도"와 "참여적 시민들"이다. 여기에 더하여 "이익의 균형" 기제가 사회 전통 속에서 살아 숨 쉬고 있다. "이익의 균형"이란 연방과 주, 정부와 시민, 경영자와 노동자, 생산자와 소비자, 교수와 학생, 의사와 환자같이 이해가 상충될 수 있는 사회 세력 간에 상호 이익의 균형을 실현해내고자 하는 사회원리다. 이것은 결국 사람들의 생각과 의지의 발로이며, 제도와 법, 그리고 사회적 합의로 걸러지고 모아지면서 치열하게 발현된다. 그래서 독일 사회는 건강하고 지속가능하다는 생각이 든다.

대한민국은 어떤가. 해방이 되었지만, 대한독립을 외치고 행동했던 애국선열들이 있었지만, 그 해방은 우리 민족의 독립투쟁의 산물로서가 아니라 2차 대전의 결과로서 치부되었고 분단을 맞게 되었다. 한국의 분단은 세계 현대사의 대표적인 모순이다. 미국과 소련은 나치 독일과 일본의 군국주의에 대항해 자유를 지켰다고 했다. 하지만 한반도에 돌아온 것은 극심한 이데올로기의 대립과 함께 민족과 국토의 분단이었다. 급기야 전쟁까지 일어났고 해방 후 70년이 지났지만 우리는 민족 분단과 대립의 늪에서 헤어 나오지 못하고 있다. 정치적으로는 4·19 혁명과 6월 민주항쟁을 거쳐 민주화를 달성했고, 경제적으로는 산업화에 성공하여 1996년 경제협력개발기구^{OECD}에 가입한 데서 보듯이 성공적인 시장경제를 성취해냈다. 하지만 곧 이어 금융위기가 닥쳐왔고, 그 뒤로 한국 경제는 이렇다 할 성과를 내지 못하고 있다. 지난 박근혜 정부에서 일어난 국정농단과 대통령 탄핵이라는 사상 초유의 사태에서 보듯이, 우리는 각자의 위치에서 자신의 본분에 충실하지 못했고 반사회적인 세력에 대항하는 참다운 민주 시민의 모습도 보여주지 못했다. 오히려 지위 고하를 막론하고 그저 갑과 을의 위치에만 머물며 수동적으로 각자도생하는 나약한 모습을 보이지 않았는가 반문하고 싶다. 이제 대한민국의 모든 것이 "아직은 미완성"이라는 사실이 여과 없이 드러났다. 세계 경제사에 유례없는 금자탑을 쌓아올렸던 우등생의 나라가 혼돈의 나라가 되어버렸고 우방이라는 이웃나라로부터도 "민주주의와 시장경제의 기본 가치"를 공유할 수 없는 나라로 치부되었다.

내가 만난 함부르크 대학의 아르민 하트예^{Armin Hatje} 교수는 독일이 한국의 역동성을 배워야 한다고 했다. 나는 한국이 독일로부터 많은 것을 배워야 한다고 했다. 사람들은 살면서 서로 배운다. 인류 역사는 국가와 민족 상호 간의 교류와 학습을 통해 발전해왔다. 인류 역사는 누가, 어디서 무엇을 창안하고 발명했는가보다는 이를 어떻게 받아들이고 지속적으로 발전시켰는가가 더욱 중요하다는 사실을 보여준다. 중국의 4대 발명품은 유럽으로 건너가 꽃을 피웠다. 한국의 금속활자가 독일의 구텐베르크보다 거의 80년이나 앞섰지만 정작 인쇄, 출판문화가 번성했던 곳은 유럽이었고, 루터^{Martin Luther}의 종교개혁도 여기에 힘입어 성공했다. 우리가 남을 배우는 것을 주저하지 말아야 하는 이유다. 남을 보고 배우는 국가와 민족이 마침내 성공한다. 일본이 명치유신을 하고 유럽과 미국에 이와쿠라 사절단을 보내고 탈아입구^{脫亞入歐}의 기치하에 국가개조에 성공했던 사례도 익히 알고 있지 않은가. 당시 일본의 개방은 우리보다 불과 20년 정도 앞섰다. 페리^{Matthew C. Perry} 제독의 함포외교로 일본이 문을 열게 된 때가 1854년이었고 우리가 운양호의 위협으로 문을 열었을 때가 1876년이니 산술적으로만 보면 22년의 차이다. 이 22년이 종주국과 식민지라는 큰 국력의 격차를 가져왔다는 사실은 불가사의하기까지 하다. 무엇이 이 두 나라의 운명을 갈랐는가?

독일모델의 또 다른 측면은 정직이다. 독일은 전후 어려운 시기부터 허리띠를 졸라매고 땀 흘려 일하고 절약하면서 좋은 물건을 만들어 해외시장에 내다 팔면서 산업을 일으키고 복지국가를 건설해왔다. 전범국이라는 국제적 불명예와 파괴된 산업시설 가운데서 정직하게 그리고 열심히 일하지 않으면 안 되는 절체절명적인 상황까지 내몰렸고, 이런 절박한 상황은 독일 국민들로 하여금 "피와 땀과 눈물"만이 그들을 살릴 수 있다는 신념을 갖게 했다. 처칠^{Winston Churchill}이 2차 대전 중에 독일을 이기기 위해 영국 국민들에게 호소했던 "피와 땀과 눈물"의 결정체가 종전 후 패전국인 독일에서 발현되었던 것이다. 전후 독일은 "영시^{零時}"라는 말이 나타내주듯이 단절과 폐허, 그리고 기아와 절망의 한복판에 머물러 있었다. 하지만 그 후 불과 10~20년 만에 라인 강의 기적을 거쳐 탄탄한 경제와 함께 복지사회 건설에 성공했다. 때마침 불어닥친 냉전 구도는 독일로서는 오히려 경제에 전념할 수 있는 양호한 환경을 제공해주었고, 막 시작되었던 유럽석탄철강공동체나 유럽경제공동체는 독일에 날개를 달아주었다. 독일은 그 과정에서 독일제국 당시부터 싹텄던 조합주의를 기반으로 하는 사회적 시장경제 모델을 발전시켜왔고, 그 모델은 지금도 독일을 지탱하는 유효한 모델로서, 유럽의 헌법이라는 「유럽연합에 관한 조약」에서 명문으로 규정된 유럽의 사회적 시장경제로 승화했다. 독일은 1990년대 불어닥쳤던 신산업 쪽으로 경도되지도 않았다. 당시 영국은 모든 제조업을 매각했다. 롤스로이스도 벤틀리도 독일로 넘어왔다. 당시 영국의 발빠른 움직임을 독일은 그저 바라볼 수밖에 없었지만 20년이 채 안 되어 독일의 선택이 옳았다는 것이 드러나고 있다. 좌고우면하지 않고 제조업을 꾸준히 지켜낸 독일이 이제 유럽을 이끄는 기관차로 부상했다.

독일 경제의 주역은 단연 '미텔슈탄트'(가족기업)다. 독일 남쪽 슈바벤 지방의 사투리로 "매일 조금씩 낫게Jeden Tag a bissler besser"란 말이 있다. 단일 시장에서 단일 기업으로 장기간에 걸쳐 꾸준히 전문 기술을 발전시켜 나가는 독일 미텔슈탄트의 철학이야말로 독일모델의 표상이다. 우리가 잘 알고 있는, 각 전문분야 시장을 석권하고 있는 히든챔피언도 대부분 중소기업은 아니지만 미텔슈탄트다. 독일에는 이러한 히든챔피언이 즐비하다. 독일의 기업가 정신은 세계 최고다. 2017년 "세계 최고국가" 조사에서 독일의 기업가 정신이 미국이나 일본에 앞서 세계 최고로 평가받았다. 이들은 혁신적이고 장기적으로 지속가능한 사고를 갖고 있으며 여기에 노동자를 품어 안는 사회적 연대의식과 함께 사회공헌 활동을 마다않는다. 함부르크에만도 부체리우스Bucerius, 쾨르버Körber, 렘츠마Remtsma, 오토Otto, 퀴네Kühne, 다르보벤Darboven 가문 등 사회적 책임을 다하는 명가는 얼마든지 있다. 부체리우스Gerd Bucerius는 생전에 50년 동안 국가가 평화를 지켜주고 시장경제를 통해 그로 하여금 부를 쌓을 수 있도록 해주었기 때문에 감사의 표시로 국가와 사회에 보답하고자 했고, 그래서 공익재단을 설립하여 은혜를 갚았다.

미국을 보자. 한때 세계의 공장이라는 말을 들을 정도로 미국의 산업력은 타의 추종을 불허했다. 2차 대전 당시 미국은 일본의 진주만 기습에도 불구하고 엄청난 산업력으로 파괴된 전력을 일거에 만회하고 태평양과 대서양 양안에서 동시에 전쟁을 수행하면서 전쟁 승리의 주역으로 역할을 다했다. 미국은 그 거대한 경제력과 산업력을 배경으로 "팍스아메리카나Pax Americana"의 시대를 열었다. 하지만 지금 상황은 어떤가? 철강, 자동차의 중심도시라는 디트로이트도 황폐화되어 방기되다시피 하지 않았는가. 미국은 1944년 전후 새로운 국제질서인 브레턴우즈 체제를 주도했지만 1970년대 초반 금본위제를 사실상 폐지한 뒤부터, 기축통화로서 고평가된 달러로 자의든 타의든 편한 방법에 의존해 경제를 운용해왔다. 그 결과 50여 년이 지난 지금 월가의 도덕적 해이를 불러올 만큼 금융산업 등 일부 계층, 특정 분야만 살찌운 대신 미국 제조업은 세계 시장에서 거의 퇴출될 정도로 그 경쟁력을 잃었다. 미국 상품 중에서 세계 넘버원 상품이 어떤 것이 있는가? 자동차, 선박 등 중공업 제품에서부터 소비재에 이르기까지 우리가 알고 있는 미국 상품은 거의 없다고 해도 과언이 아니다. 항공기, 우주 로켓, 군사 무기, 전자 통신 등 일부 특수 분야에서 우위를 지키고 있을 따름이다. 미국의 중산층은 위협받고 있고, 미국인들은 오늘날까지도 제대로 된 국민건강보험조차 갖고 있지 않다. 대학의 학비는 계속해서 오르고 이제 중산층조차 대학 학비를 감당하기 어렵게 되었다. 이런 가운데 미국의 보통 사람들이 오직 변화를 가져올 수 있다는 가능성에 무게를 두고 트럼프를 대통령으로 선택했다. 그런데 이러한 보통 사람들의 기대가 얼마나 충족될 수 있을지는 모르겠다. 트럼프 대통령은 월가나 대기업 출신 보좌진들에게 둘러싸여 있고, 무엇보다 미국인들은 국가의 도움을 허락하지 않는 태생주의적 자본주의 철학을 갖고 있다. 미국에서 전 국민적 사회복지를 기대한다는 것은 애초부터 무리일 것이다. 조순 박사가 한국이 신자유주의와 금융자본주의 모델을 그대로 들여온다면 한국 경제는 견디지 못할 것이라고 경고한 대목이 상기된다. 그는 또한 "미국은 승자의 나라로 돈 있고 힘 있는 엘리트가 이끄는 나라지 풀뿌리 민초의 목소리가 큰 나라는 아니다"라고 말했다.

독일의 사회적 시장경제는 우리나라에서도 많이 논의되고 있다. 이 논의를 보면, 독일의 사회적 시장경제가 기본적으로 시장경제라는 사실보다는 '사회적'이라는 부분을 많이 강조하는 것을 볼 수 있다. 이것은 일종의 착시현상이다. 독일의 사회적 시장경제는 '사회적'이라는 수사에도 불구하고 결국 '시장경제'에 방점이 찍힌다. 오히려 시장경제의 요체인 완전경쟁을 더욱 완벽히, 적극적으로 보장하기 위해 국가가 경쟁질서 수립에 긴요한 규범을 만들고 공정한 자유경쟁을 감독한다. 국가가 경제에 개입하는 것은 시장 참여자가 아닌 감독자로서다. 그런 측면에서 자유주의적 영미형 시장경제 체제보다도 더욱 본래 의미의 시장경제 원리를 실현한다고 볼 수 있다. 사회적 시장경제의 맹아적 발상을 제공한 오이켄Walter Eucken이나 실천자였던 에르하르트Ludwig Erhard가 기본적으로 자유주의 신봉자였다는 점에 주목할 필요가 있다. 아울러 사회적 시장경제는 보수정당인 기민/기사당CDU/CSU의 간판정책이다. 사민당SPD은 1959년에 가서야 사회적 시장경제를 수용했다. 서독 출범 이후 지난 70년 가까운 기간에 신생 정당이었던 기민당에서 총리가 5명이 나오는 동안 사민당은 3명의 총리만을 배출했을 뿐이다. 집권 기간도 기민당이 사민당의 두 배 이상 길다. 아마도 기민당이 사회적 시장경제를 선점한 탓인지도 모르겠다. 지금도 기민당이 주축이 되어 활동하고 있는 "경제이사회Wirtschaftsrat"는 사회적 시장경제의 실현을 표방한다. 우리나라에서는 사회적 시장경제를 보수정당보다는 진보정당 쪽에서 강조하는 것을 보면 다소간 개념상 오해가 있지 않나 싶다.

최근 OECD의 회원국 내 빈부 격차동향에 대한 보고서를 보면 사회적 시장경제를 실시하고 있는 독일에서도 빈부격차가 더욱 확대되고 있음을 볼 수 있다. 45년을 일한 노동자의 연금이 우리 돈으로 200만 원 정도인 경우도 있고 공직자를 제외한 전 국민의 평균연금이 100만 원 남짓하다는 사실은 경악스럽기까지 하다. 사회적 시장경제는 오펜하이머Franz Oppenheimer와 오이켄에게서 영감을 받고 뮐러-아르막Alfred Müller-Armack이 포장해서 "모두를 위한 번영Wohlstand für alle"을 표방한 초대 경제장관 에르하르트의 전후 경제부흥 정책과 맞물려 인구에 회자되는 성공적인 경제체제로 자리잡았다. 여기에 전통적인 '사회국가' 이념과 조화로운 사회연대자 간의 상생적 협력을 통한 '이익의 균형' 기제가 작동되는 사회적 시장경제는 세계에 우뚝 선 시장경제의 모델적 개념으로서 그 성가를 높이고 있다. 경제체제는 이론보다는 현실 세계에의 적응과 이를 통한 성과로 평가되어야 한다. 이렇게 볼 때 독일의 사회적 시장경제는 본질적으로 시장경제나 자본주의의 속성을 그대로 유지하면서 사회정의와 국민복지의 실현에도 최상의 성과를 내고 있는, 현존하는 최선의 경제, 사회체제로 보인다. 성장 없는 복지는 없다고 하지만 성장이 있어도 복지가 없는 사례가 얼마든지 있다. 멀리 갈 것 없이 바로 우리나라가 최근 보여준 모습이다. 나라의 살림살이는 커지고 대기업들은 세계적이 되었는데, 왜 학비는 더 비싸졌고 왜 청년들은 취업을 못하나? 이런 맥락에서 성장과 분배를 아우르는 사회적 시장경제의 유용성에 주목할 필요가 있다. 독일의 사회적 시장경제는 그 발단은 미미했으나 이제는 영미형 신자유주의적 자본주의를 대체할, 세계에 우뚝 선 미래지향적이며 지속가능한 모델로 주목받고 있다.

이제 한국이 가야 할 길이 조금 좁혀진 듯하다. 미국은 우리에 비해 국토도 한없이 넓고 사회구성도 상이하고 기축통화도 갖고 있는, 그래서 경제운용의 멘탈이 전혀 다른, 또 무엇보다도 지속가능성을 염두에 두지 않는 나라다. 한마디로 "넘침Überfluss"의 나라다. 이에 반하여 "부족Knappheit"은 독일인들이 역사적으로 겪어온 경험의 기초였으며, 지속가능성은 독일에서 오래전부터 천착해온 주제였다. 국토와 인구라는 외형적 조건이나 사회 통합성 같은 내부적 여건에서 우선 우리나라와 유사하다. 정치에서는 합의제를 지향하고 있고 경제, 사회 분야에서는 공동결정권이 확립되어 있다. 그만큼 빨리 움직일 수 있는 구조는 아니지만 안정적으로 갈 수 있다. 미국은 상대적으로 독일과 대조되는 사회체제를 갖고 있다. 미국 시스템은 에펠탑과 같다고 했다. 하버드, 스탠퍼드, 구글, 애플 등 아주 높은 첨탑을 가지고 있지만, 평균치는 상대적으로 훨씬 낮은 곳에 있다. 독일의 시스템은 생각건대, 함부르크가 자랑하는 세계적 음악당인 '엘프필하모니^{Elbphilharmonie}'와 같다. 꼭대기는 미국보다 낮을지라도 그 평균치는 더 높고 단단하다. 바로 미텔슈탄트가 받치고 있는 나라다. 미국은 빠르고 효율적으로 움직일 수 있지만 안정성은 떨어진다. 미국은 빨리 가다가 실수를 하더라도 치유할 수 있고, 치유하지 않는다 해도 그리 큰 충격이 올 수 있는 나라는 아니다. 워낙 큰 나라이고 사회구조도 다층적이기 때문이다. 그러나 우리는 다르다. 좁은 국토에서 세계에서 사실상 가장 조밀한 인구밀도를 갖고 있다. 실수는 돌이킬 수 없을 정도로 치명적이다. 더 이상의 시행착오는 없어야 한다. 그러니 이제는 과거 개발시대 때 성공했던 '빨리 가는' 구조보다는 안정적이고 확실하게 가는 패러다임이 필수적이다. 바로 독일 모델이다.

세계를 주름잡는 빅챔피언들인 구글^{Google}, 애플^{Apple}, 페이스북^{Facebook}, 아마존 ^{Amazon} 같은 '가파^{GAFA}' 기업은 모두 미국 기업이다. 4차 산업혁명을 지향하는 현대의 디지털화 산업구도에서 독일의 제조업이 아무리 발전했다 한들 결국 미국의 거대 통신기업들 손바닥에서 논다는 자조가 나온다. 독일은 실리콘 밸리는커녕 실리콘 언덕도 없다고 한다. 하지만 나는 4차 산업혁명의 종국적 승자도 독일이 될 것이라 본다. 4차 산업혁명의 출발은 인터넷과 통신이겠지만 결국 승부처는 제조업이다. '가파'는 거대 혁신기업들이다. 그렇다면 '가파'와 같은 거대 혁신기업들이 도대체 우리에게는 어떤 의미를 가질 수 있나? 히든챔피언의 개념을 고안해낸 헤르만 지몬$^{Hermann\ Simon}$ 회장은 이렇게 조언한다. "애플이나 구글 같은 세기의 회사들 또는 기적의 회사들로부터 우리가 교훈을 얻기는 힘들다. 우리가 아인슈타인 같은 사람이 되겠다고 쉽게 결심할 수 없는 것과 마찬가지다." 일반적인 상황이라면 평범하지만 전문 경쟁력을 갖춘 히든챔피언으로부터 더 많은 것을 배울 수 있다는 뜻이다. 끈기와 장기적 목표를 갖고 노력하여 자신의 분야에서 시장을 선도하는 히든챔피언이야말로 우리 기업의 벤치마킹 대상이다. 이는 소수의 튀는 플레이어보다는 다수의 모범생이 생존을 보장할 수 있다는 논리다. 아울러 어떤 특정 분야가 돈이 잘 벌리는 부가가치가 높은 신산업이라고 해서 거기로 몰려가야 한다는 생각보다는, 어떤 분야이건 그것이 우리 인간의 경제생활에 필요한 이상 그 각각의 분야에서 세계 1등을 한다는 생각으로 다양하게 접근하는 것이 더욱 타당한 전략일 것이다. 오히려 남들이 버리거나 소홀히 하는 분야가 블루오션일 가능성이 크다. 문제는 사업 분야가 아니다. 어떤 분야든 히든챔피언과 같이 세계적인 경쟁력을 갖는 것이다. 독일의 유명 논객 틸로 자라친Thilo Sarrazin은 "한때 독일의 중소기업을 과거의 유물로 보고 앞으로는 서비스와 인터넷의 시대일 것이라고 했지만 이것은 완전히 잘못된 것이며, 독일이 그 길을 밟지 않은 것은 다행스러운 일이다"라고 했다.

　우리는 흔히 한반도 주변 4강을 이야기한다. 그리고 우리가 이 4강 프레임에 갇혀 지내는 것도 미처 인식하지 못하고 있다. 한반도 주변 4강, 즉 미국, 중국, 일본, 러시아가 강대국이라는 말이고 이것은 결국 한반도의 두 나라, 한국과 북한은 약소국이라는 의미다. 키신저Henry Kissinger가 "외교란 인식의 문제다"라고 설파했듯이 현존하는 사실을 어떻게 인식하고 받아들이느냐가 중요하다. 우리나라가 진취적으로 발전하기 위해서는 이 4강 프레임부터 걷어내야 한다. 한국도 강대국은 아닐지라도 강한 나라이고 강해질 수 있다는 확신을 가져야 한다. 4강에 둘러싸인 한국의 지정학적 운명 같은 인식은 별로 도움이 되지 않는다. 냉정한 현실도 도외시해서는 안 되겠지만 자강에 대한 자신감도 가져야 한다. 그리고 강한 나라가 되기 위해서는 각자의 위치에서 본분을 다해야 한다. 우리에게 많은 공감을 자아내는 이만열 박사도 한국인들의 "새우 콤플렉스"가 성장의 족쇄가 되고 있다며 자부심과 더 큰 용기로 세계가 함께 꿈꾸는 코리안 드림을 만들자고 하지 않았나. 뮌헨안보회의 의장을 맡고 있는 이슁어Wolfgang Ischinger 대사가 2016년에 브레멘에

와서 한 이야기가 있다. 그는 독일이 전쟁에서 한 번도 이겨본 적이 없는 러시아에 대해서 이렇게 이야기했다. "우리는 러시아를 두려움에 떨며 무릎 꿇어야 하는 거인으로 오판해서는 안 된다. 두려움은 외교정책적 전략에서 좋은 조언가가 아니다. 내가 주장하고자 하는 것은 유럽이 침착함과 평정을 위한 자신감을 가져야 한다는 것이다." 이성어 대사의 메시지는 "4강 구도"를 이야기하는 우리에게 참고가 되리라 본다. 혹자는 우리나라가 세계에서 대외의존도가 가장 높은 나라니까 큰소리쳐서는 안 된다고 한다. '을'의 위치를 자각해야 한다고도 한다. 하지만 그렇지 않다. 현대 세계는 상호 의존적이다.

유럽의 스위스나 오스트리아는 차치하고라도 중동의 조그만 나라 카타르를 보면 지금 주변 아랍국가들로부터 외교적 어려움을 겪고 있지만, 꽤 당차다는 생각이 든다. 인구 몇십 만의 이 작은 나라는 몇천 만 인구를 가진 이웃들에 둘러싸여 있다. 그런데 이 작은 나라가 몇십 배나 큰 과거 종주국 사우디아라비아 대사를 쫓아내기도 하고 이란에 대해서는 물론 미국, 러시아에 대해서도 그렇게 당당할 수 없다. 해외에 있는 미국 공군기지로서 오키나와 기지 다음으로 크다는 공군기지가 카타르에 들어와 있지만 도하 시내에서 미군을 볼 수가 없다. 미국이 정상회담에서 알자지라 방송의 대미 비난을 문제 삼자 국왕이 회담장을 박차고 일어서기도 했다 한다. 주재 러시아 대사는 출입국 시 공항에서 카타르 당국의 검문검색이 늘 까다롭다고 불평했다. 작은 나라일수록 특히 외국에 대해서는 국가 기강이 엄중함을 보여주는 것이라 하겠다. 물론 평소에 나라의 자주성과 힘을 기르기 위한 노력에 하마드Hamad bin Khalifa Al Thani 국왕은 물론 왕비까지 나섰다. 세계 최대의 액화천연가스LNG 수출국으로서 세계에서 가장 잘사는 나라지만 교육도시를 세우고 알자지라 방송과 카타르 재단을 만드는 등 포스트카본post-carbon 시대에 대한 대비도 일찍부터 시작했다.

현대적 의미에서 나라의 크기는 영토보다는 인구나 경제력이 그 척도다. 독일

무역투자공사의 프랑크 로바쉭Frank Robaschik 한국담당관은 "한국은 경제 규모가 러시아나 호주보다 크다. 결코 작은 경제가 아니다"라고 힘주어 말한다. 그렇다면 4강이라는 나라들은 과연 진정한 강대국인가? 러시아는 어떤 나라인가? 독일 외교부의 천재라는 이슁어 대사의 혹평을 들어보자. 우선 국민생산고가 스페인 정도밖에 안 되는 나라다. 인구도 유럽연합의 삼분의 일 정도다. 15세 러시아 남성의 기대수명은 최저개발국LDC 수준이다. 결국 러시아는 "겉보기 거인Scheinriese"이라 했다. 독일 동화에 나오는 이 겉보기 거인은 멀리서는 거인처럼 보이지만 가까이 다가갈수록 작아진다. 미국은 어떤가? 많은 것이 우월함을 인정하더라도 국내적으로 의료보험조차 제대로 못 갖춘 나라다. 의료보험은 한국이 최고다. 또한 하루가 멀다 하고 총기사고로 무고한 사람들이 생명을 잃는다. 흑백 차별이 어떤 형태로든 있는 나라. 사회복지는 먼 나라 이야기다. 중국은 어떤가? 두말할 것 없이 독재국가이며, 민주주의를 아직 못하고 있는 나라. 역설적으로 공산당 일당 체제로 효율적인 국가 관리를 했고 지금의 번영을 가져왔다고 하지만 인간은 돈만 갖고 사는 것은 아니다. 세계 최악의 인신매매국이며 사형수들의 절반 이상이 중국에서 처형된다. 일본은 어떤가? 지난 1894년 청일전쟁을 시작으로 1945년 패전 시까지 50년 동안 수많은 전쟁을 일으킨 아시아에서 거의 유일한 침략국가다. 2차 대전 시 중국에서 죽은 사람들만 나치가 일으킨 홀로코스트 희생자 600만 명의 두 배가 넘는 1450만 명이다. 나치의 인종절멸 범죄만 잔학했던 것은 아니지 않은가. 그럼에도 지금 일본인들은 사과는 고사하고 과거 그들의 선대들이 무엇을 했는지나 제대로 알고 있을지 의심스러울 정도다. 과거사를 제대로 청산치 않고 있는 나라가 아니라 청산할 수 없는 나라다. 젊은이들에 대한 역사교육도 제대로 이루어지지 않았다. 정치적으로도, 독일의 한 정상급 정치인은 자민당이 당명인 자유나 민주와는 거리가 멀다고 했다.

여기서 우리 이웃들을 본의 아니게 비판하게 되었다. 사실 이 나라들은 단점보다도 훨씬 많은 장점을 갖고 있고 강대국임에 틀림없다. 또한 우리가 잘못하고 있는 것도 매우 많다는 점을 인정해야겠다. 이야기하고 싶은 것은 어떤 개인도, 국가도 완벽할 수는 없다는 것이고, 그러니 우리가 이 주변 4강이라는 나라들을 무시하지도 두려워하지도 말아야 한다는 것이다. 자주적이며 민주적인 복지국가로서 당당히 일어서야만 하고 그러기 위해서는 꾸준히 자강의 길을 모색해나가야 한다. 우리가 바로 강국이다라는 생각으로 말이다. 과거에는 매우 성공적이었지만 이제는 애석하게도 빛이 바래버린 박정희모델, 박정희 향수를 완전히 잊고 자강을 위한 새로운 국가모델을 만들어나가야 할 때다. 명치시대 일본에서 그 원형을 볼 수 있다는 박정희 대통령의 통치스타일(정부 주도이고 개발주의적이며 거의 전시동원에 가까울 정도의 경제정책 등)은 "규율discipline"에 바탕을 두었고, 한국 경제 모델도 수출주도형 성장정책으로서 금융 등 다양한 정책수단을 통한 제한적 경쟁시장의 선별적 도입으로 성공했다. 과거 60년대부터 30년간 연평균 8%의 경제성장으로 한강의 기적을 낳았고 세계 경제사에 한 획을 그었다. 이제 시대가 바뀌어 한국은 1990년대 OECD와 WTO에 가입한 이래 미국, EU 등 많은 나라들과 자유무역협정을 체결하면서 세계화와 함께 개방경제 시대에 접어들었다. 당연히 새로운 경제질서가 정착되어야 했지만 과거 개발시대의 유산으로 볼 수 있는 정경유착이라는 구태가 아직 남아 있음을 목도해야 했다.

2015년 10월 OECD는 「더 나은 정책Better Policies」 한국편에서 OECD 가입 20주년을 맞이하는 한국 경제가 전반적으로 OECD 최상위국가에 근접하는 성과를 보여주고 있으나 생산성이 낮고 혁신과 경쟁이 더 필요하다고 평가했다. 매년 초 발표되는 "블룸버그 혁신지수"에서도 한국이 톱국가로 자리매김했지만 이것은 어디까지나 혁신 잠재력이 크다는 것이지 실제로 혁신적이라는 것은 아니다. 각각의 나사를 조이는 것은 무의미하다. 근본적인 사고의 전환과 총체적인 전략이 필요하며 이 과정에서 독일모델을 고려할 것을 제언해본다. 프로이센은 1871년 독일제국이 통일될 때 견인차 역할을 한 나라다. 특히 군사, 외교, 법과 행정, 교육 같은 분야에서 프로이센의 선도적 역할은 두드러졌고 그 문화유산이 일본을 거쳐 우리나라에 들어와 있다. 우리에게 지금의 독일모델이 낯설지 않다는 것이고, 그만큼 이것을 수용할 수 있는 여지가 있다. 관건은 제도보다는 사람이고, 또 그 사람의 생각과 문화다.

대한민국은 해방 이후 미군정의 신탁통치를 3년이나 받았고, 미국의 영향 아래 많은 사람들이 미국으로 유학을 갔으며 아메리칸 드림이 인류의 삶을 위한 가장 이상적인 모델이라고 생각했다. 미국 경제는 자본주의 경제의 대명사로 간주되었고, 이러한 경향은 대처리즘과 레이거노믹스로 대표되는 신자유주의 경제사조의 유행과 함께 거부할 수 없는 대세로 인식되었다. 그러나 미국이라는 나라는 생성과정이나 역사적인 배경 또는 나라의 크기, 인구 규모와 이민사회로서의 특성 등 거시적 관점에서 우리 사정과는 거리가 한참 멀다. 한국과 미국은 이러한 거시적 측면에서 동질적인 나라가 아니며 특히 지속가능성 측면에서 여건이 다르다. 지난 80년대 말 미국에 가서 하계 어학연수를 하면서 보스턴의 대학교수 집에 하숙을 한 적이 있었다. 하루는 중국집에서 배달을 시켜 저녁을 먹었는데 이 집 식구 4명과 나를 합쳐 5명의 음식을 먹고 난 1회용 식기가 조금 과장해서 산더미 같았다. 미국은 생활 쓰레기를 포함한 모든 폐기물 처리에 있어 그 양을 줄이거나 하는 노력을 하지 않아도 되는 나라다. 네바다 주의 광활한 사막 같은 유휴면적을 거의 무상에 가까운 비용으로 얼마든지 활용할 수 있기 때문이다. 그때만 해도 독일에서는 학생들이 자신의 륙색에 머그잔을 갖고 다녔다. 커피를 마실 때 1회용 컵을 사용하면 추가로 동전을 넣어야 하는 비용문제도 있지만 독일 사람들의 환경의식이 남다르기 때문이다. 공책은 재활용할 수 있는 용지로 만든 것이 더 비싸지만 그것을 쓰는 학생들이 많았다. 독일에서 녹색당이 생겨난 이유가 환경과 에너지 문제 때문이다. 녹색당의 뿌리는 지금 좌파당과 같이 사민당이다. 여기서 원전 정책에 반대하는 사람들을 중심으로 80년대 녹색당이 떨어져 나왔다. 에너지 환경문제로 한솥밥을 먹던 옛 동지들을 등지고 딴 살림을 차린 것이다.

우리가 이제 국가와 사회의 거시적 틀을 개혁해야 한다는 데 의견이 모아지고 그 가운데 독일모델을 배우자는 분위기가 일고 있는 것은 긍정적이다. 특히 입법 권한이 있는 국회에서 이 문제를 진지하게 논의하는 것은 매우 고무적이다. 다만 이 과정에서 우리가 독일모델이나 제도를 미진하게 이해해서는 안 된다. 앞서 이야기한 사회적 시장경제도 그렇고 최근 정치권에서 회자되고 있는 독일의 '합의제' 정치에 대한 인식도 실제와 다른 점이 보인다. 우선 '합의제'를 독일의 정치제도적 형태로 이해하는 것보다 단순한 '협치' 정도의 운용적 개념으로 이해하는 것은 아닌지 모르겠다. 독일은 기본적으로 연방국가다. 나라가 17개 있다고 생각하면 된다. 16개 주와 연방이 그것이다. 그래서 독일 총리는 우선 당내에서 의견을 수렴하여 하원 내에서 연정 파트너와 합의를 해야 하고, 또 더 나아가 중요 입법 사항은 상원을 장악하고 있는 각 주와도 합의를 해야 한다. 그래서 합의는 선택이 아니라 제도적 강제다. 이것은 중앙집권 국가로서 대통령제와 단원제 의회를 갖고 있는 우리나라의 정치 현실과는 그다지 부합하지 않는 개념이다. 정부와 국회가 일시적 또는 사안별로 협치를 한다고 해서 그것이 독일의 합의제 정치와 같은 것은 아니기 때문이다. 그것은 미국의 "선택적 연정selective coalition"에 가깝다.

연정도 지역적, 계층적 대립 구도가 강하게 나타나는 우리나라의 정치 현실을 감안할 때 적절한 대안일 수 있지만, 대통령제하에서는 맞지 않는 개념이다. 대통령이라는 단독정부가 이미 국민으로부터 수권을 받았는데 대통령이 이것을 쪼개어 다른 정치세력에게 나눠준다는 것은 대통령제가 상정하고 있는 권력구도가 아니기 때문이다. 독일의 선거제도는 비례대표제와 다수대표제의 혼합식이어서 일방 정당의 과반수 득표를 어렵게 하므로 소선거제에 다수대표제를 하는 영국에 비해 단독정부를 구성할 수 있는 상황이 많이 발생하지 않는다. 그래서 연립정부

형태가 오히려 보편적이며 연정 출범 전 연정협약을 통해서 참여 정당 간 입장을 사전에 계약 형태로 공개적이고 상세하게 정해 놓음으로써 연정의 안정성을 도모한다. 즉, 내각에 사람만 섞어 놓는 것이 아니라 장기적인 정책을 나누는 것이다. 다만, 대연정 같은 경우는 강한 야당을 고사시켜 정치적 실패를 자초한다는 비판도 있다.

　독일과 한국은 전쟁을 겪고 분단을 겪은 나라이며 관점은 다르지만 과거사 극복과정도 공유할 수 있다는 점에서도, 독일은 우리가 가야 할 길을 고스란히 보여주고 있다. 지금 한국은 아쉽게도 독일이 통일에 이르렀던 그 길을 따라가지 못하고 있다. 북한이 동독과도 또 다른, 별난 정권이라는 점은 인정하지만 그럼에도 많은 아쉬움이 남는다. 독일의 성공적인 과거사 극복과정은 독일이 오늘날 성공적인 국가로 변신할 수 있었던 기초를 제공했다. 성공적인 경제도 성공적인 정치로부터 비롯된다. 독일의 과거사 극복과정이 단순히 점령국들의 강압적인 탈나치 과정으로부터 비롯된 것이 아니라 '68세대'의 저항 같은 독일 사회의 내부적인 역동성에 더 많이 의존했다는 점은 특기할 만하며 과거사 문제에서 왜 일본이 독일과 근본적으로 다른지를 보여준다. 일본의 과거사를 다루는 데 있어 '일몰제'를 적용해야 한다는 논의도 있으나 독일도 아데나워나 에르하르트 시대에 이미 유사한 시도를 했다가 실패했고, 독일 현대사에서도 과거사란 마침표가 없다는 인식이 지배적임을 볼 수 있다. 지금도 이루어지고 있는 90세 이상 고령의 나치 범죄자들에 대한 법적 처단이 무엇을 의미하는가? 과거사란 정책의 문제가 아니라 사람들의 인식의 문제다. 사람들의 기억에 남아 있는 한 인위적인 정책으로 다스릴 수 없다는 것은 자명한 일이다.

　해방 후 이승만 대통령은 상황적으로 친일파를 등용할 수밖에 없었다. 공산세력과 대치하는 국토분단의 상황에서 나라를 꾸려나가고 전쟁까지 치러야 했던 상황을 감안할 수밖에 없었을 것이다. 독립투사를 잡던 일제의 고등계 형사가 다시금 해방된 나라의 경찰로 버젓이 간판을 바꿔달고 행세했다. 이것이 선은 아니었지만 전후 독일도 마찬가지였다. 아데나워^{Konrad Adenauer} 총리의 내각담당 장관이 바로 나치였고 심지어 키징어^{Kurt Kiesinger} 총리 자신도 나치였다. 키징어 총리는 레지스탕스 출신의 한 여성으로부터 공식 석상에서 뺨까지 맞았다. 그러고 나서 브란트^{Willy Brandt} 총리에 들어와서야 비로소 독일의 과거사 극복과정이 전환기를 맞았다. 우리는 4·19 혁명과 6월 민주화 항쟁을 거쳐 민주화를 달성했다고 생각했지만 작금의 국정농단 사태는 무엇을 말하고 있는가. 합리적인 리더십 부재라는 표현이 과분할 정도의 혼돈과 난맥상, 정경유착의 달콤함을 버리지 못한 기만적인 재벌들의 행태, 사회지도층의 무기력, 협찬에 기사로 보답하겠다는 언론의 부조리, 거짓이 난무하여 무엇이 사실이고 진실인지조차도 구분하기 힘든 도덕률의 추락, 조폭이 활개치는 폭력적 사회풍토 등을 볼 때 남미꼴 난다는 경고가 무색하게도 남미 이상의 현실이 이미 우리 사회에 닥쳤음을 알게 되었다. 우리는 이제 초심으로 돌아가, 헐벗고 가난할 때 잘 살아보자고 혼신을 다했던 그때로 돌아가, 겸허한 자세로 진정한 시장경제와 민주화의 종결점을 찾아 나설 때다.

한 가지 덧붙이고 싶은 것은 우리의 국제화 수준이다. 경제력은 커졌는데 정치력이나 국제화 측면에서 불균형이 보인다. 이것은 독일의 "특별한 길"을 연상시킨다. 19세기 말 독일의 산업력은 커지고 경제는 발전했지만 정치의 후진성으로 결국 다가오는 전쟁을 피하지 못했다. 2017년 4월 김일성 생일을 계기로 북한이 핵실험을 한다 했을 때 한반도의 긴장은 최고조에 달했다. 미국 언론들은 단연 한반도 정세를 집중 보도했고 CNN은 연일 브레이킹 뉴스로 보도했다. 펜스^{Mike Pence} 부통령이 방한하여 북한에 대해 미국의 "단호함^{resolve}"을 시험치 말라고 경고했고 트럼프 대통령도 북한이 "잘 처신해야 한다^{Gotta Behave}"라고 했다. 한 민주당 의원은 "미국이 도대체 한반도에서 무엇을 하려는가?"라며 선제타격설에 대해 강한 우려를 표명하는 등 긴장은 정말 전쟁이라도 날 듯 고조되었다. 그런데 한국 언론은 단연 대선에 집중했고 국제정치나 안보 면에서는 사드 배치 정도를 간헐적으로 다루는 선에서 그쳤다. 정작 우리가 죽을지도 모르는 안보정세의 급변에 대해서는 이상하리만큼 조용했다. 이것은 우리 언론 그리고 우리 사회의 국제화 수준을 보여준다. 우선 전문가가 부족하다. 언론에 나와서 실시간으로 돌아가는 국제정세를 설명해줄 전문가가 부족하고 미디어의 수요자인 일반 국민도 국제 뉴스에는 별 관심이 없다. 그러다 보니 뉴스의 초점이 핵폭풍 같은 한반도 정세의 급변보다도 국내 정치 문제에만 집중적으로 머물러 있는 기현상이 발생한다. 우리 언론의 국제뉴스도 외신에 크게 의존하고 있다. 전쟁터에서 목숨 걸고 뛰는 한국 특파원은 내 기억에는 아직 없다. 언론사에서 국제부가 차지하는 위상이나 정부부처에서 외교부가 차지하는 위상이 별 차이가 없다고 한다면 잘못된 관찰일까? 세계에서 대외의존도가 가장 높다는 우리나라가 이렇듯 국제정세에 무감각하다는 것은 이해하기 어렵다. 우리보다 국제적 의존도가 떨어지는 나라에서도 외교부장관이 총리나 부총리를 겸하고 있는 나라가 많다. 국제화, 세계화 시대에 좀 더 합당한 위상이 필요하다. 인식이 내용을 만든다 하지 않나.

이 책은 지난 36년간 나의 외교관 생활을 마무리하는 의미를 갖는다. 독일이 국가공직자를 대하는 "국가부양의 원칙"은 국가가 생계를 책임지니 생계 걱정을 말고 국가를 위해 최선을 다하라는 의미다. 지난 긴 세월 동안 국가의 녹을 먹은 내가 이에 조금이나마 보답하는 길로서 그동안 봉직하며 지득한 경험과 생각을 사회에 되돌려주는 것을 생각하게 되었다. 2016년 1월 함부르크의 로터리클럽과 부체리우스 로스쿨Bucerius Law School에서 가졌던 독일모델에 관한 강연이 출발이 되었고, 여기에 그동안 독일에서의 외교관 생활을 통해 교류했던 많은 인사들의 생각과 학술적 논지를 보충했다. 독일통일 당시 영국의 대처Margaret Thatcher 수상이 독일통일을 반대했다고 알려져 있다. 적어도 그녀는 솔직했고 콜Helmut Kohl 총리도 그런 대처 수상의 솔직함을 긍정적으로 받아들였다 한다. 외교관은 '외교적'이어야 한다는 가르침은 젊은 외교관 시절부터 나에게 도움이 되지 않았다. 외교관의 만남과 대화는 진실로부터 시작한다. 이제 이 책과 함께 국내외 독자 여러분들과 함께 생각하고 고민하면서 우리의 향후 국가 진로 설정에 미력이나마 보태고자 한다.

이 책에서 표명된 나의 의견은 전적으로 개인적인 것이다. 그리고 이 견해들 가운데 독자들이 공감하기 어려운 것들도 없지 않을 것이지만 독일과의 비교를 근거로 한 것이라는 점, 그리고 "생각은 자유Gedanken sind frei"라는 관점―물론 자유로운 생각에도 윤리가 필요하다―에서 독자 여러분들의 대승적인 양해를 구한다. 아울러 이 책의 집필을 위한 자료들이 비교적 장기간에 걸쳐 체계적으로 수집되지 않다 보니, 그 출처를 밝히려는 노력에도 불구하고 일부 인용문 등에서 출처가 누락되었을 우려가 있다는 점도 미리 밝혀둔다. 독일의 모델적 특성을 정치, 경제, 사회, 역사라는 여러 분야에서 찾다 보니 산만한 느낌을 주게 되는 것을 피할 수가 없었지만, 독일에 대하여 좀 더 진지하게 알고자 하는 독자들을 위한 시도로 봐주기 바란다. 집필과정에서 위키피디아 독일어판의 도움을 많이 받았다. 각별한 고마움을 표하는 동시에 독자들의 직접 참여와 지원으로 만들어진 위키피디아의 정신을 높게 평가한다. 아울러 한국어판도 좀 더 충실하게 제작될 수 있도록 사회 각처에서 좀 더 관심을 기울여주면 좋겠다. 이 책에는 많은 대화가 수록되어 있으며 독자들의 이해를 돕고자 주석이나 인용문 말미에 대화 날짜를 표기했다. 인용을 허락해준 많은 인사들에게 감사를 전하며, 모쪼록 독일과 세상사에 관심 있는 여러분들의 격려와 질타를 기대한다. 끝으로 조국 근대화의 그늘에서도 묵묵히 가장으로서의 소임을 다하고자 노력했던 나의 아버지 영전에 이 책을 바친다.

2017년 7월 함부르크 오트마르셴에서

저자 장시정

제 1 부

독일은 어떤 나라인가:
독일의 과거와 현재

1990년 독일통일로 플레스너가 주장한 "지각생의 국가"는 사라졌고 독일 땅에는 정치적으로나 경제적으로 건설적 역할을 할 수 있는 진정한 민주적 단일민족국가, "젊은 독일"이 새로이 탄생했다. 하지만 독일은 결코 젊지 않은 나라다. 과거의 역사적 단락마다 현재의 독일을 만들고 있는 전통이 생겨났고 지금까지 면면히 내려오고 있기 때문이다. 독일인들에게는 과거가 곧 현재이고 또 미래다. 나치와 인종절멸이라는 특별한 과거사가 현재에도 미래에도 독일의 운명을 지배하지 않을 수 없다는 의미이기도 하다. 바로 과거극복을 위한 역사가 아니라 현재를 위한 역사다. 역사에 대한 자아적 성찰이야말로 독일을 강하게 만들고 있다.

제1장

젊은 나라 독일

젊은 국경일을 가진 나라

독일이 아마도 세계에서 가장 젊은 국경일을 갖고 있을 것이다. 1989년 11월 9일 베를린 장벽 붕괴로 시작된 독일통일은 1990년 10월 3일 동독 6개 주가 서독에 편입됨으로써 마침표를 찍었고 독일은 이날을 새 국경일로 정했다. 그 후 이제 27년 정도가 흘렀으니 꽤 젊은, 청년 국경일을 갖고 있는 셈이다. 당초에는 베를린 장벽이 붕괴된 11월 9일을 통독을 기념하는 새 국경일로 지정코자 했으나 이날은 공교롭게도 히틀러^{Adolf Hitler}와 이중으로 연관된 날이다. 그래서 이날 대신 통독과정이 공식적으로 완료된 10월 3일을 새 국경일로 지정하게 되었다. 1938년 11월 9일은 반유대인 정책의 분수령이 되었던 "수정의 밤^{Kristallnacht}"이 발생했던 날이고, 독일의 초인플레가 절정에 달했던 1923년 11월 9일 새벽은 히틀러가 뮌헨의 "뷔르거브로이켈러^{Bürgerbräukeller}" 맥줏집에서 베를린을 향하여 무장행군 출정을 시도한 날이다. 히틀러는 그때 무장반란 시도가 좌절되면서 의회 진출을 통한 합법적 집권으로 방향을 틀게 된다. 서독에서는 1953년 6월 17일 동독의 민중 봉기 희생자 추모일을 1954년부터 국경일로 지정하여 통독 전인 1990년까지 지켜왔으며 동독에서는 1949년 10월 7일 동독정권 창립일을 "공화국의 날"로 지정하여 국경일로 삼았다.

2차 대전 후 식민지에서 해방된 많은 나라들은 해방된 날이나 민족정부 수립일을 국경일로 삼았다. 우리나라도 8월 15일 광복절을 으뜸가는 국경일로 삼고 있다. 다만 해외에 주재하는 재외공관에서는 8월 15일 광복절이 주재국 인사들의 여름휴가 기간과 겹쳐서 대부분 광복절 대신 개천절인 10월 3일에 국경일 경축 리셉션을 열고 있다. 그런데 독일이 통일된 1990년 이후로는 공교롭게도 독일의 10월 3일 통독 기념일과 겹쳐서 그날을 하루나 이틀 정도 피해서 리셉션을 개최하다 보니 이제는 광복절도 개천절도 아닌 날에 국경일 리셉션을 개최하고 있다. 개인이든 나라든 생일은 제 날짜를 지키는 데 의미가 있을 것이다.

그런데 개천절 국경일 리셉션에 초청받아오는 외국인들에게 개천절을 설명하기가 쉽지 않다. 애써 설명하고 나면 고개를 갸우뚱하는 사람들이 많다. 그러면서 "한국이 아마도 세계에서 가장 오래된 국경일을 갖고 있을 것이다"라고 입을 모은다. 그도 그럴 것이 올해 2017년이 단기 4350년이니 우리는 4천 년도 지난 정말 오래된 일을 국경일로 경축하고 있는 셈이다. 단군과 단군기원의 연대에 대한 최초의 기록은 『삼국유사三國遺事』에 나온다. 『삼국유사』는 고려의 승려인 일연一然이 고려 충렬왕 때인 1281년에 편찬한 삼국 시대의 역사서이다. 일연은 이 책에서 "단군왕검은 요 임금이 즉위한 지 50년인 경인년에 평양성에 도읍을 정하고 비로소 조선이라 불렀다"라고 하였다. 우리 조상들이 우리의 역사가 중국과 대등하게 오랜 전통이 있음을 표현한 것으로 보인다. 『삼국유사』는 고조선 이래 삼국 시대까지의 신화나 전설같이 흘러 다니던 이야기를 설화로 엮어 기록한 것으로 볼 수

있어 고려의 설화문학으로 취급되기도 한다. 단군 신화의 발생 시기보다 무려 3천
년도 더 지나서 기록되었으므로 역사서로서의 신빙성은 그만큼 떨어진다.

　개천절을 정사가 아닌 신화나 전설에 근거를 둔 국경일이라 본다면 이는 국제
적으로 예외적인 사례다. 참고로 이 문제에 대해 생각해볼 수 있는 견해를 소개한
다. 오스트리아의 걸출한 정치인인 카를 레너^{Karl Renner}는 1946년 10월 오스트리아
국가 창건 950주년을 맞아 전후 어려움에 빠진 오스트리아 국민들에게 이렇게 연
설했다.

> 자, 이제 새로운 시작입니다. 어떤 정신과 어떤 목적을 갖고 새로운 길을 가야
> 할까요. 우리의 존재와 역사에 대한 신화를 만들고 그것을 믿는다면 위험할 것입
> 니다. 실제 역사적인 경험의 이정표가 우리 장래의 갈 길을 제시해야 합니다. 위
> 대한 명성에 찬 전통은 동시에 엄청난 유혹이며 많은 민족에게 불행을 가져다주
> 었습니다. 잃어버린 것을 추구하고 이름 정도밖에 모르는 위업에 도취하는 것은
> 위험합니다.[1]

카를 레너는 1918년 1차 대전 후 오스트리아 제1공화국의 초대 총리를 지냈고
2차 대전 후에는 임시정부 수반을, 1950년 12월 서거 시까지는 대통령을 지냈다.
그는 2차 대전 막바지에 소련군이 그가 은거하고 있던 빈^{Wien} 외곽의 글로크니츠
^{Gloggnitz}에까지 들어오자 소련군을 통해 스탈린에게 3차에 걸쳐 친서를 보내서 전
후 오스트리아 사민당을 도와줄 것을 호소했고, 이 친서는 소련이 오스트리아 임
시정부 수립에 협조적으로 돌아서게 했다.[2] 레너는 이렇게 빈이 해방되기 전 소련
과 협의하에 임시정부를 출범시키는 기민함을 보여주었고, 오스트리아는 레너의
출중한 정치력으로 독일과 함께 전쟁 책임이 있었지만 전후 분단되지 않고 영토
를 보전할 수 있었다.

•• 1945년 10월 20일 오스트리아를 점령한 4개국 사령관들과 회담하는 카를 레너. 좌로부터 그루엔더Alfred Gruenther 대장(미), 코네프Ivan S. Konev 원수(소), 레너, 매크리Richard McCreery 중장(영), 베투아르Antoine Béthouart 대장(불). 사진 제공: 글로크니츠 레너 기념관.

2013년 글로크니츠의 레너 기념관을 방문했을 때 나의 시선을 사로잡았던 한 장의 사진이 있었다. 바로 피점령국의 한 정치 지도자에 불과했던 레너가 미, 소, 영, 불의 서슬 퍼런 점령국 사령관들을 좌우로 놓고 중앙에 앉아 찍은 사진이었다. 그의 정치력을 추측해볼 수 있는 사료라 하겠다. 그는 오스트리아 국민들에게 "영도자Führer"가 아닌 영원한 "교사Lehrer" 그리고 오스트리아 재건의 "건설장인Baumeister"으로 기억되고 있다.

함부르크 총영사관에서는 벌써 4년째 8월 15일에 국경일 리셉션을 열고 있다. 생각건대 광복정신은 후세들에게 구체적인 산교육이 될 것은 물론 국내와 국외에서 국경일 경축을 일치시킬 필요도 있으므로 해외에서도 8월 15일에 국경일 경축 리셉션을 하는 것이 맞겠다. 만약 광복절이 아닌 국경일을 고려해야 한다면 그다음 순위는 우리 헌법 전문에 나오는 삼일절이 되어야 할 것이다. 어쩌면 삼일절을 제1국경일로 삼아도 좋겠다는 생각이 든다. 삼일운동은 해방보다 더 적극적인 우리 의지의 발로였기 때문이다. 삼일운동은 단순히 항일 독립운동만은 아니다. 여기에는 독립과 평화를 구현코자 하는 사해동포적 민족정신이 오롯이 깃들어 있다. 물론 해방이라는 것은 가장 높은 단계의 인간적 가치인 자유를 의미하므로 광복절은 그 자유를 되찾은 날로서 지고한 의미를 갖는다. 빌리 브란트 총리는 평화를 지고의 가치로 여겼지만, 자유가 평화에 앞선다고 했다.

젊은 나라 독일

독일 민족국가는 대체로 843년 베르됭 조약에 의해 동프랑크 왕국이 출발한 것을 그 기원으로 보지만, 그전에 카를 대제Karl der Grosse가 아헨을 근거지로 로마식 성당을 세우고 800년에 로마 교황으로부터 대관을 받아 그를 최초의 독일 황제로 보기도 한다. 반면, 프랑스에서도 그를 샤를마뉴Charlemagne 대제로 부르며 프랑스가 그의 정통 후계자임을 자처하고 있다. 어쨌거나 독일은 벌써 천 년 이상의 역사를 가진 나라다. 그런데 독일경제연구소IW의 미하엘 휘터Michael Hüther 소장이 2014년 『젊은 나라: 유럽에서의 독일의 새로운 역할Die junge Nation: Deutschlands neue Rolle in Europa』이라는 저서를 통해 독일이 젊은 나라라는 주장을 했다. 천 년 이상의 역사를 가진 독일이 어째서 젊은 나라일까?

2015년 12월 나는 휘터 교수와 마주했다. 그는 자신의 저서 『젊은 나라』에서 1990년 독일통일로 헬무트 플레스너Helmuth Plessner가 주장한 "지각생 국가"는 사라졌고 독일은 정치적으로나 경제적으로 건설적 역할을 할 수 있는 젊은 나라가 되었다고 했다. 그리고 현재의 독일을 "독일 역사상 최초의 민주적인 민족 시민사회"로 새롭게 정의했다. 그에 따르면 과거 신성로마제국으로 출발한 독일이 1871

년 비스마르크^{Otto von Bismarck}에 의한 독일제국을 거쳐 바이마르 공화국과 나치의 제3제국, 그리고 과거 동서독 분단시대를 지나는 동안 한 번도 진정한 민주적 단일민족국가를 가져본 적이 없었고, 1990년 통일 이후에야 건설적 역할을 할 수 있는 진정한 민주적 단일민족국가로 거듭나게 되었다는 것이다. 독일이 통일된 현대국가로 처음 출현한 것은 1871년 보불전쟁에서 승리한 후 베르사유 궁전에서 독일제국을 선포하면서부터다. 그러나 이를 현대적 민족국가로 보기에는 무리가 있다. 우선은 명예혁명이나 프랑스 대혁명으로 일찍이 시민사회가 태동했던 영국, 프랑스와는 달리 개인적인 자유의 가치나 인권이 국가적 차원에서 받아들여지지 않았다. 국민주권국가도 아니었으며 제국 내에 22개의 영방과 3개의 자유도시에서 수많은 왕과 제후들이 예전대로 통치하던 미완성 민족국가였다. 바이에른에서는 비텔스바흐^{Wittelsbach} 왕조가 계속 통치했고 자체적인 군대도 보유하여 1차 대전 시 바이에른 군대로서 참전했다. 비텔스바흐 왕조는 프로이센의 호엔촐레른^{Hohenzollern} 왕가와 같이 1차 대전 패전 후인 1918년 초겨울 민중봉기에 직면하여 평의회^{Rat}에 권력을 이양하고 역사 속으로 사라졌다. 당시 독일제국이 국민주권국가가 아닌 왕권국가였다는 점은 정치의 후진성을 유지케 한 반면, 산업과 교육 면에서 일대 개혁의 바람을 불러온 동기가 되기도 했다. 휘터 교수는 이렇게 이야기했다.

실제로 "젊은 나라"라는 개념은 이전에 독일과 관련하여 쓰인 적이 없었다. 나의 분석은 플레스너의 저서 『지각생 국가^{Die verspätete Nation}』에서 시작했다. 그는 왜 독일이 20세기에 들어 나치즘의 길을 걷게 되었는지 그 이유를 찾고자 했다. 그의 이론은 1871년 통일된 독일제국은 전통적 의미의 민족국가가 아니었다는 것이다. 유럽의 다른 통일국가들과 비교할 때 완전한 통일국가도 아니었고 무엇보다도 군사력으로 세워졌다. 게다가 독일제국은 시민사회에서 싹텄던 인권과 자유의 가치를 수용하지 않았다. 개인의 자유는 결코 제국의 본질이 아니었고, 지역적 정치권력을 그대로 인정했다는 점도 통일된 나라로서 딱히 설득력 있는 요소는 아니었다. 전국적으로 단일한 법정공휴일을 가져본 적도 없었다. 이런 가운데 독일제국은 진정한 권위를 갖지 못했고, 시민계급은 학문, 기술, 경제 등 다른 분야로 눈을 돌렸다. 기술교육을 추진하고, 기술연구를 전통적 학문과 동등한 위치로 끌어올리려는 시도는 19세기 당시 독일에서만 이루어졌다. 기술 분야의 전공도 대학에서 박사학위를 취득할 수 있도록 했고, 이 경우 라틴어나 고대 희랍어를 이수하지 않아도 아비투어Abitur를 볼 수 있도록 하여 김나지움 수학조건을 완화했다. 듀얼 직업교육제도 역시 그 당시에 생겨났다[2015.12.7].

이런 분위기로 19세기 말 독일은 전기, 화학, 의약학 등 제반 산업에서 산업혁명의 나라 영국을 따라잡았고 국가 중흥의 전기를 맞았다. 전기를 산업에너지로 사용한 것이나 자동차, 제트비행기의 제작도 독일에서 처음 이루어졌다.[3] 노벨상 수상자의 숫자가 영국과 미국을 합친 것보다 많았다. 그런 황금 같은 시기도 1차 대전과 2차 대전이라는 끔찍한 재앙으로 귀착되고 말았는데, 역사학자들은 이것을 과거 17세기 30년 전쟁이나 1848년 시민혁명의 실패 이후 독일이 걸어온 "특수한 길Sonderweg"에 연유하는 것으로 설명한다. 휘터 교수의 이어지는 설명이다.

"독일의 특수한 길"은 독일의 나치즘이 극단화된 이유에 대해 플레스너의 이론을 기반으로 하여 근본적인 설명을 제시한다. 홀로코스트라는 문명의 단절이 단순한 역사 속의 사건에 불과한 것이 아니라 더 오래된 원인이 있다는 것인데 오늘날까지도 역사학자들 간에 이 "특수한 길" 이론이 의미가 있는지에 대해 의견이 분분하다. 나는 이를 매우 실용적 관점에서 해석한다. 단적으로 이 이론은 20세기에 나타난 그런 현상이 1차 대전과 세계 경제위기에서만 비롯된 것은 아님을 밝히려는 시도에 불과하다고 말하고 싶다. "젊은 나라"라는 개념을 적용한 나의 분석은 독일이 한 번도 지금과 같은 형태로 결합된 적이 없었다는 점에서 출발한다. 1990년 동서독이 통일되면서 처음으로 독일인들의 거주지역이 국가적 틀을 갖추고 동일성을 갖게 되었다. 독일제국이 세워졌을 당시에는 많은 폴란드인, 보헤미아인, 프랑스인들 또는 덴마크인들도 제국의 영역에서 함께 살고 있었다. 2차 대전 후 독일의 영토는 독일인만 사는 지역으로 축소되었고, 그리고 1990년 통일이 되면서 처음으로 독일인들의 문화권과 언어권이 한 국가형태로 통합되었다. 나의 두 번째 해석은 이전까지는 독일에 "역사적 기준"이 전혀 없었다는 것이다. 서독은 항상 "언젠가는 다시 통일이 되겠지" 하는 생각을 가지고 살았고, 동독은 동독이 더 나은 독일이며, 언젠가는 사회주의와 공산주의가 전 세계적으로 승리를 거두면서 동독이 그 밖의 지역들을 차지하게 될 것이라는 환상 속에 살았다. 각각의 생각은 매력적이지 않았다. 서독의 건국신화는 독일마르크 뿐이었고, 동독의 건국신화는 강제수용소에서 비롯된 파시스트와의 투쟁을 위한 단결이었다. 동서독 간 동화의 여지가 없었고, 1871년 독일제국도 마찬가지였기에 우리는 25년 전부터 비로소 하나의 국가로서 독일민족 공동체를 경험할 수 있었다. 여러 특징에서 이를 관찰할 수 있는데, 말하자면 좀 더 유연하게 독일의 역사적 전통을 다루고, 책임을 부인하지 않고, 이를 긍정적 방향으로 전환할 준비가 되어 있다는 것이다. 독일이 유럽의 다른 국가들에서 찾아볼 수 없는 오랜 기업의 역사뿐 아니라 지역적 네트워크와 산업 클러스터를 갖춘 경제적 여건을 가지고 있다는 것 또한 깨닫고 있다. 오늘날 젊은 나라 독일은 지각생 국가로서 19세기에 취해졌던 정책의 수혜자다. 당시 내려졌던 결정들은 어떻게 보면 산업적으로 높은 가치를 가지고 있다. 이것이 내가 보는 대략적인 젊은 나라의 모습이다. 지금까지 우리는 독일이 1990년에 들어서야 책임과 민주적 정당성을 지닌 국가로서 제대로 된 모습을 비로소 갖추게 되었음을 잘 알지 못했다.

참여적 시민과 잘 작동하는 제도

울리히 벡 같은 좌파 성향의 사회학자가 현 독일을 매우 긍정적으로 조명하고 있다는 점이 매우 인상적이다. 그는 역사적으로 볼 때 독일이 크게 변화했고 지금까지 독일이 가져본 국가 중 최고의 국가라고 말한다. 가우크 연방대통령도 비슷한 말을 했는데 이는 매우 용기 있는 발언이다. 휘터 교수는 "이전의 연방대통령이라면 절대 사상 최고의 독일이라는 말은 하지 못했을 것이다. 최고의 독일은 다른 국가들을 이기려는 것이 아니라, 유럽의 다른 국가들과 함께 더 큰 힘과 잠재력을 발휘하려는 것이 되어야 한다"는 점을 강조했다. 그리고 "이것이 바로 20세기가 전하는 메시지로서 이를 간과할 경우 치명적인 결과를 낳을 수 있다"고 경고했다. 가우크 대통령의 이야기는 이렇다.

이것은 좋은 독일, 우리가 지금까지 가져봤던 최고의 독일입니다. 이렇게 이야기하는 것은 결코 미화가 아닙니다. 내가 태어났을 때는 세계를 고난과 전쟁으로 몰아넣었던 나치가 지배하고 있었고 전쟁이 끝났을 때 나는 5살이었습니다. 독일은 물질적으로나 정신적으로나 파괴되었습니다. 오늘날 독일은 안정적인 민주주의를 이룩했고, 자유롭고 평화를 사랑하는, 복지를 누리는 그리고 인권을 존중하는 열린 나라입니다. 독일은 권리와 의무에서 평등하고 신뢰할 수 있는 유럽과 세계의 파트너입니다[2014.1.31].

가우크 대통령은 함부르크에서 개최된 국제해양법재판소[ITLOS] 창립 20주년 행사에서도 비슷한 취지의 연설을 했다. 그는 준비된 원고를 다 읽고 나서 즉흥적으로 덧붙였다. 감동적인 순간이었다.

•• 2016년 6월 6일 대통령궁에서 차기 대통령직 입후보 포기를 발표하는 가우크 대통령. 사진 제공: Sandra Steins.

내가 청년이었을 당시 정의가 실패했던 죄의 땅 이곳 독일에서 국제해양법 재판소와 같은 국제적으로 의미 있는, 그리고 명성 높은 국제 사법기구가 세워지게 되리라고는 결코 상상할 수 없었습니다. 정말 멋진 일입니다. 소름이 돋을 정도로 말입니다Ich bekam eine Gänsehaut[2016.10.7].

가우크 대통령은 2016년 6월 연임 포기성명을 발표한다. 2017년 2월까지 임기를 9개월 남긴 시점이었다. 그의 연임 포기 회견에서 "우리나라에는 참여적 시민들과 잘 작동하는 제도가 있다. 그러니 내가 대통령직에서 물러나도 걱정할 이유는 없다"라고 언급했다. 참으로 감명 깊은 발언이었다. 이 발언에는, "참여적 시민 engagierte Bürger"이라는 인간적 요소와 "잘 작동하는 제도funktionierende Institution"라는 독일모델의 양 축에 대한 확신이 스며 있다. 독일모델의 핵심을 간결하고 극명하게 표현했다. 그는 2012년 3월 취임 시에는 "독일인들은 과거 역사에서 끔찍한 일들을 저질렀으나, 경제기적과 함께 민주주의 기적을 만들어냈고 사회적 균형, 관용 그리고 세계주의를 실천할 수 있다는 것을 보여주었다. 나는 독일 국가와 민족에 대한 자부심을 갖는다'라고 말했다. 그가 연임을 포기하면서 말한 "지금은 건강하다. 그러나 다음 임기 시 맞게 되는 77세에서 82세까지의 건강 상태는 지금과 또 다르며 스스로 장담할 수 없는 시기이기에 연임치 않기로 결정했다'라는 발언도 매우 인간적이며 또 현명했다. 가우크 대통령은 본인이 원하기만 하면 재선이 확실시되었지만 스스로 불출마를 선언함으로써 그 결정의 가치를 높였으며 공과를 예측할 수 없는 두 번째 임기를 포기하고 모두에게 훌륭한 대통령으로 기억되는 쪽을 선택했다. 참으로 탁월한 결정이었다. 그는 실질 정치에 걸림돌이 되지 않으면서 "가우크적인 원칙적 연설Gauckschen Grundsatzrede"을 통해 민주주의 수호, 인간적인 난민정책, 국제적 책임과 같은 결정적인 주제들을 충분히 소화해냄으로써 진정한 정치적 대통령이 되었다는 평가를 받았다.[4]

독일이 젊은 나라라는 명제는 휘터 교수의 설명을 듣지 않는다면 쉽게 수긍이 가는 일은 아닐 것이다. 진정한 단일민족으로서 최초의 민주적인 나라가 통일 후 비로소 시작되었듯이 지금의 독일은 그만큼 가치 있는 나라다. 독일은 843년 베르됭 조약에 의해 프랑스와 갈라지면서 그 역사가 시작되었다. 신성로마제국을 제1제국, 비스마르크의 독일제국을 제2제국, 그리고 히틀러의 나치 시대를 통칭 제3제국이라 한다. 그러한 제국들을 거치면서 1919년 바이마르 공화국을 시작으로 전후 서독과 현재의 통일 독일로 이어지는 공화국 체제로 넘어왔다. 바이마르에서 히틀러의 나치 시대로 넘어오면서 히틀러는 바이마르 헌법을 공식적으로 폐기한 적이 없다. 나치가 민주헌법의 교본이라는 바이마르 헌법하에서 수많은 일탈 행위를 저질렀다는 것은, 법보다는 준법이 더 중요하며 제도보다는 제도를 움직이는 사람이 더 중요함을 일깨워준다. 독일은 젊은 나라를 자처하고 있으나 결코 젊지 않은 나라다. 과거의 역사적 단락마다 현재의 독일을 만들고 있는 전통이 생겨났고, 지금까지 면면히 내려오고 있기 때문이다. 오늘날 독일이 지금까지의 독일 중 가장 '좋은 나라'가 되기까지, 좋든 나쁘든 독일의 모델적 특성을 형성하는 데 영향을 미친 정치적 주제나 사건을 중심으로 간략히 살펴보고자 한다.

신성로마제국

신성로마제국은 그 이름 때문에 독일과 관계가 없는 나라로 오해하기도 한다. 신성로마제국은 중세 말기로부터 1806년 나폴레옹에 의해 해체될 때까지 지금의 독일 땅을 중심으로 존재했던 몇백 개의 영방을 아우르는 나라로서 고대 로마제국의 전통을 지속하고 기독교적 신성으로서 통치를 합법화하려는 의도로 신성로마제국으로 명명했다. 하지만 '제국^{Reich}'이라는 거창한 이름에도 불구하고 신성로마제국은 사실 현대적 의미의 국가가 아니었다. 민족국가도, 전제국가도, 법치국가도 아니었고, 지금의 유럽연합과 같은 국가연합체도 아니었다. 최고의 주권적 권리도, 행정부도, 상비군도 없었고 성문헌법이나 시민의 권리 같은 것도 없었으니 현대 국가로서의 그 무엇 하나도 갖추지 못했다. 선출된 독일 황제를 정점으로 전통과 서열로 엮인, 그저 느슨하게 통합된 매우 상이한 구성원들을 가진 인적 집합체였다. 그리고 그 기초는 대략 서기 600~1500년 사이에 존재했던 중세 봉건제도로서 모든 제후들을 인적인 신뢰관계를 통해 황제나 제국의 '가신^{Vasalle}'으로 삼고 그들의 영토적 지배권을 인정하고 합법화하는 것이었다. 그럼에도 불구하고 신성로마제국이 완전한 '맹탕'은 아니었다. 기사계급이나 황제 직속의 도시들, 작은 영방국가나 주교직할지 같은 곳에서는 제국에 대한 애국심이 있었다.[5]

프랑스 대혁명이 일어난 18세기 후반까지 신성로마제국 내에는 이렇게 생겨난 300여 개의 영방이 존재하고 있었으며 실질적 권력관계로 볼 때는 1790개 이상의 독립적인 지배영토로 나뉘어 있었다.[6] 이들은 모두 자체적인 정치 또는 종교 권력과 독자적으로 화폐를 발행할 수 있는 경제체제를 갖고 있었다. 슈바벤 지방에만 92개의 영방(도시)들이 산재해 있었고 오스트리아와 프로이센 정도만이 명확한 영토 경계를 갖는 큰 나라였다 하니, 일찍부터 중앙집권국가로서 발전해온 프랑스나 영국처럼 일사불란한 단일적인 정치행위를 할 수 없었음은 자명하다. 지금 독일이 연방국가인 것도 이러한 전통이 면면히 이어져 내려온 탓이다. 신성로마제국에는 황제를 의장으로 하고 각 영방 제후들을 대표로 하는 전국적 조직인 제국의회Reichstag가 있었는데 의사결정 방식이 자문Beratung을 중심으로 하는 합의제였다. 황제도 제국의회의 의결에 구속되었다. 1663년부터 나폴레옹에 의해 해체되는 1806년까지는 레겐스부르크에서 '상시immerwährender' 제국의회를 개최했다. 후기에는 제후들이 직접 참가하는 대신 자신들의 대리인들을 보내게 됨에 따라 지금의 의회 형식인 '대표자회의Gesandtenkongress'로 발전한다. 물론 국민주권주의에 따르지는 않았지만 지금 독일 사회 각 분야에 확립되어 있는 합의제 전통은 아마도 제국의회 운영과 같은 전통과 무관치는 않아 보인다. 신성로마제국 당시 통용되었던 유력 영주나 대주교였던 선제후에 의한 황제 선출 방식은 단순과반수라는 다수제에 따른 것으로 그 당시 이미 민주주의 통치방식의 맹아를 보여주고 있다. 그렇게 본다면 그 당시 절대왕정을 누렸던 영국이나 프랑스에 비해서 사실 독일 민주주의 시작의 역사가 늦었던 것은 아니다. 하지만 역설적으로 영국이나 프랑스는 절대왕정이었기에 민주주의의 도입이 빨라졌고 독일은 절충적 군주제였기에 오히려 민주주의가 서서히 일어나게 된다.

신성로마제국은 962년 로마교황 요한네스 12세Johannes XII가 오토 1세Otto I에게 로마의 왕관을 씌워준 때를 그 시발점으로 본다. 당시 내전에 휘말렸던 요한네스 12세 교황의 요청에 따라 오토 1세가 알프스를 넘어 로마로 진군하여 그전에 카를 대제가 했던 것처럼 로마교황의 보호자가 될 것을 약속하자, 요한네스 12세는 그에게 충성을 서약하고 왕관을 씌워주었으니 그 제국이 또 다른 로마제국, 즉 신성로마제국이 된 것이다. 이 왕관은 후일 신성로마제국의 대관식 때마다 사용되었으며 합스부르크 왕가로 넘어와 지금도 보존되고 있다. 이 오토 1세가 본거지로 삼은 곳이 과거 카를 대제가 수도로 삼았던 아헨Aachen이다. 그래서 신성로마제국의 발상지라면 흔히들 오토 1세가 본거지로 삼았던 아헨을 꼽지만, 그의 아버지 하인리히 1세Heinrich I는 지금의 하르츠Harz 고지 동남쪽에 위치한 크베들린부르크Quedlinburg에 왕궁을 세우고 통치했고 그의 통치 사후에는 하르츠 고지 서북쪽 지대에 위치한 고슬라Gosla가 제국의 중심도시 역할을 했다. 고슬라에는 14세기까지만 황제가 있었고 이후 신성로마제국 황제의 자리는 합스부르크 왕가로 가게 된다.

작센공 하인리히 1세는 최초의 진정한 독일의 왕으로 간주되는 인물이다. 그는 919년 지금의 크베들린부르크에서 프랑켄과 작센 지방 제후들의 추대를 받아 왕이 되었고 당초 선출에 간여치 않았던 바이에른, 슈바벤, 로트링엔 등지의 영주들로부터도 추인받았다. 하인리히 1세는 당시 마인츠 대주교로부터의 대관과 성유의식Salbung을 거부했다 한다. 그는 종래의 프랑켄 왕들이 했던 방식을 거부하고 주교들에 의해 지지되는 왕이 아닌 영방 제후들의 동의를 통한 통치를 선택했다. 그의 이러한 현명한 정책은 독일 제 민족 간의 동반성장을 촉진했고, 이런 의미에서 그는 진정한 최초의 독일 왕으로 간주된다.[7] 그의 아들인 오토 1세는 아버지와는 다른 생각을 가졌고 과거 카를 대제나 카롤링거 왕조의 전통에 다가가려고 했다. 그래서 그는 로마의 황제가 되었고 로마교회의 보호자가 되었다. 오토 1세가 죽은 후에는 신성로마제국의 중심이 고슬라로 돌아온다. 고슬라에는 황제의 거소였던 '카이저팔츠Kaiserpfalz' 궁전 외에 구시가에 1200여 동의 건축물이 있으며 인근에는 1992년 유네스코 세계문화유산으로 지정된 람멜스베르크Rammelsberg 광산이 있다. 고슬라를 에워싸고 있는 오버하르츠Oberharz의 수로 시스템도 람멜스베르크 광산에 이어서 2010년 세계문화유산으로 지정되었다. 당시에는 많은 신성로마제국 황제들이 조정을 이끌고 전국을 돌며 통치했는데, 200여 개의 왕궁 중 평생 동안 평균 90여 개의 왕궁을 방문했다 한다. 그러다가 14세기 후반 프라하로 도읍을 정하면서 순회식 통치는 끝났다. 당시 황제는 고슬라에 들러서 장기간 머물렀다. 고슬라는 황제의 직속도시였던 셈이다. 람멜스베르크 광산박물관의 렌츠Gerhard Lenz 관장의 이야기다.

중요한 것은 람멜스베르크 광산이 없었다면 도시의 발전과 카이저팔츠 궁전도 없었을 것이라는 점이다. 고슬라가 중세시대에 금융의 중심지였던 것은 광산 덕분으로, 이곳에서 제국의회가 수차례 개최되는 등 약 950년 전 이 도시는 정치와 금융의 원천이었다. 람멜스베르크 광산은 오늘날까지 12세기경의 광산시설을 보유하고 있으며, 고고학적 발굴 결과 광산이 이미 3천 년 전에 개발되었을 가능성을 보여준다. 광물자원이 완전히 고갈되지 않았음에도 채산성이 떨어져 1988년 폐광되었는데, 그전까지 1천 년 이상 지속적으로 채광되어왔다. 2차 대전때 대규모 확장이 있었고 특히 전시광물인 납과 구리가 채굴되었다. 한국전쟁과 베트남전쟁 당시 람멜스베르크 광산은 다시금 활기를 띠었다. 극동에서 벌어졌던 사건들이 이곳 독일에까지 큰 영향을 미쳤다. 물론 이곳에서 채굴된 자원들은 군수산업으로 흘러들어 갔다[2015.5.15].

2016년 10월 고슬라 방문 시 융크Oliver Junk 시장과 조찬 면담을 마치고 푀티히 Barbara Pöttig 학예관의 안내로 신성로마제국의 초기 왕궁이었던 '카이저팔츠'를 둘러보았다. 그녀의 설명 중 일부를 옮겨본다.

1005년 하인리히 2세에 의해 광산물이 풍부한 고슬라 람멜스베르크 근처

•• 신성로마제국 초창기인 1040~1050년 건축된 고슬라의 왕궁 카이저팔츠. 사진 제공: 고슬라 관광진흥실.

에 왕궁 건설이 결정되었다. 1030년대 콘라트 2세$^{Konrad\ II}$ 때에 립프라우엔 성당 ^{Liebfrauenkirche} 초석을 놓는 등 카이저팔츠 왕궁의 건설을 시작했고 그의 아들 하인리히 3세가 완공하여 전성기를 이끌었다. 그의 심장은 지금도 카이저팔츠의 예배당에 간수되고 있다. 1050년에는 하인리히 4세가 이곳 카이저팔츠에서 태어났다. 그는 운이 없는 군주였고 카노사의 굴욕을 당한다. 19세기에는 카이저 왕궁 철거가 한때 고려되었으나 철거는 피할 수 있었고, 대신에 1868년부터 1879년까지 수리되었다. 1875년 8월 15일 빌헬름 1세$^{Wilhelm\ I}$ 황제가 공사 현장을 방문하여 이 프로젝트에 국가적 의미를 부여했다. 왕궁 앞에는 바르바로사 프리드리히 1세$^{Barbarossa,\ Friedrich\ I}$ 황제와 빌헬름 1세의 기마상 그리고 브라운슈바이크 ^{Braunschweig}의 사자상이 세워져 있다. 금구슬을 부리에 물고 있는 새 모양의 청동 조각상은 13세기에 왕궁 박공 지붕 위에 장식되었다. 이 청동 조각상은 람멜스베르크의 부를 지켜주는 수호자를 상징한다.

왕궁의 2층 홀인 여름홀은 비스리체누스^{Hermann Wislicenus}의 기념비적이고 역사적인 벽화로 장식되었다. 벽화는 1879년에서 1897년까지 그려졌으며 당시의 국가적 환희를 나타낸다. 벽화 주제는 카를 대제부터 빌헬름 1세까지의 고슬라 왕궁의 역사를 보여준다. 남쪽 벽면에는 그림형제의 동화인 장미공주 이야기를 모티브로 한 벽화가 그려져 있다. 여기서 장미공주는 긴 잠과 독일제국 부흥을 상징한다. 오른쪽 벽면 끝에는 772개의 장면 중 하나의 볼거리인 카를 대제와 이르민기둥 벽화가 있다. 이 장면은 작센의 기독교화를 보여준다. 오토 일가 출신의 크베들린부르크의 영주 하인리히 1세가 919년 처음으로 독일의 국왕이 되었다. 그래서 크베들린부르크는 독일제국이 시작된 곳으로 여겨진다. 긴 벽의 중앙에 걸려 있는 세 폭짜리 3단 수평 그림은 빌헬름 1세 황제를 중심으로 한 그림이다. 빌헬름 황제의 주위로 말을 타고 황제를 보호하고 있는 당대 인물들이 그려져 있다.

그리고 바르바로사의 목숨을 앗아간 제3차 십자군 원정을 그린 작품이 두 점 있다. 예루살렘은 당시 이미 기독교, 유대교, 이슬람교의 성지였다. 술탄 살라딘^{Saladin}이 이 도시를 점령한 이후 교황은 서양의 왕국들에게 이 도시를 해방시킬 것을 호소했고 바르바로사는 교황의 부름에 응하는 것이 그의 의무라고 생각했다. 첫번째 그림은 바르바로사가 자신의 아들 하인리히 6세에게 제국의 지배권을 넘겨주는 모습이고(1189), 그 옆으로는 코냐에서의 바르바로사의 승리를 그린 그림이다(1190). 그 아래는 십자군 원정에서 그의 죽음을 그렸다(1190). 그는 오늘날 터키 남부에 있는 강가에서 익사했고 그의 시체는 그곳에서 유실되었다. 이곳은 새로운 제국 건국 신화의 배경이 된 장소다. 북동쪽 벽면의 벽화를 보라. 바르바로사가 부활하여 키프호이저 동굴에서 걸어나왔고, 그는 수년간 잠을 잤을 뿐이라고 전해진다. 보름스^{Worms} 의회로 불려간 마르틴 루터의 모습도 그려져 있다(1521). 이 사건은 독일 중세시대의 종말을 상징한다. 고슬라는 루터가 종교개혁을 시작한 지 11년 만인 1528년에 완전히 신교화되었다[2016.10.19].

신성로마제국이 수백 개의 독립권력체로 구성되었고 황제가 그 실질적 권한이 크지 않은 상징적 존재였다는 것은 루터의 종교개혁이 성공할 수 있는 토양을 제공했다. 루터는 1517년 95개조 반박문 사태 이후 보름스에 있는 황제에게 불려가 파문을 당하지만 당시 영방 군주로 작센의 선제후였던 프리드리히 3세^{Friedrich III}의 비호를 받으면서 가톨릭교회의 처벌로부터 벗어날 수 있었고, 그 후 바르트부르크^{Wartburg} 성에 들어가 성서를 독일어로 번역했다. 물론 교황의 면죄부 판매도 독일이 강력한 중앙집권제 국가가 아니었기 때문에 가능했다. 신성로마제국의 허약한 틈새를 파고들어 영국이나 프랑스에서 팔지 않았던 면죄부를 팔게 된 것이기는 하지만, 역설적으로 독일의 바로 그러한 분권적 정치제도로는 그에 저항한 루터를 응징할 수 없었다.

나폴레옹과 독일

1776년 미국의 독립은 절대 왕정의 압제하에서 시달리던 프랑스에 영향을 미쳤고 당시 3부제도의 모순이 노정되면서 1789년 시민들은 왕의 휘하가 아닌 국민의 대표로서 국민회의 결성을 선포하고 헌법과 인권을 요구하기에 이르렀다. 이들은 자유, 평등, 박애를 기치로 바스티유 감옥을 습격하면서 프랑스 대혁명을 시작했고 마침내 루이 16세^{Louis XVI}로 하여금 인간과 시민의 권리선언을 하게 했다. 1792년에는 보통선거법을 채택하고 국민회의가 혁명 헌법을 선포하기에 이르렀다. 영주의 특권과 농노제를 폐지하고, 혁명재판소는 마침내 1793년 1월 자신들의 통치자였던 루이 16세를 단두대로 보냈으며, 프랑스는 더 이상 왕국이 아닌 공화국으로 변신했다. 그 후 몰아친 혁명의 광란은 1794년 7월까지 1251명의 소위 '의심분자'들을 단두대로 보냈다. 굶주린 시민들에게 "빵Brot이 없으면 과자Kuchen를 먹으면 되지 않나?"란 유명한 말을 했던 합스부르크 황녀 마리 앙투아네트 Marie-Antoinette 왕비도 이렇게 형장의 이슬로 사라졌다. 이에 위기를 느낀 유럽의 주변 왕정국가들이 프랑스의 왕정복고를 위해 군대를 보내면서 프랑스 혁명군과의 전쟁이 시작되었다. 여기서 프랑스 교육을 받은 이탈리아 사람인 나폴레옹 Napoléon Bonaparte이 프랑스의 구원자로 나타난다. 나폴레옹은 그 당시 이탈리아의 제노아에 속했던 코르시카 섬 출신이다. 그는 1799년 군대를 이끌고 파리로 입성하여 스스로 제1총통Konsul이 되었고 1804년에는 황제에 선출되었다. 이때 나폴레옹은 국민투표를 실시하여 자신의 황제직의 정통성을 국민들로부터 직접 확인했다.

나폴레옹은 독일의 운명도 바꾸어놓는다. 오스트리아와 프로이센을 굴복시키고 이탈리아를 재편하고 스위스와 스페인을 정복했다. 프로이센은 1806년 10월 예나와 아우어슈테트 전투에서 패배한 후 베를린을 나폴레옹 군대에게 내어주어야 했고, 쾨니히스베르크로 물러나서 수복의 결의를 다지게 된다. 이때 나폴레옹은 베를린 운터 덴 린덴Unter den Linden 거리에 있는 브란덴부르크 문 꼭대기의 청동 사두 전차상을 전리품으로 가져갔고 이 전차상은 8년 뒤 나폴레옹의 패배로 다시 베를린으로 돌아왔다. 나폴레옹은 그전에 행해진 로마 원정에서도 콜로세움 옆의 콘스탄티누스 대제 개선문을 파리로 가져오고자 했으나 포기하고 그것을 모델로 파리의 개선문을 세웠다. 나폴레옹은 프랑스 대혁명의 산물이기도 한 국가와 교회의 분리를 통한 세속화와 영방의 해체를 의미하는 '메디아티지룽Mediatisierung'의 원칙하에 독일을 5개의 큰 영역으로 재편했다. 우선 라인 강 서편 영토를 프랑스로 편입했고, 바이에른, 바덴, 뷔르템베르크 등 16개 영방국가들은 라인연방Rheinbund을 결성하여 나폴레옹의 치하로 들어갔다. 프로이센은 영토의 2/3을 잃었고 오스트리아도 라인 강 서편의 영토를 포함하여 많은 영토를 할양해야 했다. 1812년 나폴레옹이 러시아 원정에 실패하고 1813년 라이프치히 전투에서 프로이센, 오스트리아, 스웨덴, 러시아, 영국 등 연합군에 패배한 뒤 베를린이 수복되었고 파리는 연합군에 점령당했으며 나폴레옹은 엘바 섬으로 유배를 갔다. 엘바 섬을 탈출한 나폴레옹은 1815년 워털루 전투에서 다시 한 번 회심의 전투를 벌이나 성공치 못하고 이번에는 대서양의 세인트헬레나 섬으로 유배되어 역사의 뒤안길로 사라졌다.

프랑스 대혁명과 나폴레옹의 유럽원정은 자유, 평등, 박애라는 시민혁명 사상을 전파했고 정교 분리, 나폴레옹 법전의 확산을 통한 사유재산권과 계약자유의 원칙 확립, 미터법 등의 유산을 유럽 각국에 남겼다. 사회주의가 러시아 혁명을 통해 실현된 것처럼 자본주의도 1688년 영국의 명예혁명이나 프랑스 대혁명을 통해 실현되었다.[8] 한편 프로이센은 나폴레옹과의 싸움에서 패배한 것이 국가의 후진성 때문이라는 점을 자각하게 되었고 1808년 폼 슈타인^{vom Stein} 남작으로 하여금 다방면의 개혁 조치를 시행케 했다. 이러한 조치들은 정부조직을 내무, 재정, 외무, 사법, 전쟁의 5개 부처로 재편하고 오늘날 연방제도에서 볼 수 있는 분권화를 단행한 것 외에 농촌지역에서 인신의 자유, 직업 선택의 자유, 교역의 자유를 허용했다. 농부들은 이제 더 이상 토지 소유주에게 예속되지 않고 자유롭게 혼인하고 수공업을 배울 수 있게 되었다. 사실상 농노해방 조치였던 셈이다. 도시에서는 '길드강제^{Zunftzwang}'를 폐지함으로써 '영업의 자유^{Gewerbefreiheit}'를 허락했는데 이는 오늘날까지 독일에서 수공업 직업교육이 발전하게 된 배경이다. 아울러 도시 자치권을 허용하고 교육제도와 군대를 개혁했다. 군대개혁에는 체벌 금지와 성과에 근거한 장교 승진제도를 포함했다.

훔볼트^{Wilhelm von Humboldt}의 대학개혁도 이때 이루어지는데, 슐라이어마허^{Friedrich Schleiermacher}의 자유사상에 입각하여 경쟁에 의한 교수채용, 학생 중심의 교수, 연구활동 등을 내용으로 하는 훔볼트식 독일 대학모델은 이후 전 세계 대학모델의 표준으로 자리잡았다. 1810년경 훔볼트는 종래의 스콜라 강의식 교수법에 더하여 교수와 학생이 동등한 위치에서 토론하면서 학문을 연구토록 하는 세미나식 교수법을 창안하고 베를린의 당시 대학에 이를 도입했다. 함부르크 사회연구원의 크뇌블^{Wolfgang Knöbl} 원장에 따르면 당시 세미나식 수업은 소수의 능력 있는 학생들을 위한 것이었고, 이로써 종래 가르치기만 하던 대학에서 연구하는 대학이라는 개념이 생겨났다 한다. 지금 독일 대학의 수업방식도 이과계통의 전공을 제외하면 1~2학기에만 강의^{Vorlesung}를 위주로 하고 대개 3학기부터는 세미나식 수업이 보편적이다.

연구대학 개념은 당시 독일보다는 미국으로 건너가 꽃을 피웠는데 시카고 대학이 그 대표적인 예라 한다. 당시에는 하버드도 강의식 수업을 위주로 하던 대학이었다. 이후 1871년 독일제국이 성립되면서 당시 프로이센 중심의 국가구조를 감안하여 프로이센 이외 지역의 대학을 집중지원하여 균형 발전의 명분을 쌓으려는 정치적 배경하에 하노버 왕조에 속했던 괴팅엔 대학이나 남부의 하이델베르크 대학, 슐레지엔의 브레슬라우 대학, 알자스-로렌 지역의 슈트라스부르 대학을 집중지원했고 이들 대학이 발전하는 계기가 되었다. 이러한 발전은 1차 대전을 거치면서 1933년 히틀러가 집권하여 유대인 학자들을 추방하기 전까지 지속되었다. 당시 프랑스, 미국, 일본 등지로부터 많은 학자들이 독일제국으로 유학을 왔다 한다. 18세기까지 유럽에 143개 대학이 있었는데 이 중 독일제국 내에 34개 대학이 있어 가장 많은 대학을 보유하고 있었다.

1814-15년 빈 회의

　나폴레옹이 패배한 후 1815년 오스트리아의 메테르니히Klemens von Metternich 재상의 주도 아래 빈 회의Wiener Kongress가 열렸다. 빈 회의를 지배한 원칙은 나폴레옹 이전의 상태로 복구Restauration하는 것이었다. 5대 열강(영국, 프랑스, 프로이센, 오스트리아, 러시아)의 이익을 중심으로 프랑스 대혁명이 유럽 전역에 끼쳤던 자유주의적, 시민주의적 분위기를 일거에 돌려놓고자 했다. 민족국가적 이익보다는 보수와 반동이라는 계급적 이익이 우선했으므로 전쟁에 완패한 프랑스까지 참여시켜 보수, 반동의 안정적 체제를 굳히고자 했다. 1814년 겨울 빌헬름 크로노스Wilhelm Kronos란 상인이 자신의 아버지와 함께 빈으로 상업 목적차 여행을 갔다. 그런데 모든 숙박업소가 손님들로 가득차 정말 그곳 지인의 배려가 아니었다면 길거리에서 자야 할 지경이었다. 거리에는 호화로운 마차들이 줄지어 지나갔고 슈테판 돔Stephan Dom 근처에는 빈 회의 참석차 몰려든 낯선 이방인들이 밀려들었으며, 헝가리, 세르비아, 크로아티아, 보헤미아 그리고 폴란드, 터키, 아랍에 이르기까지 각국에서 몰려든 상인들이 사치품과 담배, 이국적 과일, 맛난 과자, 값비싼 비단을 팔았다. 크로노스는 어느 날 한 곳으로 초대받았는데, 그곳에서 왕관을 쓴 현직 국가원수, 왕자, 장관 등 정치인들이 잔뜩 모여서 새로운 유럽을 만드는 과업을 수행하고 있는 것을 목도했다. 그를 초대한 프로이센 왕실의 대표였던 폰 후젠von Husen은 그에게 이렇게 설명했다.[9]

　　회의가 춤추고 있소. 이해가 되시오? 나폴레옹을 이겼기에 기쁘고 프랑스적 생각을 세상으로부터 걷어냈기 때문에 행복하오. 자유, 평등 그리고 박애 같은 생각들은 이제 없소. 신의 은총을 받은 군주들에 의해 다시 지배되기 시작했소. 국민들은 순종할 것이오. 하지만 여기에서 볼 수 있는 휘황찬란한 모든 것들의

뒤에는 팽팽한 힘들이 대치하고 숨어 있소. 모든 이들이 가지려 하고 아무도 포
기하려 하지 않는다오.

나폴레옹은 실각 후 이렇게 말했다고 한다. "혁명은 멈추지 않을 것이다. 새로
운 동력으로 계속될 것이다." 그러나 상황은 나폴레옹의 생각과 다른 양상을 보였
다. 교황은 나폴레옹에 의해 없어진 자신의 교회국가가 복원되면서 거리의 가로
등을 밝히는 것과 우두 예방주사를 금지시켰다. 그는 그것을 혁명의 의심스러운
현상으로 보았고 유럽의 많은 곳에서 유대인들은 다시 자신들의 게토로 돌아가야
했다. 그러나 역사의 수레바퀴를 계속해서 거꾸로 돌릴 수는 없다. 시민적 자유와
사유재산권 그리고 공동결정권에 대한 이상은 자의식으로 무장한 시민계급에 의
해 다시 살아났다. 자유주의의 물결이 성큼 다가온 것이다. 1815년 이후 프로이센
과 오스트리아를 제외한 바덴, 뷔르템베르크, 바이에른, 헤센-다름슈타트, 작센-
바이마르 등 중남부 지역의 영방들은 모두 헌법과 의회를 외견상이나마 갖추어
나갔다.

빈 회의 이후 독일에서는 35개의 영방국가와 4개 자유시가 느슨한 형태의 국
가연합인 독일연방Deutscher Bund을 만들었다. 이것은 신성로마제국의 연장이었
다. 여기에는 하노버 왕가인 영국 왕과 홀슈타인을 지배한 덴마크 왕 그리고 룩
셈부르크를 지배한 네덜란드까지 포함되었고 프로이센과 오스트리아는 자신들
의 영역을 대표할 뿐이었다. 독일연방의 유일한 공동기관으로 만들어진 연방의회
Bundesversammlung는 오스트리아 황제를 의장으로 하여 프랑크푸르트에 위치했지
만 그 어떤 권한다운 권한은 부여되지 않았다. 더욱 실망스러운 것은 경제적 측면
이었다. 많은 관세장벽이 그대로 남아 있었고 법제, 화폐, 도량형 단위도 일치하
지 않았다. 그러면서 프로이센과 오스트리아 간 막후 주도권 쟁탈전이 전개되기
시작했다.

1848년 혁명과 프랑크푸르트 국민의회

프랑스에서 1830년 7월 혁명이 일어난 후 국민운동은 탄력을 받았고 특히 독일 남서부에서 민주화를 요구하는 수많은 집회가 열렸다. 1832년 남독일의 자유주의 언론인이었던 비르트^{Johann Wirth}와 지벤파이퍼^{Philipp Siebenpfeiffer} 두 사람의 주도로 개최된 함바흐 축제^{Hambacher Fest}는 통일과 자유를 외치는 데모가 되었다. 이들은 "독일의 재탄생"이란 문구가 새겨진 흑, 적, 금 삼색기를 들었고 이 삼색 깃발은 정치적 해방운동을 의미했다. 이 삼색기는 1815년 독일 최초의 학생연합 ^{Burschenschaft} 자유단의 삼색 유니폼에서 유래한 것으로 학생들은 이 삼색을 옛 신성로마제국의 색상으로 보았고 자유국민운동의 일반적 상징으로 여겼다.[10] 함바흐 집회에는 독일 전역으로부터 중산시민층, 수공업자, 학생, 농부 등 각계각층에서 약 3만 명이 참가했다. 당시 프랑크푸르트의 인구가 5만 명임을 감안할 때 그 집회 규모는 유례가 없는 것이었다. 여기서 20여 회가 넘는 연설이 있었고 독일의 분열과 영방제후들의 압제 그리고 사회 최빈층의 궁핍에 대한 분노가 표출되었다. 이들은 복지, 자유, 통일이 독일 민족국가 내에서 쟁취되어야 한다고 주장했다. 비르트와 지벤파이퍼는 통일 자유독일과 국가연합적 유럽 공화국을 주창했고 군주들을 독일 민족과 전체 인류에 대한 배신자로 격하시켰다. 함바흐 축제집회 이후 독일 전역에서 이들에 대한 체포령이 내려졌고 법적 질서 확립을 위한 반동정치의 광풍이 휩쓸었다. 그리고 오늘날 독일 국기에 새겨진 흑, 적, 금의 삼색은 자유와 민주의 표현으로 간주되어 공공연한 게시를 금지했다. 함바흐 축제집회는 그 당시 나타났던, 통일과 자유를 선언한 수많은 정치적 집회 중 하나일 뿐이었다.

1847년 정치, 경제, 사회적 상황이 악화되면서 프랑스에서 일어난 소요사태는 1848년에 들어서 압제와 기아에 지친 독일을 포함한 유럽 전역으로 퍼져 나갔다.

독일에서는 영방 제후들과의 타협을 통한 개혁조치를 주장하는 온건 자유주의자들과 사회혁명적 노선을 주장하는 공화주의 두 그룹이 양분되어 있었고 이들의 틈새는 더욱 벌어져만 갔다. 바덴에 집중된 공화주의자들은 1847년 9월 오펜부르크Offenburg에서 집회를 갖고 "바덴에서의 국민의 요구들"을 통하여 언론과 교수의 자유, 모든 특권의 폐지, 노동과 자본의 불합치 시정 그리고 독일연방 내 시민들의 대표기관 설치 등 국민국가 수립을 주장했다. 이에 대해 온건적 자유주의자들은 1847년 10월 호펜하임Hoppenheim에서 집회를 갖고 무력에 의한 통일을 반대하는 한편 독일연방 내 시민 대표기관의 설치도 반대했다. 그 대신에 이들은 경제적으로 관세동맹과 영세 중산층 및 노동자들을 위한 공공재원의 공평한 분배를 권고했다.[11] 이렇게 19세기 중반 독일에서는 강력한 자유민주 운동세력이 형성되어 기존의 영방제후들과 대치하면서 근본적인 사회적 여건의 변화와 함께 경제, 사회의 개혁을 요구했고 이러한 요구는 마침내 혁명화하기에 이른다. 집회는 빈번해졌고 정부에 대한 청원은 쌓여갔다. 1848년 3월 "3월요구Märzforderungen"와 함께, 파리의 2월 혁명을 시발로 베를린과 빈에서 시민들이 거리로 나와 항거했다. 그들은 무장하여 거리로 나섰고 베를린에서는 프로이센의 프리드리히 빌헬름 4세Friedrich Wilhelm IV의 발포 명령으로 많은 사상자가 발생했다. 이 과정에서 독일 시민들은 다시 흑, 적, 금의 삼색기를 들고 나섰다.

프리드리히 빌헬름 4세는 베를린에서의 대치와 사상자 발생으로 망연자실했다. 그는 베를린 시민들에게 서한을 보내 자신을 믿어달라고 했다. 통일된 독일의 황제가 될 것처럼도 이야기했다. 시민들은 감동했고 국민회의 대표들을 선출하는 선거가 실시되었다. 통일독일, 그 안에서 사람들이 자유롭게 동등한 권리를 향유하는 그런 나라를 수립하는 길이 활짝 열려 있는 듯했다. 거리의 바리케이드 투쟁과 함께 국민의회 운동은 마침내 하나의 전 독일 정부와 중앙행정기관, 그리고 전 독일 헌법을 제정하게 된다. 1848년 3월 전국 각지에서 500명이 넘는 남자들이 프랑크푸르트의 파울스Pauls 교회로 집결하여 예비의회Vorparliament를 구성했다. 이들은 각 영방들을 대표했다. 슈트루페Gustav von Strupe가 이끄는 민주 좌파가 구체적인 프로그램을 제시했고 연방공화국과 국민의회에 의한 즉각적 혁명권력 수립을 주장했으나 다수는 영방 제후들과의 합의에 의한 정치적 변혁을 고수함으로써 40여 명의 공화주의 의원들은 국민의회를 떠났다. 1848년 5월 파울스 교회에서 첫 국민의회National Versammlung가 소집되었다. 예비의회에서 마련된 선거법에 의해 실시된 직, 간접 선거에서는 '자영독립자'만이 선거권을 가졌는데 이 자영독립자에 대한 정의는 주마다 달랐다. 총 831명의 의원들이 선출되었는데 이들은 처음에는 330명이 출석했고 나중에는 대개 400~500명 정도가 출석했다. 독일 시민들의 기대를 한 몸에 모았던 국민의회는 그 구성부터 전체적인 사회적 기대를 반영하지 못했다. 고등교육을 받은 공직자, 학자 그리고 법률가들이 다수를 차지했고 상공업자나 농장주 등은 13% 정도에 불과했다. 노동자와 농부는 아예 배제되었다.[12] 국민의회의 한계가 구성 단계부터 노정된 셈이다. 이들은 자유민주적 헌법을 만들고 이를 프로이센의 왕 프리드리히 빌헬름 4세에게 제의하지만 그들에게 돌아온 것은 프로이센의 군대였다. 이로써 자유민주적 헌법을 가진 통일된 국가를 가지려던 이상은 좌절된다.

프랑크푸르트 국민의회는 당초의 출발은 미미했지만 전체 독일연방Deutscher Bund의 대표들로 구성된 유일한 기관으로서 국가통합의 시발이 되었다. 하지만 "1848년 혁명은 어차피 통일에 도움이 되지 않는다"는 비스마르크의 시각에서 보듯이 결국 프로이센의 철혈정책을 근간으로 하는 군사력으로 통일이 주도되었다. 이 군사력은 훗날 1차 대전 발발로 이어지는 단초가 된다. 권력을 가진 자들의 명분과 실제를 잘 구분해서 보아야 한다. 프로이센의 프리드리히 빌헬름 4세나 당시 영방의 군주들은 마지못해 프랑크푸르트 국민의회를 용인하여 명분 쌓기에 나섰지만 그들이 진정 원했던 것은 자유민주적 통일국가가 아니라 자신들의 권력과 왕국을 지키는 것이었다. 한반도 통일 논의에서도 생각해볼 대목이다.

나폴레옹의 독일 점령 이후 1806년 8월 프란츠 2세^{Franz II}가 독일 황제를 내려놓음으로써 명목적이나마 900년 이상을 지속했던 신성로마제국은 공식적으로 해체된다. 신성로마제국이 해체된 1806년부터 독일제국이 선포되는 1871년까지 65년간은 프로이센의 폼 슈타인 남작을 통한 개혁정치, 1848년 프랑크푸르트 국민의회에 의한 국가연합 수준의 대독일연방 결성 시도 등이 있었으나 주변 열강들의 동의 부재와 함께 프로이센과 오스트리아의 주도권 다툼으로 좌절되었다. 그러면서 단일적 형태의 국가체제 수립이 미루어져 오다가 소독일주의에 입각한 비스마르크의 철혈정책에 의한 통일로 1871년 독일제국이 성립된다.

1871년 독일제국

1871년 1월 베르사유 궁전에서 프로이센 왕 빌헬름^{Wilhelm}이 독일 황제로 즉위하면서 통일된 독일제국이 출범했다. 프로이센 군대가 메츠와 스당에서 나폴레옹 3세를 격파하면서 보불전쟁을 승리로 이끌었고 독일은 독일제국 선포식의 장소로 프랑스 궁전 중 가장 큰 베르사유 궁을 선택하여 누가 전쟁에서 겼는지를 만방에 드러내고자 했다. 반세기 전 신성로마제국 해체와 나폴레옹의 독일 침략에 대한 응징이 이루어지는 순간이었다. 하지만 이는 프랑스인들의 감정을 자극했고 후일 1차 대전 후 같은 장소인 베르사유 궁에서 체결된 가혹한 강화조약의 단초를 제공했다. 독일제국의 선포는 독일통일이라는 비스마르크의 오랜 숙원이 이루어지는 순간이었다. 여기에 북독일 연방에 속했던 나라들은 물론 뷔르템베르크, 바덴, 헤센, 다름슈타트 그리고 바이에른이 합류했다. 바이에른은 독일제국의 황제를 프로이센과 번갈아 맡는 것을 제의했으나 관철시킬 수 없었다. 바이에른이 생각했던 것은 독일 황제 자리를 특정 가문에서 독점적으로 세습하는 것이 아니라 신성로마제국의 황제처럼 서로 다른 여러 왕가에서 돌아가며 배출하는 방식이었다. 그런 만큼 프로이센도 양보할 수밖에 없었고 여타 영방국가에 대해 우월적 지위를 나타내는 "독일의 황제Kaiser von Deutschland"가 아닌 중립적인 "독일 황제Deutscher Kaiser"라는 이름에 만족해야 했다. 독일제국은 이렇듯 국내적으로 완전히 통합된 나라라기보다는 과거 영방의 분권주의를 그대로 계승한 체제를 유지했다. 이것은 휘터 소장이 1990년 동서독 통일국가를 독일 역사상 최초의 민주적 단일민족국가로 보는 근거이기도 하다. 독일 내 각 영방국가들의 실질적 통치권이 종식된 것은 1차 대전 직후이다. 비스마르크는 초대 재상이 되었다. 그리고 통일제국의 국기는 1848년 프랑크푸르트 국민의회에서 채택한 오늘날의 '흑적금Schwarz-Rot-Gold'이 아닌 프로이센의 색깔인 '흑백적Schwarz-Weiss-Rot'으로 결정했다. 이것은 독일제국의 이념이나 국가 운영원리에서 진보적 자유민주주의보다는 보수적 전제주의를 채택했음을 나타낸다.

비스마르크는 함부르크 근교의 프리드리히스루Friedrichsruh에서 1878년부터 살았다. 당시 그는 베를린에서 독일제국의 재상으로 재직 중이었지만 실제 자신의 집무실이 있는 베를린에서는 겨우 3~4개월을 보냈고 나머지 시간은 프리드리히스루나 오스트리아의 가슈타인Gastein 등 휴양지에서 보냈다. 프리드리히스루의 영지는 독일통일의 공로로 빌헬름 1세가 비스마르크에게 하사한 것이다. 비스마르크는 숲을 매우 좋아했고, 또 이미 함부르크와 베를린을 연결하는 철도로 문서들을 매일 받아볼 수 있었기 때문에 여기서 근무하는 날들이 많아졌다. 사실 한 나라의 재상이 이런 식으로 집무하는 것은 상상하기 어려운 일이다. 그래서인지 그는 "성취하려면 우선 쉬어야 한다"는 명언을 남겼다. 1890년 은퇴 후에는 프리드리히스루에 영주했고 매주 함부르크에 왔다. "쾰른Cölln"이란 식당에는 비스마르크가 늘 식사를 했던 비스마르크실로 명명된 방이 있을 정도였다. 그는 대식가로서 굴 12개를 전식으로 먹고 스테이크를 3개씩 먹었다 한다. 하기는 그는 1.9m 의 키에 120kg의 거구였다. 공교롭게도 콜 총리도 비스마르크와 똑같은 키에 몸무게만 그보다 2~3kg 정도 빠지는 거구였다. 독일통일은 거한들만 할 수 있는 모양이다. 비스마르크가 계속 재상직에 머물러 있었다면 1차 대전이 일어났겠는가라는 질문에 대한 비스마르크 재단 라펜퀴퍼^{Ulich Lappenküpper} 관장의 대답은 이러했다.

> 모르는 일이지만 한 개인의 힘으로 전쟁을 방지할 수 있었을까? 혼자서는 불가능했을 것이라 생각한다. 그럼에도 불구하고 어쩌면 비스마르크라면 전쟁 전 방향을 다르게 잡을 수 있었을 것이다. 비스마르크는 러시아와 외교관계를 맺고 러시아 중시 정책을 펼쳤지만 그의 사퇴 후에는 독일제국이 러시아로부터 멀어지고 영국을 향해 다가갔다. 이것은 비스마르크가 '반생산적'이라며 반대했던 일이다[2014.12.10].

1871년 베르사유 궁전에서의 독일제국 선포는 50년이 채 안 되어 프랑스의 복수로 나타났다. 4년 이상을 끈 1차 대전에서 독일의 패배가 굳어졌고 1918년 11월 휴전이 성립되었다. 독일제국은 빌헬름 2세의 퇴위로 막을 내렸고 프랑스는 강화회담을 의도적으로 베르사유 궁에서 진행하여 1919년 5월 강화조약을 체결했다. 프랑스의 클레망소^{Georges Clemenceau} 총리는 "이제 정산의 시간이 왔다"라고 말했다. 과거 보불전쟁의 패배와 베르사유 궁에서의 독일제국 선포에 대한 보복을 의미했다. 여기서 우리는 역사의 교훈을 다시 보게 된다. 베르사유 강화조약은 승자독식의 원리로 독일에게만 전쟁 책임을 묻고 가혹한 배상을 결정했는데, 이는 다시 30년 만에 2차 대전 발발이라는 엄청난 재앙을 예고하는 서막이었다. 독일은 자신들의 책임이 없는 것은 아니지만 혼자서 책임을 지는 것은 공평하지 않다고 보았다.

이와 관련해 국가법 학자 한스 켈젠Hans Kelsen의 전쟁책임 문제에 대한 국제법적 대응 논리는 유명하다. 그의 논리는 베르사유 조약 폐기를 정강정책으로 삼았던 나치를 고무했는데, 아이러니하게도 후일 그는 나치를 피해서 미국 망명길에 올라야 했다. 그에 따르면 연합국이 1차 대전에 대한 독일의 단독책임을 물은 베르사유 조약 제231조는 부당하다는 것이다. 독일의 참전은 동맹국인 오스트리아의 황태자 암살이라는 불법행위Unrecht에 대한 일반 국제법이 인정하고 있는 구제행위로서 그 위법성이 조각된다고 했다. 따라서 독일의 참전은 정당하며 전쟁의 종료로 국내에서 강제집행이 이루어진 것과 마찬가지이므로 보상Entschädigung 의무는 발생할지언정 배상Wiedergutmachung 의무는 없다는 것이다. 그리고 국내에서는 손해배상이 사전에 정해지지 않았다 하더라도 법원이 그것을 판단하지만 국제법은 그렇지 않기 때문에 쌍방 국가 간 조약에 의해 그것이 미리 규정되어 있지 않는 한 내용 없는 의무가 되어 실제 손해배상 의무가 발생하지 않는다고도 했다.

바이마르 공화국과 히틀러의 등장

1차 대전이 끝나면서 1918년 빌헬름 2세는 자유주의자로 여겨졌던 막시밀리안 폰 바덴Maximilian von Baden 왕자를 총리에 임명하여 제국 내 의회민주주의 정부를 수립하고자 시도했지만 실패했다. 독일 전역에서 일어난 민중봉기와 킬Kiel 수병들의 폭동으로 결국 베를린에서 빌헬름 2세와 뮌헨에서 루트비히 3세Ludwig III가 동반 퇴진하면서 독일제국은 막을 내리고 공화정의 시대로 진입했다. 1918년 11월 9일 빌헬름 2세의 하야가 발표되자 바로 다음날 프리드리히 에버트Friedrich Ebert를 수반으로 하는 6인의 국민 평의회가 설치되어 8시간 노동제를 도입하고 독일 역사상 처음으로 여성에게 참정권을 허용하는 보통선거를 실시하여 바이마르 공화국으로 가는 길을 열었다. 바로 이 시기 1918년에서 1919년으로 넘어가는 겨울에 독일은 혹독한 혼돈의 시간과 마주하게 된다. 발단은 사민당의 분열이었다. 1차 대전 전 사민당은 전쟁에 반대했다. 그러다가 막상 전쟁이 개시되면서 리프크네히트Karl Liebknecht 등 일부를 제외한 다수가 소위 '마을평화정책Burgfriedenspolitik' 노선에 따라 반전 입장을 포기하기에 이른다. 마을평화정책이란 1차 대전 발발 당시 전쟁에 임하면서 국내적으로 내치적 충돌을 그만두자는, 소위 '마을'(독일) 내에서 평화를 유지하자는 노선을 일컫는다. 1914년 8월 초 빌헬름 2세는 제국의회에서 이렇게 연설한다.

> 나는 어떤 정당도 더 이상 모릅니다. 오직 독일인을 알 뿐입니다. 우리 독일인들이 정당, 출신지역, 종교의 차이 없이 나와 함께 역경과 죽음을 견뎌 나가기로 결심하였다는 표식으로 나는 정당 간부들이 여기 앞으로 나와 다짐해줄 것을 요구합니다.

이에 사민당은 물론 사민당과 최측근 관계에 있었던 노조도 동조하기에 이른다. 사민당 내에서 끝내 반전 입장에 서 있었던 그룹들은 결국 1917년 '독립사민당USPD'으로 떨어져 나왔고 추후 독일공산당KPD으로 변신한다. 그리고 "모든 권력은 평의회로"란 슬로건 아래 러시아식 사회주의 혁명을 주도한다. 독일공산당은 1950년대 서독 헌법재판소의 판정으로 해산된다. 1919년 새해 벽두부터 그들은 거리로 나와 맹렬히 투쟁했고 그들의 지도자였던 리프크네히트와 로자 룩셈부르크Rosa Luxemburg는 살해당했다. 당시 가투를 반대하고 온건한 편에 선 사민당을 지지했던 일부 군부와 전쟁에서 돌아온 군인들로 이루어진 사병조직 '자유군단Freikorps'에 의해 그들의 가투는 유혈 진압되었다. 이 가투가 이루어졌던 1919년

1월 6일부터 1월 13일까지를 "베를린 피의 주Berliner Blutwoche"라 부른다.

  이러한 연유로 독일 국민의회는 베를린이 아닌 바이마르에서 개최되었고 1919
년 7월 31일 자유민주적 헌법을 통과시킴으로써 바이마르 공화국이 출범하게 된다.
그러나 전후의 소용돌이 속에서 출범한 바이마르 공화국은 처음부터 국민들의 전
폭적인 지지를 받지 못한 반쪽 공화국이었다. 당시 힌덴부르크Paul von Hindenburg를
포함한 군부는 독일제국 당시 임명된 장성들에 의해 장악되고 있었는데 이들은
전쟁 패배를 내심 승복하지 않았다. 사회주의자들이나 유대인들 그리고 공화주
의자들이 이반하지 않았더라면 휴전과 치욕스런 평화조약에 내몰리지 않았을 것
으로 생각했다. 이들은 이것을 "등 뒤에서 칼을 맞았다Dolchstosslegende"란 말로 표
현하는데, 이런 연유로 사민당이 장악한 바이마르 공화국에 반감을 갖고 있었다.
여기에 철강재벌 슈틴네스Hugo Stinnes와 같은 자본가들도 반자본적인 바이마르 공
화국에 호감을 갖지 않았으며 행정부, 법원, 대학, 학교 등 사회지도층에도 이에
동조하는 세력들이 산재해 있었다. 독일은 해외 식민지를 잃고 해상 무역선단을
상실한 외에 전쟁 배상금까지 짊어져야 했다. 마침 1923년 일어난 초인플레이션
사태와 1929년 미국에서 시작되어 유럽을 강타한 세계 경제위기는 히틀러의 득세
를 가져왔다.

  히틀러는 독일 국경 근처의 오스트리아에서 태어났다. 당시 세관의 하급관리였
던 아버지는 히틀러에게 폭력을 사용할 정도로 엄격했다고 한다. 히틀러는 14세
되던 해에 아버지를 여의고 18세 때는 어머니마저 세상을 떠난다. 그는 빈에 홀로
정착하여 미술학교에 두 번 낙방했고 자신이 그린 그림을 팔아 근근이 생계를 유
지했다. 그러다가 1차 대전이 나면서 바이에른 군대 하사관으로 참전하게 된다.
후일 바이마르 공화국의 대통령 힌덴부르크 장군은 히틀러가 정치적으로 급부상
하고 있었음에도 그를 "바이에른의 상사"로 멸시하고 그의 실체를 인정하려 하지
않았다. 힌덴부르크 장군의 이런 인식과 태도는 결과적으로 히틀러의 득세를 도

와주어 바이마르 공화국을 파멸로 이끌게 된다. 물론 대통령에게 총리임명권, 군통수권, 의회해산권, 국민투표 부의권, 비상입법권 등을 주어서 권력을 집중시켰고 의회와의 관계를 명확히 규정하지 않는 등 헌법상에 있었던 오류에도 책임이 있다. 우리 헌법상 대통령의 권한과 비교할 때 우리 대통령은 의회해산권 정도만 제외하고 바이마르 대통령이 가졌던 모든 권한을 갖고 있고 여기에 더하여 대법원장, 헌재소장, 감사원장, 선거관리위원의 1/3 등 헌법기관에 대한 임명권이나 추천권을 갖고 있어 황제적 대통령제란 말이 나올 법하다. 바이마르 공화국 시절 힌덴부르크 대통령은 "황제 대리Ersatzkaiser"로까지 불렸다.

히틀러는 참전 중 부상으로 귀국하게 되었고 이후 1919년 열쇠공이었던 드렉슬러Anton Drexler가 바이에른에서 만든 소정당인 '독일노동자당DAP' 조직을 인수하여 1920년 나치당인 '국가사회주의노동자당NSDAP'을 창당했다. 1921년에는 사병조직인 '나치돌격대SA'를 조직하고 1922년 뮌헨과 뉘른베르크에서 당대회를 개최하면서 본격적인 정치활동을 전개했으며, 1945년 독일 패망 시까지 히틀러와 나치는 공동운명의 길을 걷게 된다. 나치의 정강은 25개조로 되어 있는데 그중 5개조가 2차 대전 후 뉘른베르크 재판 당시 재판부에 의해 주목받았다. 이 5개조에는 민족자결권에 의한 독일 제 민족들의 대동단결, 베르사유 조약과 생제르맹 조약의 파기 외에 홀로코스트의 단초로 볼 수 있는 규정이 있는데 바로 독일 혈통만 독일 시민이 될 수 있고 유대인을 독일 혈통에서 제외한다는 내용이다.[13] 히틀러는 1923년 4월 뮌헨에서 가졌던 연설에서 평화조약의 파기를 주장했다. 그는 그해 11월 뮌헨의 맥주홀인 '뷔르거브로이켈러'에서 지지자들과 집회를 가진 뒤 베를린까지 무장 출정을 위한 무장가투를 시도했으나 곧 진압당한 후 체포되었다. 그의 이러한 국가반란 시도는 무솔리니Benito Mussolini가 로마로의 무장 진격으로 권력을 얻는 데 성공한 사례를 모방한 것이다. 히틀러는 그의 무장가투가 베를린으로 진격하게 되면 중도에 점점 더 많은 지지자들이 합류하여 마침내 베를린에서 권력을 쟁취할 것이라 믿었다고 한다.[14] 그 뒤 6개월간 복역 후 출소하는데 그 당시 히틀러가 감옥에서 자신의 비서였던 헤스Rudolf Hess에게 구술하여 쓴 나치 교리서가 『나의 투쟁Mein Kampf』이다. 히틀러의 자서전적 저서인 이 책은 70년간의 출판 금지에서 벗어나 2016년 1월 처음으로 재인쇄가 허용되었다. 3500개의 주석을 다는 조건으로 출판이 허용된 이 책은 약 2천 쪽에 달하여 2권으로 나뉘어 출간되었고 1년도 안 되어 8만 5000부가 팔리면서 베스트셀러가 되었다. 이 책이 출간되면서 학교에서 역사 시간에 이 책을 가르칠 수 있는지에 대한 논쟁이 교육당국, 교사협회, 역사학 교수, 유대인협회 간에 이어져 왔다.

히틀러는 출소 후 나치당을 새로이 조직하고 자체적인 무장군대인 '친위대SS'를 만들었다. 아울러 무장투쟁을 포기하고 합법적인 권력 쟁취로 그 노선을 변경했다. 그는 이렇게 말했다. "이제 우리는 제국의회에 코를 박아야 한다. 우리의 정적들을 회유하는 것이 총으로 쏘는 것보다 더 오래 걸린다 하더라도 말이다." 히틀러는 의회와 민주주의를 경시했지만 의회를 통해 집권하기로 마음먹었다. 어떻게 수백만의 독일인들이 그를 신뢰할 수 있었을까? 당시 독일 국민들은 우매하지는 않았지만 희망이 없었다. 히틀러는 이런 희망이 없는 많은 사람들에게 다가갔고 구악 일소와 완전한 새로운 시작을 강조했다. 그 메시지는 명확하고 강력하게 국민들을 파고들었다. 그는 독일 국민들이 물속에서 지푸라기라도 잡으려는 심정이라는 것을 충분히 활용했다. 위기가 수위를 높일수록 히틀러의 집권 가능성은 더욱 높아졌다. 그렇지만 히틀러가 독일을 구할 수 있었을까? 그는 자신의 인생도 제대로 한 번 살아보지 못했다. 학교를 제대로 마쳐보지 못했고, 직업훈련도 받지 못하고, 정규적인 일자리도 가져본 적이 없는 그였다.

이후 나치당은 1924년 5월 치러진 선거에서 총 472석 중 32석을 얻어 의회에 진출했고 1930년 선거에서 107석을, 그리고 1932년 6월 선거에서는 1400만 표를 얻어 총 608석 중 230석을 차지함으로써 원내 과반은 넘지 못했으나 제1당이 되었다. 그리고 마침내 1933년 1월 힌덴부르크 대통령이 마지못해 히틀러를 제국총리로 임명했다. 이 과정에서 1929년 미국에서 시작된 대공황은 히틀러의 집권에 유리한 환경을 조성해주었다. 노동자와 농부 그리고 소규모 자영업자들까지 나치를 지지했다. 그의 선거 전략은 "모두에게^{allen} 모든 것을^{alles}" 약속하는 것이었다. 재정적 후원자들도 확보했고 그를 보헤미아의 하사관으로 경멸한 힌덴부르크 대통령의 주위를 어느덧 파고들었다. 힌덴부르크와는 싸움이 되지 않았다. 한쪽은 수권을 위하여 사생결단을 하는데 다른 한쪽은 이름값을 못하는 노인이었던 것이다.[15]

1919년 바이마르 공화국이 출범한 이후 정확하게 20번 총리가 바뀌었지만 히틀러 지지자들은 이번만은 다를 것임을 알고 있었다. 사람들은 히틀러가 무자비하게 정적들을 짓누르고 한 번 잡은 권력을 절대로 놓지 않을 것이라고 확신했지만 힌덴부르크 대통령은 그때까지도 그를 과소평가했다. 처음에는 10명의 장관 중 나치당은 2명뿐이었지만 하루가 다르게 권력을 확대해나갔다. 히틀러의 목표는 '영도자 국가'였다. 1933년 2월 제국의회가 불탔고 히틀러는 그 책임을 독일공산당^{KPD}에 전가시켜 그다음 날로 많은 공산당원들을 집단수용소^{KZ}로 끌고 갔다. 1933년 3월 제국의회 선거가 시행되었을 때는 이미 자유선거가 아니었다. 그래도 나치당은 절대 과반수 의석을 차지할 수 없었다. 히틀러는 괘념치 않고 계획대로 방해가 되는 모든 것들을 제거해나갔고 3월 23일 제국의회는 히틀러에게 의회 동의 없이 단독으로 법률을 만들 수 있는 권한을 넘기는 소위 수권법을 통과시킴으로써 나치에 의한 영구독재의 길을 열었다. 당시 사민당만이 여기에 반대했고, 이것은 훗날 사민당의 역사적 위업으로 기록되고 있다. 이날은 독일 역사에서 히틀러가 총리에 임명된 1월 30일과 함께 "두 흑색의 날"로 기록된다. 수권법은 입법권을 의회에서 행정부로 넘기는 헌법 변경적 입법으로서 정식 명칭은 "국민과 제국의 위난 극복을 위한 법"이다. 행정부에 의한 입법권도 인정함으로써 의회를 유명무실하게 하여 국민의 기본권 효력을 정지시키는 결과를 초래했다. 7월에 나치를 제외한 모든 다른 정당들을 불법화시켰고, 11월에는 국민투표를 통하여 전국 평균 94%라는 압도적 지지로 선택의 여지가 없이 '영도자 리스트Führerliste'에 올라온 후보자들을 선출했다. 이 모든 것이 1933년 한 해 동안 일사천리로 이루어졌고 이후 1934년 8월 힌덴부르크 대통령이 사망하자 히틀러는 대통령과 총리의 권한을 합친 영도자와 제국총리Führer und Reichskanzler의 지위를 차지했다. 1938년 1월에는 전쟁부 해체를 통해 유일한 견제세력이었던 군대를 평정하고 자신이 스스로 최고사령관이 된다. 이 과정에서 1934년 6월 "긴 칼의 밤die nacht der langen Messer"이라 불리는, 권력기반 확충을 위한 토사구팽식 사건도 일어난다. 자신의 추종세력이었던 나치 돌격대SA의 수뇌부가 일반 대중으로부터 불만을 사자, 이들을 전격 체포하여 약식 재판으로 처형했던 것이다.[16]

이로써 히틀러는 모든 권력을 완전히 장악하고 향후 닥쳐올 2차 대전과 홀로코스트 준비를 마치게 된다. 히틀러가 영도자가 되어 홀로코스트를 자행하고 2차 대전이라는 파국으로까지 가게 되는 직접적인 길은 1933년 1월 이후 무력을 동원한 히틀러의 비합법적 방법에 의한 것이었지만, 그전에 히틀러나 나치당이 이미 그 위치까지 갈 수 있었던 것은 1932년 6월 제국의회 선거 결과에서 제1당이 된 것에서 보듯이 상당한 국민적 지지 때문이었다. 그래서 히틀러가 합법적으로 권력을 쟁취했다는 평가는 정당하다. 함부르크 대학의 카르펜Ulich Karpen 명예교수의 이야기다.

바이마르 시대는 혼란의 시대였다. 제3제국의 흥미로운 점은, 여러 관점에서 볼 때 사실상 바이마르 헌법이 폐지된 적은 없다는 것이다. 히틀러는 바이마르 헌법 폐지를 감행하지는 않았지만 조금씩 잠식해나갔고 결국 바이마르 헌법은 그 효력을 잃었다. 특히 1933년 수권법의 통과는 삼권분립의 종말을 의미했다.

그리고 1934년에 히틀러는 "우리는 대통령을 필요로 하지 않으며, 내가 통치자"
라고 말하면서 사실상 대통령직을 폐지했다. 그다음에는 연방주를 폐지하는 법
들을 통해 각 주들을 국가의 한 지역으로 통합시켰다[2015.11.16].

제2장

성공적인 과거사 극복은 독일모델의 중추

단절의 영시

2014년 가을 햇살이 따스한 어느 날 알스터^{Alster} 호수가 바라다 보이는 함부르크의 한 호텔에서 만프레트 폴^{Manfred Pohl} 교수를 만났다. 그는 창가를 내다보면서 2차 대전 당시를 회상했다. 어린 나이였지만 알스터 호수변의 건물들이 외벽만 남긴 채 앙상한 모습을 하고 있던 광경을 지금도 기억한다고 했다. 폭격 후 불이 폭풍처럼 번지는 화염으로 인해 많은 사람들이 죽었고 사체는 불에 타서 신원을 확인하기 어려울 정도였다 한다. 당시 함부르크는 징병자원이 집결하는 병참기지 역할을 하고 있어 연합군의 우선적 타격 목표가 되었다. 2차 대전 중 2년 이상 지속된 연합군 공습으로 인한 독일 내 사망자 수는 당시 인구의 약 0.71%인 63만 5천 명이었으며 부상자 수는 95만 5천 명이었다 한다.[1] 이 사망자나 부상자 중 거의 90% 이상이 민간인이었다는 점은 도시 전체를 무차별 폭격 대상으로 했을 때 이미 예견된 일이었다.

1945년 5월 8일 유럽에서 2차 대전이 끝났다. 오전에 보였던, 군대를 지휘하던 나치 장교들과 친위대, 전의를 불태우던 나치소년단, 시민들을 죽음으로 위협했던 나치당 간부들이 오후가 되자 갑자기 사라졌다. 나치 제복을 입은 사람들을 더 이상 찾아볼 수 없었고 히틀러 초상화는 사라졌고 나치 깃발은 불태워졌으며 문서는 파기되고 훈장은 묻혀졌다. 몇 시간이나 되었을까. 긴장된 고요와 두려움만이 흐르는 주인 없는 '아무도 없는 시간Niemandszeit'이 뒤따랐고 오후에는 곧 낯선 군인들이 거리에 나타났다.[2] 함부르크 노이엔감메Neuengamme 강제수용소 추모관장의 말이다.

> 전쟁 당시 범죄에 직간접적으로 관여되어 있던 사람들은 살아남기 위해 아예 자신의 정체를 통째로 바꾸기도 했다. 새로운 이름을 만들고 가족관계 서류들을 위조했다. 1950년대에는 함부르크에도 나치 사람들이 아직 주요 직책을 맡고 있었다. 나치 시절 가장 높은 관직에 있었던 함부르크 주의 '가우라이터Gauleiter (주지사)'도 재판에 섰던 적이 없다. 그들이 사회의 상류층에서 사라졌을 때서야 비로소 새로운 사람들이 그 자리를 이어받았고 그때부터 과거에 대해 고민하기 시작했다. 그렇게 80년대, 90년대에 가서야 제대로 된 논의가 진행될 수 있었다 [2014.9.23].

히틀러와 그의 정권은 독일 역사상 유례없는 최악의 패배를 독일에 안겨주었다. 히틀러는 독일 패망 직전 최후의 순간까지 권력을 지킬 수 있었지만 전쟁은 이루 형용할 수 없는 고통, 죽음 그리고 파괴를 가져왔다. 5500만 명의 사망자를 냈고 그중 550만 명이 독일인, 약 5000만 명이 타 민족이다. 사망자의 1/4 정도가 민간인으로서 그중 600만 명이 인종 이데올로기적 광기에 의해 집단 살해된 유대인들이다. 독일은 군사적으로뿐만 아니라 정치적으로 그리고 정신적으로도 3중으로 궤멸했다.[3] 독일군의 무조건 항복, 무장해제, 독일 군복을 입은 모든 군인의 체포, 전 독일의 점령, 점령지역별 분할, 그리고 연합군에 의한 전권 이양으로 독일인들은 패전을 실감해야만 했다. 1차 대전에 패배한 1918년 이후 느꼈던 패배에 대한 의구심이나 불감증 같은 것은 다시 생겨날 수 없었다.[4] 제1장에서 설명한 대로 1차 대전 시에는 독일의 패배에 많은 사람들이 승복치 않은 상황이었고 1차 대전의 종전과정도 어설픈 점이 많았다. 체흐[Hans-Jörg Czech] 함부르크 박물관장은 "1차 대전 종전 시 혼란이 있었다. 항복한 날이 명확하지 않아서 휴전협정이 체결되고 나서도 군인들은 전선에서 싸우고 있었다. 사람들은 종전을 즉각 알아채지 못했고, 꽤 시간이 흐르고 나서야 이를 인지할 수 있었다"고 했다[2016.8.30].

그러나 2차 대전의 끝은 달랐다. 독일은 거의 완전히 파괴되었다. 도시는 황폐화되었고 사람들은 절망했다. 먹을 것, 입을 것이 부족했고 배급과 암시장을 통해서만 수급이 이루어졌다. 당시 독일의 상황은 "영시[Nullstunde]"라는 표현대로 패전이 모든 사람에게 확연한 모습으로 다가왔고 정치, 사회, 문화 등 모든 분야에서 과거로부터의 급작스런 단절이 나타났다. 독일 현대사에서 이 순간만큼 깊게 그리고 오래도록 독일을 후벼판 단절은 없었다. 영시란 개념은 당대에 일찌감치 자리잡았으며 이것은 정확한 통찰이었다.[5] 1946년 프랑스의 레지스탕스이며 철학가였던 모랭[Edgar Morin]이 "영년[Das Jahr Null]"이라 했고 1947년 여름에는 로셀리니[Roberto Rossellini] 감독이 베를린 폐허의 한복판에서 전후 가족의 생계를 걱정해야 하는 굶주린 12세 소년의 이야기를 그린 영화를 제작했는데 이것이 그 이듬해 나온 〈영년의 독일[Deutschland im Jahre Null]〉이란 영화다.

1945년 8월 추축국 핵심전범 기소와 처벌에 관한 연합국 간의 협정으로 1945년 11월에 뉘른베르크에서 전범재판이 개시되었다. 헤르만 괴링[Hermann Göring] 원수, 루돌프 헤스[Rudolf Hess] 부총통, 요아힘 폰 리벤트로프[Joachim von Ribbentrop] 외교장관 등 22명의 제3제국 주범들이 기소되었고 이 중 12명이 사형 선고를 받아 10명이 교수형에 처해졌다. 괴링은 처형 직전 감옥에서 자살했고 보르만Martin Bormann은 재판 당시 행방불명으로 궐석재판을 받았다. 나머지 3명은 종신형을, 4명은 10~20년 형을 받았고, 3명은 석방되었다. 뉘른베르크 군사법정은 이후에도 12회의 후속재판을 통해 총 185명에 달하는 전범자들을 기소했고 이 중 24명을 사형에 처했다. 뉘른베르크 군사재판은 정치인들과 군인들 개인에 대해 전쟁 책임을 추궁하고 처벌했고 그 재판과정을 통해 나치의 범죄를 규명하는 데 기여했다.

　나치 전범자들을 법정에 세운 범죄는 크게 네 가지였다. 첫째는 전쟁 발발 전 전쟁을 모의하는 단계에서 발생한 범죄로서 나치집권과 독재체제 수립에 가담했거나 국제조약을 위반하고 체코슬로바키아나 오스트리아 등 주변국을 무단점령한 죄이고, 둘째는 침략전쟁의 준비, 개시, 계획, 실행에 가담한 죄이다(평화에 반한 죄). 셋째는 전쟁 중 전쟁법과 전쟁관습을 위반한 죄로서 점령지역에서 자행된 민간인 살해나 강제노역을 위한 납치와 전쟁포로에 대한 살해죄이며(전쟁범죄), 마지막 넷째는 인도Menschlichkeit에 반한 죄로서 홀로코스트, 안락사 등 살해, 절멸, 강제노역, 납치범죄가 그것이다. 사형 선고를 받은 12명 모두가 예외 없이 네 번째 인간성에 반하는 범죄에서 유죄 판결을 받은 자들이다. 괴링은 이 네 가지 범죄에 모두 해당되어 사형을 언도받았고, 히틀러가 가장 신임했고 그의 개인비서로서 1923년 11월 뮌헨 쿠데타 시도 후 란츠베르크Landsberg 감옥에서 『나의 투쟁』을 구술받아 기록했던 부총통 헤스는 죄목 1, 2번만이 해당되어 종신형을, 그리고 히틀러 사후 그의 대리자로 임명되어 독일 항복 시까지 3주간 정부수반을 맡았던 되니츠Karl Dönitz 제독은 죄목 2, 3번이 해당되어 10년 형을 선고받았다.[6]

　도쿄에서 열린 극동국제군사재판은 여러 면에서 뉘른베르크 군사재판과 비교된다. 재판진행 기간, 기소에서 제외된 전범자 문제 그리고 후속재판을 통한 종범자들의 처리 유무에서 차이를 보인다. 법정 최초 개정으로부터 최종 판결 시까지 뉘른베르크 재판이 1945년 11월 20일부터 1946년 10월 1일까지 10개월 남짓한 기간에 신속하게 진행된 데 비해 극동국제군사재판은 1946년 4월 29일부터 1948년 11월 12일까지 2년 반 이상을 끌었다. 군사재판은 그 성격상 최단기간 내 진행을 원칙으로 한다. 일반법원과는 달리 단심제로 끝내는 것도 그러한 원칙에 입각하고 있다. 1963년 12월 프랑크푸르트에서 열린 '아우슈비츠 재판'은 민간재판으로서 비교적 관대한 처벌이 이루어졌다고 비판되지만 1년 3개월이 채 걸리지 않았다. 시기적으로도 극동국제군사재판이 끝난 때는 1948년 11월로서 2차 대전 후 미소 간의 냉전이 이미 치열하게 전개되고 있을 때였다. 일본을 아시아에서의 전략적 교두보로 삼겠다는 미국의 전략이 확고해졌을 때임을 감안할 때 재판을 주도한 미국이 일본의 전범들을 얼마나 객관적으로 재단할 수 있었는지 의문이 제기된다.

양 군사재판의 기소나 처벌 규모는 외형적으로 큰 차이가 없어 보인다. 뉘른베르크에서는 22명을 기소하여 12명에 사형을 선고했고 도쿄에서는 28명을 기소하여 6명에 사형을 선고했다. 그러나 전쟁을 직접 지시, 통제한 증거가 차고 넘치는 일본 측 전범의 수반이라 할 천황을 기소 대상에서 제외한 것은 히틀러가 자결하여 기소 대상에서 자연히 빠져버린 독일의 경우와 대조적이다. 전후 서독의 탈나치화는 동독보다 느슨했다. 그러나 서독에서는 일본과 달리 국민적 차원에서 반나치 공감대가 형성되었고 나치 전범자들을 찾아내고 자신들의 독일 내 법정에서 단죄하는 시스템이 만들어졌다. 일본에서는 천황제가 존치되면서 전범들을 스스로 찾아내고 단죄하려는 시스템이 만들어지지 못했다. 2차 대전에 참전한 일본 군인들의 전쟁체험에 관한 고백이 1980년대 중반 히로히토裕仁 천황의 사후에야 집중적으로 나타나기 시작했다는 점에서 보더라도 천황이 일본 군대의 최고 사령관이었다는 것은 의심할 여지가 없어 보인다. 참전군인으로서 1937년 겨울 난징학살의 현장에 있었던 아즈마 시로Azuma Shiro는 1987년에 난징학살에 대한 적나라

한 증언으로 일본 열도를 충격에 몰아넣었다. 그는 천황을 비겁하다고 했다. 수많은 일본 국민들을 사지로 몰아넣고 정작 자신은 그 책임을 회피해버렸다는 것이다.[7] 독일에서와는 달리 일본에서는 자신들의 손으로 일본 법정에 전범들을 세운 적이 단 한 번도 없었다.

아울러 전쟁에 주도적 책임이 있는 A급 전범으로 분류된 기시 노부스케佐藤信介 등 42명을 아무런 법적 판단 없이 방면했다는 것은 극동국제군사재판의 당위성을 근본적으로 훼손하는 사례들이다. 뉘른베르크 재판에서 가장 비중 있게 다루어졌던 인도에 반하는 죄가 도쿄에서는 소홀히 되었다. 731부대의 이시이石井四郎 중장 같은 세균전 책임자가 처벌되지 않았다는 것이 이것을 말해준다. 일본이 전쟁 중 저지른 반인도적 범죄가 결코 만만치 않은데 이에 대한 법적 처리는 소홀했다. 뉘른베르크에서는 핵심 전범자 처벌에 이어 총 12회의 후속재판을 통해 185명을 기소하고 24명을 사형에 처하는 등 독일 땅에서 종범들에 대한 재단이 이루어졌지만 도쿄에서는 더 이상 후속 군사재판이 없었다. 단지 중국, 호주, 네덜란드 등 일부 승전국들 현지에서만 군사재판을 통해 종범자들을 처리했을 뿐이다. 예를 들어 중국에서 13개의 법정에서 504명이 기소되어 149명이 사형에 처해졌는데 그 의미가 작지는 않더라도 일본에게는 전쟁의 연장 정도로 생각되었을 것이다. 물론 일본 국내에 파급효과는 없었다. 극동국제군사재판은 천황을 기소하지 않음으로써 일본이 독일과 달리 과거사 극복에 실패하게 되는 중요한 요인을 제공했다. 흥미로운 것은 극동국제군사재판의 판결 내용이 제대로 번역되지 않아서 일본 국민들에게 잘 전파되지 않았다는 점이다. 이에 비하면 뉘른베르크 재판은 번역이 훨씬 잘 되어서 독일 국민들에게 잘 알려질 수 있었고 이는 나치의 전쟁범죄 실상을 전파하는 데 기여했다.[8]

나치의 당원이 800만 명이었고 이들 나치에 딸린 식솔들이 또 수백만 명이었다. 종전 후 이들에 대한 '탈나치화Entnazifisierung 조치'는 점령지역에 따라 다소 상이했다. 서방 점령지역 중에서는 미국 점령지역에서 비교적 엄격한 조치가 이루어졌다. 이들은 기존의 자리에서 해직되었고 자동적으로 구금되었다. "감옥은 넘치는데 관청은 비었다"는 말이 나올 정도였다. 1945년 말 미군 점령지역에서는 11만 7천 명이 구금되었고, 영국군 점령지역에서는 6만 8천 명이, 프랑스군 점령지역에서는 1만 9천 명이 각각 구금되었다. 1946년 3월 「나치와 군사주의로부터의 해방에 관한 법률」이 제정되어 모든 독일인 성인들은 131개에 달하는 질문에 응답해야 했고 이 결과에 따라 나치범죄의 가담 정도를 5개 그룹으로 분류했다. 나치에 간여하지 않은 그룹으로 분류된 제5단계 그룹을 제외한 나머지 사람들은 노역, 재산몰수, 연금 박탈, 벌금형 등의 처벌이 이루어졌다.[9] 한편 소련군 점령지역에서 4개국 점령지역 중 가장 엄격한 탈나치화 조치가 이루어졌는데, 1945~1948년간 52만 명을 특히 정부와 경제계에서 퇴출시켰다. 교사의 절반가량, 그리고 판검사의 4/5 이상이 퇴출되었고 나치의 핵심 그룹이었던 친위대[SS]나 비밀경찰들은 모두 재판정에 섰고 1만 3천 명이 유죄 판결을 받았다.[10]

독일에 진주한 점령군의 아이젠하워Dwight Eisenhower 장군은 독일을 탈나치화하고 정신적으로 개조, 교육시키는 데 50년이 걸릴 것이라 예언했다. 베를린 시내 한복판에 홀로코스트 추모비Holocaust Mahnmal를 세우기로 결정한 1999년을 탈나치 과정의 종결로 본다면 이 예언은 거의 정확하게 맞아떨어졌다. 나치의 발원지로서 1935년 히틀러로부터 "나치운동의 수도"란 칭호까지 수여받은 뮌헨의 경우는 브라운하우스Braunhaus나 영도자의 집Führerbau이 들어섰던 쾨니히스Königs 광장에 2015년 나치기록센터가 문을 열기까지 무려 70년이 걸렸다. 뤼베크 출신의 슈탕네트Bettina Stangneth 박사는 독일이 과거사 극복의 길로 들어서게 된 배경과 그 과정에서 일어난 일들을 증언하고 있다.

사실 독일이 죄를 고백한 것은 자발적인 선택은 아니었다. 독일은 종전 후 일본과는 달리 완전히 정복된 상태였다. 연합군이 없는 곳이 없었고 탈나치를 위한 대규모 조치들이 행해졌다. 모두가 독일을 지켜보고 있었다. 그러니 독일 사람들은 어떤 말을 하면 안 되고 어떤 생각을 하면 안 되는지를 알게 되었다. 이기적으로 말하자면 일본은 원폭피해국이기도 했기 때문에 한편으로는 국제 사회의 연민을 유발하면서 전후처리에서 조금 더 유리한 입장이었다. 독일 사람들은 겉으로 사과하기 위한 트릭을 많이 만들었다. 하지만 주의해야 한다. 서독의 근현대사를 보면 표면으로는 드러나지 않더라도 내면으로는 과거의 사고방식이 여전히 남아 있다는 사실을 알 수 있다. 아직도 인종차별적이고 오만한 생각을 갖고 있지만 정치계의 노력으로 이것이 겉으로 잘 드러나지 않을 뿐이다. 내가 독일 사람이기 때문에 독일에 대해서 더 비판적으로 이야기해야 한다고 생각한다. 일본은 조금 더 자유로운 상황이었고 우리는 통제되어 있었다. 미국은 아시아에서 소련이나 중공에 맞서기 위해 일본과 협력하려고 했듯이 이곳에서도 동구와 맞서기 위해 독일과 협력하며 영향력을 행사하려고 했다. 그래서 "나쁜 짓을 저지른 사람들은 작은 집단에 불과하고 그 외에 다른 사람들은 정상이었다"라는 동화 Märchen와 같은 이야기를 할 수가 있게 되었다[2014.12.11].

뉘른베르크의 군사법정 이후 계속된 나치 전범자들에 대한 기소는 독일 대기업에까지 이어진다. 미국은 독일 대기업들을 2차 대전 중 나치정권을 도와서 범죄에 가담한 자유적 신념의 이단자로 간주했고 그래서 독일경제 시스템의 '조합적 특징korporativistischer Besonderheiten'도 제거하려 했다. 독일의 거대 기업들만을 대상으로 하는 2차 국제법정은 영국의 반대로 미국 단독으로 추진했으며 '플릭Flick-Konzern', '이게I.G. Farbenindustrie', '크루프Krupp-werke' 같은 기업들이 기소되었다. 이들 기업은 미국 측 검사인 로버트 잭슨Robert Jackson이 국제군사법정에서 표현한 대로 유럽의 평화를 위협했던 "수익자"이며 "치유할 수 없는" 세력이었다. 독일의 거대

은행들도 수사선상에 올랐으나 기소되지는 않았다. 수사가 진행되는 동안 세계 정세가 변했고 이는 진영 내부적인 대결을 뒷전으로 밀리게 했다. 당시 미국 군사정부의 독일 산업에 대한 기소는 격렬한 논쟁을 불러일으켰다. 이는 독일 산업을 세계 경제에서 퇴출시키고 소련과 협력하는 것을 새로운 세계 질서의 기초로 보고 독일 중공업 기반시설과 일반은행 시스템의 해체를 주장했던 미국 재무장관 모겐소Henry Morgenthau와 그 반대 진영에 섰던 미 국무성 및 민간업계 간의 대리전 양상을 보여주었다.

독일 내 미 군사정부OMGUS의 경제 책임자였던 드레이퍼William Draper를 대표자로 하는 반 모겐소 진영은 서부 유럽의 안정화와 재건이 필요하다고 보고 독일 경제의 잠재력을 약화시키는 데 반대했다. 냉전이 시작되면서 모겐소 장관의 진영 논리는 약화되었고 드레이퍼는 세계 시장의 주도권을 가져오기 위한 새롭고도 강력한 전선을 만들었다. 이후 독일은 경제 안정화와 자체적인 군사적 방어를 위해 경제적 효율과 능력 배양을 위한 길을 걷게 된다. 한국전쟁이 최고조에 달했던 1951년에 이미 뉘른베르크 산업재판에서 유죄판결을 받았던 독일 기업인들이 방면되었을 뿐 아니라 독일 경제기관들과 엘리트들이 1945년 이후 연합군에 의해 멈춰 섰던 산업현장에 재투입된다. 이렇게 독일의 대기업들은 영시를 비켜갔다.

독일 현대사에서 봉건적 부르주아로 불리는 융커Junker나 미텔슈탄트 계급이 독일제국 당시 사회지도층을 형성했고 이들이 산업세력으로 변신하면서 히틀러의 집권을 도왔다는 비판이 제기되었지만, 이들이 기업가로서가 아니라 봉건적 요인으로 히틀러의 집권을 도왔다면 산업계와 파시즘 간의 필연적인 관계는 없다고 보며 문제는 독일제국 당시 산업화가 그 자연적 결과로서 자유주의적 민주주의를 동반하지 못했다는 것이다.[11]

나치의 최후 교두보 슐레스비히-홀슈타인

　2차 대전 후 독일 북부에 위치한 슐레스비히-홀슈타인 주는 나치가 최후까지 버틴 곳이다. 1945년 4월 말 베를린이 소련군의 수중에 떨어지자 독일 잠수함 부대와 해군을 이끌었던 되니츠 제독이 독일 땅 최북단인 슐레스비히-홀슈타인의 플렌스부르크Flensburg 외곽에 위치한 뮈어빅Mürwik 해군학교로 들어와 마지막 항전을 하게 된다. 되니츠 제독은 4월 30일 히틀러 사망 후 그의 유언에 따라 5월 23일 연합군에 체포되기까지 3주 남짓 독일의 국가원수를 맡았다. 그는 요들Alfred Jodl 대장과 카이텔Wilhelm Keitel 원수가 5월 7일 프랑스 랭스Reims의 연합군 전선사령부와 5월 8일 베를린 칼스호르스트Karlshorst의 소련군 사령부에서 각각 독일군의 무조건 항복문서에 서명토록 위임명령을 하달했다. 이렇게 항복문서에 서명한 요들과 카이텔은 후일 뉘른베르크 국제군사법정에서 사형을 언도받아 교수형에 처해졌다. 이들은 군인으로서 총살형을 원했으나 연합군에 의해 받아들여지지 않았다. 하지만 이들에게 지휘권을 발동한 되니츠 제독은 10년 형 판결을 받았고 10년 만기 복역 후 출소하여 1980년 사망 시까지 천수를 누렸다. 육군과 해군의 차이에 따른 인도에 반한 죄의 유무가 이들의 운명을 갈랐을까. 실상은 되니츠 제독도 상당히 나치에 경도된 자로서 히틀러의 밀지를 받아 마지막까지 미, 영군과 소련군이 충돌하기를 유도하는 등 항전의지가 있었다. 과거 독일 해군은 1918년 수병혁명이라는 오점을 남겼기에 군인으로서의 기율이 육군이나 공군에 비해 더 강했고, 더욱이 독일 해군은 미, 영 해군에 비해 기술적으로 열세였기에 항전 자체가 의미 있게 받아들여져서 나치 지도부는 해군에 대해서 각별한 경의를 표했다 한다. 해군의 이러한 투지야말로 히틀러가 제국의 국가 원수로서 자신의 후임자로 되니츠 제독을 선택한 본질적 이유였다.[12] 사실 되니츠 제독은 홀로코스트 학살계획 입안 참여, 강제노역 및 포로 처형 지시 등 중죄를 저질렀으나 뉘른베르크 재판 시까지 이러한 죄과가 잘 밝혀지지 않았기 때문에 10년 형이라는 비교적 가벼운 형을 선고받았다. 2016년 11월 나는 뮈어빅 해군학교를 방문하여 당시 되니츠 제독이 사용했던 지휘부 건물 등을 둘러보았는데, 안내 장교의 설명에 따르면 2차 대전 중 독일 해군은 4만 명의 잠수함 승조원 중 3만 명이 전사했고 보유 잠수함 1천 대 중 700대가 침몰했다 한다. 아울러 그는 되니츠 제독에 대해서도 이렇게 이야기했다.

> 되니츠 제독은 뉘른베르크 전범재판에 피고로 섰고, 평화와 전쟁법에 반한 죄로 징역 10년 형을 받았다. 인도에 반한 범죄로는 기소되지 않았기 때문에 비교적 관대한 처벌을 받았는데 사실 그의 지휘하에 강제수용소 수감자들이 해군 함정 수리에 투입된 책임도 그에게 물었어야 했다. 그는 1956년 복역을 마치고 나와서 1980년 89세로 죽을 때까지 함부르크 근교 아우뮐레^{Aumühle}에서 살았다 [2016.11.17].

"슐레스비히-홀슈타인 지역을 연구하고 이해하는 데는 평생이 걸릴 것이다. 더욱이 이것을 다른 사람에게 설명하는 것은 아예 불가능할 것이다." 한 역사학자의 말이다. 150만 명의 주민이 살고 있는 슐레스비히-홀슈타인 주에 전후 120만 명의 피난민이 들이닥쳤다. 주로 동프로이센에서 온 피난민들이지만 나치의 과거를 숨기고자 하는 많은 나치 잔당들이 이곳으로 위장전입했다. 연합군은 모든 성인 남자를 심문하여 나치에의 가담 정도에 따라 전범자, 단순 가담자, 방면자로 분류하여 그에 상응한 처벌을 했다. 그러나 설문서와 간단한 심문 절차만으로 모든 나치 잔당들을 발본색원하기에는 역부족이었다. 많은 나치 가담자들이 빠져나갔고 나치의 희생자로 둔갑했다. 대표적인 사례가 베르너 하이데^{Werner Heyde}인데 그는 베를린에서 안락사를 자행했던 'T-4 작전'의 책임자로서 10만여 명의 희생자에 대한 직접적 책임이 있다. 종전 직후 플렌스부르크 어느 가정집의 정원사로 취직하여 한동안 숨어 지내다가 자바데Sawade란 이름으로 신분을 세탁해서 의사로 버젓이 활동을 했고 신분이 드러나자 1961년 자살했다. 1951년 당시 탈나치화에 대해 독일 사람들의 3%만 찬성했다. 그러던 중 극동에서 한국전쟁이 일어났고 국제정세는 냉전으로 치달으면서 연합국의 독일 점령정책도 점차 타협적으로 되어갔다.[13]

전후 독일의 총리였던 아데나워 총리의 나치 과거사에 대한 입장도 극히 실용적인 것이었다. 1950년대는 '지연된 변혁verzögerter Umbruch'의 시기로 불린다. 1956년 아데나워는 자신의 총리실 내각담당 차관에 나치 친위대 출신으로 뉘른베르크 인종법 입안에 참여했던 글롭케Hans Globke를 임명했다. 그는 아데나워 총리의 집권기간 중인 1953년부터 1963년까지 내각 행정책임자로서 자리를 지켰고 아데나워가 총리직을 그만둔 후에는 그의 추천으로 대십자훈장을 받았다. 이것은 나치에 협력하였다 하더라도 새로 출범한 서독 공화국에 협력한다면 불문에 부치겠다는 검은 타협책이었다. 이런 정책으로 아데나워 총리 시절의 정치인이나 고위 관료들은 상당 부분 나치 협력자들로 채워졌다. 연방의원의 26.5%, 외교부의 42.3%, 연방 내무부는 66%가 나치 당시 관료들로 채워졌다. 당시 사회 분위기도 〈흑림의 처녀Schwarzwaldmädel〉란 영화에서 보듯이 과거를 동경하는 '고향영화Heimatfilm'가 성행했고 나치 과거사에 대한 비판적인 분위기는 거의 찾아볼 수 없었다. 세계 전사에서 유례없는 잔혹사였던 바르샤바 봉기를 진압했던 친위대 장성 출신의 하인츠 라이네파르트Hainz Reinefarth는 질트Sylt 섬의 베스터란트Westerland 시장과 슐레스비히-홀슈타인 주의원까지 지내고 1979년 죽을 때까지 아무런 처벌이나 제재를 받지 않았다. 베스터란트 시가 공식적으로 헌정한 그의 묘비에는 "시를 위해 그가 성공적으로 수행한 업적을 잊지 않을 것이다"라고 새겨져 있다.[14] 함부르크 노이엔감메 강제수용소 추모관장인 가르베Detlef Garbe 관장의 말이다.

1980년이 전환점이 되었다. 그때 과거에 대해서 집중적으로 토론하고 논의했었다. 토론이 그때 제대로 이루어진 이유는 그때가 바로 세대교체가 되었던 시기이기 때문이다. 엘리트 계층으로서 범죄에 참여하거나 책임이 있던 사람들이 은퇴할 나이가 되어 더 이상 주요직을 맡지 않았던 시점이다. 나치와 직접적으로 관련된 사람들이 사회의 꼭대기를 휘어잡고 있던 전쟁 후 첫 몇 년 동안은 과거를 뉘우치기 위한 움직임이 있을 수가 없었던 것이다[2014.9.23].

1960년 "예루살렘 전의 아이히만"

이러던 중 〈잊혀진 자들Die Vergessene〉이란 영화가 망각되고 있던 나치 과거사에 불을 지폈다. 1959년 아데나워 총리가 쾰른 유대인 교회 낙성식에 참석한 뒤 그 교회 외벽에 나치문장인 하켄크로이츠Hakenkreuz가 그려지고 "유대인들은 나가라!"라는 구호가 등장했는데, 이 낙서 사건의 범인이 나치와 관계없는 청년으로 밝혀지면서 독일 사회는 또 한 번 충격에 빠졌고, 젊은 세대에 대한 과거사 교육, 교과서 내용 등에 대한 전반적인 성찰의 계기가 되었다. 1960년대가 되면서 과거사 청산을 위한 사회 분위기가 서서히 생겨나기 시작했지만 갈 길은 멀었다. 당시 학교에서 나치 과거사를 가르치게 된 것은 이렇듯 사회 분위기에 따라 마지못해 한 것이었다 한다. 슈탕네트 박사의 말이다.

독일의 상황도 별반 다르지 않다. 1960년에야 나치 시대에 대한 주제를 학교 수업에서 다루기로 결정했다. 1959년 유대교회당이 낙서로 더럽혀지고 유대인 묘지가 훼손되는 등 연쇄적으로 테러가 발생하면서 학교에서 이에 대해 가르쳐야 한다는 것을 깨닫게 되었다. 처음에는 마지못해 따르는 수준이었다. 내가 학생이었을 당시에는 역사 수업에서 이 문제에 대해 고작 두 시간 정도만 할애되었다. 그 이상 그 문제에 대해 이야기하고 싶어하지 않았다[2015.2.12].

1960년 아이히만^{Adolf Eichmann}이 이스라엘 정보기관인 모사드에 잡혀 와서 예루살렘에서 재판을 받고 1961년 SWR과 WDR가 공동제작한 다큐 〈제3제국^{Das Dritte Reich}〉이 방송되면서 홀로코스트를 포함한 나치의 과거사가 전 세계에 조명되었다. 재판은 당시 TV로 주 2회 방영되었다. 여기서 아이히만은 범죄적 에너지가 없는 단순한 사람이며 오히려 나치의 희생자로 다가왔다고 한다. 당대의 철학가였던 한나 아렌트^{Hannah Arendt}는 『예루살렘에서의 아이히만^{Eichmann in Jerusalem}』이라는 책을 통해 아이히만을 나치의 톱니바퀴의 한 톱니 조각과 같은 평범성^{Banalität}의 존재로 부각시키면서 결과적으로 나치 범죄를 제대로 인식하지 못하는 사회 분위기에 편승했다. 상황이 악을 만든 것이라며 악의 평범성을 이야기한 것인데, 아렌트의 주장은 근 50년이 지난 2011년에 슈탕네트^{Bettina Stangneth} 박사의 『예루살렘 전의 아이히만^{Eichmann vor Jerusalem}』이란 책을 통해 비판된다. 이 책은 아이히만이 나치의 부속품 같은 존재가 아니라 광신적, 급진적인 나치 신봉자였음을 밝혀낸다. 슈탕네트 박사는 뤼베크 출신으로서 함부르크에 거주하고 있는데 이 책의 영어 번역판이 나온 후 ≪뉴욕타임스≫와 인터뷰를 가졌다.¹⁵ 아이히만은 유대인 1천만 명을 죽였더라면 우리가 이겼을 것이라고도 했다. 당시 여론조사를 보면 독일인의 46%만 아이히만을 재판에 회부하는 것이 옳다는 입장이었고 53%는 잊어야 한다는 의견이었다. 1960년대 초만 하더라도 독일의 과거사를 진지하게 돌아보고 비판하는 사람들은 많지 않았다. 당시 언론인인 카를-오토 자우르^{Karl-Otto Saur}는 나치 시절 군비성 차관을 지낸 자신의 아버지와 결별하면서 자신의 아버지가 죽을 때까지 히틀러에 대한 존경심으로 가득찬 사람이었다고 회상했다. 슈탕네트 박사는 자신의 『예루살렘 전의 아이히만』 집필 소회를 이렇게 털어놓았다.

『예루살렘 전의 아이히만』 집필 작업에 10년 정도 걸렸고 그 책을 쓰기까지 정말 용기가 필요했다. 나는 지금도 여전히 한나 아렌트를 존경하지만, 어느 순간 나의 연구결과를 바탕으로 그 의견을 거슬러야 함을 깨닫게 되었다. 아렌트가 틀렸다는 것이 확실해졌고, 그것은 힘든 순간이었다. 스승보다 나은 제자는 없다지만 그를 넘어서는 것 외에는 다른 선택지가 없었다. 혹시라도 내가 잘못된 것은 아닌지 아주 꼼꼼하게 검토해야 했다. 아렌트는 나에게 너무나 중요한 존재였기에 나의 깨달음에 대해 100% 확신을 가져야 했다. 인간에 내재된 악에 대한 문제에서 절대 실수하고 싶지 않았다. 사람들이 나의 생각을 따를 것임을 알고 있었기 때문이기도 했다. 책이 나온 후 1년간 펜을 잡지 않았고, 이 문제에서 도망치지 않기 위해 자신과의 싸움을 했다. 이렇게 그 시간을 보냈고, 좀 더 성숙해질 수 있었다[2015.2.12].

『예루살렘 전의 아이히만』 책에 사진이 없는 이유를 물었을 때 그는 이렇게 대답했다.

독일어에는 "선입견을 갖는다"라는 표현이 있다. 나는 이것이 사고에서 근본적인 문제가 된다고 생각한다. 많은 사람들이 '상징'을 선호한다. 표상을 보면서 사고를 멈추는 것이다. 나는 아돌프 아이히만에 대해 방대한 자료를 가지고 있지만, 이 책에서 사용하지 않았다. 표상은 보고 싶은 것만 보도록 유도하기 때문이다. 아이히만은 사진을 이용해 거짓주장을 할 수 있었다. 그는 마치 배우처럼 자신의 외모를 바꾸며 사람들을 현혹시켰다.

1960년대로 접어들면서 독일 사회가 하루 8시간, 주 5일 근무제를 도입하고 TV 보급이 확대되면서 공중파 TV가 안방으로 파고들었다. 당시 발터 옌스^{Walter Jens}는 인기 논객이었다. 튀빙엔 대학 교수였던 그는 상아탑에만 머무르지 않고 사회로 나와 '47그룹'과도 열띤 논쟁을 벌였는데 그의 중심적 주제는 나치, 홀로코스트, 반파시스트였다. 나중에 그도 17세에 나치에 들어간 과거 전력이 밝혀지기도 했지만 당시 그러한 사람은 옌스뿐만이 아니었다. 그러던 중 〈대리자$^{Der\ Stellvertreter}$〉란 연극이 다시 한 번 나치 과거사에 대한 대중의 반성을 불러일으키는 계기가 되었다. 〈대리자〉는 나치에 침묵한 로마 교황청을 비판한 드라마였다.

1963년 프랑크푸르트 아우슈비츠 재판

1963년 12월 프랑크푸르트에서 20명의 아우슈비츠 강제수용소 나치 근무자들에 대한 '아우슈비츠 재판'이 시작되었다. 뉘른베르크 재판은 연합국에 의한 군사법정이었지만 프랑크푸르트 재판은 독일 사법당국에 의한 최초의 홀로코스트 재판이라는 점에서 주목받았다. 1300명의 증언을 채록하는 등 재판 준비에만 4년이 걸렸다. 재판정에서 증언한 사람만 19개 국가로부터 359명이었다. 아우슈비츠 수용소의 취조관이었던 로베르트 물카$^{Robert\ Mulka}$와 빌헬름 보거$^{Wilhelm\ Boger}$에 대한 재판이 세간의 관심이었다. 특히 보거는 유대인들을 취조할 때 자신의 이름을 딴 '보거 그네^{Bogerschaukel}'란 고문 도구에 매달아 원하는 자백이 나오도록 죽을 때까지 때렸다 한다. 그는 종신형을 받고 감옥에서 생을 마쳤다. 이와 달리 물카의 행위는 '조력행위'로 판정되어 14년 징역형을 받았다. 20명 중 6명이 종신형을, 11명이 3~14년 징역형을 받았으며 4명은 방면되었다. 이 재판은 독일 사법부가 과거사 청산을 위한 의지를 보여주지 못했다는 평가를 받았다. 미국 망명 후 돌아온 프리츠 바우어$^{Fritz\ Bauer}$ 헤센 주 검찰총장이 이 재판에 크게 기여하기는 했으나 독일 사법부 내에 나치 당시 협력한 판사들이 많이 남아 있었고 전후 독일 사회가 과거사를 청산하려는 의지가 박약했다는 한계를 뛰어넘기에는 역부족이었다.

프랑크푸르트 아우슈비츠 재판을 계기로, 1960년대 초반에 들어서면서 제기되기 시작한 나치의 과거사 문제가 국가와 사회의 중심적 도전과제로 떠올랐고, 이것은 당시 서독 민주주의 발전에 대한 중요한 신뢰 기준으로 여겨지기까지 했다. 아우슈비츠 재판은 이후에도 1970년대까지 프랑크푸르트에서만 총 5번의 재판이 추가적으로 진행되었고 2015년 뤼네부르크 재판이나 2016년 데트몰트 재판에서 보듯이 지금도 진행 중이다. 2015년 7월 뤼네부르크에서 열린 93세의 그뢰닝Oskar Gröning에 대한 재판으로 단순 방조자에 대해서도 처벌한다는 관행이 확인되었다. 아우슈비츠의 회계원으로 2년간 복무했던 그는 2016년 11월 연방법원에서 4년 징역형을 최종 확정받고 복역 중이다. 2016년 2월 데트몰트 지방법원에서는 94세의 헤닝Reinhold Henning에 대한 재판이 개시되었고, 헤닝은 5년 징역형을 선고받고 연방법원의 확정 판결을 대기 중에 있다. 그는 나치 친위대로 아우슈비츠의 경비대에서 근무했다. 빈에 있는 '비젠탈센터Wiesenthal Centre'는 이 판결들을 환영하며 지속적인 기소활동을 독려했다. 2011년부터 나치범죄에 대한 판례가 바뀌어 구체적 범행가담이 없더라도 방조만으로도 대량 살상에 부분적 책임이 있는 것으로 판결하고 있다.

1975년 뒤셀도르프 지방법원에서 시작된 '마이다넥Maidanek 재판'도 재판에 동원된 증인들의 규모나 그 기간 면에서 세간의 관심을 끌기에 충분했다. 마이다넥은 폴란드의 남동부 류블린의 교외에 위치한 지역인데 이곳의 나치 강제수용소에서 약 25만 명의 유대인이 살해되었고 1943년 11월 '추수감사제 작전'으로 불리는 1만 7000명의 유대인 수용자 사살로 악명을 떨친 곳이다. 마이다넥 재판은 이곳에 있었던 나치 친위대원 16명에 대한 재판으로서 215명의 당시 유대인 수용자를 포함한 350명의 증인들이 재판과정에 참여했다. 1963년 프랑크푸르트의 아우슈비츠 재판 이후 약 10년 만에 열린 최대 규모의 이 나치 재판에서 종전 30년이 지난 후 가해자와 피해자가 법정에 서게 되었고, 이 재판 광경은 TV로 중계되어 독일 전역에 걸쳐 2천만 명이 보았다 한다. 1984년 북독일방송^{NDR}에서는 이 재판을 소재로 〈재판^{Der Prozess}〉이란 2부작 다큐 영화를 만들기도 했다. 1980년 총 189명에 대한 유죄판결이 내려졌는데, 평균 처벌수위가 3~10년 징역으로 기대치보다 낮았다. 아울러 히틀러, 괴링만 범죄자이고 나머지는 '명령수행자^{Befehlsempfänger}'란 논리가 지배적이었던 판결로서 비판받았다. 1979년 연방의회에서 나치 전범에 대한 시효가 아예 없어지고, 그해 10월 쾰른 지방법원에서 프랑스 유대인 추방의 게슈타포 책임자였던 '리슈카^{Kurt Lischka}' 재판이 열리면서 어떻게 이런 나치 전범들을 처벌하지 않고 지금까지 살게 두었는지에 대한 국제적 비난이 고조되기도 했다.

뉘른베르크 재판 시 소위 '투 쿠오쿠에^{Tu quoque(you also)}' 원칙은 적용되지 않았다. 드레스덴 폭격이나 중동부 유럽에서 독일인들의 대량추방 같은 연합국 측의 과오는 재판에서 다루어지지 않았던 것이다. 어쩌면 이것이 영국이 전범재판 자체를 당초 반대했던 이유인지 모른다. 복수가 목적이라면 꼭 법을 끌어들일 필요 없이 정치적 판단만으로도 충분했고 법적 논리로는 자신들의 책임 문제도 판단되어야 했기 때문이다. 하지만 아우슈비츠는 전혀 전쟁이 아니었다. 단순하고 순전한 대량학살이었다. 전략적 또는 전술적 이유에서가 아니라 인종 이데올로기적 이유 때문이었다. 그런데 뉘른베르크 재판의 주된 관심대상도 아니었고 전후 많은 독일인들이 알지 못했던 홀로코스트가 독일 법정에서, 학교에서, 추모관에서 역사기억의 중심으로 돌아왔다는 것은 현대 역사의 아이러니가 아닐 수 없다.[16] 시간이 지나며 점점 더 과격해졌던 히틀러의 인종정책으로 자행된 제노사이드는 히틀러의 핵심적 전쟁 목표였으며, '반제회의^{Wannseekonferenz}'를 통해 수용소의 운영에 관한 세세한 부분까지 모두 계획되었다.

'68세대'의 저항운동

1960년대 초반부터 촉발된 '극복되지 않은 과거사'에 대한 비판은, 1960년대 하반기에 들어서면서 일어난 학생운동으로 탄력을 받고 과격화되었다. 1940년대에 출생한 세대는 1930년대 출생하여 포탄을 나르면서 단편적이나마 전쟁을 체험했던 '회의적 세대'와는 달리 전쟁과 나치에 대한 자신들의 기억이 없는 세대였다. '68세대'로 불린 그들에게 그것은 경험의 단절이었고 그런 연유로 부모 세대의 상황에 대한 고려나 이해가 부족했다. 그들은 부모들이 저지른 범죄에 대해 침묵해야 하는 분위기에서 성장했으나, 아이히만 재판이나 프랑크푸르트 아우슈비츠 재판은 그동안 숨겨져 왔던 상상치 못할 만큼의 거대한 범죄에 대한 혐오와 분노를 불러일으켰다. 이것은 그들이 소아적부터 가져온 사회에 대한 원초적인 신뢰를 무너뜨리기에 충분했고, 더 나아가 기존 세대로부터의 거리두기와 새로운 자아성찰을 요구하기에 이르렀다.[17] 슈탕네트 박사의 이야기다.

전쟁이 끝나고 세대 간 단절을 겪으면서 부모 세대에 대해 무조건적인 존경을 표하는 것이 불가능해졌다. 나치 시대가 끝나고 자녀들은 자신들의 부모와 조부모가 범죄를 저질렀다는 사실을 알게 되었다. 지나친 존경은 더 이상 허용되지 않았다. 당시 독일인들은 나라 안에서 무슨 일이 벌어지고 있는지 알고 있었다. 갑자기 아름다운 가구나 귀중품들이 싼값에 경매에 나오거나, 살 집을 찾아 헤매던 누군가가 유대인들을 밀고하면서 유대인들이 살던 집들이 갑자기 빈 집이 되어버렸기 때문이다. 나는 이에 대해 이모에게 물었고, 그녀는 "동네 약사였던 여자가 갑자기 시장의 부인이 되어 진주목걸이를 하고 나타나는 것을 보면서 무슨 일이 일어나고 있는지 우리는 분명 알고 있었지"라고 말했다. 전후세대는 60년대에 들어서 그저 도의상 부모세대를 존경할 수 없다는 것을 명확히 알게 되었다.

단절^{Bruch}이 일어난 것이다. 사랑과 감사의 대상이어야 할 부모에 대한 존경을 그만두는 것은 분명 쉬운 일은 아니었지만, 그들의 잘못에 대해서도 통감할 수밖에 없었다. 독일에서는 60년대의 학생운동이 많은 변화를 불러왔고 국민들에게 용기를 주었다. 그런 면에서 일본은 아직 갈 길이 멀다. 일본의 태도는 그들을 고립시킬 뿐이다[2015. 2. 12].

함부르크 사회연구원의 울리케 유라이트^{Ulike Jureit} 박사는 현대사학자로서 전쟁 폭력과 기억문화에 관한 다수의 저서를 갖고 있다. 여기서 그녀는 독일과 일본의 기억문화의 차이에 대해 이야기한다. 중요한 차이는 세대 간 갈등을 통한 자발적인 과거사 성찰의 유무일 것이다. 아울러 유라이트 박사는 홀로코스트에 치우친 기억문화에 관한 나의 생각을 확인해주었다.

과거사 극복과정은 이후 국가를 재건해나가면서, 그리고 독일 경제기적이 일어나면서 시작되었다. 특히 1960년대의 나치 재판^{NS Prozesse}과 68 저항운동을 통해 과거사 극복이 시작되었다. 1968년 세대교체가 결정적이었다. 이전 세대에 대한 저항이 일어난 것이다. 이것은 가족 간의 갈등을 불러일으켰다. 나는 일본에는 이러한 세대 간의 갈등이 없었다고 알고 있다. 과거사 극복은 단지 정치적 과정일 뿐만 아니라 무엇보다도 사회적 과정이었다. 우리는 이러한 과정이 얼마나 광범위한 것인지를 다시 보고 있다. 이 과정은 사회에서 비롯되기 때문에 독일에서는 추모관들이나 희생자 단체들 외에도 여러 프로젝트에 의하여 지원되고 있다. 일본에서는 이러한 움직임이 사회와 깊이 연관되어 있지 않고, 오히려 정치적이었다. 독일에서도 강제노역자 배상금에 대한 반발이 있었지만 1980년대부터는 전반적으로 독일 시민들의 큰 지지가 있었다. 적군파^{RAF} 또한 사람들을 움직였다. 사람들은 폭력과 평화 중 무엇을 선택할 것인지 고민했다. 대부분의 독일 사람들은 평화를 선택했다. 예를 들어 빌리 브란트와 그의 무릎사죄 덕분에 말이다.

1960년대 말부터 1990년대까지 독일은 나치 희생자에 대해 정신적으로 몰두해 있었다. 이것은 지금의 '기억문화Erinnerungskultur' 형성에 매우 중요했다. 일본에는 이런 시기가 없었던 것 같다. 양국의 과거사 극복과정이 다른 이유를 설명할 수 있는 또 하나의 큰 차이점이 있다. 일본은 원자폭탄 투하 이후 스스로를 전쟁 희생자로 보았다. 이것은 일본이 자신들의 범죄행위를 다루는 것을 막아섰다. 양쪽을 서로 연결했어야 한다. 희생자 역할을 통해 전쟁범죄에의 침묵이 슬그머니 자리를 잡아서는 안 되기 때문이다. 일본의 기억문화는 자신들의 희생자 역할에 초점을 맞추고 있다. 독일, 그리고 특히 미국에서는 홀로코스트가 지나치게 주제화되고 있다. 다른 전쟁 희생자들도 많이 있었는데 말이다. 홀로코스트 희생자 중에 독일인 유대인은 아주 적었다. 대다수는 외국인 유대인이었다. 그리고 전쟁포로들과 관련한 논의는 뒤늦게 논의되기 시작했다. 독일에서 죽은 소련군 전쟁포로들만 약 330만 명 정도로 추정된다. 안락사 희생자들은 아직도 거의 다뤄지지 않고 있다. 이른바 '희생자경쟁Opferkonkurrenz'이 있다. 기억문화가 한쪽으로 치우쳐 있다. 홀로코스트 희생자가 아주 오랫동안 독일 기억문화의 중심 주제였기 때문에 많은 다른 희생자 그룹들은 수면 위로 떠오르지 않았지만, 이 문제의 해결은 점진적으로 시작될 것이다[2016.12.7].

2017년 6월 2일 ≪쥐트도이체차이퉁SZ≫은 1면에 50년 전 대학생 오네조르크Benno Ohnesorg가 경찰의 총에 사살된 그날을 되돌아보는 특집기사와 그 당시 학생들이 베를린 거리로 뛰쳐나와 행진하는 사진을 게재했다. 사진 속의 주인공들은 대학생으로 보기에는 조금 더 나이가 들어 보이는 청년들이었다. 이들은 지금 어떻게 되었을까 하는 인간적인 호기심이 불현듯 솟구쳤다. 일부는 적군파로, 일부는 평범한 직장인으로 돌아갔으리라. 독일의 학생운동은 나치 과거에 대한 법적 논쟁뿐 아니라 사회적 논쟁을 요구하는 목소리였으며, 여전히 계급주의적이었던 사회에 대해 반기를 든 것이었다. 당시 고위층에는 빌리 브란트처럼 반나치 저항 활동을 했던 사람들은 극소수에 불과했고 나치 정권에 가담했던 자들이 행세하고 있었다. 아데나워 총리의 핵심참모였던 글롭케나 키징어 총리가 그랬고 나치 경찰이 전후 서독의 경찰조직이나 정보기관 조직을 장악하고 있었다. 학생들은 대학에서 권위주의적인 교수들의 행태에도 불만이 컸다. 1970년대에 들어서면서 독일은 일찍이 경험해보지 못한 '적군파RAF' 테러와 맞닥뜨리게 된다. 적군파를 조직한 안드레아스 바더Andreas Baader와 그의 여자친구 구드룬 엔슬린Gudrun Ensslin 이나 울리케 마인호프Ulike Meinhof와 같은 젊은이들의 테러행위에 대한 동기는 수백만 명의 사상자를 낸 베트남전처럼 냉전과 맞물린 국제적 분위기에도 영향을 받았다. 이란 팔레비 국왕 방문 시의 학생 데모에 대한 경찰의 무자비한 진압도 동기를 유발시켰다. 이런 격앙된 분위기에서 엔슬린은 "경찰이 총을 쏘면 우리도 쏘겠다"라고까지 했고, 결국 테러로 이어졌다. 이들이 체포되어 1970년대 중반 재판을 받을 때는 1963년 프랑크푸르트 아우슈비츠 재판 때보다 훨씬 더 많은 사람들이 TV로 중계되는 재판 광경을 보았다 한다. 1977년 테러로 얼룩진 '독일의 가을' 10월 어느 날 아침 이들은 슈탐하임Stammheim에서 비극적인 최후를 맞았다. 이 날 아침 이들은 갇혀 있던 형무소 독방에서 각각 죽음으로 발견되었지만 정확한 진상은 아직도 미궁에 빠져 있다. 바더와 엔슬린이 적군파 창설을 최초 모의한 것이 1968년이었으니 이들 적군파 1세대들은 10년 만에 테러로 얼룩진 역사의 뒤안길로 사라졌던 것이다.

나는 TV에서 바더/마인호프에 대한 다큐멘터리를 보았고, 아우스트Stefan Aust의 『바더-마인호프-컴플렉스Der Baader-Meinhof-Komplex』라는 책을 읽게 되었다. 이 책은 적군파 1세대에 관한 이야기이다. 제법 두툼하지만 마인호프와 바더 그리고 그의 여자친구인 엔슬린의 최초 만남과 모의과정부터 그들이 슈탐하임 감옥에서 의문사로 역사의 무대에서 사라질 때까지의 순간순간을 긴장감 넘치는 문체로 실감나게 묘사했다. "7년이 공화국을 바꾸었다"란 아우스트의 외침에서 알 수 있듯이 정말 끝까지 읽지 않고는 놓을 수 없는 그런 마력을 가진 책이었다. 그러고 나서 하트예 교수와 그 이야기를 나눈 적이 있다. 그는 다소 애매모호하게 이야기했다. 슈탐하임 사건을 조사하기 위해 국제적으로 구성된 조사위원회까지 투입했지만 그 당시 사건현장에 아무도 없었기 때문에 규명이 어려웠다고 했다. 나는 반론을 제기했다. TV 다큐멘터리에서나 아우스트의 책에서는 슈탐하임 형무소에서 같이 지냈던 수감자들과 살아남은 뮐러Irmgard Möller가 그들이 자살을 한 것이 아니라고 확언했기 때문이다. 뮐러는 함부르크 의대를 다녔던 재원이었다. 나의 반론에 대해 그는 다시 말했다.

내 경험에 의하면 이런 류의 증인들이 하는 증언은 조심해야 한다. 증언은 모든 증거 중 적어도 가장 불확실한 것이다. 그리고 모든 국가에는 어느 누구에게도 접근을 허락하지 않는 영역이 있다. 그래서 나는 독일 정부 또한 가책 없이 누군가를 살해했을 가능성은 있다고 생각한다. 그러나 이미 말했듯이 이 경우는 아니라고 본다[2016.7.13].

판단은 다시 미궁으로 빠져들었다. 법치를 강조하는 독일에서 과연 국가권력에 의한 모종의 개입이 가능했을까? 나와는 아무런 관련이 없는 사건임에도, 실로 나에게는 진실에의 목마름을 제기한 사건이다. 1977년 '독일의 가을' 당시 총리였던 슈미트Helmut Schmidt 총리를 2014년 9월 함부르크에서 만났을 때 이것을 물어보지 못했던 것이 내내 아쉽기만 하다. 적군파가 끼친 사회적 파급효과에 관해 하트예 교수는 다음과 같이 부정적으로 평가했다.

적군파는 당시 독일이 테러와 맞닥뜨린 첫 번째 경험이었고 그것은 정치적, 법적 결과를 남겼다. 국경수비대로 불리는 GSG-9 특수부대가 테러진압을 위해 창설되었고 수사과정에서 통신감청을 할 수 있는 여지가 확대되어 시민 권리에도 영향을 미쳤다. 해방이 적군파의 목표였지만 현실적으로는 그들의 테러가 오히려 인권의 제한을 가져왔다. 해를 거듭할수록 적군파들은 자신들을 '이념적 자유전사'라고 표방한 것과는 달리 훨씬 더 잘난 체하고 범죄적이라는 것이 명백해졌다. 적군파의 테러폭력은 냉전 동안 소련이 수립한 '교란정책'의 일환이었다는 증거가 드러났다. 이들의 범죄에 어디까지가 소련의 소행이며, 어느 정도 자금 조달을 했는지 확실히 밝혀지지는 않았지만 적군파가 공산권의 정보기관들로부터 이용당했다는 것은 분명하다. 흥미로운 사실은 많은 적군파들이 활동을 그만두고 슈타지Stasi의 도움으로 동독으로 넘어가서 은신할 수 있었다는 것이다. 장벽붕괴 후에야 그들은 노출되어 체포되었다. 범죄자들이 밝힌 이상적 동기의 배후에는 항상 다층적이고 복합적인 동기들이 숨어 있다. 그 당시 테러는 다른 유럽국가에서도 만연했다. 이탈리아에는 붉은여단Die Rote Brigade이, 스페인에는 ETA, 그리고 아일랜드에는 IRA가 있었다. ETA와 IRA는 언제부터인가 전문 테러조직이 되었다. 그들은 목적이 없어졌음에도 불구하고 테러 외에 아무것도 배운 것이 없기 때문에 계속해서 테러를 일으켰다. 말하자면 그들의 직업이 된 것이다. 테러조직을 그만두고, 평범한 시민생활로 돌아가는 것은 쉬운 일은 아니다![2016.7.13].

적군파는 무고한 생명들을 많이 죽였고 다치게 했다. 사망자 28명, 부상자 93명, 인질 162명의 인명 피해를 야기했고, 35개 은행을 털어 540만 마르크를 절도했다.[18] 슈탕네트 박사는 당시 나치의 잔재가 남아 있었던 서독 정부의 학생운동에 대한 강압적 태도가 테러활동을 촉발시킨 배경이 되었다는 주장에 에둘러 동조하고 있다.

당시 서독은 강압적인 국가였다. 시위에 참가하면 불법점거와 같은 수준으로 간주되어 전과가 생겼고, 구금경력이 있으면 판사나 변호사, 교사가 될 수 없었다. 다니엘 콘-벤디트Daniel Cohn-Bendit가 대표적인 예이다. 당시 그가 가지고 있던 사상은 범죄로 취급되었기에 그는 독일을 떠났다. 우리는 왜곡된 국가에 살고 있었다. 이러한 이유에서 많은 청년들이 인도로 떠났고, 고아Goa와 같은 곳에 정착했다. 마약으로 일그러진 행복한 아시아에 대한 이미지는 이렇게 생겨났다. 당시 인도 여행자들이 경험한 것은 여행이 아니라 자아발견이었기 때문이다[2015.2.12].

1970년 빌리 브란트 총리의 무릎사죄

1969년 사민당의 브란트 정권이 들어서면서 보다 민주적이며 보다 세계 개방적인 국가로 가자는 브란트의 구호와 함께 과거사에 대한 입장이 근본적으로 바뀌게 된다. 그 자신이 1970년 12월 7일 바르샤바 유태인 희생자 묘비 앞에서 진눈깨비로 축축해진 바닥에 무릎을 꿇었다. 속죄와 참회를 그 이상 어떻게 표현할 수 있겠는가. 그는 묘비 참배 불과 2시간 전까지도 그 역사적인 명장면을 감행하리라고는 전혀 생각지 못했다 한다. 당시 독일 고위층에는 나치 정권에 협력했던 자들이 행세하고 있었고, 그들 중 브란트처럼 반나치 지하활동을 했던 사람들은 극소수에 불과했다. 그런데 반나치 저항운동을 했던 사람이 '무릎사과'를 했다. 그때까지도 독일 국민의 48%가 브란트의 행동이 지나친 것이었다는 견해를 가졌고 41%만이 적절한 행동으로 평가했다.

브란트는 전쟁 중에는 노르웨이와 스웨덴으로 망명생활을 전전하며 온몸을 바쳐 나치와 싸웠고 전후에는 아데나워 총리의 나치타협적인 입장을 탈피하여 독일이 진정한 과거사 극복의 길로 들어서게 한 전후 최초의 사민당 총리가 되었다. 그는 1957년 베를린 시장이 되었고 1969년 연방총리에 오르는데, '접근을 통한 변화Wandel durch Annährung' 또는 '조그만 진전정책Politik der kleinen Schritte'으로 알려진 신동방정책을 펼친다. 폴란드, 소련과의 동방조약 체결로 오데르-나이세 강 국경을 인정하고 이어 동독과도 기본조약을 체결하면서 최초의 동서독 정상회담을 가졌다. 동서 간 긴장완화를 가져왔고 훗날 독일통일의 초석을 놓았다. 노벨평화상도 받았다. 그는 자신의 무릎사죄에 대해 "말로 할 수 없을 때는 행동으로 표현할 수밖에 없다"라고 했고, 이것은 진정한 사과가 어떤 것인지를 세계에 보여주었다. 밤베르거-슈템만Sabine Bamberger-Stemmann 함부르크 정치교육원장의 이야기다.

브란트 총리 사후 오랜 시간이 지나서야 그가 이룩한 업적들을 더 잘 이해할 수 있게 되었다. 브란트 총리는 작고 낮은 어조로 정책을 폈으며, 어떤 과정이 모두 마무리될 때에야 비로소 방향을 제시했다. 이런 스타일은 효율적이고 성공적이었다. 그의 정치적 카리스마는 어떤 역대 총리에도 비할 수 없다. 아데나워 전 총리의 '프람 연설Frahm-Rede'이 귄터 그라스Guenter Grass가 브란트 총리를 지지하기로 마음먹게 된 결정적 계기였다. 프람 연설은 아데나워 총리의 마지막 행보가 구시대로 회귀했음을 명확히 보여주었다. 키징어 총리의 취임은 퇴보이자 실책이었다. 키징어 총리가 취임하게 되자 그라스는 그의 나치 과거사를 비판하며 사임할 것을 요청하는 공개서한을 작성했다. 클라스펠트Beate Klarsfeld가 기민당 전당대회회장에서 키징어 총리의 뺨을 때리기도 했다. 클라스펠트는 변호사였던 남편 제르게Serge Klarsfeld와 함께 리옹의 도살자로 불린 나치 비밀경찰 클라우스 바비Klaus Barbie 같은 나치 전범들에 대한 체포와 유죄판결을 이끌어내는 데 기여했다. 클라스펠트 부부는 사회를 각성시키고, 나치 과거사에 대한 논쟁에 불을 지피고자 했던 선구자였다. 키징어 총리의 취임은 사회적 개혁을 늦춘 퇴보였다. 개방된 유럽과 진보적 사회에 대한 구상은 이로 인해 수년간 늦춰졌다[2016.6.22].

나는 2016년 12월 7일 뤼베크의 빌리 브란트 재단으로부터 브란트의 '무릎사죄'를 기념하는 "1970.12.7 무릎사죄 기념재단"의 출범행사에 초청을 받았고 연설을 할 수 있었다. 뤼베크 시내의 에기디언 교회에서 열린 이 행사에서 그라세Birgit Grasse 재단이사장, 작세Bernd Saxe 뤼베크 시장, 엥홀름Björn Engholm 전 슐레스비히-홀슈타인 주 총리, 그리고 릴타이어Jürgen Lillteicher 빌리 브란트 재단 뤼베크 지부장에 이어 내 연설 차례가 왔다. 나는 1992년 10월 베를린 연방의회 의사당에서 치러졌던 브란트 총리의 국장 참석을 인연으로 그에 대해 보다 많은 것을 알게 되었다며 이렇게 이야기했다.

1990년 10월 동서독의 통일은 브란트 총리가 추진한 '접근을 통한 변화' 정책의 종결점이 되었습니다. 브란트 총리가 아니었다면 전후 독일의 역사는 분명히 다른 방향으로 흘러갔을 것입니다. 브란트 총리가 바르샤바 게토에서 무릎을 꿇었던 감동은 전 세계로 퍼져 나갔고 독일인들은 올바른 역사인식에 한 걸음 더 가까워질 수 있었습니다. 하지만 이 감동만으로는 충분치 않습니다. 저는 이 위대한 유럽인이 일궈낸 생애의 업적이 유럽을 넘어 동아시아의 역사도 밝혀주기를 바랍니다. 그래서 동아시아도 마침내 어두운 시대의 유산으로부터 벗어날 수 있도록 말입니다.

짧은 연설이었지만 할 이야기는 다했다. 독일과 달리 과거사로부터 꿈쩍도 않는 우리 이웃나라에도 브란트의 혜안이 비추어지기를 바라는 마음을 담았다. 물론 현실적으로는 그런 기대를 하지 않는다. 나의 짧은 연설이 끝난 후 그라세

'12·7 재단' 이사장을 포함한 많은 참석자들로부터 내 연설이 "좋았다"는 이야기를 들을 수 있었다. 외교관으로서 새삼 보람을 느꼈던 그날 이후, 2017년 4월에 그라세 이사장으로부터 소포를 받았는데 소포에는 브란트의 전기가 한 권 들어 있었다. 페터 코흐Peter Koch가 1988년 쓴 것으로서 브란트 생전에 나온 그에 관한 최초의 전기다. 이 전기와 함께 동봉된 서한에서 그라세 이사장은 아버지 유품을 정리하다가 이 책을 보았고 그 순간 이 책의 주인은 작년 12월 7일 행사에 참석하여 연설해준 한국 총영사라는 생각을 하게 되었다고 적었다. 코흐는 브란트 총리를 아데나워 총리와 함께 전후 독일의 걸출한 정치인이며 정치적 '모험가Hasardeur'로 평가했다.

아울러 동방정책의 동반자라 불렸던 역사가 페터 벤더Peter Bender는 "브란트 총리는 히틀러로부터 박해받은 사회주의자이며 동시에 공산주의에 대항한 베를린의 방어자였다"라고 평가하는데, 이것은 독일모델의 정치적 위상을 정확히 표현한 것처럼 들린다. 브란트의 동방정책이 아데나워의 서방정책의 연장이란 말대로, 전후 아데나워가 서방정책을 통해 다져놓았던 서방과의 결속과 안보, 그리고 경제발전과 민주주의의 역량으로부터 브란트의 동방정책이 가능했다. 그럼에도 불구하고 브란트의 동방정책은 평화에 대한 브란트 자신의 믿음 없이는 결코 가능하지 않았을 것이다.[19]

1990년대 독일국방군 전시회

1990년대 중반 '독일국방군Wehrmacht'의 2차 대전 당시 행적들에 대한 자료들을 모은 전시회가 독일 전역을 돌면서 열렸다. 이 전시회는 함부르크 사회연구원의 렘츠마Jan Remtsma 원장의 주도로 기획, 시행된 것인데, 사회적으로 큰 반향을 불러일으켰다. 당시만 하더라도 독일 국민들은 전쟁범죄가 나치의 친위대 등 특수부대가 저지른 것이 대부분이라고 믿었다. 그러나 전쟁범죄가 일반 병사들에 의해서도 마찬가지로 자행되었다는 증거물들이 전시되자 폭발적인 반응이 일어났다. 함부르크의 렘츠마 가문은 담배재벌이었는데 전쟁 시 나치에 협력한 것을 반성하고 재산을 기부하여 오늘의 함부르크 사회연구원을 만들었다. 1997년 뮌헨에서 국방군 전시회가 예정되자 기사당CSU의 가우바일러Gauweiler는 총력적으로 전시회 반대운동을 벌였다. 독일 군인에 대한 악의적인 명예훼손이라는 것이다. 그는 뮌헨 내 30만 가구에 대해 전시회 반대 홍보물을 발송했고 렘츠마 원장에게는 흡연으로 죽거나 병든 사람들에 관한 전시회를 여는 것이 좋겠다고 '충고'하기도 했다. 그의 집안이 담배재벌이었음을 비꼰 것이었다. 네오나치에 의한 전후 최대의 데모가 있었는가 하면 1999년 3월 자르브뤼켄 전시장에서는 폭발물 소동까지 발생했다. 언뜻 보기에는 독일 사회가 왜 그렇게 공격적으로 반응했는지 이해하기 어렵다. 전시회 게시 사진 중 일부 위작 문제도 제기되었으나 대체로 맞는 것으로 판명되었다. 이 사건은 2차 대전 후 과거사 극복과정에서 또 한 번의 종결점이 되었다. 전시회 이후 개인적 증언들이 쏟아져 나왔다. 연방의회에서 쉴리Otto Schily 내무장관은 울면서 나치 규탄 연설을 했고 카린 뒤셀Karin Düssel은 자신의 조부와 아버지의 나치 행적에 대한 고해성사를 통해 나치시대 12년 동안 일어난 일들이 밑으로부터 자발적으로 자행된 것임을 고발했다. 1998년 여론조사에 따르면 63%가 과거사 종결을 희망했다. 나치가 동부전선에서 수행한 전쟁은 '절멸전쟁Vernichtungskrieg'이었고 '민족말살Völkermord' 수준이었다고 영국 역사가 이언 커쇼Ian Kershaw는 말하고 있다.[20] 다음은 기억문화의 전문가인 함부르크 사회연구원 유라이트 박사의 이야기다.

60년대에는 과거사 극복이 세대 간의 문제였다. 전범자, 나치 책임자들의 자녀들은 자신들의 부모에 의한 희생자들, 즉 정치적, 인종적, 또는 종교적 이유로 박해받았던 사람들에 대한 문제를 의식하게 되었다. 60년대에는 아직 이러한 기억을 거부하는 정치세력들이 있었고, 과거사 인정을 위해 이들과 싸워야 했다. 오늘날에는 역사적 사실이 전반적으로 인정되고 있어 더 이상 이러한 입증이 불필요하다. 함부르크 사회연구원의 목표는 언제나 국가 지원을 받는 연구에서 소외되는 주제들을 다루는 것이었다. 내가 참여했던 독일국방군의 범죄에 대한 전시회도 마찬가지였다. 이 전시회는 두 차례에 걸쳐 이루어졌고, 그중 두 번째 전시를 내가 맡았다. '나치 폭력'이란 테마에 대한 사회적 담론은 90년대에 이미 상당 부분 진척되었고, 나치 친위대의 전쟁범죄에 대해서는 거의 대부분 규명한 상태였다. 하지만 그 과정에서 국방군의 일반 병사들의 역할에 대해서는 다뤄지지 않았다. 이 문제는 당시 사회에서 금기였다. 이 전시회를 둘러싸고 논쟁이 벌어지게 된 원인이기도 하다. 전시회는 1995~2004년 사이 여러 도시를 돌며 순회전시 형태로 진행되었다. 총 150만 명의 관객이 이 전시회를 찾았다. 내용적으로는 독일이 점령했던 지역에서 자행된 폭력적 범죄에 대한 것이었으며, 특히 폴란드에서 벌어졌던 폭력에 대한 것이었다[2015.6.10].

유라이트 박사는 장성 등 군부엘리트만이 아니라 일반 병사들도 전쟁 범죄에 깊게 연루되었다는 결론에 도달했고 당시 나치의 기반을 지탱한 것이 소수 권력이 아니라 전체 국민들이었다는 인식이 생겨났다고 했다. 이로 인한 사회적 반향은 실로 엄청났고 이 전시회가 사회적 논의의 전체적 양상을 바꾸는 계기가 되었다. 거의 모든 독일인 가족 내에 국방군 복무경력을 가진 조부가 있었다. 독재정권이나 최대 10만 명 수준인 친위대 등 특수부대만으로는 대량학살은 불가능했을 것이다. 당시 국방군은 1800만 명 정도였다.

전후시대는 끝나지 않았다

50년대 말 전쟁의 흔적은 소리 없이 사라지고 있었다. 도시의 부서진 건물 잔해만 사라진 것이 아니라 나치범죄의 가해자와 피해자의 구분도 더 이상 보이지 않게 되었다. 사회적 복권이 허용되지 않았던 극소수의 사람들을 제외한 대부분의 나치 부역자들은 성공적으로 사회에 통합되었다. 전범자들에 대한 뉘른베르크 재판 후 독일 사회는 전후복구에 박차를 가하면서 과거사에 대한 사회적 무관심에 빠져들었다. 그러다가 1958년 울름의 '특공대Einsatzkommando' 재판 등이 세간의 관심을 끌기 시작했고 1961년 예루살렘에서의 아이히만 재판 그리고 1963년 프랑크푸르트에서의 아우슈비츠 재판으로 과거사 문제가 제대로 수면 위로 드러나게 되었다. 그런데 과거사 문제가 본격적으로 논의되기 시작한 사회 분위기와는 모순적이게도 정치권에서는 '전후시대의 종결'이 쟁점화되었다. 전후 시대와 결별하고자 하는 시도는 아데나워 총리 때부터 있어왔지만 1963년 에르하르트 총리 정부가 들어서면서 정부의 핵심적 실천과제로 자리잡게 되었고 1965년 11월 연방 하원에서 기민/기사당과 자민당에 의해 "전후시대는 끝났다"는 선언이 박수로 통과되었다. "우리는 나치 12년 동안 독일의 이름으로 모든 독일인에게 지워진 죄과를 허용하는 한도 내에서 완전히 내려놓고자 한다. 그렇기 때문에 우리는 그 죄과에 대한 보상을 구속적인 의무라 간주한다. 우리는 자신의 경험에 따라 새로운 독일과 화해하려는 준비가 되어 있지 않은 사람들에 대하여 그 존엄을 훼손치 않고자 하며 동시에 과거의 야만적 행위로 인한 독일의 유산적 죄과를 계속해서 확대 재생산하고 이를 정치적 수단으로 활용하려는 시도를 부정한다"라는 선언이었지만 이는 곧 실수였음이 드러난다.

1965년 3월 연방하원에서 나치 전범 기소시효에 대한 논의가 있었다. 독일 형법상 범죄시효가 20년으로 되어 있어 전후 20년이 되는 1965년이 지나면 나치범죄를 더 이상 처벌할 수 없기 때문이었다. 당시 연방정부는 기본법상의 소급입법 금지규정을 들어 시효의 연장이나 철폐에 반대하는 입장이었다. 하지만 3월 에른스트 벤다Ernst Benda 의원—후일 연방헌법재판관이 된다—이 연방의회에서 "살인에 대한 시효는 없다"는 연설로 나치 전범에 대한 시효연장에 찬성하는 여론을 모아 시효를 1970년까지 연장했다. 당시 연장 결의는 여야를 초월해 지지를 받았고 여당인 기민당 그리고 야당인 사민당 의원들도 찬성했다. 이후 처벌 시효가 1975년으로 재연장되었고 빌리 브란트 총리 때인 1979년에 시효를 아예 철폐함으로써 무기한으로 나치범죄를 처벌할 수 있는 토대가 마련되었다.

지금 독일에서는 난민과 관련된 논의에서 특히 메르켈Angela Merkel 총리의 "우리는 할 수 있다"라는 주장과 함께 과거사 극복과 역사의 유용성에 관한 논쟁이 일어나고 있다. "과도한 역사적 성찰은 미래의 활력을 뺏는다." 니체의 말이다. 이와 유사한 견해가 빈클러Heinlich August Winkler 교수에 의해서도 제기되었다. 그는 독일이 과거 역사의 성찰로부터 나오는 '특별한 도덕Sondermoral'으로부터 난민을 수용해야 한다는 주장 또는 영원한 과거사 극복 시도로부터 도출되는 독일의 '자아적 유일화Selbstsingularisierung'의 오류적 교훈에 대해 경고한다. 메르켈 총리가 독일의 '특별한 길'을 다시 가고 있다고도 주장한다. 물론 이에 대한 반론이 만만치 않다. 자브로브Martin Sabrow 교수는 "과거 극복을 위한 역사가 아니라 현재 극복을 위한 역사를 생각한다"며 독일이 역사에서 자아적 성찰을 하는 것이야말로 독일을 강하게 만들고 있다고 주장한다.[21] 2015년 여론조사를 보면 독일 국민의 42%가 과거사 문제의 종결을 희망했다. 하지만 난민문제로 불거진 페기다Pegida 운동이나 난민 수용시설에 대한 끊임없는 방화 등 극우파들의 활동 양상을 볼 때 과연 과거사 문제 종결이 독일의 이익에 도움이 될지 의문이다. 어쩌면 자브로브 교수의 말대로 과거사는 이제 현대사가 되어버린 것 같다. 이것은 내가 독일의 과거사 문제를 현재 독일 번영의 지속가능성에 대한 시금석으로 보는 이유이기도 하다.

150년 앙숙 프랑스, 덴마크와의 화해

비스마르크는 독일제국의 통일을 전후하여 두 가지 상반된 정책을 시행했다. 통일 전 통일을 이루기 위한 현상타파 정책과 통일 후 현상유지를 위한 보장정책이 바로 그것이다. 현상타파 정책은 무력을 통해 이루어졌지만 1871년 통일 후에는 독일을 '배부른 국가'로 선언하여 주변국들의 두려움을 해소하고 현상유지를 도모하는 평화정책을 구사했다. 비스마르크는 세 나라와 통일전쟁을 했다. 처음 전쟁을 한 나라가 북쪽에서 국경을 맞대고 있는 덴마크였고, 두 번째는 소독일주의를 관철하기 위해 오스트리아와, 그리고 마지막으로 프랑스와 전쟁을 하여 통일의 고지에 오른다. 첫 번째 상대였던 덴마크와는 1848년 1차 전쟁에서 이기지 못했고 1864년 2차 전쟁에서야 이겼다. 그 결과 슐레스비히와 홀슈타인 지역을 할양받고 1차 대전 후 1920년 주민투표를 통해 현재의 국경선을 정하게 된다. 당시 주민투표 후 국경이 바뀐 주민들은 희망에 따라 모국으로 이주해가거나 잔류하게 되었다. 이주자 간 주택을 교환하기도 했다 한다. 그래서 지금은 플렌스부르크가 독일의 최북단 도시가 되었다. 인구 10만 명이 채 안 되는 이 도시에는 아직 약 20% 정도의 덴마크인들이 살고 있다. 이들은 덴마크어를 쓰는 학교에 다니고 덴마크 이름을 갖고 있지만 국적은 대부분 독일 국적을 갖고 있다.

이 지역의 유명한 화가가 에밀 놀데Emil Nolde인데 그는 나치 치하에서 괴벨스에 의해 반나치적 예술인으로 지목되어 작품이 소각되는 등 고초를 겪었다. 2016년 11월 플렌스부르크를 방문했을 때의 일이다. 그의 그림이 전시된 플렌스부르크의 박물관 직원에게 그가 독일 사람인지 덴마크 사람인지를 물어보았다. 처음에는 그냥 독일인이라고 했다. 그래서 그의 고향이 플렌스부르크에서 멀지 않은 놀데Nolde인 점을 이야기하면서 덴마크 사람이 아니냐고 재차 묻자 그제야 그렇게 볼 수도 있다는 애매한 대답이 돌아왔다. 그 직원의 이름을 보니 덴마크 계통인데 그럼에도 독일에 대한 애정이 보였다. 그녀의 메시지는 독일이든 덴마크든 중요하지 않다는 정도로 생각된다. 지금 독일에 사는 덴마크 사람들이 독일 국적을 갖는 데 큰 저항이 없었고 자신들을 그저 독일 사람이라고 하는 점을 볼 때, 실제로 이미 많은 화해가 이루어졌다는 생각을 하게 된다. 지금 덴마크에서 가장 많이 배우는 제2외국어가 독일어이다. 한 세기 전만 하더라도 상상할 수 없던 일이라 한다. 그곳에 주재하는 베커-크리스텐젠Henrik Becker-Christensen 덴마크 총영사는 사실 역사학자인데 플렌스부르크에서 주재한 지 15년이나 된다고 했다. 그는 내가 외교관 생활 중 보아온 외교관 중에서 한 임지에서 가장 오랜 기간을 근무한 외교관이다. 그는 독일, 덴마크 간 화해의 기초가 된 1955년 "본-코펜하겐 선언"에 대한 해설서도 직접 저술했는데, 그 당시 양국 간에 행해진 상호 간 소수민족에 대한 권리 인정이 오늘날 우호적 관계를 유지하는 토대가 되었다고 설명했다. 그의 이야기 중 재미있는 것은 2차 대전 직후 덴마크가 과거 잃어버렸던 영토 일부를 독일로부터 되찾을 기회가 있었는데 이를 스스로 포기했다는 것이다. 당시 연합국은 덴마크에 대해 현재 북해운하 이북의 실지에 대해 희망할 경우 다시 돌려주겠다는 제안을 했지만 덴마크는 숙고 끝에 1946년 10월 이를 거절했다. 이유는 덴마크 영토 내에 커다란 이민족(독일인) 집단을 두는 것을 덴마크 의회에서 반대했고 또 장래에 독일이 다시 힘을 회복할 경우 '문제'가 생길 수 있다는 우려 때문이었다고 한다.[22] 이미 독일인들이 다수인 그 땅을 다시 가져와 통치하는 데 따른 정치적, 경제적 부담을 원치 않았기 때문인 것으로 보인다. 유럽인들의 지혜가 돋보이는 대목이다.

유틀란트 반도에서 오르후스 대학의 공과대 학생들은 다시 독일어를 배우기 시작했다. 이 지역에서 독일어는 독일의 공학기술과 연계되어 수요가 높다. 덴마크는 전쟁 이후 오랜 기간 독일에 대해 부정적인 인식을 가졌다. 그러나 그동안 많은 협력이 이루어졌고, 이것이 전환점이 된 것으로 보인다. 2015년 10월 킬Kiel

에서 킬 대학(크리스티안 알브레히트 대학) 창립 350주년 기념행사가 열렸다. 여기에 주빈으로 덴마크의 베네딕테[Benedikte] 공주가 초청되었다. 베네딕테 공주는 현 마르그레테 2세[Margrethe II] 덴마크 여왕의 동생이다. 다음은 그녀의 축사 중 일부다.

> 킬 대학이 독일-덴마크 간의 관계에서도 역사적 의미를 가지고 있다는 점을 확인할 수 있습니다. 19세기에는 양국 간에 격렬한 대립들이 있었지만, 그 이후 과거의 '반목'에서 벗어나 현재의 '동반[Miteinander]' 관계가 되었습니다. 이는 학술적 협력뿐 아니라 양국 관계에서도 마찬가지입니다. 오늘 행사에 함께할 수 있도록 저를 초청해주신 것은 덴마크와 독일 간의 긴밀한 관계를 보여주는 것입니다. 특히 덴마크와 슐레스비히-홀슈타인 주 간의 긴밀한 관계를 보여주는 것이기도 합니다. 덴마크와 슐레스비히-홀슈타인 주 간의 관계는 여러 형태로 나타나고 있습니다만, 독일-덴마크 국경지역에서, 국경 양측에 거주하는 소수민족과의 관계와 협력에서 확인할 수 있습니다. 우리가 올해 덴마크 및 독일 소수민족의 권리에 대한 본-코펜하겐 선언[Bonn-Kopenhagener Erklärungen] 60주년을 맞이하였다는 사실을 잊어서는 안 될 것입니다![2015.10.5].

플렌스부르크 시에서는 매년 독일-덴마크 간 전쟁 희생자들을 추모하는 행사를 연다. 전쟁 당사자였던 독일, 오스트리아, 덴마크의 3개 국가 시민들이 각기 따로 추모제를 해오다가 15년 전쯤부터 합동 추모제를 한다고 했다. 연사도 이들 3개 국가에서 해마다 번갈아 맡는다. 사실 이러한 화해 움직임의 단초는 당시 1864년 전쟁으로 거슬러 올라간다. 9개월간 육전과 해전에서 양측의 사상자는 수천 명에까지 이르렀는데 승패를 갈랐던 뒤펠[Düppel] 전투에서 부상당한 군인들을 플렌스부르크 병원으로 후송하여 피아를 구분하지 않고 치료했다 한다. 2017년도 합동 연사는 크레츠슈마르[Swetlana Krätzschmar] 플렌스부르크 시 의회의장이었다. 그녀가 독일, 덴마크, 오스트리아 3개국을 대표하여 당시 전쟁에서 희생된 이들 3개국 군인들을 위한 합동 추모제에서 연설했다.

플렌스부르크 시 인근의 글뤽스부르크^{Glücksburg} 성은 유럽의 친정이라고 할 정도로 그 후손들이 유럽의 여러 왕가들과 혼맥을 형성했다. 러시아 혁명 시 비운의 황제였던 니콜라이 2세^{Nikolai II}의 어머니가 이 글뤽스부르크 성 출신이었으며 니콜라이 2세가 영국으로부터 망명을 거절당한 후 최후로 망명을 타진했던 나라가 바로 어머니의 나라였던 당시 덴마크였다.

독일제국의 마지막 통일전쟁 상대는 프랑스였다. 승전의 결과로 독일은 프랑스 국민의 자존심인 베르사유 궁전에서 독일제국 선포식을 한다. 나폴레옹에 대한 복수라지만 이는 또 다른 복수를 낳는다. 1차 대전 후 독일에 떨어진 어마어마한 배상의 굴레는 결국 베르사유 궁전에서 만들어졌고 이는 다시 2차 대전이라는 엄청난 참화를 양측에 안겨다주었다. 2차 대전 후 독일에 대한 프랑스의 감정은 당연히 좋지 않았다. 서독의 루르 지역 산업활동 규제의 해제에도 반대하다가 1950년 쉬망 플랜에 의해 1952년 유럽석탄철강공동체가 발족하면서 서서히 누그러져 갔다. 1962년 7월 프랑스 랭스에서 드골^{Charles de Gaulle}과 아데나워 두 정상에 의한 세기의 사랑이라는 화해서약이 이루어졌고 이듬해 엘리제 조약으로 양국 간 화해가 공식화된다. 이후 2003년에 엘리제 조약 체결 40주년을 맞아 슈뢰더^{Gerhard Schröder} 총리와 시라크^{Jaques Chirac} 대통령 사이의 공동제안으로 양국 간 공동교과서 발간이 추진되었고 이를 통해 과거사 인식공유라는 실제적 성과를 거둔다. 그 전에는 양국의 역사교과서는 독일은 독일대로 프랑스는 프랑스대로 일치하지 않는 부분이 많았다. 대표적인 예가 나폴레옹과 비스마르크에 대한 양국 간 인식의 차이다. 이들은 자국 교과서에서는 영웅이지만, 상대방 국가에서는 원흉으로 기술되었다. 상대가 일으킨 전쟁은 침략이고 자신이 시작한 전쟁은 자위였다. 그러던 역사인식이 공동교과서 발간으로 크게 좁혀졌다. 내가 빈에 근무할 당시 만났

•• 독일-프랑스 간 역사 공동교과서. 왼편 책은 독일에서, 오른편 책은 프랑스에서 발간되었다.

던 한 독일 외교관이 바로 이 독불 간 공동교과서 작업에 직접 참여했었다. 지금 유네스코 주재대사인 크라빌리츠키[Stefan Krawielicki] 대사의 말이다.

양국 간 공동 교과서 발간에는 강력한 정치적 의지가 필요했다. 독일과 프랑스 간에는 2003년 이전에 벌써 여러 분야에서 공동연구가 선행되었다. 공동교과서는 시라크와 슈뢰더의 동반 제안으로 작업이 탄력을 받았다. 집필을 위한 실무그룹이 약 15~16명 정도로 발족했고 이후 약 4년 만인 2007년에 첫 교과서가 나왔으며 수년 내로 다시 2권, 3권이 출간되었다. 집필 방식은 공동인식 부분과 그렇지 않은 부분을 같이 수록하는 것인데, 교과서의 왼쪽 면과 오른쪽 면에 두 나라의 역사를 각각 적어가다가 공통 부분에 가서는 한 가지로 적는 그런 방식이다. 이 공동교과서는 10~15% 정도의 독일 학교에서 채택되어 사용되고 있다. 현재 독일과 폴란드 간 공동교과서 발간 작업도 진행 중인데 이견이 의외로 많지 않아 놀랄 정도다. 이 공동교과서 집필에 참여하는 실무그룹이 25명 정도인데 독불 간 예에 비추어볼 때 숫자가 많은 감이 있다. 이스라엘과 팔레스타인 간에도 공동교과서가 있다[2013.12.3].

다음은 함부르크의 국제지역연구소^{GIGA} 파스칼 압^{Pascal Abb} 박사의 말이다.

중요한 것은 모든 나라들이 같은 '버전'의 역사를 아는 것이다. 공동으로 역사 지식을 쌓아야 한다. 일본은 자신의 전쟁범죄들을 너무 감추려고 하고, 반대로 중국은 자신이 겪은 전쟁피해를 너무 강조하려고 해서 두 나라가 알고 있는 역사 에는 너무도 확연한 차이가 존재한다. 현재 중국과 일본은 활발한 무역을 하고 있지만 활발한 청년교류 같은 인적교류는 어렵다. 한쪽은 잘못을 감추려고 노력 한 결과물을 역사로 알고 있고 다른 한쪽은 피해를 강조한 결과물을 역사로 알고 있다. 서로를 보는 시각차가 크다. 한쪽은 너무 모르고 한쪽은 너무 잘 알기 때문 에 문제가 생기는 예이다. 유럽에서 전쟁 후 공동의 역사상에 합의하지 못했더라 면 화해는 가능치 않았을 것이다. 우선은 서유럽에서, 1991년부터는 과거에 무슨 일이 일어났고 누가 죄가 있는지에 대해 전체 유럽이 똑같은 의견을 갖게 되었 다. 유럽에서는 1950~60년도에 이미 막스 베버 사회학 연구소 같은 곳에서 여러 가지 공동의 연구 프로젝트가 수행되어왔다[2016.8.29].

뤼베크는 비겁하지 않았다

독일의 패전 후 독일 언론인 쿠르트 치젤^{Kurt Ziesel}은 독일 민족에게 '시민적 용 기^{Zivilcourage}'가 비스마르크 시대 이래 현저히 결여되어 있다고 다음과 같이 고백

했다.[23]

양심은 그날그날의 상황에 따라 정해지고 진리와 역사적 발전을 들먹이기라
도 하면 곧바로 업무의 훼방꾼으로 치부되었다. 비스마르크가 언론을 "정치 창
녀"라고 했듯이 문학에 있어서도 경계 없는 후안무치가 횡행했다. 나는 한때 이
것을 과장이라고 보았다. 왜냐하면 프랑스, 이탈리아, 러시아도 이 점에서 결코
뒤지지 않았기 때문이다. 그렇지 않다면 나폴레옹, 무솔리니, 스탈린은 가능치
않았을 것이다. 모든 민족들은 취약한 성격과 인간적 본질의 결여에 대한 자연적
본능을 갖고 있다. 그럼에도 독일의 언론이나 문학만큼 시민적 용기의 대변자가
없는 민족은 세상 어디에도 없을 것이다. 독일의 비겁함으로 독일에서의 정신은
반세기 동안 마비되었다.

하지만 한자동맹의 발상지 뤼베크는 아마도 치젤이 이야기하는 그런 비겁한
도시는 아닐 것 같다. "한자동맹의 여왕"으로 불렸던 뤼베크는 역사와 문화, 해상
적 생활방식을 사랑하는 사람들의 도시다. 트라베 강 물길로 둘러싸인 섬에 세워
진 요새였던 뤼베크는 마치 우리의 하회마을을 연상케 한다. 꼬불꼬불한 골목길,
홀슈타인 성문, 유네스코 세계문화유산인 구시가지의 7개의 교회 첨탑, 트라베
강에 빼곡히 채워진 범선들은 중세 도시를 동경하는 여행객들의 향수를 불러일으
킨다. 이 북부독일의 조그만 도시가 여행객들의 매력적인 목적지일 뿐 아니라 현
대 독일 지성을 지탱하는 세 명의 노벨상 수상자의 산실이다. 1929년 노벨문학상
을 받은 토마스 만Thomas Mann과 1971년 노벨평화상을 받은 빌리 브란트는 뤼베크
에서 태어났다. 그리고 1999년에 노벨문학상을 받은 귄터 그라스는 1995년부터
2015년 죽을 때까지 뤼베크에서 활동했다. 지금 뤼베크에는 이 세 사람을 기리는
기념관이 세워져 있다. 도시의 정신적 유산들을 잘 보존하고 있는 뤼베크에 비해,

상인의 도시 함부르크는 하이네, 브람스, 말러 같은 시인과 음악가들을 제대로 대우하지 못했다 한다.

토마스 만은 그의 형 하인리히 만$^{Heinrich Mann}$과 함께 형제 문학가이다. 형인 하인리히가 문학계에 먼저 등단했으나 동생인 토마스가 나중에 더 큰 문학적 성공을 거둔다. 나는 대학 때 토니오 크뢰거$^{Tonio Kröger}$ 강독 수업을 들으면서 만의 문학세계를 처음 알게 되었다. 토마스 만의 출세작은 『부덴브로크 가의 사람들 ^{Buddenbrooks}』이며 특정 작품을 지정하여 노벨문학상을 주었던 1929년 당시 노벨문학상도 이 작품으로 받게 된다. 하지만 그가 정작 심혈을 기울였던 작품은 1913년 집필을 시작하여 1924년 완성된 스위스 다보스의 한 요양원을 배경으로 하는 『마의 산^{Zauberberg}』이었다. 토마스 만 자신의 집안인 만 가^{家}와 소설상 가상의 가문인 부덴브로크 가 간에는 많은 유사점이 보인다. 토마스 만은 '하노^{Hanno}'에 비견되고 많은 조연 인물들은 뤼베크 시민들로부터 모티브를 얻었다. 소설상 대부분의 인물들은 아이러니하게 묘사되었고 이들이 실제 누구인가에 대한 명단이 뤼베크 서점가를 돌아 다녔다고 한다. 이로 인해 토마스 만과 뤼베크 시민들 간에는 오랜 기간 긴장관계가 이어졌다.[24] 흥미롭게도 "경제발전 5단계론"으로 유명한 로스토 $^{W. W. Rostow}$가 그의 책 『경제성장의 제 단계$^{The Stages of Economic Growth}$』에서 『부덴브로크 가의 사람들』을 인용했다.[25] 토마스 만의 『부덴브로크 가의 사람들』에 나오는 3세대에 걸친 이야기를 보면 첫 번째 세대는 부를 쌓고자 했고, 두 번째 세대는 사회적 지위와 존경을 갈구했으며, 마지막 세 번째 세대는 음악, 문학에 심취한다는 내용이다. 로스토는 세대가 지남에 따라 나타나는 부덴브로크 가 사람들의 열망의 변화를 경제적 관점에서 보았다. 이미 갖추고 있는 것은 당연시하고 더 이상 가치를 두지 않으며 새로운 형태의 만족을 추구하게 된다는 것이다. 생각건대 지금 고도의 대중소비 단계에서 사람들은 한계효용의 법칙상 아마도 전통적 의미의 추가적 소득증가에 크게 개의치 않을 것이며, 이보다는 자아실현을 중시할 것이다. 이런 관점에서 현대인들의 일과 삶의 균형에 대한 욕구는 매우 자연스러운 것이다.

토마스 만은 1930년에 베를린의 베토벤 홀에서 그 유명한 "독일 연설Deutsche Ansprache"을 통해 제국의회 선거 결과와 정치적 영향력을 뻗어나가는 나치당에 대한 입장을 밝히고, 시민들에게 나치에 반대하여 사민당의 편에 설 것을 호소했다. 그는 1933년 가족과 함께 망명길에 오르고, 잠시 프랑스에 머물다가 1년 뒤 미국으로 향했다. 만의 독일 여권은 그 사이 만료되었고 나치 독일하에서 체포명령이 내려진 상태였으므로 기간 연장이 불가능했으나, 미국은 유효한 여권 없이도 그를 받아들였다. 전쟁 발발 이후 1941년부터 종전 시까지 토마스 만은 독일에서도 청취가 가능한 BBC 라디오 방송을 통해 "독일 청취자들이여!"를 방송하며, 격정적 어조로 국민들에게 반전, 반나치를 호소했다. 1945년 전쟁 직후 만은 독일의 초대 연방대통령 후보로 거론되었으나 그는 그 가능성을 일축했다. 그가 주장하는 "독일의 집단적 죄과"와 대통령직은 어울리지 않았기 때문이다. 2015년 11월 부덴브로크하우스를 방문했을 때 디트만Britta Dittmann 학예관의 설명에 따르면, 그는 자신의 미국 망명생활에 대해 훗날 이렇게 소회했다 한다.

"견디기 힘들었다. 그러나 독일에 만연한 '유독한' 분위기를 눈앞에 그려보면 한결 나았다. 실제로 잃을 것이 없기에 한결 나았다. 내가 있는 곳이 독일이다. 나는 내 안에 독일의 문화를 품고 있다Wo ich bin, ist Deutschland. Ich trage meine deutsche Kultur in mir. 나는 세계와 접촉하며 살고 있고, 나는 스스로를 죽은 사람으로 보지 않는다."

나치의 박해를 피해 미국으로 건너갔지만 이번에는 매카시위원회에서 공산주의자로 의심받았다. 1952년 비미국적 활동조사위원회HUAC에 출석하여 자신의 활동에 대해 소명해야 했던 그는 1년 뒤 미국을 떠나 언어와 문화가 유사한 스위스에 정착했다. 당시 서독으로 돌아오지 않았던 것은 통일된 조국이 없었기 때문이라 했다. 그는 동독이나 서독 중 한 곳을 택해야 하는 상황을 원하지 않았으며, 이후 동독, 서독을 모두 여러 차례 방문했다. 오스나브뤼크Osnabrück에 있는 레마르크 평화센터의 슈나이더Thomas Schneider 소장은 토마스 만이 전후에 미국을 떠나 서독으로 돌아오지 않은 배경을 다음과 같이 설명했다.

많은 작가들과 예술가들이 나치를 피해 미국 등으로 망명했지만 전후에 서독으로는 돌아오지 않았다. 그들은 외국에 살았고, 베르톨트 브레히트Bertolt Brecht처럼 동독으로 간 사람들도 있었다. 거기에는 여러 다른 이유가 있었는데 그중 한 이유는 망명 중에 작품활동을 했던 전후 작가들이 2차 대전 이후 서독에서 환영받지 못했기 때문이다. 서독에서는 구 엘리트가 여전히 권력층에 남아 있으면서 그들을 조국의 배신자처럼 여겼다. 토마스 만을 비롯한 다수의 작가들이 서독으로 돌아오지 않기로 한 것은 정치적 결정이었다. 『베를린, 알렉산더광장Berlin, Alexanderplatz』의 저자 알프레트 되블린Alfred Döblin처럼 일부 서독으로 돌아온 작가들도 있었다[2016.12.6].

스위스로 돌아온 후 1955년 5월 토마스 만은 자신의 고향인 뤼베크를 마지막으로 방문했고, 명예시민이 된다. 그는 경제장관이었던 아버지가 근무했던 뤼베크 시청을 방문한 자리에서 연설을 했고 그의 아버지를 떠올리며 이렇게 이야기했다. 이어지는 디트만 학예관의 전언이다.

"아마도 나의 모든 행동의 이면에서 그의 모습을 찾아볼 수 있다고 말할 수 있을 것이다. 나는 언제나 그가 살아 있는 동안 그에게 이 세상에서 뭔가 훌륭한 사

람이 될 것이라는 희망을 심어주지 못했던 것을 후회했다. 그렇기에 이례적인 방
식이기는 하지만, 이제 내가 내 고향과 이 도시를 좀 더 명예롭게 만들었으므로
나의 만족감은 더욱 크다."

모든 남자에게 아버지야말로 자신의 가장 자랑스러운 모습을 보여주고 싶은
대상인가 보다. 아슬아슬한 성적으로 중학교를 졸업했던 토마스 만으로서는 아
버지 생전에는 "좋은 모습"을 보여주지 못했기에 마지막 고향 방문에서 가졌던 아
버지에 대한 감회는 더욱 컸으리라 짐작된다. 만은 그 후 몇 달 지나지 않은 8월
취리히 병원에서 영면한다. 1975년 뤼베크 시는 토마스 만 탄생 100주년을 맞이
하여 1주일간 그를 기리는 행사를 열었다.

빌리 브란트는 1913년 뤼베크에서 사생아로 태어났다. 그는 친아버지를 알지
못했고 계부인 프람Frahm의 호적에 입적된다. 독일 사민당의 창설자로서 노동자
의 황제로 불리며 당시 서민들 간에 최고의 인기를 구가했던 베벨August Bebel이 죽
고 나서 채 몇 달이 안 되어 그를 이을 사민당의 후계자가 태어난 것이다. 리프크
네히트Wilhelm Liebknecht, 로이터Ernst Reuter, 슈마허Kurt Schmacher 등 많은 사민당 지도
자들이 부르주아적 배경을 갖고 있었지만 브란트는 뼛속까지 프롤레타리아적 배
경을 갖고 태어났다. 브란트의 할아버지는 트럭 운전수, 어머니는 점원으로서 모
두 열성적인 베벨의 사민당원이었으며 집안에 그의 사진을 걸어놓았을 정도였다.
그보다 한 세대 앞서 태어난 뤼베크의 거상이자 장관집 아들인 토마스 만이 느꼈
을, 부가 넘치는 세계 해상무역의 한자도시 뤼베크의 활기 대신 가난한 변두리 동
네의 좁은 골목길만을 알고 자랐다.[26] 1961년 당시 85세인 아데나워 총리의 대항
마로 젊은 브란트가 부상하자 아데나워 총리가 선거운동을 하면서 소위 '프람 연
설'을 통해 브란트의 출생의 비천함을 들추어내는데, 이것이 오히려 그의 인기를
높여주었고 이를 계기로 브란트와 귄터 그라스는 가까워지게 되었다.

브란트는 베를린 시장과 키징어 내각의 외교장관을 거친 후 1969년 총리에 오른다. 국내적으로는 '더 많은 민주주의'를, 대외적으로는 '접근을 통한 변화' 정책으로 동서냉전의 장벽을 넘어 긴장완화 정책을 추구했다. 1970년 12월 바르샤바에서 '무릎사죄'로 진정한 사과의 참 모습을 보여주었다. 1971년 12월에는 한때 자신의 망명지였던 오슬로에서 노벨평화상을 받았다. 그는 오슬로 대학에서 행한 연설에서 전쟁은 더 이상 마지막 이성이 아니라 마지막 반이성임을 강조했다. 동방정책은 연정 파트너였던 자민당의 이반을 가져와 1972년 그에 대한 불신임투표를 촉발시켰다. 우여곡절 끝에 불신임 투표와 이어진 총선에서 살아났지만 끝내 자신의 측근 기욤Guillaume 스파이 사건으로 1974년 총리에서 물러난다. 그 후에도 오랫동안 사민당수직을 맡았고 사회주의인터내셔널SI의 의장으로도 활동했다.

권터 그라스는 1927년 동부 프로이센의 단치히에서 태어나 11세에 이미 나치 소년단에 들어갔고 17세에 나치 무장친위대에 자원입대하여 18세였던 종전 시에는 미군에 포로가 되는 등 비록 어렸지만 열렬한 나치 추종자였다. 전쟁 후 뒤셀도르프와 베를린에서 조각가 수업을 받고 조각가, 화가로 활동하면서 1959년 첫 장편소설『양철북』을 발간하여 나치의 과거사와 홀로코스트 문제를 당시 독일 사회에 앞장서서 제기하면서 문필가로서 세상에 이름을 알렸고 누구보다 일찍이 과거사 극복의 횃불을 들었다. 그라스는 1963년 여름 그의 작가로서의 이력을 취재하고자 했던 바겐바흐Klans Wagenbach와의 인터뷰에서 자신의 무장친위대 복무 사실을 언급했지만 아우슈비츠 재판에 대한 사회적 논쟁이 고조되면서 묻혀버렸고 2006년 그의 무장친위대 입대를 주제로 한 자서전적 소설인『양파 껍질을 벗기며』가 출간될 때 인터뷰에서 무장친위대 복무 사실을 다시금 고백하기에 이른다. 그라스는 1944~1945년 전쟁 당시 동부전선에서 복무했고 드레스덴 폭격을 직접 경험했다. 탈주병들이 교수형에 처해지는 것을 목격함으로써 전쟁경험은 그의 작품에서 가장 중요한 모티브가 된다. 그는 전쟁 중 전우들이 자전거로 탈출하다가 폭격에 모두 죽는 것을 본 뒤로 절대로 자전거를 타지 않았다.

그라스는 사민당에 가입과 탈퇴를 반복하고 빌리 브란트나 슈뢰더와도 교분을 갖는 등 현실정치에 적극 참여했다. 그의 첫 정치 참여는 1961년 8월 베를린 장벽 설치와 관련하여 제거스Anna Seghers에게 보내는 공개서한으로부터 시작했다. 그는 1982년 사민당원이 되었으나 사민당이 1992년 망명자법을 강화하는 데 동참하자 이에 대한 항의로 사민당을 탈퇴했다. 레겐스부르크에서 아데나워의 이른바 '프람 연설'이 있던 날부터 그는 브란트를 적극적으로 지지하게 된다. 그라스와 브란트의 친밀한 관계는 브란트가 1961년 '47그룹'과 만나면서 시작되었다. 그는 1965년 『민주주의여, 나는 너를 노래한다: 빌리를 위한 송가』라는 문고판을 출간했고 선거가 있을 때에는 브란트의 연설 작성자로 활동했다. 그라스는 『달팽이의 일기』에서 선거운동 시 자신의 역할을 전기체로 써냈고 브란트와 주고받은 일부 서한을 출간하기도 했다. 다음은 그라스 기념관의 톰자Jörg-Philipp Thomsa 관장의 설명이다.

그는 '68세대'에게 자칫 과격화로 흐를 위험에 대해 경고했다. 그의 그림에 많이 나타나는 달팽이 모티브는 진전을 상징한다. 다만 급진적 개혁은 지속적이지 않다고 생각했고 근본적인 변화는 오로지 서서히 '달팽이 속도Schneckentempo'로만 완결된다고 생각했다. 토마스 만이 1차 대전을 옹호하는 논문집 『비정치적인 것에 대한 성찰』을 저술하는 등 전쟁을 지지했다가 나중에 반전주의자로 변신한 과정과 유사하게도 그라스도 그의 유년 시절은 나치 추종으로 시작되었지만 종국적으로 반나치운동에 평생을 바쳤다. 그라스는 정치적 신념을 가진 평론가로서 그의 생애 동안 독일 사회와 역사의 모순을 비춰보는 거울이었다. 이러한 모순은 그의 작품 『침묵할 수 없는 것Was gesagt werden muss』에서도 나타난다. 이 『이스라엘-시Israel-Gedicht』는 2012년에 발표되었고, 이스라엘을 직설적으로 비판하여 논쟁에 휩싸였다. 그라스는 일본의 노벨문학상 수상자 겐자부로大江健三郎와도 교감을 갖고 서신을 주고받았는데 과거사 극복에 관한 그들의 생각이 이 서신들에 잘 나타나 있다. 이 서한집은 1995년에 출간되었고, 이 두 작가는 그들 나라의 역사적 공통점과 그 '검증Aufarbeitung'과 관련된 차이점에 대해서 다루었다 [2016.6.20].

2016년 6월 그라스 기념관을 방문했을 때 로이 로저스Roy Rogers의 카우보이 노래를 인용하여 "나를 가두지 마세요Don't fence me in"를 전시 표제로 내세운 그의 초기 작품이 진열되어 있었다. 이 작품들은 행방불명되었으나, 2013년에 뒤셀도르프에 있는 그의 미대 학생시절 작업실의 옥외 계단에서 우연히 발견되었다 한다. 그라스는 1948년 뒤셀도르프 미술 대학에서 조소공부를 시작했다. 그는 화가이자 저술가로서 "글을 쓰는 화가Ein schreibender Zeichner는 잉크를 바꾸지 않는다"라는 말을 남기기도 했다. 그는 화가와 저술가로서 활동하면서 그림과 글을 조화롭게 표현했다. 그의 기념관 뒷마당 브란트 기념관과 통하는 건물 외벽에는 "잉크로 표현하는 것은 다르지 않다"란 글귀가 쓰여 있는데 화가나 소설가나 창작원리는 마찬가지란 의미다. 그가 원래는 조각을 전공한 화가였기 때문이다. 톱자 관장에 의하면 오히려 조각작품을 만들면서 틈틈이 글을 썼다는 표현이 더 맞을지 모른다고 했다. 그라스 기념관에는 그처럼 한 분야 이상에서 활동했던 예술가들을 소개하고 있다. 요한 볼프강 폰 괴테Johann Wolfgang von Goethe, 헤르만 헤세Hermann Hesse, 고트프리트 켈러Gottfried Keller, 아르노 슈미트Arno Schmidt, 에른스트 바를라흐Ernst Barlach, 로베르트 게른하르트Robert Gernhardt, 존 레넌John Lennon, 마르쿠스 뤼페르츠Markus Lüpertz, 윈스턴 처칠, 코넬리아 푼케Cornelia Funke 등이다. 기념관 내의 마당과 전시장에서는 그라스의 여러 조형 미술품을 볼 수 있는데, 안마당 중앙에는 그라스의 소설 『넙치』에서 영감을 얻은 조각품 〈손 안의 넙치Der Butt im Griff〉가 전시되어 있다.

그라스는 나치가 남긴 정신적 폐허를 딛고 오늘날 과거사 극복에 성공한 독일 모델을 만드는 데 크게 기여했다. 그는 하인리히 뵐Heinlich Böll과 함께 전후 혼돈의 사회에서 독일 문학을 주도한 국내파 작가로서 전쟁의 비인간성을 고발하고 정치적, 사회적 운동에도 적극 동참했다. 1990년 2월 통독 과정에 있던 당시에는 "현재 독일을 생각하고 독일 문제에 대한 답을 찾는 사람은 아우슈비츠를 함께 생각해야 한다"며 통일로 인한 신국가주의의 대두에 대해 경고하기도 했다. 그의 죽음 직후 ≪슈피겔Der Spiegel≫은 "그라스의 역사가 독일의 역사이고 독일의 역사가 그라스의 역사다"라며 그를 독일의 정치적 성장 과정을 함께한 '사민적 시대의 시인'으로 평가했다.[27] 전후 독일 문단은 47그룹이 주도한 국내파와 나치 치하에서 국외로 망명했던 국외파로 크게 대별된다. 그라스와 뵐은 국내파를, 만과 레마르크Erich Remarque는 망명 그룹을 대표하는 문인이다. 망명그룹이 국내파에 비해 과거사 극복의 관점에서 보다 선도적 역할을 한 것으로 평가되지만, 전후 서독이 이들을 반기지 않았던 사정 등으로 이들은 대부분 서독으로 돌아오지 않았다. 레마르크의 고향은 오스나브뤼크이다. 그곳에 있는 슈나이더 레마르크 평화센터 소장의 이야기다.

그라스나 뵐과 같은 국내파나 47그룹의 과거사 극복 인식은 천천히 갔던 반면, 토마스 만이나 레마르크 같은 망명파들의 과거사 인식은 사뭇 달랐다. 1930~40년대에 이민을 떠난 망명파들은 그 시기에 이미 일부나마 전후 독일에 대한 구상과 계획을 가지고 있었다. 그들은 '다른 독일'을 만드는 것을 자신들의 임무라고 여겼고, 또한 독일인이 모두가 나치는 아니라는 것을 세상에 알리고 싶어했다. 그러나 그들은 전후 탄생한 서독에 별로 관여하지 못했다. 반면에 동독은 달랐다. 동독의 문화엘리트와 지도부는 망명에서 돌아온 이들로 구성되었다. 전후처리는 동독과 서독에서 서로 다른 속도로 진행되었다. 서독에서는 구시대 체제가 여전히 남아 있었고 망명에서 돌아온 이들이 없었던 1960~70년대까지도 과거사 극복과정은 거의 전적으로 기피되어왔다. 서독보다 동독이 빨리 움직인 것은 사실이지만, 동독은 그들 스스로를 서독과 반대되는 반파시즘 시스템이라 여겼고 역사 전후처리도 공산주의적 색안경을 통해 진행되었다. 과거사 극복과정은 동독과 서독 모두에서 정치적 색채를 비켜갈 수 없었다. 양쪽 독일의 기억문화를 비교해보면 이는 더 명료해진다. 서독에서는 공산주의자를, 동독에서는 민주주의자를 찾아볼 수 없다(2016.12.6).

독일은 살아야 한다, 우리가 죽어야만 하더라도

함부르크 시내 한복판에 자리잡은 세계적인 식물화훼 공원인 '플란텐 운 블로멘Planten un Blomen 공원'의 담토르Dammtor 역 쪽 출입구 한 귀퉁이에 독일 현대사의 고뇌를 추정해볼 수 있는 세 개의 기념물이 함께 자리하고 있다. 우선은 1936년 세워져 전쟁을 미화하고 젊은이들의 참전을 북돋운 '76연대 기념비'이고, 두 번째는 이 참전 기념비에 대항하여 세워진 반전 기념비로서 1943년 함부르크 대공습 시 불에 탄 사람의 모습을 형상화하여 전쟁의 참상을 알리는 폰 알프레트 흐어들리카von Alfred Hrdlicka의 작품이다. 그리고 세 번째는 2차 대전 중 징집을 거부하거나 탈영하여 처형당한 독일 젊은이들을 위로하여 2015년 11월 제막된 추모비이다. 이들 세 개의 조형물이 지근거리에 이웃해서 모여 있다. 첫 번째 기념비에는 "전쟁 명칭이Kriegsklotz"란 별명이 붙어 있다. 1차 대전 시 함부르크 출신 독일군 76연대를 기려 1930년대 당시 유명한 건축 조각가 리하르트 쿠엘Richard Kuöhl이 만든 부조 형식의 작품인데, 이 부조물 상단에는 "독일은 살아야 한다, 우리가 죽어야만 하더라도Deutschland muss leben und wenn wir sterben muessen"라는 유명한 문장이 적혀

•• 1936년 함부르크 시내에 세워진, 젊은이들의 참전을 독려하는 '76연대 기념비'. '전쟁 멍청이'란 별명을 갖고 있으며 전쟁 후 철거가 논의되었으나 살아남았다.

있다. 이것은 당시 친나치 시인이었던 하인리히 레르슈^{Heinrich Lersch}의 전쟁 선동 시「군인의 이별」에서 나왔다. 그의 시 중 처음 한 소절을 인용해본다.

저를 가게 해주세요, 어머니, 저를 가게 해주세요!

이 모든 눈물도 우리에게는 이제 더 이상 아무 소용없잖아요,

우리는 가야 하니까요, 조국을 위해서요!

저를 가게 해주세요, 어머니, 저를 가게 해주세요.

입맞춤으로 당신께 마지막 인사를 드립니다.

독일은 살아야 합니다. 그리고 우리가 죽어야만 하더라도요!

전쟁에 나가는 아들과 어머니의 애절한 이별을 그리면서도 조국을 위하여 목숨을 바치는 명분을 강조했다. 이 기념비가 세워진 것은 1936년으로서 독일이 2차 대전을 일으키기 3년 전인데, 이 부조물의 군인들을 보면 당장 내일이라도 전쟁에 나갈 기세다. 모든 역사적 사건에는 사전에 충분한 징후가 보인다는 것을 이 기념비에서도 충분히 엿볼 수 있다.

반전 기념비는 오스트리아의 조각가이자 문필가인 흐어들리카의 작품인데 1943년 영국과 미국 공군에 의해 단행된 고모라 공습 시 불에 탄 시신의 모습을 형상화했다. 고모라 공습은 1943년 7월 말부터 8월 초까지 열흘 동안 함부르크에 지속된 융단폭격으로서 약 4만 명의 사망자와 12만 명의 부상자를 발생시킨 참화였다. 1945년 2월 단행되어 6만 명의 사망자를 낸 드레스덴 폭격과 함께 독일에 대한 연합군의 최대 공습이다. 당시 사망자 중 반 정도의 시신은 신원을 확인할 수 없을 정도로 탔고 그래서 희생자들의 시신은 함부르크 올스도르프 묘지의 가족 묘역이 아닌 동네별로 배치된 묘역에 안장되어 있다.

2차 대전 당시 소수였지만 징병을 거부하거나 전쟁에 나갔다가 탈영한 이들을 추모해야 한다는 여론이 21세기에 들어와서야 결실을 보았다. 함부르크에서는 2015년 쿠웰의 참전 기념비와 흐어들리카의 반전 기념비 사이에 탈영자 추모비 Deserteurdenkmal가 세워졌다. 탈영자와 나치의 군사법정 희생자들을 위한 추모비다. 이들의 탈영 동기가 자신들의 목숨을 구하려는 것 외에 나치의 불의한 행동에 동참하지 않겠다는 의도가 있었기 때문에 이들의 목숨을 건 용기는 기려야 마땅하다는 논리가 긴 시간의 논의 끝에 사회적 합의를 본 것이다. 함부르크에서만 1940년부터 1945년 4월 종전 시까지 330명의 탈영병들이 처형되었다. 2012년 6월 함부르크 의회는 탈영자들을 위한 추모비 건립안을 만장일치로 통과시켰다. 2013년 5월 로제Wolfgang Rose 의원이 탈영자 추모비 건립안에 대해 쿠웰의 참전기념비 앞에서 행한 연설의 일부를 소개해본다. 그는 이 참전기념비를 '비인간성의 상징'

으로 표현했다.

　"독일은 살아야 합니다. 그리고 우리가 죽어야만 하더라도요!"란 비명에 대해
이제 그 누구도 말하지 않을 것입니다. 그것은 전쟁으로부터 아무것도 배우지 못
한 자들, 아무것도 배우려 하지 않은 자들의 허황된 구호로 남아 있을 뿐입니다.
우리 앞에 서 있는 이 전쟁 명칭은 그 당시의 '악령Ungeist'을 퍼 나르고 있습니
다. 영웅들을 위한 기념비가 있어야 한다면 그것은 나치를 반대했던 사람들, 즉
나치에 저항했거나 이탈함으로써 인간으로 남았던 사람들을 위한 것이어야 할
것입니다. 독일국방군의 탈영자들은 히틀러 정권에 불가피했던 패배를 가져 오
는 데 기여했던 사람들입니다. 만약 징집 요구에 아무도 응하지 않았다면 전쟁도
없었을 것입니다. 매우 작은 숫자만이 탈영했기 때문에 전쟁기계는 그렇게 오랫
동안 무시무시한 횡포를 부릴 수 있었습니다. 오늘날 탈영자들을 기리기 위한 결
의가 의회에서 통과될 때까지 긴 세월이 흘렀습니다. 탈영자들은 결코 배신자가
아닙니다. 오히려 그 반대로 인간성에 충실했습니다. 문필가인 구텐브루너Michael
Guttenbrunner가 말했듯이 그들은 '더 나은 동지들'입니다. 그들은 독재의 노예사슬
을 파괴했기 때문입니다.
　1945년 이래로 우리 가족들 간에 늘 해오는 말이 있습니다. "그는 자신의 의무
를 다했을 뿐이다"라는 말이 바로 그것입니다. 하지만 그것은 대단히 위험한 문
장입니다. 그것은 장차 스스로의 도덕적 잣대를 따라야만 하는 어린이들도 그 문
장을 들었기 때문입니다. 이 의무를 "하지 않은" 용기 있는 사람들을 위한 추모비
는 우리 후대들을 위해서도 매우 중요합니다. 저항을 하는 것이 의무라는 일깨움
을 전할 수 있기 때문입니다. 오늘날 우리는 외국인 망명자 숙소가 불타고 이민
자가 맞아 죽는 모습을 목도하고 있습니다. 우리는 지난 10년간 나치 NSU의 테러
그룹이 전국에 걸쳐 알게 모르게 사람을 죽이고 불을 지르는 것을 경험해야 했는

데, 이것은 우리 경찰당국의 무능력을 보여주고 있습니다. 이것은 또한 민주주의에 대한 간과할 수 없는 경고입니다. 자유와 정의 그리고 민주주의는 저절로 오지 않습니다. 우리는 늘 깨어 있어야 합니다. 파시즘은 의견이 아니었고 범죄였으며 또 현재도 범죄일 따름입니다.

국민저항권은 독일 기본법에도 명시되어 있다. 국가가 또는 정부가 국민을 억압할 때 국민은 저항할 수 있고 그 저항에 따른 위법성은 조각된다. 나치의 하수인들처럼 그저 "의무를 다했다"는 변명은 위험할 뿐 아니라 용서되지 않는다. 금세기 들어 나치 부역자들에 대한 처벌 판례도 그런 방향으로 바뀌었다. 95세의 그뢰닝 할아버지가 그래서 지금 감옥에 있다.

나치의 'T-4' 안락사 작전과 731부대

독일에서는 1월이 되면 어김없이 아우슈비츠 수용소 해방 기념행사를 치른다. 이와 함께 나치가 조직적으로 살해한 약 25만 명의 안락사 피해자들도 잊지 않고 추모한다. 2015년 1월 함부르크 시청 대연회실에서 이들 희생자들을 추모하는 시 낭송회가 열렸다.

> 사랑하는 아버님, 어머님.
> ……
> 그동안 수많은 편지를 보냈는데 왜 아무런 답장이 없나요.
> 제 편지를 받아보기라도 하는 것인지요. 이해할 수 없군요.
> ……

오늘 부활절은 잘 보내셨나요.

제발 바라건대 저에게 편지해주세요.

잘 지내시는지, 건강하신지, 암소를 키우시는지, 먹을 것은 있으신지

저는 잘 모르니 모든 것을 자세히 적어 보내주세요.

제가 아는 것은 이곳 랑엔호른 병원에 있다는 것뿐이에요.

사랑하는 부모님, 모든 친척들께도 안부 전해주세요. 제 대부, 대모님께도요.

그리고 싸우지 마시고 잘 지내세요.

안녕, 안녕, 안녕…….

함부르크 랑엔호른 감호소 병동 수감자가 쓴 편지 내용의 일부다. 카롤라 파이트Carola Veit 함부르크의회 의장이 주최한 "침묵을 향한 편지들"에서 낭송된 이 편지를 쓴 사람은 동구권 국가에서 끌려온 젊은 여성으로 추정된다. 유명연극 배우 4명과 목관악기, 아코디언 연주자 2명이 어우러져 랑엔호른 감호소 병동의 수감자들이 쓴 편지들을 낭송했는데, 당시 그들의 처절한 절규를 생생히 재현한 듯한 느낌이었다. 랑엔호른 감호소 병동은 당시 나치 치하에서 '무가치한 인간들'로 분류된 정신박약자, 신체장애자 등을 수감하여 아사시키거나 안락사시켰고, 나중에는 체제 반대자, 전쟁포로, 강제노역자 등 멀쩡한 사람들도 수감하여 제거하는, 병동이란 탈을 쓴 제2, 제3의 아우슈비츠였다. 나치의 'T-4 작전'이라고 불렸던 홀로코스트의 사전 실험적 시도로서 25만 명이 희생된 것으로 알려지고 있다.

종전 70주년을 맞는 2015년 새해 벽두부터 독일에서는 당시 나치의 만행을 기억하고자 하는 다양한 행사들이 펼쳐졌다. 함부르크 시청 중앙홀에서 나치 만행을 고발하는 사진전이 열렸고, 1월 27일 아우슈비츠 강제수용소 해방 기념일에는 독일은 물론 아우슈비츠가 소재한 폴란드, 그리고 체코 등 유럽 각국이 '기억'하기 위한 행사를 열었다. 아우슈비츠 강제수용소 현장에서 개최된 행사에서 코모로

프스키^{Bronisław Komorowski} 폴란드 대통령은 나치 독일이 폴란드 땅을 유대인의 공동묘지로 만들었으며 폴란드는 자국에서 일어난 비극에 대해 기억을 유지하고 전승할 의무가 있다고 했다. 베를린 연방하원에서 개최된 행사에서는 가우크 대통령이 인류에 대한 범죄에는 시효가 없고 기억에는 마침표가 없다며 과거사 극복을 위한 기억의 항구성을 강조했다.

  "침묵을 향한 편지들" 낭송회에서 30여 통의 한 맺힌 편지 내용을 듣는 동안 새삼 일본 731부대의 만행이 떠올랐다. 수많은 종류의 잔혹한 생체실험을 자행했던 731부대. 화학전, 세균전을 준비했던 일제는 그곳에서 만여 명의 중국인, 한국인 등을 대상으로 생체실험을 했다. 어디 731부대뿐인가. 516부대, 543부대, 773부대, 9420부대 등 일본군의 점령지역에서는 어디든 생체실험이 자행되었다. 그곳에 갇혔던 '인간 통나무'들은 이곳 랑엔호른 병동의 수감자들이 썼던 편지—비록 전달은 되지 않는 것이었지만—를 써볼 기회조차 없었으리라. 랑엔호른 병동의 기억은 오늘날 이렇게 생생한 육성으로 전달되고 있는데 핑팡^{平房}의 731부대의 기억은 도대체 어디서 들을 수 있는가? 언감생심 2015년 초 일본의 정치인, 학자, 언론인 8700명이 위안부 강제동원 증거가 없다며 ≪아사히≫ 신문을 상대로 집단소송을 냈다. 사실과 다른 기사가 국제 사회에 널리 퍼져 일본인의 인격과 명예를 훼손했다는 것이다. 독일의 다채로운 기억문화가 새삼 우리의 기억의 문전을 두드리고 있다. 누가 기억해주기를 기다리는가?

조국의 배신자는 과연 누구인가?

  프리츠 피셔^{Fritz Fischer}(1908~1999)와 에른스트 놀테^{Ernst Nolte}(1923~2016)의 공통점은 1차/2차 대전과 관련한 독일의 입장에 대해 관점은 달랐으나 결과적으로 독일

학계에서 비주류적인 입장을 취한 역사학자라는 사실이다. 피셔는 함부르크 대학 역사학 교수로서 1961년 발간된 『세계열강을 향하여Griff nach der Weltmacht』에서 1차 대전의 발발 원인에 대해 당시 독일제국의 지도부가 상당한 책임이 있음을 주장하여 20세기 전반 독일제국으로부터 나치에 이르기까지의 공격적인 대외정책의 연속성에서 나타난 독일의 세계세력 부상 노력에 대한 논쟁을 불러일으켰다. 이는 당시 독일 사학계가 주장했던 1차 대전에 '빨려들어 갔다Hineinschlittern'는 이론에 정면으로 배치되는 주장이었다. 1914년 사라예보에서 세르비아계 보스니아 청년의 페르디난트Ferdinand 황태자 부처 암살로 촉발된 1차 대전의 근본적인 원인은 독일의 급속한 경제력 확장에 따른 영국과의 불가피한 충돌로서 전쟁은 오스트리아-헝가리 제국이 촉발했고 독일은 동맹국으로 불가피하게 빨려들어 갔다는 설명이 일반적이다. 피셔 교수는 "1차 대전 전 당시의 긴장된 정세를 볼 때 열강이 포함된 국지전은 전면전으로 비화될 여지가 있었으나 독일은 이를 충분히 인지하고도 군사력 우위를 믿고 러시아와 프랑스를 끌어들이는 전쟁을 유발시켰으므로 1차 대전 발발에 대한 책임이 크다"라고 주장했다. 그는 이어서 1969년 발간된 『환상의 전쟁Krieg der Illusionen』에서는 1차 대전을 독일제국의 계획된 행동으로까지 서술했다. 그의 이러한 주장은 1차 대전의 책임을 독일에게만 물어 가혹한 배상금을 물게 한 베르사유 강화조약이 부당하며 이것이 히틀러의 집권을 도와 2차 대전으로까지 이르게 했다는 당시 독일 역사학계의 주장을 정면으로 반박하는 것이었다. 피셔 교수는 2차 대전 당시에는 나치를 지지했던 전력을 갖고 있었다. 그래서 그의 주장은 기회주의적 발상으로 다시 한 번 비난받아야 했다.[28]

1921년 당시 배상금은 500억 마르크로서 현재 물가와 환율 기준으로 200조 원에 달하는 돈이라 한다. 케인스John M. Keynes는 이러한 부담이 독일 경제의 생산능력을 넘어서는 것이어서 궁극적으로 세계 경제에 악영향을 미칠 것이라 경고했다.[29] 이런 입장은 더 나아가 베르사유 조약의 부당함이 히틀러의 집권을 도와 2차 대전에 이르게 되었다는 논리로까지 비약되며, 2차 대전의 책임을 일부 면탈하는 결과에 이르게 된다. 이 문제에 대해 괴팅엔 대학교의 1차-2차 대전 간 시대 전문가인 슈만Dirk Schmann 교수는 이렇게 평가한다.

> 베르사유 조약은 냉혹했고 배상요구는 높았지만 독일이 갚지 못할 정도의 수준은 아니었고 2차 대전의 원인도 아니었다. 당시 독일의 배상문제는 모든 정치적 진영의 논의 대상이었고 특히 극우세력은 이에 대한 저항운동을 이용하여 공화국을 총체적으로 불법화하고자 시도했다. 초기에는 이들을 통제할 수 있었으나 경제위기와 실업 증대로 경제적, 사회적, 정치적 불안이 커짐에 따라 그들의 영향력은 확대되었으며 특히 다른 모든 정치세력의 투쟁조직을 능가하는 나치 돌격대SA의 세력이 크게 확장되었다. 1차 대전 후 이루어졌던 라인란트 점령은 히틀러가 총리직에 오른 시기인 1933년 1월 30일에 이미 해제되었고 배상도 철회된 상태였다. 1935년 나치는 베르사유 조약이 폐지했던 보편적 징병제를 재도입했다. 늦어도 이 시점에서는 베르사유 조약은 독일 정치에서 더 이상 부담으로 여겨지지 않았다. 슈트레제만Gustav Stresemann은 공격적 정치를 하지 않았다. 그가 계속 살았더라면 프랑스와 진정한 화해의 기회가 있었을 것이다. 안타깝게도 그는 외무장관직에 있었던 1929년 10월 51세의 나이로 사망했다. 그는 1926년에 프랑스 총리 브리앙Aristide Briand과 함께 노벨평화상을 수상했다[2015.7.6].

1차 대전 개전에 대한 책임이 전적으로 독일에 있다는 피셔 교수의 주장은 독일 역사학계에서는 '조국의 배신자'로 배척받았다. 하지만 『세계열강을 향하여』는 출간 직후 베스트셀러 반열에 올랐고 프랑스어 등 수 개 국어로 번역, 출간되었으며 피셔 교수는 미국 대학에서 강연 초청을 받기도 했다. 학자의 '튀는 주장'이 때로는 빛을 볼 수 있게 하는 것 같다. 2016년 10월 함부르크 항구문학 축제에 와서 강연한 영국의 히틀러 연구 권위자인 이언 커쇼는 1차 대전의 전쟁 책임 문제를 묻는 질문에 이렇게 대답했는데, 피셔 교수의 견해와 대동소이하다.

프랑스와 영국도 같이 책임이 있다. 그러나 주요한 책임은 독일과 러시아를 불러들였던 오스트리아-헝가리에 있었다. 이른바 독일이 오스트리아-헝가리 제국에 약속했던 '백지수표Blankoscheck'가 '7월 위기'의 시발점이었다. 이 백지수표가 아니었다면 페르디난트 황태자 저격이 필연적으로 전쟁으로 연결되지는 않았을 것이다. 이 백지수표가 아니었다면 강경한 최후통첩도 없었을 것이고, 러시아의 개입도 불러오지 않았을 것이다[2016.9.16].

2016년 8월 독일의 국수주의적 사학자로 평가받는 에른스트 놀테가 작고했다. 그는 전후 나치의 홀로코스트의 기원을 소련 공산주의자들에게 돌리고 홀로코스트를 부정하는 쪽에 다가감으로써 다수의 공분을 자아냈고 역사 논쟁을 유발시켰다. 그는 1986년 ≪프랑크푸르터알게마이네FAZ≫에 "사라지지 않으려는 과거Vergangenheit, die nicht vergehen will"라는 제하의 기고를 통해 역사가 논쟁을 유발시켰다. 그는 히틀러는 레닌에 대항하여 나타난 것이며 '아우슈비츠' 이전에 '아키펠 굴락Archipel Gulag'이 있었고 나치의 '인종절멸' 이전에 볼셰비키에 의한 '계급절멸Klassenmord' 시도가 있었다고 하면서 독일의 과거사도 그저 자연스럽게 잊혀지게 두어야 한다고 주장했다. 아키펠 굴락은 솔제니친Aleksandr Solzhenitsyn의 『수용소군도』에 의해 고발된 스탈린 시대 소련 전역에 걸친 강제노동 수용소다. 그의 주장은 하버마스Jürgen Habermas에 의해 히틀러의 범죄를 최소한만 이해하려는 수정주의로 비난받았다.[30]

달라진 독일의 민족주의와 일본

나치를 몸으로 겪고 2차 대전의 완전한 패배를 맛본 독일인들에게 민족주의에 대한 경계는 각별하다. 함부르크 대학의 폭트^{Gabriele Vogt} 교수의 이야기다.

지금 일본은 다시 국내적으로 어려움을 겪고 있는 상황이다. 어쩌면 이것이 현재 일본 정부의 민족주의적 외교의 이유일지도 모르겠다. 중국도 국제 사회의 시선을 국내 상황으로부터 돌리기 위해서 민족주의를 활용하고 있는 것인지 모른다. 나는 이전에 미국에서 2년을 살았었는데 그때 미국인들의 애국심에 놀랐다. 농구경기 도중에는 국가 제창을 위해 쉬는 시간이 있었고 학교에서는 아침마다 국기에 대한 경례를 했다. 어쩌면 미국 사람들은 인종, 종교, 사회적 지위, 소득 등 여러 측면에서 서로 다르기 때문에 그들을 결합시킬 수 있는 구심점을 찾기 위해서 그러는 것인지 모르겠다. 하지만 독일에서는 매우 낯선 광경이다. 만약에 여기서 아침마다 국가를 제창하라고 한다면 아마 모두가 항의할 것이다. 나는 80년대에 학교를 다녔는데 통일에 대한 열망도 있었으나, 내 세대는 오히려 정치적으로 급진적이고 환경보호에 경도된 세대였다고 할 수 있다[2014.12.8].

나의 경험에 비추어서도 이런 관찰은 타당하게 생각된다. 90년대에 한 달 정도를 미국에서 지낸 적이 있는데 그때 미국은 이라크와 전쟁 중이었다. 당시 보스턴의 고급 주택가에는 집집마다 성조기가 걸려 있었다. 전쟁의 분위기를 전혀 느낄 수 없는 미국의 한 부자 동네였지만 집집마다 나부끼는 성조기의 물결에서 그들이 전쟁을 하고 있다는 긴장감이 묻어나는 듯했다. 독일은 나치 치하에서 민족주의나 애국심 같은 것을 지나치게 강조했다. 그래서인지 독일에서는 어떤 공식행사를 하더라도 독일 국가를 부르는 일은 좀처럼 없다. 국민의례라는 것이 없는 나

라이다. 우리의 경우 공식적인 성격이 있는 자리에서 애국가는 물론 국기에 대한 경례, 그리고 순국선열에 대한 묵념까지 하는 데 비하면 이들은 완연히 다른 모습을 보이고 있다. 국가를 전면에 앞세우고 갖은 만행을 저지른 나치의 역사적 과오 때문인지 국가에 대한 독일 국민의 생각이 전혀 적대적이지 않음에도 국가나 민족을 강조하는 정치적 상징 의식은 찾아보기 어렵다. 외교단의 국경일 리셉션이 거의 유일하게 독일 국가를 들을 수 있는 기회다. 하이든^{Joseph Haydn}이 작곡한 독일 국가는 매우 서정적이며 평화로운 느낌을 주는 곡이다. 여러 나라의 국가를 들어봤지만 독일 국가만큼 평화로운 느낌을 주는 곡도 드물다. 독일의 잔혹한 과거사를 떠올리기 쉽지 않다. 독일 군인들이 이런 평화로운 곡을 들으며 만행을 자행했다고 믿기 힘들다. 일본 국가인 「기미가요^{君ガ代}」의 경우, 개인적인 느낌이지만 정말 전쟁터에라도 나가는 듯한 비장함을 느끼게 한다.

일본은 1868년 명치유신 후 한때 미국 교과서를 번역한 자유주의적 교과서를 사용했으나 1890년 프로이센의 영향을 받은 일본인이 만든 교과서가 나오기 시작하면서 민족주의를 가르치고 강조했다. 6세 어린아이들이 배우는 1학년 교과서 제1장에 "진군!^{soldier advance!}"이 나올 정도였다.[31] 그런 교육이 이후 전쟁과정에 영향을 미친 것이라 생각해볼 수 있는데, 프로이센의 교육제도를 전수받은 일본이 전쟁 중 독일과 유사한 행태를 보였다는 것은 그리 놀라운 일은 아니다. 오스트리아의 여성 언론인인 피스터러^{Eva Pfisterer}의 추론이다.

경직되고 엄격한 교육으로부터 자아억압적인 심리상태가 발전되었고 제3의 희생양—독일에게는 유대인, 일본에게는 중국인과 조선인—이 나타나자 그들의 억압적 심리상태가 이들로 전이되면서 분출케 되었다. 스웨덴의 어느 학자가 2차 대전 시 포로 생존율을 연구, 비교한 결과, 연합국보다 독일군과 일본군에 잡힌 포로들의 생존율이 극히 낮았는데 이는 그 나라의 당시 교육 분위기와 밀접한 연관성이 있을 것이다[2013.6.20].

앞서 뉘른베르크 군사재판과 도쿄 군사재판의 본질적인 차이가 군 통수권자였던 히틀러와 일본 천황의 차이라는 점을 이야기했다. 히틀러가 살아 있었더라면 기소되지 않을 이유가 없다고 보기 때문이다. 히틀러의 명령을 받았던 나치 핵심인사들이 기소되고 처형되었기 때문에 그 수괴가 그런 처벌을 면할 수 없었으리라고 보는 것이 타당하다. 맥아더Douglas MacArthur 장군은 만약 천황을 군사재판에 회부한다면 100만 명이 희생될 수 있는 전쟁이 재연될 가능성이 있다는 경고에 천황의 기소를 반대하는 의견을 본국 정부에 건의했다고 한다. 1946년 1월 행해진 천황의 '인간선언'도 그를 기소하지 않기 위한 정지작업이었다. 결국 천황은 목숨을 부지했을 뿐 아니라 천황제도 그대로 존속하게 되었다. 맥아더 장군은 일본 점령 후 얼마 지나지 않아 광적인 전쟁집단이었던 일본인들을 협력자로 변신시킬 만큼 영리한 게임을 펼쳤고, 맥아더가 첫 "미국인 천황"이란 말이 나올 정도로 일본인들은 그에 대한 모든 비판을 삼갔고 찬미했다.[32] 일본은 히로시마와 나가사키에 원폭이 투하되기 전에 천황을 건드리지 않는 것을 조건으로 항복 의사를 전달했지만 연합국에 의해 거부되고 원폭 투하 후 무조건 항복했다. 그런데 맥아더 장군이 이를 뒤집었다. 이것은 천황 제거 시 전후 일본을 통치하는 것이 어려울 것이라는 판단 때문이었다고는 하나, 그 당시 맥아더 장군이 일본 전역을 완전 장악하고 전통적인 일본의 '스트롱맨strongman'으로 추앙받았다는 사실을 볼 때 설득력이 떨어진다. 이는 오히려 맥아더가 천황을 자신의 권력 후광을 지지해줄 상징으로 활용하려 했기 때문이다.[33] 그 결과 일본의 진정한 민주화는 멀어졌고 심각한 역사왜곡을 가져왔다. 패전 후 독일은 군사적, 정치적, 그리고 정신적으로 완벽히 패배했지만 일본에게는 군사적, 정치적 패배와는 달리 정신적 패배는 없었다. 100만 명이 목숨을 던져서라도 지키려던 천황을 결국 지켜냈기 때문이다. 나치의 유대인 학살 희생자보다 더 많은 대량학살을 저지른 일본제국 군대의 통수권자와 그 지지자들의 정신적 패배가 없었다는 것이 과연 무엇을 의미하는가?

1939년부터 1945년까지 2차 대전 중 2700만 명의 소련인과 330만 명의 소련군 포로들, 1450만 명의 중국인, 그리고 600만 명의 유대인이 희생되었다.[34] 이 통계에는 포함되지 않지만 1937년 12월 중일전쟁 당시 난징에서 자행된 일본군의 대학살로 인한 희생자도 수십만 명이다. 이 숫자는 1946년 도쿄 극동군사재판 시 20만 명으로 추정했고, 중국 측 추산은 30만 명에까지 이른다. 생각건대 이것이 전쟁의 극한 상황에서 저질러졌고 이데올로기적 의지나 사전 계획이 없었던 것이라 해서 홀로코스트와 범죄의 질적 차이를 구분하는 것은 맞지 않아 보인다. 특히 희생자들의 입장에서 볼 때는 더욱 그렇다. 전쟁 중이라 하더라도 명백한 군사적 위험이 없는 상황에서 저항 능력이 없는 민간인들을 고의적으로 대량살상하고 강간을 자행했다는 것은, 어떤 측면에서는 국가에서 규정한 명백한 '제거대상'인 유대인의 처형을 그저 상부 명령에 따라 집행했다는 나치 하수인들의 범행동기보다 더 죄질이 무겁다. 전자가 후자보다 더 큰 개인적인 재량적 판단이 개재되었을 것으로 보이기 때문이다. 전쟁이라는 특수 상황을 무차별하게 적용해서 면죄부를 주는 것은 안 된다. 일본군이었던 로쿠스케Masuda Rokuske는 당시 양쯔 강변에서 기관총으로 500명을 쏘아 죽였다고 고백했다. 그는 처벌받지 않았다. 1980년대 후반에 병원에서 사망할 때 그는 지옥에 갈 것을 걱정했다고 한다.[35]

더구나 실제 전장과는 멀리 떨어진 곳에서도 생체실험이 '평화롭게' 자행되었고 전후 도쿄 재판의 정죄를 피해갈 수 있었다. 일본 역사학자 이쿠히코秦郁彦는 "도쿄 재판이 범죄를 정화시켜주었고 그들을 순교자로 만들었다. 만약 일본에서 그들이 국내재판에 넘겨졌더라면 전범자들을 소탕할 수 있었을지 모른다"라고 했다. 도쿄 재판 당시 한 일본 언론은 "일본인들은 그들이 생각하는 것과 국제적 공동인식이 어떤 차이를 보이는지를 생각해보아야 한다. 그것이 바로 일본 스스로 자초한 비극의 뿌리이기 때문이다"라고 논평했다.[36] 2017년에도 야스쿠니 신사 춘계예대제 행사에 일본 내각의 총무상 다카이치 사나에高市早苗 등 여러 명의 일본 각료들이 참배하고 아베 총리는 공물을 보냈다. 야스쿠니 신사가 어떤 곳인가? 2차 대전 시 A급 전범들이 합사된 곳으로 단순한 역사기록관이 아니라 전범들의 혼령에 제사 지내는 곳이다. 그래서 야스쿠니 참배는 고도의 역사적, 정치적 의미를 갖는다. 참배를 했느냐, 공물을 보냈느냐 또는 개인 자격인가 공직자로서의 자격인가 하는 문제는 전혀 중요하지 않다. 침략전쟁의 정신을 기리고 계승하겠다는 자세와 이런 광경이 알게 모르게 전체 일본 국민과 젊은 세대에게 미치는 영향이 문제다. 아울러 이곳에 합사된 조선인들의 분사를 거부하는 일본의 입장은 비인도적이다. 식민통치의 합법화를 연장하기 위한 정치적 의도로 죽은 사람까지도 자유롭게 놓아주지 않는 일본이 전율스럽기까지 하다. 특히 일본의 사법부가 그런 판단을 견지하고 있는 사실이 더욱 그렇다. 일본 젊은이들은 일본이 전쟁범죄를 저질렀다고 말하지만 정작 그들이 무엇에 대해서 이야기하는지를 잘 모른다고 한다. 좌익 교사들이 가르쳐 준 것을 그저 반복하는 것이라 한다.[37] 일본학을 전공하고 일본 훈장까지 받은 폴 교수의 이야기는 그가 타계한 이후에도 늘 내 마음을 떠나지 않고 있다.

일본의 지식인들은 트인 생각을 하지 않기 때문에 보통 극보수이다. 나 자신도 일본학을 전공한 사람이지만 그렇게 생각한다. 이는 매우 안타까운 일이다. 일본은 그럼으로써 큰 기회들을 놓치고 있다. 일본은 충분히 아시아의 지도국가가 될 수 있지만 이런 식으로는 불가능하다. 일본의 정치인들이 몇 번 한국에 사과를 한 적이 있지만 내가 보기에는 그저 표면적인oberflächlich 행동일 뿐이다. 그렇다. 깊이가 없다. 이웃끼리 화해하는 것은 어려운 만큼, 하고 나면 더욱 성공적인 결과를 낳을 수 있다. 독일과 폴란드 사이에는 교과서에 2차 대전에 대한 내용을 어떻게 실을지에 대한 협의가 있었다. 독일의 관점으로 넣을지 폴란드의 관점으로 넣을지 말이다. 협의 끝에 결국 하나의 합작 교과서를 내놓았다. 프랑스와도 그렇게 했다. 일본이 같은 길을 택하지 않는 것은 매우 안타까운 일이다. 국제적으로 지도국가가 될 수 있는 좋은 기회를 망치고 있다. 독일에게는 과거가 현재다. 과거는 이미 끝난 일이라는 듯이 일본이 취하고 있는 태도는 근본적으로 잘못되었다. 이 태도를 바꾸기 전까지는 항상 갈등이 있을 것이다[2014.9.17].

제3장

독일, 이보다 더 좋을 수 없다!

"독일, 이보다 더 좋을 수 없다!"

　"독일, 이보다 더 좋을 수 없다"는 2017년 초 독일의 어느 일간지의 기사 제목이다.[1] 독일인들이 만족도, 생산성, 도시 경쟁력, 소득, 고용, 휴가, 수명 등 각 분야에서 시간적, 공간적으로 최고의 성과를 내고 있다는 보도였다. 독일인 92%는 자신들의 삶에 매우 또는 상당히 만족하고 있다. 평균 수명도 남성은 1960년 67세에서 2015년 78세로, 여성은 1960년 72세에서 2015년 83세로 늘어났다. 독일의 생산성도 높아졌다. TV 1대를 사는 데 소요되는 노동시간이 1960년 347시간에서 1991년에는 79시간으로, 그리고 2015년에는 26시간으로 줄었다. 도시 경쟁력에서도 삶의 질이 높은 세계 10대 도시에 뮌헨, 뒤셀도르프, 프랑크푸르트가 포함되었다. 소득에서는 평균 월 임금이 2000년 2551유로에서 2016년 3716유로로, 금융자산은 2000년 4만 3400유로에서 6만 9700유로로 늘어났다. 독일은 노동자가 살기 좋

•• 2010년 월드컵 대회에서 독일 축구팬들의 모습. 사진 제공: mkrberlin.

은 나라다. 휴가를 연평균 30일을 쓰는 것으로 나타났다. 오스트리아, 네덜란드의 25일, 미국과 일본의 10일에 비해서 많다. 연 휴가일수가 30일이라는 것은 토, 일요일과 법정 공휴일을 합치면 연중 1/3 이상을 쉰다는 뜻이다. 이틀 일하고 하루 쉬는 격이다. 폴크스바겐 등 자동차 업계는 일정 근무 연한이 지나면 연간 최대 36일까지도 쉰다. 일주일에 5일 일하니 7주 이상을 고스란히 휴가로 가져가는 셈이다. 2017년 1월 고용인구가 4360만 명으로 전년도 11월에 비해 두 달 동안 10만 명이 더 늘어났다. 실업자도 276만 명으로 통일 이래 최저치를 시현했다.

섹시하지 않은 독일 사람이 세계 최고

매년 다보스포럼이 열릴 때마다 뉴스 헤드라인을 장식하는 소식이 있다. 바로

‘세계 최고국가지수Best Countries Index’ 발표다. US 뉴스 앤드 월드 리포트 사가 와튼스쿨, 글로벌 브랜드 컨설팅업체인 BAV와 공동으로 작성하는 ‘최고국가’ 순위를 보면 독일은 2016년까지 벌써 수년째 세계 최고국가로 평가받고 있다. 우수한 정치지도력, 강한 중산층, 높은 삶의 질 등 9개 분야의 평가를 근거로 한다. 정치, 경제, 국방 등 외형적인 평가는 물론 인권, 환경, 양성평등, 재산권 존중, 신뢰, 문화의 영향력, 분권적 정치권력 등 소프트 파워에 대한 평가도 한다. 사람들이 얼마나 우호적이고friendly, 재미있고fun, 섹시sexy한지도 ‘모험Adventure’ 부문에 포함하여 평가한다. 말하자면 9개 분야의 ‘지구적 성과global performance’를 평가한 종합순위다. 10위 안에 들어간 국가는 독일을 필두로 캐나다와 영국,

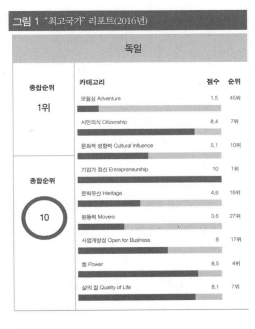

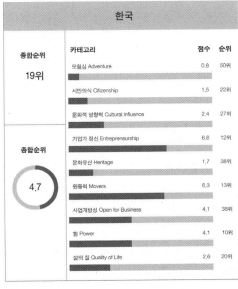

자료: Best Countries Report.

미국, 스웨덴, 호주, 일본, 프랑스, 네덜란드, 덴마크다. 독일은 9개 항목 중 가장 비중이 높은 '기업가 정신Entrepreneurship' 부문에서 두각을 나타냈다. 친기업적이고 혁신적이며 자본 접근성이나 숙련공, 기술적 완성도, 투명한 거래, 인프라 측면에서 우월한 성과를 보였다. 발전된 법제도도 갖춘 것으로 평가되었다. 부진한 것은 모험 부문인데, 조사대상 50개 나라 중 45위에 머물렀다. 즉, 독일 사람들은 덜 친밀하고 덜 재미있고 덜 섹시하다는 것이다. 벤츠 자동차나 밀레 식기세척기는 좋아해도 독일 사람은 좋아하지 않는다는 말이 생각나는 대목이다. 모험 분야에서는 역시 브라질, 이탈리아, 스페인 같은 라틴계 국가들이 두각을 나타내고 있다. 그들의 정열이 높이 평가된 듯하다.

하기는 독일 사람만큼 진지한 사람들도 없다. 여기 독일에서 강연회를 가보면 강사가 청중을 웃기는 일은 많지 않다. 인위적으로 폭소를 터트리게 하는 일은 거의 없다고 보면 된다. 우스운 일화를 이야기할 때 입가에 웃음이 번지는 정도로 넘어가는 경우가 대부분이다. 한국에서 온 강사들은 강연을 부드럽게 풀어보려고 주제와 관계없는 이야기를 하는 사례가 많다. 그런데 독일에서는 그럴 경우 청중들 반응이 생각보다 시원찮다. 그래서 독일에서 강연을 할 때는 주제와 관계없는 농담은 아예 하지 않는 게 낫겠다는 생각을 하게 된다. 물론 이 '모험' 부문의 평가가 인간성 자체를 평가하지는 않는다. 한국은 조사대상 50개 나라 중 19위에 올랐다. 한국이 우세한 부문은 기업가 정신, 국제동맹과 군사력이었다. 부진한 부문은 독일과 마찬가지로 사람들의 성향을 평가하는 모험 부문이다. 여기서 한국은 50개 나라 중 최하위를 기록했다. 우리가 독일 사람보다 더 진지하다는 이야기일까?

유럽연합은 2000년 리스본 어젠다를 추진하면서 유럽 각국의 '최선의 관행들Best Practices'을 비교, 조사한 결과 유연성과 안전성을 모두 갖춘 덴마크의 '플렉시큐리티Flexicurity'에 주목했다. 덴마크는 독일의 안정성과 함께 미국의 유연성도 갖고 있어 세계 최고의 사회 시스템으로 평가받고 있다. 덴마크 노동자들은 만약 업무에 적합하지 않다고 판단되면 미국에서처럼 2~3주 이내에 해고된다. 공무원도 예외는 아니다. 하지만 이 경우 국가가 이들을 충분히 지원한다. 이들은 새로운 교육을 받는다. 그러나 단지 교육을 받을 뿐만 아니라 좋은 성적도 받아야 한다. 또한 그들이 가령 코펜하겐에 산다고 하더라도 오르후스^Aarhus에 일자리가 있다면 거기에 가서 일을 해야 한다. 그들은 유연해야 하고 성과를 보여줘야 하며 국가가 그들을 위해 기꺼이 도와준다. 유연성과 안전성이다. 현대 복지국가는 너무 '안전성'에만 치중해 있고 '유연성'이 부족하다. 그러나 덴마크는 이 두 가지를 결합할 수 있다는 것을 보여주었다. 분명 독일을 능가하는 시스템이다. 하지만 덴마크는 인구 규모가 600만 명이 채 안 되는 소국이다. 그 시스템을 인구 8000만 명 이상의 독일에 적용한다면 투입 재원을 세금으로 마련하기에는 만만치 않을 것이다. 여기에 새로이 유입되는 이민자들과 인구변동 요인은 어떻게 흡수될 것인가?[2] 결국 플렉시큐리티가 덴마크를 떠나는 순간 이것은 실패하고 말 것이다.

선이 일상화된 사회

BBC 월드서비스에서 매년 조사하는 국가 이미지 조사에서도 독일은 몇 년째 1위를 차지하고 있다. 즉, 인류 발전에 제일 긍정적인 영향을 미치는 나라로서 세계 사람들이 가장 좋아하는 나라다. 2014년에는 25개국 시민 2만 6천 명을 대상으로 조사했으며 그 결과 독일이 선두였고 이어서 캐나다, 영국, 프랑스, 일본 순이었다. 이미지가 나쁜 나라로는 이란, 북한, 파키스탄, 이스라엘, 러시아 순으로 나타났다. 독일을 좋아하는 나라는 영국, 프랑스, 미국, 캐나다, 호주, 한국 순으로 나타났다. 독일은 '선의 일상화^the banality of the good'가 이루어지고 있는 사회로서

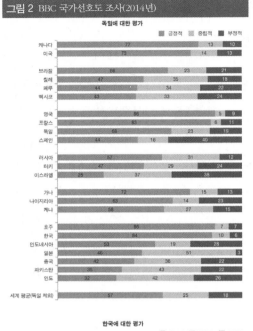

그림 2 BBC 국가선호도 조사(2014년)

독일에 대한 평가

긍정적 중립적 부정적

국가	긍정적	중립적	부정적
캐나다	77	13	10
미국	73	14	13
브라질	66	23	21
칠레	47	35	18
페루	44	34	22
멕시코	43	33	24
영국	86	5	9
프랑스	83	6	11
독일	68	23	19
스페인	44	18	40
러시아	57	31	12
터키	47	29	24
이스라엘	25	37	38
가나	72	15	13
나이지리아	63	14	23
케냐	58	27	15
호주	86	7	7
한국	84	10	6
인도네시아	53	19	28
일본	46	51	3
중국	42	36	22
파키스탄	35	43	22
인도	32	42	26
세계 평균(독일 제외)	57	25	18

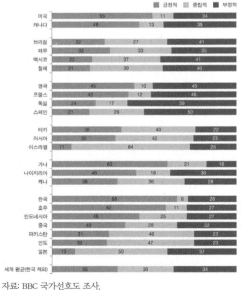

한국에 대한 평가

긍정적 중립적 부정적

국가	긍정적	중립적	부정적
미국	55	11	34
캐나다	48	13	39
브라질	32	27	41
페루	32	33	35
멕시코	22	37	41
칠레	21	39	40
영국	45	10	45
프랑스	42	12	46
독일	24	17	59
스페인	21	29	50
터키	38	40	22
러시아	35	42	23
이스라엘	11	64	25
가나	63	21	16
나이지리아	46	18	36
케냐	36	36	28
한국	68	6	26
호주	62	11	27
인도네시아	48	25	27
중국	49	28	32
파키스탄	31	46	23
인도	30	47	23
일본	13	50	37
세계 평균(한국 제외)	36	30	34

자료: BBC 국가선호도 조사.

독일인들은 교양 있고 자유로우며 준법정신이 강하고 겸손하고 신중하다는 평가를 받았다.[3]

국가 이미지나 선호도는 국제관계에서 매우 중요한 역할을 한다. 생각해보자. 사람 관계에서도 마찬가지이지 않은가. 별로 호감이 가지 않는 사람과 사귀고 싶지 않듯이 국가관계에서도 마찬가지다. 국가 간 관계라 해도 이를 움직이는 것은 결국 사람이기 때문이다. 특히 무역이나 투자와 같은 경제관계에서 선호도는 치명적이기까지 하다. 기술 격차가 현저하게 크지 않는 한 굳이 좋아하지 않는 나라의 제품을 사서 쓰지는 않는다. 과거 경제 개발 시기에 우리는 미제나 일제 물건의 짝퉁을 만들거나 밀수까지 하면서 그들의 물건을 쓰려고 했다. 그 나라 물건이 국내 제품에 비해 훨씬 좋았기 때문이다. 이런 현상은 유럽에서도 볼 수 있었다. 과거 18, 19세기에는 독일에서 산업혁명의 종주국이었던 영국 물건을 가져다 짝퉁을 만들었다고 한다. 그러나 현격한 질의 차이가 없다면 선호하는, 친밀한 물건을 쓴다. 선호도는 이렇듯 경제를 포함한 국가 간의 관계에도 큰 영향을 미치는데, 국가든 개인이든 진솔한 소통이 먼저다.

상기한 2014년도 BBC 조사에 따르면 한국인의 84%가 독일을 긍정적으로 보며 6%만이 부정적이다. 그런데 아쉽게도 독일 사람들은 24%만이 한국에 긍정적이고 59%가 부정적으로 인식하는 것으로 나타났다. 독일에 대한 한국 사람들의 평가는 최상위 그룹에 들어가지만, 한국에 대해서는 독일 사람들의 부정적 평가가 가장 높게 나타났다. 이런 조사결과에 너무 연연할 필요는 없겠지만, 그렇다고 백안시하는 것도 도움이 되지 않는다. 북한과 혼동했을지 모른다고 생각해보지만 조사대상국에 북한도 포함되어 있기 때문에 막연히 그렇게만 생각할 수는 없다. 독일 사람들은 평균적인 세계 사람들보다 훨씬 박하게 한국을 평가했다. 어째서일까? 우선은 독일 사람들의 보수성을 생각해볼 수 있다. 독일 시장에서 한국 물건을 팔기 어렵다는 것이 일반적인 평가다. 독일 물건이 워낙 좋기도 하지만 보수적인 독일 사람들은 검증되지 않은 물건을 시험 삼아 써보지는 않는다. 한국이 몇천 년의 전통과 역사를 가진 문화국가이지만 세계무대에 떠오른 것은 비교적 최근의 일이다. 보수적인 사람들의 기준에서 한국에 대한 신뢰는 아직 충분치 않은 것 같다. 이 조사에서 독미 간의 상호 평가도 한독 간 평가와 유사하게 나타났다. 미국 사람들은 독일을 좋아하는데 독일 사람들은 미국을 별로 좋아하지 않는 것이다. 그 이유는 다소 복합적이라 생각된다.

향후 한독 간 균형 있는 발전을 위해 이런 '코리아 패러독스' 현상은 개선되어야 한다. 그러나 국가 이미지나 브랜드는 개선하겠다고 해서 금방 개선되지는 않는다. 한번 잘못 투영되거나 이미 뇌리에 박힌 이미지를 바꾸는 일은 매우 지난한 작업이지만 우선 소통이 필요해 보인다. 소통을 통해 비로소 상대에 대한 생각을 하게 된다. 그리고 이 소통과정에서 만약 부정적 생각보다 긍정적 생각이 우세해 진다면 신뢰가 생겨나며 선호도가 높아진다. 여기서 우리는 두 가지 과제와 마주하게 된다. 첫째는 소통해야 한다는 것이고 둘째는 어떻게 긍정적 생각의 외연을 넓힐 수 있는가이다.

우선 소통의 문제를 한독 간에 대입해보자. 조선시대에 소현세자가 병자호란 때 청나라에 인질로 잡혀가 1644년 독일 사람인 아담 샬Adam Schall과 친교를 맺은 것이 양국 간 접촉의 효시라 한다. 이후 1882년에 한독수호통상조약을 체결했으나 독일 의회가 비준을 거부하여 이듬해인 1883년 11월에 체결된 2차 우호통상항해조약이 비준, 발효됨으로써 공식적인 관계가 맺어졌다. 내가 빈에서 근무하던 중 우연히 들른 고서점에서 주워든 『아시아의 제 문제: 중국, 일본, 한국』이란 책의 저자 폰 브란트Max von Brandt가 당시 한독수호통상조약 체결 교섭차 제물포를 방문한 프로이센의 외교관이다. 그는 33년 동안 중국과 일본 등 동아시아에서 근무했고 서울에서 당시 미국 변리공사의 딸을 만나 두 번째 결혼한, 한국과도 인연이 깊은 인물이다.[4] 그는 자신의 책에서 중국과 일본을 주로 쓰면서 한국에 대해서도 두 챕터를 할애했는데 그중 하나는 1895년 명성황후 시해사건과 1592년 임진왜란을 다루고 있다. 지금 한반도는 과거 19세기 말 당시의 엄중한 형세로 돌아가 있다. 당시 아시아 정세를 꿰뚫는 그의 통찰력, 특히 명성황후 시해사건에 대한 평가는 120년이 지난 지금에 와서도 그 혜안이 돋보인다. 그렇게 시작된 한독 관계는 1905년 을사늑약으로 한국의 외교권이 박탈당하자 상호 간에 공관을 철수시켰고 1955년 독일의 주권이 회복된 후 상호 국가승인으로 공식관계가 재개되었다. 1955년을 기준으로 우리 정부가 독일과 수교한 지 60년 남짓 되었는데 그동안 무슨 일로 독일에서 우리의 이미지가 그토록 나빠졌을까?

혹자는 과거 개발독재 시대인 1967년 6월 발생한 동백림 사건을 그 원인으로 지목한다. 수십 명의 재독 한국인들이 함부르크 공항을 통해 독일을 떠났는데 그들의 출국에 대한 강제성 여부가 한독 간 외교문제로 번진 것이었다. 사건 발생 후 김영주 대사가 부임하여 독일에 사죄하지 않고 마무리함으로써 우리의 일관된 입장을 관철하였다 한다. 김 대사는 명분을 잃지 않으면서 실리를 도모했다고 그의 회고록에서 술회하고 있다.[5] 하지만 문제는 사건이 발생한 1967년 6월부터 마지막 특사석방이 이루어진 1970년 12월까지 3년 반 동안을 독일 언론과 세간의 큰 관심을 받았다는 것이다. 이 동안 한국의 국가 이미지가 부정적으로 비추어졌음은 자명하다. 최근 국내의 대통령 탄핵 과정에서도 마찬가지였지만 외교의 기본이 내치라는 점을 재삼 깨닫게 한다. 나치를 경험한 독일이 가장 중요하게 생각하는 것은 인권이다. 그런데 동백림 사건의 핵심에는 바로 이 인권 훼손이라는 문제가 개재되어 있다. 이 상처가 아직도 독일인들의 마음을 붙들어 매고 있는 것은 아닐까? 지금 독일과 터키 간에 외교전이 한창이다. 독일 코미디 프로그램에서 에르도안Recep Erdoğan 대통령을 희화화했다는 분쟁거리로부터 독일에 사는 터키인들을 터키 정보기관이 사찰했다는 것까지 불거지면서 양국관계가 나빠질 조짐이다. 사찰은 독일 사람들이 가장 혐오하는 중대범죄다. 게슈타포Gestapo와 슈타지Stasi의 환영을 아직도 생생히 기억하기 때문이다. 만약 사찰을 목적으로 한 리스트를 만든다면 이것이 중대 범죄임은 물론이다. 나치의 집단적 광기를 경험했던 독일 사람들은 일사불란한 집단행동을 그다지 좋아하지 않는다. 우리가 자랑스럽게 생각하는 빨간 상의를 입은 어마어마한 군중의 일사불란한 응원 모습이 이곳 독일에서는 다른 관점에서 비춰진다는 사실이 자못 흥미롭다.

그러나 한두 차례의 사건만으로 전체적인 인식이 나빠지지 않는다. 그동안 독일에서 공부했건 비즈니스를 했건 많은 한국 사람들이 직간접적으로 독일과 교류했고 당연히 이들을 통해서도 한국에 대한 이미지가 형성되었으리라 본다. 이런 면에서 우리 외교관들의 일하는 모습도 달라지고 있다. 과거 주재국에 대한 관찰,

보고 위주의 업무로부터 현지 사회와 접촉을 늘리는 방향으로 가고 있고, 일반인들을 포함한 시민사회를 대상으로 하는 공공외교가 중시되고 있다. 특히 대사나 총영사는 공관을 지휘하는 업무에 매달리기보다는 주재국 사회에 직접 노출되는 기회를 늘려야 한다. 직접적인 인간적 소통을 통해 알음알음으로 확대되는 국가 인지도가 가장 확실한 신뢰 구축의 지름길이다. 하지만 정보화시대인 현대 사회의 속성상 지구 어느 구석에서 일어난 일이라도 실시간으로 지구 반대편까지 전달되는 현실을 볼 때, 결국 국가 브랜드 홍보와 같은 인위적인 방법으로는 한계가 있다. 우선은 우리가 신망받는 국민이 되어야 하고 또 우리나라가 탄탄한 나라가 되어야 한다. 어떤 홍보로도 진실을 가리기에는 역부족이기 때문이다.

한독통일외교정책 고위급 자문위원회의 독일 측 자문위원을 맡아 몇 차례 한국을 방문하기도 한 연방군사대학의 슈타크Michael Staack 교수는 코리아 패러독스 현상을 자국인들의 '무지의 소치'로 지목하는 겸손함을 보였다.

> 이번 방한에서 한국이 세계에서 가장 중요한 경제국가 중 하나라는 말이 실감
> 이 났다. 하지만 대부분의 독일 사람들이 한국과 독일 사이에 얼마나 큰 상호존
> 경과 협력관계가 형성되어 있는지 모른다는 것이 매우 아쉽다. 우리 학생들에게
> 한국에 대한 보다 심도 있는 이해를 도모하기 위해 학생들의 한국 방문을 독일
> 국방부와 계획 중에 있다. 그리고 한국이 독일을 바라보는 만큼 독일은 한국을
> 보지 않는 미스매치가 있는 것은 사실이다. 왜냐하면 우리의 시각이 유럽에만 머
> 물러 있기 때문이다[2014.11.12].

슈탕네트 박사는 독일 사람들에게 타 민족, 타 문화에 대한 공감 능력이 부족함을 지목한다.

독일인은 해외여행을 가장 많이 하는 세계여행 챔피언이지만, 실제로 그 나라의 문화를 알지 못하고 돌아온다. 2주간 태국을 여행한다고 해도 휴양지 푸켓의 리조트 호텔에 틀어박혀 매일 예거슈니첼을 먹기 때문이다. 미지의 대상을 진정으로 발견하고자 한다면 '호기심과 의식Neugierde und Bewusstheit', 그리고 더 큰 각오가 필요하다. 여기서 칸트의 말을 인용해보자면 "여행을 통해 배우기 위해서는 우선 자신이 어디서 왔는지 알아야 한다"는 것이다. 우리 스스로도 타 문화와 연결되는 공감Empathie'이 부족함을 느낀다. 우리는 다른 나라에 살고 있는 우리의 이웃들에 대해 관심을 가져야 한다. 타 문화를 이해하기 위해서는 호기심과 공감 능력이 필요하지만, 유감스럽게도 독일에는 이러한 요소가 부족하다. 우리는 20세기 유럽에서 무엇을 배울 수 있을 것인가? 단순한 문제에서 공통점들을 찾아 여기에 집중하는 것이 중요할 것이다. 이를테면 문화적 성과들이 우리를 서로 연결해준다는 것을 깨닫는 것이다. 예를 들어 우리 모두가 책을 읽을 수 있고, 독서를 통해 배울 수 있는 능력을 갖추고 있다는 것이 얼마나 귀중한 것인지 깨닫는 것이다. 또는 빌리 빈클러Willi Winkler처럼 도보여행을 하는 것이 얼마나 큰 의미가 있는지 깨닫는 것이다. 철학자인 내가 이런 말을 해도 될지 모르겠지만, 우리는 너무 복잡하게 생각하고 있다![2015.2.12].

행복한 독일

경제는 성장했다는데 개인의 생활은 팍팍해지는 현실을 보자면 국민총생산GNP이나 국내총생산GDP이란 경제 지표가 대체 무슨 쓸모가 있는지 의문이 생긴다. 국민총생산 지표는 대공황 시대에 미국 의회의 요청으로 쿠츠네츠Simon Kuznets에 의해 개발되어 지금은 한 나라의 국민소득이나 1인당 국민소득을 나타내는 대표적인 경제지표로 자리잡았다. 요즘은 국내총생산이란 개념을 더 많이 사용한다. 자본의 국제적 이동성이 높아지면서 생산의 주체보다는 생산의 입지를 기준으로 어떤 나라 안에서 이루어지는 생산의 총합 개념인 국내총생산이 한 나라의 경제 지표로 더 적합하다는 생각에 따른 것이다. 예를 들어 어떤 기업이 외국에 투자해서 공장을 짓고 생산활동을 하게 되면 그 경제적 효과는 그 기업이 속하는 나라의 국민경제보다는 생산이 이루어지고 있는 나라의 국민경제에 더 도움이 된다는 근거에서인데, 이것은 단적으로 해외에 나가서 기업활동을 하는 대기업들은 우리 국민경제에는 큰 도움이 되지 않는다는 것을 말해준다. 하지만 GNP이든 GDP이든 이런 지표들이 우리의 사는 모습을 얼마나 제대로 반영하고 있는지 의문시될 때가 적지 않다. 예를 들어 IMF가 집계한 우리나라의 2016년 4월 현재 1인당 GDP가 세계 28위로 2만 5990달러이다. 이는 4인 가구 기준으로 볼 때 가구당 1억 원을 훌쩍 넘는 소득이지만 우리나라에서 평균적인 1년 소득이 1억 원이 넘는 가구가 얼마나 될까를 생각해보면 이 수치는 도무지 현실감이 없다. 이는 경제가 나아져도 분배의 왜곡으로 낙수효과를 기대하기 어렵다는 지적과 맞물린다. 이렇듯 1인당 GDP는 부의 편중 현상이 반영되지 않는 치명적 약점을 갖고 있다. 부의 편중이 심한 나라일수록 이 수치가 갖는 의미는 줄 수밖에 없다. 여기에 대기오염 같은 환경 요인이 반영되지 않는다. 생산활동이 늘어날수록 미세먼지나 폐수 같은 환경오염은 증가되기 마련이다. 범죄가 늘고 국민건강이 악화되어도 GDP는 늘어날 수 있다. 즉, GDP와 국민 개개인이 누리는 복지나 행복은 상관없다고도 볼 수 있다.[6] 그래서 경제학에서 최고의 발명이라는 GDP를 대체하여 인간의 실제 행복을 측정할 수 있는 지표가 필요하게 되었다.

경제활동이나 생산 개념보다는 사람들이 누리는 복지나 개별적인 행복 같은 개념을 지표화하거나 측정할 수 있다면 그것이 더욱 의미가 있을 것이다. OECD에서 개발한 국민 복지를 측정하는 '더 나은 인생 지표Better Life Index'가 그것이다.

OECD는 2011년부터 이 지수를 집계해오고 있는데 이는 「스티글리츠 보고서 2009」 상의 권고나 OECD 통계정책위원회의 자료 등을 근거로, 건강, 교육, 수입 등 사람들이 살아가는 데 필요한 여러 요소들을 수치화한 것이다. 여기에는 가계당 수입, 직업 안정성, 고용률, 근로시간, 취미여가시간, 1인당 방 숫자, 수세식 화장실, 주택공급, 물과 공기의 질, 수명, 건강상태, 교육수준, 투표 참여율, 범죄에 의한 사망비중 외에도 의존할 수 있는 친구나 친척이 얼마나 있는지와 같은 '사회적 연계성' 개념이나 '주관적 생활만족도'와 같은 것들이 포함된다. 총 23개 분야 지표에서 독일은 주택공급, 건강, 공기의 질 3개 분야만 OECD 평균 아래이며 나머지 19개 분야는 평균 이상으로 나타났다. 특히 가계당 수입, 고용, 직업 안정성, 수세식 화장실, 취미여가시간, 교육, 사회적 연계성, 물의 질 등 많은 분야에서 강세를 보이고 있다. 북구 나라 중 덴마크와 노르웨이는 1개 분야만 OECD 평균 이하로 나타났고 네덜란드와 호주는 2개 분야만, 독일, 오스트리아, 스위스, 스웨덴과 아이슬란드는 3개 분야만 평균 이하로 나타나 전반적으로 삶의 질이 높은 것으로 나타났다. 그 반면 이탈리아, 스페인, 포르투갈과 대부분의 동구권 국가들은 삶의 질이 낮은 것으로 나타났다. 미국은 7개 분야가, 캐나다는 5개 분야가 OECD 평균 이하로 나타나 비교적 양호한 상태를 보여주었고 일본은 9개 분야가 평균 이하, 12개 분야가 평균 이상으로(2개 분야 미상), 한국은 13개 분야가 평균 이하, 9개 분야가 평균 이상(1개 분야는 미상)으로 나타났다.[7]

한국은 특히 건강, 사회적 연계성, 공기의 질 3개 분야에서 OECD 최하위 수준을 기록했다. 건강상태를 나타내는 지표로 기대수명과 함께 자신의 건강상태를 주관적으로 판단하는 두 가지 지수를 사용하는데, 한국의 경우 기대수명은 OECD 평균 이상을 나타낸 반면 주관적 지표인 "당신의 건강은 어떻습니까?How is your health in general?"라는 질문에 대해서는 35% 정도만이 "좋다" 또는 "아주 좋다"로 대답해 OECD 최저치를 보였다. 공기의 질에서도 OECD 최저치를 보였고 물의 질은

OECD 평균 이하를 보였다. 특이한 것은 사회적 연계 부문에서 한국이 OECD 최하위를 보이고 있다는 점이다. 개인의 사회적 관계가 복지의 중요한 원천이라는 점에서 사회화 또는 사회적 고립의 정도를 측정한 것인데 "당신이 곤경에 처했을 때 언제라도 의지할 친구나 친척이 있습니까?"라는 질문에 대한 갤럽 여론조사상의 통계치를 사용했다. 이 질문에서 대부분의 나라에서 80% 이상이 긍정적으로 답변한 반면 한국과 멕시코에서만 긍정적 답변이 80%에 못 미쳤다. 한국인 다수가 고립감을 느끼고 있다는 것이다. 통상적으로 개인주의가 팽배할 것으로 생각했던 독일을 포함한 유럽 국가들이 상위에 올라가 있는 반면, 친지나 친구를 중시하는 집단문화를 갖고 있다는 한국이 최하위를 기록한 것은 다소 의외다. 그만큼 우리 사회의 분절 현상이나 개인의 고립화에 대한 인식이 심각한 수준에 이르렀음을 보여준다. 실제로 우리나라의 자살률이 OECD 최고치이며, 고독사가 급증하여 2014년부터 전국적으로 1천 건이 넘어서고 있다. 서양 사회가 가족 중심이라는 것은 익히 알려진 사실이지만 이 가족의 범위가 우리가 생각하는 젊은 부부와 미성년 자녀로 이루어진 핵가족을 뛰어넘는다. 즉, 장년의 부모와 장성하여 독립한 자식들 간의, 또는 이들과 노년의 부모들 간의 유대관계도 매우 긴밀하다. 나는 독일에서 사는 동안 여행지에서 몸이 불편한 노부모를 모시고 다니는 중장년의 사람들을 많이 보았다. 오히려 효를 강조하는 한국에서 노부모를 모시고 나들이하는 경우는 많지 않아 보인다. 최근 해외여행들을 많이 나가지만 그 동반 범위가 핵가족을 넘어서지 않는다. 한국 사회는 지난 한 세대 만에 급격한 변화를 겪으면서 세대 간 단절이 서양 사회보다 깊어졌다. 부모세대와 자식세대가 살아온 사회환경이 달라서 이들 간의 상호 소통이나 이해가 부족하다는 것인데, 부모 자식 간에 비교적 동질적인 환경에서 살아오면서 상호 간에 보다 독립적인 서양 사회와 비교할 때 그 단절현상이 상대적으로 두드러진다. 어렵게 자란 아이들이 효도한다는 말도 있지만 우리가 아이들을 너무 이기적으로 키운 것은 아닐까? 한국에는 세계 최고 수준의 경제지표와 최악 수준의 인간지표가 병존한다고 한다.[8] 결국 그동안 이루어왔던 경제발전의 기적들도 공염불이 되었다는 이야기며 누구를 위한 발전이었는지를 새삼 되돌아보게 된다.

독일은 세계에서 젊은이들의 장래 기회가 가장 큰 나라로 나타났다. 젊은이들의 낙원이다. 이는 영국 정부가 세계 183개국 15세에서 29세까지의 젊은이들을 대상으로 한 조사에서 밝혀졌다. 조사 기준은 취업기회, 교육, 건강, 정치 참여, 시민운동 등이었다. 2위는 덴마크, 3위는 호주, 4위는 스위스이며 미국은 23위, 중국은 118위로 나타났다.[9] 젊은이들에게는 취업기회가 중요하다. 우리나라는 과거 개발시대에 소득은 낮았지만 젊은이들의 취업 여건은 지금보다 나았다는 점을 돌아볼 때, 이를 총생산의 잣대만으로 설명하기는 어렵다. 총생산 개념은 취업, 환경, 건강 등 사회적 요소와 함께 활용될 때 정당한 의미를 가질 수 있다. 독일에서는 1970년대부터 총생산 개념을 보완하기 위한 계량기준이 개발되어왔다. 생산의 환경 및 사회비용을 감안하여 베너Ursula Wehner가 1976년 개발한 '국민경제총합계산VGR'을 필두로 1989년 연방통계청이 발전시킨 '환경경제총합계산UGR'이 대표적이다.[10] 독일 사람들이 생각하는 '삶의 질'에는 어떤 것들이 있는지 독일 경제부가 독일인 1만 5000명을 대상으로 설문조사를 실시했는데, 독일인들은 '정의로운 사회'를 제일 덕목으로 꼽았고 이를 위한 본질적 조건으로 기회균등, 개인적 자유 신장 그리고 여성 지위 향상을 제시했다. 그다음으로는 빈부격차 축소, 교육과 건강을 들었다.

"세계위험지수world-risk-index"라는 것이 있다. 정치적 위험 요인을 제외한 자연재해 등 모든 위험요인을 종합적으로 계량하여 국가별로 위험 정도를 나타낸 수치이다. 자연재해와 그것으로부터의 방어 능력, 그리고 경제적 복지 같은 인간의 안전에 관련된 요소들을 평가한다. 이 안전도 순위에서 세계에서 가장 안전한 나라는 중동의 카타르다. 조사대상 171개국 중 위험순위 171위로서 가장 안전한 나라로 평가되었다. 사실 중동의 걸프국가^{GCC}들은 정치적 위험성만 없다면 치안이나 자연재해로 인한 위험성은 거의 없는 나라들이다. 바닷가에 있어도 쓰나미가 없다. 카타르의 수도 도하에 주재하는 한국 대사관저는 그 앞마당이 바로 바다다. 내가 도하에 주재할 때인 2010년에 일본에서 쓰나미가 발생했다. 그래서 카타르 해안의 쓰나미 가능성에 대해 물어본 적이 있었다. 걸프 해는 호르무즈 해협이 큰 바다로 나가는 입구를 막고 있어 마치 큰 호수처럼 되어 있기 때문에 쓰나미 위험은 없다고 했다. 걸프 해의 옥색 바다 빛깔은 가히 환상적이다. 거기에 쓰나미 위험까지 없으니 지상천국이다. 중동의 날씨가 덥기는 하지만 그 열기로 모기 같은 해충이 없고 풍토병도 없다. 모래바람이 절기에 따라 가끔 불기는 하지만 미국에서 볼 수 있는 돌풍 같은 것은 아니다. 사람의 생명에 위해를 끼칠 수 있는 가능성은 정변 같은 정치적 위험뿐이다. 독일의 위험 순위는 146위로서 매우 안전한 나라에 속한다고 볼 수 있다. 세계에서 가장 위험한 나라는 태평양 도서국가인 바누아트. 해수 침수 가능성으로 위험순위 1위의 나라로 판정되었다. 일본은 위험순위 17위로서 지진이나 쓰나미 같은 자연재해로 인한 위협으로 위험한 나라에 속한다.

독일의 경제기적과 한국전쟁

고슬라의 외곽에 위치한 람멜스베르크 광산은 한국전쟁 시 활기를 띠었다. 독일과 한국전쟁, 이 무슨 인연이란 말인가? 한국전쟁으로 일본의 후방 병참기지 역할이 커지면서 전후 일본 경제가 도움을 받았다는 정도는 알고 있었지만 독일까지 한국전쟁의 낙수효과를 보았다는 것은 미처 알지 못했다. 이것은 람멜스베르크 광산에만 국한된 이야기는 아니다. 한국전쟁이 전후 독일 경제 복구에 결정적 역할을 했다는 것이 학계의 정설이다. 전쟁물자의 조달로 인한 개별적인 특수효과와 함께, 전후 연합국으로부터 받고 있던 경제 제재가 유럽석탄철강공동체의 출범과 더불어 한국전쟁으로 인한 특수로 해제되는 전기를 맞게 되었기 때문이다. 아벨스하우저[Werner Abelshauser]는 『독일경제사』에서 이렇게 쓰고 있다.[11]

> 1950년 6월 한국에서의 전쟁 발발은 그 쇼크의 물결이 지구 반대편 서독의 경제까지 바꾸어놓을 정도로 세계 경제를 지속적으로 흔들었다. 한국전쟁은 외국에서 독일 투자재와 원자재에 대한 수요를 만들어냈고 국내적으로는 소비재에 대한 수요를 끌어올렸다. 전쟁의 힘은 모든 경제정치적 계산을 일거에 무너뜨렸다. 서독 경제는 전후 처음으로 무역거래를 통해 성장으로 치고 올라가는 맛을 보았다. 그것은 서독이 유휴 생산능력을 가동시킬 수 있는 유일한 서방 공업국가임을 증명했다. 그에 따라 1950년에 서독의 산업생산은 가속화되었고 11월에는 전년 동기 대비 1/3 이상으로 산업 생산이 증가했다. 그리고 1952년 중반까지 경제성장에의 돌파구를 여는 데 성공했다. 이러한 흐름에서 결정적인 것은 유례없는 무역거래의 팽창이었는데 이는 한국전쟁 특수의 직, 간접적인 효과로 인한 세계 시장과 군수산업의 붐에 기인했다. 당시 서독 경제는 2차 대전 후 멈춰 섰던 유휴 산업생산 설비를 새로운 수요 발생에 맞추어 활용할 수 있는 여지를 보유하고 있었고 때마침 터진 한국전쟁은 그 어떤 경제정책보다도 서독경제 재건에 큰 영향을 미쳤다.

전쟁 전 1936년의 산업 생산을 기준으로 서독은 1950년 초에 전쟁 전 수준을 회복했고 한국전쟁이 끝난 1953년까지 약 4년 동안 무려 74%의 성장세를 보였다. 전쟁은 그런 것이다. 우리도 베트남전의 특수를 누리지 않았는가. 여기서 중요한 것은 한반도에서 두 번 다시 전쟁을 해서는 안 된다는 것이다. 물론 그 어디에서도 전쟁을 해서는 안 되겠지만 불행히도 지구 어느 곳에선가는 전쟁이 계속되고 있다. 그리고 이러한 현상은 세계 군산복합체의 이익과 분명히 연결되어 있다. 한국전쟁으로 인한 '한국붐Koreaboom'은 국제 사회에서 "남의 불행이 나의 행복"이 될 수 있었던 극명한 사례다.

독일은 양차 대전에 연이어 패배하면서 19세기 후반부터의 급속한 산업발전이 연기 속으로 사라지는 위기를 맞았으나 2차 대전 후 마셜 플랜과 한국전쟁 특수로 다시 회생했다. 독일 경제는 놀라운 속도로 성장했으며, 곧 모두에게 일자리가 주어졌다. 1950~1960년간 실질국민소득은 114% 증가했고, 그 이후 10년간 또다시 54%가 증가했다. 60년대에는 사실상 완전고용에 도달했고 1970년까지도 현재 실업자 규모의 20~30분의 1 수준에 불과한 15만 명을 넘지 않았다. 독일은 종전 당시 아무도 예상치 못했던 경제적 번영을 이룩하여 이웃국가들의 부러움을 샀다. 전후 독일 경제의 기적은 어디서부터 왔는가? 사실상 곰곰이 뜯어보면 기적이라 할 만큼 불가능한 것을 이뤄낸 것은 아니다. 도시의 외형적인 파괴에도 불구하고 독일인들의 지식과 기술은 고스란히 간직되고 있었고 산업 인프라의 80% 정도가 살아남았기 때문이다. 그렇기 때문에 돈도 기술도 없이 무에서 유를 창조했던 한국의 경제기적과는 성격을 달리한다.[12]

한국은 1945년 해방 당시 문맹률이 78%였다. 이것은 아마도 일제하 식민지 교육정책으로 시행된 자립 불능화정책의 결과였는지 모른다. 교육과 경제발전의 상관관계를 획기적으로 규명했던 앤더슨Arnold Anderson의 「교육과 경제발전Education and Economic Development」에 따르면 경제발전의 분기점은 문자해득률이나 초등학교 취학률이 40% 이상 되어야 한다.[13] 그래서 한국의 경제기적은 교육으로부터 나왔고 독일의 경제기적에 비하면 훨씬 더 나쁜 여건에서 출발했다. 독일은 마셜 플랜이나 독일 대외부채의 한도를 설정한 런던부채협정으로도 도움을 받았다. 다만, 영국이나 프랑스가 독일보다 더 많은 원조를 받았다는 점을 감안해본다면 독일의 경제기적이 꼭 마셜 플랜 때문이라고 보기는 어렵다. 서독 정부의 1948년 화폐개혁 조치를 포함한 적절한 경제정책이 주효했고 때마침 1950년 발발한 한국전쟁의 덕을 봤던 것이다.

많은 사람들이 평가하는 경제기적은 1950년대 말에서 1960년대에 이룩한 완전고용이다. 50년대 초반까지는 오히려 실업률의 가파른 상승으로 에르하르트의 경제정책은 초기에 강한 비판을 받았다. 1947년 놀랄 정도로 낮았던 5%의 실업률이 1950년에 12%로 뛰었다. 1948년 12월부터 1949년 12월까지 일자리를 찾는 사람의 숫자는 두 배로 증가했지만 이것은 1948년 6월에 이루어진 화폐개혁으로 돈이 가치를 갖게 되자 사람들이 구직 시장에 뛰어들면서 불가피하게 나타난 현상이었다. 전쟁 직후 사람들은 생존에 급급했다. 제국마르크^{Reichmark}는 가치가 없었고 생필품은 물물교환하거나 암시장에서 거래되었다. 취업은 보수보다는 생필품을 받기 위한 것이었다. 안정적인 새로운 화폐인 독일마르크는 노동을 다시 가치 있게 했으므로 많은 사람들이 일자리를 찾기 위해 나섰다. 그래서 화폐개혁은 나쁜 경제상황으로 가려져 있던 실업의 규모를 드러나게 했고 이제 실업은 다급한 문제가 되었다. 서독의 어떤 지역에서는 실업률이 15%에서 25%에 달했다. 산업의 활성화로 더 많은 근로자가 필요했지만 전후 서독으로 밀려드는 피난민의 유입은 정부에게 커다란 도전이었다. 그들에게는 우선 주택이 필요했고 일자리를 위한 자격도 갖추어져야 했기 때문이다.

그러나 서독의 경제발전은 멈추지 않았고 수많은 일자리를 만들어냈다. 1952년에 이미 어떤 분야에서는 일손이 부족했다. 특히 채석장, 탄광, 도로, 교량건설, 호텔 등에서 노동자를 필요로 했다. 1955년에 이미 완전고용에 도달했다는 평가가 있다. 실업률은 계속 내려가 1960년에 1.3%라는 기록에 도달했다. 이즈음 10년 사이에 노동 조건도 조금씩 변화했다. 더 많은 노조들이 독일노조연맹^{DGB}으로 가입하면서 임금상승과 더 많은 공동결정권^{Mitbestimmungsrecht}을 요구했다. 매년 평균 수입이 5.5%씩 증가하여 1960년까지 거의 70%가 상승했다. 거기에 집세는 상승하지 않고 머물러서 사람들은 더 많은 돈을 소비에 지출할 수 있는 여력이 생겼다. 구매력의 상승에 힘입어 생활수준이 현저히 개선되었다. 1950년대 10년의 기간 중 구매력은 거의 2배로 증대되었다. 그러기 위해서 노동자들은 더 많은 시간을 일해야 했다. 1955년 산업 노동자는 전후 최장 근로시간인 주 49시간을 일했다. 평균적으로 새벽 6~7시 사이에 집을 나서서 저녁 6~7시에 돌아왔다. 1960년에 노동시간이 주 44시간으로 줄었고 많은 회사들이 주 5일 근무제를 도입했다. 그러나 주 40시간 근무는 이루어지지 않았고, 많은 노동자들이 주 5일 이상 근무했으며 초과근무도 마다하지 않았다. 피와 땀과 눈물로 이루어진 정직한 독일모델의 출발이었다.[14]

생각건대 전후 독일 경제의 발전에는 많은 인적, 물적 그리고 대내적, 대외적 요인들이 작용했다. 첫 번째 대내적 요인은 무엇보다도 지식으로 무장한 독일인들의 성실과 근면이라는 인적 요소이고, 둘째는 이를 뒷받침한 정치, 경제, 사회제 분야의 제도들이다. 여기에는 의회민주주의, 법치주의, 사회적 시장경제 같은 개념들이 포함된다. 그리고 외부적 요인으로는 첫째, 2차 대전 이후 냉전의 시작이 독일에게 유리하게 작용했다. 이것은 패전국 일본에도 마찬가지였다. 독일은 서방 승전국들의 도움으로 재건되었다. 마셜 플랜은 경제성장을 위한 좋은 토대가 되었다. 둘째, 점차 커진 유럽의 통합도 이점으로 작용했다. 유럽 통합으로 독일의 수출상품을 위한 다양한 판로가 확보되었기 때문이다. 셋째, 자주 거론되지 않는 또 다른 요소가 있는데, 이것은 독일과 독일 정부가 결정적인 시점에서 '물러나 있을 수 있었던 것', 그리고 '국제적 요구를 유예시킬 수 있었다는 것'이다.[15] 분단되어 있는 동안 독일은 국제 사회에서 무엇을 해야 한다는 요구도 받지 않았고 지도적 역량에 대한 요구도 없었다. 이것은 자신들의 국가발전을 위한 용도 외에 다른 지출을 할 필요가 없었다는 의미다. 오로지 경제 발전에만 국민적 역량을 결집할 수 있었고 우리에게 "라인 강의 기적"으로 알려진 성공을 거머쥐게 된다.

하지만 이제 상황이 달라지고 있다. 2017년 5월 NATO 정상회의에서 트럼프 대통령은 미국이 NATO 방위비의 75%를 부담하는 구조가 지속가능하지 않다는 지적을 했고 이에 메르켈 총리는 미국을 믿지 못할 동맹이라고 비판했다. 일각에서는 미국의 공평한 비용분담 요구는 당연한 것이고 메르켈 총리가 독일답지 않게 역사의 목소리에 귀 기울이고 있지 않다고 평가했다.[16] 아무튼 이제 독일이 국제적 요구로부터 더 이상 물러나 있을 수는 없을 것으로 보인다.

수년 전 독일에서는 "라인 강의 기적"을 넘어서서 두 번째 경제기적인 "경제기적 2.0"이 회자되었다. 통독 후의 성공적인 경제를 엘베 강의 기적이라고도 한다. 엘베 강은 동독지역으로부터 흘러내려 오기 때문이다. 2003년 슈뢰더 내각은 실업수당의 지급수준과 기간을 줄이고 연금과 사회부조를 삭감하는 것을 골자로 하는 "어젠다 2010"을 도입했다. 목적은 국가와 기업의 비용을 줄이고 노동시장을 유연화하는 데 있었다. 2005년 실업자 수가 500만 명을 넘어서고 실업률이 12%에 육박한 이후, 노동시장의 상황은 서서히 회복되었다. 2008년까지 많은 사람들이 새로운 일자리를 찾을 수 있었으나, 임금은 많은 부문에서 정체되어 있었다. 어젠다 2010의 개혁이 어떤 의미를 가지는지에 대해 논란이 있기는 하지만 독일 경제에 하나의 전환점이 되었다는 것은 분명해 보인다. 사회 전반에 걸친 사고의 전환과 근본적인 사회경제적 변화가 이루어졌다. 그동안 독일의 사회경제정책이 걸어왔던 길이 지속가능한 길이 아니라는 데 공감했고, 개혁이 필요하다는 데에 사회적 합의가 이루어졌다. 어젠다 2010 이후 노사 간에 이례적으로 긴밀한 협력이 생겨났다. 2014년 초 OECD의 독일 경제 평가에 따르면 독일 경제는 전 세계적 경제·금융위기를 성공적으로 극복했고, 21세기 초 시행한 노동시장과 구조개혁의 혜택을 누리고 있는 것으로 나타났다. 심각한 대외경제 상황 속에서도 독일은 실업률을 현저히 낮추고 공공 재정의 장기적 지속가능성을 개선하는 데 성공했다.

앞에서 언급했듯이 독일은 이제 이보다 더 좋을 수 없다. 독일이 두 번째 경제기적을 이룬 것이다. 그리고 그 두 번째 경제기적의 요인으로는 유럽 내수시장과 유로존으로 인한 EU 요인, 통일요인 그리고 어젠다 2010 요인을 꼽고 있다. 밤베르거-슈템만 함부르크 정치교육원장의 평가다.

특히 동독효과가 있었다. 베를린 장벽이 무너지고 독일의 경제권이 통합되면서, 즉 동독의 인민 경제를 전 독일적 시장경제로 전환하는 데에 성공하면서 그 효과가 2008년 금융위기 시까지 이어졌다. 장기적 관점에서 추진한 현명한 경제사회정책이었다. EU 효과만으로는 경제적 발전을 설명할 수 없다. 만약 그렇다면 프랑스나 이탈리아, 또는 그리스도 그 혜택을 받았을 것이다. '어젠다 2010'이 없었다면 어떤 일이 일어났을까? 아마 스웨덴처럼 국가부도 직전의 상태까지 갔을 것이고, 복지를 축소해야 했을 것이다. 슈뢰더 총리는 적절한 때에 개입하여 사람들이 새로운 시스템에 적응할 수 있도록 했고, 함께 참여할 것을 호소했다. 스웨덴과 달리 슈뢰더 총리는 노동시장 프로그램을 주도했다. 이렇듯이 긍정적인 발전을 이끌어낼 수 있었던 데에는 세 가지 요소가 작용했다. 바로 EU 요인, 동독 요인, 그리고 '어젠다 2010'이었다[2016.6.22]

유럽의 환자에서 경제기관차로 변신한 독일의 경제적 성공에 대한 대중들의 기쁨은 끝이 없다. 신문과 방송에서는 연일 독일 기업의 성공사례로 가득하고, 독일 증시의 DAX 지수는 최고치를 갱신하고 있다. 앞으로도 높은 성장률과 고용률이 기대되는 등 독일 경제의 장밋빛 미래가 전망되고 있다. 설문조사 결과들은 기업들이 미래 전망을 긍정적으로 보고 있음을 입증하고 있다. 독일 국민들은 그 어느 때보다 좋은 상황에 있으며, 미래 전망도 매우 좋을 것이라 믿고 있다. 그런데 과연 이런 낙관적 전망은 어느 정도 사실일까. 이 주제에 관해서는 제14장 "쏟아지는 경고"에서 다룰 것이다.

두 번의 산업혁명과 독일

    로스토의 "경제발전 단계론"에 따르면 독일은 19세기 제3분기에서야 산업생산이 급속히 팽창하는 '이륙단계$^{Take-Off}$'에 접어들었는데 이것은 산업혁명의 원조국인 영국보다 70~80년이 뒤진 것이었다. 마지막 제5단계인 '대중소비사회'에 진입한 것도 독일과 서유럽은 1950년대에서야 이루어졌는데 이는 포드자동차 공장의 이동식 조립라인이 설치된 1913~14년을 기점으로 제5단계에 가장 먼저 진입한 미국보다 약 30~40년이 뒤진 것이다.[17] 컬럼비아 대학의 허바드$^{Glenn\ Hubbard}$ 교수가 만든 1900년 영국의 경제력을 기준으로 한 '경제력 척도'에 따라 시기별로 영국과 독일의 경제력을 비교해보면, 독일의 경제력은 1820년에는 영국의 40%에 불과했고, 1900년에는 57%로 증대되었다. 그러다가 1900년부터 1차 대전이 일어난 1914년까지 독일의 경제력이 두 배가 되어 영국 경제력의 95%까지 따라잡았고 2차 대전 직전인 1938년에는 120%로 영국을 앞질렀다.[18] 또 다른 경제학자는 독일이 1850~1914년간 영국의 반밖에 안 되는 1인당 국민소득을 가진 국가로부터 세계에서 가장 강력한 경제국가로 떠올랐다고 했다.[19] 독일이 바이마르 공화국 당시 경제위기와 불황의 늪에 빠졌던 것은 1차 대전의 충격과 미국발 세계 공황의 탓도 있지만 보다 근본적으로는 19세기 후반 이루어졌던 급속한 경제성장 때문이다. 독일 국민들이 도취했던 화려한 발전은 많은 문제를 배태하고 있었다. 국민 경제에서 차지하는 과도한 국가부문, 보호주의적 농업경제, 보수적인 은행산업, 카르텔로 굳게 닫혀진 강력한 대기업들, 반기업적 관료적 풍토 등등…… 이런 문제들은 나치의 전시경제를 거쳐 2차 대전 후 모든 것이 풍비박산되고 나서야 어느 정도 극복되었다. 전쟁은 독일의 고질적 사회병폐를 도려내는 역할을 했다. 보다 합리적인 자본과 노동의 결합으로 고질적인 분배 마찰로부터 탈피하는 결정적 계기를 전쟁이 마련해주었다.[20] 오스트리아 국가기록원장 마더타너[Wolfgang Maderthaner]는 1차 대전이 사라예보에서 보스니아계 세르비아 청년인 프린치프[Gavrilo Princip]의 페르디난트 황태자 부부 암살로 촉발되었으나, 본질적으로는 영국과 독일 양국 간의 경제패권 쟁탈전이라고 했다. 독일의 빌헬름 2세는 전쟁을 원치는 않았으나 두려워하지도 않았으며, 영국도 시간을 끌수록 '팍스 브리타니카[Pax Britannica]'로 불리는 영국의 세계패권 유지에 불리함을 인식하고 있었다고 한다. 독일 경제의 성장세가 그만큼 두려웠다는 이야기다.[21]

2016년 9월 하노버를 방문했을 때 하노버는 그 도시가 배출한 천재 라이프니츠[Gottfried Leibniz]의 300주기를 맞아 다양한 행사를 벌이고 있었다. 그는 수학, 음악, 법학, 신학, 철학, 역사학에 조예가 있었고 훌륭한 발명가였으며 무엇보다도 현대 컴퓨터공학의 기반인 이진법을 발명했다. "독일은 시인과 철학자의 나라이다." 그러나 이 말이 비스마르크의 조롱 섞인 말이라는 것을 아는 사람들이 얼마나 될까. 독일어에서는 '지성인[Intellektueller]'이란 말이 실상은 욕이었고, 비스마르크 시대에는 생각하는 것 자체를 병적인 것으로 보았다고 한다. 학문은 공학을 최고로 쳤다. 우리가 알고 있는 독일의 다른 측면이다. 그만큼 독일은 인문과학 못지않게 공학이나 자연과학 육성에 힘을 기울였고 또 그 결과로 제2의 산업혁명을 이끌 수 있었다. 19세기 말 당시 독일의 의약학, 화학, 전기공학은 세계 최고 수준이었다. 1842년 철강 제조 시 용광로 온도를 1600도에 맞춰야 한다는 것을 알아냈다. 이는 지금도 용광로에서 사용되는 제강온도이다. 1886년에는 세계 최초의 자동차인 가스터빈을 이용한 삼륜자동차가 벤츠에 의해 발명되고 주행된다. 1891년에는 삼상교류전기를 176킬로미터 떨어진 곳까지 원거리 송전에 성공함으로써 전기의 산업에너지 전환에 성공한다. 이는 산업발전사에 가히 혁명적인 일이었다. 전기 발명 후 이를 산업에 활용할 수 있는 길이 열린 것이다. 제2의 산업혁명은 여기서부터 시작한다. 1891년 프랑크푸르트 전기산업박람회에 전시되었던 자동차나 1936년 폰 오하인^{Hans P. von Ohain}이 세계 최초로 만든 제트비행기도 독일의 작품이다. 현대 사회에서 자동차와 제트비행기만큼 중요한 운송수단이 있는가?

독일의 산업 발전은 도시의 발전과 맥을 같이한다. 유럽 대륙의 도시 발달은 영국 남부 런던을 중심으로 한 지역으로부터 벨기에의 안트베르펜을 거쳐 독일의 대부분 지역을 통과하여 이탈리아 북부에 이르는 바나나 형태의 모습을 띠었으며 많은 도시들이 지금의 독일 지역에 집중되어 있었다. 독일의 도시는 중세에 급속도로 발전했다. 500명 이상의 도시들이 2천 개나 새로 생겨났다. 중세부터 "도시의 공기가 자유롭게 한다^{Die Stadtluft macht frei}"라는 속담처럼 주민에 의해 선출되는 자치정부인 '라트^{Rat}'에 의해 지배되는 도시의 자유로운 분위기는 과학과 발명을 촉진시키는 기폭제 역할을 했다. 도시 간 화폐교환에 관한 규칙을 만들어 상업이 발전했고 프랑크푸르트에서는 1년에 두 번씩 박람회^{Messe}가 개최되었다.

신제도학파의 노스^{Douglass North}는 19세기 후반 일어난 2차 산업혁명을, 경제와 과학기술의 결합과 함께 새로운 차원의 생산성 실현을 위한 제도적 기반을 만들어내는 능력에서 기인한 것으로 설명한다. 독일제국이 바로 이렇게 2차 산업혁명의 선도적 국가가 되었다. 당시 미국만이 독일과 견줄 만한 발전을 보였고 1차 산업혁명의 나라 영국은 독일의 역동성을 따라잡지 못했다.[22] 독일과 미국은 당시 세계 경제와 산업을 이끄는 엔진이었다. 1900년경 독일의 학문연구와 대학들의 수준은 특히 화학과 전기기술 분야에서 최고였다. 산업화 과정에서 큰 진보가 있었고, 엔지니어 양성을 위한 학교수업 및 대학수업을 합리적으로 연계하기 시작했다.

18세기 중반 제임스 와트^{James Watt}의 증기기관 발명으로 촉발된 1차 산업혁명은 영국에서 시작되었고 19세기 말 전기의 산업화로 일어난 2차 산업혁명은 독일에서 주도했다. 20세기 말 컴퓨터의 상용화로 인한 3차 산업혁명은 미국에서 일어났다. 이제 세계는 디지털화와 함께 일어날 4차 산업혁명을 예고하고 있다. 지금까지의 산업혁명이 단순히 산업분야에 국한된 것이 아니라 경제와 사회 전반에 걸쳐 혁명을 가져왔듯이, 4차 산업혁명도 전방위적인 혁명적 지각변동을 예고하고 있다.

4차 산업혁명의 모습이 어떻게 우리에게 다가올지에 대해 야콥스 대학의 라테만Christoph Lattemann 교수가 알기 쉽게 설명하고 있다. 로봇이 생산공정과 기계를 통제하고 제품들 간의 인터페이스가 직접 이루어지면서 의사 결정이 실시간으로 이루어지는 모습을 연상시키는 설명이다.

내가 미국에 간다면 나는 내 전자기기를 그곳 전선에 연결하기 위해 어댑터가 필요하다. 어댑터가 없다면 기기가 호환되지 않는다. 인터넷에 대해 세계적으로 단일한 기준인 이른바 TCP/IP 프로토콜을 실행한 것은 대단히 큰 진보였다. 그것은 당시 미국이 해낸 것이다. 오늘날에는 기업과 정부조직으로 구성된 국제적 컨소시엄인 "오아시스OASIS"가 디지털 기술의 표준을 만들려 한다. 이것이 무엇에 관한 것인지는 USB를 생각해보면 알 수 있다. USB는 전 세계에 적용된 하나의 표준이다. 세계적으로 여러 생산자들이 만드는 모든 기기들에 동일한 연결장치가 장착된다. 분야를 초월하는 기계들 간의 의사소통을 위한 바로 이러한 단일 기준이 인더스트리 4.0에 필요하다. 클라스Claas라는 농업용 차량을 생산하는 기업은 스스로 운전하는 콤바인을 개발했다. 이 콤바인은 사람의 통제 없이 수확물을 재배할 수 있고 수확 이후 그다음으로 진행되는 가공 프로세스의 기계와 의사소통할 수 있다. 여기서 우리는 농업경제에도 해당되는 산업의 결합을 볼 수 있다. 독일은 산업 간 의사소통과 인터페이스를 설정하는 표준을 만드는 데 앞서가고 있다. 생산체인이 완전히 디지털화된다면 모든 체인 고리에서 데이터를 송출하고 수신하는 것이 가능해진다. "흔적을 찾고 추적하는tracing and tracking"
시스템이 생기는 것이다. 유럽 전역에 걸쳐 냉장차로 수송되는 세라노 햄Serrano-
Schinken에는 송신기가 장착될 것이다. 이 송신기를 통해 사람들은 햄의 상태가 어
떤지 알 수 있고, 만약 운송 중 기온이 올라가서 햄에 문제가 생긴다면 그 즉시 대
처할 수 있다. 즉, 부패한 햄을 대체할 신선한 햄을 제공할 수 있는 모든 공장으로
이 정보가 확산되어 새로운 공급경쟁에 들어갈 수 있게 된다. 또 함부르크의 에
어버스Airbus 공장에서는 비행기에 장착된 수십만 개의 나사의 상태에 대한 정보
를 알 수 있는 송신기가 모든 나사에 붙여진다. 이를 통해 나사가 제대로 조여져
있는지를 알 수 있게 되는 것이다. 앞으로 모든 것이 이렇게 자동적으로 돌아간
다면 사람들에게는 과연 어떤 역할이 남겨질지 의문이다[2017.5.12].

독일은 2012년부터 정부와 업계가 협력하여 "인더스트리 4.0"을 시작했고 2015
년부터는 정부 주도로 각계의 참여를 더욱 확대하여 신속한 상용화를 목표로 하
는 "플랫폼 인더스트리 4.0"을 추진하고 있다. 독일의 인더스트리 4.0은 전통적 제
조업에 정보통신기술ICT 시스템을 결합하여 디지털 아우토반, 디지털 네트워크,
스마트공정을 구축함으로써 융, 복합적 산업 시스템을 창출함을 목적으로 한다.
스마트 메모리 개발로 최적화된 자율적 생산 시스템을 구축하고 표준화 모듈 플
랫폼으로 네트워크를 구축해간다는 구상이다. 2013년 9월 메르켈 총리가 인더
스트리 4.0을 시작하면서 "우리는 큰 자신감을 갖고 시작한다. 그러나 아직 우리
가 이긴 경주는 아니다"라고 언급했듯이 조심스럽지만 자신감을 내비치고 있다.
독일은 인더스트리 4.0을 추진해나가는 과정에서 제조업의 경쟁력을 바탕으로
승부를 하겠다는 입장이며, 그 어느 나라보다도 선두적 위치를 차지할 가능성이
높다. 제조업의 출발 여건이 상대적으로 유리하기 때문이다. 독일의 제조업은 우
선 산업 비중 면에서 2000년부터 22% 선을 유지해오고 있다. 미국이나 영국은 제

조업 비중이 11% 정도로서 인더스트리 4.0 추진 시 우선 제조업 생산능력부터 확장해야 하나 독일은 그럴 필요가 없다. 산업로봇 설비율 측면에서도 독일은 1만 개의 공장당 282대가 투입되고 있으나 중국은 14대에 불과하다. 결국 디지털 기술을 가진 자가 아니라 기계를 가진 자, 즉 제조업을 가진 자가 궁극적인 승자가 된다. 독일은 여기에다 국가적 차원의 관심과 잘 조직된 조합주의 경제를 겸비하고 있다. 이런 측면에서 본다면 정보통신 기반시설이 잘 갖춰져 있고 제조업이 강한 한국도 4차 산업혁명의 선두 대열에 설 수 있는 큰 잠재력을 갖고 있다. 문제는 현실적인 준비에 있다. 이를 위해 독일의 인더스트리 4.0의 시행 과정은 좋은 선례가 될 수 있다. 서두르기보다는 독일의 시행착오를 관찰하면서 면밀한 준비하에 시작한다면 혼란을 줄일 수 있다. 인더스트리 4.0은 독일만 추진하는 것은 아니다. 프랑스와 중국, 일본도 산업의 스마트화란 표방 아래 유사한 프로젝트를 추진하고 있다. 누가 이 혁명의 주역이 될 것인가? 라테만 교수의 설명이다.

'사물 인터넷'의 기술은 미국에서 왔지만 이 산업을 진전시키는 국민경제적 전략은 독일이 훨씬 앞서 있다. 인더스트리 4.0은 로봇과 사람, 로봇과 로봇 간의 의사소통에 관한 것이다. 이에 대해 독일 정부가 처음으로 포괄적인 전략을 개발했다. 독일은 인더스트리 4.0의 리더가 되고자 한다. 인더스트리 4.0을 적용하는 것은 단일한 기준을 설정하고 X기업의 기계와 Y기업의 기계가 서로 의사소통할 수 있게 하는 것이다. 이것은 물론 기업들이 서로 협력할 때에만 가능하다. 독일에서는 디지털 산업협회인 비트콤[Bitkom]이 산업적 차원의 네트워크를 촉진하고 있다. SAP의 카거만[Henning Kagermann] 사장이 여기에 많은 기여를 했다. 그 사이 중국에서는 "Made in China 2025"라는 비슷한 전략을 내놓았다. 프랑스도 국가적 차원에서 인더스트리 4.0을 도입했다. 구글[Google]과 아마존[Amazon]은 최종 소비자들을 위한 플랫폼으로서 이것은 인더스트리 4.0에 대한 것은 아니다. 웨어하우징

분야에서도 분명 일련의 디지털화가 발생하고 있지만 그것이 산업 간의 네트워크와 같은 의미를 갖는 것은 아니다. 제너럴 모터스$^{General\ Motors}$도 공급업체들과 가치 체인의 디지털화와 자동화를 위한 인더스트리 4.0이라고 할 만한 관계를 갖고 있지 않다. 독일 자동차 업체들은 다르다. 폭스바겐^{VW}, 메르체데스^{Mercedes}, 아우디^{Audi}, 보쉬^{Bosch} 같은 기업들은 제작, 구매, 물류에 이르는 자동화 공정을 거의 완성했다[2017.5.12].

독일 5대 자동차사의 담합 뉴스로 독일 전국이 떠들썩하다. 자동화 공정이나 인더스트리 4.0 분야에서의 긴밀한 협력으로 그쳤더라면 좋을 뻔했다. 신뢰의 상징과도 같은 독일 기업들의 집단 일탈은 매우 충격적이다.

치프리스$^{Brigitte\ Zypries}$ 경제부 장관은 2017년 4월 독일의 3대 메가트렌드로 세계화, 디지털화, 인더스트리 4.0을 언급했다. 디지털화는 인더스트리 4.0의 핵심적 사안이다. 디지털 혁명의 파괴적 잠재력은 다대하다. 특히 소매업, 은행(핀테크), 제약업, 자동차, 농업 분야에서 맹위를 떨칠 전망이다. 전 세계 벤처자본의 2/3가 미국으로, 그중 절반은 실리콘 밸리로 들어가고 중국도 알리바바 그룹의 마윈^{馬雲} 회장이 빅데이터로 새로운 계획경제시대 도래를 전망하는 등 특히 IT, 소프트웨어 산업분야에서 독일은 미국, 아시아와의 경쟁에서 밀리고 있다. 디지털화라는 미래의 트렌드를 읽는 데 독일은 상당히 오랜 기간 잠들어 있었다. SMAC(Social Media, Mobile, Analytics, Cloud)의 성장 잠재력을 미국, 아시아 기업이 지배적으로 활용하고 있는 상황에서 독일은 두 가지 문제에 부딪히고 있다. 첫째는 국제표준화에 관한 것으로, 제품 호환성을 위한 기준을 누가 제시할 것인가이다. 미국이 될 것인가, 아니면 EU나 중국이 될 것인가. EU는 시도했으나 실패했으며 미국이 TTIP를 통해 시도하려던 것이다. 두 번째는 데이터에 관한 것이다. 디지털데이터의 강자들이 거의 대부분 미국에 소재하고 있어 이에 종속될 것이 우려되고 있다.

독일 자동차업체들은 노키아의 지도서비스 사업을 인수했는데 자동차 개발사업에도 뛰어든 구글의 독점을 우려했기 때문이다.

2016년 다보스포럼의 핵심주제 중 하나가 인더스트리 4.0과 인공지능로봇이었다. 결국 이것은 더 적은 노동으로 더 많은 수익을 얻는 것이다. 문제는 이 부가적 수익이 분배되는 것이 아니라 주주들의 손안에 머물게 된다는 것이다. 이렇게 되면 '기계세'나 '로봇세'를 물릴 수밖에 없다. 인공지능로봇으로 향후 500만 개의 일자리가 없어지고 200만 개가 새로 창출된다고 한다. 이 중 회계사, 변호사, 의사 등 전문직 화이트칼라가 가장 타격이 크고, 정보통신, 기술분야 전문직 진출이 미약한 여성도 타격이 클 것이라고 한다. 인간에게 어려운 것은 로봇에게 쉽고, 인간에게 쉬운 것은 로봇에게 어렵다는 논리다. 따라서 단순 노동자들, 정원사, 요리사, 간호사, 배관공 등은 수혜그룹이 될 것으로 보인다는데, 생각건대 꼭 그렇지는 않을 것 같다. 사실 단순 직종일수록 로봇도 일하기가 더 쉽지 않을까? 미래에는 더 이상 빈 병 분리수거함을 비우는 환경미화원이 없게 될 것이다. 빈 병 분리수거함의 센서가 컨테이너가 가득 찼다는 신호를 보내면 그에 따라 일을 처리하는 자동화된 차량이 움직일 것이다. 효율성 증대는 동시에 일자리의 상실을 의미한다. 단순직종이나 전문직종이나 고용감소를 피해가기는 똑같이 어려울 것으로 보인다.

사람들에게 더 이상 일거리가 없다면 사람들은 무엇을 하게 될 것인가? 4차 산업혁명은 필연적으로 고용감소를 가져오는데 이 과정에서 직장을 잃고 할 일이 없어진 사람들의 불만이 제기되면서 사회 정체성의 위기가 시작될 수 있다. 사람들의 불만을 양식으로 하는 인기영합적 우익 정권들이 득세할 수도 있다. 사회모델이 바뀌는 것은 시간문제다. "늘 하던 대로Business as usual"의 방식과는 결별해야 한다. 과연 어떤 체제나 나라가 이런 후폭풍에 제대로 대응할 수 있을까? 생각건대 독일의 사회적 시장경제는 4차 산업혁명의 지속가능성 측면에서도 유리한 환경을 제공할 것으로 보인다. 전 사회적인 고용감소로 인해 소득세 대신 기계세가 도입되고 사회보장 개념도 기본소득제를 중심으로 재편성되는데, 바로 여기서 독일의 사회적 시장경제가 다른 어떤 시스템보다 효율적으로 대처할 수 있을 것으로 기대되기 때문이다. 예를 들어 미국이 전 국민을 상대로 한 기본소득제를 도입하는 것은 상상할 수 없다. 독일은 공동결정권 등 사회적 시장경제의 이점을 살려 사회적 연대의식으로 합의 과정을 거쳐가면서 4차 산업혁명이라는 변혁기를 무난히 선도해나갈 것으로 보인다. 여기서 인더스트리 4.0은 홀로 갈 수 없고 '노동Arbeit 4.0'이나 '사회국가Sozialstaat 4.0'을 필요로 한다. 디지털화와 4차 산업혁명으로 나타날 새로운 노동시장에서 일자리의 안정과 유연화를 함께 고려하며 수입배분에 따른 대결적 양상을 방지하고 성공적인 4차 산업혁명의 순조로운 이행을 위해서이다.[23]

고든 무어Gordon E. Moore의 법칙은 오늘날까지 유효하다. 그는 50년 전에 "직접회로의 복합성은 최소 2년마다 두 배씩 발전한다"라고 예상했다. 데이터 통신의 속도 증가도 이런 사례 중 하나다. 2004년 당시의 초당 0.384메가바이트는 그 당시에도 매우 획기적인 것이었지만 10년 후에는 LTE 세대로 진보했으며, 그 전송속도가 3000배로 증가했다. 이런 속도적인 측면에서의 발전 사례는 여러 곳에서 찾아볼 수 있다. 2015년 5월 함부르크 상공회의소에서 열린 금융시장 회의에서 그로세Thomas Grosse 독일 구글 대표는 이런 예시를 들었다.

어떤 한 제품이 5천만 명의 소비자에게 보급될 때까지 얼마나 걸렸을까? 전화기가 그 숫자만큼의 가정에 보급될 때까지 75년이 걸렸고, 라디오는 38년, TV는 13년이 걸렸다. 그렇다면 페이스북은 얼마나 걸렸을까? 페이스북 사용자가 5천만 명이 되는 데는 바로 3년이 걸렸지만, 영국 팝스타인 아델Adele이 신곡 〈헬로Hello〉를 발표하고 5천만 명의 사람이 그 곡을 듣기까지는 2주도 걸리지 않았다.

여러 개의 미디어를 동시에 사용하는 것은 이미 현대인의 습관이 되었다. 예를 들어 독일에서 인터넷 사용자의 51%는 동시에 TV를 시청하며, TV 시청자의 39%는 동시에 스마트폰을 사용한다. 독일 스마트폰 사용자는 평균적으로 하루 150회, 총 137분은 스마트폰을 사용한다[2016.5.3].

2030년이 되면 자동차 2대 중 1대는 무인자동차로 운행될 것이라 한다. 지금으로서는 상상하기 쉽지 않다. 무인자동차 사고로 인류 사상 첫 희생자가 나왔다. 조슈아 브라운Joshua Brown이란 사람이 테슬라 무인자동차를 타고 가다 사고를 냈다. 무인자동차 기술이 실제 도로 위에서는 적합치 않다는 반론이 즉각 제기되었지만 이는 1869년 최초의 자동차 사고로 목숨을 잃었던 메리 워드Mary Ward의 사고와 비교된다고 한다. 사고 차량인 모델 S의 제작사 엘론 머스크Elon Musk의 이미지 실추는 피할 수 없겠지만 그렇다고 해도 메리 워드의 사고가 자동차의 발전, 진화를 멈추게 할 수 없었던 것과 마찬가지로 이번 사고가 무인자동차의 비전을 멈추게 할 수는 없을 것이다.[24] 2017년 5월 4차 산업혁명 전문가인 라테만 교수를 만났을 때 무인자동차에 의한 사고 발생을 거론하자 그는 지금까지 운행된 무인자동차를 사람이 직접 운전했더라면 1명이 아니라 5명은 죽었을 것이라고 대답했다. 슈마우스Thomas Schumaus 교수는 디지털화가 우리 인간에게 갖는 의미에 관해 이야기한다.

지금까지는 디지털화를 통해 인간을 제한적으로 이해하는 정도의 수준에 이르렀지만, 언젠가는 과학기술이 인간의 모든 것을 이해할 수 있게 될 것이다. 디지털 혁명을 통해 우리 삶이 지속적으로 개선될 것으로 예상되지만, 일상적 삶에 타율성을 불러올 수 있는 위험도 내포하고 있다. 알고리즘의 세계는 행동 양자택일의 세계이다. 인간과 기계의 상호작용은 이미 인간의 행동에 영향을 끼치고 있으며, "이것 혹은 저것"이라는 양자택일 이외의 다른 대안을 보는 것을 망각할 만큼 인간의 행동을 제한시켰다. 디지털 소셜미디어는 타인이 우리 삶을 낱낱이 들여다볼 수 있게 만들고, 평범한 사람들에게 꾸며진 삶에 대한 강박을 준다. 우리는 디지털화 이전의 삶의 모습을 보존할 수 있을까? 아니면 언젠가 우리 일상 전반이 타산적으로 변하게 될까? 우리가 지금 절대 흔들리지 않을 것이라고 여기는 분야도 사실 이미 디지털 '오염'의 위협을 받고 있다. 아마도 우리는 창의적으로 행동할 수 있는 능력을 잃게 될지 모른다[2016.5.3].

제 2 부

무엇이 독일모델인가?

오스트리아인으로서 네덜란드의 대학에서 가르치고 있는 융어 교수는 뒤셀도르프의 경제사회연구소에서 일할 때 독일인들이 자신들에게만 관심이 있다는 것을 알게 되었고, 그래서 그들에게 거울을 주고 다른 사람들이 그들을 어떻게 보는지를 알려주려고 독일모델 연구과제를 시행하게 되었다. 이 연구를 통해 단순한 국가적 모델을 넘어서 초국가적인 모델로서 독일모델이 존재하는 것을 확인했고, 기업과 다른 주체들 간의 협력을 지원하는 제도적 하부구조가 경제성과에 어떻게 영향을 미치는지 알 수 있었다.

미국의 자유주의적 시장경제의 모범이 서부 개척시대 골드러시에서 일확천금을 꿈꾸는 모험적 창업가라면 독일의 질서적 시장경제의 토대는 피와 땀과 눈물을 기반으로 하는 정직한 기업가 정신이 아닐까? 이러한 흐름은 지금까지 이어지고 있다. 세계적 거대 혁신기업이라는 '가파 GAFA(구글 Google, 애플 Apple, 페이스북 Facebook, 아마존 Amazon)'만 해도 모두 미국 기업이다. 이들 기업이 엄청난 창의력과 주식모집을 통한 대규모 투자를 기반으로 하는 반면 독일의 히든 챔피언들은 가족중심적으로 조달가능한 금융 범위 내에서 투자하며 기존의 기술을 '조금씩 진전시켜' 특화된 시장에 맞는 실용적 상품을 만들어낸다.

제4장

무엇이 독일적인가?

무 엇 이 독 일 적 인 가?

독일모델의 바탕에는 무언가 '독일적'인 것이 있을 것이다. 독일인만큼 그 정체
성에 대해 끊임없이 의문을 제기하는 민족도 없다 한다.[1] 2016년 5월 23일 독일 제
헌절을 맞아 ≪빌트Bild≫는 "무엇이 독일적인가Was ist deutsch?"라는 제하에 특집 기
사를 실었다. 작가인 마르틴 발저Martin Walser의 글을 필두로 외국인을 포함한 다양
한 사람들의 견해를 소개했다. 발저는 자신의 두 딸에게 학교에서 배운 헌법에 관
해 물어봤고 두 딸에게서 "인간의 존엄성은 불가침이다"라는 똑같은 대답을 들었
다고 했다. 발저의 말을 들어보자.[2]

나치 시절인 1933~45년간 독일적이란 것은 완고하고 편집적이고 남용적인 것
을 의미했다. 그리고 나서 폐허 속에서 "인간의 존엄성은 불가침적이다"라는 생

각이 발현되었다. 1949년 당시에 이 문장이 얼마나 대담하고 동화적이고 또 유토피아적으로 우리에게 다가왔는지 지금은 더 이상 상상할 수 없다. 오늘 이 문장은 우리가 바라는 것이고 원하는 것이다. 그것은 1945년 이후 우리 역사의 결과이다. 오늘 제헌절에 우리는 인간 존엄성이 불가침이라는 것을 어디에서나 들을 수 있고 볼 수 있다는 것을 진정 축하해야 한다.

하인리히 하이네Heinrich Heine는 19세기 파리 망명시절에 "밤에 독일을 생각한다. 그러고 나서 잠을 청한다"라고 썼다. 당시 권위주의적 영방체제를 유지하고 있던 독일에 대한 근심 때문이었다. 〈안네 프랑크의 일기〉의 연극배우인 17세 독일 소녀 레아 판 아켄Lea van Acken에게는 언론의 자유가 보장되고 인간의 존엄성이 최고의 선으로 여겨지는 독일의 시민이라는 것이 새삼스럽게 다가온다.[3]

나는 17살이다. 처음으로 연극에서 안네 프랑크 역할을 준비하면서, 나는 내가 얼마나 좋은 세상에서 살고 있는지를 알게 되었다. 그리고 우리의 과거를 살펴보기 시작하면서 현재를 높게 평가하게 되었다. 독일은 지금 세계적으로 좋은 평판을 갖고 있고 그것은 특히 함께 인간적이며 서로 돕는다는 점에서 모범적이다. 많은 사람들은 그것이 나치와 학살의 국가적 트라우마로부터 연유된 것이라 한다. 법치국가에 대한 통찰력과 인간의 존엄성을 본질적 핵심으로 하는 가치를 부모님과 선생님으로부터 배우는 나라에서 산다는 데 자그만 긍지를 느낀다.

여성잡지 ≪엠마Emma≫의 발행인인 엘리스 슈바르처Alice Schwarzer는 굴과 바게트의 나라 프랑스에서 유학할 당시에는 부퍼탈에서 할아버지가 소포로 부쳐주는 간소시지Leberwurst와 잡곡빵Vollkornbrot이 가장 독일적이라고 생각했다 한다. 그 당시 가끔 고향으로 돌아올 때는 쾰른 역에 들어서는 기차 안에서 제일 먼저 눈에

들어왔던 라인 강과 쾰른 대성당을 보고 가슴이 뛰었다고 했다.[4]

파리로 망명을 가야 했던 하이네가 나보다 더 진한 향수를 느꼈으리라. 프랑스적인 경박함은 피상적인 것, 농락적인 것으로 다가왔기에 독일적인 심오함, 독일적인 영혼 그리고 독일적인 안개Nebel를 동경하게 된다. 나에게 독일 사람이냐, 프랑스 사람이냐를 묻는다면 아마도 둘 다 아닐 것이다. 나는 라인란트 사람이고 유럽인이라고 답할 것이다. 아마도 하이네도 나와 같이 대답하리라.

연방헌법재판소 판사였던 우도 디 파비오Udo di Fabio는 준법정신을 이야기한다.[5]

한밤중에 차가 얼씬거리지도 않는 거리에서 빨간 신호등 앞에서 기다릴 확률이 가장 높은 사람들이 독일인이다. 세계화, 이민으로 나라가 바뀌게 되면서 준법정신도 변한다는 의심이 심심찮게 스며들고 있다. 헌법은 사회가 다양해질수록 보험증서보다 더 효과적인 역할을 한다. 헌법은 민족주의적 소란으로 이웃들을 거스르지도 않고 독일 민족의 문명의 기초로서 나침반이 되고자 하는 자아의식을 창조해낸다. 독일 기본법은 위대하고 계몽적인 헌법이다. 우리가 가슴과 이성 그리고 오성으로 자유를 활용할 때 헌법은 효력을 가진다.

축구선수인 히츨슈페르거Thomas Hitzlsperger는 "정해진 시간 전에 미리 나타나지 않으면 지각"이라고 그의 아버지에게 배웠다고 한다. 즉, 정해진 시간 전에 충분히 일찍 와서 정해진 시간이 되면 바로 소기의 행동을 할 수 있는 준비가 되어 있어야 한다는 의미다. 그리고 실제로 독일 축구팀에서는 지각을 하면 몇 분에 얼마씩 감점을 한다며 외국에 나가서는 오히려 적당히 늦게 가는 것에 새로 적응을 해야 할 정도라고 토로했다.[6] 영국인들도 마찬가지다. 골프클럽 친선시합에서도 티

오프 시간에 늦게 나타나면 감점을 한다.

시리아 출신으로서 아랍어가 모국어이고 불어와 영어를 먼저 배웠으며 18세가 되어서야 독일어를 배우기 시작해 많은 저작을 독일어로 쓴 이슬람 학자인 바쌈 티비[Bassam Tibi] 교수는 예측, 신뢰, 정확, 질서 그리고 무엇보다 정숙과 내면적 본질 같은 장점들이 자신이 자라난 아랍세계에서는 찾기 어려운 독일인들의 덕목이라고 했다. 그러면서 독일에서 찾아볼 수 없는 떠들썩한 소음의 문화[Laermkultur]가 그립다고 했다.[7]

2017년 6월 유럽 최대의 대중지 ≪빌트≫는 창간 65주년을 맞아 "왜 세계는 우리의 경제를, 우리의 문화를, 우리의 정치적 안정을 부러워하는가? 축구는 그렇다 하더라도 말이다"라고 논평하면서 독일모델에 대한 긍지를 드러냈다. 이날 ≪빌트≫와 인터뷰한 메르켈 총리는 "무엇이 독일적인가?"라는 주제에 대해 A부터 Z까지 이르는 알파벳 26개로 시작하는 독일적인 것들을 나열했다.[8] 감자, 소시지, 잡곡빵도 포함되어 있는데, 독일모델적 특성과 연계할 수 있는 것들을 아래에 소개해본다.[9]

인간 존엄성, 직업교육, 인생의 진지함[Ernst des Lebens], 에너지 전환[Energiewende], 연방주의, 생각은 자유[Gedanken sind frei], 수공업, 자연보호, 호기심[Neugier], 질서[Ordnung], 질 높은 노동[Qualitätsarbeit], 홀로코스트에 대한 영구적인 책임, 독립적인 사법, 공동결정, 장인증서[Meisterbrief], 결점에 대한 용기[Mut zur Lücken], 정의와 법, 종교개혁, 대의적 민주주의, 국가 안보, 사회적 시장경제, 단체협약, 동물보호, 환경보호, 조심[Vorsicht], 경제기적 4.0, 풍력발전기, 세계 수출왕, 의심과 확신[Zweifel und Zuversicht].

독일인의 긍지, 독일모델

서독은 1970년대에 들어서면서 사민당 치하에서 과거 패전국에서 벗어나 국가
적 성공에 자신감을 갖게 되는 전환점을 맞았다. 연금개혁 등 내치와 함께 1971년
브란트 총리의 노벨평화상 수상과 이듬해 1972년 하인리히 뵐의 노벨문학상 수상
은 달라진 독일의 위상을 실감케 했다. 1972년 가을 총선에서 브란트 총리는 "우
리는 우리나라에 긍지를 가져도 됩니다Wir können stolz sein auf unser Land"를 선거 구호
로 내세웠고, 재집권했다. 브란트 총리의 동방정책은 미소의 첫 핵무기감축협정
SALT 체결로 더욱 탄력을 받았고 냉전과 핵무장 경쟁이 끝날 것처럼 보이기도 했
다. 경제는 1968년도 성장률이 4%에 달하는 등 매년 괄목할 만한 성장을 이룩했
다. 이것이 광범위한 사회보장의 그물과 연결되면서 매우 특유한 역동성과 안정
의 결합을 실현해냈다. 사람들은 여기서 사회적 시장경제를 기초로 하는 독일모
델의 성공적 발아를 처음 보게 된다. "독일모델Modell Deutschland"이란 말은 1976년
헬무트 슈미트 총리가 연방의회 선거를 앞두고 사민당의 슬로건으로 사용하면서
처음 등장했다.

> 1972년 가을 총선 시 사민당은 "독일인들이여, 우리는 우리나라에 긍지를 가
> 져도 됩니다"를 슬로건으로 내세웠다. 민족주의적 냄새로 논란이 없었던 것은 아
> 니지만 전통적 민족주의가 아니라 과거사의 교훈을 잊지 않는 경제적 성공, 사회
> 적 정의, 모범적 민주사회를 의미하는 현대적 연방공화국의 후기 민족주의적 정
> 체성을 표방한 것이다. 사민당은 4년 후 선거에서 독일모델을 선거 모토로 표방
> 하는데 이것은 바로 경제성장, 사회정책, 자유주의적 사법개혁, 문화적 개방, 동
> 방정책과 유럽통합정책으로부터 개진된 조화로움이었다. 슈미트 총리는 "우리
> 의 공통적인 재건활동에 있어 많은 것들이 모범적이고 다른 사람들에게는 모델

적이기도 하다"라고 말했는데 여기에 미래의 비전이 녹아 있었다.[10]

1979년 6월 ≪타임^{Time}≫은 "서독, 긍지와 번영"이라는 제하에 당시 서독의 발전상을 높게 평가했다. 80년대에 들어서서 영국의 대처 총리와 미국의 레이건 $^{Ronald\ Reagan}$ 대통령이 신자유주의에 기반한 과격한 시장개혁 조치들을 단행하게 되지만, ≪타임≫은 성장을 지속하고 사회 구성원들의 다수가 그 과실을 나누어 가질 수 있는 독일모델에 주목했다. 독일모델은 독일적인 사회국가성과 사회연대적 공동결정의 전통에서 나타나는 시장과 국가의 특수한 조화를 보여준다. 이것은 경제제도뿐만 아니라 좀 더 확장된 정치시스템과 법적, 제도적 질서를 포괄한다. 여기에 협상과 합의에 기초한 연성적 요소가 결합되어, 전후 독일의 경제적 성공과 예외적인 정치사회적 안정이라는 실증적 결과물이 나타났다. 함부르크 대학 슈나프$^{Kai-Uwe\ Schnapp}$ 교수의 말이다.

독일의 역사를 보면 2차 대전 이전에도 그랬지만 특히 2차 대전 이후 서독의 제도적 구조는 여러 그룹들 간의 강도 높은 대화를 토대로 형성되었다. 그렇기 때문에 기업의 감독이사회에 노동조합 대표가 있고 노동자평의회를 통해 노동자들의 입장이 대변된다. 또한 각 부처에서 법안을 만드는 과정에 이익단체가 관여한다. 어떤 규정을 만들 때 그 규정에 해당하는 이들이 여기에 참여하는 것은 중요하다. 이러한 참여를 통해 만들어진 규정은 그저 상부에서 결정하고 명령을 내리는 경우보다 더 현실에 적합하고 지속가능한 규정이 된다[2017.3.17].

사실 독일모델의 기원은 사민당이 이 말을 선거 구호로 처음 사용했던 1970년대보다 훨씬 전으로 거슬러 올라간다. 조합주의 경제, 연방주의, 합의제 전통, 사회국가, 미텔슈탄트, 기술적 발전의 특성 등 독일모델의 내용을 이루는 본질적인

•• 1976년 사민당 총선 포스터. 사진 제공: Petra Karthaus & Roy Alter.

요소들은 이미 19세기부터 지속적으로 발전되어왔다. 여기에 1940년대 발터 오이켄의 "질서 자유주의" 사상으로부터 시작하여 전후 사회적 시장경제로 발전되었고 과거사 극복과 함께 광범위한 의미에서 독일모델을 이루고 있다. 이렇듯 독일모델은 역사적 발전과정과 함께 부단히 움직이는 역동성을 보여주고 있다. 따라서 독일모델에 대한 논의는 정치시스템이나 사회적 시장경제와 같은 제도적 측면에만 머물러서는 안 되며 "독일문제deutsche Frage"나 과거사 극복 등의 문제와 연관된 정치문화적 자아인지능력 같은 연성요소와의 확대된 관계를 통합적으로 조망해야 한다. 이는 독일모델의 기능적 측면과 함께 도전에 대한 대응 능력을 함께 고찰한다는 의미가 있다.[11] 함부르크 경제부의 프록슈Bernhard Proksch 차관보는 이렇게 이야기했다.

세계화로 인해 독일모델이 그 원형을 다소 잃었지만, 그럼에도 주요 핵심요소들은 다음과 같다. 1. 사회적 시장경제, 노사 간 사회적 균형. 2. 공정한 소득분배, 강한 중산층, 사회적 수용, 평화, 정치적 안정. 3. 듀얼시스템(높은 직업훈련율, 적은 미숙련 인력, 비교적 낮은 청소년실업). 한때 듀얼시스템은 사실상 무기계약이나 마찬가지였지만, 현재 그러한 합의는 깨지고 있으며 고용안정 면에서 더 이상 예전과 같지 않다. 4. 사회적 신분상승이 가능한 사회. 70년대, 80년대, 90년대에는 가능했다. 우수한 교육을 통해 노동자 집안 출신도 대학을 졸업하고 출세할 수 있었다. 이제는 고학력화, 비정규 단기 고용관계로 인해 달라졌다. 5. 공동결정권, 기업 내 이익의 균형이다.

듀얼시스템은 전문인력 확보에 매우 중요한 역할을 하며, 특히 제조업 분야에서 그렇다. 예를 들면 독일의 시스템은 미국과 달리 엔지니어 외에도 탄탄한 훈련을 받은 전문인력Facharbeiter을 양성한다는 장점이 있다. 독일에 미숙련 노동력을 위한 시장은 사실상 없다. 듀얼시스템은 여러 경제행위자들이 함께 만들어 나간다. 상공회의소, 수공업협회, 기업의 관계자와 경제부 관계자로 구성된 협의회에서 직업훈련의 내용과 직업학교 개발, 경영인력 임용과 편제에 대해 결정한다. 이렇게 함께 결정할 수 있는 기회를 제공함으로써 기업들이 이 시스템을 지원하도록 유도하는 것이다. 듀얼시스템의 형성과정에 기업이 참여할 수 있는 기회를 주는 것이 바로 기업들이 이 시스템을 수용하도록 하는 근본적인 요소다.

이웃이 본 독일모델

2014년 뒤셀도르프의 경제사회연구소WSI는 노사관계 프로젝트의 일부로서 독일모델에 대한 연구를 진행했고, 당시 WSI 원장으로서 연구를 주도한 브리기테 웅어Brigitte Unger 교수가 『이웃이 본 독일모델The German Model: Seen by its neighbours』을 편찬했다. 그녀는 오스트리아 출신으로서 네덜란드의 위트레흐트 대학에서 가르치고 있는데, 독일에서 일을 하면서 독일인이 본인들에게만 관심이 있다는 것을 알게 되었다고 한다. 그래서 독일인들에게 거울을 주고 다른 사람들이 그들을 어떻게 보는지에 대해 알려주려고 당시 독일모델사업을 시행하게 되었다고 했다. 이 연구사업으로 단순한 국가적 모델을 넘어서는 초국가적인 모델로 독일모델이 존재한다는 것을 확인했고, 정치, 경제의 조직에 의해 어떻게 경제성과가 영향받느냐는 것을 보여주기 때문에 매우 유용하다고 했다.[12] 여기서 정치, 경제의 조직이란 산업적 관계, 기업 거버넌스, 기술 이전, 규범 설정 그리고 기술 형성과 같은 분야에서 기업과 다른 주체들 간의 협력을 지원하는 제도적 하부구조를 의미한다. 웅어 교수의 설명이다.

독일 내부에서 생각하는 독일 경제모델에 관한 의견은 두 가지가 있다. 첫 번째는 특히 노동시장, 직업교육, 노조와 연관된 산업관계를 주축으로 보는 관점이다. 두 번째는 사회정책과 연관된 확장된 모델로서 보는 것이다. 독일 외부의 관점을 살펴보자면, 특히 북유럽 국가들은 독일의 유동적인 노동시장을 선망하고, 남부 국가들은 엄격함과 근검절약적인 측면을 반대한다. 이렇듯이 각 나라들이 독일을 바라보는 방식과 독일 경제모델을 생각하는 점은 매우 다르다. 흥미로운 점은 독일인들이 생각하는 독일모델이 무엇인지가 명료하지 않다는 것이다. 연구사업의 소기의 목적이라면, 다양한 입장 내에서 공통적인 부분을 찾는 것이라 하겠다. 그것은 모든 사람이 수긍하는 독일의 성공 요인일 것이다. 독일 노동시장은 위급한 시기에 상당히 특별하며 신축적이라는 데 의견이 일치한다. 하지만 동시에 이런 부분을 부정적으로 보는 사람들도 있다. 독일은 분명하게 '조합주의자corporatist'이다. 하지만 이러한 조합주의는 중세시대부터 유래한 것으로 하루아침에 만들 수 있는 것은 아니며 따라서 이런 조합주의 국가에 대한 판단은 역사를 통해서만 할 수 있다. 독일과 오스트리아의 수공업^{Handwerk}은 중세시대부터 연유한 것으로 장인^{Meister}과 길드^{Zünfte} 그리고 직업교육과 같은 것들은 쉽게 모방할 수 없다. 이것은 매우 오래된 모델로서 수공업의 전통과 노동, 고용주, 고용인에 의해 만들어진 산업조직과 함께 조직되는 노동에 의존한다.

우선 미시적 수준에서는 독일 기업의 조직과 그 운영을 위한 제도적 환경이 중요하며, 특히 제조업 분야에서 그러하다. 많은 독일 기업들이 제품과 생산공정의 점진적 개선을 위한 훌륭한 역량을 갖추고 있다. 이는 부분적으로 노동조합이 뒷받침하고 있는 감독이사회가 노동자들에게 고용안정을 제공하고, 경영 의사결정 시 목소리를 내면서 기업에서 노동자들의 협조를 보다 쉽게 수용할 수 있기 때문이다. 그 결과 많은 독일 제조업자들은 높은 품질로 명성이 높아졌으며, 품질뿐 아니라 가격 경쟁력도 갖추게 되었다. 이것은 정규교육과 실습을 기반으로 하는 직업훈련을 통해 높은 수준의 산업기술을 갖춘 노동력에도 힘입은 것이다. 거시적 수준에서는 제도와 정책의 조합을 통해 미시적 수준에서의 제도들이 잘 운영될 수 있도록 한다. 노동조합은 고용주연합과 임금수준을 조정하며, 이는 노동자들의 기술 숙련을 장려하고, 단위노동비용 증가를 억제한다[2015.12.8].

독일 사람들에게 거울을 주고 다른 사람들이 그들을 어떻게 보는지를 알려주려고 했다는 웅어 교수의 발상이 돋보인다. 나도 독일에서 오래 있다 보니 독일 사람들의 특성에 둔감해진 것 같다. 2015년 12월 웅어 교수를 만나려고 위트레흐트 대학 교정에 들어섰을 때 한 여학생이 다가와 어디를 찾느냐고 물어보면서 도움을 자청했다. 순간 여기가 독일이 아니라는 것을 직감했다. 독일에서는 도움을 달라고 하면 기꺼이 도와주기는 해도 스스로 도움을 자청하는 사례는 흔치 않기 때문이다.

독일 사람이 가장 독일적이다

"독일에서 배울 것은 축구만은 아니다. 우리는 독일인에 대해 인색하게 평한다. 인정이 없다는 식으로 과소평가하기 일쑤이지만, 벤츠 자동차나 밀레 식기세척기 같은 독일 물건에 대해서는 제대로 칭찬하게 된다. 그러나 사실은 벤츠나 밀레의 장점은 우리가 존경하기를 주저하는 바로 그 나라 국민인 독일인의 장점이기도 하다." 영국의 스튜어트 우드Stewart Wood 경이 ≪가디언The Guardian≫에 기고한 "독일을 좋아해도 괜찮아"의 일부다.[13] 그렇다. 독일의 산업 경쟁력이나 상품이 높게 평가되는 것은 그것을 만드는 독일 사람들의 인적 경쟁력이 뒷받침되고 있기 때문이다.

경제행위의 기본적 주체는 인간이다. 정책을 결정하는 것도, 투자행위나 소비행위를 결정하는 것도 모두 인간이다. 이런 인간이 어떤 생각을 하고 어느 정도 교육을 받았고 어떤 문화나 관습을 갖고 있느냐는 경제행위를 결정짓는 중요한 요소임에 틀림없다. 어쨌든 '경제를 한다wirtschaften'는 것은 제한된 자원으로 계획된 수요를 충족시키기 위해 경제 객체에 대한 끊임없는 결정을 내리는 과정이며, 전체적인 경제적 결과도 이러한 결정들의 조합을 통해 나타난다. 바로 '호모 에코노미쿠스Homo economicus'의 개념인데, 특히 시장경제 체제에서는 개개인의 경제행위를 위한 결정이 더욱 중요하다.[14]

무엇이 이러한 인간의 결정에 영향을 미치느냐에 대한 연구도 활발하다. '정체성 경제학Identity Economics' 이론으로 노벨경제학상을 수상한 애컬로프George Akerlof와 크랜턴Rachel Kranton은 우리의 정체성―우리는 누구인가? 무엇이 되기를 바라는가?―이야말로 다른 어떤 요소들보다 근로, 교육, 소비, 저축방식 등 우리의 경제생활에 영향을 미친다고 했다. 사람들은 상품이나 서비스의 차이 때문만으로 선호도를 결정하지는 않으며 그것을 선택하고자 하는 사람들 자신의 행동, 즉 사회적 규범에 따른다. 이러한 '정체성 경제학' 역시 우리의 정체성에 대한 인식이 경제적 행복을 결정할 수 있음을 보여준다. 새로운 대안경제학인 휴머노믹스에서는 인간, 동기, 경제적 성공이 불가분적 관계에 있음을 보여주고 있다. '호모 에코노미쿠스'의 이성적 결정에 더해 '호모 에코노미쿠스 후마누스humanus'의 감성적 결정이 현대 경제학의 새로운 주체로 등장했고 따라서 우리가 경제를 정치적이나 사회적으로 얼마나 더 인간적으로 만들 수 있는가를 인식하는 것이 중요하다고 주장한다.[15] 『자본주의의 불편한 진실Das Unbehagen im Kapitalismus』과 『휴머노믹스 Humanomics』를 집필한 ≪디 차이트Die Zeit≫의 경제부장 호이저Uwe Heuser 박사의 말이다.

> 『자본주의의 불편한 진실』은 2000년도에 출판된 책으로 당시 진행되던 자본주의의 근본적 변혁에 대해 다루었다. 이 변혁은 더 이상 경제생활에 대한 계획을 세우는 것이 불가능하고, 경제적 도전과제들에 대해 판단을 내릴 수 없게 되었다는 느낌을 사회 전반에 불러일으켰다. 나는 이 책을 통해 선언하려고 했다. 경제는 다시 사람을 위한 것이 되어야 하고, 사람이 생각하는 바를 진지하게 받아들여야 한다고 말이다. 다시 말해 사람들의 인지적, 사회적 동인을 고려해야 한다는 것이다. 그 이후에 집필한 『휴머노믹스』에서 이 주제에 대해 다시 한 번 다뤘다. 이 연구에는 그 사이 변화가 있었고, 나는 이에 주목하며 현재 이뤄지고 있는 경제적 행동들을 설명하고자 했다. 이 과정에서 '넛징nudging'을 통한 영향력 행사와 관련된 결론들을 내렸다. 나는 '휴머노믹스'란 말을 찾아냈는데, 자신의 아이디어를 적절히 포장하기 위해 끊임없이 새로운 어휘를 찾아내는 것은 언론인들의 전형적인 직업병이다[2015.11.5].

후쿠야마Francis Fukuyama는 가족 구성원의 범위를 넘어서는 신용의 유무가 경제

발전에 영향을 미친다면서 독일, 일본, 미국인들은 가족이 아닌 구성원 간 높은 신용도로 경제가 발전했고 중국, 프랑스, 이탈리아, 한국은 그렇지 않아 특히 가족기업이 아닌 대기업의 운영이 어렵다 했다. 그래서 한국 재벌은 어느 한 가족의 능력만으로 전체 회사를 경영할 수 있는 그런 단계를 이미 오래전에 지났다고 했다.[16] 후쿠야마의 이 주장은 상기한 정체성 경제학의 주장에 가까워보인다. 하지만 같은 사람일지라도 그가 몸담고 있는 사회의 문화적, 경제적 요인으로부터 자유로울 수 없다는 상반된 주장도 있다. 장하준 교수는, 19세기 초 독일인들은 굼뜨고 게으르고 점원이나 상점 주인이나 할 것 없이 할 수만 있다면 눈속임을 하려 했다든가, 20세기 초 일본인들은 게으르고 시간의 흐름에 전혀 무관심한 사람들이었다는 평가를 소개하고 있다.[17] 나는 통독 직후 구동독지역을 자동차로 여행한 적이 있다. 동독의 고속도로는 왜 그렇게 울퉁불퉁하던지 짜증이 날 정도였다. 과거 동독 사람들도 독일의 피와 문화를 받은 사람들이다. 왜 그토록 달라졌을까? 과거 게으르고 눈속임을 하던 독일인이나 일본인들은 지금 어디에 있는가? 왜 같은 독일인인데 통일 전 서독과 동독의 고속도로는 그토록 달랐는가? 장하준 교수는 이렇게 이야기한다. 일단 경제발전이 진행되면 사람들의 생각과 행동도 경제발전에 도움이 되는 방향으로 변화한다는 것이다. 인간의 본성이나 사회, 국가의 전통, 문화 같은 것도 항구 불변의 것이 아니라 경제발전 과정에 따라 변화한다는 주장이다. 독일 사람들의 준법정신이나 질서의식 같은 정체성에 대한 평가도 19세기 후반부터 시작된 경제발전에 따라 과거의 부정적인 것으로부터 지금의 긍정적인 것으로 변화했을 것이다.

독일 사람들은 당당하다. 한자도시의 전통을 이어받은 함부르크 사람들은 더욱 그렇다. 조직에서 상하관계에 있다 할지라도 그것은 기능상, 또는 직업상 그러할 뿐이며 일은 '계약'에 따라 한다. 그런 자세나 마음은 사람들의 호칭에서도 드러난다. 상대방이 누구든 공식적인 자리가 아니라면 그저 "프라우 메르켈Frau

Merkel", 또는 "헤어 숄츠Herr Scholz"라는 식으로 호칭한다. 이는 메르켈 씨, 숄츠 씨 하는 식이다. 다만 서면으로 표현할 경우는 직책을 갖고 있는 사람에게는 그 직책을 깍듯하게 붙여준다. 오스트리아에서는 이름에 과거 귀족 집안임을 나타내는 '폰von'을 쓰지 못하는데 이것은 역설적으로 아직 귀족적 풍토가 많이 남아 있기 때문인 것으로 생각된다. 오스트리아 외교부에 특히 귀족 집안 자제들이 많다고 하는데 '폰'을 쓰지 않더라도 외교부 직원들끼리는 누가 어느 귀족집 후손인지를 안다고 한다. 그럼에도 불구하고 어디까지나 서양의 계약주의 정신이 오늘날 그들의 발전과 번영의 기본적인 토대가 되어왔음을 부인할 수 없다. 우리도 이것을 알고 있지만 이 계약정신의 본질과 그것이 사회발전에 미치는 막대한 영향력에 대해서는 제대로 인식하지 못하는 것이 아닌지 생각해볼 일이다.

독일의 합의제 정치, 연방제도, 사회국가 원리, 법치국가, 공동결정권, 듀얼시스템, 히든챔피언을 포함한 미텔슈탄트는 독일모델을 이루는 핵심적 제도들이다. 하지만 제도만으로는 부족하다. 이것들을 관통하고 있는 기저는 바로 독일인들의 '자아적eigenständig' 또는 '자기신뢰적eigentreue' 사고—이는 전형적인 '호모 에코노미쿠스'의 특징이기도 하다—이며 사회적, 국가적으로 이러한 생각들이 균형을 이루어내면서 '이해관계의 균형Interessenausgleich'을 만들고 있다. 특히 이해가 직접 부딪히는 사회연대자 간에는 더욱 그렇다. 대기업과 중소기업이 병립하여 발전해 나가고 노사가 함께 임금을 결정하고 산업현장에서는 물론 최고 경영기구에서도 노동자의 목소리가 반영된다. 대학이나 학교에서는 교수나 교사와 학생, 병원에서는 의사와 환자의 권리가 공히 인정된다. 남성과 여성 또는 세대 간에도 그러한 균형을 찾아볼 수 있다. 바로 그것이 자기신뢰적인 독일인들이 직업인으로서 소임에 철저한 가운데 살아가는 모습이다. 아울러 독일 사회는 나치의 집단주의적 사회 최면경험을 거치면서 '다양한 인간과 그 생각'들을 존중하는 문화가 더욱 발전했다. 독일정치교육센터에서 가장 먼저 가르치는 것은 바로 어떤 명제, 어떤 주장에 대해서도 의문을 갖고 질문을 하고 자신의 의견을 제시하는 것이다. 외견적으로는 계층적 사회로 보일 만큼 사회적 직분에 충실한 독일인들이지만 내면적으로는 언제나 팽팽한 긴장관계를 유지한다.

한때 세계 경제사에서 한 획을 그었던 한국의 성장신화가 이제 우리들의 눈앞에서 패착하는 모습을 보이기 시작했다. 1인당 국민소득이 2만 달러대에 들어선지 10년이 되도록 답보 상태다. 지금 3만~4만 달러대의 고소득 국가들을 보면 2만달러대에서 모두 4~5년 이내에 3만 달러대로 진입했다. 그렇다면 한국은 이제 3만달러대의 고소득국가로 진입하는 데 일단 실패한 듯하다. 무엇이 문제인가? 한국 사회를 보자. 우리도 껍질은 대등한 사회다. 어떻게 보면 서양보다 더 대등한 분위기다. 그러나 조금만 내면으로 들어가보면 조직이든 개인이든 대개 갑과 을의 관계에 함몰되어 있는 경우가 많다고 한다면 과장일까? 물론 그것이 과거 신분제 사회에서와 같은 항구적인 갑과 을이 아니기는 하지만, 진정 평등한 인간관계가 별로 없는 사회가 되고 말았고 갑질 하는 사람과 이것을 감수해야 하는 사람으로 구분되기에 이르렀다. 한국에서 눈치 없는 사람은 조직에서도 크지 못한다. 그러다 보니 개혁이나 혁신이 어려울 수밖에 없다. 쉽게 눈에 띄지 않는 이런 내면적인 억압 구조로 정체된 사회, 무기력한 사회가 되었다.

독일 사람들은 남의 눈치를 보지 않는다. 나는 프라이부르크에서 연수를 하면서 처음 독일을 경험했다. 아직도 생각나는 것이 7월 어느 여름날 프라이부르크 시내 모습이다. 이날 기상 이변이 생겼다. 갑자기 날씨가 추워지고 우박까지 내렸다. 시내에 나가보니 사람들의 옷차림이 정말 가지각색이었다. 반팔을 입은 사람부터 가죽 외투를 입은 사람까지 있었다. 독일 사람들은 날씨에 따라 옷을 입고 우리는 계절에 따라 옷을 입는다고는 하지만, 우리는 남의 눈치를 본다. 내가 이렇게 입으면 남이 어떻게 볼까에 상당한 신경을 쓴다. 함부르크는 내가 주재했던 해외 임지 중 아마도 파티social party를 하기가 가장 어려운 곳일 것이다. 파티의 속성상 한 번에 여러 사람을 불러야 효과적인데 나의 경우는 보통 20명 정도로 한다. 저녁에는 보통 부부 동반이므로 혼자 오는 사람이 일부 있음을 고려할 때 보통 13~14명은 불러야 한다. 그런데 함부르크에서 이 숫자를 부르려면 최소한 20명에게는 물어야 한다. 일단은 모두 선약이 있다. 이것은 자기 생활이 바쁘고 잘되고 있다는 반증일 것이다. 그래도 한두 달 전쯤에 흔치 않은 외교사절의 초청을 받게 되면 어느 정도는 기존 일정을 조정해서 초청에 응할 수도 있을 텐데, 이곳 사람들은 먼저 정해진 일정을 그대로 고수하는 편이다. 자기중심적 생활패턴이다. 독일 사람들의 비타협적인 일면일 수도 있지만 길게 보면 긍정적이다.

다만 이런 자기중심적 행동패턴이 제3자에게는 때때로 부정적으로 인식되기도 한다. 함부르크는 '세계로 열린 도시'임을 자처한다. 그럼에도 외국인으로서 느끼는 함부르크 전통사회의 분위기는 한자동맹 시절부터 세계를 넘나들며 무역을 해온 그 국제적 성장배경을 무색케 한다. 국제적, 개방적이라기보다는 말 그대로 전통적이라는 느낌이다. 자기중심적인 생각은 자칫 타인 또는 외국인에 대한 무관심이나 차별로 이어질 수 있다. 독일인들이 외국 여행을 많이 하는 것은 지적 호기심이 왕성하기 때문이지만, 이 지적 호기심이 자기중심적 생각과 결합되면 호기심은 호기심으로 끝날 가능성이 많다. 이렇게 되면 외국에서 무엇을 배운다는 생각은 당초부터 스며들 여지가 없게 된다.

트럼프 대통령과 독일

트럼프 대통령은 취임 4일 전 뉴욕의 당선자 집무실에서 독일의 《빌트》 및 영국의 《더 타임스The Times》와 공동 인터뷰를 가졌다. 여기서 그는 메르켈 총리의 난민정책을 매우 잘못된 것으로 비판하고 나토의 불필요성, 미국 영토 밖에서 생산되는 독일 자동차 등에 대한 징벌적 수입관세, 유럽연합 내에서 브렉시트에 이은 추가적 탈퇴 전망을 언급함으로써 유럽 측의 격분을 야기했다.[18] 여기서 언론들이 주목하지 않은 것이 있다. 그것은 디크만Kai Diekmann ≪빌트≫ 발행인이 트럼프의 할아버지가 독일 팔츠Pfalz에서 이민 간 이야기를 하면서 트럼프에게 독일의 후손으로서 어떤 독일적인 것을 아직 갖고 있느냐는 질문에 트럼프 당선자가 답변한 내용이다. 트럼프는 자신의 할아버지 고향인 팔츠의 소도시 '바트 뒤르크하임Bad Dürkheim'을 언급하면서 독일의 후손임을 "매우 자랑스럽게 생각한다"라고 했고, 이어서 "질서Ordnung를 좋아하고 일이 질서 있게 처리되는 것을 좋아한다"라고 했다. 그리고 다시 한 번 "질서와 힘을 좋아한다"라고 말했다. 여기서 트럼프 대통령이 이야기한 '질서'가 독일적인 것에 대한 대답임을 상기할 필요가 있다. 결국 질서는 미국적인 것은 아니다. 독일과 미국을 비교해볼 때 그것은 틀린 이야기는 아니다. 자본주의의 2대 유형인 자유주의적 시장경제와 조합주의적 시장경제를 각각 대표하는 나라가 바로 미국과 독일이다. 미국 하면 빠짐없이 나오는 것이 서부 개척시대의 이야기들이다. 무법이 난무하는 서부의 개척마을에서 한 보안관의 질서유지 노력이 역부족으로 보이는 서부영화를 많이 보아오지 않았는가. 밀주를 금지했던 1930년대까지도 활개치던 미국의 갱단이나 마피아에 관한 영화도 상당한 인기를 누렸다. 이런 가운데 발생한 경제원리도 자유방임적 자본주의일 수밖에 없다. 행정력이나 경찰력이 제대로 미치지 않았던 개척시대에는 오직 자기책임을 근간으로 하는 자유시장경제만이 답이었다. 독일처럼 기성 질서가 있는 가운데 생겨난 '제도 협력적institutional cooperative' 시장경제는 애초부터 발붙일 토양이 아니었다. 슈탕네트 박사는 독일과 일본 두 나라가 공히 질서를 좋아한다고 했다. 그는 두 나라의 공통점을 재미있게 이야기하고 있다.

전에 아시아와 관련된 일을 해본 적이 있는데 독일과 일본의 사고방식에 공통점이 있다는 점을 느꼈다. 예를 들면 양쪽 모두 질서에 대한 비이성적인 사랑을 갖고 있다. 질서에 대한 열망으로 인해 낯선 것, 즉 질서를 흔들어놓을 만한 모든 것을 싫어한다. 혹여 길을 잃게 될까 두려운 것이다. 이런 특성을 일상 속에서도 볼 수 있는데, 예를 들면 일본에서는 음식을 늘 자를 대고 재듯이 정확하게 배열하고 독일에서는 서류정리를 그렇게 한다. 그러니 양국은 위계질서를 좋아하고 평등은 뒷전이다. 또한 자신이 가장 우월하다고 믿어 다른 사람들에게 도도한 태도를 취하거나 타인에 대해 관심을 가질 필요가 없다고 생각한다. 이는 사실 두려움으로부터 비롯된 것이다. 좋은 것은 아니지만 독일과 일본에게 이런 모습이 보인다. 어린아이들은 자신이 모르는 것이 눈앞에 나타나면 매우 불안해하며 빨리 없어지기를 바라거나 눈에 보이지 않으면 없는 것이라 믿기 때문에 단순히 눈을 가려버리곤 한다. 그래서 독일과 일본이 전쟁 때 그토록 잔인하고 폭력적이었던 것일지도 모르겠다. "전쟁이 끝난 후 평화를 되찾는 것이 불가능해질 정도의 일은 전쟁에서 일어나서는 안 된다"라고 칸트가 말했다. 아시아에는 "체면을 잃다"라는 표현도 있지 않은가? 누군가의 존엄성을 타락시킬 정도의 행동을 한다면 그 사람은 당신을 다시는 보지 않을 것이라는 말이다. 절대로 해서는 안 될 일들을 한 것이다. 전쟁은 항상 나쁘지만, 특히 순전히 파괴만을 목적으로 아무런 필요가 없는 범죄를 저질러서는 더더욱 안 된다. 독일과 일본은 선을 넘었다. 심지어 그렇게 하면서 우월감을 느끼며 자신이 하는 일이 옳다고 믿었다. 또 하나의 공통점은 여행을 좋아한다는 점이다. 하지만 아쉽게도 여행을 하면서도 배우는 게 없는 듯하다. 다른 문화에 대한 호기심이 전혀 없다[2014.12.11].

미국의 자유주의적 시장경제의 모범이 서부 개척시대 골드러시에서 일확천금을 꿈꾸는 모험적 창업가라면 독일의 질서적 시장경제의 토대는 피와 땀과 눈물을 기반으로 하는 정직한 기업가 정신이 아닐까? 이러한 흐름은 지금까지 이어지고 있다. 세계적 거대 혁신기업이라는 '가파GAFA(구글Google, 애플Apple, 페이스북Facebook, 아마존Amazon)'만 해도 모두 미국 기업이다. 이들 기업이 엄청난 창의력과 대규모 투자를 기반으로 하는 반면 독일의 히든챔피언들은 기존의 기술을 '조금씩 진전시켜' 특화된 시장에 맞는 실용적 상품으로 만들어낸다. 그 운영형태도 미국은 대중의 주식모집을 통한 자금조달에 크게 의존하지만 독일은 가족중심적 자기자본 중심의 금융이다.

이것은 독일 정부의 현 쇼이블레Wolfgang Schäuble 재무장관의 균형재정 정책과도 연계된다. 가용한 범위 내에서 쓰고 새로운 빚은 지지 않겠다는 것이다. 1차 대전 후 가공할 인플레에 시달렸던 역사적인 경험으로부터 나온 것이기도 하지만 작더라도 자기자본을 가지고 조금씩 돈을 벌어 나가는 것이 독일인의 질서이기 때문이다. 그래서 라인식 자본주의는 고지식할 정도로 정직하다. 피와 땀과 눈물만이 보상을 해주는 정직한 경제다. 2차 대전 중 독일을 이기기 위해 처칠이 강조한 바로 이 피와 땀과 눈물이 역설적이게도 독일 경제에서 피어나고 있다.

시간을 아우르는 독일문화

독일 사람들에게 과거는 곧 현재이고 또 미래다. 이는 특히 독일 사람들에게는 나치와 인종절멸이라는 특별한 과거사가 곧 현재든 미래든 독일의 운명을 지배하지 않을 수 없다는 의미이기도 하다. 그러고 보면 독일 사람들의 시간에 대한 관념은 다소 거시적이라는 생각이 든다. 과거는 과거대로 미래는 미래대로 긴 기간이 현재의 삶에 합리적으로 연계된다.

우리는 대개 마음이 급하다. 나부터 그렇다. 빨리빨리 해서 무언가 손에 잡지 않으면 불안하다. 독일 사람들이 50년짜리 달력을 놓고 산다면 우리는 과연 몇 달, 몇 년짜리 달력을 놓고 사는 것일까? 독일에서는 예약문화가 보편적이다. '테르민Termin'을 잡는다 하는데, 방문약속이나 식사약속을 몇 달 후로 잡기도 한다. 병원을 가도, 미용실을 가도 사전에 약속을 잡고 간다. 이것은 합리적인 시간활용의 차원이기도 하겠지만, 약속한 것이 미래에 반드시 이루어진다는 평범한 믿음에 기초한다. 물건을 살 때도 웬만큼 크거나 값나가는 물건은 매장에서 고른 뒤 그냥 들고 나올 수 있는 것이 별로 없다. 주문을 하면 몇 주 후 배달된다. 심지어 온라인 쇼핑을 하더라도 결국 주문 제작 형식이다. 이것은 '기다림'의 문화로서 독일모델의 일부다. 사실 주문생산, 판매가 가장 경제적이지 않은가. 수요와 공급을 맞추어 최적 경제를 실현할 수 있다면 다소간의 '기다림'은 감수할 수 있다는 생각이다. 지금은 많이 변화했지만 아직도 그 기본은 변치 않고 있다. 그런데 비능률적으로만 생각했던 이 기다림의 문화에 적응해보니 뜻밖에도 긍정적인 점이 많음을 알게 되었다. 사람들은 기다림의 시간을 가짐으로써 그만큼 더 준비할 수 있고 또 정확해질 수 있다. 우리는 이러한 예약문화에 익숙하지 않다. 일단 부딪친다. 운이 좋으면 바로 뭔가를 얻어내고 운이 나쁘면 또 내일이고 모레고 부딪치기를 계속한다. 신용사회가 아니기에 조급한 것인지는 모르겠다.

독일에서 살며 느끼는 것 중의 하나가 독일이 '사후관리Wartung의 나라'라는 것이다. 일례로 내가 살고 있는 집에 화재경보기가 몇 개 설치되어 있는데 1년이 지나면 신통하게도 꼭 어김없이 화재경보기 점검을 언제 하겠다는 통지를 보내오고 그날 기술자가 나타나서 점검하고 돌아가는데 꼭 경보기를 실제로 울려본다. 독일은 강력한 경찰 행정력을 자랑한다. 식당 같은 곳의 위생검열, 탈세, 교통범칙 관리, 총기관리, 화재경보기를 포함한 건물 안전관리 같은 독일의 사후관리 체계도 독일인들의 시간개념과 연관 지어 생각해볼 수 있다. 사후관리가 별도로 뚝 떨어져 있는 것이 아니라 본안적 일이 일어나면서 동시에 사후관리까지로 시간 개념이 연장되는 것으로 볼 수 있다. 단절화된 시간 개념이 아니라 연속적인, 지속가능한 시간 개념이다.

함부르크 시는 부산시에 직원을 파견하여 두 도시 간의 교류업무를 지원한다. 작년에 부산시에 6개월간 파견 근무를 나갔다 돌아온 함부르크 경제부 직원과 만날 기회가 있었다. 그는 한국의 직장문화 중 특이한 점으로 업무계획, 특히 해외 출장 같은 것이 사전 준비기간이 충분치 않게 즉흥적으로 잡힌다고 했다. 독일 같으면 적어도 세 달 전에는 출장계획이 잡혀야 하는데 한국의 사정이 그렇지 않다보니 한국 출장팀과 업무 협조가 쉽지 않다고 했다. 한국에서 오는 출장자들이 대개는 2~3주의 시간을 주고 독일 관청이나 기관에 방문 약속을 잡아달라고 하는데, 사실 쉽지 않은 주문이다. 심한 경우는 장관급이 오면서 그것도 기관 간 약정이나 양해각서MOU 또는 의향서 같은 것을 계획하면서 3~4주 정도의 시간을 주는데 독일적인 상식으로는 결코 해결할 수 없다. 2016년 일어난 서울 지하철 스크린도어 같은 사건도 그런 부작용이 한 원인을 제공하고 있다. 무엇 하나가 고장 나면 그것을 처치할 합리적인 시간을 주고 그동안은 불편함을 참고 기다려야 하는데 그러지를 못하니 당국도 안전보다는 신속에 비중을 두고 빨리 해결해내야 하는 부담을 갖게 된다.

기다리지 못하는 조급함에 따른 사회적 비용과 부작용이 만만치 않다. 특히 책임감 없는 기업가들이 초래한 천문학적인 부실을 공적자금이라는 이름으로 전 국민들의 주머니를 털어 메우는 무지막지한 불합리도 있는데, 이것 역시 조급함으로부터 기인한다. 대량 실업을 막겠다는 명분은 그럴 듯하다. 그런데 그 천문학적인 지원 자금을 보면, 차라리 그 돈으로 실직할 노동자들이 재취업할 때까지 실업수당을 지원하는 것이 나을 수도 있다. 부실기업은 자체적으로 운영이 안 되면 법정관리로 가고 그래도 안 되면 도산하는 것이 맞다. 그리고 다시 최적의 경쟁력을 가진 새로운 기업이 들어설 때까지 인내심을 갖고 기다려야 한다. 민간 경제의 자기책임 원칙은 너무도 당연한 사회규칙이다. 독일에서도 공적자금이 투입되는 경우가 있다. 그러나 그것은 원칙적으로 공기관에 한하며, 공기관이 아닌 민간기업의 경우 정부가 가진 지분을 확대하는 방법을 쓰기도 하지만 제한적일 수밖에 없다. 국책은행이 직접 돈을 쏟아 붓는 일은 결코 없다. EU 차원에서도 마찬가지다.

재외공관에 근무하면서도 유사한 경험을 한다. 우리 관광객들이 해외여행을 하면서 소매치기를 당하거나 해서 여권이라도 분실하여 연락이 오면 주말에도 직원이 나가서 여권을 만들어주는 것이 관행처럼 되었다. 대국민 서비스 차원이라고는 하지만 사실 지속가능한 관행은 아니다. 안전에 문제가 있는 비상상황이 아니라면 근무일에 처리토록 하고 굳이 휴일에 영사 서비스가 필요한 경우는 수익자 부담원칙을 적용하는 것이 맞다. 유럽 사람들은 주말에 그런 분실 사고가 나면 당연히 월요일 아침에 공관문을 두드리는 것이 상식이다. 2016년 우리 국민의 출국자 수가 2200만 명을 넘었다. 공관 행정직원이 근무시간 외에 나오게 되면 특히 주말에는 더 비싼 시간외 수당을 지급한다. 물론 이 직원의 소중한 주말 시간도 여지없이 망가진다.

함부르크 올스도르프 묘지

2016년 7월 한여름의 어느 주말, 함부르크 시내에 위치한 정원식 묘지로서 유럽에서 제일 크다는 올스도르프Ohlsdorf 공동묘지를 방문했다. 이 묘지는 세계적으로도 지명도가 높아 한국에서도 방문객들이 찾아온다.

이 묘역의 설계자인 코르테스Wilhelm Cortes는 묘지가 망자만을 위한 것이 아니라 살아 있는 도시인들에게도 휴식을 줄 수 있는 쉼터가 되어야 한다는 생각으로 나무와 꽃과 산책로가 있는 영국식 정원처럼 만들었다. 나지막한 언덕과 연못이 탁

트인 녹지와 어우러져 있고, 사이사이로 개울이 흐른다. 이곳에는 450여 종의 수목과 100여 종의 조류가 서식한다. 대자연 학습장인 셈이다. 코르테스는 실제로 부모를 따라온 아이들이 무언가 배워가야 한다는 생각도 했다고 한다. 묘역 간 경계를 만들지 않아 더욱 편안한 느낌이었다. 여기에서 안식하고 있는 주인공들의 생전 삶이 어떠했는지 몰라도 지금은 누구보다도 호사를 누리는 것 같았다.

"부루노 테슈Bruno Tesch." 그는 1933년 나치가 집권하면서 처형당한 56명의 청년과 함께 묻혀 있다. 묘비에 1913~1933년으로 된 표시로 보아 20세의 젊은 나이에 죽었음을 알 수 있다. 이 묘역에는 나중에 그들의 부모들도 같이 묻히도록 배려했다고 한다. 그리고 '고모라 묘지'는 2차 대전 중 고모라 공습으로 사망한 함부르크 시민들의 묘지인데, 동네별로 묘역이 구분되어 있다. 고모라 공습은 1943년 7월 마지막 주에 단행된 영국 공군의 대공습으로 사망자만 4만 명에 이르렀다. 1945년 2월 6만 명의 사망자를 낸 드레스덴 폭격과 함께 대참화로 기록되고 있다. 많은 시신이 신원을 확인할 수 없을 정도로 탔기 때문에 동네별로 수습했다고 한다. 이들은 동네 이웃사촌에서 영원한 이웃사촌이 된 셈이다.

『나는 어떻게 독일인을 사랑하는 것을 배웠나』의 저자 미국인 찰스 그린Charles Green은 독일의 묏자리가 50년 시한이 있으며 25년만 사용할 경우는 할인해준다는 것을 알고서 이를 '독일적인 공정함'이라고 했다.[19] 빈의 '음악가의 묘지'에서 보듯이 인류가 기억할 만한 위인이라면 모를까 그렇지 않다면 차지하고 있던 묏자리를 다른 사람에게 양보하는 것이 맞을 것이다. 이곳 올스도르프 묘지에서도 묘지 주인이 바뀐 곳이 많은데 옛 주인의 묘비에 새 주인의 묘비를 덧붙인 주인이 바뀐 묘지를 볼 수 있다. 돈 많은 함부르크 상인들의 묘지도 검소하다. 이들의 전통은 돈 많은 티를 내지 않는 것이다. 얼마 전 주유소 체인 에쏘Esso 회장이 넓은 무명묘지를 사서 다른 사람들에게 나눠주고 자신도 그곳에 비석 하나 없이 묻혀서 화제가 되었다. 서양의 기부문화가 묏자리에서도 이어지는 모습을 본다.

우리는 어떤가. 묏자리 대부분은 시한이 없다. 선산이라는 곳은 더욱 그렇다. 묘지에 시한이 있다는 것은 사람이 태어났다가 죽으면 그 죽은 삶조차도 지구에서 머물 수 있는 시간이 유한하다는 것인데 이런 인식은 분명 사람들의 생각과 행동에 영향을 미칠 것이다. 독일 기업이나 부자들의 사회공헌 활동이나 기부행위가 생활화되어 있는 것도 이러한 인식과 무관하지 않을 것 같다. 사회적 시장경제를 기반으로 하는 성공적인 독일모델의 아주 소박한 출발점이 아닐런지. 과거 중국의 역사에서 보듯 진시황은 천년만년 살고자 했고 순장이라는 끔찍한 관습도 있었다. 우리 사회의 탐욕스러운 일단의 모습들도 이런 '천년만년'이라는 불합리한 생각에서 출발하는 것은 아닌지, 자자손손 영화를 누리겠다는 허무맹랑한 생각이 사회의 불합리와 부조리를 만들어내고 있는 것은 아닌지 살펴볼 일이다. 살아생전에 '미니멀리즘Minimalism'은 아니더라도 죽어서까지 뭘 해보겠다는 생각은 이제 그만두자.

제5장

한자정신과 루터의 종교개혁

자유한자 공화국 함부르크

매년 2월 함부르크 시청 대연회실에서는 세계에서 가장 오랜 전통의 대연회인 '마티에말Mathiemahl'이 개최된다. 1356년에 시작되었다 하니 '마티에말'은 이제 600년도 넘은 전통이 되었다. 400명이 넘는 하객들을 위한 정중한 형식의 만찬이니만큼 이에 동원되는 요리사, 웨이터만도 수백 명에 이르고, 은제 식기, 크리스탈와인 잔만도 만여 개에 가깝게 사용된다. 마티에말은 그 형식이나 내용이 오랜세월과 함께 조금씩 변화되어왔지만 지금까지 변치 않는 전통은 내외국 귀빈을 초청하는 것이다. 2015년에는 가우크 대통령과 코모로프스키 폴란드 대통령이, 2016년에는 메르켈 총리와 캐머런David Cameron 영국 총리가, 2017년에는 가브리엘Sigmar Gabriel 외교장관과 트뤼도Justin Trudeau 캐나다 총리가 귀빈으로 초청되었다. 이러한 전통은 12세기 초부터 한자동맹의 중심국가로 해상무역을 통해 상업적 번

•• 2017년 2월 함부르크에서 열린 마티에말 모습. 사진 제공: Christian Charisius/dpa.

영을 구가해온 함부르크의 국제적 성격을 잘 나타내준다.

함부르크는 1189년 신성로마제국의 황제 프리드리히 1세로부터 엘베 강에서의 자유항행권과 조업권 그리고 관세면제를 부여받은 이래 2017년 5월로 개항 828주년을 맞았다. 3일간 이어지는 개항축제에는 보통 백만 명 정도의 인파가 찾는다. 공식적인 행사는 함부르크 항구를 내려다보고 있는 미헬Michel 교회에서 시작된다. 선원합창단의 전통 뱃노래로 시작되는 개항축제 예배도, 200여 개의 종파가 모여 있는 함부르크의 국제성을 잘 나타내주듯이 외국인 목회자들과 함께 여러 언어로 진행된다. 예배가 끝난 후에는 항구로 내려가 300여 척의 배가 하얗게 물살을 가르며 항구를 향해 들어오는 해상퍼레이드를 본다. 신의 가호를 믿으며 오직 나침반과 바람에 의지해 멀고 거친 바다로 나아갔던, 그래서 세계와 소통하고 도시의 번영을 구가했던 함부르크의 역동성은 바로 이 항구로부터 시작되었다. 한자동맹 당시 함부르크의 무역선이었던 '코그선cog ship'과 주요 거래 품목 중의 하나였던 맥주에 대한 함부르크 박물관 비히만^{Ralf Wiechmann} 학예관의 설명이다.

이것이 무역선이었던 14~15세기 특유의 코그선이다. 컨테이너 통^{barrel}들을 배에 싣고 운반했는데, 이것에는 술뿐만이 아니라 뭐든지 넣어서 운반했다. 이런 원통형 컨테이너들은 굴릴 수가 있어서 이동하기 쉬웠고 내용물이 잘 보호되었다. 이것들을 배 바닥에 싣고 선원들은 갑판 위에서 잠을 잤다. 해적선이 출몰하면서 전함이 별도로 이 무역선들을 호위해야 했다. 무역선에 대포를 갖추는 것은 어려웠다. 당시 대포들은 포신이 길어 대포를 배에 장착하면 물건을 실을 공간이 없었다. 그러니 당시의 선박은 그 용도에 따라 무역선과 전함이 확실히 구분되었다. 그리고 이처럼 배 바닥이 판판한 것이 매우 중요하다. 왜냐하면 모든 도시들이 접안 시설이 제대로 된 항구를 갖춘 것이 아니었기 때문에 밀물과 썰물에 맞춰 육지로 와야 했기 때문이다. 썰물 때 육상에 머무르며 짐을 내려놓을 수 있고 다음 밀물 때 다시 출항하는 것이다. 요즘 선박들이라면 물이 빠지면 그대로 쓰러질 것이다. 발트 해도 그렇지만 밀물과 썰물의 차이가 큰 북해에서 이런 배를 주로 볼 수 있었다. 함부르크의 가장 중요한 거래 제품 중 하나는 맥주였다. 함부르크는 맥주의 도시이기도 했다. 1400년경 함부르크의 인구는 7000여 명 정도밖에 되지 않았다. 인구 2만 명의 뤼베크가 더 컸다. 당시에는 도시의 물은 오염되었고 우물도 없었으며 우유 또한 턱없이 부족했다. 차와 커피도 물론 없었다. 그러니 맥주만이 무언가를 마실 수 있는 최고의 기회였다. 맥주라고 해서 요즘 우리가 마시는 맥주처럼 알코올 함유량이 많은 것이 아니다. 거의 물과 같았다고 할 수 있지만 물을 끓인 것이니 안전했다. 어린아이들을 포함해서 거의 모든 사람들이 맥주를 마셨다. 알코올 함유량을 높인 맥주는 무역에서 매우 중요한 제품이었고 함부르크 사람들을 부유하게 해주었다. 16세기가 되면서 구리가 대서양을 건너서 스페인, 포르투갈 그리고 아프리카로 왔고 아프리카는 허브^{herb}와 후

추가 많아서 당시에 후추가 거의 금값이었던 그때 우리에게 매우 중요한 무역 파트너였다. 구리를 후추로 거래하면 큰돈을 벌 수 있었다[2014.12.12.].

함부르크에서 '메세Messe'라 불리는 박람회가 시작된 지는 650년이 넘었고 상공회의소는 문을 연 지 350년이 넘었다. 지금도 풍력, 해양박람회를 열면서 세계 풍력, 해양산업을 주도하고 있다. 매년 12월 마지막 날에는 상공회의소 회장이 주재하는 '명예로운 상인총회'를 여는데 그것도 벌써 수백 년의 전통을 갖고 있다. 함부르크 상인들은 영리했다. 그들은 1842년 대화재로 파괴된 도시의 모습이나, 무너진 교회의 종 같은 대화재와 관련된 심벌을 제품들에 새겨 넣어서 팔았다. 대화재를 통해서도 돈을 번 것이다. 함부르크는 도시가 생겨난 이래 봉건 영주의 지배를 받지 않았고 대신 황제 직속 독립 도시공화국으로서 발전해왔다. 당시 독일의 신성로마제국 황제는 실질적인 통치권을 행사하지 않았기 때문에 이것은 함부르크가 평의회Rat에 의해 지배되는 독립국가임을 뜻한다. 함부르크는 지금도 독일연방 내의 '도시국가Stadtstaat'로서 고도의 자치권을 행사하고 있다. 그래서인지 이곳 사람들의 기질은 매우 독립적이고 자기중심적이다. 함부르크 시청사에는 "선조들이 쟁취한 자유를 후손들이 지켜내기를 바란다"라는 문구가 새겨져 있다. 누구에게든 무릎 꿇지 않는다는 불굴의 전통도 있다. 시청 내 대연회실의 벽화도 이런 전통을 전하고 있다. ≪슈피겔Der Spiegel≫, ≪슈테른Stern≫, ≪디 차이트Die Zeit≫ 외에도 400만 부의 유럽 최대 발행부수를 자랑하는 ≪빌트Bild≫의 고장인 이곳이 언론, 미디어의 중심도시인 것도 이런 기질과 무관치 않다. 마르크스Karl Marx의 『자본론』과 뮐러-아르막의 사회적 시장경제의 기념비적인 저서 『경제지도와 시장경제』도 함부르크에서 발간되었다. 함부르크는 훈장을 주지도 받지도 않는다. 함부르크 출신의 슈미트 총리는 연방정부로부터 훈장 수훈을 거절했다. 훈장을 받는 것은 타협을 의미하는 것이라 생각한다. 여기서 또 다른 한자정신을 본다.[1]

함부르크는 이러한 독립정신과 상업적인 전통을 기반으로 지금도 독일에서 제일 잘사는 도시, 가장 아름다운 도시, 그리고 사람들이 제일 살고 싶어하는 도시로 발돋움했다. 백만장자가 거의 5만 명에 가까울 정도라 한다. 에어버스Air Bus의 생산기지로서 시애틀과 함께 세계 2대 항공산업 도시이기도 하다. 인구가 줄고 노령화되고 있는 다른 유럽 도시들과는 달리 지금도 매년 수만 명의 주민들이 전입해오는 역동적인 도시다. 17세기에 이미 시민들의 기부금으로 독일 최초의 오페라하우스가 개관하여 여기서 헨델이 챔발리스트로 활동했다. 몽세라 카바예Monterrat Caballe, 플라시도 도밍고Plácido Domingo가 그들의 커리어를 시작했고, 루치아노 파바로티Luciano Pavarotti, 마리아 칼라스Maria Callas도 이곳을 거쳐갔다. 장크트 파울리에서 비틀스The Beatles가 활동했던 극장도 관광명소가 되었다. 이러한 전통은 지금도 이어져 독일 최고의 뮤지컬 도시, 발레 도시로 명성을 누리고 있다. 2017년 1월 1조 원의 건축비가 투입된 엘프필하모니가 개관하면서 세계인들로부터 사랑받는 세계적 명소로 떠올랐고 7월 G-20 정상회의 시에는 세계정상들을 초청한 가운데 음악회가 열렸다. 엘프필하모니의 건립에도 주인의식이 유별난 시민들의 기부금이 쾌척되었다. 나는 엘프필하모니가 독일모델의 표상이라고 생각한다. 미국식 모델의 표상인 에펠탑과는 달리 크고 육중한 몸통을 갖고 있는데 이것은 바로 독일의 강력한 중산층과 미텔슈탄트를 나타낸다. 슈트리트마터Rolf Strittmatter 함부르크 경제진흥공사 사장은 "함부르크는 베를린에 비해서 인구는 절반이지만 GDP는 똑같다! 이런 점에서 함부르크가 독일의 최강자다[2015.5.19]"라고 했다.

함부르크의 도시 문장은 성문이다. 그런데 이 성문이 꽉 닫혀 있어서 세계로 열린 도시를 자처하는 함부르크의 위상과 걸맞지 않는다. 그래서 오래전부터 이 성문을 열어 젖혀야 한다는 여론이 있었지만 결국 전통을 이기지 못하여 성문을 열수 없었다. 같은 한자동맹 도시이면서 경쟁도시인 브레멘의 도시 문장은 열쇠인데 브레멘 사람들은 이것이 함부르크의 성문을 열 수 있는 열쇠라고 한다.

함부르크는 로마 공화국의 이상을 물려받았고 이것은 함부르크 시청의 대연회실에 있는 문에 새겨진 S.P.Q.H.에서 알 수 있다. 2016년 8월 광복절 리셉션에서 나의 연설의 일부다.

불과 보름 전 저는 섭씨 40도에 가까운 엄청난 열기에도 불구하고 땀을 흘리며 고대 로마 공화정의 중심지였던 포로 로마노^{Foro Romano}의 옛 터를 돌아보고 있었습니다. 도처에서 "로마의 원로원과 국민"이라는 뜻의 SPQR^{Senatus Populusque Romanus}이라는 문구를 볼 수 있었으며, 이는 곧 함부르크 시청 내에 새겨진 "함부르크의 원로원과 국민"이라는 뜻의 SPQH^{Senatus Populusque Hamburgensis}를 떠올리게 했습니다. 함부르크는 로마 공화국의 이상을 물려받은, 집정관과 원로원이 통치하는 도시공화국으로 자처했던 800년 이상의 역사를 가진 도시공화국입니다. 자유와 독립을 지고의 가치로 여기며 국제해상무역을 통하여 번영을 일구었던 한자동맹의 중심 도시였습니다. "선조들이 쟁취한 자유를 후손들이 명예스럽게 보존하리라"는 라틴어로 된 경구가 함부르크 시청사에 새겨져 있습니다. 지금도 함부르크 시청사 내 대연회실의 대형 연작벽화를 볼 때마다 함부르크의 불굴의 정신은 물론, 항구의 물결치는 파도와 함께 세계로 향한 역동적인 함부르크의 모습에 가슴이 뛰곤 합니다. 특히 오늘은 호르히^{Frank Horch} 경제장관님을 모시게 되어 이곳 SPQH의 도시에 SPQR의 로마시대를 잠시 재현한 듯한 느낌이기도 합니다. 왜냐하면 호르히 장관께서는 '제나토(원로원 의원)'이시고 제가 '콘술(집정관)'이기 때문입니다. 한국 해방의 날을 이곳 자유한자도시 함부르크에서 오늘 세 번째로 경축하게 되어 저로서는 지난 35년간의 외교관 생활에서 가장 보람된 순간이기도 합니다.

무릎 꿇지 않으나 손을 내민다

캐나다 정치사에서 유례없는 신화를 만들어낸 젊은 정치인 쥐스탱 트뤼도 총리가 2017년 2월 함부르크에 왔다. 세계 최고, 최대의 정찬 연회라는 '마티에말'에 참석하기 위해서였다. 그는 아버지 피에르 트뤼도^{Pierre Trudeau}가 현직 총리일 때 태어났다. 2006년 정치에 뛰어들어, 2015년 캐나다 연방총선에서 자유당을 36석의 제3위 정당에서 184석의 최대 집권정당으로 변모시켰고 남녀 동수의 내각을 구성했다. 그는 마티에말의 주빈으로서 숄츠^{Olaf Schloz} 함부르크 총리와 가브리엘 외교장관의 연설 뒤 연대에 올랐다. 마티에말의 만찬 메뉴는 전식, 수프, 본식, 디저트, 차/커피의 5코스다. 연설 순서는 전식을 한 다음 주인인 함부르크 총리가 먼저 하고 수프 후에 독일 측 내빈이, 그리고 본식 후에는 사실상의 주빈인 외빈이 마지막 차례다. 함부르크의 연설 전통은 반드시 식사를 먼저하고 나서 하는 것이라 한다. 식사 분위기를 흐리지 않게 하기 위한 배려로 보인다.

이날 연설에서, 숄츠 총리는 캐나다를 가리켜 "자유적, 관용적 사회에 대한 생각을 우리와 무제한으로 공유할 수 있는 범대서양 파트너 국가다"라고 말했고 가브리엘 외교장관은 "우리와 캐나다를 이어주는 것은 우리가 외세에 무릎 꿇지 않지만, 언제나 그들에게 손을 내민다는 것이다"라고 했다. 이는 가브리엘 외교장관이 마티에말의 대연회장의 대형 연작벽화에 얽힌 이야기를 소개하면서 언급한 것이다. 이 대형 연작벽화는 1909년 파겔^{Hugo Vagel}이 그렸다. 초벌 벽화에는 중세 이전 함부르크가 기독교화되기 전 남쪽에서 도래한 가톨릭 주교 앞에서 무릎을 꿇고 있는 함부르크 토착인의 모습이 그려져 있었지만 시의 건축위 심사과정에서 그것이 함부르크의 무릎을 꿇지 않는 전통과 맞지 않는다 하여 개작하도록 했다 한다. 저녁 8시에 시작된 만찬이 트뤼도 총리가 연대에 올랐을 때는 이미 10시 반이 가까워오고 있었다. 그의 연설은 약 15분간 진행되었는데 "사람들은 정치인에게 무슨 문제가 있는지를 말할 필요가 없어야 하고 정치인들은 사람들에게 이것을 물을 필요가 없어야 한다"는 대목에서 큰 박수가 터져 나왔다. 정치인들은 현장에 나가 시민들이 어떤 걱정과 우려를 갖고 있는지를 몸소 들어야 한다는 것이다. 그의 연설이 끝났을 때 많은 참석자들이 기립하여 열렬한 박수를 보냈다. 나는 2015년부터 3년째 매년 마티에말에 참석했지만 주빈의 연설 후에 기립 박수를 친 것은 처음이었다. 세계에서 가장 쿨^{cool}한 정치인이라는 트뤼도의 진가와 함께 '사회적'이란 대목에서 연대감을 가진 캐나다와 독일의 우의가 유감없이 드러나고 있었다. 사실 캐나다와 독일의 경제제도나 사회분위기는 많이 닮아 있다. 특히 사회적 요소를 중시하는 전통이나 분위기가 그렇다. 캐나다는 영국계 9개 주와 프랑스계 1개 주로 세워진 나라이지만 연방 정치계에서는 프랑스 출신들이 두각을 나타내고 있다. 트뤼도 총리도 프랑스계인 퀘벡 출신이다. 퀘벡은 독일의 사회적 시장경제보다 한걸음 더 진보적 성향을 가진 사회적 경제를 부분적으로 채택하고 있다.

한자동맹은 유럽연합의 전신

뤼베크에 위치한 유럽 한자박물관은 유물 없이 박물관을 만든 대표적 사례다. 박물관 자체 소장품은 없고 박물관 내 세트들과 역사적 공예품들은 모조품이다. 디지털과 상호반응적인 전시 개념을 기반으로 입장권을 이용하여 전시실의 디스플레이들을 작동시킬 수 있다. 2015년에 개관한 이 박물관을 방문했을 때, 한자 전문가인 함멜-키조^{Rolf Hammel-Kiesow} 박사가 박물관 구석구석을 안내해주었다. 그는 2011년 발간된 『독일 한자, 비밀의 슈퍼파워』를 비롯하여 한자동맹에 관한 많은 연구 저서를 낸 전문가다. 한국해양대학교 국제해양문제연구소와의 협력사업으로서 한국어로 번역된 저서도 있다. 그에 따르면 당시 한자가 중개한 물품 중에는 비단길의 다양한 루트를 건너와 북쪽으로는 러시아의 노브고로드^{Novgorod}를, 그리고 남쪽으로는 흑해와 홍해, 베네치아와 제노바를 거쳐 수입된 극동의 재화들이 적지 않았다는데, 이것은 한자의 도시국가들이 아시아와 교역했음을 말해준다. 한자도시들은 1193년의 노브고로드 체류권 협약에 서명하는데, 북독일 상인들은 동맹을 결성하여 노브고로드/네바 강 지역의 체류권한을 부여받았으며, 이를 통해 중국과 인도까지 뻗은 상권과 비단, 향신료, 향유 등의 상품에 대한 접근 권한을 확보했다. 유럽이 알렉산드리아를 경유하는 무역로를 12세기에 들어와서야 개척했음을 볼 때 유럽의 세계화는 발트 해에서 러시아의 네바 강을 거슬러 올라가 중앙아시아에 이르는 경로로 시작되었음을 알 수 있다. 그 당시 사용된 무역선인 코그선은 전체 길이 21미터, 총 중량 최대 30톤이었으며, 항해 시 방어를 위해 무장한 상태로 다녔다 한다. 항로는 뤼베크-비스뷔^{Visby}-리가^{Riga}-레발^{Reval}(탈린)-노브고로드였고 꿀, 모피, 향신료, 비철금속 등을 거래했으며 독일에서는 베스트팔렌, 니더라인, 쾰른, 오스나브뤼크, 뮌스터, 도르트문트 등 다양한 지역 출신자들이 거래에 참여했다 한다. 함멜-키조 박사의 이어지는 설명이다.

북해나 발트 해의 도시들에서 공통적으로 볼 수 있는 붉은 벽돌 건축양식은 전형적인 한자 건축이다. 한자의 역사적 동맹은 관세와 세금폐지 같은 무역 특권에 기초하여 성립되었으며 해적의 습격으로부터 안전을 확보하는 데도 기여했다. 중세시대의 한자동맹 도시에는 이미 현금 없는 거래가 이루어졌는데, 어느 한 곳의 한자도시에서 지불이 이루어지면 무역거래 상대자의 다른 한자도시에서 인출될 수 있었다. 증권시장과 유가증권의 거래 또한 처음으로 한자동맹에서 시도되었다. 1500년경 영국 대외무역의 27%가 한자 상인들에 의해 이루어졌고 런던의 '슈탈호프^{Stahlhof}'는 당시 한자동맹 상인들의 런던 본거지였다. 1474년 위트레흐트 조약$^{Frieden\ von\ Utrecht}$이 체결되면서 한자동맹과 영국 간의 전쟁이 종결되었다. 이로써 영국 무역상들의 발트 해 지역 진출과 그 지역 내 활동범위가 제한된 반면, 런던의 슈탈호프는 보호를 받았으며, 슈탈호프 내 한자상인들의 특권도 지속되었다. 한스 홀바인$^{Hans\ Holbein}$의 작품 〈부의 승리$^{Triumph\ des\ Reichtums}$〉와 〈빈곤의 승리$^{Triumph\ der\ Armut}$〉가 슈탈호프를 장식했다. 그러다가 16세기 말 면직물 수출을 둘러싼 대립이 커지게 되었고, 영국이 독일 황제와 전쟁에 들어갔던 1598년 1월 엘리자베스 여왕은 한자 상인들을 영국에서 추방하고 그들의 무역특권을 폐지했으며, 슈탈호프를 폐쇄하고 압류했다. 한자동맹의 발전 시기에 영국에는 상인계급이 없었다. 이처럼 한자동맹의 발전은 강력한 경쟁자가 없었기에 가능했다[2015.12.18].

'한자$^{Hanse,\ hanseatisch}$'란 말은 시대에 따라 정치적, 이데올로기적으로 다양하게 해석되어왔다. 부정적인 의미로도, 긍정적인 의미로도 사용되어왔는데 우선 한자는 북부에 위치한 신성로마제국의 후계자로 해석되었다. 빌헬름 2세 때에는 독일 함대의 위용을 선전하는 데 이용되었으며 나치 시절에는 독일 민족의 생활공간을 동쪽으로 확장한 주체로 선전되었다. 최근에는 유럽경제공동체^{EEC} 또는 유럽연합^{EU}의 전신으로 평가되기도 한다. 이렇듯 한자의 해석을 보면서 우리는 역사란 확정된 것이 아니라 '역사가에 의해 만들어진다'는 점을 확인할 수 있다.[2] 한자의 다양한 해석에도 불구하고 오늘날 독일인들은 한자를 아주 긍정적으로 평가한다. 독일연방 내 두 개의 도시국가인 함부르크와 브레멘의 도시명 앞의 공식 수식어로 사용될 뿐 아니라 함부르크 등 북부독일에 소재한 수많은 기업들이 상호로 한자를 많이 채용하고 있다. 이것은 한자가 신용과 신뢰, 관용과 중용, 상업적 정직성 등을 상징하고 있음을 보여준다.[3] 한자는 거래관계를 넘어서서 국경이나 종교적 대립을 초월하여 하나의 문화공동체, 하나의 정신적 세계와 생활형태를 만들어낸 공동체다. 포셔라우^{Henning Vorscherau} 전 함부르크 시장은 '자유로운 시민들의 자기책임'을 기반으로 하는 시민 자긍심, 상호 이익의 공평한 보존, 상품, 사상, 문화교류, 협력과 존경, 상대방에 대한 존중 등 한자 사상이 오늘날 유럽연합의 정신적 지주를 이루고 있다고 했다.[4] 제2장에서 소개한 『예루살렘 전의 아이히만』의 작가인 슈탕네트 박사가 바로 한자동맹의 발상지인 뤼베크에서 태어났다. 그녀로부터 한자동맹에 대한 성찰을 들을 수 있었다.

한자동맹은 아직은 길이 멀고 험할 때 그리고 세계가 작았을 때 생겨났다. 당시의 사람들은 오로지 자신이 살고 있는 도시에만 관심이 있었는데 이런 상황에서 보다 현대적이고 용감한 정신을 바탕으로 '국제화'되고자 했던 도시들이 똘똘 뭉쳐 한자동맹을 결성했다. 여기서 용기란 문화, 언어 등 서로 간의 차이로 인한 벽을 넘어서겠다는 용기를 뜻한다. 한자정신은 낯선 것에 대한 두려움을 뛰어넘고 '공동의 성공'을 추구했다. '공동의 언어'인 무역을 바탕으로 경제적인 성공을 추구했을 뿐만 아니라 서로 다른 문화 출신의 사람들 간의 혼인도 허락했다. 그 또한 경제를 강화시킬 수 있는 방법이라 믿었기 때문이다. 이렇게 '국경'이라는 것이 점차 그 의미를 잃어갔다. 뤼베크가 앞서 나갔고 가장 중요한 역할을 했다. 이미 2000년 전에 지중해 쪽에서 그리스를 중심으로 이탈리아, 이집트를 포괄하는 한자동맹의 전신으로 볼 수 있는 비슷한 상업활동이 시작되었다. 바로 율리우스 카이사르^{Julius Caesar}의 시대이다. 약 서기 1200년쯤에는 이슬람 세계가 아프리카를 횡단하면서 스페인을 통해 국제적인 상업활동이 다시 번성하게 되었다. 그러니 학문이 파괴되었던 유럽의 암흑시대에는 아랍에서 지식이 머물러 있다가 나중에 다시 이베리아 반도를 통해서 전파된 것이다. 유럽의 역사를 보면 이처럼 자유로운 시대와 두려움의 시대를 왔다 갔다 한다. 한자문화는 같은 목표를 갖고 있다면 협력할 수 있다는 자유로운 정신을 기반으로 한 하나의 시도로서 13세기

에 시작했다. 그리고 17세기에 공식적인 한자동맹 자체는 끝이 났지만 사실 한자

정신과 당시의 연합관계는 현재까지 지속되고 있다[2014.12.11].

2016년 9월 브레멘을 방문했을 때 주정부 관계자로부터 상인전통이 강한 함부르크나 브레멘과 수공업자 전통이 강한 남부독일 지역과의 상류층 문화 차이에 관한 재미있는 설명을 들을 수 있었다. 브레멘이나 함부르크는 세계로 열린 도시를 자처하고 있지만 그 분위기는 사실 그다지 개방적이지 않다는 느낌을 받는다.

무역과 산업은 완전히 다른 분야다. 이것은 또한 슈바벤의 기업과 브레멘 또는 함부르크 '후추자루Pfeffersäcken' — 거상을 의미한다 — 간의 차이이기도 하다. 북독일에는 무역전통이 있다. 무역을 하려면 물건을 사기 위해 돈을 빌리고 이 물건을 팔아서 이득을 남긴다. 그러나 제조업을 한다면 자기자본을 투자해야 한다. 여기서부터 서로 다른 경제문화가 생겨났다. 사람들은 개인적으로 제조업체와 더 밀착되어 있고, 이것은 유감스럽게도 경제적 전통에도 영향을 준다. 내가 '유감스럽게도'라고 하는 이유는 여기 브레멘에는 스타트업에 투자를 할 의향이 있는 투자자들을 찾기 힘들기 때문이다. 브레멘과 함부르크에는 많은 백만장자들이 살고 있지만, 후계자를 지원하기보다는 돈을 예치하기를 선호한다. 이러한 상업적 사고방식 때문에 그들의 소유재산이 경제적인 참여로 전환되기는 어렵다 [2016.9.1].

뤼베크는 한자동맹의 여왕으로 불리기도 하는 한자동맹의 중심도시다. 2015년 6월 뤼베크 시를 방문했을 때 작세Bernd Saxe 시장은 1564년도 스웨덴과의 해전이 그려진 유화를 보여주며 당시 2만 5000명 규모의 도시 뤼베크가 한자동맹을 통해서 강대국 스웨덴을 이길 수 있었다며 자랑스럽게 이야기했다. 그에 따르면 1518

년 6월 19일부터 7월 14일까지 뤼베크 시청의 한자홀에서 한자회의Hansetag가 개최되었다 한다. 모든 한자도시가 참석한 것은 아니지만, 평균 20~30개 도시에서 이 정규행사에 참석했다. 한자회의의 의결방식은 신성로마제국의 제국의회와 마찬가지로 회원들 간에 만장일치 방식이었다. 이 회의록은 지금까지 보존되어 내려오고 있다. 일례로 1518년 한자회의는 회의록이 80쪽에 달하며 44개의 안건이 다루어졌다.[5] 시청 안으로 들어가면서 오른편에 위치한 홀은 오늘날 귀빈 영접 시 활용하지만 한자시대에는 한자동맹 도시들의 법정으로 쓰였다. 이곳은 한자동맹 도시 간의 분쟁을 한자동맹의 법률에 따라 처리하는 세계 최초의 국제법정 역할을 했다. 두 명의 시장과 장관들이 법관으로 참여했고, 높이가 다른 두 문을 통해 재판 후의 승자와 패자는 고개를 들거나 숙이며 각각 다른 두 문을 지나서 재판정을 떠났다 한다. 2016년 노르웨이 베르겐Bergen 시에서 열린 "2016년 한자회의Hanse-Tag 2016" 행사에는 대략 80명의 한자동맹 도시 시장들이 참가했고, 2014년 뤼베크에서 개최된 "한자회의" 행사에는 185개 한자도시 중 약 130명의 한자동맹 도시 시장들이 참가했다 한다. 오늘날 한자동맹은 예전과는 달리 더 이상 힘있는 조직이 아니고, 무역은 뒷전으로 밀려나고 말았다. 오로지 전통 보호와 관광분야에서 함께 협력하고 있을 뿐이다. 1161년과 1669년 사이에 존재했던 첫 한자동맹과 1980년 이후 현대의 한자동맹Hanse der Neuzeit 사이의 300년 동안 한자동맹은 존재하지 않았다. 오늘날 한자동맹에는 오직 첫 한자동맹의 구성원들만 가입할 수 있기 때문에 상트페테르부르크 시의 회원가입서는 거절되었다. 당시 그 도시는 아예 존재하지도 않았고 한자 선박들이 통행하는 물길에 위치하고 있었을 뿐이다. 2006년 오스나브뤼크 "한자회의"에서 EU집행위원장은 한자동맹이 유럽연합의 선구적 조직이었다고 공식적으로 선언했다. 한자동맹은 정부와 전혀 다른 수준에서 작동했던 경제동맹이었다. 그것은 민족국가에서 분리된 협력과 자유무역으로서 현대 이전의 유럽연합 모델이라 할 수 있다. 중세의 한자도시들은 국제거래를 강화하고 촉진하여 유럽을 세계화시켰다. 혹자는 그것이 세계화가 아니라 '유럽화'라고 주장한다. 유럽화든 세계화든 그 실체와 정신이 중요하다. 이것은 분명 세계화의 첫걸음이었다.[6]

명예로운 상인총회

함부르크 상공회의소Handelskammer는 1665년에 창설되어 2015년에 창설 350주년을 맞았다. 회원사는 16만 개에 이른다. 회원사들의 상업활동을 촉진, 지원하는 본연의 업무 외에도 정부로부터 위임받은 공증이나 직업훈련 지원 업무도 관장하고 있다. 의무회원제를 기본으로 하는 법정단체라는 점에서 여느 재단(사단)법인과도 구분된다. 특히 함부르크 상공회의소는 정치의 심장인 시청사, 의회 건물과 앞뒤로 붙어 있다. 시청사 현관 홀을 통해서 뒷마당으로 나가면 바로 이 건물로 연결된다. 그러니 시청사의 뒷마당이 상공회의소의 뒷마당이기도 하다. 이것은 함부르크에서는 상인들이 시장이나 의회의 정치 권력자들과 함께 최고의 권력을 누렸다는 것을 말해준다. 유럽 도시의 정치권력 양상은 그 건물이 도시의 광장에서 얼마나 가까이 있느냐를 보면 된다. 보통 '시장광장Marktplatz'이라는 도시의 중심 광장은 사람들이 제일 많이 모이고 장이 섬으로써 많은 상품과 함께 정보가 교류되던 곳이다. 남부독일에서는 보통 돔Dom이라 불리는 그 도시의 주교좌 성당이 그 광장을 차지한다. 교회권력이 정치권력에 우선했음을 보여준다. 하지만 함부르크에서는 돔이 어디에 있는지 잘 모른다. 또 다른 한자동맹의 대표적 도시국가인 브레멘을 보면 시장광장에 시청사가 들어서 있고 의회와 상공회의소가 광장을 사이에 두고 둘러서 있다. 돔은 정부청사와 의회청사 사이 광장으로부터 조금 들어간 자리에 위치한다. 함부르크보다는 조금 형편이 나은 셈이지만 여기서도 교회보다는 상인들이 권력을 누렸다. 나는 함부르크에 부임한 뒤 상공회의소에서 국제업무를 담당하는 책임자의 재직 기념일에 초청을 받고 가본 적이 있다. 상공회의소 건물 안으로 들어갔는데, 이미 정말 많은 축하객이 선물을 들고 길게 줄을 서서 기다리고 있었다. 함부르크 정치, 경제계 인사들은 물론 몇몇 총영사들도 있었다. 정말 독일에서는 처음 보는 깜짝 놀랄 만한 일이어서 함부르크 상공회의소에 대한 첫 인상으로 지금도 남아 있다.

이런 막강한 함부르크 상공회의소에서는 매년 12월 31일에 '명예로운 상인총회'를 개최한다. 나는 2014년도 '명예로운 상인총회'에 수백 명의 함부르크 상인들과 함께 참석했다. 여기서 상공회의소 회장이 아주 긴 연설을 통해 정치 수장인 시장(주총리)을 앞에 앉혀놓고 이런저런 상인들의 주문사항을 쏟아내었다. 시장은 발언권이 없다. 수백 년 내려온 함부르크 상인들의 전통이라 한다. 그만큼 한자동맹의 도시 함부르크 상인들의 전통은 독일 내에서도 남다르다. 그런데 2015년도 상공회의소 회장의 연설이 말썽이 되었다. 그해 가을 치러진 함부르크의 올림픽 유치를 위한 주민투표가 부결되었는데, 멜스하이머Fritz Horst Melsheimer 회장이 이를 비판했다. 주민투표 형태의 직접민주주의 제도가 대의민주주의를 잠식한다면서 부정적 의견을 피력했다. 이것은 정치문제에 중립적이어야 한다는 상공회의소의 정관 규정을 위배한 것이다. 몇몇 회원사들이 소송을 걸었고 행정 재판소는 이의를 제기한 쪽의 손을 들어주었다. 어떤 기관이나 단체든 그 존립 목적에 맞게 운영되어야 한다는 원칙이 재확인되었다. 상공회의소가 법정기관이라는 점을 감안할 때 더욱 그렇다. 카르펜 함부르크 대학 명예교수의 설명이다.

'명예로운 상인총회'는 상공회의소의 송년행사로서 상공회의소의 회장단이 자신들의 입장을 명확하게 표명할 수 있는 유일한 기회다. 하지만 사실 회장의 연설이 그 정도로 정치적이어서는 안 된다. 상공회의소는 수공업협회, 변호사협회, 공증인협회, 의사협회 등과 마찬가지로 전문 직종을 위한 의무가입 협회다. 자신의 직업을 수행하기 위해서는 각 협회의 회원이 되어야 한다. 각 협회는 해당 직종의 독립적 행정을 위한 것이지만, 회원들의 이름으로 정치적 견해를 드러내서는 안 된다. 이것은 회원 각 개인이 결정할 문제이고, 연방법원이 금지하고 있기 때문이다. 내부적으로, 그리고 진보 야당 측으로부터 상공회의소의 지나친 정치적 개입과 그 운영에 대한 비판의 목소리가 나오고 있다. 또한 불투명한 경영에 대해서도 비난받고 있다. 그 때문에 최근에 들어서야 슈미트-트렌츠 Schmidt-Trenz 사무총장이 50만 유로 이상의 연봉을 받고 있음이 공개되었다. 그 직위에서 받는 보수치고는 매우 높은 수준이다[2016.3.2.].

여기서 보듯 말실수를 한 것만으로도 소송까지 거는 독일인들의 단체운영에 대한 의식은 우리와는 많이 달라 보인다. 만약 독일 상공회의소가 정치적 목적의 집회에 돈을 대었다면 어떤 반응일까? 아마도 그런 상상조차 허락하지 않을 것이다. 우리 전경련에서 어버이연합에 돈을 대준 것이 배임행위였는지 아니면 전체 회원사 다수의 뜻이었는지 자못 궁금하다. 독일에는 조합주의 경제의 특성상 노조나 동종 업종을 대표하는 협회, 법정단체인 상공회의소, 또는 공익 목적으로 설립된 재단 같은 조직이나 단체들이 많다. 이들 단체들은 자체적인 헌장이나 정관에 입각하여 '고객정치Klintelpolitik'를 배격하고, 리더십의 호불호나 이해에 무관하게 단체나 기관을 운영한다. 이러한 정신과 전통이 바로 독일 조합주의의 초석이다. 우리는 어떤가. 정부 조직이나 산하 공공기관 또는 주인이 확실한 사기업을 제외한 공공단체나 조직의 경우, 운영을 둘러싼 내분과 잡음이 잦은 편이다. 이것은 헌장이나 정관을 구체적으로 규정하지 않는 데다가 그 설립정신이나 규정을 지키려는 구성원들의 의지가 박약하기 때문이다.

함부르크 상공회의소는 2017년 2월 마티에말이 열린 날 저녁에 개최된 회원사

총회에서 기존 집행부에 반대하는 "상공회의소는 우리다^{Die Kammer sind WIR}"의 선거연대가 이사회 58석 중 55석을 휩쓸면서 많은 개혁을 예고했다. 이들이 약속한 개혁 중에는 상공회의소 전체회의 의사록을 인터넷에 공개하고 53만 유로에 달하는 사무총장의 연봉을 경제장관 연봉 수준으로 낮춘다는 것 외에 입법사항인 상의 회비 납부 의무제를 점차적으로 폐지해나가는 내용도 담고 있다. 상공회의소가 상법상 일부 법정사항의 대행기관 역할을 하는 등 기능 확대와 함께 관료화되어가는 추세에 제동을 건 것이라 하겠다. 언론에서는 멜스하이머 상의회장이 그날 밤 주청사 대연회실에서 트뤼도 캐나다 총리를 주빈으로 하여 개최된 '마티에 말'에서 식사하는 동안 상공회의소에서 지각혁명이 일어났다고 보도했다.[7]

종교개혁 500년을 맞다

500년 전인 1517년 10월 31일 교회의 면죄부 판매에 대항하여 비텐베르크^{Wittenberg} 교회의 대문에 붙여진 '95개 논제'로 전 유럽에서 종교개혁 운동이 들불처럼 일어나게 된다. 루터는 중세를 끝내고 지금 우리가 살고 있는 새로운 시대를 시작한 최대의 반란자이다. 그에 의해 촉발된 종교개혁은 종교의 세속화를 가져왔고 예술과 일상생활, 문학과 학문 그리고 출판 분야에까지 엄청나게 큰 현대화의 동력을 제공했다. 국가는 교육과 결혼에 대한 권리를 교회로부터 가져왔다. 루터의 성서 번역은 현대 독일어를 탄생시켰고 지금까지 루터교회는 독일인들의 직업윤리와 시장경제 발전에서 가장 큰 영향을 미쳤다.[8] 루터의 종교개혁을 통해 일반 대중이 성서와 문자를 인식하게 되면서 독일 민족주의 형성에 기여했고 근대적 자본주의 이행에 나타나는 사상의 단초가 형성되었으며 독일 사회에서 이익의 균형이 시작되는 큰 흐름을 만들어냈다. 가톨릭의 전횡에 대한 루터의 항거는 마

•• 1917년 10월 31일 종교개혁 400주년을 맞아 독일에서 발행한 기념엽서.

침 로마교황으로부터 독립하려는 신성로마제국 영방의 군주들, 특히 작센의 군주였던 선제후 프리드리히 3세Friedrich III의 이해관계와 맞아떨어지면서 시대의 흐름을 탈 수 있었다. 개신교의 대두와 교회의 분열을 가져온 역사의 소용돌이의 단초를 제공했던 것이다.

당시 독일은 몇백 개의 제후국으로 나뉘어 있었고 로마교회는 그 재정 수입을 신성로마제국의 제후국들에 크게 의존하고 있었다. 당시 독일은 영국이나 프랑스와는 달리 강력한 중앙집권제 국가가 형성되지 않아 면죄부 판매가 가능했고 이에 불만을 가진 작센이 루터의 개혁을 빌미로 교황의 간섭으로부터 떨어져 나오려 했다. 로마교황의 파문 조치에 루터는 3일이면 걸어서 다 가볼 수 있는 조그만 나라에 갇혀 지내야 했다. 그 국경을 넘을 경우 바로 체포되어 다른 종교개혁 운동가들과 같이 화형에 처해질 수도 있었기 때문이다. 슈탕네트 박사와 로볼트Rowohlt 출판사의 폴라이Clara Polley 씨의 언급이다.

루터가 자신의 군주에 종속되어 있었고, 당시에는 독일이라는 국가가 존재하지 않았다는 점을 잊어버려서는 안 된다. 당시 독일은 300개가 넘는 후작령과 공작령으로 이루어져 있었으며, 심지어 1000개가 넘는 소국이 존재한 적도 있었다. 종교개혁은 루터에게는 우선적으로 교황으로부터의 신학적 해방을 뜻하는 것이었지만, 제후들이 볼 때는 현실정치적인 '한 수Schachzug'였다. 아마 루터는 정치적 수준의 해방을 명확하게 염두에 두지는 않았을 것이다. 하지만 작센의 프리드리히 현공은 루터를 정치적 자산으로 보았고 교황으로부터 보호해주었다. 제후들에게 루터의 이론은 교황이라는 정치적 상부구조를 제거하기 위한, 어차피 약화된 가톨릭교의 몰락을 앞당기는 주장에 불과했다. 하지만 흥미롭게도 그 덕분에 가톨릭교는 갱생의 길을 걸어야 했고 오늘날과 같이 다시 강하게 될 수 있었다 [2016.6.2].

영국에서도 당시 헨리 8세Henry VIII가 첫 부인인 애러건Aragon 가의 캐서린Catherin과 이혼하고 두 번째 부인인 앤 불린Anne Boleyn과 결혼하기 위해 이혼을 인정치 않는 로마교황과 결별함으로써 1534년 영국 성공회가 창시되었다. 이는 루터의 종교개혁과는 그 동기부터 차원이 다른 것이기는 하지만 결과적으로 유럽이 로마교황의 가톨릭 독주로부터 벗어나게 되는 공통적인 원인을 제공했다. 헨리 8세는 영국 성공회를 창시한 '수장령'을 통해 성공회에 반대하는 사람들을 반역죄로 엄히 다스렸고 영국 내 수도원을 몰수하고 그 재정수입으로 영국 함대를 만들어 향후 대영제국의 해상 제패를 위한 토대를 마련했다. 교회의 분열을 가져온 루터와 헨리 8세 이 두 사람의 관계는 매우 험악했다. 당초 독실한 가톨릭 신자였던 헨리 8세는 가톨릭교회에 대한 루터의 비판에 대해 로마교황의 편에서 가톨릭을 옹호했고 이 일로 1521년 레오 10세 교황으로부터 '신앙의 옹호자'라는 칭호를 수여받기도 한다. 한편 루터는 몇 차례 서한을 보내 헨리 8세를 심하게 모욕하고 조롱했

다고 한다.[9]

루터가 당시 가톨릭교회와는 다른 루터파 교회를 창시하여 일대 종교혁명을 일으키는 것을 처음부터 생각했던 것인가? 그렇지는 않다. 당시 루터의 생각은 매우 소박했다. 그는 지옥에 가는 대신 면죄부로 죄 사함을 받는다는 사실을 이해할 수 없었고 그래서 남들은 어떻게 생각하는지를 논의해보고자 했던 것이다. 그는 당시 영주들이나 친분이 있는 학자들에게 자신의 생각을 필사하여 보냈다. 비텐베르크 성당 정문에 95개 논제를 대자보같이 공개적으로 못을 박아 붙였다는 것은 그저 후세 사람들이 만들어낸 '신화'라는 것이다.[10] 그런데 이것이 예기치 않게 교황과 로마가톨릭의 지배에 불만이 누적되어왔던 제후나 영주들과 이해가 맞아떨어지면서 개혁의 불을 붙였고, 중세시대에 종지부를 찍는 결과를 가져왔다. 1517년을 종교개혁의 시발점으로 볼 때 예를 들어 함부르크가 개신교 도시로 변신하는 데는 불과 12년밖에 걸리지 않았다. 과거 신성로마제국의 황제도시였던 고슬라Gosla는 더 빨랐다. 여기서는 11년 만인 1528년에 가톨릭을 몰아냈다.

2016년 11월 루터교를 연구하는 권위 있는 학자로 알려진 훔볼트 대학의 슬렌츠카Notger Slenczka 교수가 "종교개혁과 기독교 신앙의 새로운 발현"이라는 주제로 함부르크에 와서 강연을 했다. 아래 강연에서 보듯이, 루터가 던진 의문들로부터 촉발된 종교개혁에 내재된 생각들은 역사의 굴곡을 거치면서도 면면히 내려와 지금 독일인들의 내면적 세계에 자리잡고 있다.

500년 전 루터가 촉발시킨 종교개혁의 중심적 생각은 우선 신학의 대상이 신이 아니라 인간이라는 것이며 그다음으로 신학의 새로운 대상인 인간에 대한 통찰이 필요하다는 것이었다. 종래 스콜라 철학자들이 주장한 신학의 대상은 신이었다. 하지만 루터는 신의 존재, 삼위일체, 인간의 모습으로 나타난 신(화신化身)의 가르침과 같은 것들을 인간의 오성으로 이해하기에는 너무 고차원적인 것으로 보고, 이것이 의미 있는 연구의 대상이 아니며 신학의 대상이 될 수 없다는 결론을 내린다. 그래서 새로운 신학의 대상인 인간과 인간에 대한 통찰로서 인간이 자유로운 존재라는 것을 깨닫게 되었다. 인간이 자유롭다는 것, 하지만 이 자유를 가진 인간은 자아가 박탈되어 자신 스스로 결정할 수 없다는 것, 그리고 강제 없이 자유로 이끄는 주체성과 이 자유롭지 못한 자유에 다가가는 것이 기독교 신앙과 교회역할의 중심적 과제이며, 이것이 500년 전 일어난 종교개혁의 통찰이다. 또한 종교개혁 사상은 종교의 자유에 대한 신념, 양심의 자유에 대한 통찰을 포함한다. 인간의 자유는 타인이나 국가와 같은 공동체의 영향을 받지 않는 사적인 것이다. 영향력을 끼쳐서도 안 될 뿐만 아니라 어떠한 영향력도 끼칠 수 없다. 왜냐하면 인간의 내면은 나 스스로에 의해서도, 타인에 의해서도 영향을 받지 않기 때문이다[2016.11.17].

다만 루터는 종교개혁의 성과가 어느 정도 있은 후에도 완전한 개인의 종교의 자유를 주장하지는 않았다. 자신이 살고 있는 영방의 종교, 그러니까 그 지역을 다스리는 제후나 영주의 종교를 우선하여 주민들의 종교가 영주의 종교를 배척해서는 안 된다는 입장을 고수했다. 만약 영주의 종교와 다른 신앙을 계속 가지려면 자신의 신앙과 일치하는 영주가 지배하는 지역으로 이주할 수 있는 권한을 인정했을 뿐이다. 과거 중세에는 개인적인 거주이전의 자유가 허용되지 않았으니, 종교 신념에 따라 이주할 수 있는 자유를 인정한 것만도 상당한 발전으로 볼 수 있다. 개인적인 종교의 자유는 1555년 아우크스부르크 종교화의와 30년 전쟁 후 1648년 베스트팔렌 조약을 통해 문헌상으로 인정되었고 진정한 자유는 2차 대전이 종전되어서야 현실화되었다. 슬렌츠카 교수의 강연을 좀 더 자세히 소개해본다. 그는 신학의 대상이 인간 또는 인간의 자아인식이라면 이 신학의 결과는 도대체 무엇이고 인간은 무엇인가, 그리고 인간에 대한 종교개혁의 기본 입장은 어떤가에 대해 아래와 같이 설명한다. 여기서 우리는 루터가 신학만이 아니라 현실적인 삶의 지혜에 대해서도 통찰하고 있다는 것을 알 수 있다.

　　루터의 종교개혁 기초문서Grundschrift인 『그리스도인의 자유Freiheitsschrift』를 인용하겠다. 루터는 이 저서를 통해 "인간은 어떻게 경건해지고 바르고 자유로워지는가?"라고 묻고 답한다. 영혼은 속세의 어떠한 것에 의해서도 영향받지 않게 될 때 경건해지고 바르고 자유로워지며 "표면적이고 육체적이고 세속적인 것들이 아닌 오직 복음의 말씀을 통해서만 영혼을 일깨우고 변화시킬 수 있다"라고 했다. 이 발언은 마치 신학적 진리인 것처럼 들린다. 그러나 루터의 이 발언으로부터, 바로 이 대목으로부터 근대가 시작된다. 루터의 논지를 온전히 이해하기 위해서는 몸이 아닌 마음이 종교개혁 이전의 교리에 의해 어떻게 영향을 받는지 인식해야 한다. 교제성유물Kontaktreliquie의 관습을 생각해보면 가장 정확히 이해할 수 있다. 이 관습은 무엇인가? 잘 알려진 성인의 묘에 수건을 올려두면 그 수건이, 땅에 묻혀 부패한 죽은 육체에 있는 은총을 받아들인다는 것이다. 은총이 땅을 통해서 수건으로 옮겨간다는 것이고 이 은총으로 충만한 그 천 조각은 조각조각 잘려서 팔리고, 그것을 산 사람은 신의 은총을 전달하는 '접촉성유물Berührungsreliquie'을 갖게 된다. 그러면 신의 은총이 그 수건으로부터 수건을 가진 사람의 육체를 통해 그의 영혼으로 흘러가 긍정적인 영향을 미친다는 이야기다.

　　이는 극단적인 예시이지만 종교개혁 이전의 교리에 따른 성사는 이와 동일한 방식으로 작용했다. 즉, 성사Sakramente가 영혼에 은총Gnadenkraft을 매개한다. 성사는 파이프 같은 매개체로, 그것을 통하여 그리스도의 은총이 신자의 영혼으로 흘러들어 간다는 것이다. 루터의 논제는 이와 반대된다. 루터의 논제는 영혼은 육체적인 조건이 아닌 오직 말씀을 통해 영향을 받을 수 있다는 것이다. 또한 루터는 단지 신학적 통찰뿐만 아니라 매우 평균적인 인생의 지혜에 대해서도 이야기한다. 인간의 내면은 물질적인 신성적 영향의 매개에 의해서가 아니라 오직 말씀, 복음의 매개에 의해서만 영향을 받는다. 그것은 속세에 살고 있는 여러분 모두에게 있어서 세속적으로도 그러하다. 여러분이 타인에게 영향을 미치고 싶다면 그를 설득하려고 노력해야 한다. 그와 싸울 것이 아니라 그를 설득하라는 말이다. 모든 교사들, 목사들이 바로 이 설득이라는 것을 하는데, 설득은 자신의 의사를 옮기는 것, 자신의 신념을 타인에게 옮기는 것이다. 내가 여러분에게 무언가를 설명한다는 것은 곧 내가 이해하고 납득한 것, 내가 믿는 것을 여러분에게 옮기는 것이다. 이는 오직 말을 통해서만 가능하다! 이는 내가 여러분들에게 가서 여러분들을 붙잡고 나의 지식이 여러분들에게 전수되기를 바란다고 해서 가능한 것이 아니다. 이런 과정은 무엇보다 불가능하다! 나의 "너는 해야 한다^{du solltest}"가 타인의 "나는 원한다^{ich will}"가 되게 하는 것 또는 진실이나 개혁을 바라보는 나의 방식이 여러분을 관통하여 2+2가 3이 아닌 4라는 것을 여러분이 깨닫게 하는 것은 내 마음대로 할 수 없다. 만약 그것이 일어난다면 그것은 어떤 신통력^{wunderbare Einwirkung}에 의한 것이 아니라, 설득력 있게 변형된 말에 의한 것이다. 내가 여러분을 이해시키기 위해 이렇게 오랫동안 하고 있는 바로 이 말을 통해서 말이다. 이는 신학에서뿐만 아니라 타인의 의지에 대해 영향을 미치는 것이나 신념의 형성과 같은 모든 것에 해당한다. 말을 통해서 가능하다. 이는 루터와 모든 개혁자들이 가졌던 절대적으로 결정적인 통찰력이며 또한 이 관점을 기준으로 종교개혁을 중세로부터 분리한다. 종교는 영혼에 미치는 마법적인 영향이 아니라 말의 이해와 관계가 있다. 종교는 이해와 의지의 결정과 관계가 있다. 즉, 말을 통해 생겨나는 믿음과 관계가 있는 것이다. 인간의 정신, 즉 영혼은 물질적 영향에 의해 변화될 수 없다는 통찰은 정신이나 영혼이 육체를 통해 은총을 옮길 수 있는 대상이 아니라는 혁명적 통찰을 전제한다. 헤겔이 이에 대해 잘 설명하는데, 헤겔은 이러한 통찰을 통해 종교개혁자들이 물질과 정신의 진정한 차이를 이해했다고 보았다. 즉, 종교개혁자들이 주관성의 존재를 이해했다는 것이다.

'정신'이나 '영혼'의 개념이 의도한 주관성의 존재에 대한 통찰은 다음과 같이 요약된다. 우리는 오직 물질에만 외형적으로 영향을 미치고 변화시킬 수 있다. 돌은 망치로 그 모양을 변형시킬 수 있다. 이러한 맥락에서 영혼이나 정신은 물질Gegenstand이 아니다. 영혼, 정신의 실재는 소망, 이해와 동일하다. 그것은 실행Vollzug이다. 영혼, 정신은 "나 같은 것ich-haft"이지, 돌과 같은 "그것 같은 것es-haft"이 아니다. 루터는 여기서 나의 본질Instanz을 가슴Herz 또는 양심Gewiss이라 불렀다. 신학은 이러한 것들에 관한 것이다. 우리는 물질적 영향력을 영혼에 투입시킴으로써가 아니라 오직 이해와 의지를 변화시킴으로써 영혼을 변화시킬 수 있다. 오직 말을 통해서만 이해와 의지를 변화시킨다는 것이다. 사람들이 오직 말을 통해 영혼에 영향을 끼칠 수 있다는 통찰은 동시에, 영혼은 대상이 아니라 모든 물질적 영향력에서 자유로운 '나'임을 의미한다. 근대 철학은 이를 "주체로서 인간은 절대적으로 자유롭다"라고 표현하게 되며 또한 여기서 계몽과 근대로 이어지는 충격이 실제로 일어나게 된다. 이제 계몽과 근대 사회에서는 인간의 자유를 교회의 명령하에서 일어나는 일탈이 아닌 인간의 위대함으로 간주하게 되었다.

인간은 자유로우면서 동시에 자유롭지 않다는 루터의 이 논지는 동일한 관점이다. 이제 이것을 내가 설명해보겠다. "인간은 자유로운데 자유롭지 않다"는 이 논제는 어떤 경건하고 특별한 통찰도 아니고, 신학을 위해 예비된 논리도 아니고, 학문적인 오류도 아니고, 신학자가 기이한 전제조건을 붙들고 있는 것도 아니다. 이 논제는 "나의 존재ich-seins" 자체의 주관성의 존재에 관한 통찰이다. 우리 모두가 그것을 알고 있기 때문이다. 즉, 우리가 무언가를 원할 때 우리는 그것을 원하지 않도록 할 수는 없다. 우리는 우리가 무언가를 확신할 때 그것을 확신하지 않도록 할 수도 없다. 이 원하는 마음Wollen과 관련해 부연해 보겠다. 지난 일요일 저녁에 나는 다가올 한 주를 생각하며 '목요일에 함부르크에 강연하러 가기 싫다.

시간적으로 전혀 맞지 않다. 강연문을 써야 하고 함부르크에 가면 다음 일정을 위해 금요일 아침에 다시 베를린으로 돌아와야 한다. 비용이 들고 한마디로 피곤한 일이다. 나는 이를 원치 않는다'라고 생각했다. 그러나 강제적인 이유가 없지만 나는 보통 강연을 취소하지 않는다. 그래서 나는 오늘 오후에 기차역에 서 있었다. 나는 내가 강연문을 쓰도록, 기차역으로 가도록 나 스스로를 강제할 수 있었다. 하지만 내가 이를 원하도록, 이를 흔쾌히 하도록 강제할 수는 없었다. 나는 아주 마지못해 이것을 했고, 이에 대해서 나는 아무것도 바꿀 수 없었다. 나는 나의 의지를 바꿀 수 없었다. 그건 아주 불가능하다. 원하는 마음은 우리가 만들어 내는 것이 아니다. 원하는 것은 스스로 모습을 드러낸다. 그리고 여러분은 내가 강연 내내 구석에 서서 불평하거나 찡그린 표정으로 있는 것이 아니고, 즐거워하고 있다는 것을 알아차렸을 것이다. 나는 함부르크에 강연을 하러 와서 기쁘고, 이 자리에 있어서 기쁘다. 이 원하는 마음은 내가 만든 것이 아니고 내 안에서 생겨났다. 예를 들면, 특히 내 동료 실링 교수가 우정으로 나를 반갑게 맞아줬을 때 바로 이 마음이 생겨났다.

　나는 나 스스로에게 무언가를 원하도록 강제할 수 없다. 원하는 마음은 스스로 생겨나고, 이는 예를 들어 타인의 호의 등을 통해서 생겨난다. 우리가 원하는 마음을 만드는 것이 아니다. 확신[Überzeugung]도 마찬가지다. 우리가 무언가를 정말 확신한다면 우리는 그것을 통찰했다든가 확신한다고 말할 뿐 아니라 그렇게 생각하는 것 말고는 다른 그 어떤 것도 할 수 없다고 말한다. 이것이 바로 루터가 보름스 제국의회에 소환되어 자신의 논제를 철회토록 요구받았을 때, 그가 "그것을 하지 않겠다"고 말하지 않고 "내가 여기 서 있고 나는 달리 아무것도 할 수 없다. 신이시여 나를 도우소서"라고 한 이유다. 루터가 철회하지 않은 것은 자유의 행위다. 그리고 내가 지금 이곳에 있는 것도 자유의 행위다. 그러나 이 자유는 오직 속박된 자유이다. 우리는 의지행위 자체를 통제할 수 없기 때문이다

[2016.11.17].

인간의 내면적 자유에 대한 루터의 생각은 필연적으로 종교의 자유에 대한 사상으로 이어졌다. 루터의 사상은 프로이센의 프리드리히 2세[Friedrich II]로 이어졌고 당시 슈타인 개혁의 원동력이 되었다. 프리드리히 2세는 "각기 자신의 형식대로 구원받은 모든 이들이 우리와 함께할 수 있다"라고 했다. 누군가가 특정한 종교적 혹은 세계관적 신념을 지녔다고 해서 그에게 참견하거나 강요하거나 불이익을 줄 수 없다. 또한 국가도 그렇게 할 수 없다. 이러한 근원적인 자유사상은 역사의 구비마다 면면히 이어져 지금 독일인들의 자유민주주의에 대한 확고한 신념으로 자리잡게 되었고 독일모델의 정신적 기초를 이루고 있다. 슬렌츠카 교수의 이어지는 강연이다.

종교적 문제에 대한 국가의 중립성은 우선적으로 계몽의 업적이다. 존 로크 John Locke는 종교개혁이 발생하고 훨씬 이후인 1658년에 자신의 저서 『관용에 관한 서한』을 통해 자국 시민들의 종교적 신념, 종교활동을 온전한 개인의 사적 영역으로 남겨 두어야 하며 모두에게 해당되는 형벌권만이 종교활동 자유의 권리를 제한한다고 주장했다. 누구든지 그가 옳다고 생각하는 대로, 모두에게 해당하는 법의 테두리 안에서 모든 이에게 종교는 사적인 것으로 선언되었다. 만약 내가 누군가를 살인하고자 한다면 그것을 위하여 종교의 자유를 원용할 수 없다. 국민의 종교적 신념에 대한 국가의 제한은 루터와 그의 논리로 귀결된다. 루터는 "믿음은 강제되어서도 안 되고 될 수도 없다"라고 했다. 이는 다른 관점으로부터 나온 통찰이다. 국가가 국민의 신앙에 영향을 미치고자 한다면 이는 무리한 일이다. 루터는 국가가 이런 영향을 미치면 안 된다는 것이 아니라 "인간이 신앙을 가지거나 가지지 않는 것은 그의 양심에 달린 일이기 때문에 국가가 영향을 미칠 수 없다"라고 말한다. 그래서 세속 권력, 즉 국가는 어떠한 영향도 일으키지 않는다. 국가는 자신의 일에 만족해야 한다. 사람들이 저마다 각기 할 수 있거나 원하는 대로 신앙을 가질 수 있도록 두어야 하고, 누구도 폭력으로 압박하지 않아야 한다. 왜냐하면 이는 그 누구도 강제할 수 없는 신앙의 자유로운 활동이기 때문이다. 타인에게 믿음을 강제하는 것은 할 수도 없고 해서도 안 된다. 의지와 신념의 내면성은 외부로부터 영향받을 수 없는 믿음에 속하기 때문에 우리가 타인에게 믿음을 강제할 수 없다는 것을 명심하라. 루터는 이것이 개인의 확신^{Gewissheit} 때문이라고 설명한다. 개인의 확신은 강제될 수 없다.

루터는 인간에게 주어진 직업은 하나님의 섭리이며, 인간은 그것을 기꺼이 받아들여야 한다고 했다. 성직만이 아니라 모든 직업을 하나님의 소명에 의한 것으로 보았다. 이것이 칼뱅^{John Calvin}의 직업소명설을 거치면서 자본주의의 획기적인 발전에 큰 영향을 끼쳤다. 이런 생각은 모든 직업은 하나님이 불러 세웠다는 점에서 동등한 가치를 가졌다는 주장으로 주로 상공업자들에게 지지를 받았다. 루터교의 신앙의 영역은 더 이상 신의 영역에서만 머무르지 않았고 국가, 가족 그리고 직업으로까지 확대되었다.[11] 루터의 경제윤리는 베버^{Max Weber}로까지 이어진다. 베버는 1905년 『프로테스탄트 윤리와 자본주의 정신』을 통해 근대자본주의는 개신교, 특히 칼뱅주의의 직업관과 금욕윤리로부터 탄생했다고 했다. 왜 현대 문명이 중국이나 인도 같은 동양이 아닌 서양으로부터 왔는지, 또는 서양에서는 왜 좀 더 일찍 현대 문명이 발전하지 못했는지에 대한 대답으로 베버는 그리스, 로마 문명으로부터 전승되어온 서양 문명의 특별한 합리주의와 더불어 개신교적 윤리를 들었다. 개신교의 윤리가 자본, 수익의 재투자와 같은 자본주의적 원칙과 양립할 수 있었던 것이 산업화의 사상적 배경이 되었다는 것이다. 즉, 루터와 칼뱅으로부터 시작한 개신교적 윤리가 서양의 합리주의와 함께 산업화와 현대 자본주의의 제도적, 정신적 토대가 되고 있음을 알 수 있다.

자유는 스스로 찾아오지 않는다

루터의 종교개혁으로 세계 어느 곳보다 독일에서 먼저 종교의 자유를 인정하게 된다. 다만 자신이 살고 있는 곳의 군주의 종교에 따라야 했고 그렇지 않으면 자신의 종교를 찾아 다른 군주가 지배하는 지역으로 이주해야 하는 제약하에서였다. 인류 역사에서는 정치적 자유를 위한 투쟁보다 종교적 자유, 즉 믿음에 따라 살 수 있는 자유를 위한 투쟁이 먼저 일어났다. 가톨릭을 지키려는 신성로마황제와 루터교를 중심으로 하는 신교 세력 간의 갈등 끝에 1530년 아우크스부르크 제국의회에서 개신교 세력들이 종교 선택의 자유를 공식화하려는 최초의 시도가 이루어졌고 여기서 "아우크스부르크 강령$^{Augsburger\ Bekenntnis}$"이 나왔다. 이것은 앞서 언급한 대로 고슬라나 함부르크 같은 도시에서 이미 가톨릭이 물러간 뒤였다. 아우크스부르크 강령에서 루터교가 가톨릭의 한 교파로서 가톨릭과의 접점을 찾으려는 노력을 보여주었음에도 교회는 분열의 길로 들어선다. 1555년에는 "아우크스부르크 종교화의$^{Augsburger\ Religionsfrieden}$"가 결의되고 영주가 가톨릭과 루터교를 선택할 수 있는 권리$^{jus\ reformandi}$가 인정되었으며 개인에게는 종교적 신념에 따라 퇴거세를 내고 이주할 수 있는 권리$^{jus\ emigrandi}$가 인정되었다. 이로써 신성로마제국에서 유럽 최초로 개인의 종교선택 권리가 명확히 규정되었다. 하지만 이것은 어디까지나 가톨릭과 루터교에만 허용되었고 칼뱅파나 츠빙글리파 개신교를 선택할 수 있는 권리는 아니었다. 여기까지가 루터가 주장한 것이다. 그도 종교의 자유가 영주의 종교를 따라가야 한다는 벽을 넘지는 못했다. 영주의 종교와 맞지 않을 때 다른 곳으로 이주해가는 자유까지를 인정한 것이다. 만약 루터가 제후의 종교와 관계없이 개인이 스스로 종교를 자유롭게 선택할 수 있어야 한다고 주장했으면 어떻게 되었을까? 적어도 그는 작센의 제후로부터 보호받지 못했을 것이며 아마도 루터보다 100년 앞서 종교개혁의 횃불을 들었던 얀 후스^{Jan Hus}와 같이 처형당하는 운명이 되었을지 모른다.

그러나 자유와 인권은 한번 약속되었다고 영속한다는 보장은 없다. 오히려 그 반대에 가깝다. 자유는 스스로 오지도 않고 권력자에 의해 기꺼이 보장되는 것도 아니다. 아우크스부르크 종교화의에도 불구하고, 이를 되돌리려는 시도가 빈번히 일어났고 마침내 30년 전쟁이 일어나면서 평화는 끝났다. 1618년 합스부르크 왕가의 지배에 반대하여 일어난 보헤미아인들의 항거는 전 독일 내에서 가톨릭과 개신교도들 간의 전쟁으로 이어졌고 이내 이웃나라들로까지 들불처럼 번져나갔다. 덴마크, 스웨덴이 군대를 보내고 영국과 네덜란드는 재정지원을 했다. 마침내 프랑스까지 전쟁에 참전하면서 스페인, 합스부르크 왕가와 유럽의 패권을 놓고 겨루었다. 이렇게 30년 전쟁은 일찌감치 종교 신념을 위한 전쟁이 아니라 신구교라는 거대 종교권력 간의 그리고 유럽맹주 간의 정치적 패권과 영토를 다투는 전쟁이 되었다. 30년 전쟁에서 종교와 국가는 서로 분리해서 생각할 수 없었다. 바이에른은 3개의 라인 공국과 많은 남부독일 제후들과 연합하여 가톨릭연맹^{Katholische Liga}을 결성함으로써 합스부르크 편에서 북부독일 신교지역과 전쟁을 수행했다. 1631년 틸리^{Tilly}의 가톨릭연맹 군대가 신교지역인 마그데부르크를 점령했을 때는 1만 5000명에 달하는 시민들이 목숨을 잃었고 이후 북부독일의 많은 제후국들은 스웨덴과 동맹을 맺어 바이에른을 포함한 남부독일까지 진격했다. 30년 전쟁은 독일의 입장에서는 미국의 남북전쟁 같은 내전이었다. 독일 전체를 피폐화시켰고 당시 신성로마제국 인구의 약 1/3을 잃게 되는 엄청난 참화를 초래한 끝에 1648년 10월 24일 뮌스터^{Münster}와 오스나브뤼크에서 동시에 평화협정이 맺어지면서 종결되었다.

베스트팔렌 조약이라 불리는 1648년 당시의 이 협정은 1555년 아우크스부르크 종교화의를 넘어서는 새로운 내용은 없었다. 이를 확인하고 강조하는 수준이었지만, 국제분쟁 해결과 평화보장에 관한 최초의 모델을 제공했고 또한 신성로마제국의 첫 헌법적 내용을 담고 있다는 점에서도 의의를 찾을 수 있다. 30년 전쟁의 종결로 유럽 대륙에서 스페인이 주도권을 상실했으며 네덜란드가 독립하는 등 새로운 유럽의 평화질서가 확립되었다. 아울러 신구교가 동등하게 인정되었고 신교 지역에서는 제후가 교회법으로부터 자유로워지면서 정치와 종교가 분리되는 계기를 제공했다.[12] 로마교황은 베스트팔렌 조약을 인정하지 않았다. 베스트팔렌 조약이 체결된 뮌스터와 오스나브뤼크는 1555년 아우크스부르크 종교화의가 체결된 아우크스부르크와 함께 독일 내 평화의 3대 도시라 불린다. 베스트팔렌 조약이 두 도시에서 체결된 이유는 당시 뮌스터는 구교 지역이었고 오스나브뤼크는 신교 지역이었는데 신구교 양 세력이 서로 직접 대면을 피하려 했기 때문이라 한다. 지금 뮌스터는 노르트라인베스트팔렌 주에 속하며 오스나브뤼크는 니더작센 주에 속한다. 2016년 9월 함부르크의 "역사가의 날Historikertag" 행사에서 슈타인마이어Frank-Walter Steinmeier 외교장관이 스카이프를 통해 연설을 했는데, 그는 베스트팔렌 조약이 중동의 평화를 위한 본보기가 될 수 있을 것인지에 대한 연구가 진행 중임을 언급했다. 중동 문제는 종교적 폭력과 연관되기 때문이다. 나는 2016년 12월 함부르크 대학 모의유엔총회MUN에 초청받아 기조연설을 했고, 여기서 베스트팔렌 조약을 30년간에 걸친 대전쟁을 외교적으로 종결지은 17세기 유럽의 쾌거로 설명했다. 또 한자동맹이 유럽연합의 모체였다는 점도 이야기했는데, 이는 유럽연합에서 공식적으로 인정한 사실이다.

　2015년 12월 오스나브뤼크 시를 방문했을 때 그리저트Wolfgang Griesert 시장이 베스트팔렌 조약 체결 당시 유럽의 모든 나라를 대표하는 42개국 대표가 모여 5년간 협상을 했다는 시청 내 평화의 방Friedenssaal을 보여주었다. 그 방은 세계 최초로 국제분쟁이 협상되고 그 결과 베스트팔렌 조약이 서명된 역사적 현장이다. 당시 개신교 영방국가들과 스웨덴 진영의 외교사절들은 개신교 도시인 오스나브뤼크에서 협상을 진행했고, 신성로마제국 황제, 가톨릭 영방국가들과 프랑스, 스페인, 네덜란드 진영 및 스위스의 사절들은 가톨릭 도시인 뮌스터에서 협상을 진행했다. 협상에 참여한 국왕, 귀족, 대사 등은 총 150여 명에 달했다 한다. 루터의 종교개혁으로 촉발된 종교분쟁이 마침내 30년 전쟁이라는 광란의 소용돌이를 거친 뒤에야 베스트팔렌 조약으로 개인적인 종교의 자유를 허용하지만 실제로 그것은 문헌상의 자유일 뿐이었고 19세기 신성로마제국의 해체 후에야 종교가 개인적인 차원에서 다루어지게 된다. 1812년 프로이센 개혁Stein-Hardenbergsche Reformen과 함께 유대인의 시민권 역시 법적으로 보장되었다. 2차 대전 직후까지도 독일 내 많은 지역이 신, 구교지역으로 나뉘어 있어 교육, 결혼 등 제반 사회생활에서 오랫동안 분리현상이 지속되었다. 함부르크도 예외가 아니었는데 함부르크에는 오랫동안 루터교가 아닌 사람들은 직업을 가질 수도, 시민적 권리를 가질 수도 없었다. 1994년이 되어서야 함부르크에 가톨릭 교구가 생기면서 대주교가 부임해왔다는 사실이 놀랍기만 하다. 함부르크에서 가톨릭이 쫓겨난 것이 1529년이니 물경 465년 만에 다시 돌아온 셈이다. 당시 가톨릭이나 위그노 등 이방인들은 함부르크 성문 밖의 장크트 파울리Sankt Pauli에 거주했다. 의문이 생겼다. 함부르크는 어떻게 그렇게 오랫동안 가톨릭교를 금지할 수 있었는가? 가톨릭교 금지는 적어도 문헌상으로는 베스트팔렌 평화조약을 위배하는 것이 아닌가? 2017년 2월 함부르크 교구장인 헤세Stefan Hesse 대주교를 만났을 때의 대화내용이다.

원칙적으로는 그렇다. 하지만 그럼에도 일부 종교는 시 정부Rat에 의해 금지될 수 있었다. 이는 어느 시기에나 독일 전역에서 관습적으로 행해졌다. '신앙주의Konfessionalismus'의 시대는 20세기까지 이어졌다. 가톨릭교와 개신교 아이들은 학교에서도 분리되었다. 2차 대전 후까지도 '혼합된' 결혼은 없었다. 부부 중 한 명은 결혼을 위해 개종해야 했다. 이러한 상황은 2차 바티칸 공의회를 통해 개선되었다. 그 이후로 소위 '혼합결혼Mischehen'이 허용되었다. 오늘날 사람들은 이것을 "신앙이 결합된 결혼konfessionsverbindende Ehen"이라고 말한다. 이는 교회들이 여러 변화의 단계를 거쳤음을 보여준다. 우리는 오늘날 개신교와 좋은 관계를 갖고 함께 협력한다. 가톨릭교와 개신교 사이에 존재하는 유일한 큰 신학적 차이는 성찬식Eucharistie, 즉 성미사die heilige Messe이다. 성찬 예배로 인해 개신교는 정상의 위치에 있는 성직자가 없는 그룹들로 이루어졌고 그래서 가톨릭 교황의 협의 파트너가 될 수 있는 상대자가 없다. 가톨릭교는 세계교회이고 여러 지역에서 의식이 다르게 행해진다. 우리에게 온 난민들이 우리의 의식을 낯설어했던 점이 하나의 명확한 예시이다[2017.2.16].

진정한 자유도시 장크트 파울리

장크트 파울리는 19세기 중반까지 덴마크 영토였던 알토나Altona에 속했는데 알토나는 덴마크 왕에 의해 종교의 자유와 상업의 자유가 보장됨으로써 당시 덴마크 왕국 내에서 코펜하겐 다음의 제2의 도시로서 번성했다. 장크트 파울리는 1937년 히틀러가 함부르크를 장악할 목적으로 알토나 지역을 함부르크로 편입시키면서 함부르크의 일부가 되었다. 1930년대 알토나는 오텐제와 베델 그리고 북쪽의 다른 지역 중에서 가장 부유했다. 이전의 알토나/오텐제 지역의 정치성은 항상 좌파성향을 띠었으나 슈텔링엔 같은 다른 지역에서는 나치가 지지를 받았다. 1932년 일곱 명이 사형선고를 받았던 "알토나 피의 일요일Altonaer Blutsonntag" 사건이 일어났는데, 이것은 말하자면 나치 초창기의 범죄였다.

루터교의 정식 시민이 되지 못한 타 종교인, 외국인 등 당시 대우받지 못한 사람들이 장크트 파울리에 모여 살았다. 저녁이 되면 함부르크로 통하는 성문이 닫혀 출입이 봉쇄되었고 함부르크에 들어가려면 길목 곳곳에 위치한 세관에 통과세를 내야 했다. 지금 장크트 파울리는 춤추고 술 마시고 스트립쇼가 벌어지는 분방한 자유의 거리지만, 이전에는 사람들이 기도하고 찬송가를 부르고 고해성사를 하던, 한때 북부유럽에서 가장 경건한 거리였다. 가톨릭, 위그노, 메노파^{Mennoniten} 등 루터교인들이 아닌 이들이 함부르크 성 바깥인 이곳에서 수세기 동안 평화롭게 이웃으로 살았다. 도로 위에 대문자 알토나를 의미하는 A와 함부르크를 의미하는 H가 새겨진 옛 돌들은 인접한 지역의 역사적 경계를 나타낸다. 함부르크와 알토나, 이 두 도시는 두 개의 세계를 의미했다. 종교개혁은 함부르크를 융통성이 없게 했다. 루터교도만이 투표권이 있었고 정치가가 될 수 있었다. 가톨릭, 위그노, 메노파 같은 타 종교인들은 그들의 교회와 함께 외부에 머물러야 했다. 알토나의 샤우엔부르크 백작^{Graf Ernst von Schauenburg}은 1601년 함부르크와 경계한 곳에 '자유^{Freiheit}'란 이름을 갖는 거리를 만들었다. 이곳은 함부르크에서 설 자리가 없는 사람들을 위한 장소였으며 '작은 자유'와 '큰 자유' 거리가 있었다. 이 구역은 특별상권지역으로 특화되었다. 수공업자는 길드에 소속되어 있는지에 상관없이 그들의 공예품을 현금으로 거래할 수 있었다. 또한 종교적인 소수자들도 환영받았다. 무엇보다 종교의 자유를 우선시했기 때문이다.

메노파는 그 당시 최초의 종교 난민이었다. 그들은 원래 가톨릭인 남부 네덜란드에서 살다가 피난을 왔다. 그들은 성인 세례를 실행해야 했기 때문이다. 성인세례는 소위 '재세례^{Wiedertaufe}'로서 그 당시에는 사형에 처해졌다. 평화주의적인 기독교인은 얌전하고 근면한 시민으로 간주되었다. 알토나에서는 메노파도 공무원이 되거나 예배를 드릴 수 있었고 전쟁에 종군하거나 부역하는 의무에서 제외되었다. 이것은 30년 전쟁의 전야에 아주 소중했다. 많은 상인과 수공업자 그리고 고래잡이 어부들이 이 공동체에 속했다. 몇몇 거리들은 오랫동안 그 지역에서 우위를 보였던 메노파의 흔적을 아직도 갖고 있다. 로젠Paul Roosen은 메노파의 전설적인 목회자였고, 최근에 타계한 함부르크의 재력가로서 헝가리 명예영사를 맡았던 그레브Helmut Greve 또한 메노파이다. 위그노 같은 칼뱅파 또한 알토나에 둥지를 틀었다. 1605년에 처음으로 개혁된 교회와 그에 딸린 묘지가 "클라인 프라이하이트Klein Freiheit" 10번가에서 낙성식을 했다. 설교는 독어, 불어, 플레미시어로 행해졌다. 지금의 함부르크에는 함부르크축구팀HSV만 있는 것은 아니다. 장크트 파울리 팀이 있기 때문이다. 최경록 선수가 잘 뛰고 있지만 아직은 2부 리그다. 하지만 응원만큼은 열렬하다. 소외받아온 장크트 파울리의 진정한 자유정신이 살아 꿈틀거리기 때문이다. 나도 장크트 파울리 팀의 응원자이다.

함부르크와 교회일치 운동

지금 독일에서는 정교분리는 물론 종교적 중립성이 지배적이다. 특히 신교지역에서는 정교분리를 통한 종교의 퇴조현상이 대두되어 오늘날까지 이어지는 독일의 세속정치의 원형을 마련하게 되었다. 프로이센의 전통을 물려받은 베를린이나 함부르크, 브레멘 같은 도시공화국을 포함한 북부독일이 더욱 그렇다. 그러나 독일은 종교가 공론에서 추방된 프랑스와 같은 정도의 세속국가는 아니다. 함부르크 루터교의 페어스Kirsten Fehrs 주교는 개신교 내의 다양성에 관해 언급했다.

> 개신교와 관련해서는 가장 먼저 다원성Pluralität을 말하고 싶다. 독일에는 각기 다른 고유의 목적과 구조를 갖고 있는 20개의 개신교 주州교회evangelische Landeskirche 가 있다. 함부르크의 우리 교회는 엘베 강 북쪽(함부르크, 슐레스비히-홀슈타인)

과 메클렌부르크 포어포메른으로 구성된 북독일교회^{Nordkirche}에 속한다. 모든 주교회가 각자의 교리^{Bekenntnis}를 갖는다. 루터교가 있고 츠빙글리와 칼뱅을 지향하는 개혁교회가 있고, 그리고 이 둘이 조합된 교회도 있다. 이들 모두가 각각 자신들의 공동체 문화에서 유래된 고유한 제도를 갖고 있다. 예를 들어 스위스 교회들은 의식^{Rituale}에서 매우 절제되어 있다. 우리는 이에 대해 농담이지만 "독일에서는 교회에서 촛불을 밝히는 것이 아직까지는 죄가 아니다"라고 말한다. 개혁주의자들은 미헬 교회에서 심근경색을 일으킬지도 모른다. 개신교 교회는 이렇게나 다양하다. 두 번째 특징은 우리의 장로적 구조^{Synodalstruktur}이다. 우리 교파에는 위에서 교회를 지배하는 주교가 없다. 교회의 지도자는 이러한 점에서 권위자가 아니고, 교회들의 통일성을 지키되 다원성을 보호할 의무를 지닌다. 세 번째 특징으로는 '명예직적인 평신도 요소^{ehrenamtliche Laienelement}'를 들 수 있다. 우리 교회에서는 원칙적으로 누구나 성찬식^{Abendmahl}을 개최할 수 있다. 목사들은 '해석의 권한^{Deutungsmacht}'을 갖고 있지 않다. 다양한 사고방식과 연관된 독일 내 종교적 실천에 대한 견해를 말하고 싶다. 다들 알다시피 북독일 사람들의 기질은 남독일 사람들과 다르다. 나는 디트마르셴^{Dithmarschen}에서 자랐다. 어렸을 때 우리는 항상 댐에 서서 해일을 관찰했다. 출생지와 주변 환경이 사람의 성품을 형성한다. 북독일 사람들은 대체로 정적^{still}이고 현실적^{geerdet}이며 전통을 자각하고 있다. 그래서 북독일 사람들은 라인란트와 같이 카니발을 그저 즐기지 못한다. 종교적 실천이 더 활발히 행해지고 있는 이곳 함부르크의 개신교는 시민적이고 경제적인 사회참여의 전통을 갖고 있다[2017.2.17].

기독교 내에서도 가톨릭과 개신교가 있고 개신교 내에서도 교파에 따라 이렇게 다양성을 갖는다. 1943년 11월 나치하에서 4명의 뤼베크 출신 성직자들이 순교했다. 당시 3명의 사제와 1명의 루터교회 목사가 반나치 행적으로 뤼베크에서 함부르크로 끌려와 나치법정에서 사형을 언도받고 단두대에서 몇 분 간격으로 처형되었는데 그들의 피가 한군데로 흘러가 모였다고 한다. 함부르크 시내의 '식물화훼공원Planten und Blomen Park'에 가면 법원의 구치소에 가까운 곳에 이 네 성직자의 순교에 관한 안내판을 볼 수 있다. 여기에는 이렇게 기록되어 있다. "폭력이 지배하던 시절 이 감옥에서 그들의 신념과 생각의 희생자로서 많은 사람들이 죽었다. 1943년 11월 10일 뤼베크 출신의 세 명의 가톨릭 사제인 프라세크Johannes Prassek, 뮐러Eduard Müller, 랑에Hermann Lange 신부와 루터교회 목사인 슈텔브링크Karl-Friedrich Stellbrink 목사가 이곳에서 처형되었다." 헤세 대주교는 이것이 신구교 일치 운동의 훌륭한 계기가 될 것이라는 견해를 표명했다.

기독교 통합운동에 대한 생각은 이미 이곳에 자리를 잡고 있다. 가톨릭교와 개신교는 외부에서 보는 것보다 서로 더 가까이 있었고 지금도 가까이 있다. 루터의 노력은 혁명Revolution이 아닌 개혁Reformation이었다. 그는 당시의 폐해를 인식했고 그것을 기록했다. 그는 이른바 '논제반란Thesenanschlag'이라 불리는 95개조 논제를 비텐베르크 교회 문에 못박아 붙였다고 알려져 있다. 하지만 이 이야기는 사실이 아니라 사람들이 만들어낸 신화일 뿐이다. 역사가들에 의하면 루터는 그 논제를 그런 방식으로 공개한 것이 아니라 영주들에게 편지로 보냈을 뿐이었다. 루터가 불러일으킨 종교개혁이 나중에는 그를 덮쳐왔다. 정치적 상황과 다른 개혁 성직자들의 참여로 인해 더 이상 그것을 멈출 수도, 촉진할 수도 없는 자체적인 동력이 생겨났기 때문이다. 루터가 교회의 분열을 원했던 것은 결코 아니었을 것이다. 영향력 있는 교수로서의 그의 존재는 끝이 났고 그는 무대에서 사라졌다. 그에게는 아내와 6명의 아이들이 있었고 그래서 그는 물러났다. 내가 루터에 대한 책을 읽으며 새롭게 생각한 점은 루터가 사실 비극적인 인물이었다는 것이다. 그는 많은 질문들과 씨름했다. 오늘날 가톨릭교와 개신교 사이에는 높은 수준의 동질성이 존재하고 이 동질성은 점점 커지고 있다. 1999년의 만남을 통해 이전에는 교회에서 분리되어 있다고 여겨졌던 많은 것들이 오늘날에는 더 이상 그렇지 않다는 점에 의견이 모아졌다[2017. 2. 16].

함부르크 대학의 슈타인하르트Hans Steinhart 교수는 바이에른 사람으로서 가톨릭 신자이다. 오래전부터 함부르크 교외의 부흐홀츠Buchholz에서 살고 있다. 교회 일치운동과 관련된 그의 생각이다.

가톨릭과 개신교의 통합이 가능하다고는 생각지 않는다. 하지만 지금 이미 두 교회 간에 긴밀한 협력이 이루어지고 있다. 신앙심이 깊은 기독교인에게는 가톨릭 성당에 가든 기독교 교회에 가든 이것은 큰 상관이 없다. 가령 부흐홀츠에는 가톨릭 신부가 개신교 공동체에서 설교하고 개신교 목사가 가톨릭 공동체에서 설교하는 정기적인 교류가 있다. 교회의 분열은 애초에 루터가 목표했던 것은 아니었다. 루터는 단지 교회의 개혁을 원했을 뿐이고 이것은 옳았다. 그는 교회의 약점을 정확히 명중했다. 이것이 분열로 이어진 것은 루터의 개혁에 맞서 싸운 가톨릭의 책임이다. 가톨릭 주교들은 오늘날 루터를 더 이상 교회를 분열한 자로 보지 않고 그의 비판이 옳았음을 인정한다. 바이에른의 비텔스바흐 왕조는 개신교 신앙을 원치 않았고 그래서 바이에른의 예수회Jesuiten가 강해졌다. 예수회는 종교개혁의 반대 세력으로 스페인에서 설립되었다. 그러나 이것은 역사이다. 오늘날 독일 개신교 회장은 바이에른 주의 주교 베드포르트-슈트롬Bedford-Strohm이다. 그는 뮌헨에서 가톨릭 주교회의 회장 마르크스Reinhard Marx 추기경과 이웃해서 살고 있다. 그들은 서로를 잘 이해한다[2017. 3. 13].

세속화는 성공모델이다

2016년 2월 초 앵글로-저먼 클럽의 신년 강연회에서 오랫동안 함부르크 세계 경제연구소장을 맡아왔던 슈트라웁하르Thomas Straubhaar 함부르크 대학 경제학 교수는 세계 경제를 전망하는 강연을 하면서 최근 수년간 비정상적일 정도로 강력한 종교로의 회귀현상이 관찰되고 있다고 했다.

점차 확산되는 세속화는 생활수준 및 교육수준이 높아지면서 종교적 열망이 감소한다는 것을 의미한다. 그러나 자세히 살펴보면 실제로 종교에 심취하는 정도는 수입, 교육수준, 학문적 지식수준과 무관함을 알 수 있다. 신앙심이 증가하는 원인으로 디지털 시대에서 느끼는 불안함과 변화의 진행에 대한 불확실성을 들 수 있다. 최근 들어 라틴아메리카, 브라질에서는 전통적으로 막강했던 가톨릭 교회들이 그 영향력을 잃어가고 있으며, 개신교회가 그 자리를 대체하고 있다. 나 같은 사람도 지금 대선을 앞두고 미국에서 벌어지는 선거운동에서 관찰되는 일련의 현상들을 보노라면 불안하다. 어떤 대선후보는 자신이 대통령이 되는 것은 신이 부여한 의무라 이야기하는데, 이는 우리 유럽인들을 아연실색하게 하는 중동의 광신도들과 별반 다를 게 없어 보인다. 경제적으로 불확실한 시기에는 사람들의 두려움이 커지고, 복잡한 질문에 대한 간단한 해답에 이끌리게 된다. 아직 후쿠야마가 이야기한 "역사의 종말"은 그 사실 여부가 판명되지 않았기 때문에 정치로의 회귀가 예상되며, 우리는 오히려 헌팅턴Samuel Huntington이 이야기한 "문명의 충돌Clash of Civilisations" 시나리오 선상에 있다고 볼 수 있다. 그러나 이는 서방국가와 다른 문명권 간의 싸움이 아니라 문화들 간에 벌어지는 싸움으로서 미국에서는 서방적인 인기영합주의자들이 서방의 가치들을 공격하고 있다[2016. 2. 2].

종교에의 회귀 현상이 있다면 아마도 세상에서 독일 사람들이 그것을 가장 믿지 않으려 할 것 같다. 독일 사람들은 유럽에서도 교회를 가장 가지 않는 사람들이기 때문이다. 특히 북부독일에서 종교의 영향력은 몰라보게 쇠퇴했다. 브레멘 시청 이층 홀에 걸려 있는 유화 그림은 바로 브레멘과 가톨릭교회 간의 관계를 단적으로 보여준다. 이 그림에서는 가톨릭교회의 수장인 교황을 비하하는 묘사를 볼 수 있다. 교황의 옷자락 아래로 노출된 신발이나 의상의 구김 같은 특정한 디테일이 바로 그렇다. 가톨릭교회에 대한 적대적인 태도는 옛말이지만 사실 로마 교황은 브레멘에는 한 번도 오지 않았다고 한다.[13] 북부독일에서는 시장 광장에서 돔이나 교회를 바로 찾기가 힘들다. 전술한 대로다. 이곳 사람들은 종교를 일상생활에서는 조금 떨어뜨려 놓는 지혜를 보여준다. 종교의 세속화라 할까. 최소한 종교에 열광하는 사람은 없다고 보아야 한다. 이들에게 지나친 종교활동 관습은 이해하기 어려울 것이다. 2016년 11월 플렌스부르크 시를 방문했을 때 크레츠슈마르Swetlana Krazschmar 시의장은 "지나친 종교활동 관습은 이해하기 어렵다. 종교가, 사람들이 자신과 자신을 둘러싼 자연의 사이에서 균형을 찾기 위한 하나의 길이라는 것을 잊은 것 같다[2016.11.27]"라고 이야기했다.

독일 개신교회는 국가교회Landeskirche이기 때문에 교회를 설립하는 것도, 목사가 되는 것도 국가교회에서 단일하게 관리한다. 여기서도 조합주의의 단면을 볼수 있다. 각 교파는 일종의 종교조합으로서 교회 설립이나 목사의 자격 관리 같은 사안을 적정하게 관리한다. 목사는 학사 이상의 교육을 받아야 하는데 대개 종교학을 전공한 사람들이다. 자연히 우리처럼 교회 난립 현상은 없다. 아마 우리나라처럼 종교분야에서 신자유주의적 사고가 지배하는 나라도 드물 것이다. 그런데 여기에 종교인에 대한 면세까지 해준다. 이해되지 않는 측면이다. 나눔운동 국민대표인 손봉호 교수는 "합리적 근거가 없는 종교인 면세는 도덕적으로 탈세다"라고 강하게 비판한다.[14]

최근 독일에서 종교세를 내지 않는 사람들이 늘어나고 있다. 교회든 성당이든 기독교를 떠난다는 이야기다. 독일의 종교세는 소득에 부과되는 소득세의 8~9%로서 그 부담이 작지는 않다. 연소득이 5만 유로일 경우 소득세가 20%로서 1만 유로가 되며 종교세는 여기에 8~9%이므로 연 800~900유로 선이 된다. 태어나면서 세례를 받으면 신교든 구교든 교인으로 간주되고 나중에 직장에 다니면서 보수를 받을 때 종교세를 내게 된다. 보수에서 아예 종교세가 공제되어 나오는데 기독교 신앙을 갖지 않는다고 서면으로 밝혀야 종교세를 떼지 않는다. 최근 독일의 기독교 신자는 신, 구교를 막론하고 매년 10만 명 이상 줄어들고 있다. 루터파 교회의 북독일 수장인 페어스 주교의 이야기다.

한국의 한 교회에서 8만 명이나 수용할 수 있다니, 믿을 수 없다. 나의 관할지인 함부르크와 뤼베크는 북독일에 소재한 교회들 중에서 신도 수가 가장 많다. 우리 교구 내 교파의 신도는 총 100만 명 정도이다. 보통 독일 교회들이 그러하듯 우리도 세금을 부과하고 일종의 회원 구조를 갖고 있다. 안타깝게도 많은 젊은이들이 더 이상 자발적으로 이러한 유대에 참여하려 하지 않는다. 슬프게도 독일 전역에서 개신교는 가톨릭교회와 마찬가지로 매년 10만여 명의 신도들을 잃고 있다. 어떤 곳에서는 경제적인 이유로 신앙 공동체가 합쳐져야 할 정도로 신도 수가 줄고 있다. 신도들이 다니던 동네 교회가 닫게 되었을 때 어떤 신도들은 그것을 계기로 아예 교회를 떠나버리기도 한다. 이것은 유감스럽게도 하향적 소용돌이라 할 수 있다. 오늘날 사람들은 전반적으로 어떤 기관에든 엮이는 것을 좋아하지 않는다. 오늘날은 교회에 젊은이들이 덜 유입되는 한편, 인구변화로 인해 나이 든 신도들은 사라져 간다. 젊은이들은 다른 방식으로 영성Spritualität을 찾는다. 가령 숲이나 해변에서 말이다. 그들이 처음으로 위기를 경험하거나, 상실과 슬픔에 직면하거나, 혹은 삶에서 자신이 혼자가 아니라는 데에 대한 확증을 찾으려 하는 시점이 되어서야 비로소 그들에게 교회가 중요성을 갖게 된다. 예전의 교회 구조가 오늘날보다 더 권위적이었다는 것은 사실이다. 그러나 이것은 무엇보다 가톨릭교회에 해당하는 것이다. 안타깝게도 가톨릭교회와 개신교 교회가 항상 한 냄비에 던져지고 있다[2017.2.14].

제6장

연방, 의회민주주의, 법치국가, 관료제

우표는 동전보다 많은 것을 이야기한다

중학교 때 우표수집이 취미였다. 그러다가 오랫동안 잊어버렸는데 지난번 오
스트리아 근무 시 그라츠^Graz에 갔다가 우연히 마주친 우표상에서 나의 우표수집
취미가 다시 시작되었다. 우표를 발행한다는 것은 주권을 갖고 있다는 의미다. 독
일에서는 1849년 11월 바이에른에서 최초의 우표가 발행되었다. 통칭 "검은 1자
Schwarzer Eins"라 불리는, 1자가 전면에 인쇄된 검은색의 1프랑짜리 우표다. 동전은
로마나 그리스 시대부터 존재했지만 독일에서는 10~11세기 중세시대부터 만들
었고 당시 존재했던 수백 개의 영방국가에서는 물론 주교청에서도 만들었다. 심
지어는 겨우 1000명 남짓한 주민을 통솔했던 수도원장도 화려한 두카트^ducat의 금
화를 만들었다.[1] 이에 비하면 우표 발행권은 국가가 엄격히 독점했고, 종이에 인
쇄되어 동전보다 많은 정보를 담을 수 있었다. 그래서 우표 수집을 통해 얻을 수

있는 지식은 동전보다 훨씬 광범위하다. 독일에서 발행되는 「미헬Michel」 세계 우표목록을 보노라면 세계 각국의 흥망성쇠가 한눈에 들어온다. 내가 갖고 있는 1938년에 발행된 「미헬」 목록에 등재되어 있는 나라들 중 이미 없어진 나라들도 있고 또 새로 생겨난 나라들도 있다.

일본은 한국을 병탄하기 전 제일 먼저 우표 발행권을 빼앗아 갔다. 1904년 러일전쟁이 발발하면서 조선의 통신사무를 장악할 필요성을 느꼈고 1905년 4월 1일 한일통신합동조약을 체결하여 7월 1일 부로 한국의 우편, 통신업무를 접수했다. 이로써 1884년 개시된 조선의 우편업무는 1903년 프랑스에서 인쇄하여 가져온 독수리 문양의 우표 발행을 마지막으로 일본으로 넘어갔다.[2] 우편사무의 침탈은 독립국가로서의 지위 상실을 의미한다. 우편사무는 주권국가의 고유업무이기 때문이다. 일본은 우편사무의 침탈을 필두로 같은 해 11월 을사늑약을 맺어 외교권을 박탈했고, 이어서 1907년 군대 해산, 1909년 사법권 박탈을 거쳐 1910년 경술국치에 이르게 된다. 하지만 일본은 우편사무 침탈 전에 이미 조선에서 그들의 우편국을 설치하고 일본 우표를 통용시켰다. 일본 관광청이 전후에 발간한 일본 우표 해설서를 보면 1900년부터 '조선' 글자가 가쇄된 일본 우표를 조선에서 통용시키다가 이듬해부터는 이 가쇄된 일본 우표를 더 이상 쓰지 않고 가쇄되지 않은 일본 우표를 그대로 쓰기 시작했는데 이것은 당시 조선에서 이미 많은 일본 돈이 통용되고 있었기 때문이라고 한다.[3] 그렇다면 조선에 들어와 있던 일본 사람들이 늦어도 1901년경부터는 자신들의 돈과 우표를 본격적으로 통용시켰다는 의미다. 중국에서도 '지나' 글씨를 가쇄한 일본 우표가 조선에서와 같이 1900년부터 통용되었는데 이것이 1919년까지 통용된 것을 보면 20세기 초반 중국에서보다 조선에서 일본 돈이 더 일반적으로 통용되고 있었음을 알 수 있다. 일본 돈과 우표의 조선 내 다량 유통은 1905년 을사늑약 4~5년 이전에 이미 조선의 국권이 저물어가고 있었음을 말해준다.

1905년 한일통신합동조약이 체결되고 실제 조선의 통신, 우편업무가 일본으로 넘어간 7월 1일 일본은 이를 기념하는 우표를 발행했다. 3센짜리 짙은 분홍빛 우표다. 이 우표에는 조선과 일본 왕실의 상징인 무궁화와 벚꽃이 둘러싼 가운데 평화의 상징인 비둘기 2마리의 문양이 들어가 있는데, 이것은 아마도 일본의 조선 우편사무 침탈이 평화롭게 이루어졌다는 의미를 부여하기 위한 의도로 보인다. 실제로 상기 일본 우표 해설서를 보면 이 디자인이 합동우편사무에 한일 양국이 동의했음을 의미하는 것이라고 설명하고 있다.[4] 이 뒤로 일본은 평화의 상징인 비둘기를 또 한 번 우표 디자인에 사용하는데, 1919년 일본이 승전국으로 참가한 베르사유 강화조약을 기념하는 소위 '세계평화'를 위한 기념우표에서였다. 이 우표에는 올리브 가지에 둘러싸인 비둘기가 그려져 있다. 일본은 1868년 명치유신 이후 1871년 첫 우표를 발행했다. 우리의 최초 우표 발행이 1884년이었으니 우리보다 13년 빠른 것이었다. 이 당시의 일본 우표는 전후 1947년부터 도쿄, 오사카, 교토 등에서 개최된 우표전시회를 계기로 위조된 것이 많아 그다지 값이 나가지 않는다. 그러나 유독 한일우편사무 통합을 기념하는 이 우표는 구경하기도 힘들고 가격도 상당히 비싼 편이다. 나는 운 좋게도 함부르크 우표상으로부터 4매짜리 블록을 구입해서 갖고 있는데 이 우표는 특이하게도 당시 일본 국내우편 그리고 일본과 한국, 중국 간의 국제우편에만 사용하는 것으로 한정되었다.[5] 아마도 일본이 조선의 우편, 통신업무를 장악했다는 사실이 유럽 등에 국제적으로 알려지는 것을 꺼려했던 탓으로 보인다. 일본은 1910년 한일합방을 할 때는 아예 기념우표를 발행하지 않았다. 제국주의 침략이라는 비난을 두려워했을 것이다. 지금까지 한일 양국 간 역사문제에서 한일합방의 법적 성격에 관한 논란이 이어져왔다. 강제징병, 징용 심지어는 위안부 문제까지도 그들은 합법적인 전시국가동원이라고 보고 이에 대한 일절의 배상을 거부하고 있다. 이것은 한일합방이 국제법적으로 온전히 '합법적'이란 전제에서이다. 그런데 왜 그들은 그렇게 떳떳하다는 1905년의 을사늑약이나 1910년의 한일합방을 기리는 기념우표조차 발행하지 않았을까? 일본은 1906년 러일전쟁 승전 기념우표를 발행했다. 그런데 러일전쟁의 궁극적 목표가 되었던 조선병탄 기념우표는 왜 발행되지 않았던 것인지 의문스럽다. 더욱이 1908년에는 진구Jingu 여왕(서기 170~269년)의 신라 정벌을 기념하는 우표를 2종 발행했다. 이 우표는 형식은 보통우표지만 같은 시리즈로 발행한 우표들이 국화문양만을 넣은 것에 비해 이것은 진구 여왕의 초상을 넣은 것으로 전술한 일본 우표 해설서에 수록된 이 우표의 발행 배경을 보면 사실상의 기념우표로 보인다.[6] 전술한 것처럼 우편통신합병 기념우표를 발행한 일본이 그들에게는 그보다 더 의미가 큰 외교권을 박탈한 을사늑약 기념우표를 발행치 않았고, 역사학계의 학설이 분분한 일본의 신라 정벌을 간접적으로 기념하는 우표까지 발행했던 일본이 조선병탄을 기념하는 우표를 발행치 않았다는 것은 무언가 중대한 사정이 있었을 것으로 보인다. 그 중대한 사정이란 무엇일까? 다름 아닌 그들이 주장하는 합법성에 대한 확신이 없거나 부족했던 것은 아닐까? 생각건대 이것은 을사늑약이나 한일합방이 다름 아닌 기만임을 일본 스스로가 말해주고 있는 것으로 보인다.

우표 이야기를 꺼낸 것은 독일의 우표발행 역사에서 보듯이 독일의 연방적, 분권적 전통이 면면히 내려오고 있다는 것을 말하기 위함이다. 독일제국은 통일 이전 20개에 가까운 영방에서 독자적인 우표를 발행할 만큼 많은 영방국가로 나뉘어 통치되고 있었고, 독일제국이 성립한 1871년 이후에도 이러한 분권적 요소가 완전히 제거되지 않았다. 예를 들어 바이에른은 1차 대전 시 독자적인 바이에른 군대를 편성하여 참전했고, 루트비히 3세 초상화가 그려진 바이에른의 우표는 독일의 패전으로 1918년 비텔스바흐 왕조가 프로이센의 호엔촐레른 왕조와 함께 막을 내릴 때까지 발행되었다.

독일에는 독일 사람이 없다

독일이 연방국가인 것은 이렇듯 결코 우연이 아니다. 보통 독일의 역사 이야기를 시작하면서 제일 먼저 나오는 인물은 아마도 8세기경 카를 대제일 것이다. 하지만 로젠Klaus Rosen 교수에 따르면 그 당시에는 독일 사람은 존재하지 않았다 한다. 라인 강의 좌측에도 우측에도 독일 말을 쓰는 사람들은 없었다. 카를 대제 자신은 프랑켄Franken 사람이었고 프랑켄 말을 썼다고 한다. 그 당시 카를 대제의 제국에는 프랑켄뿐만 아니라 작센, 바이에른, 프리젠Friesen, 알레마니엔Alemannien 등 지역별로 서로 통하지 않는 각자의 고유한 언어를 사용했다. 사실 오늘날까지도 남쪽의 바이에른 말과 북쪽의 플라트Platt 말은 서로 이해하기가 매우 어렵다. 정육점을 지방에 따라 메츠거Metzger라고도 하고 플라이셔Fleischer라고도 한다. 빵을 가리키는 말도 북독일에서는 브뢰첸Brötchen, 팔츠에서는 벡Weck, 바이에른에서는 젬멜Semmel, 베를린에서는 슈리페Schrippe이다. 게르만이란 말은 카이사르의 로마군이 들어왔을 때 라인 강 우측에 살던 켈트Kelten 족을 게르마넨Germanen이라고 부르면서 영국에까지 넘어가 영어의 저머니Germany로까지 온 것이다. 프랑스 사람들은 이웃에 살던 라인 강 상류 지역의 사람들을 알레마넨Alemannen이라고 부르면서 스페인, 포르투갈, 터키에서까지 그렇게 부른다. 스위스 사람들은 자신들의 이웃을 슈바벤Schwaben이라 불렀다.[7] 이렇듯 독일은 처음부터 여러 민족이 어울려 내려온 나라로서 여기서부터 독일 연방제의 기원이 출발한다. 그러니 어떤 의미에서는 지금도 온전한 한 나라는 아니다. 연방을 구성하는 각 주들을 '국가'란 의미의 "슈타트Staat"라고 부른다. 함부르크나 브레멘을 도시국가란 의미의 "슈타트슈타트Stadtstaat"라고 부르는 데서 보듯이 각 주가 곧 국가다. 체흐 함부르크 박물관장은 "독일인들이 큰 지역 단위에서보다는 작은 지역 단위에서 자신들의 정체성을 찾는다"면서 이렇게 이야기한다.

독일은 천 년의 독일 역사에 따른 전혀 상이한 사고방식이 지역별로 존재한다. 독일인들은 자신의 정체성을 작은 지역에서 찾는 경향이 있는데, 이것은 정치가뿐만 아니라 일반 시민도 마찬가지다. 비스바덴 출신인 그 누군가에게 "어디 출신이요?"라고 묻는다면, 아마 그 사람은 분명 헤센 대신 나사우 출신이라 할 것이다. 나사우는 1806년에 나폴레옹이 세운 곳이며 60년 동안만 존립했다. 이런 일은 독일 전역에서 일어난다. 사람들은 자신을 슈투트가르트나 뷔르템부르크 출신이라고 할지언정 바덴-뷔르템부르크 출신이라고 하지 않는다. 베를린 사람에게 출신지를 물어본다면 그 사람은 베를린 내의 특정 구역을 말할 것이다. 만약 베를린에서 왔다고 말하는 사람이 있다면, 아마도 그 사람이 해외에서 외국인에게 하는 대답일 것이다. 하지만 독일인에게는 "나는 크로이츠베르크 출신이오"라고 말할 것이다[2015.6.3].

독일 기본법 제20조에 따르면 "독일연방공화국은 민주적, 사회적 연방국가"이다. 여기서 독일모델적 요소로서 주목할 만한 것은 '사회적 연방국가'라는 것인데, '사회적'은 '민주적'과 함께 국가의 운영원리를 정하는 정체적 성격의 규정이며 '연방'은 '공화국'과 함께 국체적 성격의 규정으로 볼 수 있다. 독일은 천 년에 걸쳐 통일된 단일 권력이 아니라 다수의 정치적, 종교적, 지역적 단위들이 독립적으로 발전해왔다. 여기에 2차 대전 후 최근세사에서 보여진 동서독 분단과 통일이라는 과정이 더해짐으로써 이러한 연방분권적 성격은 오늘날까지도 '독일적인' 특성으로 자리잡고 있다. 신성로마제국 내에 존재했던 영방들은 나폴레옹 치하에서 대부분 소멸되었고 1806년 제국이 해체된 후 1815년 결성된 '독일연방Deutsche Bund'은 단일 국가원수가 없는 국가연합적 성격에 약간의 연방국가적 장치가 가미된 형태로서 국민주권국가의 출현을 방지하기 위한 것이었다.[8] 유일한 전독 기관으로 프랑크푸르트에 연방의회Bundestag을 두었으나 국민대표기관이 아닌 영주들의 대리자들의 기관이었다. 이후 1834년 독일관세동맹의 출범이 이루어지는데 여기서 오스트리아가 배제됨으로써 추후 소독일주의에 의한 프로이센 중심의 독일통일이 이루어지는 기초를 마련하게 된다. 40만 평방킬로미터의 면적에 인구 2350만 명을 포괄하는 광역 경제권이 생겨났고, 도로, 운하, 철도 확충이 이루어짐으로써 상품의 자유이동은 더욱 활발하게 이루어졌다. 독일에 의한 2차 산업혁명도 탄력을 받게 된다.

독일의 강소기업, 히든챔피언의 발생 과정도 독일의 분권적 정치구조와 밀접한 관계가 있다. 큰 나라가 없었기에 대기업도 생겨날 수 없었고 대외적으로 무역을 하지 않으면 작은 시장에서 활로를 찾을 수 없었다. 이렇듯 히든챔피언의 특징 중 하나가 수출기업, 즉 국제화가 된 기업이라는 것이다. 과거 독일에서 2차 산업혁명이 일어난 19세기 후반기만 하더라도 독일은 수십 개의 국가로 나뉘어 있었고 몇 차례의 관세동맹을 통해 도량형과 화폐단위의 통일 등을 지향해 나갔다. 이런 과정은 100년이 지나서 일어난 유럽경제공동체의 형성과정과 유사하다. 독일 기업들은 이런 환경에 노출되어 끊임없는 국제화 노력을 경주해왔다. 예전의 작은 경제단위인 영방에 머물러서는 결코 경제적으로 성공할 수 없었기 때문이다. 지몬 회장의 관련 언급이다.

독일에서 히든챔피언이 발달한 이유 중 하나는 독일이 100년 전까지만 해도 단일국가가 아니었다는 데 있다. 1918년까지 독일에는 3개의 공화국과 23개의 영방이 있었다. 당신이 살고 있는 함부르크도 공화국이었다. 따라서 뮌헨의 기업가가 작센과 사업을 하고자 한다면, 국제적 거래가 되는 것이다. 뷔르템베르크 왕국에 속해 있는 슈투트가르트의 경우에도 마찬가지였다. 당시 슈투트가르트에서 만든 벤츠 자동차를 프랑크푸르트에다 팔려면 국제화가 필요했다. 다른 나라 간의 국제 거래였기 때문이다. 성장을 원하는 모든 기업들은 소국에 위치하고 있었고, 신속하게 국제화에 착수해야 했다. 이러한 특성은 독일 기업들의 DNA에 녹아들어 지금의 신생기업들 역시 빠르게 국제화를 시작하고 있다. 다른 이유로는 전통으로 이어져 내려오는 기술적 역량을 갖춘 지역들이 많다는 점이다. 흑림黑林에는 수백 년의 시계제조 전통이 있다. 시계제조에는 정밀공학 기술이 필요하다. 흑림의 시계제조업은 사실상 사라졌지만, 그로부터 의료기술 산업이 새로 생겨났다. 흑림에는 450여 개의 의료기술업체가 있다. 이 중 대다수는 외과수술용 기구를 생산하고 있으며, 이는 정밀공학기술을 새로운 성장산업에 응용하는 것과 진배없다. 두 번째 예는 전통 있는 대학도시 괴팅엔이다. 이곳에는 39개의 계측업체들이 모여 "계측밸리measurement valley"를 이루고 있다. 괴팅엔에는 수백 년간 세계적으로 명성이 높은 수학 명문대학이 있었기 때문이다. 몇몇 기업은 수학자 가우스Karl Gauss에 기원을 두고 있다. 괴팅엔의 수학자 가우스가 발견한 이론들을 제품에 적용한 것이다. 우리가 보고 있는 것들 중 다수가 매우 오래된 역사적 뿌리를 가지고 있다[2015.12.8].

권력 독주의 브레이크 분데스라트

독일에서 연방 16개 주를 대표하는 기관이 연방상원 격인 '분데스라트Bundesrat'다. 연방 16개 주에서 인구비례에 따른 3~6명의 대의원으로 구성된다. 이것은 각 주가 공히 2명씩의 의원을 뽑는 미국 상원이 채택한 '평등대표제'와 비례대표제의 절충이다. 아울러 독일의 상원은 대부분의 나라에서 볼 수 있는 국민 직선으로 선출되는 상원senate은 아니다. 과거 독일제국에서 각 주의 대표기관으로 있었던 제국상원 격인 "라이히스라트Reichsrat"와 같이 각 주정부의 대표기관으로서 이런 상원은 세계에서 유일하다. 엄밀히 말하면 의회가 아니라 각 주총리와 장·차관들이 참여하는 주정부 간의 협의체이다. 1947~48년 기본법 제정 당시 연방상원을 국민 직선의 의회 형식으로 하는 문제에 대해 논의가 있었으나 결국 현행의 분데스라트 형식을 채택했다.

분데스라트는 국민 직선으로 선출되지는 않지만, 풀뿌리 민주주의의 산물인 각 주정부에 그 권력기반을 두고 있어, 연방하원Bundestag에 권력기반을 두는 연방정부, 연방대통령, 연방헌법재판소 등 여타의 헌법기관과는 달리 연방하원으로부터 독립적이다. 분데스라트 의장은 각 주의 총리가 1년 임기로 교대로 수임하며 대통령 유고 시 대통령의 업무를 수행한다. 독일은 구심적 연방을 지향하기 때문에 연방 차원에서 제정되는 법률의 비중이 압도적이다. 이 연방법은 각 주를 대표하는 분데스라트의 동의를 받아야 하며 여기서 동의하지 않으면 폐기된다. 그만큼 입법활동에서 상원인 분데스라트의 기능은 연방하원인 '분데스탁Bundestag'과 함께 중요하다. 이러한 입법활동은 실제로는 연방정부와 주정부 간 또는 각 주정부 간의 긴밀한 사전 협력으로 원활하게 이루어지고 있다. 함부르크 연방군사대학의 로타Roland Lhotta 교수에 따르면 이러한 입법협의를 하기 위한 협의체Gremien가 각 사안별로 1500~1700개에 이르며, 여기에 각 전문 분야별로, 대개는 공무원들 간에 조직되어 장기간 존속하는 "전문동아리Fachbrüderschaften"들이 있다. 그래서 '권력의 브레이크'라는 분데스라트의 입법 기능은 매우 순조롭게 이루어지고 있고 독일의 연방주의는 "협력적 연방주의"로 정의된다.

분데스라트를 구성하는 각 주정부의 선거가 연방총선 후 다음 연방총선 시까지 4년 동안 적절한 간격을 두고 16개 주를 돌아가면서 시행됨으로써 견제와 균형의 정치가 시기적으로도 최대한 이루어지고 있다. 독일 국민들 입장에서는 연방집권당의 정책이 마음에 들지 않을 경우 주선거에서 집권당에 대한 지지 철회를 통해 차기 연방총선 시까지 기다리지 않더라도 어느 정도 견제와 균형의 효과를 거둘 수 있다. 실제로도 이러한 현상, 즉 연방총선에서 승리한 집권당이 주선거에

•• 독일 연방상원인 분데스라트의 회의 모습. 사진 제공: Frank Braeuer.

서 패배하는 경우가 드물지 않은데, 이는 독일 국민들이 어느 특정 정당을 연방과 주 차원에서 동시에 지지하지 않는 경향이 있기 때문이라고 한다.

우리나라는 독일 등 여러 선진국과는 달리 단원제를 채택하고 있다. 연방제도 아니고 귀족이나 전문가 집단을 상원으로 두는 것도 우리 실정에는 맞지 않기 때문이다. 그래서 우리 국회에는 입법권이 집중되어 있을 뿐만 아니라 국회가 정부에 대한 국정감사/조사권이나 예산 심의, 동의권, 사실상의 결산권을 갖고 있고, 대통령, 국무총리, 국무위원, 법관, 헌재 재판관에 대한 탄핵소추권, 국무총리, 감사원장, 대법원장, 헌재소장에 대한 임명 동의권, 헌법재판관과 선거관리위원 각 3인씩을 선출할 수 있는 권한을 갖고 있다. 내각책임제에서 정부 수반인 총리를 배출한다는 점을 제외하면 독일의 연방하원보다 권한이 더 많다. 그런데 여기에다 현재 논의 중인 공직자 비리수사처나 감사원을 국회 소속으로 할 경우 권력의 균형추는 급격히 국회 쪽으로 기울 것이다. 지금도 국회의원들이 내각에 다수 진출하고 있는데 국회 청문회 제도가 의원들의 내각 진출을 조장하고 있는 측면이 산견된다. 대통령제하에서 의원들의 내각 진출은 의회와 행정부 간 견제와 균형을 취하도록 하고 있는 제도의 취지상 바람직하지 않다. 의회는 여든 야든 행정부를 견제하여야 한다. 특히 대통령제하에서는 더욱 그렇다. 미국은 법률로서 의원의 장관직 겸직을 명시적으로 금하고 있다. 예산 심의 등 국정통제에 부정적 영향이 우려되기 때문이다. 의원내각제는 의회와 정부 간 긴밀한 협력을, 대통령제는 의회와 정부 간 견제와 균형을 추구하도록 설계되었다. 다수의 의원들이 입각하는 상황이 필요하다면 차라리 의원내각제로 가는 것도 좋겠다는 생각이 든다. 권리와 함께 책임도 가져가기 때문이다. 다만 의회의 권한이 커지든, 내각책임제로 가든 문제는 취약한 정당 기반이다. 정당의 이름만 해도 정부가 바뀔 때마다 바뀌지 않았나. 이것은 우리 정당들이 풀뿌리 민주주의에 기반을 두는 국민정당이라기보다는 권력자나 지도자를 중심으로 하는 권위주의적 정당이라는 것을 말해주는 것은 아닐까? 우리 국회나 지방 의회가 이렇게 이합집산하고 조변석개하는 정당들에 기반을 두고 있음은 심히 우려스럽다. 독일 사민당은 백 년도 넘게 사민당이고 기민당, 기사당, 자민당은 전쟁 후 창당된 이래 60~70년 동안 한 번도 이름을 바꾸지 않았다. 누가 감히 국민정당의 이름을 바꾸자고 하겠나? 지방자치제를 시행한 지도 수십 년이 되었지만 지금처럼 중앙정당에서 지방 선거의 후보자들까지 공천하는 제도와 관행의 잔재가 남아 있는 한 지방 자치제의 발전도 기대하기 어렵다. 단적으로 우리의 정치 현실은 독일처럼 기초자치단체, 지방 풀뿌리 정당을 기반으로 한 아래로부터의 보충성의 원칙이 적용되는 것이 아니라 중앙권력을 중심으로 한 역발상의 보충성의 원칙이 적용되고 있다. 적어도 지금까지는 그렇다. 우리나라는 중앙집권제 국가다. 국가사무는 중앙을 중심으로 단일적으로 이루어지는 것이 맞지만 정치는 그렇게 할 수 없다. 어떻게 풀뿌리 정치 없이 중앙의 정치 지도자가 갑자기 나올 수 있겠는가? 과거 개발 독재시대에는 독재에 항거한 투

사형 지도자가 나왔다. 이제는 어떻게 정치 지도자가 나올 것인가? 한국 정치의 시급한 과제는 제대로 된 정당정치의 발전이다.

독일로 돌아와서, 연방주의는 독일 국가운영의 기본이다. 이것은 정당제도와도 연계되어 있다. 독일의 정당은 주 차원의 지구당을 기본으로 한다. 이 지구당이 주선거는 물론 연방 의회선거에서도 중요성을 가진다. 연방선거 시 2번째 투표로 선출하는 비례대표 후보를 각 지구당에서 비밀투표로 선정하기 때문이다. 물론 중앙당과도 사전 협의를 한다. 그래서 대개 주총리나 시장을 거친 후 연방총리에 도전하는 관례를 볼 수 있다. 2016년 10월 뤼베크에서 개최된 "빌리 브란트 연설"에서 람메르트Nobert Lammert 연방하원 의장이 연사로 와서 정당민주주의의 도전과 전망을 주제로 연설했다. 그는 의회민주주의를 떠받치고 있는 정당정치의 효용성과 국가발전 기여도를 높이 평가하고 독일의 성공신화도 이런 독일 정당들의 공헌에 기반하고 있다고 하면서도 최근 정당원의 숫자가 급감하는 등 정당정치가 위기에 봉착하고 있음을 우려했다. 하지만 독일 연방하원의원들은 지금도 세비를 받아서 자신의 소속 정당에 가져다주는 전통이 남아 있다 한다. 강제 규정은 없지만 녹색당 같은 곳은 40%까지 내는데 정당의 독립성을 보장하기 위해 시작된 것이라 한다. 그의 연설 중 일부다.

현재 연방선거관리위원회에 등록된 독일의 정당은 116개이며 당원 수는 총 120만 명 정도입니다만, 이 규모는 지난 20~25년 동안 거의 정확히 절반으로 감소한 것입니다. 우리는 왜 이렇게 되었는지에 대해 고민해보아야 합니다. 어째서 이렇게 많은 당원들을 잃게 되었는지 말입니다. 기본적인 근거는 정당들이 신뢰를 잃었다는 것입니다. 사람들은 더 이상 정당과 의원들로부터 기대하지 않습니다. 이것을 확인했다고 해서 뭔가 결실을 맺을 것인가에 대해서도 회의적입니다. 정당들에 대한 이러한 신뢰 상실 현상이 이처럼 명확히 나타나는 반면, 다른 분야에서는 신뢰를 잃어버린다 하더라도 회원 수에서는 거의 변화가 없다는 점이 눈에 띄기 때문입니다. 독일운전자클럽^ADAC의 사례가 바로 그렇습니다. 이 단체는 아주 최근, 영리목적으로 엄청난 규모로 이루어진 조작 스캔들이 터진 이후에도 오히려 회원 수가 늘었습니다. 현재 ADAC 회원 수는 190만 명에 달합니다. 독일 사람들이 민주주의보다 자신들의 자동차를 더 중요시한다고 생각할 수도 있을 것 같습니다.

외교나 국방은 연방정부가 맡지만 사법, 교육, 문화 같은 주민의 삶에 더욱 본질적 의미를 갖는 분야들은 주정부의 소관이다. 이는 민주주의의 핵심인 정당, 정파 간의 견제와 균형이라는 측면에 더해 지역적인 견제와 균형을 가능하게 한다. 한때 독일의 분권화로 인한 정치적 분열이 발전의 걸림돌이었지만 이제는 발전의 동력으로 자리잡았다. 바로 독일연방을 구성하는 16개 '주^Land', 그리고 약 1만 2000개의 '게마인데^Gemeinde'로 이루어진 기초 지자체 '코무네^Kommune'가 그런 역할을 하고 있다. '보충성의 원칙^Susdiaritätsprinzip'에 따라 주민들의 기초 생활을 지원하기 위한 행정은 기초 지자체인 코무네에서 이루어지며 주와 연방은 순차적으로 보충적 권한만을 가진다. 이는 주민자치가 시행되는 기초 지자체인 코무네의 권리를 최우선시하며, 그 상위 단위인 주나 연방 차원에서는 코무네에서 해결하지 못하는 과제만을 보충적으로 처리한다는 개념이다. 함부르크 대학 정치학과의 슈나프^Kai-Uwe Schnapp 교수의 설명이다.

연방독일의 행정은 연방, 주, 기초자치단체, 이렇게 세 단계로 분류된다. '보충성의 원칙'은 모든 행정사안들이 가능한 한 최대로 조직 구조의 가장 낮은 단계에서 해결되어야 함을 의미한다. 이것이 불가능할 때에만 그 상위 단계에서 관여해야 한다. 이것은 어느 정도로는 타당하다. 기초자치단체의 행정이 주민들에게 가장 가까이에 있고 가장 먼저 반응할 수 있기 때문이다. 즉, 문제 발생과 문제 해결이 서로 가까이에 있는 것이다.

영국은 오랫동안 단일국가로서 통치되었으나 1980년대부터 스코틀랜드, 웨일스, 북아일랜드에 책임이 이양되었고 그러면서 각기 고유의 의회를 갖게 되었다. 이러한 영국의 '부분국가들Teilstaaten'은 독일의 주정부들에 비해 약하다. 스코틀랜드의 정부 수반은 '총리'라 불리지 않고 '수석 장관'이라 불린다. 런던의 개입 가능성은 이전과 같이 여전히 강하다. 그리고 잉글랜드에는 지역의회가 없는 등 '부분국가'들이 동일한 형태로 대표되지 않는다는 사실만으로도 이미 영국은 연방국가가 아니다[2017.3.17].

독일의 연방주의 원리는 "다양함 속의 통일"이란 말에 잘 나타나 있는데, 이는 바로 연방국가를 구성하는 양대 원칙인 '연방주의Föderalismus'/'분절주의Partikularismus'와 '단일주의Unitarismus'를 표현한 것이다. 똑같은 연방국가라도 이 양대 원칙의 상대적인 비중에 따라 보다 원심적인, 또는 보다 구심적인 연방형태를 보인다. 미국이 전자의 예이며 독일은 후자에 속한다. 우리나라도 지방분권을 강화하고 지역균형발전을 실질적으로 도모하려면, 전술한 대로 우선 풀뿌리 민주주의의 기반인 지역차원 정당제도의 발전이 선행되어야 한다. 다만, 천 년 이상 연방제를 해온 독일도 전국 차원의 단일적인 입법을 포함한 구심적인 모델을 지향하는 것은 우리도 참고할 필요가 있겠다. 우리는 전통적으로 중앙집권제 국가로서 헌법에서 지방자치를 규정하고 있을 뿐이다. 크지 않은 나라에서 지방분권화가 필요 이상의 법적, 제도적 다원화를 가져오는 부작용은 없어야 한다. 헬무트-슈미트 대학 (연방군사대학) 정치학과의 로타 교수의 설명이다.

우리는 기본적으로 많은 상이한 연방모델과 마주하고 있다. 독일 연방주의는

역사적으로 성장해왔고 독보적이기도 하다. 정말 특별한 모델이다. 정치학에서
는 원심적인 연방주의와 구심적인 연방주의로 크게 구분한다. 독일은 현재 16개
주로 이루어져 있는데 각 주마다 상당한 고유권한을 갖고 있는 미국이나 캐나다
와는 달리 더 이상 고유업무나 권한이 상대적으로 많지 않다. 독일연방주의를 특
징짓는 것은 '기능적 권한분할'인데 그것은 대다수의 경우 연방에 입법권한이 주
어져 있고 그 시행은 주 차원에서 이루어진다는 것이다. 그렇기 때문에 그 입법
과정에 각 주가 참여한다. 연방상원인 '분데스라트'를 통해 협력이 유발되는 구조
다. 보통은 연방주의가 '분절주의'와 연계되는데 독일은 예외에 속한다. 사실상
독일은 단일적unitarisch이다. 그것은 동의로부터 나온다. 예를 들면 행정 차원에서
많은 협력이 필요하고, 물론 연방으로서는 단일성의 이익에 관심을 둔다. 각 주
의 균등하고도 단일적인 생활방식에 목표를 맞추고 있는 독일연방 시스템은 전
혀 원심적이지 않다. 그것이 독일 연방주의의 특별한 점이다. 각 주가 고권을 갖
고 있는 몇 가지 예외적인 분야가 있는데, 학교나 교육기관 또는 경찰 같은 분야
이며 주 의회가 고유의 법을 만든다[2017.3.15].

유턴 없는 독일 정치

　1918년 11월 9일 사민당 정치인 샤이데만Philipp Scheidemann은 제국의사당 창문
을 활짝 열고 나와서 독일이 '공화국'임을 선포한다. 이것은 당시 독일이 '사회주
의공화국'임을 선포한 독립사민당의 리프크네히트를 앞서 치고 나갔던 사건으로
서 독일이 의회민주주의를 선택한 날로 기록되고 있다. 이는 신성로마제국으로
부터 천 년을 지속해왔던 권위주의적 왕정시대를 마감하는 선언이었다. 독일인
에게 민주주의는 대담한 승리와 쓰디쓴 패배의 기록이다. 그것은 1945년 훨씬 이

•• 1918년 11월 9일 사민당 정치가인 필리프 샤이데만이 베를린 제국의회 서편 발코니에서 공화국을 선포하고 있다.

전부터 시작한, 감동적이지만 자주 날조되었던 역사다. 많은 사람들이 독일의 민주주의라면 제3제국에 대한 반동으로서만 이해하는 오류를 범한다. 아니면 전후 의회정치에 깜깜이었던 독일 사람들에게 점령국 미국이 가져다준 선물 정도로 생각하는 경향도 있다. 하지만 독일의 민주주의는 그보다 훨씬 오래전부터인 중세의 도시공화국으로부터 그 뿌리를 찾을 수 있다. 서독의 정치적 성공은 프랑스 혁명 이래 1792년 마인츠^{Mainz} 공화정으로부터 1848년의 혁명 그리고 독일제국과 바이마르 공화국 시절의 의회 투쟁에 이르기까지 켜켜이 쌓인 역사와 전통으로부터 연유한다.[9] 함부르크 역사 박물관장인 체흐 교수의 이야기다.

　독일의 민주주의는 첫 번째 공식 헌법을 공포한 프랑크푸르트의 파울스 교회 Frankfurter Paulskirche에서 시작되었다고 말하고 싶다. 그것은 한 번도 제대로 실행된 적이 없지만, 나중에 바이마르 헌법의 토대가 되었고 바이마르 헌법은 다시금 1949년 독일연방헌법까지 이어진다. 히틀러는 바이마르 헌법을 한 번도 공식적으로 폐지한 적이 없었고 그냥 고사시켰다. 그는 자신의 정권에 법치국가적 이미지를 덧칠하기 위해 언제나 노력했다[2016.8.30].

독일 정치제도의 중심적 형태는 의회민주주의다. 독일 의회민주주의의 특징은 무엇보다도 권력에 대한 매우 강한 분리와 제한이다. 연방하원, 상원, 연방대통령, 총리를 중심으로 하는 연방정부 그리고 연방헌법재판소로 구성되는 헌법기관들이 각자의 위치에서 독자적인 권한을 행사하되 늘 협의와 합의를 통해 절묘한 견제와 균형을 이루고 있다. 연방 차원에서 대연정 정부와 같이 커다란 정치적 다수라 할지라도 그저 쉽게 통치할 수 없다. 각 주들의 정당정치적 위상이 고려되어야 하기 때문이다. 이것은 연방정부나 연방하원은 연방상원과 언제나 의견이 합치되어야 함을 의미한다. '합의Konsens'가 목표되는 것이다. 여기에 강력한 연방헌법재판소가 있다. 독일 시스템의 안정성은 관련 헌법 기관들 상호 간의 권력 제한에 기반을 두고 있다. 누구도 너무 많은 권한을 가질 수 없고, 결코 유별나게 강력한 총리를 가질 수 없다. 1980년대 말부터 정당정치의 다양화가 목도되고 있는데, 그것은 현재 나타나고 있는 정당의 분포도에도 재현되고 있다.

독일의 정치는 합의를 지향한다. 영국의 다수제하에서는 여당은 야당의 이해를 고려하지 않아도 된다. 그러다가 정권이 교체되어 야당이 권력을 잡게 되면 또 자신만의 정치를 펼치게 된다. 이 제도의 장점은 빠른 시행이 가능하다는 점이다. 독일식 합의에는 무수한 시간과 노력이 들어간다. 하지만 결과는 좀 더 안정적이다. 독일의 메르켈 총리가 영국의 대처 총리를 닮은 '철의 여인'이란 말들을 하지만, 메르켈 총리의 위상은 대처 총리에 비해 훨씬 취약하다. 독일 총리는 집권당 대표로서 총선을 이끌어 승리하게 되면 연방하원 다수당 대표로 총리가 된다. 총리는 결국 하원 내에서 최다 지지를 받는 자가 선출되기 때문이다. 그러나 총리 선출 이후부터 잠시라도 긴장의 끈을 놓을 수 없는 구조다. 비례대표제 선거의 특성상 단독집권은 거의 없으며 거의 연정형태로 집권하는데, 연정 파트너 정당이 지지를 철회하여 야당 쪽으로 갈 경우에도 다수를 잃게 된다. 바로 브란트 총리가 동방정책을 하다가 연정 파트너인 자민당 측 의원들로부터 지지가 철회되어 결국 건설적 불신임 투표까지 내몰렸으며, 슈미트 총리는 콜이 주도한 불신임 투표로 물러나야 했다. 2017년 6월 콜이 서거한 후 함부르크에도 콜의 이름을 딴 가로명이 있어야 한다는 여론이 있자 슈미트가 관 뚜껑을 열고 나올 것이라는 이야기도 있었다. 바로 이러한 정적 간의 관계를 나타내는 가십이라 하겠다. 그러니 정책을 결정할 때 자당은 물론 연정 파트너당과도 협의와 합의를 하지 않을 수 없다. 아무튼 연방하원 원내에서 항상 다수의 지지를 받아야 하며, 그렇지 않을 경우 야당은 기본법 제67조상의 '건설적 불신임'을 발동할 수 있다.

연방하원 내에서 다수의 지지를 유지하더라도 정치활동이란 늘 입법활동을 의미하기 때문에 총리는 분데스라트와도 합의를 거치지 않으면 안 된다. 특히 분데스라트의 의석 분포가 총리 집권당에 불리한 경우에는 더욱 그렇다. 내각에서도 군대 통수권은 국방장관이 갖는 등 각 부서 장관들의 부서 통할권Ressortprinzip을 존중해야 한다. 연방대통령도 하원 해산권과 위헌과 관련한 입법 통제권을 갖고 있고, 연방헌법재판소도 정치가 헌법과 법률을 초월하지 않도록 감시하고 있다. 이렇게 본다면 연방총리는 3, 4중의 견제와 균형 장치 속에서 늘 조심스럽게 타 헌법기관과의 협의와 합의라는 과정을 충실히 지켜나가지 않을 수 없다. 물론 유권자인 국민의 눈치를 살펴야 하는 것은 당연하다. 이런 독일의 연방정치 구도로는 급격한 유턴이 있을 수 없다. 로타 교수의 설명이다.

합의에 많은 참여자들이 간여할수록 그 결정에 대한 수용의 여지가 더욱 크다. 그것은 모든 참여자들과 함께 지지된다. 독일의 정치사를 보면 급격한 '방향선회U-turns'는 거의 없음을 알게 된다. 협의와 합의라는 과정을 밟아야 하기 때문이다. 영국은 그렇지 않다. 대처 총리에게로 권력이 넘어가면서 급격한 방향 선회로 분열을 가져왔고 지금까지 후유증이 남아 있다. 영국은 독일에서 볼 수 있는 권력분점이나 합의강제와 같은 것을 알지 못한다. 그래서 영국 총리의 위상은 독일 총리와는 완전히 다르다. 영국 총리는 자신의 의원들을 기율할 수 있는, 그래서 마치 '삶과 죽음'을 선택하도록 할 정도의 힘과 가능성을 갖고 있다. 독일에서는 수평적, 수직적 권력분리를 통해 다른 행위자들이나 정당들과, 그리고 기초자치체 차원에서도 협력하도록 강제되고 있다. 그것은 난민위기에서 드러났다. 여기에서 독일 총리는 '부서원리ressort principle'나 '내각원리cabinet principle'에도 구속된다.

미국 대통령은 명령권Dekretmacht을 갖고 있고 군대를 통제한다. 그러나 그의 힘이 그렇게 큰 것은 아니다. '견제와 균형'은 상당한 정도의 동의를 필요로 하고 그래서 의회의 다수에 의지하게 된다. 의원들은 그들의 선거구에 대해서만 책임지기 때문에 대통령에게는 그들을 기율할 수 있는 권한이 없다. 대통령은 언제나 그때그때 다수 의원들을 자신의 편으로 끌어들일 수 있어야 한다. 의원들은 대통령에 의한 결정들이 자신의 선거구에서 동의될 때 설득될 수 있을 뿐이다. 그런 과정에서 대통령은 항상 의원들과는 독립적으로 머물 수밖에 없다. 어떤 과다한 권력도 허용되지 않는다. 대통령은 직접 선출되지만 어떤 기율권도 없고, 의회, 최고법원 그리고 각 주들에 의해 그 권한이 제한된다. 레이건, 클린턴, 부시, 오바마 등 역대 대통령들이 선거 시 약속한 많은 공약들을 지키지 못했음을 볼 수 있다. 그들은 자신들의 의도를 그저 밀어붙일 수 없었기 때문이다[2017.3.15].

미국 대통령의 권력 한계는 바로 트럼프 대통령에게서 볼 수 있다. 오바마케어를 대체하고자 한 2번에 걸친 그의 시도가 의회의 벽을 넘지 못했다.

제도만 촘촘하게 되어 있어서 독일의 의회민주주의가 꽃을 피우고 경제가 번성하는 것은 아니다. 가장 독일적인 것이 독일 사람들이라 했듯이, 지금 독일 정치인들은 그 어떤 분야보다 우수한 집단이다. 2015년 2월 함부르크에서 선거가 있기 전 자민당의 린트너Christian Lindner 대표가 함부르크에 와서 지원유세를 한 적이 있다. 나도 독일 정치, 독일 선거의 모습을 피부로 느끼기 위해 그곳에 갔다가 이 젊은 대표가 원고 없이 40여 분 정도를 이야기하는 것을 목도했다. 경이로울 만큼 매우 지적이면서도 날카로운, 그리고 납득할 수 있는 많은 이야기를 쏟아냈다. 이런 정치인은 얼마든지 있다. 가브리엘 경제장관도 2015년 10월 함부르크에 와서 원고 없이 1시간여 연설했고, 슐츠Martin Schulz EU의회 의장, 람머트 하원의장도 '빌리 브란트 연설'을 그렇게 했다. 여기에 독일 정치인들은 국민을 대표하는 독립적인 헌법기관이라는 의식이 투철하여 당론이라는 것이 있다 하더라도 자신의 의견과 다를 때는 독자적인 길을 간다. 2016년 하원에서 난민문제를 놓고 표결을 하는데 기민당 원내총무가 당내 의원들에게 메르켈 총리의 입장을 따르도록 독려한 것이 문제시된 적이 있었다. 그리고 상당수 많은 의원들이 이 입장에 대한 동참대열에서 빠져나갔다. 연정 파트너인 기사당 의원들이 대놓고 반대하는 것은 당연하다 치더라도, 같은 당에서 리더의 입장을 거스를 수 있다는 것은 많은 국가에서 수월치 않은 것이 현실이다. 독일 정당들에게도 소위 "정파강제Fraktionszwang"라 불리는 관행적 원내투표 기율이 있지만 의원들 각자의 양심과 판단에 따른 투표를 막는 것은 아니다. 이것이 독일 의회정치의 진정한 모습이다.

내각책임제는 대통령제보다 불안하지 않다

독일 기본법 제67조상 총리에 대한 건설적 불신임안이 가결되면 48시간 내에 연방하원에서 후임 총리를 선출해야 한다. 제68조에 의거, 총리 스스로 신임을 묻는 경우에도 48시간 내에 투표를 하고 여기서 과반수의 지지를 얻지 못하여 신임을 잃게 되면 대통령이 총리의 요청으로 21일 내에 하원을 해산하고 총선을 실시한다. 이렇듯 불신임 발의가 가결되면 늦어도 이틀 내에 하원에서 후임 총리가 선출되고, 신임투표 부결의 경우에는 늦어도 '3주 이틀' 내로 총선이 실시된다. 70년 가까운 독일 헌정사상 불신임 투표는 1972년 브란트 총리와 1982년 슈미트 총리 재임 시에 두 번 있었는데 전자는 부결, 후자는 가결되었다. 불신임 투표에서 브란트 총리는 가까스로 살아남았지만 슈미트 총리는 총리직을 상실했다. 총리가 재임 중 하원 내 다수의 지지를 잃어버려 상대방으로부터 불신임 투표를 유발시키는 경우는 상당히 예외적이다. 이것은 정부의 구성이 단독정부이든 연립정부이든 당초부터 다수 확보가 전제되어 있다는 점에서 그렇다. 이 두 번의 불신임 투표 사례는 동방정책 등으로 연정 파트너였던 자민당으로부터 불만을 산 경우다. 그렇기에 전술한 대로 총리로 선출된 이후에도 긴장의 끈을 놓을 수 없고 끊임없이 합의를 지향해야 한다. 아무튼 독일 의정사상 불신임 투표로 총리가 경질된 것은 슈미트 총리 사례뿐이다. 그러나 이 경우에도 불신임 투표를 주도한 정파에서 바로 후임 총리가 선출되므로 이에 따른 큰 혼란은 없다. 신임투표의 경우는 집권당 쪽에서 스스로의 필요에 따라 신임을 재확인하기 위한 것이므로 신임을 확인하는 경우는 물론, 부결되어 총선으로 가더라도 정국 불안은 없다. 오히려 기존의 불안정한 정치상황을 안정시키는 효과가 있다. 2005년에 있었던 슈뢰더 총리의 신임투표 사례는 총선을 통한 재집권이 오히려 유리하다고 판단되는 시기에 총리가 스스로 의회 해산을 유발시킨 경우다. 카르펜 교수의 이야기다.

독일 기본법은 대통령만 연방헌법재판소에 기소하여 탄핵할 수 있다. 총리의 임기 내 진퇴는 오로지 하원에서만 결정할 수 있다. 의회의 다수가 투표로 다른 사람을 총리로 선출할 때 그전의 총리는 실각한다. 이것이 '건설적 불신임'이며,

바이마르 공화국에는 '파괴적 불신임'이 있었다. 브란트 총리는 야당 대표 바르첼^{Rainer Barzel}이 발의한 불신임 투표에 부쳐졌다. 그는 브란트 총리를 건설적 불신임 투표에 부치면서 스스로 새 총리로 입후보했는데 과반수에서 2표가 부족하여 실패했다. 나중에 밝혀졌지만 모자란 2표 중 1표는 슈타이너^{Julius Steiner} 의원이 사민당으로부터 5만 마르크를 받고 반대표를 던진 것인데, 어쨌든 불신임 투표는 좌절되었고 브란트 총리는 직에 계속 머무르게 되었다.

2005년에는 슈뢰더 총리가 어젠다 2010으로 신임투표를 자청하여 하원이 해산되었다. 슈뢰더는 의회 회기를 끝까지 채우고 싶어하지 않았다. 그는 자신에게 유리해 보였던 의회 회기 중 사회입법과 관련한 신임투표를 시행했다. 왜냐하면 신임투표에서 불신임의 결과가 나와야만 대통령이 의회를 해산시킬 수 있고 유리한 시기에 총선을 통해 재집권을 노릴 수 있기 때문이다. 슈뢰더는 이것을 원했다. 하지만 그는 하원에서 불신임을 야기하는 데까지만 성공했다. 결국 연방총선에 가서는 실패했고 물러나야 했다.

슈뢰더가 신임을 물은 것은 옳지 않았다고 생각한다. 슈미트와 마찬가지로 슈뢰더도 실제로는 그들의 통치 기간 동안 늘 그랬듯이 의회의 신임을 받고 있었다. 그럼에도 그들은 신임투표가 부정적인 결과를 내도록 해서 연방대통령이 의회를 해산시킬 수 있도록 의원들의 불신임을 야기했다. 이것은 우리 헌법 체계와 관련하여 흥미로운 사례인데, 의원들이 헌법재판소에서 이것이 거짓된 투표임을 알렸고 위헌 여부에 대한 판단을 물었다. 실제로는 슈미트와 슈뢰더 두 총리가 모두 의회의 신임을 받고 있었는데, 의원들이 반대하는 표를 던지도록 한 거짓 투표였다는 것이다. 연방헌법재판소는 그 여부를 검증할 수 있다. 이 두 경우에 대해 헌법재판소는 총리의 판단 범위는 매우 크기 때문에 신임투표에 부칠 것인지 말 것인지는 총리의 정치적 판단이라는 결정을 내렸다. 이것은 고도의 정치적 판단이며 헌법재판소가 판단할 수 없다는 것이었다[2017.3.7].

내각책임제가 잦은 불신임 투표나 의회 해산으로 대통령제보다 불안정하다는 평가는 현실과 동떨어진 것이다. 독일 총리는 68년 동안 8명뿐이었다. 평균 재임 기간이 8년이 넘는다. 콜 총리는 16년을, 아데나워 총리는 14년을 재임했고 메르켈 총리는 집권 12년차로서 2017년 9월 총선에서 승리할 경우 콜 총리에 버금가는 16년 집권에 도전할 수 있다.

정치 안정과 일관된 정책의 장기 연속성은 경제적 성과와 직접 연결된다. 2004년 정당과 경제적 성과 간의 상관관계를 말해주는 연구결과가 나왔다. 이 연구에 따르면 사민당이나 기민당이 아예 다른 정당과 연정을 하지 않고 오래도록 강력하게 집권했던 주에서 특별히 경제성장이 많이 이루어졌고, 반대로 사민당과 기민당 또는 자민당 같은 우파적 정당이 비슷한 비중으로 공동 집권한 주에서는 경제적 성과가 저조했다는 것이다. 여기서 알 수 있는 것은 어떤 방향의 정책이든 비교적 장기간에 걸쳐 일관성 있게 그리고 정치, 교육, 재정 등 여러 분야에서 입체적으로 진행되어야 효과적이라는 사실이다. 사민당은 인적자본이나 기반시설에 집중 투자함으로써, 기민당은 시장에 더 큰 자율성을 부여하는 정책으로 성장을 도모했다. 이들 중 어떤 방법을 선택하느냐의 문제보다는 어떤 쪽이 되었건 일관성 있게 장기간에 걸쳐 정책기조를 유지하는 '계열적 일관성configurational consistency'이 관건이라는 것이다.[10] 우리의 정치구조도 장기적으로 일관된 정책을 안정적으로 시행해나갈 수 있는 관점에서 개선이 이루어져야 할 것으로 보인다.

아울러 연정은 내각책임제를 전제로 하고 있어 기본적으로 대통령제와는 맞지 않다. 대통령제하에서 국민은 대통령을 직접 선출하는데 이는 특정 자연인인 대통령에게 권력을 주는 것이다. 그런데 대통령으로 당선된 후 그에게 맡겨진 권력을 국민의 동의 없이 쪼갠다는 것은 이미 대통령제의 의미를 변색케 하는 것이다. 다만, 주요 정책에 대한 동의나 법안 통과를 위해서는 여당이든 야당이든 "잠정적 다수ad hoc Mehrheiten"가 필요하므로 대통령제하에서도 일시적인 사안별 '협치'는 필요하다. 대통령제인 미국에서 볼 수 있는 "사안별 연정selective coalition"이 그런 배경에서 나왔다. 2017년 6월 영국 총선에서 보수당이 과반수 의석 확보에 실패함에 따라 북아일랜드 민주통합당DUP과 사안별 협력협정confidence and supply agreement을 맺고 신정부를 출범시키는데, 이것도 여왕의 의회개원 연설이나 예산안 같은 다수 의석 확보가 긴요한 사안에 발동되므로,[11] 독일에서 볼 수 있는 전면적인 연정보다는 우리 정치권에서 이야기하는 연정 개념에 조금 더 가까이 간 연정 형태로 보인다. 프랑스의 이원집정부하에서 정부가 의회의 다수를 차지하지 못했을 때 나타나는 "코아비타시옹cohabitation" 연정 형태는 내각책임제의 연정 형태에 가깝다. 내각책임제하의 선거는 국민이 총리라는 특정인을 선출하지는 않는다. 누구든 의회 내 다수 세력의 지도자가 총리가 되며 이 다수 세력을 만들기 위해 연정을 한다. 그리고 연정 출발 시부터 방대하고도 자세한 연정협약을 통해 파트너 간에 명확한 입장이 사전에 수립되어 정책상의 혼선이나 갈등 발생의 소지를 최대한 줄이고 있음을 볼 수 있다. 독일에서의 연정은 비례대표 투표제로부터 불가피하게 발생하는 측면이 있다. 그래서인지 독일인들은 통치형태로서 '연정문화'에 익숙해져 있다.

독일 국민은 국민투표를 하지 않는다

독일은 연방 차원에서는 국민투표를 시행하지 않으며 각 주 차원에서 행해진다. 이 중 함부르크는 주민투표가 가장 빈번히 일어나는 곳이다. 그래서 유독 함부르크에서 직접민주주의에 따른 주민투표가 홍수를 이룬다는 비판이 제기된다. 주민 5만 명 이상의 발의가 있으면 주민투표 실시가 가능하다. 2015년 올림픽 유치 시도가 주민투표를 통해서 좌절되었는데 이는 주의회Bürgerschaft에서 압도적 다수로 통과된 사안이었다. 그런데 주민투표에 가서 근소한 차이로 부결된 것이다. 주민투표로 가는 것이 법적 의무사항은 아니었지만 숄츠 함부르크 총리는 주민투표를 통해 그 정당성을 확인받고 올림픽 유치사업에 좀 더 탄력을 얻고자 했다. 올림픽 유치는 전체 시민들의 일상생활에 크게 영향을 미치는 사안이니만큼 뮌헨에서와 같이 주민투표에 부치는 관례도 있었다. 아무튼 뮌헨 시민들이나 함부르크 시민들이나 이를 부결시켰다. 카르펜 함부르크 대학 명예교수의 이야기다.

함부르크 올림픽 유치를 위해서 의회투표^{Bürgerschaftsreferendum}가 있었고, 2/3 이상이 올림픽 유치에 찬성했다. 하지만 주정부는 성공을 확실히 하기 위해 주민투표에 부쳤는데, 이는 오판이었다. 멜스하이머 회장은 2015년 말 상인총회 연설에서 대의적 투표와 직접투표 결과에서 보여진 이러한 모순을 일컬어 '함부르크 신드롬'이라 했다. 함부르크는 수년에 걸쳐 독일 내 직접민주주의의 선두주자로 발전해왔지만, 개인적으로는 이를 긍정적으로 평가하지 않는다.

70년대, 80년대부터 독일에서 정치참여가 점차 증가하는 추세다. 주민투표는 정치참여의 가장 중요한 수단이다. 연방 차원의 주민투표는 헌법상 금지되어 있지만, 주 차원이나 기초단체에서는 주민투표를 허용한다. 주민투표를 위한 사전단계는 시민제안^{Bürgerinitiative}이다. 1만 명의 시민제안이 모이면 국민청원^{Volksbegehren}이 가능하고, 국민청원자 5만 명이 모이면 주민투표^{Volksentscheid} 일정을 잡아야 한다. 주민투표를 통과하기 위해서는 적어도 전체 인구의 1/3이 투표에 참여해서, 투표자 중 절반 이상이 찬성해야 한다. 주민투표는 규범 설정적인 '레프렌덤^{referendum}'과 올림픽 유치, 건설사업 시행 여부, 난민수용시설 허용 등과 같은 주요 정책사안들에 대해 결정하는 '플레비시트^{plebiscite}'로 대별된다. 예산문제^{Haushalt}만은 대상에서 제외된다. 2012년부터 함부르크에서만 44차례의 주민투표 시도가 있었고, 이 중 10건이 관철되었다. 성공을 거두었던 것은 학교제도 개혁이나

병원 환매에 대한 국민청원이었다. 기초단체별로는 1997년부터 총 220건이 시도

되었고, 이 중 25건이 관철되었다[2016.3.2].

함부르크 같은 명품도시가 유럽 바깥에서는, 특히 독일의 주요 교역 상대국이

몰려 있는 동아시아 지역에서 지명도가 없다는 점을 고려해볼 때 올림픽을 개최

하는 것이 중장기적으로 도시 발전과 나라 경제에 도움이 되었을 것이다. 하지만

주민들의 생각은 달랐다. 소시민적인 일상생활의 불편함에 대해 우려했다. 주택

임차료 등 물가가 올라간다든가, 교통이 혼잡해지고 테러 발생 가능성이 높아진

다거나 하는 것들이었다. 장기적인 고려는 아닐지라도 소시민들이 느끼는 현실

적 위협들을 백안시하기는 어렵다. 그리고 과잉투자에 따른 유휴시설 발생 등 재

정적 낭비와 함께 올림픽의 상업화나 올림픽위원회의 부패문제도 영향을 미쳤다.

그리하여 올림픽을 주최하기는커녕 보이콧을 해야 한다는 여론이 커진 것이다.

브레멘 시당국은 축구 경기 시 경찰의 경비에 소요되는 비용을 구단주에 청구하

기로 했다 한다. 앞으로는 올림픽도 올림픽위원회가 주최지에 돈을 내고 치러야

할 시대가 올 것 같다.

독일은 과거 나치가 주민투표를 악용한 전철을 밟지 않기 위해 연방 차원에서

는 주민투표제를 철폐했다. 연방주 간의 경계 획정 같은 사안만 예외를 인정하고

있다. 2015년 7월 연방하원 방문 시 만난 한 사무처 인사는 "만약 연방 차원에서도

주민투표제가 있었다면 유로화 도입은 분명히 좌절되었을 것이며, 독일통일 문제

도 근소한 차이지만 부결될 가능성이 있었다"라고 언급했다. 다수 주민의 의견이

항상 옳기만 한 것은 아니다. 그래서 현대 민주주의는 대의제 민주주의 또는 의회

민주주의를 기본으로 하고, 주민투표제 같은 직접민주주의적 요소를 보완적으로

시행한다. 다만, 이 보완적 요소가 지나치면 대의민주주의를 훼손한다. 2016년 10

월 뤼베크에서 개최된 '빌리 브란트 연설' 인사로 초청되었던 람머트 하원의장은

직접민주제의 위험성을 이렇게 설명했다.

　　한 사회의 의사결정에 정당이 참여하지 않는다면, 의회민주주의가 없다면 이
것이 바로 우려할 만한 상황입니다. 흥미로운 점은 지난 수년간 이루어진 최근
주민투표에 관한 설문조사에서 "당신은 무엇을 위해 직접 정치에 참여하려 합니
까?"라는 질문에 많은 이들이 망설임 없이 "저의 이해관계와 직접적인 관련이 있
는 것을 위해서"라고 답했다는 것입니다. 유권자들은 그럴 권리가 있고, 그렇게
할 수 있습니다. 하지만 유권자들이 어떤 특정한 목적을 가지고 편파적으로 행동
할수록 공익을 실현시키는 것은 더 힘들어집니다. 이렇듯 과거에 비해 더욱 정치
적으로 보이는 사안들에 대해 국민의 대표자가 아니라 이해관계자들이 스스로 결
정하게 하는 것은 충돌을 해결하기보다는 결국 정치적 딜레마로 귀결됩니다. 우
선 이런 주민투표에 대한 참여가 이러한 업무를 대리할 국민의 대표를 선출하는
선거 투표율보다 매번 낮습니다. 이러한 주민투표에 대한 참여가 낮을수록, 특정
그룹이 자신들의 이익을 관철시키려는 시도가 많아질 것입니다[2016.10.26].

민주주의는 교육이 필요하다

　　바이마르 공화국의 민주주의를 민주주의자가 없는 민주주의라 한다. 바이마르
공화국이 14년 만에 독재자와 폭력에 의해 실패한 결정적 이유다. 시민들이 민주
주의를 진심으로 원할 때만 민주주의가 성공할 수 있다는 것이고, 이런 생각의 바
탕 위에서 독일의 정치교육이 시작되었다. 독일 사람들과 접촉하면서 늘 느끼는
것은 현실 정치에 대한 참여의식이 상당히 높다는 것이다. 바로 가우크 대통령이
언급한 "참여적 시민"들이다. 이들이 날 때부터 정치적인 것은 아니다. 나치에게

합법적으로 권력을 넘겨주고 독재를 경험했기에 민주시민을 육성하기 위한 정치교육의 필요성을 절실히 느꼈다. 학교에서는 물론, 연방과 주정부 차원에서 정치교육센터를 운영하면서 전 국민을 대상으로 정치교육을 한다. 군인들에게는 병영 밖에서 정치교육을 실시한다. 정치교육에는 교화를 금지하거나Indoktrinationsverbot 모든 사물과 현상에 의문을 가지도록 교육하는Kontroversitätsgebot 보이텔스바흐 합의Beutelsbacher Konsens도 적용된다. 의문으로부터 모든 연구와 탐구가 시작된다. 생각의 다양성을 강조하는 전 국민을 대상으로 한 교육, 바로 여기서 독일의 경쟁력이 나온다. 함부르크의 한 동네에 있는 '시민대학Volkshochschule' 건물 담벼락에는 "민주주의는 교육이 필요하다Demokratie braucht Bildung"라는 경구가 쓰여 있다.

앞서 이야기한 대로 귄터 그라스는 조각가이자 소설가이지만 평생 정치, 사회문제에 적극적으로 참여해온 행동하는 지식인이었다. 독일 민주주의와 과거사 극복을 위한 기수로도 그 역할을 마다하지 않았다. 1959년 아데나워 총리의 '프람 발언' 이후 브란트 사민당수를 도와서 선거운동에 뛰어들었고 맥줏집에서 시민들과 토론하기를 즐겼다. 그는 정치 참여를 시민으로서 의당 해야 할 일을 하는 것뿐이라고 했다. 실로 독일 현대사의 고비마다 그라스의 자취가 배어 있다. 1966년 나치 전력을 가진 키징어가 총리가 되자 그라스는 그의 취임 전날 그에게 "심각한 전력을 가진 당신이 총리가 되면 학생들에게 역사교육을 어떻게 시키겠는가. 당신은 책임만 감수하면 되지만 우리는 그 결과와 치욕을 감수해야 한다"는 공개서한을 보내어 사임을 촉구했다. 이러한 거침없는 용기는 독일이 나치에 의해 실추된 도덕적 권위를 회복하고 유럽의 중심국으로 도약하는 데 기여했다.[12] 빌리 브란트는 그의 은퇴 연설에서 "만약 당신이 올바른 정치적 사상이나 관점이 있지만 그것이 대중적이지 않다면 당신은 그것을 미루어서는 안 되고 대중화시켜야 한다"라고 말했다. 밤베르거-슈템만 함부르크정치교육원장의 이야기다.

정치교육politische Bildung은 정치적 교화나 영향력 행사로 쉽게 오해할 수 있는 어려운 개념이기도 하다. 여기서 정치교육은 정반대의 의미를 내포하고 있다. 우리는 정보를 제공하여 국민들 스스로가 자신의 정치의식을 발전시켜나갈 수 있도록 돕는다. 영어로는 '시민교육citizenship education'이란 개념일 것이다. 이를 통해 모든 사람들이 스스로 능동적인 국민이 될 수 있도록 도와준다. 점차 낮아지는 투표율이 보여주듯이 정치에 대한 국민들의 무관심이 확산되고 있다. 교육수준이 높지 않은 주민들이 거주하는 지역의 투표율이 낮다는 문제점이 드러났다. 이러한 깨달음은 물론 우리가 이러한 사람들에게까지도 닿을 수 있도록 더욱 노력해야 한다는 자극제도 된다. 정치교육은 연방과 주 차원에서 협조적으로 이루어지고 있다. 주정부 차원의 정치교육의 중요한 목표는 주민들에게 각 주법, 각 주의 정체성과 특별한 민주적 관례에 대한 정보를 제공하는 것이고, 연방은 포괄적이고 좀 더 글로벌한 테마를 담당한다. 함부르크정치교육원에서는 연방에서 제작한, 민주주의 사회와 관련된 모든 테마에 대한 출판물들을 찾아볼 수 있다. 현재 북한에 관한 책 2권도 있다. 자체적인 콘텐츠도 제작하고 있으며, 함부르크와 직접 관련된 주제에 집중하고 있다. 예를 들면 2차 대전 후 함부르크의 재건 역사에 관한 테마가 대표적이다. 이것은 오디오북으로, NDR 라디오의 특집방송이 포함되어 있다. 이러한 미디어는 전후 민주주의 확립과정에 대해 깨닫게 해준다. 이 외에도 선거권과 선거에 대한 교보재를 준비했다. 이것은 청년들을 타깃으로 복잡한 제도를 쉽게 설명하기 위한 목적으로 제작되었다. 국가가 무엇을 해도 되고, 무엇을 해서는 안 되는지에 대해 사회적으로 논의하는 것이 중요하다. 유럽중앙은행에 대한 유럽사법재판소의 판결을 보자. 국민들은 자신들이 이러한 법적 수단을 가지고 있음을 인식하면서도, 일단 판결이 내려지고 나면 이를 인정하고 논의를 통해 사회적 합의를 찾는다. 이것은 특히 청년들이 알아야 할 중요한 사항이다[2015.3.5/2016.6.22].

우리나라는 그간의 경제 발전에 비해 정치 인식은 선진적이라 하기에는 여전히 부족한 듯하다. 교육을 많이 받고 전문직에 종사하는 사람들일수록 자신의 분야에만 관심을 갖고 사회문제나 정치문제에 무관심한 경우를 심심찮게 볼 수 있다. 이들의 인식 한구석에는 정치란 저급한 것이라는 생각이 깔려 있는 것은 아닌지 모르겠다. 그러나 정치에 참여하지 않는 벌 중의 하나는 자신보다 저급한 사람들의 지배를 받는 일이라고 플라톤Platon이 갈파하지 않았는가. 다행스러운 것은 박근혜 대통령의 탄핵과 시민 촛불혁명을 계기로 정치에 대한 일반 시민들의 관심이 많이 높아졌다는 점이다. 분명 긍정적인 발전이다. 우리의 정치 발전사를 보면 이웃나라인 일본과는 달리 시민들 스스로 독재나 불의에 맞서 민주주의를 쟁취한 혁혁한 전통을 갖고 있다. 4·19 혁명이나 6월 민주항쟁 그리고 지난번 촛불 시민혁명이 그것이다. 우리 사회는 사회적 변혁을 스스로 이끌어낼 수 있다는 점에서 일본 사회와 다르다. 이것은 독일의 68세대가 당시 독일 사회에 만연한 권위주의에 항거하여 이를 청산하고 과거사 극복에도 기여한 사례와도 비교할 수 있다.

독일에서는 학교에서 이미 민주정치에 대한 관심을 보여준다. 함부르크 빈터후데Winterhude 혁신학교의 질란더Birgit Xylander 교장의 이야기다.

나는 우리의 교육이 실패했다고 생각하지 않는다. 그저 부분적으로 시류에 적합하지 않을 뿐이다nicht mehr zeitgemäss. 개혁을 위해 이미 상당한 노력과 시도가 있었다. 정부는 계속해서 재정적으로 지원하는 것은 물론 콘셉트를 발전시키는 데도 지원해야 한다. 우리 사회는 민주교육의 결핍이 염려되는 전환점에 서 있다. 공동체, 그리고 정치참여나 협회활동 등에 대한 일반적 관심이 감소했다. 학교는 대책을 세워야 한다! 사람들은 항상 서로를 차단하고, 점점 더 자신들만 생각한다. 청소년들이 봉사활동이나 사회적 교류를 하는 대신 컴퓨터나 TV 시청에 시간을 보낸다면 우리 사회가 어디로 갈까? 우리가 이 상황을 개선하지 않는다면 우리 사회는 10년, 20년 후에 어떤 양상을 보일지 장담할 수 없지 않을까?[2016.7.21].

재판소 신앙국가 독일

독일 사람들의 법 사랑은 유별나다. 법이나 재판소를 신앙처럼 여기는 국가라해서 "재판소 신앙국가"라는 말도 한다. 천당 밑에 헌법재판소가 있고 헌법재판소밑에 총리가 있다는 말도 있다. 연방헌법재판소의 결정은 정치적 결정이다. 유로화의 도입에 관한 것이든, 독일통일에 관한 것이든, 핵무기 사용에 관한 것이든연방헌법재판소의 결정은 정치에 대한 결정이다. 최고의 양심과 경륜을 가진 율사들에게 결국 정치적 결정을 내리도록 하는 것이다. 그래서 사법부에 속하는 연방헌법재판소의 비대한 정치참여적 기능이 삼권분립에 위배됨을 우려하는 목소리도 있다. 헌재의 과도한 '정치적 행동'이 의회의 민주적 정당성을 훼손시킬 수있다는 것이다. 간접 선출된 권력이 직접 선출된 권력을 능가할 수 있다는 우려다. 하지만 독일의 사법제도는 국민들의 흔들림 없는 신뢰를 받고 있다. 카르펜교수의 설명이다.

예를 들어 유럽중앙은행이 무엇을 해도 되고 무엇을 하면 안 되는지에 대한
사안을 헌법에 따라 결정했다. 이러한 정치적 특성을 지닌 결정들은 어디서나 논
란의 여지가 있다. 이것은 실제로 카를 슈미트Carl Schmitt가 말한 "사실상의de facto
정치적 결정"이다. 독일국가민주당NPD당 금지에 대한 최근 논의들은 전형적인
사례이며, 사실 순수한 정치적 결정이다. 한국의 대중들이 이러한 실상을 이해했
다면, 독일 제도의 운영방식을 이해하고 있는 것이다. 나는 독재를 경험했던 한
국인들이라면 이에 대한 접근방식을 찾아낼 수 있으리라 생각한다. 독일의 강력

한 헌법재판소는 우리가 겪어온 전체주의 정권에 대한 고민으로부터 생겨난 것이다. 독일의 민주주의는 자유민주적 법치국가가 그 한계를 결정하는 용감하고 전투적인 민주주의이다.

연방헌법재판소의 판사들은 독일 공직자들 중 가장 높은 평판을 받고 있다. 심지어 총리나 연방의원보다도 평판이 좋다. 연방헌법재판소는 미국 연방대법원으로부터 영감을 받았다. 물론 차이는 있다. 미국의 연방대법원은 독일의 연방대법원, 연방노동법원, 연방헌법재판소를 합친 것과 같다. 미국 연방대법원에는 9명의 판사로 이루어진 하나의 재판부가 있는 반면, 독일 연방헌법재판소는 각각 8명의 판사로 이루어진 2개의 재판부로 구성된다. 이들은 오로지 헌법과 관련된 사안만을 다룬다. 유럽법원EuGH은 이 둘의 조합이다. 이 외에도 독일 내 각 주마다 연방헌법재판소의 업무를 경감해주는 주 차원의 헌법재판소가 있다 [2016.3.2].

독일은 법률보험의 보편화로 소송을 부추기는 경향을 볼 수 있다. 그렇게 소송수요가 크다 하더라도 독일에서 법률시장은 블루오션은 아니다. 법조인 규모가 워낙 크기 때문이다. 인구 180만 명의 도시인 함부르크에만도 판사가 750명, 검사가 220명, 변호사가 1만 명이다. 개인 변호사로 개업하는 경우, 수입이 충분하지 않아 생계를 유지하기 위해 부업을 해야 하는 경우도 있고 젊은 변호사들이 시험합격 직후 사회부조를 신청하는 경우도 있다 한다.

함부르크 지방법원에서 판결을 기다리는 사건이 2017년 4월 초 현재 약 6만 건이라는 보도가 있었다. 민형사, 가사사건을 관할하는 일반 법원에 3만 건, '하르츠 IV' 등 사회분쟁을 관할하는 사회법원에 1만 5천 건 등이다.[13] 한국도 빈발하는 고발, 고소로 소송천국이 되어간다. 대법원 심리를 기다리는 사건만 2015년에 이미 4만 건에 육박하는 것으로 보도되었다. 우리 사회는 사실 소통 부족으로 인한 분쟁이 많은 편이다. 계약이 생활화되어 있지 않은 계약문화의 후진성도 문제다. 이런 것만 고쳐도 소송이 많이 줄어들지 않을까.

독일 사람들은 보통 때는 소통이 잘되는 편이다. 호불호가 분명하고 의사 표현이 비교적 직설적이기 때문이다. 다만 불편한 것은 대놓고 말로 하지는 않고 법률보험을 활용해 소송으로 가는 경우가 많다. 차량 접촉사고라도 났을 경우, 사고 상대방과 말 몇 마디 않는 경우를 본다. 그저 차량위치 보전하고 경찰을 부르면, 경찰이 달려와 현장 조사를 하고 그 후 보험회사에 신고만 하면 끝이다. 대개는 분쟁이 있더라도 법률보험으로 해결한다. 직장에서 해고를 당했을 때도 구조조정 같은 해고 사유가 아니면 절반 이상은 소송으로 간다. 여기에 비하면 네덜란드는 웬만하면 대화로 해결하는 경향이라고 한다.[14]

독일에서는 행정부 고위공직자의 60% 이상이 법대 출신이다. 이른바 '법률가독점Justizmonopol 현상'이다. 행정법이 발달한 프로이센의 영향으로 보이는데 프랑스 등 이웃국가에서는 볼 수 없는 현상이다. 행정은 입법부와 사법부를 제외한 모든 행정부의 활동이다. 독일은 행정의 법규 의존성이 높은 법치국가인 만큼 법률전문가의 수요가 큰 것으로 보인다. 독일에서 법대 출신이란 국가시험Staatsexamen이라 불리는 법조인 자격시험에 합격한 사람들을 말한다. 이 국가시험에 합격하지 못하면 졸업을 못한다. 그러니 국가시험이 곧 법대 졸업시험인 셈이다.

'법'이란 말은 독일 국가에도 나온다. "단결Einigkeit, 법Recht 그리고 자유Freiheit"가 그것인데 독일 국가인 「독일인의 노래Lied der Deutschen」 3절에 나오는 말이다. 이 노래는 하이든Franz Haydn의 「신이여, 프란츠 황제를 보호하소서」란 곡에 하인리히 호프만Heinrich Hoffmann von Fallersleben이 가사를 붙인 것으로 1841년 8월 이 노래가 나온 이후 같은 해 10월에 함부르크에서 호프만이 있는 가운데 최초로 불렸다. 이후 몇십 년이 흐르면서 점차 "독일인의 노래"로 불리기 시작했고 1890년에 가서 헬골란트가 잔지바르와 맞교환되어 영국으로부터 독일제국으로 귀속될 때 최초로 공식 국가로 불렸다. 그러고 나서 1922년 바이마르 공화국 프리드리히 에버트 대통령에 의해 독일국가로 정식 채택되었다. 호프만은 당시 영국이나 프랑스가 통일된 국가로서 국가를 가지고 있었지만 독일은 그렇지 않았기 때문에 당시 영국령이었던 헬골란트에서 민족의 통일을 갈망하는 염원을 담아 이 노래를 작사하게 되었다. 호프만이 이 곡을 작사할 때는 독일이 영방국가로 분열된 당시 상황에서 자유와 법치국가를 갈구하는 민족 통일의 염원을 담은 의미였지만 1937년 히틀러는 특히 1절 가사의 제국주의적 의미를 강조했다. 그래서 전쟁 후 연합국 점령시절에는 독일국가가 곧 나치의 국가였으므로 전면적으로 금지되다가, 서독정부 수립 후 '세계 제일의 독일' 등 배타적 사상이 표현된 1, 2절은 부르지 않고 3절만 부르게 되었다. 1951년 당시 서독 국민들의 3/4은 이 노래의 3개 절 모두를 국가로 하기로 희망했으나 1952년 테오도어 호이스^{Theodor Heuss} 대통령과 콘라트 아데나워 총리가 3절만을 국가로 남기기로 합의했다고 한다.[15]

2017년 5월 초였다. 라디오 방송에서 들어보지 못했던 독일국가 1절이 흘러나왔다. 내 귀를 의심치 않을 수 없는 순간이었다. 웬일인가 했더니 곧이어 "지금 여러분들은 지난 2월 하와이에서 개최된 테니스 시합에서 실수로 불려진 국가를 들었습니다"라는 멘트가 나왔다. 2017년 2월 하와이에서 개최된 미국 테니스협회 USTA 주관 여성단식 시합에서 윌 킴볼^{Will Kimball}이라는 미국 교사가 독일국가를 부르면서 느닷없이 3절 대신 1절을 불렀다. 물론 실수였을 것이다. 독일 선수였던 페트코비치^{Andrea Petkovic}는 국가를 들은 뒤 바로 열린 경기에서 졌다. 잘못 불리운 국가 때문에 심리적 부담을 느꼈을지도 모른다. 그러고 보면 이제 독일국가 1절 첫 소절에 나오는 "독일, 독일, 세계 최고의 독일^{Deutschland, Deutschland über alles, über alles in der Welt}"은 독일인들의 마음에서 지워진 것 같다. 그런데 독일이 이 소절을 정녕 원하지 않는 것인지 슬며시 의구심이 든다. 실수로 불리운 것을 방송에서 꼭 그렇게 재현할 필요는 없었을 터인데 말이다. 그날이 호이스 대통령과 아데나워 총리가 독일국가를 3절만 부르기로 합의한 날이라고 했다. 하기는 1954년 스위스 베른에서 독일 축구팀이 강적 헝가리를 꺾고 월드컵에서 역전 우승을 했을 때 실수 아닌 고의로 1절을 부른 적이 있다 한다. 패전 후 실의에 찬 독일 국민들의 용기를 북돋아주었던 이 월드컵 결승전은 '베른의 기적'으로 불린다.

이렇게 보면 독일의 국기인 삼색기나 국가인 「독일인의 노래」는 처음부터 국기나 국가로 만들어진 것은 아니며 독일이 자유주의적 민족국가로 발전해나가는 과정에서 연륜이 쌓이면서 굳어진 것이다. 우리가 관찰하고자 하는 독일모델도 바로 이런 과정을 거쳐 생겨났으며, 그만큼 위기에 강한 면모를 갖고 있다. 우리 애국가도 1930년대에 안익태가 작곡했고 태극기는 1882년 조미수호통상조약 체결 당시 고종의 명으로 만들어졌으며 당시 어기였던 태극팔괘도에서 유래했다고 한다. 애국가나 태극기에서 「독일인의 노래」나 '삼색기'에서 나타나는 인권이나 자유, 법치주의와 같은 민권적 사상은 유감스럽게도 찾아볼 수 없다. 그 대신에 동해물, 백두산, 가을하늘, 밝은 달 등 자연을 사랑하는 민족으로서 한 차원 높은 기상이 표현되고 있으며, 한 세기 이상의 긴 세월 동안 국가로 인식되고 지켜져온 만큼 그 자체로서 의미가 있다 하겠다.

사회적 법치국가 독일

독일의 법원은 사회법원(3심제), 노동법원(3심제), 재정법원(2심제), 행정법원(3심제), 그리고 민사, 형사, 가사사건을 다루는 일반법원(4심까지 가능)의 5개 법원으로 구분된다. 각 법원은 별도의 건물과 인력을 갖고 있고, 각 법원별로 최상급 연방법원이 있어 사법부 내에서도 분권화되어 견제와 균형이 이루어진다. 우리의 1개 대법원을 정점으로 하는 단일적 법원 구성과는 크게 대비된다. 함부르크

내 법원에만 총 16명의 법원장과 부법원장이 있다. 독일 법원은 재정법원을 제외하면 우리와 같이 2심까지가 사실심이다. 독일 법원의 판결 수준에 대해서는 신뢰가 높다고 한다. CMS 하세 지글레Hasche Sigle 로펌의 린더Wolfgang Linder 변호사의 말이다.

변호사의 관점에서 평가하는 판결수준에 대해 이야기해 보겠다. 내가 경험한 바로는 판사들과 독일 사법기관들은 매우 엄격하게 일을 처리하고 있어 신뢰할 수 있다. 덕분에 우리 변호사들은 의뢰인들에게 신뢰도 90~95%의 승소 가능성을 제시할 수 있다. 물론 법률사무소에서는 소송 종결 후에도 내부평가를 통해 법원 판결의 근거를 상세히 검토한다. 일반적으로 판결 근거들은 명확하며, 판사의 통찰력과 현명함을 인상적으로 입증하곤 한다. 어떤 사건에서 패소하더라도 판결문을 읽어보면 매우 유익하고 도움이 된다. 판결에 대한 나의 신뢰는 이러한 경험에서 비롯된 것이다. 나태한 판사를 만나는 경우도 있겠지만, 그것은 예외적인 일이다[2016.3.31].

부체리우스 로스쿨의 토른Karsten Thorn 교수는 영미의 판례법제보다는 독일의 성문법제를 적극 지지하는 입장이다. 성문법제하에서보다는 판례법제하에서 판사의 주관성이 더 영향을 미칠 수 있으며 그래서 법적 안정성 측면에서 성문법제가 우월하다고 믿는다. 독일의 법률 시스템에 대한 그의 이야기다.

나는 영미 판결문을 읽다 보면 판례를 따르는 성향에도 불구하고 판사의 특성이 묻어나고 있음을 느낄 수 있다. 물론 독일에서도 판사의 공감 여부가 주관적이라는 것을 느낄 때가 있지만, 최소한 규정된 틀에 따라 자신의 판단에 대한 근거를 제시해야 한다. 이것은 법적 안정성에 중요하다. 만약 독일 판사들이 영미권 판사들처럼 역사적, 또는 사회적 관점하에 법을 해석해야 한다면 이것만으로도 유례없이 까다로운 업무가 될 것이다.

독일 법률시스템은 첫째, 계약 이행을 보장하는 법적 안정성, 둘째, 재판비용이 비싸지 않고 상대적으로 신속히 작동한다는 효율성 측면, 셋째, 법원의 판결이 온전히 집행된다는 측면에서 독일 경제의 성공을 지원하고 있다. 이탈리아는 법률 시스템이 오히려 발전에 장애가 되고 있다. 최근에는 독일에서도 영미의 대형 법률사무소 진출로 위기를 맞고 있다. 그들은 영미식 계약 양식을 사용하는데 독일의 표준 계약서보다 훨씬 양이 방대하고 내용적으로도 독일법 관점에서 볼 때 의미가 충돌하는 경우가 있다. 영미법과 비교하여 배심원 제도라든가 증명책임 같은 것도 차이를 보인다. 배심원 제도는 독일에서 한때 있었지만 전후에 폐지되었고 지금은 형사재판에서만 일부 잔존한다. 형사재판 1심에서는 1명의 법관에 2명의 배심원이, 2심 재판에서는 3명의 법관에 2명의 배심원으로 구성하여 직업법관의 판결 참여 비중이 높다. 미국식 배심원제를 극명하게 비유하자면 로마시대에 검투사를 죽이고 살리는 것과 같다. 관중들이 재판하고 황제가 추인하듯이 배심원이 재판하고 판사가 최종 추인하는 형식인데, 독일 사람들은 그들이 자신의 이웃에 의해 재판되는 것은 상상할 수 없으며 법률전문가인 직업 판사에 의해 재판받기를 원한다[2016.6.7].

법치주의는 국가권력의 행사가 헌법적 기초와 법률의 범위 내에서 허용됨을 의미한다. 위정자의 치세가 인치가 아닌 법치라야 한다는 것이다. 특히 국가에 의한 인권, 자유, 정의의 보장으로 국가의 자의적 권리를 제한하는 측면이 강조된다. 독일에서 그들의 사법기관과 사법권의 행사에 대해 불신이 있다는 이야기는 들어보지 못했다. 그들이 바로 법치주의를 담보하며, 독일의 국가적 소명이기도 한 법치주의를 사법기관이 스스로 허무는 것은 상상할 수 없기 때문이다. 이와는 대조적으로 지금 한국에서는 법치국가의 기반을 송두리째 잠식하는 사법기관에 대한 불신이 쌓여 있다. 검찰의 독점적 지위 남용과 법조계의 전관예우 사례가 그것이다. 독일의 법치국가 원리에 대한 설명을 들어보자.

독일 기본법 제20조는 독일이 법치국가임을 명시하고 있다. 이것은 무엇보다도 사법부의 독립과 '일정한 절차적 원칙'에 따른 공정하고 개방된 절차를 보장해야 한다는 것을 의미한다. 이 '일정한 절차적 원칙'은 특히 구두 진술에 무게를 두는 모든 당사자들의 법적인 청문절차와 투명성 그리고 심급제도^{Instanzenzug}를 통해 주어지는 법원의 결정에 대한 납득가능성^{Nachvollziehbarkeit}을 포함한다. 경제적 관점에서 볼 때 법치주의에는 재산권보호, 투자보호, 경쟁보호, 상표보호 등이 있다. 함부르크 고등법원에는 경쟁보호만을 담당하는 2개의 재판부가 있다. 현재 코카콜라와 펩시콜라 간 법정 다툼을 다루고 있다. 특허와 상표보호 분야에서도 우리가 생각하는 것 이상으로 치열한 법정 공방이 이루어진다. 기업들은 하나의 색깔을 가지려 다툼을 벌인다. 텔레콤은 '마젠타^{Magenta}' 색을 자신의 기업만을 위한 색으로 가지려 한다.[16]

로타 교수의 추가적인 설명이다.

우리는 시민이 도대체 어디에서 개인적으로 국가와 마주치는지에 대해 자문해볼 필요가 있다. 그것은 결국 세금 징수라든가 건축허가 같은 행정의 차원에서 이루어진다. 역사적으로 볼 때 그것이 법치국가가 형성되었던 핵심적 영역이다. 그리고 시민들이 이러한 행정권의 집행이나 국가와의 관계에서 어떻게 그리고 어디에서 스스로를 방어할 수 있는가란 문제가 제기된다. 19세기 독일에서는 과도한 행정법적 통제가 있었고 그 시스템과 시민 간의 관계 변화로부터 법치국가가 형성되었다. 시민은 국가의 범주로부터 나와 있어야 한다. 시민들의 방어를 보장하는 법은 소위 "보상적 성격kompensatorische Natur"을 갖는다. 법치국가성은 참여의 억압에 대항하는 것이다. 아울러 법치국가 원리는 정치과정이 규범적 경로에서 이탈하지 않도록 강제하는 분절화된 절차화에 연결되어 있다. 또 다른 예는 시민들과 관련된 중요한 요소인데 바로 '헌법소원심판Verfassungsbeschwerde'이다. 나는 만약 나의 기본권이 국가 공권력에 의해 침해되었다고 느낄 때 헌법소원심판을 제기할 수 있다. 시민이 법치국가의 일부를 향유하는 것이다[2017.3.15].

한국 법조계의 치부인 전관예우는 후술하게 될 고객정치Klintelpolitik의 사례로 볼 수도 있지만, 이것은 위법, 불법을 포함한 다른 차원의 고객정치이며 범죄행위다. 전관 그리고 자신의 이익을 위해 전체의 사법정의를 희생시키며, 사회적 신뢰 기반을 와해시킨다는 측면에서 매우 치명적이다. 최근 홍만표, 최유정 변호사의 전관예우를 활용한 범죄행위는 그 오고간 검은 거래의 규모나 정도 면에서 우리 사회의 신뢰 기반을 송두리째 잠식할 수 있는 심각성을 보여주었다. 전관예우가 외부에서 쉽게 식별할 수 없는 은밀한 성격임에도 관련 행위가 심심찮게 적발되고 있다는 사실은 이미 이런 행위가 만연되어 있음을 나타내는 것으로 보인다. 이쯤 되면 누군들 세간에서 이야기하는 "유전무죄, 무전유죄"가 사실이 아니라고 하겠는가? 그럼에도 전관예우의 뿌리 깊은 관행이 얼마나 더 갈지 알 수 없다. 법원 행정처의 원로 법관이 전관예우가 없다고 국회에 나와서 이야기하지 않았는가. 그는 국민이 안 믿어주니 답답하다고도 했다. 이 정도면 국민도 답답하기는 마찬가지일 것 같다.

2017년 5월 말 박근혜 재판에 증인으로 나왔던 증권계 인사가 한 방송사와 가진 인터뷰 내용은 여러 가지 측면에서 충격적이었다. 그가 말하기를 당시 삼성물산과 제일모직의 합병은 투자자들에게 명백한 손해인데도 국내 증권사들이 한화

증권만 빼고 이 합병에 대해 우호적인 의견을 냈는데 그 이유가 독립적인 의견을 낼 시 업계에서 '조리돌림'을 당하기 때문이라 했다. 그리고 더 나아가서 이런 부당한 관행이 멈추지 않는 근본적인 원인이 사법부에 있다 했다.[17] 재벌기업들이 아무리 큰 규모의 횡령, 배임죄를 저질러도 법원에서 집행유예로 풀려나는 것은 우리 판사들이 독립된 법관이 아니라 대법원장 휘하의 법원행정처에 소속된 관료이기 때문이라고도 했다. 또 증권사 리포트 99%가 자신들이 취급하는 주식이 모두 오를 것이라고 평가한다면서 2014년 현대중공업 사례를 들었다. 하나같이 오른다고 쓰다가 부실이 나자 이제부터는 오를 일만 남았다고 쓰고 또 몇 개월 후 다시 부실이 나자 이제는 정말 오를 일밖에 없다고 썼다는 것이다. 이쯤 되면 우리가 정말 눈 감으면 코 베어가는 세상에서 살고 있는 것이 아닌가 싶다.

법원의 문제로 돌아와서, 재벌에 유독 약한 사법부의 관행은 어디서 오는 것일까? 대법관이 되기 위해 법원 내 인사권과 대법관 제청권을 가진 대법원장의 눈치를 보는 것인지, 재벌 피고인이 고용하는 중량급 변호인에 대한 전관예우가 문제인지 살펴볼 일이다. 준사법기관이라는 한국 검찰은 왜 그렇게 소란한가? 한국의 사법제도는 일본을 거쳐 프로이센으로부터 왔다. 지금 보면 독일의 법원은 분권화되어 있어 우리와 많이 다르지만, 검찰의 수사권이나 경찰에 대한 수사 지휘권, 그리고 기소독점주의는 독일의 검찰과 지금도 많이 닮아 있다. 검찰총장을 임명하는 것도 한국에서 대통령이 하는 것이나 독일에서 법무부장관이 내각과 협의하에 하는 것이나 다를 바 없다. 국민으로부터 선출된 자의 임명을 받는 것이다. 함부르크 검찰청의 브란트Ehwald Brandt 지청장에게 독일 검찰은 한국 검찰과 똑같은 권한을 갖고 있으면서 왜 그렇게 있는 듯 없는 듯 조용하냐고 물어본 적이 있다. 브란트 지청장은 평소 생각해보지 못한 질문인 듯, 천천히 몇 가지를 이야기했다. 우선은 사법권력 행사에서 프로이센 시절부터 내려오는 사법전통을 이야기했다. 프로이센의 프리드리히 2세는 법치주의에 입각해 나라를 다스렸고, 사법권만큼은 존중하고 지배하려 하지 않았다. 그런 만큼 사법관의 판단은 절대적으로 사회적 신망과 존경을 받는다고 한다. 신성한 법을 정의롭게 집행한다는 명예로움보다는 권력과 출세, 입신양명의 수단으로 인식하는 유교문화의 양명론과는 본질적으로 다르다. 지금도 독일 판사들은 국가시험의 7% 이내에 들어가는 인재들로서 보수 면에서도 일반 공무원보다 더 나은 대우를 받고 개인적 자부심은 물론 그만큼 국가와 사회에 대한 도덕적 책임감을 갖고 있다 한다. 보수를 많이 주는 것은 독일이나 우리나라나 그 직책이 부패에 취약한 만큼 이를 예방하는 차원이다. 독일은 경찰과 소방대원들의 대우도 후한 편이다. 두 번째는 법원의 통제다. 2000년 이후 대검찰청 중수부에서 구속기소한 주요 권력형 비리사건 피의자 중 형이 확정된 119명의 대법원 판결 결과를 보면, 9명이 전부 무죄, 3명이 일부 무죄 판결을 받아 10.1%가 무죄 판결을 받았다.[18] 독일이나 일본의 형사사건 기소 인용률에 현저히 못 미친다. 이 정도면 검찰 기소권에 불신을 가져오기에 충분하다. 검찰 기소가 '아니면 말고' 식이 될 수는 없다. 독일 같은 이익균형 사회에서 어떤 한 집단이, 그것도 공권력을 행사하는 준사법기관이 우리처럼 "튄다"는 것은 이미 상상할 수 없는 일이다. 한 가지 더 생각할 수 있는 것은 우리 사회 지도층의 상대적으로 높은 범죄성이다. 검찰 기소권이 조명받는 사건은 일반 형사범들보다는 사회적으로 저명한 정치인이나 고위관료 또는 재벌들이 연루된 사건이다. 바로 지금 거론되고 있는 공수처 소관 사안이다. 이런 데서 발생하는 범죄사건이 워낙 많기 때문에, 이 중 어느 것을 수사를 하고 기소를 하느냐 하는 것부터 대개는 검찰의 '판단mercy'이 개재되며 여기서 검찰의 권력이 생겨난다고 보인다. 이렇게 본다면 검찰의 권력을 튀게 하는 것은 사실 검찰이 아니라 우리 사회 지도층의 부도덕성 때문이다. 장관 후보자들에 대한 청문회를 보자면 정말 이런 생각이 든다. 혹시 우리가 너무 엄격한 법을 갖고 있는 것은 아닐까? 함부르크 검찰청의 브란트 지청장의 말이다.

수사절차$^{Das\ Ermittlungsverfahren}$상 수사개시에 가장 결정적인 요소는 범죄에 대한 혐의이다. 예를 들어 "함부르크 슐레스비히-홀슈타인 북부은행$^{HSH\ Nordbank}$" 사건에서는 의심스러운 신용대체거래^{Kreditersatzgeschäfte}가 이루어졌다. 이것은 매우 위험이 높고 또 결국에는 비싼 거래가 되어 이 국립은행에 큰 손실을 끼쳤다. 그래서 검찰은 위법행위가 있었는지 수사에 착수해서 매니저가 월권행위를 저질렀는지, 그가 의도적으로 은행의 이익을 고려하지 않은 것인지, 배임죄가 성립되는지 등을 수사했다. HSH 북부은행 매니저는 1심에서 무죄판결을 받았지만, 항소 후 검찰이 부분 승소했다. 검찰이 자발적으로 혐의를 두는 경우는 드물다. 기업의 직원들이 해고당하면서 기업에 대한 정보를 갖고 검찰에 고발하는 경우가 종종 있으며, 익명의 신고자가 정보를 주기도 한다. 이 외에도 검찰이 주기적으로 회계원의 연례보고서를 검토하여 공적재원 이용과 관련하여 불일치하는 점들을 찾아내기도 한다. 한 부처의 장관이 민감한 사안에서 외적 지휘권$^{externes\ Weisungsrecht}$을 남용하려 할 경우 고발대상이 될 수 있다는 점을 고려해야 한다. HSH 북부은행 사건을 진행하는 동안 정치적 관련성이 있었다는 이야기가 있었지만, 검찰은 단 한 순간도 함부르크 법무장관의 지시를 받지 않았다[2016.6.23].

독일은 수동적인 법치국가를 넘어서 적극적인 '사회적 법치국가'로서의 역할을 자처하고 있다. 대표적인 예로 조세 포탈을 포함한 경제사범에 대한 처벌이 엄격하다. 최근 10~15년 사이에 경제사범에 대한 법규정과 판결이 더욱 엄격해졌다. 유럽에서는 독일이 가장 엄격한 편이며 미국도 그렇다. 세금추징을 당하면 회생이 불능할 정도다. 처벌이 가혹하다. 경제범죄에서는 경제인뿐만 아니라 사회 유명인사들에 대해서도 엄격하기는 마찬가지다. 대표적인 사례로 2014년 3년 반의 징역형을 받은 회네스$^{Uli\ Hönes}$ 바이에른 축구단$^{FC\ Bayern}$ 구단주와 2000년대 초반 2년의 집행유예를 선고받은 유명 테니스 선수 보리스 베커$^{Boris\ Becker}$ 그리고 그전에 3년 9개월의 징역을 선고받은 슈테피 그라프Steffi Graf의 아버지 페터 그라프Peter Graf 등을 들 수 있다. 독일에서는 최소한 무전유죄 유전무죄는 아니다.

미델호프Thomas Middelhoff는 독일 유수의 백화점 체인인 '카르슈타트Karstadt'의 모기업 '아르칸도르Arcandor' 사의 사장이었다. 회삿돈으로 헬기나 전세 비행기를 타고 다녀서 구설수에 올랐다. 2015년 배임죄로 징역 3년 형의 확정판결을 받았고 2016년 5월 빌레펠트에 위치한 중증장애자 사회복지시설에서 월 1785유로의 보수를 받고 사회봉사를 시작했다. 이때 한 달 수입 1785유로는 그전에 그가 44분 만에 벌어들이던 수입이다. 그는 한때 니스의 '클럽Club 55'에서 한 끼에 1530유로짜리 식사를 하기도 했고 2005년에는 2130만 유로의 보수를 받기도 했으나 지금은 빈털터리가 되었으며 2015년 개인 파산을 신고한 상태다. 남프랑스의 수영장 딸린 900m²의 주택도 2300만 유로에 매각했고, 그러고도 1억 유로의 빚이 있다 한다.[19]

고객정치는 망국병이다

독일의 모델적 요소로 조합주의 경제에 대해서는 제4장에서 설명했다. 독일제국 당시 개인이나 기업은 자신들의 자유로운 활동이 제약을 받자 '협회Die kammern'를 조직하여 자신들의 이익을 대변하게 했다. 노조나 사용자단체 또는 상공회의소나 동종 기업 간 협회Verbände/Vereine가 그런 것들이다. 이들 단체는 이런 불가피한 사회적 환경에서의 생존을 위해 광범위하게 조직되었다는 측면에서 영미권의 자발적 이익단체와는 발생 배경이 다르다. 독일의 이익단체는 보다 근원적이며, "독일에는 조직되지 않은 이익은 없다"고 할 정도로 사회 각계각층의 모든 이익이 조직화, 활성화되어 있다. 이는 바로 조합주의를 나타낸다. 그런데 독일 조합주의를 관통하는 운영원리가 '고객정치Klintelpolitik, clients politics'를 배격하는 것이다. 고객정치란 다수의 일반 이익을 담보로 소수 그룹의 이익을 도모하는 행위다. 정확하게 위법이나 불법행위는 아닐 수 있지만 탈법이나 편법에 가깝고 사회에 끼치는 부정적 영향은 지대하다. 부패나 정실주의에 가까운 행태로도 볼 수 있어 선진국과 후진국을 가르는 기준이 되기도 한다. 예를 들어 어떤 협회나 단체의 장이나 운영진이 자신들과 친분관계가 있거나 어떤 형태로든 이해관계가 맞아떨어지는 소수를 위해 전체 구성원들의 집단적 이익을 희생시키는 행위는 독일 조합주의 경제에서 매우 치명적이다. 독일의 협회들은 국가의 감독보다는 자체적인 정관을 통해 관리되기 때문에 협회의 당초 설립 취지나 목적 등을 자체적으로 준수하는 것이 전체 회원사들의 관점에서 매우 중요하다. 2017년 2월 함부르크 상공회의소는 이사진 선거를 통해 회장을 비롯한 지도부가 물갈이되는 계기를 맞는다. 여러 이유가 있겠지만 갈등이 처음 표출된 것은 2015년 12월 말 '명예로운 상인총회'에서 멜스하이머 회장이 정치 발언을 한 것이 발단이 되었는데 이것은 함부르크 상공회의소 정관을 위배했을 뿐 아니라 16만 개에 가까운 전체 회원사의 이익을 염두에 둔 발언도 아니었다. 그래서 고객정치의 발로였다고 보인다. 2015년 7월 북독일방송NDR의 마르모어Lutz Marmor 사장을 만났다. 지금도 그렇지만 당시 독일 언론매체는 한국에 대한 보도보다도 북한의 김정은에 대한 괴상한bizarre 가십성 보도에 더 큰 관심을 두고 있었다. 북한 인권문제도 부차적 관심사였다. 결국 상업적 목적에 경도된 것인데, 내가 이런 문제를 마르모어 사장에게 제기하자 그는 수긍하면서도 독일 공영방송의 중립성에 대해 덧붙였다. 그의 말이다.

내가 보도에 영향력을 미칠 수 있는 점은 정말 한정적이라는 것을 믿어주기 바란다. 독일 대중은 공정성에 예민한 감각을 가지고 있기 때문에 과소평가해서는 안 된다. 내가 어떤 식으로든 내 위치를 활용하여 보도조정 같은 것을 한다면 곧 눈에 띄게 되고, 공영방송은 비판의 대상이 될 것이다. 그리고 곧 사장인 나를 조사할 것이다[2015.7.23].

우리나라에서 기관이나 단체를 운영하면서 가장 문제시되는 것이 바로 고객정치다. 지난 국정농단 사태에서 불거진 '어버이연합'이나 '엄마부대' 같은 단체들의 관제데모에서 보듯이 이들은 해당 단체의 존립 목적이나 이해관계와 무관한 정치 활동에 동원되었다. 단체의 이름만 보아도 그 설립 목적이나 취지를 알 수 있을 것 같은 단체가 누가 보아도 엉뚱한 활동을 했다. 더욱이 전경련이 어버이연합의 이런 활동에 경비를 지원했다는데, 위법성 여부를 떠나서 이것이 고객정치라는 것은 틀림없어 보인다. 특히 우리는 사적인 네트워킹이나 체면을 중시하는 사회로 고객정치가 만연할 수 있는 토양을 제공하고 있다. 종합병원 예약에서처럼 공급은 제한되어 있고 수요는 많은 상황에서 아는 사람에게 우선권을 주는 고객정치도 있다. 정치적 목적은 아닐지라도 회장단의 개인적인 친소관계에 따라 단체를 운영하기도 한다. 자연히 그 회장단이나 운영진과 소원한 관계에 있는 사람들은 그 단체나 시설 이용에서 자의든 타의든 배제되기 쉽다. 해외에서도 지역 한인회 같은 단체 운영을 보면 그런 경향을 어렵지 않게 찾아볼 수 있고 심한 곳에서는 반대파가 회장이 되면 아예 뛰쳐나와 제2의 한인회를 만드는 경우도 없지 않다. 그런 사태의 발단은 정관 등 당초 설립목적에 따라서 최대한 공평무사하게 단체를 운영하겠다는 의지가 약한 데서 비롯한다. 고객정치는 그 성격상 외부로 잘 드러나지 않고, 드러난다 하더라도 이에 대한 대응수단이 마땅찮다. 결국 함부르크 상공회의소 사태에서 보듯이 그 단체의 구성원들 모두가 철저한 감시자가 되지 않으면 안 된다.

광의의 고객정치로 볼 수 있는 현상 중 하나가 우리나라에서는 기관 운영에서 기관장의 입김이 많이 작용한다는 것이다. 위법이나 불법이 아니라면 기관장이 마음껏 재량권을 행사해도 된다고 생각하는 경향이 있다. 기관장이 바뀌면 대개 그 기관의 건물 인테리어나 가구 배치 같은 것이 따라서 바뀐다. 방의 책상 위치를 바꾸는 정도가 아니라 큰 예산을 들여 인테리어를 바꾸고 건물을 개축하기도 한다. 이것은 기관장 자신의 선호나 취향 정도에 해당하는 아주 조그만 이익을 위해 전체 조직의 시간과 예산을 투입하는 것으로 볼 수 있다. 기관장의 선호나 취향이 다른 구성원들의 그것과 맞지 않을 수 있고 객관적으로 평균적인 지혜에 못 미치는 경우가 없지 않다. 좀 더 거시적인 차원에서는 정부가 바뀌면 정부조직법 개정으로 몸살을 앓곤 하는 사례를 들 수 있다. 개혁적 차원이라지만 결국 일정 시간이 흐르고 나서 보면 그런 조직 개편이 과연 필요한 것이었는지 되돌아보게 된다. 이것은 예산이 소요될 뿐 아니라 행정의 소비자인 국민들 입장에서도 혼란을 가져올 뿐이라는 평가가 대체적이다. 독일에서는 정권이 바뀐다고 해서 정부 조직을 바꾼다는 이야기는 들어보지 못했다. 고전적인 5대 부처인 외교, 내무, 국방, 법무, 재무부는 말할 것도 없고 시대의 변천에 따라 새로이 행정 수요가 생기지 않는 한 기존의 부처 기능을 이리저리 갖다 붙이고 떼어내고 하는 일은 없다고 보면 된다. 그리고 총리나 대통령이 원한다고 해서 되는 일도 아니다. 각 행정부처는 총리가 혼자 관장하는 것이 아니라 '부서ressort' 원칙에 따라 각 장관이 관장한다. 또 어떤 조직이든 내부적으로 조직 구성원들 간에 치열한 '이익균형'의 기제가 작용하고 있고 외부적으로는 독일 언론이나 시민들의 합리적인 감시가 따라붙기 때문이다. 그래서 독일에서는 기관장이라고 해서 무엇을 '마음대로' 해보겠다는 발상은 매우 '용기 있는' 일이다.

재외공관에서도 공관장들이 공관이나 관저의 인테리어나 가구 배치에 공을 들이는데 외교활동을 위해 불가피한 경우도 있지만 가끔은 지나치다는 생각이 들 때가 있다. 공관 건축을 할 때 다 지어진 집을 막판에 무리하게 설계변경을 하거나 건물의 효용도를 높인다고 개축을 하는데, 문제는 그렇게 하고 나서도 그 개축의 성과에 대해 누구나 동의하는 것은 아니라는 데 있다. 김영주 대사의 회고록에 보면 이런 자의적인 개축이나 인테리어, 비품 비치 같은 것이 선진국일수록 주인이 바뀌어도 잘 바뀌지 않는다고 했고 유감스럽게도 우리나라는 그 경우는 아니라 했다.[20] 미국은 대사가 건드릴 수 있는 것이 거의 없다고 해도 과언이 아니다. 이것은 규정문제라기보다는 공공재에 대한 사람들의 인식이나 문화의 문제일 것이다. 조직의 인사에서도 이런 경향이 있다. 외교부의 경우 그 특성상 해외 근무지를 배경으로 하는 소위 '스쿨'이란 것이 있다. 예를 들어 '워싱턴 스쿨'이나 '동경 스쿨'이 대표적이지 않나 싶다. 특정 고등학교를 중심으로 한 인맥 집단도 있다. 그래서 장관의 출신 '스쿨'이나 고등학교에 따라서 대개 이들의 인적 그룹에 속한 사람들이 인사에서 약진한다. 퇴직 후 외교부에 얼마 되지 않는 유관 기관 등에 자리를 줄 때도 역시 이런 현상이 발생한다. 나머지 직원들은 인사가 공평하지 않다고 생각한다. 외교부 직원들은 유난히 장관의 인사권에 목을 매야 하는 처지다. 타 부처와 달리 2~3년에 한 번씩 닥치는 재외공관 근무지 인사가 있고 특히 외교관의 꽃이라는 공관장 임명이 미, 중, 일, 러 주재 대사 정도를 제외하면 사실상 장관의 인사권으로 결정되기 때문이다. 외교관의 해외 근무 특성상 외교장관의 인사권은 외교관 가족들에게까지 그 영향을 미친다. 인사 때마다 인사원칙이란 것이 회람되는데 보편타당한 것이라기보다는 당해 인사를 정당화할 수 있는 선별된 인사 원칙으로 보인다. 재외공관장 평가제도를 도입할 때는 성과에 따른 평가 결과를 인사에 반영하겠다고 하고는 실제 인사를 할 때는 그렇게 하지 않는다. 약속을 지켜야 한다는 고심의 흔적은 보이지 않는다. 계급제를 폐지했다는 직위분류제가 시행된 뒤로는 그나마 인사의 투명성까지 현저히 후퇴했다. 성과급이 시행되면서 보수도 누가 얼마를 받는지 모른다. 이 모든 것이 장관의 '고객정치' 인사를 조장하는 측면이 있다. 독일의 직업공무원에 대한 인사와 보수는 직무연한Dienstjahr이 단연 기본이다. 발탁인사가 없는 것은 아니지만 매우 예외적이다. 지금 뮌헨안보회의 의장을 맡고 있는 이싱어Wolfgang Ischinger 대사가 몇 년에 한 번 있을까 말까 하는 그런 발탁인사에 해당했던 외교관이었다. 정책기획실장을 하다가 주미 대사로 발탁되었다. 물론 어떤 인사도 다수를 만족시키기는 쉽지 않다. 특히 우리의 경우 쏠림 현상이 두드러진다. 모두 워싱턴에 가겠다고 하면 누군들 이들을 만족시킬 수 있겠는가? 그런 점은 이해하지만 그럼에도 금도를 넘어서는 인사가 있으니 문제다. 전문성 측면에서 역대 독일대사 인사를 보면 특히 그런 생각이 든다. 독일에서 근무하고 독일을 아는 사람이 독일대사를 하는 것이 아니라 워싱턴이나 동경에서 근무한 사람들이 독일대사를 한다. 그러니 독일에 와서는 모든 것을 다시 시작해야 한다. 우선 언어부터 다르지 않나? 독일 사람은 영어를 해도 독일 사회는 영어를 못한다. 독일에는 영자 신문 하나 없다. 팔리지 않을 신문을 만들 이유가 없다. 공식적인 행사나 강연장을 가도 영어로 진행되는 곳은 없다고 보면 된다. 이것은 전형적인 고객정치형 인사다. 그런데 문제는 고객정치의 차원이 아니다. 중장기적으로 외교력과 국가경쟁력을 약화시킨다는 것이 더욱 문제다. 주차 위반을 하면 위법이 되고 벌금을 문다. 그러나 훨씬 큰 문제를 야기하는 고객정치의 횡행은 어떤 벌금도 물지 않는다. 양심의 가책도 받지 않는다. 재량행위라는 이름하에서 오히려 당당할 뿐이다.

한국의 대형 로펌들은 영업활동의 일환으로서 변호사가 아닌 전문가들을 대거 채용하여 자문 업무에 투입하고 있다. 실제로 대형 로펌에는 많은 퇴직 관료들이 다양한 고용 형태로 일하고 있다. 퇴직하고 로펌을 못 가면 이 '웬만한' 고위관료 축에 끼지 못한다. 이들은 언론에 기고를 할 때도 반드시 소속 로펌을 밝힌다. 무슨 효과를 보려는 것일까? 로펌의 변호사가 업무를 처리하는 과정에서 단순히 자문을 받으려 그 광범위한 분야의 많은 퇴직 관료들이 필요할까? 특히 방산, 금융, 공정거래 분야 같은 돈과 관련된 특정 분야에 고위 퇴직자들은 왜 필요할까? 자문이라는 명분으로 대거 영입하는 고위직들이 정부나 사법부를 상대로 로비활동을 한다는 오해를 불러일으킬 수 있는 대목이다. 독일 로펌에서는 이런 현상이 거의 없다. 우선 전관예우 같은 폐습이 없으니 법원에 대한 로비는 당연히 필요 없다. 독일에서는 오히려 정반대의 경우로 정부가 로펌에 법률안 작성을 위임하는 것이 문제라 한다. 이런 현상에 대해 로펌의 이해관계가 정부의 입법을 통한 정책수립에 영향을 미칠 가능성을 두고 비판이 제기되고 있다. 로펌은 의뢰인들의 입장을 대변하는 비즈니스를 하는 곳이지 공익을 대변하는 곳이 아니라는 것이다. 법을 만드는 것은 오로지 입법부만의 임무이며, 이를 위해서는 입법부에 속한 법률전문가들을 동원해야 한다는 주장이다. 생각건대 독일의 경우는 고객이 정부라는 것이고 변론을 맡기는 것이 아니라 법률전문가들에게 용역과제를 주는 것이라 할 것이다. 정부의 복잡다기한 업무에서, 특히 법제 부문에서 용역 수요가 발생하는 것은 당연하고 이 용역 사업을 가장 잘할 수 있는 실력 있는 법률전문가들이 포진한 로펌에다 맡기는 것이므로 크게 문제가 될 것은 없어 보인다. 그런데도 로펌 자신들의 이해관계나 로펌이 끼고 있는 많은 고객들과 연관 지어 혹시라도 그들의 이해관계가 개재될 수 있다는 우려가 있다. 그러니까 우리같이 로펌에 '전직'들을 대거 고용하여 정부나 법원에 대해 로비를 할 수 있다는 우려와는 다른 차원이다. 브레멘 대학의 히켈Rudolf Hickel 교수의 말이다.

독일에서도 '유착Verflechtung' 현상이 있지만 조합주의 경제 특성상 이는 매우 특별한 양태를 보인다. 한국처럼 대기업들의 총수 같은 기업 상층부 인사들을 중심으로 개인화된 유착이 일어나는 것과는 대비된다. 독일에서는 협회라는 조직이 권력을 갖고 있고 이들의 이익 표출은 이 조직을 통한 정상적인 로비로 이루어진다. 예를 들자면 만약 어떤 약의 사용을 엄격하게 하는 법안이 채택된다면 베를린에 있는 의원들과 많은 로비스트들이 융단 폭격을 퍼부을 수 있다. 일부 매수 사례도 있을 것이다. 물론 밝혀지면 체포된다. 하지만 독일에서는 이런 로

비가 개별적, 개인적으로 진행되기보다는 강력한 협회 차원에서 보다 공개적인 방식으로 이루어진다. 도이체방크의 CEO였던 아커만Josef Ackermann이 메르켈 총리와 친분이 있다고 해서 그가 메르켈의 정책에 개인적으로 영향을 미친다고는 아무도 생각하지 않는다. 다만 로펌이나 기업의 전문가가 정부의 입법 과정에 동원되는 경우가 있는데 EU에서 은행 규제 관련법을 손질할 때 도이체방크 직원이 재무부에 몇 달씩 가 있곤 했다. 금융계의 복잡한 사정은 은행 직원만이 정확히 알 수 있기 때문인데, 그렇지만 이 입법과정에 이들의 입김이 영향을 미칠 수 있다는 것은 상상해볼 수 있겠다[2017.4.12].

민간경제에서 볼 수 있는 '기부'에 대해서도 이것을 공개적인 부패로 보기도 한다. 관행이란 이름으로 포장된 스폰문화도 마찬가지다. 오죽하면 독일 언론에서도 삼성장학생을 거론하겠나. 삼성뿐이 아니다. 예를 들어 "돈이 될 만한 학회"가 개최되면 기업들이 외국까지 따라다니며 후원을 한다. 후원을 받은 쪽은 언젠가는 반드시 보답을 한다. 언론 기고 등을 통해서 기업 편을 드는 것이다. 물론 학설로 포장하는 것을 잊지 않는다. 경제적 동물인 인간이 아무런 대가도 바라지 않고 기부나 후원을 한다는 것은 있을 수 없다. 단지 명칭이 달라서, 공공부문에서는 부패라고 하며 민간부문에서는 기부나 후원이라고 할 뿐이다.[21] 어떤 정치세력이 특정 지역이나 집단의 이익을 염두에 두고 경제, 재정정책에 관한 결정을 내린다면 그것은 전형적인 고객정치. 과거 독일 자민당은 자민당에 대한 폰 핑크August von Finck junior의 정치자금 기부와 관련하여 부가세율 인하를 주도했다는 의심을 받았고, 이 조치로 혜택을 받은 폰 핑크의 호텔 요식업체인 "뫼벤피크" 당Mövenpick-Partei이란 비난을 들어야 했다. 슈나프 교수의 말이다.

독일에서 로비에 대한 시선은 점차 부정적으로 변화하고 있다. 이는 1990년대 이후로 조합적 모델이 천천히 없어져 가고 있는 것과도 관련이 있다. 독일에는 자금이 풍부한 이익단체들이 의원들의 선거운동을 후원하는 미국과 같은 로비 활동은 없다. 이러한 로비 형식은 불가능하고 필요하지도 않다. 왜냐하면 이익단체들은 어쨌거나 다른 방식의 메커니즘들을 통해 연방정부 활동에 개입하기 때문이다. 연방의회, 부처, 단체의 대표들이 서로 대화하고 싶다면 이들은 활짝 열려 있는 '대문Vordertür'을 이용하면 된다. 이익단체가 보다 다양한 형태가 되었고, 이익을 표출하려는 시도가 본래 복수적인 민주주의 사회의 속성상 당연하다는 주장에도 불구하고 이익단체들이 정부에 다가갈 때 더욱 자주 비판적으로 보여진다. 그리고 로비는 모든 단체들이 이 통로에 접근할 수 있는 동등한 기회를 가질 때만 공정하다. 돈과 같은 요소들이 특정 단체의 영향력을 높인다면 이것은 문제이다. 그리고 접근성의 평등은 15~20년 전보다 오늘날 더 나쁘다고 말할 수 있다. 이러한 상황을 비판적으로 보아야 하고 이것이 다시 변화해야 한다. 불평등은 늘 존재한다. 그럼에도 기회가 어느 정도로 균형을 이루도록 주의해야 한다. 지금까지 독일에서는 이러한 균형이 잘 이루어졌다[2017.3.17].

브란트 함부르크 검찰청 지청장의 말이다.

사법계에서 일어나는 로비는 원칙적으로 없다고 보면 된다. 하지만 입법과정에서 연방의회와 주의회 차원에서 이루어지는 변호사들의 로비활동은 영향력을 갖는다. 예를 들면 서면화의무Dokumentationspflicht, 피고자변호인Pflichtverteidiger 선임의무 등과 관련된 법 개정의 경우 변호사협회의 로비활동으로 입법 시 변호사에게 유리하게 된 것이다. 물론 이런 변화들이 의뢰인을 위한 것이라고 주장할 수도 있지만, 이로 인해 절차가 길어지고 비용이 비싸지는 경우가 대부분이다. 문제는 채무제한Schuldenbremse으로 인해 법원과 검찰에서도 이에 맞게 예산을 증액

하고 인력을 증원할 수 없다는 것이다[2016.6.23].

관료주의가 민주주의의 적인가?

"민주주의의 적은 공산주의가 아니라 관료주의"라는 한 국내 신문의 인터뷰 기사는 제목부터 가히 충격적이었다.[22] 국정농단의 길목마다 관료가 무기력했다는 이야기도 나오는데, 원래 관료는 국민으로부터 선출된 정치권력에 "무기력"하도록 만들어진 조직이다. 국민의 의지가 선출된 정치권력을 통해 관료제로 구현되기 때문이다. 아무튼 오죽하면 이런 주장이 나오겠는가 싶고 공직자들의 반성이 요구되는 대목이다. 물론 관료나 관료제^{Bürokratie}가 민주주의의 적이라는 주장은 아닐 터이고 부정적 의미의 관료주의^{Bürokratismus}를 가리키는 것으로 보인다. 하지만 관료든 관료주의든 이것이 민주주의의 적이라는 발상에는 동의하기 어렵다. '관료주의'란 말의 본래 의미는 '탁상 행정^{Schreibtischherrschaft}'이란 정도의 뜻이다. 융통성이 없다는 의미일 게다. 행정은 국가 목적의 최종적 구체화 과정으로서 사실 관료는 법과 규정대로 행정을 하는 것이다. 그러니 행정과 관료주의는 태생적으로 딱딱할 수밖에 없다. 그럼에도 국가와 사회를 위한 관료나 관료제의 역할과 기여는 매우 중요하다. 막스 베버는 관료제를 합법적 지배의 이성적 형태로 보았고 현대 사회에 필수적이라 보았다. 직업 공무원제를 가장 이상적인 관료제라고도 했다. 관료가 잘한다 또는 잘못한다는 차원에서 접근하기보다는 제도로서의 관료나 관료제가 갖는 긍정적 의미를 인식해야 한다. 공직 사회나 민간 사회나 모두 인간 세상이므로 기본적으로는 똑같은 잣대를 갖고 바라봐야 한다. 부정을 하거나 범죄를 저지른 사람들에게는 공직자든 민간인이든 개별적인 책임을 묻는 식이어야지 공직 사회 전체나 그 소속집단을 매도하는 식은 곤란하다. 공직자들에게 요구되는 특별권력관계는 또 다른 문제다.

R&D 사업을 삼성전자가 주도한다면 한국의 실리콘밸리가 탄생하고, KT가 대학을 건립하면 서울대보다 나을 거라는 이야기에도 동의하기 어렵다. 정부나 민간조직을 놓고 볼 때 일각에서 말하는 민간이나 민간조직이 정부조직보다 더 능률적이고 청렴하다는 생각이 과연 검증된 보편타당한 생각인가? 많은 국가에서 정부와 공공부문이 국가발전 과정에서 긍정적인 역할과 기여를 해왔다. 민간부문이 더 효율적이라는 주장은 근거가 없다.[23] 신자유주의자들이 정부와 공무원들을 중상모략하면서 광범위하게 불신을 조장해왔다고까지 말해진다.

국가는 어떤 일을 해야 하고 어떤 일을 할 수 없는가? 사기업에 대해서도 똑같은 질문이 제기된다. 민영화의 한계 문제다. 기준은 국민의 생명과 자유, 그리고 그것을 담보하는 수단인지의 여부일 것이다. 시민의 생명과 재산을 보호하는 일은 예나 지금이나 국가의 몫이다. 독일에서는 연방군 병영의 경비를 사기업에 맡기는데 여기에도 많은 비판이 따른다. 그런데 군대와 경찰이 민영화된다면 어떻게 될까? 결국 우리의 생명과 재산을 송두리째 남에게 맡기는 셈이다. 그리고 생명과 재산에 버금가는 보건과 교육, 또한 신체와 사상의 자유 확보에 필수적인 교통과 통신/인터넷도 마찬가지다. 함부르크에서는 병원이 민영화된 이후 상시 배치하는 간호사 숫자가 줄고 환자를 조기 퇴원시키는 등 불만이 많아졌다 한다. 병원에서 근무하는 몇몇 간호사에게도 물어보았지만 한결같은 대답은 민영화 후 개선이 아니라 개악의 길로 들어섰다는 것이었다. 독일에서는 신생아 검진 시 의사들의 이상징후 보고를 의무화하고 있고 사회관청 직원이 영유아가 있는 가정을 불시에 방문하여 그 주거환경이 불량한지를 점검하고 필요시 주거이전 명령을 내리기도 한다. 이것은 영유아가 어느 정도 성장할 때까지는 부모도 믿지 않고 국가가 그 생명을 보호하는 책무를 다한다는 개념이다. 그러니 이윤 극대화를 목표로 하는 사기업에 국민의 생명과 자유를 다루는 일을 맡길 수 없다는 것은 당연하지 않은가. 교통과 통신은 민영화되었지만 국가의 통제는 여전하다. 전기와 수도도 마찬가지다. 항공사는 민영화해도 항공교통은 국가의 통제하에 있다. 자동차 제작 같은 것은 민간과 시장이 더 잘할 수 있다. 자동차 제작을 국가가 했던 구소련의 실패 사례는 우리도 익히 알고 있다. 2차 대전 후 무차별적인 경쟁원리가 도입되었지만, 이제 그런 시대는 지나갔다. 사회적 시장경제가 사회보장만을 의미하는 것은 아니다. 무차별적인 시장의 탐욕으로부터 시민들을 보호하고자 함이었고, 무차별적인 민영화에 거리를 두는 시스템도 사회적 시장경제의 일부다. 시민 생활에 필수적인 분야는 원칙적으로 국가가 관리하고 부득이 민영화하더라도 국가가 감독의 끈을 늦추지 않는다. 교육분야도 마찬가지다. 지식은 신체 활동의 일부로서 독일에서 지식과 교육이 공공재로 간주된다. 물론 국가가 교육이나 연구의 내용에는 개입하지 않는다. 독일에서 과거 민영화를 촉진시켰던 이유 중 하나도 민간이 잘해서라기보다는 공무원 연금 부담을 줄이려는 것이었다. 예전에는 우체국 집배원도, 철도 사무원도 모두 공무원이었다. 특히 독일 공무원은 기여금을 내지 않기 때문에 국가의 부담이 더 커서 공무원 규모를 줄이는 것이 필요했다. 그리고 민영화되었다 해도 정부가 여전히 일정 지분을 갖고 있다. 연방철도는 정부가 아직도 100%의 지분을 갖고 있다. 시장경제에서 정부가 운영자로서 직접 개입하지 않지만 소유나 감독을 포기하는 것은 아니다. 독일에서는 연방정부가 아닌 주정부에서 관장하는 '주정부 사무Ländersache'로 내무, 사법, 교육, 문화, 보건, 환경 분야가 있는데 이것은 덜 중요해서가 아니라 오히려 주민들의 자치 이념에서 볼 때 더욱 중요하기 때문에 '보충성의 원칙'에 따라 연방에 맡기지 않고 주정부가 직접 시행하는 것이다. 내가 만난 쥐스Dirck Süss 함부르크 상공회의소 사무차장은 독일 경제의 성공요소로서 법치주의와 관료제를 서슴없이 꼽았다.

독일모델의 특징은 우선 자유로운 시장과 경쟁에 있다. 개방된 시장과 함께 사회적 안전망이 갖춰져 있어 사회적 안정을 확보하고 있다. 사람들은 안정과 만족을 느끼고 있으며, 성실하며, 국가를 신뢰하고 있다. 아울러 독일은 법치국가이며, 신뢰할 수 있는 관료제와 함께 안정적인 정치 시스템을 갖추고 있다. 많은 사람들이 독일 전체가 지나치게 관료주의적이라고 불만을 표하고 있지만, 사실 우리는 그 덕을 보고 있는 것이다[2015.10.13].

국가에 대한 시민들의 신뢰 역시 독일의 특징이다. 나치의 역사도 국가에 대한 독일인들의 신뢰를 동요시킬 수 없었다. 국가에 세금을 내는 것에 대해서도 거부감이 없는 것은 물론, 궁극적으로 낼 만한 가치가 있다는 탁월한 감각을 갖고 있다. 국가에 대한 긍정적인 이해라고 볼 수 있다.[24] 언론인 슈만^{Harald Schumann}의 이야기다.

오늘날 공무원직은 19세기의 프로이센 같지는 않지만, 독일 공무원과 공직 교육은 개인의 이익이 아닌 공익의 대표자라는 것, 그리고 공정해야 한다는 소명을 인식한다. 이것은 독일이라는 국가의 오래된 전통이다. 잘 작동하고 효율성 있는 정부는 실로 중요한 특징이다. 그렇기 때문에 독일 사람들은 외국에서 익숙지 않은 전통과 관습에 갑자기 직면했을 때 어떻게 행동을 해야 할지 몰라서 늘 절망한다. 그들이 그리스에서 땅을 사고 집을 짓고 싶을 때 지방법원에 가서 이렇게 말하는 것은 충분하지 않다. "여기 공증받은 계약서가 있어요. 지금 이 땅이 나의 소유라는 것을 등록하고 싶습니다. 건축허가를 해주기 바랍니다." 그리스에서는 이렇게 되지 않는다! 그리스에서는 집을 짓는 것이 허가되기 전에 제일 먼저 이것을 허가해주는 공무원을 알아야 한다. 그것도 개인적, 사적으로 알아야 하며 가급적 최소한 점심은 같이 먹어야 한다. 그렇지 않으면 아무것도 할 수 없다! 그것은 반드시 부패했다기보다는 그저 다를 뿐이라는 생각이 든다. 하지만 이것은 그다지 효율적이지 않다. 아마도 점심을 같이 먹는 것은 세금을 내는 것보다는 저렴할지도 모르겠다. 그러나 이것은 굉장히 수고스럽다. 그리고 그것이 단순히 집을 짓는 것이 아니라 좀 더 복잡하고 큰일에 관한 것이라면 아주 어렵다 [2016.6.17].

나는 독일에서 우리 인천공항의 우수성에 대해서 높이 평가하는 독일 사람들을 많이 보았다. 인천공항은 내가 보아도 세계 제일이다. 내가 비행기에서 내려 입국심사대를 거쳐 컨베이어 벨트에서 떨어지는 짐을 찾아서 세관을 통과하여 스크린 도어를 나오기까지 정말 10여 분 만에 통과한 적이 있다. 세계 어느 공항도 이런 곳은 없다. 실제 인천공항은 세계 공항 평가에서도 다년간 최정상을 차지했다. 이 공항은 세계가 놀랄 정도로 신속하게 건설되었다. 만약 인천공항이 민영화가 되면 더 나아질까?

물론 권위적인 관료 또는 관료주의가 분명히 있겠지만 지난 20~30년간 많이 바뀐 것도 사실이다. 나의 개인적 경험일지는 모르겠으나, 가장 권위주의적이라는 청와대 경호실도 김대중 정부 때부터 그 분위기를 일신했다. 세관은 1990년대부터 많이 바뀐 것으로 기억한다. 귀국해서 세관에서 컨테이너 이삿짐을 찾는데 무환과 민원실에서 서류를 작성하는 나를 보고 담당 과장이 창구로 직접 나와 친절하게 설명도 하고 안내도 해주었다. 물론 그는 내가 전혀 알지 못하는 사람이었다. 이런 친절한 서비스가 전화응대를 포함해서 이제는 어떤 관청을 가도 제공된다. 우리 재외공관도 마찬가지다. 민원인의 필요에 따라 주말에 나가서 여권을 만들어주는 나라는 흔치 않다. 우리가 실생활에서 관료주의 때문에 불이익을 보거나 애를 먹는다는 인식은 선입견일 수 있다. 아마도 관료주의와 관료의 부정이나 부패문제를 혼동하는 것은 아닌가 싶다.

부정이나 부패의 규모로 보면 민간부문이 더 클 수밖에 없다. 전체 경제에서 차지하는 비중이 민간부문이 훨씬 크기 때문이고 민간 경제의 주체들이 대부분 개인 회사가 아니기 때문이다. 개인 회사가 아닌 경우에는 회삿돈을 잘못 쓰면 부정이 된다. 국가 돈인 예산만 부정 사용되는 것은 아니다. 공직자는 조그만 부정도 주목을 받는다. 그러나 정경유착 혹은 민간 쪽의 통 큰 부정이나 부패는 별로 주목하지 않는 경향이 있다. 슈나프 교수의 이야기다.

일상적으로 사용하는 '관료주의'라는 말은 독일에서도 부정적인 의미를 지닌다. 사람들은 관료주의와 관련해 불친절했던 실무자나 장시간 기다려야 했던 관청의 복도를 떠올릴 것이다. 여기서 이것은 '전형적인 관료주의'이다. 베버는 학문적으로 관료주의에 대해 기술했고 관료주의의 긍정적인 측면은 물론 부정적인 측면도 찾았다. 그는 특정한 조직유형을 묘사하기 위해 어떠한 가치평가도 없는 개념을 사용했다. 나는 관료주의의 긍정적인 효과가 우세하다는 것에는 논쟁의 여지가 없다고 생각한다. 현대 국가는 관료주의 없이 작동할 수 없다. 권한이 명확하게 규정된 관청의 직원들이 없다면 우리 시스템은 운영될 수 없다. 관료기관의 조직원칙에 따라 거대한 업무는 체계적으로 완수되기 위해 수천 개의 작은 조각으로 나뉜다. 이러한 모든 것을 고려해보면 관료주의는 근본적으로 긍정적인 것이다! 아울러 나는 독일 관료주의가 아주 잘 작동한다고 생각한다. 가끔은 어느 정도 대기시간이 요구되더라도 나는 관청에서 큰 지장 없이 나의 권한 안에 있는 일들을 처리한다. 이 외에도 포퓰리즘과 관련해 행정의 질을 평가했던 프로젝트도 있었다. 여러 국가에서 행정의 질과 우익 포퓰리즘의 비용을 측정해본 결과, 행정이 나쁠수록 우익 포퓰리즘이 더 강하게 나타난다. 납득이 되기도 하는 일이다. 정치적 결정이 행정의 형태로 국민에게 다가가는데 그 행정이 만족스럽지 않다면 말이다![2017.3.17].

독일인들은 국가주의 또는 민족주의라면 치를 떠는 사람들이다. 그러나 이것을 국가에 대한 신뢰 문제와 혼동해서는 안 된다. 독일인들이야말로 국가나 정부에 대한 긍정적인 생각을 갖고 있고 납세의 의무도 정확히 이행하는 사람들이다. 국가나 정부에 대해 일방적으로 부정적인 생각은 도움이 되지 않는다. 차이트 재단의 괴링Michael Göring 이사장의 말이다.

> 국가에 대한 독일인들의 신뢰 역시 독일의 특징이다. 사람들은 기꺼이 세금을 내며, 세율이 약간 높기는 하지만 세금제도가 전반적으로 잘 짜여 있다고 여긴다. 사람들이 국가와 어떠한 연계성도 갖지 않는 이탈리아와 비교해보라. 나치의 역사도 이런 점에서 국가에 대한 사람들의 신뢰를 빼앗아갈 수 없었다. 1871년 독일제국 당시부터 독일인들은 특히 세금이 궁극적으로 낼 만한 가치가 있다는 탁월한 감각을 갖고 있었다. 국가에 대해 긍정적으로 이해하는 것이다[2017.2.27].

미국이나 독일은 기업 범죄를 추상같이 다룬다. 기업 범죄는 그 피해가 전 국민에게 미치기 때문이다. 생각해보라. 전국을 영업망으로 갖고 있는 거대 통신기업이나 건설업체에서 가격 담합행위나 로비를 통해 시장 가격을 인위적으로 높이거나 소비자 보호 규정 같은 것을 완화 또는 무시한다면 그 피해는 어느 특정 계층이나 지역에만 미치지 않는다. 재벌기업들의 드러난 불법 로비사례만을 보더라도 그 대상이 관료, 정치인, 언론은 물론 필요에 따라서는 민간단체 등으로까지 상당히 광범위하게 뻗쳐 있음을 쉽게 볼 수 있다. 물론 정경유착과 같이 공적 영역인지 민간부문인지 확실히 구분이 안 가는 측면도 있지만 적어도 관료주의와는 거리가 있어 보인다. 우리 사회의 공적영역에 대한 과도한 불신은 바람직하지 않다. 특히 김영란법이 발동되면서 공직자들의 부정부패는 법제도적으로 더욱 제한을 받게 되었는데 민간부문의 부패 문제는 아직 이렇다 할 특별한 제재수단이 없어 보인다. 독일에서는 2017년 6월 초 뇌물 공여, 자금세탁, 탈세 등에 연루된 기업의 부정행위를 처벌하는 법규를 연방하원에서 통과시켰다. 사람을 처벌하는 것이 아니라 기업을 처벌하는 것이다. 기업들을 소위 '검은 명단schwarze Liste'—이 것은 정당한 블랙리스트다—에 올려놓고 공공조달 시장 등에서 완전히 배제시킨다. 민간기업의 범죄가 늘고 있다는 반증이다.

사회범죄학자인 틸만Robert Tillman과 폰텔Henry Pontell은 기업범죄의 예방을 강조 한다. 이들에 따르면 기업범죄의 한 가지에 불과한 증권범죄만으로도 미국 내 한 해 손실액이 3800억 달러로 추산되며, 그 예방책으로 기업범죄가 반드시 그리고 엄중히 처벌된다는 두 가지 확신이 있어야 한다고 했다. 기업범죄는 언제나 그에 따른 이득과 결과를 치밀하게 계산한 후 이루어지므로 그 계산이 사회의 편에 서 도록 해야 한다는 것이다. 이들은 폴크스바겐 사의 배기가스 조작 사건도 발각될 가능성을 낮게 보았기 때문이라고 했다. 2008년 기업 재정 도산의 원인을 분석한 미국 재정위기조사위원회의 보고에 따르면 기업들에 부과된 가벼운 벌금 제재는 마치 슈퍼마켓에서 1000달러를 털어간 강도에 대해 25불의 벌금만 물리는 격이라 했다. 그리고 이것이 기업도산의 원인이었다면서 이들은 기회가 오면 똑같은 짓 을 할 것이라고 질타했다.[25]

유럽국가들 가운데 현인 집단이 공직자나 학자로서 가장 영예로운 대접을 받 았던 나라는 프로이센과 독일이다.[26] 현인 집단의 전문적 식견이 국가 행정의 핵 심으로 침투하기 시작한 시기는 17세기 후반에서 18세기경이었다. 프로이센에서 는 잦은 전쟁에 따른 비용을 감당하려면 어쩔 수 없이 채택해야 하는 변화의 방향 이라고 판단했으며, 특히 프로이센의 프리드리히 2세는 전문관리들이 운영하는 영역을 왕가의 영역에서 분리했고 그 위상을 높게 설정했다.[27]

독일에서는 대학교수를 하다가 갑자기 장관 등 공직에 임명되는 폴리페서는 거의 없다. 이유는 간단하다. 모든 직종이 전문화되어 있고 공직이라는 직업도 그

범주에서 벗어나지 않기 때문이다. 아울러 상아탑 속의 교수들이 이러한 관직에 필수적인 실용주의적 역량을 갖추고 있다고는 생각하지 않기 때문이다. 당연히 있어야 할 칸막이가 있는 셈이다. 독일은 전문 직업인들의 사회a society of profession 다.[28] 부체리우스 로스쿨의 토른 교수의 이야기다.

우리는 이 우수한 두뇌들이 벽에 못을 박는 일은 하지 못할 것이라 생각한다. 교수들은 자신들의 '도그마'를 통해 재능을 발휘하며, 이를 강경하게 고수하려는 경향이 있다. 하지만 정치인들은 유연하고 타협할 줄 알아야 한다. 정치인이 아닌 교수 등 전문직들이 정부에 참여하는 경우, 이를 테크노크라트 정부라 한다. 독일에서는 상상하기 힘든 일이다. 독일에서는 소위 직업정치인들이 다른 경력이 전무하며, 그 때문에 오히려 현실성이 부족하다는 비판이 있지만 개인적으로는 이것이 나쁘지 않다고 생각한다. 다른 업무와 마찬가지로 정치는 전문가에게 맡겨야 한다. 교수나 언론인들이 공직을 차지하는 것을 막는 법적 제한은 없지만, 그런 생각을 아예 하지 않는다.

공직자의 특별권력관계에 따른 정치적 중립 유지는 당연한 것이지만 개인으로서의 공무원의 정치 참여가 어느 정도 허용되는지는 국가에 따라 다소 편차를 보인다. 그럼에도 공직자의 정치 참여나 입장 표명에 대해 관대한 방향으로 가고 있음이 보편적 추세임을 볼 수 있다. 카르펜 교수의 관련 설명이다.

독일에서는 공무원도 정당 당원이 될 수 있다. 가령 나는 당원이면서 공무원일 수 있다. 공무원인 국립대학 교수로서 나는 사회에 공공연하게 영향을 미치고 이야기할 수 있는 장점도 갖는다. 나는 또한 일어나서 "이 중요한 시점에 투표를 하는 것은 우리 모두의 의무입니다! 투표하러 가세요!"라고 말할 수도 있다. 하지만 이와 반대되는 말은 결코 하지 않을 것이다. 국민적 관점에서 전혀 납득이 되지 않기 때문이다. 그러나 내가 공무원으로서 "투표소에 가서 누구누구 후보를 뽑으세요"라고 말하는 것은 금지되어 있다. 나는 강단에서 "나는 복수 정당주의를 지지합니다. 기민당은 이렇고 사민당은 저렇습니다"와 같은 말은 할 수 있다. 하지만 "기민당을 뽑으세요"라고는 할 수 없다. 독일에서는 공개경선 참여가 허용된다. 나는 기민당 공개경선에 참여할 것이다.[29]

제7장

지식과 교육은 공공재

요람에서 무덤까지 무상교육

독일은 탁아시설과 유치원인 키타^{Kita}부터 초중등학교, 대학교까지 학비가 없다. 평생 무상교육이다. 심지어 노인들도 대학에 나와서 강의를 들을 수 있도록 배려한다. 그러니 요람에서 무덤까지 교육에 관한 한 천국이다. 독일은 대학교육의 공적 부담률에서 세계 9위다. 미국, 영국, 한국이 바닥권에 있다. 미국이나 한국은 독일처럼 정부가 대학 학비를 부담하지 않고 학부모나 학생들이 부담하는 구조다. 2014년 기준 미국과 한국의 연평균 대학등록금이 미국 2만 5226유로, 한국 667만 원(2015년 5월 기준, 5340유로 상당)인 데 비해 독일은 635유로로 나타났다. 독일 국립대학은 학비가 없다. 바이에른을 포함한 기민, 기사당이 집권하고 있는 몇 개 주에서 학기당 480유로를 받다가 학생들의 항의로 4~5년 전부터 없어졌다. 차이트 재단의 괴링 이사장은 학기당 우리 돈 40만 원 정도인 350유로의 학비는 내는 게 좋다고 제언한다. 우리나라는 학비부담이 너무 커서 문제인데 독일은 한 푼도 받지 않아 문제인가 보다. 독일은 교육과 지식이 공공재라는 인식하에 교육에 국가재정이 투입되는 것을 당연시하며, 이 연장선상에서 무상교육을 국가의 시혜라기보다는 책무로 본다. 물론 무상교육만이 교육의 성공을 보장하지는 않는다. 배우는 사람들의 지적 관심 같은 인간적 요소가 더해져야 한다. 그렇기에 카타르 같은 중동국가들도 무상교육을 제공하면서 여기에 더하여 학생들의 지적 관심을 불러일으키기 위해 노력하고 있다. 독일은 이 두 가지가 완벽하게 맞물려 일어나고 있는 교육대국이며 이는 독일의 성공을 가져오는 가장 큰 힘이라 하지 않을 수 없다.

독일은 무상교육에 더해 「연방교육촉진법」에 따라 정부 재원의 '바펙BAföG' 장학금으로 학생들을 지원한다. 독일 대학은 학비가 없으므로 바펙은 생활비를 지원하는 것이다. 30세 이전의 대학생들과 직업훈련을 받는 도제Azubi를 지원 대상으로 하며, 10학년 이상의 집을 떠나 유학하는 고등학생과 외국인 학생이라도 영주권이 있거나 5년 이상 체류하면 수혜 대상이다. 경제적 형편이 어려운 학생들에게 주는 바펙 장학금은 고등학생들에게는 무상grants으로 지급하며, 대학생들에게는 반은 무이자 대출loans로, 반은 무상으로 지급한다. 대출 상환은 대출이 끝난 후 5년 후부터 시작하여 20년까지 분할 상환하며, 실제 대출받은 금액의 과다에 상관없이 개인당 최대 1만 유로까지만 갚으면 된다. 졸업 후 취업을 하지 못하거나 월수입이 1070유로에 못 미칠 때는 상환치 않아도 된다. 도제는 대출금을 상환 일정보다 조기에 갚을 경우에는 50%까지 감면해준다. 바펙은 제대로 된 장학금이다. 경제적 형편이 좋지 않은 학생들도 학업을 할 수 있도록 국가에서 생활비까지 배려하는 것이다. 이 정도면 자식들 교육을 부모가 시키는 것이 아니라 국가가 시키는 셈이다. 일반 바펙 외에도 '마이스터 바펙Aufstiegs-BAföG'도 있고, 직장인들의 계속 교육을 지원하는 '교육프리미엄Bildungsprämie'도 운영한다. 교육 천국이다.

최소한 교육 여건 측면에서는 그렇다. 첸처^{Peter Tschentscher} 함부르크 재무장관의
교육 재정지원에 대한 생각이다.

> 대학교육은 물론 직업교육에의 접근성도 중요하다. 우리는 사회의 모든 분야
> 에 잘 교육받은 사람들이 필요하다. 왜냐하면 우리는 높은 과학적, 기술적 수준
> 을 전제로 하는 지식사회에 살고 있기 때문이다. 양질의 직업교육이나 대학교육
> 을 받을 수 있는 기회가 모두에게 주어져야 한다. 기회균등과 경제번영은 동전의
> 양면이다[2016.12.17].

2014/2015년 겨울학기에 등록한 270만 명의 대학생 중 약 65만 명과 25만 9000
명의 고등학생들이 바펙을 지원받았다. 원칙적으로 신청자의 재산과 수입 상태
그리고 부모의 집에서 학교를 다니는지와 부모의 수입 상태 등도 고려한다. 첫
2년간은 본인의 학업 성적과 무관하게 지원받는다. 2017년 상반기 현재 매달 최
대 670유로까지 지원되며 10세 이하 어린이를 부양할 경우 매달 130유로를 추가
로 신청할 수 있다. 보통은 매달 몇십 유로에서 몇백 유로까지 지원받는데, 단 몇
십 유로의 돈이라도 많은 학생들이 기꺼이 받는다고 한다. 바펙을 받아야 학생들
에게 주는 다른 혜택(TV 시청료 면제, 통신요금 할인 등)을 받을 수 있기 때문이다.
이렇게 보면 바펙은 대출이라기보다는 무상에 가까운 생활 장학금이다. 2015년
부터는 연방정부 예산에서 전액 부담함으로써 주정부의 부담을 줄여주었다. 2015
년 바펙 예산 지출은 30억 유로였다. 연방교육부의 예산이 대략 190억 유로이니
그중 1/6 이상이 바펙 장학금으로 사용된다. 독일의 교육은 연방보다는 주의 소관
이다. 연방은 보충성의 원칙에 따라 바펙처럼 연방 차원에서 단일적으로 시행하
는 것이 효율적인 분야에서 보충적으로 도와준다. 연방, 주, 기초지자체를 합한
독일 정부의 교육예산은 2013년 기준으로 약 1500억 유로 규모이며 이 중 2/3가

주정부 교육예산이다. R&D 예산 800억 유로는 별도다.

독일에는 무상으로 다닐 수 있는 국립대학이 일반적이지만, 학비를 내야 하는 사립대학들도 적잖이 있다. 1970년대부터 설립되기 시작한 사립대학은 현재 127 개교에 등록 학생도 약 14만 명이 되지만 학비를 받기 때문에 특화된 경쟁력이 없으면 도태되기 쉽다. 그래서 재정난을 겪고 있는 사립대학들도 적지 않다. 사립대학의 당초 설립취지는 우수한 학생들을 영어 때문에 영국이나 미국 대학으로 빼앗기는 것을 막으려는 것이었다고 한다.[1] 그래서 독일 사립대학은 영어수업을 원칙으로 하며 전문영역으로 특화할 수 있는 소규모 단과대학 중심이다. 물류만을 전문으로 하는 함부르크의 퀴네물류대학Kühne Logistics Univ.은 200명 규모의 미니대학이지만 물류분야에 특화된 우수한 대학이다. 함부르크의 부체리우스 로스쿨이나 코블렌츠의 오토 바이스하임 경영대학WHU도 대표적인 전문분야 특화 사립대학들이다. 부체리우스 로스쿨은, 독일의 유명 주간신문 ≪디 차이트≫를 창립한 부체리우스 부부가 세운 차이트 재단이 운영하는 사립 법대다. 엄격히 말하자면 국립과 사립의 중간인 재단대학이다. 이름은 로스쿨이지만 미국식의 로스쿨 개념은 아니며 고등학교 졸업 후 진학하는 전형적인 독일 법과대학이다. 석사과정은 영어로 수업을 하지만 학부는 독일어 수업이 기본이다. 우리의 사법시험에 해당하는 '국가시험Staatsexamen' 합격률이 높아 특히 대형 로펌에 근무하려는 법학도들에게 인기가 높다. 이 학교 총장이었던 쾨니히Doris König 교수가 연방헌법재판소 재판관으로 임명될 만큼 지명도가 높은 학교다. 2016년 10월 신학기 입학식이 함부르크 상공회의소에서 열렸는데 신입생 모두가 일일이 연단에 나와 입학 등록서에 서명을 하고 교수진과 학부모들이 박수로 격려하는 모습이 인상적이었다. 다음은 뵐레-뵐키Katharina Boele-Woelki 총장의 학교 자랑이다. 거치기간이 10년이나 되는 학자금 대출제도에 대한 내용이 눈에 띈다.

우리 졸업생들은 국가시험에서 우수한 성적을 내고 있다. 부체리우스 로스쿨의 수업은 소규모로 진행된다. 연구수업은 대부분 4~5명으로 구성되고, 그보다 큰 규모의 세미나들도 최대 20명을 넘지 않는다. 심화학습에 적합한 최적의 조건이라 할 수 있다. 우리 학생들은 엄격한 선발절차를 거친다. 매년 최대 116명의 학생만 받는다. 전체 지원자 중 아비투어 성적으로 600명을 선발하여 필기시험을 치르고 심층 면접시험을 거쳐 최종적으로 116명의 학생들이 입학한다. 의욕적이고 영민하고 사회활동에 적극적인 우수한 학생들이다. 수업료는 연 1만 2000 유로이며 4년제이다. 그렇다고 해서 부유한 부모를 둔 자녀들만이 우리 대학에서 공부할 수 있는 것은 아니다. 차이트 재단에서 지원하는 학생대출 서비스를 제공한다. 재학생 중 약 30%가 이 서비스를 이용하고 있으며, 국가시험을 치르고 난 10년 뒤부터 상환한다. 우리는 이를 일컬어 "역 세대 간 계약"이라 한다[2016.2.2].

독일은 사립대학에 대해서도 국가의 감독이 철저하다. 바로 교육과 지식이 공공재이기 때문이다. 회계원Rechnungshof의 재정감사를 받는 것은 물론이고 학생들의 입학이나 교수 채용 시에도 국가의 감독을 받는다. 사립대학을 신자유주의 개념에 따라 방치한다면 그들은 졸업장을 팔게 될 것이라 한다.[2]

한국, 왜 청년 실신시대인가?

한국은 지금 학생과 청년 '실신시대'라 한다. 실업은 기본이고 거기에 더해 신용불량자까지 된다는 것인데, 비애를 느끼지 않을 수 없다. 2017년 초 통계청 발표에 따르면 2016년 실업자 수는 100만 명 남짓하다. 그런데 우리의 실업률 통계는 전수조사 방식이 아닌 데다, 통계기준이 4주 이상 구직활동을 한 미취업자이기 때문에 구직 포기자를 포함한 실제 실업자 수는 이보다 훨씬 많을 것으로 짐작된다. 독일은 실업수당 지급을 기준으로 하기 때문에 통계가 비교적 정확하다. 오히려 실제 일을 하면서도 실업수당을 받아가는 사례도 있기에 독일에서 발표되는 실업률은 최대치로 볼 수 있다. 2017년 4월 초 현재 독일 내 전체 실업자 숫자는 266만 명 선으로 1991년 3월 이래 26년간 최저 수준이다. 26년간 최저치라는 독일의 이 실업자 규모가 지금 한국의 실업자 수보다 2.6배가 많고, 인구 대비로 보더라도 독일의 실업자가 한국보다 1.6배가 많다는 계산이다. 최저 실업률을 보이고 있다는 독일보다 한국의 취업상황이 좋다는 것인데, 이것은 도무지 현실성이 없어 보인다. 우리의 통계자료 산정방식 개선이 시급한 이유다. 통계는 모든 경제활동 평가의 기초다. 통계 착시 현상은 비단 실업률뿐만 아니라 여러 분야에서 나타나고 있다.

이런 통계로도 2016년 청년(15~29세) 실업률은 9.8%이고 청년 실업자 수는 43만 5000명으로서 대학 졸업자들의 실업이 계속 늘고 있다. 이와 함께 청년 신용불량자도 늘고 있는데, 이 청년 신용불량의 비극은 학자금 대출로부터 시작된다. 우선 학비가 너무 비싸다. 소득과 대비할 때 OECD 국가 중 칠레에 이어서 두 번째로 비싸다. 한국은 사학의 비중이 크다. 의무교육인 초중등학교나 심지어는 유치원부터 사립이 많다 보니 의무교육임에도 이런저런 명목으로 교육비가 많이 든다. 대학도 사립이 대부분이며 독일처럼 무상으로 다닐 수 있는 국립대학은 없다. 과거에는 그래도 국립대학 등록금은 사립대학과 차별화가 되었다. 실력 있는 학생들이 지방을 포함하여 국립대학을 고집했던 것도 저렴한 학비에 기인한 바 컸다. 이제는 사립대학은 물론 국립대학도 학비가 비싸기는 마찬가지다. 그러니 학비 조달을 위해 부모에 의존하지 않는 한 학자금 대출을 받아야 하는 구조다. 그런데 학비를 빌려 대학 공부를 한 후 졸업은 했지만 취업이 안 되니 대출금을 갚지 못해 신용불량자의 나락으로 빠져든다. 나라의 경제는 예전보다 커졌고 1인당 국민소득도 높아졌는데 왜 청년들은 꿈도 펼치기 전에 부채로 찌들고 피폐해졌을까. 우리에게는 지식과 교육도 상품일 뿐이다. 독일처럼 이것을 국가가 의무적으로 제공해야 하는 공공재로 보는 것이 아니라 신자유주의적인 경제개념으로 대할 뿐이다. 독일모델과 미국모델 간 발상의 차이다.

"한국에서 빚으로 대학가는 구조는 2000년을 전후하여 생겼다. 교육의 질을 높인다는 목표로 추진된 1995년 5·31 교육개혁은 신자유주의적이었다. 학생 수가 늘고 등록금이 확 올랐다. 이때 정부는 학자금 대출을 상품화했다." 10년간 채무자 학생으로 빚이 일상이었다는 졸업생 천주희 씨의 말이다.[3] 그녀는 『우리는 왜 공부할수록 가난해지는가』라는 책을 썼다. 2009년 설립된 한국장학재단^{KOSAF}에서 학자금 대출 사업을 시행하고 있고, 다양한 종류의 학자금 지원 노력을 기울이고 있는 것은 고무적이다. 특히 무상인 국가장학금을 매 학기 100만 원 정도로 전체 재학생의 70% 가까이 지급하고 있다. 2014년도 국가장학금 지급 규모가 약 1조 7천억 원에 달했고, 유상으로 지급하는 학자금 대출규모가 대략 2조 4천억 원이었으니 모두 합하면 4조 원이 넘는다. 독일의 바펙 전체 지급액이 30억 유로로서 우리 돈으로 환산 시 3조 5천억 원 정도인 것을 감안하면 한국장학재단에서 지급하는 유무상 전체 장학금 규모는 결코 작은 돈이 아니다. 그런데 왜 청년 실신시대라는 말이 나오는가?

한국장학재단에서 유상으로 빌려주는 학자금을 보면 등록금 전액과 학기당 150만 원의 생활비다. 그런데 2017년 1학기 대출금에 적용되는 이자율이 고정금리로 2.5%이다. 고정금리이기는 하지만 지금의 저금리 추세를 감안하면 학자금으로는 결코 싼 이자가 아니다. 2016년 7월 정부(교육부, 기재부, 한국장학재단)의 보도자료를 보면 2016년도 2학기 학자금 대출금리를 2.7%에서 2.5%로 인하하면서 시중은행의 평균 대출금리(가계소액대출 4.39%, 일반신용대출 4.48%)와 비교하여 학생들의 이자 비용이 165억 원이 절감된다고 했다. 하지만 이 165억 원이 학생들에게 무슨 의미가 있나? 학생 개인당 돌아가는 수혜 금액도 아니고 또 정작 중요한 것은 학자금이라고 했으니 비교대상을 시중 금리에서 찾을 것이 아니라 바펙같은 다른 나라 장학금에서 찾아야 할 것이다. 설령 시중 금리와 비교하더라도 그이자율 차이가 2%가 안 된다. 그렇다면 학생들이 연 1000만 원을 빌린다고 하더라도 학생 개인에 대한 이자 차이는 결국 1년에 20만 원이 안 되는 것이다. 그런쥐꼬리만 한 혜택을 갖고 장학사업을 한다고 하면 조금은 낯간지러운 얘기다. 그런데다 대출 후 바로 그다음 달부터 이자를 갚아야 한다. 그러니 공부하는 기간중에도 이자를 갚아야 하고 거치기간이 일부 최대 10년이 주어지지만, 상환기간이 10년으로서 동 상환기간이 20년 이상 되는 유럽에 비해 현저히 불리하다. 2016년도 국감에서 10만 원도 안 되는 이자를 갚지 못해 신용불량자로 전락한 학생들이 456명인 것으로 나타났다 한다. 이해하기 어려운 현상이다. 국가기관이 '장학'사업을 한다고 할 수 없다. 더욱이 요즘같이 은행 입장에서 저축보다는 대출을 반기는 현실을 볼 때 이것은 장학이 아니라 장사를 하는 것이다.

'한국 바펙'이 필요하다

청년들이 취업도 하기 전에 신용불량자가 되는 사태는 고용상태가 나빠진 것도 문제지만 우리나라의 학비가 우리의 소득 수준이나 경제상황에 비해 너무 비싸다는 데 1차적 원인이 있다. 또 학자금 대출 재원이 채권 발행으로 이루어지고 이 채권금리를 학생들에게 전가한다는 데도 원인이 있는 것으로 보인다. 우선 학비를 경감하는 조치가 있어야 하며 여기에 무이자 대출을 포함한 학비 대출 조건을 개선하고 무엇보다도 무상 장학금의 수혜 범위를 늘려가야 한다. 한국장학재단의 총 대출액이 2014년에 2조 4천억 원 정도였다. 여기에 2.5%의 이자를 계산해보면 1년에 600억 원만 있으면 무이자 대출을 할 수 있다. 국가장학금 지급 규모가 1조 7천억 원이니 여기에 600억 원 정도의 예산을 추가 확보하는 것은 그렇게 어려워 보이지 않는다. 그렇게 해서 학자금은 독일 바펙처럼 무이자로 주어야 한다. 아울러 10가지로 세분된 소득구분은 너무 복잡하다. 누군들 그것을 정확히 판단할 수 있겠는가. 독일의 바펙처럼 좀 더 단순화시키고 누구는 무상을 받고 누구는 이자까지 내야 하는 유상 대출을 받게 하기보다는 한 학생에게 무상과 유상을 반반씩 지급해주는 바펙 제도가 여러 면에서 좋다고 본다. 독일은 학비 없이 모든 학교 운영을 국가 예산으로 부담함에도 바펙 같은 장학금을 지원하는 데 비해, 우리나라에서는 비싼 학비를 받아 교육예산이 대폭 경감되고 있음에도 무상과 무이자로 빌려주는 장학제도가 제대로 되어 있지 않다는 것은 뭔가 잘못되었다고 생각할 수밖에 없다. 투자의 우선순위가 잘못되었거나 예산집행 방식이 잘못되었거나 그것도 아니라면 돈이 샌다는 것이다. 말 많은 대학 지원 예산을 대폭 줄이고 그 돈으로 대신 학비를 직접 지원하는 방안도 고려해 봄직하다.

미국도 학생들의 학자금 상환 문제가 사회적 쟁점이 되고 있다. 2005~2010년 간 대학생 숫자가 20%나 늘었는데 불황으로 졸업 후 이들의 상환능력이 떨어졌다. 미국인들의 학자금 대출에 따른 신용 규모가 1.3조 달러에 이르며 이 중 700만 명이 신용불량자로서 그 일부가 학자금 대출을 아예 갚을 수 없는 상황에 처해 있다. 상환기간이 10년으로 짧은 것도 이유라고 한다.[4] 이러한 사정은 영국도 마찬가지다. 2017년 5월 총선 때 노동당이 학비를 없애고 1천억 파운드에 달하는 학비 대출금을 탕감하겠다는 공약을 제시했을 정도다. 학비가 없는 독일이나 스웨덴 같은 나라에서도 대학생들이 재정적으로 독립하면서 생활비를 조달하기 위해서 돈을 빌린다. 그러니 학자금 대출이라기보다는 순수한 생활비 대출이다. 독일의 「연방교육촉진법」에 따른 '바펙'은 전술한 대로 대출금이라기보다는 생활 장학금이다. 상환 조건도 관대하다. 빌린 돈의 반만 갚으면서, 형편에 따라 20년 내로 최

대 1만 유로까지만 갚는다. 스웨덴은 졸업 후 25년에 걸쳐 아주 조금씩 갚아나간
다. 그러니 미국이나 우리나라처럼 학자금 대출로 신불자가 되는 일은 없다. 과도
한 학비 부담 때문인지 독일로 유학 오는 미국 학생들이 점차 늘어나는 추세다.
이제 그 숫자가 5000명을 넘어섰다. BBC 방송 보도에 따르면 한 미국 고교생은
독일 대학 입학이 허가되었다는 통지를 받고 감격해서 울었다 한다. 독일 대학의
질은 미국 대학 못지않고 학비를 내지 않는 것만도 좋은데 졸업 후 미국에서나 독
일에서 취업 기회도 많으니 정말 좋을 수밖에 없다.

　교육으로 성공한 나라가 우리나라라 한다. 미국 오바마^{Barack Obama} 대통령이
단골로 예시를 들던 국가가 한국이다. 그는 한국의 교육정책을 높게 평가하고 자
신의 반쪽 모국인 케냐에 대해서 한국의 교육을 배우라고 조언하고는 했다. 한국
은 해방 직후인 1945년 78%였던 문맹률이 1960년에 와서 20%로 급감하는 교육
기적을 달성했다. 초등학교 취학률도 13%에서 1960년 56%를 거쳐 1990년 92%까
지 급성장했고 중등학교 진학률도 마찬가지다. 지금 세계적인 교육 성공국가로
떠오른 나라는 싱가포르다. 피사^{PISA}의 수학, 과학, 독해의 3대 시험과목에서 모
두 1등을 차지했는데, 이런 싱가포르도 약 50년 전만 해도 인구의 반 이상이 문맹
이었다. 이제 한국의 성인 평균 수학기간은 싱가포르를 능가했고 대학 진학률은
70%로 과잉 고등교육 현상이라는 지적이 나올 정도다. 한 가지 흥미로운 것은 과
거 경제개발 시기에 한국의 공교육 지출예산이나 교사/학생 간 비율이 다른 개도
국들보다 뒤처져 있었다는 사실이다. 오직 교사들에 대한 보수 수준만 여타 개도
국의 평균 1인당 국민소득의 4.5배 수준을 훨씬 능가하는 8.2배로 두 배 이상 높
아, 우수한 교사들을 확보할 수 있었다.[5] 한국의 성공은 우수한 교사 자원의 확보
와 학생들의 강한 학습동기 그리고 학부모들의 헌신적인 뒷받침이 큰 역할을 했
다. 그동안 한국의 교육은 미국모델을 지향해왔다. 과도한 사학 비중과 신자유주
의 개념에 따른 대학 정책 등이 대표적인 예다. 좋은 교육을 받는 것은 사회적 성

공의 필수조건이었고, 그래서 우리 세대의 부모들은 허리띠를 졸라매고서라도 자식 교육만큼은 시키려 했다. 오죽하면 우골탑이란 말이 나왔겠는가. 하지만 이런 구조는 지속가능하지 않다.

한국과 독일은 지적 활동을 통한 능력주의를 기반으로 번영을 이룩했다. 그렇기에 교육에 사활이 걸려 있다. 교육이 공적이어야 한다는 것, 그래서 돈과 상관없어야 한다는 것이 중요하다. 더 많고 더 질 높은 교육투자가 절실하다. 이제 무상이면서도 질 높은 공교육을 기본으로 하는 독일모델을 적극 고려할 때다. 차이트 재단의 괴링 이사장은 교육에 대한 독일인들의 전통적 생각을 다음과 같이 언급했는데, 우리의 생각과 다를 바 없다는 것을 알 수 있다.

전후 어려운 조건하에서 새로운 시작을 이루어낸 신화, 우리 아버지 세대의 경제기적에 대한 자부심이 있다. 그리고 능력주의Meritokratie가 있다. 이것에는 수백 년 동안 이어져온 약속이 있다. 바로 좋은 교육은 재정적으로, 또 사회적으로 인정받고 출세의 기회를 제공한다는 약속이다[2017.2.23].

독일에서는 이미 1998년 채택된 볼로냐 프로세스를 통해 많은 대학 학부과정이 4~5년 과정의 마기스터Magister 학제로부터 3~4년 과정으로 단축되었다. 3년제 직업학교는 지금 2년제로까지 전환을 모색 중이다. 우리 대학 학부과정은 아직 일률적으로 4년제이다. 내용적으로 보면 독일에서 직업교육으로 배워도 될 것도 모두 대학에서 4년을 배운다. 비효율적이다. 하기는 요즘은 4년 만에 졸업을 하는 학생들도 드물다. 취업이 되지 않다 보니 각종 스펙을 쌓기 위해서 휴학도 하고 해외연수도 하고 이래저래 수학기간이 길어져서 가뜩이나 비싼 학비부담이 더욱 가중되고 있다. 학생들의 고생도 문제고, 국가 경쟁력 차원에서도 심각한 문제가 아닐 수 없다.

함부르크 대학의 렌첸Dieter Lenzen 총장은 2015년 6월에 함부르크에서 세계 대학 총장회의를 주관했다. 2014년 12월 그를 만났을 때, 그는 훔볼트가 베를린에 대학을 설립할 때 주창한 대학의 고전적 교육 이상을 되찾고 대학이 취업만을 위한 기관으로 변질되는 것을 방지하고자 이 회의를 개최하려는 것이라고 했다.[6] 그리고 대학은 사회적인 임무를 갖고 있으며 돈을 많이 벌게 해주는 것은 독일이 생각하는 학계academia의 역할이 아니라 했다. 그러면서 그는 현재 한국이 '맥도날디제이션McDonaldization' 과정을 거치고 있다고 덧붙였다. 아마도 교육 분야를 포함한 사회적인 획일화 같은 부정적 현상을 말한 것 같다. 그는 유교 문화에도 관심을 갖고 있고 볼로냐 프로세스가 유럽 대학교육의 독창성을 저해하고 있다며 이에 반대한다.

좋은 성적표를 받아든 독일 교육

OECD의 2015년 교육평가에 따르면 독일 교육은 두 가지 부문에서 높은 평가를 받았다. 우선은 조기 유아교육이다. 독일의 유아탁아시설 '키타Kita'는 유치원인 '킨더가르텐Kindergarten'과 '탁아시설Tagesstätte'을 합친 개념으로서 그 이용률이 OECD의 평균을 상회한다. 2세 유아는 59%가, 3세 유아는 92%가, 4세 유아는 96%가 키타를 이용하는 것으로 나타났다. 함부르크에서는 만 1세가 지나면 키타시설 이용이 가능하다. 향후 약 10만 명 정도의 질 높은 유아교육 교사인력의 확충이 필요하고 이를 위해 연간 40억 유로가 투입되어야 한다는 전망도 내놓았다. 두 번째는 학교 또는 대학에서 직업으로 연결되는 과정으로서, 학교를 마치고 취업하는 비율이 높다는 것이다. 대학 졸업생들의 93%가, 그리고 직업학교 졸업생의 85%가 졸업 후 1년 내에 취업하는 것으로 나타났다. 호경기와 함께 교육과 취업을 연계하는 직업교육도 젊은이들의 취업을 용이하게 한다고 평가했다. 그래서 인지 제3장에서 전술한 바와 같이 세계 183개국을 대상으로 한 조사에서 독일이 세계에서 젊은이들의 장래 기회가 가장 큰 나라로 나타났다.

독일의 평균 교육비 투자는 1만 1363달러로서 OECD 평균인 1만 220달러를 상회하나 스위스, 노르웨이에는 뒤지는 것으로 나타났다. 독일의 대학진학률은 53%로서 OECD 평균 60%에는 못 미치지만 대학진학률이 과거 2006년에는 44%였음을 감안해볼 때 점차 늘어나는 추세다. 물론 독일의 대학진학률에는 직업학교 진학은 포함되지 않는다. 여기에는 정규대학이나 전문대학Fachhochschulen이 포함될 뿐이다. 만약 대학진학과 함께 직업학교 진학률을 합친다면 90% 정도로서 10% 남짓한 숫자를 뺀 모든 학생들이 대학을 가거나 직업학교를 가는 셈이다. 대학교육에서는 최근 이공계 학생 수가 증가하고 있음을 알 수 있는데 수학, 정보학, 자연과학, 공학을 배우는 소위 MINT 학생 비율이 자연계 14%, 공대 20%인 것으로 나타났다. 다만, 독일 대학생들의 학업 중도 포기율이 OECD 평균보다 높은 것으로 나타났다. 입학생의 36%만 졸업을 한다. OECD 평균은 50%이다. 많은 대학생들이 막상 공부를 시작해보니 자신에게 맞는 길이 아니라는 것을 깨닫고 있으며, 많은 학과에서 중퇴율이 40~50% 수준으로 높게 나타나고 있어 문제가 되고 있다. 독일은 주로 공대 쪽 전공에서 발생하는 중퇴자들을 직업교육으로 연계하는 프로그램 개발에 착수했다. 독일 교육은 학제 간 연계성이 좋아 어떤 상황에서든 출구를 마련해준다. 전문대학을 졸업하고 일반 대학으로 가서 학사나 석사학위를 취득할 수 있는 것은 물론이고 직업교육을 받고도 대학을 갈 수 있고 또 대학을 다니다가도 직업교육을 받을 수 있다. 낙오자들을 낙오시키는 것이 아니라 어떻게든 새로운 기회에 합류할 수 있도록 한다. 다양한 학습기회를 제공하는 독일 교육제도에 대한 함부르크 주의회의 기민당 원내교육 대변인 프린Karin Prien 의원의 평가다.

독일의 교육제도에서 긍정적으로 평가하는 부분은 비교적 변화의 여지가 있다는 것이다. 첫 번째 시도에서 기대보다 낮은 학력을 취득하더라도 나중에 만회가 가능하다. 가능성은 여러 가지다. 중등교육 후 직업교육을 이수한 뒤에는 마이스터 시험을 치르거나 대학에 진학하는 것도 가능하다. 최근 몇 년간 독일 대학들은 대학입학자격시험^Abitur^ 외에 다른 형태의 학력에 대해서도 입학기회를 열어두고 있다. 이는 긍정적인 발전방향이다. 자격을 충족하도록 계속 새로운 기회를 주기 때문이다. 젊은 세대에서도 '삶의 질'에 대한 생각이 서로 다르다. 내 세대에서는 커리어를 쌓는 것이 삶의 중요한 목표였다. 반면 이른바 Y세대는 일과 삶 간의 균형에 더 큰 가치를 두고 있다. 기업들은 이러한 변화에 적응해야 한다. 이제 젊은이들 중 주 80시간 근무를 하려는 사람은 없다. 예전에는 경력을 쌓고 싶다면 감내해야 했던 일이다. 젊은 세대는 사회정책의 관점에서 더 진보적이지만, 경제정책에 대한 입장이나 개인적인 생활방식들과 관련해서는 보수적인 편이라 할 수 있다[2016.10.26].

이렇듯 좋은 성적표를 받은 독일 교육이지만 비판이 없는 것은 아니다. 크라우스^Josef Kraus^ 독일교사협회장은 모두가 아비투어를 합격해서 대학에 가려는 현상에 대해 독일이 이제 과도한 대학교육을 걱정해야 한다며 "모두 아비투어를 한다면 아무도 아비투어를 하지 않는 것과 마찬가지다"라고 했고 초등학교에서의 서술식 평가 도입이나 유급제도 폐지 등 진보적 조치에 대해서도 비판적 시각을 드러냈다. 점수 대신 서술식으로 평가하는 것에 대해서 학부모들이 이제는 그 서술식 평가가 어느 점수에 해당하는지를 알아차리게 되어서 힘만 들지 차별성이 없다는 것이었고, 유급제도를 없앤 것이나 학부모들이 숙제를 함께 해주는 현상에 대해서도 너무 무른 '봉제교육^Kuschelpädagogik^'이라고 비판하고 있다.[7] 호이저 ≪디차이트≫ 경제부장은 중고교 교육에 대한 불만을 아래와 같이 드러낸다. 결국 평준화된 교육에 대한 불만이다. 독일에서도 수월성교육이냐 평준화교육이냐에 대한 논란은 끊임없이 이어져 왔다. 어떤 쪽도 장단점이 있는 것이고 보면 양쪽의 조화로운 배합이 맞을 것 같다. 독일에서 일사불란한 단일함은 어디에도 없다.

독일의 교육제도에는 결함이 있다고 본다. 특히 김나지움 차원에서 문제가 심각하다. 국제학업성취도평가[PISA]의 충격에도 불구하고 아무것도 달라지지 않았다. 한국에는 이러한 문제가 없지만, 독일에서는 성과를 중시하는 문화와 사고방식이 자리잡지 못했다. 교육정책에서 저지른 실수 중 하나는 교원평가를 제대로 하지 못했다는 것이다. 모든 교사들이 동일한 수준으로 우수하다고 가정하고 운영하고 있다[2015. 11. 5].

연령 서열 없는 독일의 혁신교육

2016년 5월 전라북도 교육청의 혁신학교 연수단이 함부르크에 와서 빈터후데 Winterhude 혁신학교를 함께 방문했다. 빈터후데 혁신학교는 초등학교와 중등학교가 함께 있으며 실업계와 인문계를 포괄하는 통합학교로서 2010년 교육개혁으로 생겨났다. 함부르크에서는 이런 학교를 "도시구역학교Stadtteilschule"라 한다. 질란더 교장은 우리 측 교사와 교육청 관계관들을 대상으로 한 시간여 가까이 빈터후데 혁신학교의 교육 현황에 대해 강연했다. 혁신교육 개념은 루소Jean J. Rousseau나 페스탈로치Johann H. Pestalozzi로 거슬러 올라가는데, 행동중심적 수업과 자율성에 중점을 둔다. 빈터후데 혁신학교만 해도 "새롭게 생각하는 학교"라는 폰 헨티히 Harmut von Hentig의 모토를 표방한다. 모든 학생이 특별하고 소중하며 무언가를 할수 있고, 그 자신만의 고유한 배경을 갖고 있다는 생각, 배움은 정서가 수반되는 것이고 능동적이고 사회적인, 그리고 개별적인 과정이라는 생각, 학교는 그 안에서 살고 일하는 모든 사람들을 위한 학교이어야 하며 그 반대가 되어서는 안 된다는 생각들을 가르친다. 그러다 보니 학교와 교사가 아닌 학생 중심의 학교, 그리고 교사가 진행하는 피동적인 수업이 아니라 학생들이 스스로 생각하며 자율적으로 진행하는 능동적 학습이 중심이 된다. 질란더 교장은 이 학교가 전인학교Inklusionschule로서 장애가 있는 학생들도 다니며 어떤 유형의 졸업을 하느냐에 관계없이 모두 함께 똑같이 배운다며 그중 50%는 고학년Oberstufe에 올라가서 아비투어를 보는 데 합격률이 평균적으로 높다고 했다.

이 학교는 취학 전 아동부터 1학년에서 13학년까지의 학생들을 '4단계 학년'으로 구분하는데, 같은 단계에 속하는 학년끼리는 개별적인 학습 성취도에 따라 나이를 따지지 않고 학급을 편성하여 운영한다. 예를 들어 2단계에 속하는 학년은 5학년부터 7학년인데 이 단계에 속하는 학생들은 학년보다는 성취도를 기준으로 혼재된 학급을 편성한다. 그러다 보니 같은 학급일지라도 나이가 2~3살 차이가 나는 학생들이 함께 공부하는데, 질란더 교장은 나이에 관계없이 같은 학급에서 서로 도우며 배울 수 있다는 것을 배우는 것이라 했다. 이것은 매우 자연스러운 일이다. 사실 가족부터 시작해서 직장생활을 할 때나 양로원에 들어가서도 나이가 다른 사람들끼리 어울리지 않나. 오직 학교에서만 나이를 기준으로 학급을 편성하다 보니 나이를 따지고 나이가 다르면 마치 다른 세계 사람인 것처럼 대하는 배타적 현상이 생겨난다. 사회에 진출한 이후에도 이런 부작용은 계속된다.

5학년부터 7학년까지의 수업시간표를 보자. 크게 다섯 덩어리로 구분된다. 8시부터 시작하는 그룹시간에는 30분 동안 어떤 주제든 학생들이 정하는 그날의 토픽을 갖고 자유토론을 벌인다. 여기서는 그날 아침 신문기사를 갖고 토론할 수도 있으며 발표 연습을 한다. 그다음 8시 40분부터 80분 동안은 '문화기초CuBa: Cultural Basics' 시간이다. 이 시간에는 독일어반, 영어반, 사회반, 수학반 4개의 그룹으로

•• 2016년 5월 전라북도 교육청 혁신교육 연수단을 맞아 강연하는 빈터후데 혁신학교의 질란더 교장.

나뉘어 수업을 하는데 성취도에 따라 학급을 정한다. 어느 학급으로 들어가느냐 하는 것은 학생 스스로 교사와 협의를 거쳐 결정한다. 필요와 능력에 따른 학습시 간인 셈이다. 그다음은 프로젝트 시간이다. 80분간 학생들 스스로 결정한 주제에 따라 팀 단위로 프로젝트를 수행한다. 주제는 다양한데, 예를 들어 서커스, 월드 컵, 이집트, 죽음, 중세, 물, 우정, 사랑, 성, 올림픽, 문학 등이다. 여기서는 '우리'가 무엇을 할 것인가를 함께 정하고 팀워크를 배운다. 한 프로젝트를 갖고 약 8주간 작업을 하는데, 한 학년 동안 4개의 프로젝트를 완성한다. 점심시간 이후 오후 1시 10분부터 80분간은 워크숍 시간이다. 음악, 스포츠, 드라마, 자연과학, 기술, 사회 의 6가지 분야 중 잘 알지 못하는 분야를 선정해서 탐색하는 시간이다. 2012/2013 학기 중 학교에서 제공한 워크숍 주제는 연극, 요리, 함부르크에서의 예술과 문화, 목공, 라디오 팟캐스팅, 댄스, 브라스 밴드 등 다양하다. 내가 잘 알지 못했던 분야 에 대한 성찰과 함께 새로운 분야를 습득할 수 있는 기회인 것이다. 그다음은 마지막 시간으로 스스로 생각하고 학습 계획을 짜는 '자기책임학습시간^{EVA}'이나 학생들이 취미를 배울 수 있는 '아틀리에' 시간이 요일에 따라 각 80분간 주어진다. 자기책임학습시간은 내가 무엇을 더 심화시켜야 하는지, 무엇을 좀 더 해야 하는지를 로그북을 작성하기도 하면서 조용한 가운데 생각해보는 시간^{Silentium}이다. 아틀리에 시간에는 다양한 취미활동을 지원하는데, 일례로 2009/2010 학기 중에는 요가, 사진, 여자축구, 생물, 화학, 물리실습, 기타 교습, 타이치 등 다양한 취미활동 지원이 이루어졌다.

3단계 그룹인 8학년부터 10학년까지는 학기가 시작하는 8월 중에 첫 3주 동안 '도전'과목이 주어진다. 이는 다양한 형태로 진행되는데 중요한 것은 학교를 떠나서 팀별로 활동한다는 것이다. 회사에서 인턴 실습을 할 수도 있고 알프스를 산행하다든가 연극을 한다든가 어떤 마을을 위한 파티를 주관한다든가 하는데 이들에 대한 가장 큰 도전은 서로 잘 어울리지 않는 학생들을 한 팀으로 만들어 이 3주간을 지내게 하는 것이다. 야외 활동 시에는 교회나 공공건물에 들어가서 잠자리를 요청하기도 하는데, 잘 모르는 누군가에게 잠자리를 달라고 이야기하는 것은 사실 쉽지 않은 일이다. '도전'과목에서 구체적으로 무엇을 할지는 이미 1월에 정하는데 재미있는 것은 왜 그것을 하기로 했는지를 밝혀야 하며 교사와 학부모로 구성된 '쥬어리^{Jury}'의 승인을 거쳐 구체적 활동 계획을 정하게 된다는 것이다. 8학년까지는 성적표가 없고, 자신의 학습능력 향상 여부를 주관적으로 판단해 스스로 평가하는 방식을 취하고 있다. 질란더 교장의 이야기다.

교육학에서는 아이에게 "어떠니? 무엇이 필요하니?"와 같은 질문을 하는 것이 중요하다. 아이가 특정한 이유로 인해 공부를 못할 때도 이를 받아들여야 한다. 그리고 "그래, 너는 못한다. 너를 가만히 두겠다"라고 말할 수 있어야 한다. 빈터후데 혁신학교는 8학년 이하의 학생들은 평가를 하지 않는다. 안타깝게도 8학년 이후에는 평가를 해야 하지만, 교육학적 접근에서는 아이들에게 어떤 점수를 줄지 항상 생각하지 않아도 된다는 것이 도움이 된다[2016.7.21].

문제는 평생교육이다

함부르크에 와서 얼마 되지 않았을 때인 2014년 5월 시내 탈리아^{Thalia} 극장에서 열린 피셔^{Joschka Fischer} 전 외교장관의 강연회에 갔다. 이미 10년 전에 현직을 떠난 전직 외교장관이 국제정세를 주제로 하는 딱딱한 2인 대담 형식의 강연이었다. 일반인들에게는 별 관심이 없을 것 같아 보이는데도 약 700~800석 정도 되는 좌석이 만석이었다. 나는 초청받아 갔지만 알고 보니 내 옆좌석의 청중부터 대부분의 사람들은 표를 사갖고 들어왔다. 독일 사람들의 높은 지적 욕구를 확인할 수 있었다. 달라이 라마의 강연도 마찬가지다. 2014년 8월 달라이 라마가 함부르크를 방문하여 국제회의센터^{CCH}의 7천 석 규모의 강당에서 강연했을 때는 입장권 사는 것을 미루다 임박해서 표를 구하려 하니 이미 매진이었다. 달라이 라마는 이때 4회 강연으로 3만 명의 청중을 끌어 모았다. 그는 2007년에도 함부르크를 방문하여 테니스 경기장에서 강연했는데 이때도 3만 명의 청중이 몰렸다고 한다. 달라이 라마나 불교에 대한 독일인들의 관심이 최근 높아진 것도 사실이지만 독일인들의 평균적인 지적 욕구가 다양하고 높다는 것을 엿볼 수 있다. 헬무트 슈미트 총리가 지적 욕구가 높은 대표적인 사람이었다. 그는 장년에 심장수술을 받고 심장 판막을 몸에 달고 살았는데 그의 주치의는 슈미트 총리가 자신의 신체 상태에 대해 끊임없이 질문하고 의사 이상으로 알고자 했기 때문에 감당하기 어려울 정도였다고 고백했다. 평균적인 독일 사람들이 그 정도는 아니겠지만 그 '알려고 하는' 성정은 높이 평가할 만하다. 독일 전역에 산재하는 1만 1000여 개의 공공도서관과 전문 학술도서관 등 다양한 도서관들은 이용객들에게 전자도서 대출 등 최신 서비스를 제공하는 시스템을 갖추고 있다. 독일 국민의 도서관 이용률도 매우 높아서 방문객들이 하루 평균 60만 명에 달한다. 전 인구의 약 0.7~0.8%가 매일 도서관을 이용하고 있는 셈이다.

독일이 경제적 성공과 인간개발을 위해 가장 중요한 원천으로 여기는 것이 교육이며, 이 교육 창달에서 중요한 한 축이 평생교육이다. 자조적 학습동기 유발이 계속적인 교육 참여의 전제조건임을 충분히 인식하면서, 6세 이하의 유아교육부터 은퇴자에 이르기까지 다양한 평생교육 기회를 제공한다. 2016년 4월 함부르크의 하펜시티 대학에서 "독일과 한국의 만남"이란 주제로 내가 강연을 할 때였다. 150석 정도의 강의실이 그럭저럭 찬 것 같았다. 그런데 자세히 보니 청중의 약 20~30% 정도는 60세 이상의 사람들로 보였다. 역시 독일 사람들의 학습열이 나이를 가리지 않고 대단하다는 생각이 들었다. 독일인들은 일단 학교를 떠나도, 직장을 다니면서, 심지어는 은퇴를 하고서도 학습을 멈추지 않는다. 직장인을 위한 정부의 장학금 지원제도도 다양하다. 대표적인 것으로 직업훈련 과정을 거쳐 직인이 된 후 직장에서 마이스터 과정을 계속하려는 경우 '마이스터 바펙'을 지원하는데 꼭 마이스터 과정이 아니더라도 전문 직업인으로서 고급 기술과정을 이수하려는 직장인들에게 제공된다. 자영업자 등이 학업을 하려는 경우에는 '교육프리미엄' 장학금이 제공되어 월 500유로의 범위에서 학비의 반을 지원한다. 이런 연방 차원의 지원 외에 각 주 단위로 지원제도가 운영된다. 함부르크의 경우 '계속교육 보너스'가 있다. 이 외에도 도서관은 물론이고 시민대학^{Volkshochschule}이나 대학 강의 등 학업을 위한 모든 시설에의 접근을 지원한다. 독일인들의 높은 지적 호기심과 정부의 평생교육 정책이 조화를 이루면서 국민 전 세대에 걸쳐 높은 교육수준이 유지되고 있다. 사실 정부뿐 아니라 사회 전체가 평생교육의 배움터로서의 역할을 한다. 새해 초 많은 기관들이 신년회를 하는데 이것은 그냥 강연회다. 그 기관들과 유관한 분야에서 신년 전망을 진지하게 강연 형태로 제공하는데, 1~2시간의 강연을 듣고 나서야 와인 한 잔 정도 마실 수 있다. 정부나 공공기관도 일반 시민들을 위한 무료 강연을 많이 제공하고 있고, 함부르크에서 특히 발달된 클럽문화에서도 이들의 모임이 대부분 강연을 매개로 한 것임을 볼 수 있다. 이 강연들은 돈을 받는 것이지만 늘 자리가 없을 정도다. 언론사에서도 지식산업으로 장사를 한다. 지식을 필요로 하는 사람들이 많다는 반증이다. 일본 사람들의 학구열도 대단한 것으로 알고 있다. 그들의 공부모임인 '뱅쿄카이勉强會'의 일상화에서 그것을 볼 수 있다.

우리의 평생교육 개념은 독일의 '계속교육Weiterbildung'의 개념에 가까운 것으로 이해된다. 독일에서 평생교육에 투입되는 지출규모는 64억 유로로, 우리 돈으로 7조 원 정도이며 한국에서 평생/직업교육 항목으로 잡혀 있는 예산은 2015년 기준 2750억 원으로서 독일의 4% 정도다. '경제경영전문대학FOM'은 독일 내에서 총 39개 캠퍼스를 운영하고 있는 최대 규모의 사립 전문대학이다. 이 학교 학생들의 대부분은 직장인들이다. 이미 직장생활을 시작했지만, 그럼에도 자발적으로 공부를 다시 시작하기로 했기에 상당한 동기부여가 되어 있다고 한다. 고용주 측에서 이런 학습을 장려하는 경우가 많으며, 기업에서 그 비용을 부담하기도 한다. 이 전문대학의 함부르크 캠퍼스에서 가르치고 있는 팔트Beatrix Palt 교수의 이야기다.

젊은 세대들은 오늘날 계속교육을 통한 자기계발에 큰 관심을 갖고 있다. 회사 차량이나 보너스 지급과 같은 혜택은 젊은 세대들에게 더 이상 매력적이지 않다. 반면 회사에서 제공하는 자기계발 기회는 반긴다. 회사가 당초 약속했던 조건들을 이행하지 않는다고 생각되면 회사를 옮기는 경우가 많아졌다. 그리고 기업에서는 몇 년 전만 해도 어느 정도 나이가 되면 직원들이 조기퇴직을 했고 고령의 직원들에 기대를 걸지 않았다. 그들이 쌓아온 경험들을 높이 평가하지 않았고, 이들의 계속교육에 투자하는 것은 더 이상 의미가 없다는 입장이었다. 하지만 이제 이러한 사고방식이 바뀌었다. 정부를 포함한 고용주들은 직원들을 위한 교육프로그램을 제공하고 있으며, 계속교육에 큰 관심을 보인다. 인구 변화를 고려해보면 앞으로 50세, 55세의 직원들을 퇴직시키는 것은 불가능할 것이다. 그 대신 기업들은 고령의 직원들의 근로의욕과 역량강화를 고민해야 한다. 결국 현 상황을 이렇게 묘사할 수 있다. 고령의 직원들에게는 몇 년 전보다 더 자기계발의 기회가 많아졌고, 젊은층은 여전히 계속교육에 관심을 가지고 있다고 말이다. 이미 면접단계에서 문의해오는 경우도 많다. 노사가 모두 만족할 수 있는 인력개발을 추진해야 할 때이다[2016.7.8].

한국의 교육제도나 정책이 특별히 좋은 것은 없었다. 한국 교육의 성공은 기본적으로 학부모와 학생들의 사회적 성공을 위한 동기유발로부터 나왔다. 그러니 사회적 성공이 달성되면 더 이상의 학습동기는 실종되고 안주해버린다. 독일인들이 직장생활을 하면서도, 은퇴를 하고 나서도 공부의 끈을 놓지 않는 데 비해 우리는 대부분 공부를 학교에서 그치고 만다. 직장에서 일과 학습을 병행하는 것을 반기지 않는 분위기도 있다. 공부를 한다는 소문이 돌면 일을 소홀히 하는 것으로 인식되기도 한다. 학부만 일류 대학을 나오면 석, 박사 공부를 계속하는 것을 대수롭지 않게 여긴다. 독일에서는 대학을 마치고 직장을 잡은 후 석, 박사 공부를 계속하는 일은 자연스러운 현상이다. 생각건대 독일이나 여타 선진국과의 지식 격차는 아마도 학교에서보다는 평생교육으로부터 발생하는 것 같다. 평생교육에 대한 정부의 관심과 지원은 물론 우리의 인식 전환이 중요하다. 공부는 학교에서만 하는 것은 아니기 때문이다.

나눠진 책임, 두 배의 성공, 독일식 직업교육

"독일의 경제시스템은 언제나 사회적 책임과 결합되어 있다. 전문인력 양성을 위한 직업교육과 교육이 이러한 사회적 책임을 강조하는 독일모델의 대표적 사례 중 하나다." 함부르크경제연구소HWWI 푀펠Henning Vöpel 소장의 말이다.[8] 독일 경제의 성공 요인 중 하나는 직업교육제도다. 독일에서 직업교육은 정부가 직업학교를 세우고 운영하며 기업이 이 학생들을 고용하여 사내 직업훈련 기회를 제공한다. 정부와 기업의 두 주체에 의해 지지되고 운용된다는 의미에서 독일식 직업교육제를 듀얼시스템이라고 한다. 민관파트너십이다. 교육기간은 보통 3년 과정이며 학교와 직장을 번갈아가며 학습과 실습을 병행한다. 학교와 직장을 오가는 순환 주기는 주 단위로 또는 몇 개월 단위로 다양하다. 직업교육은 독일 경제의 견인차인 중소기업의 성공을 뒷받침한다. 독일의 직업훈련제도는 단순히 일자리를 위한 것이라기보다는 국민 개개인의 행복과 사회 안전 그리고 경제와 사회의 성장동력을 제공하는 중요한 사회 자산이다.

도제식 직업교육은 중세 유럽의 전통으로 19세기 하반기부터 독일에서 자리잡았다. 독일식 직업교육제는 프랑스나 영국에는 없으며 독일과 오스트리아와 스위스에만 있다. 이들 국가들은 독일어를 사용하는 나라들로서 직업교육의 발생 배경은 이들의 분권적 전통과 관련된다. 함부르크에서는 1865년에 국립 직업학교가 설립됨으로써 중세의 도제식 직업교육 전통에 정부가 참여하게 되었고 현재 39개의 정부 직업학교가 함부르크에서 운영 중에 있다. 2017년 3월 메르켈 총리가 트럼프 대통령과 처음 만났을 때 독일식 직업교육을 미국에 전수하기 위한 논의가 정식 의제로 다루어졌다. 독미 간 이 정상회담에서 NATO 분담금 문제나 무역 이슈 등 난제가 많았기에, 직업교육이라는 부드러운 의제로 회담을 시작하는 것이 필요했을 것이다. 2017년 6월 트럼프 대통령은 도제제도와 직업훈련 프로그램 확대를 골자로 하는 행정명령을 발동했다. 함부르크 대학의 카르펜 명예교수는 이 도제식 직업교육이 왜 독일어권 국가에만 있는지에 대해 그 역사적 배경을 설명한다. 중세시대에 전 유럽에 걸쳐 있었던 도제^{Lehrling} 제도가 어째서 독일에서만 지금까지 존속될 수 있는지에 대한 그의 설명이다.

중세 독일은 프로이센이나 바이에른 왕국 외에는 소국들로 이루어져 있었다. 프랑스와는 달랐다. 독일에서 수공업은 곧 수백만 개의 기업들로 이루어져 있고, 경제적인 자치조직을 기반으로 운영된다. 소규모 수공업길드와 여기서 발전된 수공업협회는 이러한 도시적, 경제적 자치 사상에 부합하는 것이었다. 이들에게 영주는 저 멀리 있으므로, 자신들이 보습교육^{Fortbildung}과 직업교육^{Ausbildung}을 책임지고 있다고 생각했고, 이러한 책임감이 서로를 긴밀하게 결속시켰다. 19세기 통일제국이 생겨났지만 수공업은 경제적 자치 사상을 기반으로 영업자유의 원칙하에 살아남았다. 그 당시 이미 수공업규정^{Handwerksordnung}도 갖고 있었다. 수공업자는 누구의 지시도 받지 않으며, 시장에 따라 움직였고 원하는 사람은 누구나 수공업자가 될 수 있었다. 이렇듯 수공업은 개인의 자유에 영향을 미쳤다. 첨단기술을 갖춘 현대 경제에서도 직업교육규정^{Ausbildungsordnung}, 직인^{Geselle}, 장인^{Meister}, 수석장인^{Obermeister}에 대한 이미지는 이어지고 있다. 보통 누군가 경제학 박사, 의사라고 한다면 그 사람의 배경을 예상할 수 있다. 마찬가지로 독일에서는 예나 지금이나 목공장인에 대해서도 그러하다. 이것은 상품 브랜드와 같다. 인증된 업체에서 직인과정을 마쳤다면 그가 어떤 자질을 갖추고 있는지 알 수 있다. 이제 수공업 직업교육에 대한 관심은 점차 커지고 있는 추세다. 왜일까? 대기업에서는 개인이 노조에 속해 있더라도 톱니바퀴 하나로 전락하기 마련이다. 하지만 수공업에서는 절대 이런 일이 발생하지 않는다. 수공업체에는 장인, 직인, 도제들이 있다. 누가 직업교육을 받고, 어느 정도 수준인지 파악하고 있으며, 그가 무엇을 할 수 있는지, 얼마나 잘할 수 있는지도 알고 있다. 그렇기에 독일에서 수공업은 모든 교육이 국가에 의해 운영되었던 민족국가 성립 당시에도 크게 선호되었다. 국가에서도 이를 용인했다. 금속공, 목공 등 자신의 영업장을 가지고 있는 우수한 수공업자들은 자신이 할 일을 잘 알고 있다. 단기간 내에 직업훈련을 받고 돈을 버는 직업들은 세계 어디에나 있다. 하지만 수공업자들은 독립된 위원회로부터 능력과 제품을 심사받아야 하고 시험을 봐야 한다. 이것이 독일의 강점이다. 다시 말해서 프랑스에 독일식 직업교육제가 없는 것은 역사적 발전과정의 차이 때문이다. EU 헌법에도 포함되어 있는 보충성의 원칙이라는 개념이 있다. 중앙집권이 이루어지던 프랑스에서는 이 보충성의 원칙이 그다지 환영받지 않았던 반면, 독일은 20세기 초까지 단 한 번도 중앙집권이 이루어진 적이 없었다. 자신의 명예를 걸고 직인들을 키워내는 장인만큼 훌륭한 교사는 없다. 이것은 인간적 관점의 문제이다. 자치경제, 보충성의 원칙, 그리고 교사의 자질이 수공업제도에서 핵심적이다[2015.11.16].

최근 러시아와 중국에서 독일식 직업교육에 많은 관심을 보이고 있다. 3년 전 푸틴Vladimir Putin 대통령이 와서 메르켈 총리와 약정을 맺은 후 지금까지 러시아 내 12개 지역에서 1만 4000명의 견습생들이 직업훈련에 참여하고 있다고 한다. 함부르크 직업훈련원HIBB의 국제담당관인 그뢰블링호프Beate Gröblinghoff 박사에 따르면 푸틴은 독일식 이원제 직업훈련제도가 어떤 것인지를 정확히 이해하고 있다고 했다. 푸틴은 구동독 시절 라이프치히의 KGB 책임자였다. 푸틴의 독일어가 메르켈의 러시아어보다 낫다고 하며, 그래서 둘이 만나면 독일어로 대화한다고 한다. 중국의 관심도 매우 크다. 거의 매달 중국에서 직업훈련제를 배우기 위한 대표단이 다녀간다고 하며 2016년 5월에만 세 팀이나 왔다고 한다. 중국 정부의 계획에 따르면 2020년까지 직업교육 개혁을 추진하는데 독일식 모델을 따를 것이라고 한다. 이들 국가의 체제상 독일의 직업교육제는 상당히 빠른 속도로 이식될 가능성이 있어 보인다. 워싱턴 주재 독일역사연구소장을 7년여 역임하여 미국 사정에도 밝은 인사인 괴팅엔 대학 베르크호프Hartmut Berghoff 교수의 이야기다.

> 독일의 중소기업은 특수한 케이스이다. 오랜 역사를 자랑하며 전통 수공업에서부터 발전해왔다. 이들은 한때 수공업길드를 통해 독점시장을 형성하고, 특정 제품에 대한 역량을 발전시켰으며, 이후 이것이 경제 전반과 중소기업에 긍정적으로 기여했다. 이 과정에서 전 세계가 부러워하는 독일의 듀얼 직업교육제도가 생겨났다. 미국도 이 제도의 도입을 추진하고 있다. 일자리는 충분하지만, 적합한 자격조건을 갖추지 못해 실업자가 넘쳐나는 기술격차skills gap 문제를 겪고 있기 때문이다. 폴크스바겐이나 지멘스 등 미국에 진출한 독일 기업들은 심지어 현지에서 자체적인 직업훈련 프로그램을 시행하고 있으며, 오바마 대통령은 이에 대해 수차례 높이 평가했다. 미국은 지원프로그램을 통해 듀얼시스템을 인위적으로 구축하려는 시도를 하고 있지만, 이는 어려운 일이다[2016.2.29].

듀얼시스템은 전문인력 확보에 매우 중요한 역할을 하며, 특히 제조업 분야에서 그렇다. 예를 들면 독일의 시스템은 미국과 달리 대학교육을 받은 엔지니어 외에도 탄탄한 직업훈련을 받은 전문인력Facharbeiter을 양성한다는 장점이 있다. 한편 이것은 미숙련 상태의 난민들을 독일 노동시장에 통합시키는 것이 도전과제가 되는 이유이기도 하다. 독일에 미숙련 노동력을 위한 시장은 사실상 없다고 볼 수 있다. 독일에서 듀얼시스템은 정부와 기업뿐만 아니라 더 많은 분야의 사람들이 함께 만들어간다. 직업훈련의 내용과 직업학교의 편제, 경영인력의 임용에 관한 사안들을 해당 학교와 기업만이 아닌 상공회의소, 수공업협회, 또는 경제부 관계자로 구성된 협의회에서 결정한다. 이렇게 함께 결정할 수 있는 기회를 제공함으

•• 직업훈련 중인 이륜차 기계공Mechatroniker(교육과정 3년 반). 사진 제공: 함부르크 수공업협회.

로써 기업들이 이 시스템을 지원하도록 하며, 듀얼시스템의 형성과정에 기업이 참여할 수 있는 기회를 주는 것이 바로 기업들이 이 시스템을 수용하도록 하는 근본적인 요소다.

2015년 9월 함부르크 직업교육 150주년 기념행사가 시청에서 열렸다. 숄츠 함부르크 총리는 직업교육에 대한 정부의 의지를 강조하면서 4년간의 준비과정을 거쳐 출범시킨 "청소년 취업진로개발센터Jugendberufsagentur"를 소개했다. 이 센터는 직업교육, 대학교육, 취업 등 청년들의 진로와 관련한 모든 고충을 원스톱 방식으로 계도하고 지원하기 위한 기관이다. 연사로 초청된 휘터Michael Hüther 쾰른 경제연구소장이 "나눠진 책임, 두 배의 성공"이란 제목으로 주제발표를 했다. 휘터 소장은 2011년 EU의 국가부채위기 시에 유럽의 경제모델의 강점을 연구하는 과정에서 독일어권 국가들의 직업교육제도를 제대로 평가하게 되었다고 했다. 그가 이야기한 "나눠진 책임"이란 듀얼시스템에서 정부와 기업으로 책임이 나뉘어 있다는 것이고 "두 배의 성공"이란 이 두 주체의 협력을 통해 직업교육을 더욱 성공적으로 시행할 수 있다는 의미다. 그의 이야기를 들어보자.

직업교육제의 역사적 행보를 보면, 때때로 가시밭길을 헤쳐 왔음을 알 수 있고, 지금도 고령화사회, 인구감소, 난민유입, 고학력선호 추세로 인한 도전에 직면하고 있다. 그러나 지난날의 도전들을 극복하면서 회생을 위한 힘과 능력을 갖추고 있음을 입증했다. 혁신, 투자, 통합이라는 키워드를 통해 직업교육제도의 가치는 더욱 명확해지고 있다. 훔볼트는 18세기에 학교를 설립하면서 그 목적이 젊은이들의 인성교육에 있다고 했다. 하지만 이것은 직업세계의 현실과 거리가 멀었으므로 산업계의 요구로 인해 점차 전통적인 교육제도가 개방적으로 변화하기 시작했다. 당시 라틴어와 고대 희랍어가 필수과목이었던 김나지움의 대안으로 실용적인 학문을 학습하도록 장려했다. 우선 민간단체의 주도로 직업학교의 시초라 할 수 있는 형태가 생겨났다. 함부르크는 상공회의소와 '애국협회Patriotische Gesellschaft'의 촉구로 1864년 직업교육을 국영화하기로 결정했고, 1865년 7월 상공회의소와 애국협회 건물에서 첫 국립직업학교의 수업이 시작되었다. 1871년 독일제국이 출범했을 때 국립직업교육은 정치적 쟁점이 되었다. 독일제국은 국민들의 프롤레타리아화 및 급진화를 두려워했다. 1897년에는 직업교육법의 적용범위가 숙련공Facharbeiter으로까지 확대되었고, 이는 직업교육의 발전에 결정적으로 기여했다. 수십 년의 시간이 흐르면서 알게 되었듯이 독일제국의 우려는 기우에 불과했다. 직업교육제도는 오히려 사회적 중산층을 안정시켰는데, 이는 사회적 신분상승의 기회를 제공했기 때문이다. 오늘날 독일의 중산층이 혁신과 유연성을 갖추게 된 것은 듀얼시스템 덕택이다. 그런데 왜 독일에서 이 제도가 발생했는지 의문이 생긴다. 독일은 산업화의 선두주자가 아니었다. 플레스너의 '지각생 국가'의 설명에 의하면 1871년 독일제국은 당시 국민들에게 사상적으로 매력적인 국가는 아니었다. 국가적 정체성 형성은 관심 밖이었다. 그 결과 중산층은 학문과 기술로 눈을 돌렸고 각 개인들은 일을 통해 "직업인 및 전문인력"으로서 자의식을 계발했다. 또 다른 설명은 독일제국이 발생하게 된 영방의 역사이다. 소영방 내에서 군주와 시민 간의 관계는 의도적인 '친밀함'과 '배려Fürsorglichkeit'로 특징지어졌고, 이는 오늘날의 직업교육제도가 발생하게 된 문화적 기반이다.

오늘날 직업교육제도는 새로운 도전과제와 마주하고 있다. 2년제 직업교육이 확대되고 있으며 나이 제한이 없는 직업교육 의무제의 도입으로 직업훈련생(도제)의 평균연령을 끌어올렸다. 직업학교는 모든 직업훈련생을 위한 의무교육 과정이 되었으며 현재 직업교육을 시작하는 평균연령은 20세 이상이 되었다. 우리는 직업교육제도의 장점을 사회에 알리고, 직업교육이 대학입학자격시험을 통과하지 못한 사람들이 가는 과정이라는 선입견을 깰 수 있도록 더욱 노력해야 한다. 다양한 직업교육 직종에서 벌어들이는 연수익을 서로 비교하여 나온 평균치들을 보면 직업교육이 대학교육에 비해 낫다는 것을 알 수 있다. 숙련공의 경우 직업교육을 위해 지출한 비용을 31세가 되면 회수하는 데 비해 대학졸업자들은 39세가 되어서야 가능하다. 직업교육시장은 점차 축소되고 있지만, 그럼에도 올해 전국적으로 약 3만 개의 도제 자리가 공석으로 남았다. 통독 후 가장 높은 수치다. 점차 큰 부담이 듀얼시스템을 짓누르고 있다. 이에 맞서기 위해 무엇을 할 수 있을까. 우선 직업훈련장의 확충, 제도의 표준화, 정부와 기업의 책임 분산, 직업훈련생의 자질 개선 등 지금까지의 성공요인들을 면밀히 관찰해야 할 것이다. 직업교육과 대학교육 간의 경쟁구도를 만드는 것은 그릇된 방법이다. 이들은 상호보완적인 관계이지 대체적 관계가 아니기 때문이다. 함부르크의 목표는 모두가 대학입학자격 취득이든, 직업교육 졸업이든 둘 중 하나를 택하게 하는 것이다. 어느 누구도 이 제도에서 누락되어서는 안 된다[2015.9.8].

독일의 직업교육제는 독일 기업의 강점이고, 위기에 대한 독일 경제의 저항력을 키워주고 있다. 그뿐 아니라 유럽 다른 국가들과 비교해서도 교육의 질이 높아 독일의 수공업자들은 영국, 벨기에, 프랑스의 동종업체 종사자들과 비교할 때 잘 훈련되어 있다.[9] 하지만 비판적인 관찰도 있다. 최근 수년간 직업교육보다는 대학을 가려는 학생들이 많아지고 있어 전국적으로 도제 자리 수만 개가 비어 있다. 건설현장에서는 전문 수공업자를 찾지 못해 공기가 지연되는 일도 잦다. 독일 사람들이 공법에 충실하게 공사하다 보니 건설공사가 오래 걸린다고는 하나 지나친 느낌이 없지 않다. 바로 수공업자의 공급부족 문제가 아닌가 싶다. 관련 업자의 이야기다.[10]

베를린에서는 수공업자를 고용해 집을 지으려면 6~8주를 기다려야 한다. 임금 수준은 좋지만 인기가 없다. 건설업자의 얘기로는 더 이상 직접 회사에 지원하는 구직자는 없고, 노동청에서 중개해주는 후보자들뿐이며, 그마저 면접에 나타나지도 않는 경우가 잦다고 한다. 예전에는 대부분 폴란드 수공업자들의 손을 빌렸지만 이제는 폴란드의 상황도 나아졌다. 독일에서 받는 임금이 좀 더 높기는 하지만, 폴란드에서 직장을 구할 수 있다면 가족들과 함께 사는 것을 선호하고 있다. 정부가 공공주택 공급을 늘리겠다고 발표하는 것은 분명 좋은 일이기는 하지만 어떻게 이를 실행할지 의문이다.

독일의 듀얼시스템은 고등학교를 졸업한 학생들이 대학 대신 직업학교에 가서 직업교육을 받는 제도이며, 대학에서 직업교육을 받을 때는 이를 듀얼슈투디움 Dualstudium이라고 한다. 보통 '공부한다'는 의미로 번역되는 '슈투디렌studieren'은 대학에서 공부하는 것을 의미한다. 듀얼슈투디움도 대학에서 공부하면서 기업에 나가 현장실습을 병행하는 산학연계전공 과정이다. 함부르크 상공회의소에서 운영하는 함부르크경영대학^{HSBA}에서도 이러한 산학연계전공 프로그램을 제공한다. 아예 듀얼슈투디움 과정을 전문으로 하는 대학도 있다. 함부르크 상공회의소에서 설립한 함부르크 경영대학이나 '북부대학^{Nordakademie}'이 그런 대학이다. 기업체의 추천을 받은 우수한 학생들을 입도선매식으로 선발하여 듀얼슈투디움 과정에 입학시키며 석사과정도 계속교육 방식으로 진행하는 사립대학으로서 명성이 높다.

직업학교제도가 독일처럼 발달하지 않은 북미에서는 산학연계전공이 오래전부터 보편화되어 있었다. 캐나다에서는 '코업프로그램^{co-op}'으로 알려져 있고 같은 대학 내 같은 전공이라 하더라도 코업프로그램을 제공하는 전공을 입학 시부터 별도로 모집한다. 통상적으로 이 코업을 제공하는 전공의 입학생 수준이 더 높음을 볼 수 있다. 이들은 대학을 다니는 동안 일부 학기를 기업에서 실습을 한다. 그러다 보니 일반학과 전공에 비하면 졸업 시까지 최소한 몇 학기를 더 다녀야 한다. 대학 수학기간이 길다는 단점이 있으나 졸업 시 취업 기회가 훨씬 다양하고 유리하기 때문에 학생들이 선호하는 편이다. 특히 워털루 공대에서 제공하는 코업 전공이 학생들 간에 인기가 높다. 전통적인 대학교육을 강조해온 독일에서는 산학연계전공이 늦게 도입되었으나 점차 인기가 높아지고 있고 더욱 다양한 산학연계 전공 프로그램이 제공되고 있다. 다만 캐나다와 달리 정규 대학 수학기간인 3년 내로 실습과정을 포함한 학사과정을 마쳐야 하기 때문에 좀 더 강한 동기유발과 학습능력이 요구된다. 학습과 실습을 병행해야 하는 빡빡한 학사 일정표를 소화해야 한다. 물론 이 과정은 실습 해당 기업을 찾기 어려운 인문계보다는 이공계 분야에서 선호된다. 이들은 졸업 시 학사학위와 직업학교 졸업 시 수여되는 해당 직종의 직업교육증서^{Ausbildungszeugnis}를 함께 받는다. 일석이조인 셈이다.

기업으로서도 별도의 사내교육 없이 바로 실무에 투입할 수 있기 때문에 이들을 선호한다. 어떤 학생들은 직업학교를 나오고 대학을 가는 경우도 있고, 또 반대로 대학을 나와서도 직업학교를 가는 경우도 있다. 당초부터 진로를 잘못 선택한 경우도 있겠지만 대학교육과 함께 직업 전문교육에 대한 유혹을 떨칠 수 없어 양쪽을 다 섭렵하는 학생들도 많다. 이렇게 본다면 산학연계전공은 학사학위를 원하는 전문 기능인 양성에 최적의 기회를 제공한다고 볼 수 있다. 인터넷 포털 '듀얼슈투디움 길잡이Wegweiser Duales Studium' 설문조사는 산학연계전공에 대한 만족도를 보여준다. 산학연계전공을 하고 있는 학생들의 86%가 이 과정에 만족하고 있으며, 취업전망에 대해서도 83%가 전망이 밝다고 응답했다. 다만 대학생활의 낭만 같은 것을 느끼기 어렵다는 학생들이 80%였고 자유시간이 적다는 불만을 가진 학생들도 72%나 되었다. 공짜 점심은 없다.

모두가 의사나 엔지니어가 될 수는 없다

2015년 7월 함부르크 수공업협회를 방문했을 때 카처Joseph Katzer 회장의 직업교육에 대한 현장감 있는 설명이 직업교육에 대한 나의 이해를 도왔다. 그의 설명에 따르면 보다 특수하고 전문화된 기술을 가르치는 업종별 협회에서 운영하는 직업학교가 국가에서 설립, 운영하는 직업학교를 보충하는 역할도 크다. 또한 마이스터 과정이나 직업교육의 사회적 역할 같은 설명을 듣는 동안 직업교육제에 대한 그의 신념을 피부로 느낄 수 있었다.

국립 직업학교가 있지만 기업이나 협회가 재정적으로 지원하는 각 직종별 단기학교들이 있다. 이들 협회나 기업이 운영하는 단기 직업학교는 국립 직업학교의 도제 교과과정을 보완하고 다양한 기술을 습득케 하는 데 기여하고 있다. 예를 들어 하부르크Harburg에는 제빵실습생을 위한 수공업협회 캠퍼스가 있다. 우선 국립 직업학교에서 이론적인 기초를 다진 후 기업에서 운영하는 직업학교에서 보완적인 실무교육들이 이루어진다. 이를 통해 도제들은 좀 더 포괄적인 훈련을 받게 된다. 보통 도제들은 6주간 국립 직업학교에서 이론 교육을 받고, 그 후 일정 기간 동안 업체에 가서 일을 하며 기술과 업무를 배운다. 그다음에는 연 2회 4주간 기업의 직업학교에서 수업을 받으며 업체에서 가르쳐주지 못하는 부분들을 배우게 된다. 예를 들어 빵집에서 일하는 경우 제빵에만 특화되어 다른 분야는 가르쳐주지 못하기 때문이다. 기업이 운영하는 직업학교에서는 케이크나 브레첼 만드는 법도 배울 수 있다. 마이스터 학교도 기업직업학교에 통합되어 있으며, 함부르크에는 수공업 업체들로부터 재정지원을 받는 총 7곳의 중앙실습학교가 있다.

과거에는 마이스터 시험자격을 얻기 위해 직인^{Geselle}으로서 최소한 3년간 직무경험을 쌓아야 했다. 이 전통은 숙련된 수공업자가 되어 귀향할 때까지 3년간 홀로 방랑길에 올라야 했던 중세시대까지 거슬러 올라간다. 오늘날에는 이런 경우가 거의 없다. 기능사에 이어 바로 마이스터 과정을 밟을 수 있다. 마이스터 학교 과정은 1년 반에서 2년 정도 소요된다. 하루 종일 학교에서 수업을 받는 경우도 있고, 야간학교를 다니며 직업과 병행하는 경우도 있다. 마이스터 학교와 시험에는 약 6천 유로의 비용이 소요되며, 학생 스스로 부담하되 상환의무가 있는 대출 지원이 가능하다. 마이스터 자격증^{Meisterbrief}을 수령하기까지 총 훈련기간은 5~8년가량이다. 직인의 임금이 세전 3000유로였다면 마이스터 자격증 취득 후에는 5000유로로 인상되는 것이 보통이다. 내가 종사하는 직종에서 실력 있는 마이스터의 경우 6000유로 또는 7000유로까지 받는 경우도 있다. 도장공 같은 다른 분야에서는 4500유로까지 받을 수 있다. 이 정도면 풍족하게 살 수 있다. 이 밖에 자영업도 방법이다. 함부르크 상공회의소에 창업을 지원하는 스타터센터^{Starter-Center}가 있으며, 창업은 언제든 환영이다.

많은 사람들이 독일식 직업교육제에 많은 비용이 든다는 사실을 잊어버리곤 한다. 훈련생을 받게 되면 기업에 비용이 발생하고, 직업학교를 운영하면 주정부에 비용이 발생하며, 각 분야별 기업직업학교는 기업에 또 다른 비용을 유발시킨다. 이러한 이유로 스페인에서는 이 시스템을 도입하는 것에 실패했다. 스페인 기업들은 왜 이 비용을 자신들이 부담해야 하는지 이해하지 못했다. 네덜란드에서는 치기공사들이 대학을 졸업해야 한다. 학위과정을 이수하면 엔지니어로 인정받는다. 반면 독일에서 치기공사는 직업훈련 직종이다. 독일 치기공 도제가 네덜란드 치기공 엔지니어보다 능숙하다. 학교에서는 절대 그 정도로 실제상황에 가까운 훈련을 제공하지 못하기 때문이다. 독일의 훈련생들은 경제가 돌아가는 원리도 배운다. 이들은 고객 서비스가 어떻게 이루어져야 하는지, 기한이 촉박하다는 것이 어떤 의미인지, 구매가 어떻게 진행되는지 알고 있다. 이것은 대학에서 가르쳐줄 수 없다.

청년들은 직업훈련 직종에서 더 행복해질 수 있다고 믿는다. 모두가 의사나 엔지니어가 될 수는 없는 노릇이다[2015.7.9].

헤르만 지몬Hermann Simon 회장은 마인츠 대학 교수 출신으로 1985년 자신의 박사과정 제자와 함께 '지몬-쿠허 앤 파트너스Simon-Kucher & Partners 전략마케팅 컨설턴트' 사를 만들어 공동대표를 맡고 있다. 이 회사는 전 세계에 걸쳐 약 900명의 고용규모와 2억 유로의 연매출을 갖고 있는 히든챔피언이다. 현재 24개국에 30개의 사무소를 운영하고 있고 유통, 마케팅, 가격책정Pricing 분야에서 전문적인 컨설팅을 제공하고 있다. 2015년 12월 본Bonn에 소재한 지몬-쿠허 앤 파트너스 사에서 지몬 회장을 만났다. 그는 2시간여에 걸쳐 히든챔피언과 한국 기업에 대한 제언을 들려주었다. 아울러 교육과 정부의 역할 부문에서는 독일이 한국을 배워야 한다고 했지만 한국의 과도한 대학진학률에는 우려를 표명하기도 했다. 교육에 대한 그의 이야기다.

　한국모델에서 독일이 뭔가 배울 점은 바로 교육이 갖는 가치다. 지난 수년간 독일에서는 교육의 중요성이 간과되고 있다. 독일의 교육제도는 더 이상 예전 같지 않다. 한국과 마찬가지로 교육은 전통적으로 독일의 강점이었다. 그러나 요즘 학교에서 일어나는 일들을 들어보면 더 이상 그렇지 않은 것 같다. 또한 독일에는 대규모 난민유입이라는 새로운 부담요인이 생겼다. 앞으로 어떻게 진행될지 아무도 모른다. 독일이 배울 점이 또 하나 있다. 겸손함이다. 한국인들은 떠벌리지 않고, 노력해서 무언가를 성취한다. 독일인도 미국이나 다른 나라에 비하면 나은 편이라고 생각은 하지만 말이다. 슈바벤 지방에는 "떠들지 말고, 만들어내라Nicht schwätzen, sondern schaffen"라는 격언이 있다. 보여주기에 급급하지 말고 실제로 성과를 보이라는 것이다. 기업의 경우에도 흥미로운 이론이 있다. 기업가가 대중에 알려지지 않을수록 그 기업이 오랜 기간 성공을 거둔다는 것이다. 짐 콜린스Jim Collins라는 미국 작가가 쓴 책의 한 부분으로, 그는 '서커스용 말show horses'과 '일하는 말plough horses'을 구분했다. '서커스용 말'은 끊임없이 언론과 인터뷰를 하고 모든 행사에 모습을 드러내는 타입이고, '일하는 말'은 사업에만 집중하는 타입이다. 그리고 히든챔피언에서 이러한 '일하는 말'을 많이 알게 되었고, 한국에 이러한 타입이 매우 많다는 인상을 받았다. 요란한 서커스에 정신 팔지 않고 자신의 일에 충실한 사람들 말이다. 미국의 경우는 종종 다르다.

　물론 모두 대학진학만을 원한다는 뿌리 깊은 사회적 가치관이 있다. 독일에서는 대학 진학자의 비율이 50% 정도다. 국제적으로 봤을 때 다소 낮은 수준이다. 어느 정도가 적정수준인지는 알 수 없지만 확실한 것은 한국에서 보듯이 80%는 너무 높다는 것이다. 앞으로도 엔지니어뿐 아니라 고숙련 전문인력도 필요하다. 직업훈련제를 통해 청년시절 꼭 대학에 가지 않더라도 조기에 전문기술을 갖추어 사회에 적응해나갈 수 있다. 여기서 국가의 역할이 중요하다. 독일에는 국립 직업학교가 있고, 훈련생들은 기업에서 일하게 된다. 듀얼시스템은 민관파트너 십이라고 볼 수 있다[2015.12.8].

독일의 대학생 통계에 직업훈련생은 포함되지 않는데 이들을 전문대학생 수준 으로 본다면 사실 독일과 한국의 고등교육 비율은 비슷하다. 우리가 대학에서 교 육받는 간호학은 독일에서는 대학에서 가르치지 않고 수요에 따라 각 병원 또는 직업학교에서 가르친다. 기술분야가 아닌 일반 사무실의 많은 직종도 직업학교 에서 가르친다. 문제는 시스템인데 기술로 배워도 될 것을 대학에서 학문으로 배 운다면 이것은 과잉 투자다. 수학 기간부터 1~2년이 더 길기 때문이다. 일률적으 로 대학에서만 배우도록 하는 것보다는 수요자의 입장에서 학문으로 배울 것인지 기술로 배울 것인지를 선택할 수 있도록 해야 한다. 틸로 자라친의 충고다.

지나친 고학력화가 이루어지고 있다고 하지만, 이것은 임금과 소득구조에 따 른 당연한 결과다. 우수한 전문인력이나 우수한 수공업자가 성과가 낮은 대학졸 업자보다 소득이 높아야 한다. 그들은 그럴 만한 가치가 있기 때문이다! 그렇게 되면 고학력화 현상도 멈추게 될 것이다. 우리는 언제나 건설업자가 필요하고, 요리사 등 여러 전문직종을 필요로 한다. 모두가 대학진학에만 매진하게 된다면 이는 그릇된 가치관, 아니면 잘못된 임금구조의 산물이거나 또는 둘 다 때문일 것이다. 한국과 같은 경우라면 외국인 노동자를 받아들이지 않거나 제한적으로 만 받아들이라 하겠다. 그렇게 되면 노동시장 최하위층의 임금이 인상되어 고학 력화가 이루어지더라도 더 많은 비용이 들 뿐이지 충분한 청소인력, 충분한 요리 사, 충분한 공장근로자를 확보하게 될 것이다[2016.7.19].

독일은 유학 후 취업이 되는 나라다

함부르크 총영사관에서는 해마다 우리 청년들을 위한 취업 설명회를 한다. 노동청이나 직업훈련원 또는 상공회의소 관계자를 초청하여 관련 독일 노동시장의 실제 현황과 취업 비자제도에 대해 안내하고 독일에서 취업에 성공하거나 직업교육으로 마이스터가 된 우리 청년들을 불러 그들의 성공 경험담을 들려주기도 한다. 언젠가는 함부르크의 커피 등 기호식품을 거래하는 독일 회사에 취업한 한 학생이 총영사관의 취업설명회가 큰 도움이 되었다며 커피와 차 샘플을 들고 나타나기도 했다. 여러 계기가 있을 때 나는 우리 청년들에게 이렇게 이야기한다. "미국 유학도 좋지만 미국은 유학 후 취업이 안 되는 곳이다. 한국으로 돌아와도 예전처럼 미국 대학 학위를 그렇게 인정해주는 분위기도 아니다. 그렇다면 무엇 때문에 비싼 학비를 내고 미국 유학을 가는가. 뉴욕대학^{NYU}의 학비는 연 8만 달러다. 이제 좀 더 현실적일 필요가 있다. 독일로 눈을 돌려보자. 독일은 이제 세계 2위의 이민국가다. 국립대학은 학비가 없고 사립대학은 미국 학비의 절반 정도 되는데 졸업 후 현지에서 취업이나 창업이 가능하다. 이미 미국 유학생 5천 명이 독일에서 공부하고 있다. 카타르나 아부다비 같은 중동의 부국도 좋다. 카타르의 수도 도하에 있는 '교육도시^{Education City}'는 미국의 경쟁력 있는 대학을 유치해서 외국 학생들을 받고 있다. 학비가 비싸지만 융자가 가능하고 졸업 후 카타르 현지에 남아 일을 하면 몇 년 만에 학비 대출금을 상계해준다. 네덜란드의 사정은 잘 모르지만 대학 경쟁력은 세계 최고로 알고 있다. 왜 꼭 미국인가. 이제 좀 더 시야를 넓혀보자."

외국의 취업시장은 외국인 노동력 유입 규제정책으로 인해 언제나 벽이 높은 것이 사실이다. 하지만 그 나라의 경제나 고용상황에 따라 적극적으로 외국 인력을 받아들이는 나라가 있는데 독일이 그렇다. 우선 독일은 인구감소에 따른 심각한 노동력 부족을 겪고 있다. 향후 15년 내로 최소한 수백만 명의 노동인력이 부족해질 것이라고 예상한다. 그렇지만 노동시장은 독일의 양호한 경제상황에 따라 매우 역동적이다. 실업률이 높으면 외국인 노동력을 흡수할 기반이 사라진다. 내국인들의 취업이 우선이기 때문이다. 독일은 그렇지 않다. 2017년 초 현재 6.1%의 실업률은 통일 이후 최저치다. 게다가 독일은 이미 이민국가가 되었다. 현재 독일에서 살고 있는 인구 중 1100만 명이 외국에서 태어난 사람들이며 대학생 중 23%가 이민자 가정 출신이다. 그만큼 독일은 이미 외국 인력에의 의존도가 크다. 외국인의 입장에서도 독일의 경제적 번영으로 이민 메리트가 크다.

독일 고교생들은 졸업 후 직업학교를 가거나 대학을 가는데 과거에는 직업학교를 선택하는 숫자가 많았다. 그런데 2013년을 기점으로 최근에는 대학진학률이 직업학교 진학률과 비교하여 6:4 정도로 높아졌다. 그래서 대학을 나온 고급인력보다는 직업학교를 나온 전문인력이 부족해졌다. 청년인력 부족으로 정원을 채우지 못한 직업학교 숫자가 전국적으로 수만 개다. 2015년 10월 이후 함부르크 지역 기업들로부터 노동청에 신고된 도제 훈련생 수요가 9146명이었지만 반년 정도 지난 시점에서 그중 절반 이상인 4999개 자리가 훈련생들을 받지 못해 빈자리로 남았다. 2016년 가을 신학기가 시작되면서 수공업 분야에서 도제 수련생을 찾지 못한 자리가 전국적으로 2만 7000개나 되었다. 특히 난방, 위생설비 분야, 제빵, 전기, 보청기 기술자, 목공분야 등에서 훈련생 공급이 부족하다. 이러한 도제 훈련생 부족 현상은 간호, 숙박, 요식업 등 서비스분야에서도 나타나고 있다. 스페인 등 실업문제가 심각한 남유럽 EU 국가들의 청년들에게 직업교육을 제공하고 우선적으로 취업기회를 제공하려는 시도가 있었으나 기후, 직장문화 등이 맞지 않아 돌아가는 경우가 많았다. 이런 상황을 볼 때 우리 청년들이 독일에 와서 유학을 하거나 직업교육을 받게 되면 한국으로 돌아와서는 물론 독일 내에서도 취업이나 창업이 가능하다.

고교 졸업생의 경우 독일에서 대학이나 직업학교에 다니는 방안을 권하고 싶다. 무엇보다 졸업 후 현지 취업이나 창업이 가능하기 때문이다. 비싼 학비를 내고도 이런 것을 엄두도 못내는 미국과는 다르다. 독일에서 취업경로는 크게 세 가지다. 독일 유학 후 취업하거나, 직업교육 후 취업하거나, 블루카드제 등을 활용하여 바로 취업하는 경우다. 지원자의 학력이나 경력 또는 보유기술 등에 따라 이 세 가지 경로 중 한 가지를 선택하면 된다. 고교 졸업자라면 첫 번째 또는 두 번째 경로가, 대학 이상의 졸업자라면 세 번째 경로가 가능할 것이다. 우선 대학은 국립대학이 일반적이나 영어로 수업을 하는 사립대학도 있기 때문에 독일어가 부족한 학생들은 1년 정도의 준비과정Studien Kolleg을 거쳐서 국립대학에 진학하거나 학비를 내더라도 사립대학으로 오는 방안이 가능하다. 독일에는 200여 개의 사립대학이 있는데, 학비를 받는 만큼 학비가 없는 국립대학과의 경쟁이 치열하다. 그래서 전문분야에 특화된 좋은 사립대학들이 있다. 함부르크의 퀴네물류대학이나 코블렌츠에 위치한 오토 바이스하임 경영대학 등이 그 예이다. 브레멘의 야콥스대학Jacobs Uni.도 외국인 학생들의 취업이나 창업에 많은 관심을 갖고 지원해주는 우수한 사립대학이다. 야콥스 대학의 학비는 연 2만 유로 정도인데 오토 바이스하임 같은 MBA 과정이 설치된 비싼 사립대학을 제외한 일반 사립대학 중 비싼 편에 속한다. 학생 수 300~350명 중 80% 이상이 외국 학생들이다. 최근에는 중국 학생들이 많아지고 있다.

국립대학 중 3년 과정의 전문대학Fachhochschule도 고려해볼 것을 권하고 싶다. 전문대학에서는 특정 학과에 집중하여 취업에 주력한다. 커리큘럼을 구성할 때도 실제 현장에서 요구되는 부분에 대한 조언을 얻어 반영한다. 일반 대학에서는 많은 지식을 얻지만 실제 현장에서 사용되는 지식이 아닌 경우가 많은 반면, 전문대학은 집중적인 투자로 최신 경향을 반영하여 해당 직업군에서 필요로 하는 산 지식의 전수에 경쟁력을 보이고 있다. 국립이므로 물론 학비는 없다. 내가 2015년

11월 방문하여 총장 등 교수진으로부터 학교 현황을 파악하고 한국 학생들의 진학 가능성을 알아본 '베스트퀴스테Westküste 전문대학'은 경영심리, 관광, 전기전자공학분야가 우수한 학교로 슐레스비히-홀슈타인 주에 위치해 있다. 이 학교는 1993년 설립되었는데, 경영심리학과는 60명 정원에 1000명이 지원할 정도로 인기가 치솟고 있다. 교수 1인당 학생 수는 10명 정도다. 한국 학생들의 입학을 환영한다는 입장이며 외국인 학생 정원은 총 정원의 4%로 정해져 있고 2015년도 입학생 중 외국인 학생은 3.7%이다. 이곳에서 학사과정 후 일반 대학에서 석사과정을 이수할 수 있다. 외국인 학생들에게는 독일어 C1의 능력을 요구하며 관광학 ITMInternational Tourism Management 석사과정에는 높은 수준의 영어 실력이 필요하다. 이 과정은 수업이 영어로 진행되므로 독일어는 필수가 아니다. 특히 독일의 직업학교나 전문대학은 졸업 후 독일에서의 취업은 물론 한국으로 돌아와서 배운 기술을 활용한 창업도 가능하므로 적극 권장하고 싶다. 독일 정부(경제부, 사회부, 고용청)에서 공동운영하는 누리집 www.do-it-yourself.com에서 보다 상세한 정보를 얻을 수 있다.

한국의 고교 졸업자가 독일 대학의 입학허가를 받는 데 필요한 조건으로는 우선 독일어 언어 능력이 있다. 통상 한국에서도 시험을 볼 수 있는 '외국어로서의 독일어 시험Test DAF'이나 각 독일 대학별로 실시하는 '대학 입학을 위한 독일어 시험DSH'을 통해 일정한 성적을 받아야 한다. 고등학교 3년 성적 중 내신 8~9등급, 수능 4등급 이하면 입학이 거부된다. 그렇지 않은 경우 원칙적으로 독일 대학 입학이 가능한데 여기서 수학능력이 문제될 수 있다. 즉, 대학에 들어와서 희망하는 전공을 시작할 때 독일 학생들과 비교해서 기본적인 수학능력을 갖추고 있는지를 보게 되는데, 예를 들어 문과 졸업생이 공대를 지원했을 경우 물리, 화학 등 이과쪽 공부가 부족하다고 판단할 수 있다. 이 경우는 부족한 학과과정(과학 실험 등)을 1년의 대학예비과정Studien Kolleg에 들어와서 우선 이수하는 것을 조건으로 입학을 허가하는 경우가 많다. 한국 학생이 독일 대학을 졸업할 경우 독일 국적자와 비교해서 취업에 불리한 점은 없는지를 물어보는 경우가 있다. 물론 독일인과 비교한다면 당연히 불리하다. 하지만 객관적으로 볼 때 다른 외국과 비교하면 취업 가능성이 많고 직장생활에서 직책과 실력에 따라 비교적 공정한 대우를 받을 수 있는 곳이 독일인 것도 사실이다. 이탈리아에서도 우리 학생들이 많이 공부하지만 졸업 후 현지에서 취업하는 경우는 극히 드물다. 그래서 대부분은 독일이나 오스트리아로 와서 취업한다. 특히 음악, 성악 전공자들이 그렇다. 과거에는 독일 회사가 외국인을 고용하려는 경우 그 자리에 독일인이 아니고 외국인이 꼭 필요한 증거를 제시하도록 하는 등의 제한이 있었으나 최근에는 이러한 제한이 완화되었고, 특히 독일 대학에서는 재학 시부터 외국 학생에 대한 취업 안내 지원을 강화하고 있으며, 정부는 졸업 후 직장을 구할 수 있도록 18개월간 구직 체류허가를 부여하는 등 외국인 취업을 촉진하기 위한 제도를 적극 시행하고 있다.

한국의 고교 졸업자를 위한 두 번째 경로는 독일의 직업교육과정을 활용해 취업하는 방법이다. 독일의 직업교육은 듀얼시스템이라 불리는데 직업학교 운영은 정부가 하고 도제 훈련생들의 실습 기회와 이들에 대한 보수 지급은 기업이 맡는 이원적 체제이기 때문이다. 따라서 외국인이 이 제도를 활용하기 위해서는 이들 두 곳과의 접촉이 필요하다. 우선 관심 있는 기업의 인터넷 공고 확인이나 문의 등을 통해 도제 훈련생으로 받아줄 수 있는지 가능성을 타진하여 그 기업과 도제 훈련 계약을 맺어야 한다. 아울러 연방고용노동청BA, Bundesagentur für Arbeit에 신고하여 직업훈련 비자를 받아야 하는데, 희망하는 기업의 해당 훈련 자리에 독일인 지원자나 EU국가 출신자 같은 우선순위를 부여받은 경쟁자가 없어야 한다. 즉, A라는 제빵업체에서 제빵사 도제훈련 자리가 하나 있어서 거기에 훈련생을 뽑는다고 할 때 우선 독일인이 지원하게 되면 독일인을 우선적으로 뽑고 외국인은 기회가 없게 된다. 따라서 그 자리에 독일인 지원자가 없는 경우에만 심사과정을 거쳐 직업훈련을 위한 고용이 성사될 수 있다. 하지만 지금은 어차피 빈자리가 많아 문제될 것이 없다.

　도제Lehring는 통상적으로 교육생이라는 의미의 '아추비Azubi, Auszubildende'로 불린다. 이들은 교육기간 중 직종에 따라 월 500~800유로의 보수를 받는다. 현재 독일 내 상황은 난방, 위생설비 등 수공업 분야에서만 수만 개의 아추비 자리가 공석으로 있고, 호텔 서비스업이나 간병 등 서비스 분야에서도 비슷한 상황이어서 외국인 지원자들에게도 직업훈련 기회는 크게 열려 있다. 훈련기간이 최소 2년에서 3년인데 이 기간 중 독일에서 생활할 수 있는 경제적인 여건이 갖춰져야 한다. 그리고 무엇보다 필수적인 조건은 독일어 어학능력이다. 교육과정이 독일어로 진행되므로 독일어 능력이 필요한 것은 당연하며 원칙적으로 중급인 B-2 수준의 어학능력을 요구한다. 아울러 전형적인 듀얼시스템하의 훈련은 아니지만 외국인은 기업에 아추비 훈련계약 없이 직업학교만을 다닐 목적으로 거주비자를 받아 직업학교에서 희망 과정을 이수할 수도 있다. 이 경우에는 물론 아추비로서 기업에서 받는 소정의 도제임금을 받지 못하여 독일 체재비 부담이 더 커진다. 다만 이 경우에도 주 10시간 이내의 노동은 가능하다.

　세 번째 경로는 학사 이상의 학위나 독일 기업이 필요로 하는 특수기술을 갖고 있는 경우로서, 고급인력 유치를 위해 2012년부터 도입된 블루카드제를 활용할 수 있다. 이 경우는 우선 독일 기업으로부터 취업초청Job offer이 필요하다. 독일 또는 한국 대학 졸업자로서 연봉 4만 7600유로 이상(수학자, 자연과학자, IT 분야 전문가 등 인력부족 직장의 경우 3만 7128유로 이상)의 경우 최장 4년짜리 블루카드를 주며 그 이후 영주권을 신청할 수 있다. 일단 블루카드를 받게 되면 가족 초청도 가능하고 참정권 같은 정치적 권한만 제외하면 모든 면에서 독일인들과 동등한 대우를 받게 된다. 소위 "금쪽같은 대우golden status"를 해주는 것이다. 독일 취업은 우리나라처럼 취업시기가 정해진 공채 제도가 아니라 회사별로 필요한 시점에 필요한 인력을 선발하는 개별적 채용 방식이므로 관심 있는 분야나 회사의 홈페이지를 통해 인사공지를 잘 모니터링하고 인사공지가 없어도 인사담당부서에 자신의 관심을 표명하는 등 노력과 인내심이 필요하다. 이런 선발 방식 때문에 가능한 경우 인턴 등의 제도를 활용하여 관심 있는 회사에서 경험을 쌓고 경력을 만드는 것도 고려할 만하다. 한국에 있는 우리 청년들이 독일 회사의 인턴을 시도하는 것이 쉽지 않지만 최근에는 산업인력관리공단에서 독일 회사에 대한 인턴 파견을 지원하는 제도도 있으니 알아볼 필요가 있겠다.

마지막으로 취업이 아닌 자영업이나 창업을 하려는 경우다. 독일은 자국민은 물론 외국인의 자영업이나 창업활동에도 개방적 자세를 취하고 있어, 자질과 자격을 갖추고 영업/창업 아이디어가 좋을 경우는 독일에서 사업을 시작하는 것이 가능하다. 다만 자영업/창업 업종에 따라 자질/자격 규제가 있기 때문에 해당 분야의 전문적인 자질/자격 요건을 정확히 살펴봐야 한다. 독일인도 예를 들어 안경점이나 도장업, 위생설비업 등 많은 직종에서 마이스터 자격자에게만 자영업을 허가한다. 이런 '규제업종'은 '비규제업종'에 비해 자격심사가 매우 까다롭다. 외국인이 독일인과 동등한 정도의 자질이나 자격을 갖고 있는지를 심사하는 '동등자격심사Gleichwertigkeitsprüfung'와 관련해서는 노동사회부에서 운영하는 누리집 www.wir-gruenden-in-deutschland.de를 통해 자격별/업종별로 정보를 얻을 수 있다. 또한 각 주 차원에서도 이민자들을 위한 자영업이나 창업 상담창구를 개설하여 안내하고 있다. 함부르크의 안내 누리집은 www.asm-hh.de이다.

이 경우 주한 독일대사관에서 자영업 또는 자유직업비자를 받고 오는 것이 일반적이다. 다만 한국인의 경우 비자 발급에서 미국, 일본 등과 함께 선진국 국민 대우를 받고 있어 예외적으로 독일에 입국하여 비자를 받는 것이 가능하고 독일에 와서 우선 외국인관청을 접촉하여 그 가능성 여부를 알아보아야 한다. 그리고 상업관청－보통 구청이나 상의, 수공업 협회에서 대행－에서 자영업 또는 창업계획 business plan을 등록하면서 안내에 따라 소정의 절차를 취하게 된다. 최근에는 특히 청년 인구 유입에 관심이 많은 올덴부르크^{Oldenburg} 등의 지방 도시들이 젊은 사업자들을 유치하기 위해 세금 면제, 보조금 지원, 사업장 제공, 비즈니스 컨설팅 제공 등의 지원제도를 운용하고 있다. 이러한 지원은 도시나 지역별로 지원의 규모나 내용이 많이 다르므로 관심 있는 도시의 포털 등을 통해 구체적으로 문의나 상담을 하는 것이 좋겠다.

어떤 경로를 통해서든 독일 노동시장에 진출하기 위해서는 독일어 어학능력을 갖추어야 한다. 독일어가 일선 고교의 제2외국어 과목에서 퇴출되다시피 했는데 이는 우리 청년들이 독일 노동시장에 진출하는 데 결정적인 애로점이다. 이 점에서 우리 교육당국이나 일선 고교는 물론 산업인력공단 같은 인력 양성기관의 적극적 관심이 요망된다.

제8장

독일은 사회적이기에 강하다

사회국가 독일과 비스마르크

잊을 만하면 다시 뉴스의 헤드라인을 장식하는 총기 난사 사건의 주요 무대는 미국이다. 2016년 6월 올랜도 총기 난사로 50명이 죽었다는 어이없는 뉴스를 접하면서 내가 사는 독일은 어떤가에 생각이 미쳤다. 독일도 총기 소유는 얼마든지 가능하다. 사격이나 사냥 등의 취미 목적이든 또는 신변 보호를 목적으로 하든 총기 소유를 신청할 경우 특별한 사유가 없으면 허가가 나온다. 여러 정을 소유하는 것도 가능하다. 물론 합리적인 설명이 되는 한도 내에서다. 그러나 미국과 달리 총기 사고는 없다시피 하다. 무슨 차이일까. 총기에 대한 관리가 철저해서일까? 그런 측면도 있겠다. 총과 탄환을 반드시 분리해서 시건 장치가 있는 안전한 곳에 각각 보관토록 하고 있고 감독기관에서 불시에 점검하여 하자가 있으면 즉시 총기를 회수한다. 이렇듯 치안이나 사회법 분야에서 강력한 경찰행정을 시행하기

•• 13세기에 설립된 뤼베크의 '성령병원Heiligen-Geist-Hospital'의 내부 모습이다. 이 병원은 유럽에서 가장 오래된 사회복지 시설이다. 사진 제공: 성령병원재단.

로 정평이 나 있는 독일이지만, 이런 단속만으로 잘되는 것은 아니다.

답은 '사회국가Sozialstaat'다. 사회국가적 성격에서 많은 사회적 마찰이 사전에 방지되고 사회적 평화를 얻고 있다. 우선 사회법원에서의 소송비용은 무료다. 사회보장체계상에서 발생하는 모든 분쟁은 사회법원이라는 특수 법원을 통해서 해결하는데 누구든, 특히 사회적 약자의 접근이 가능하도록 무료 소송제를 취하고 있다. 사회불만 계층에 대한 사회서비스 차원이다. 사회적 취약계층의 불만이 쌓이지 않도록 배려하는 것이다. 미국에서 볼 수 있는, 총으로 해결하는 폭력적인 자구적 수단 대신 법으로 해결하도록 유도하는 것이다. 독일은 비스마르크 시대인 1883년 질병보험을 도입한 이래 130년 이상 사회적 연대원칙에 따른 전 국민적 차원의 사회보장제를 실현해왔다. 전 사회 구성원이 국가적 사회보장의 대상으로서 1. 연금, 2. 실업수당, 3. 하르츠 피어, 4. 사회부조를 통해 누구든 최소한의 생활비를 지급받으며 이와 함께 질병, 상해, 간병 보험으로 인간다운 삶을 보장받고 있다. 2016년 말 현재 독일 인구는 8280만 명이다. 이들의 수입 기반을 기준으로 분류해보면 우선 경제활동 인구가 4350만 명으로서 이들이 '독일'이라는 국가보험의 보험자 역할을 하고 있다. 그리고 피보험자 그룹은 4개 그룹으로 나뉘는데 1. 연금 수급자 규모가 대략 2000만 명이며, 2. 실업수당 수령자가 280만 명 규모이고, 3. 하르츠 피어 수령자가 580만 명, 4. 사회부조 수급자가 100만 명 정도로 약 3000만 명 규모다. 그러니 총인구 8280만 명은 보험자 그룹인 경제활동 인구 4350만 명과 피보험자 그룹인 약 3000만 명으로 대별되며 그 나머지가 어린이 등 미성년으로 1000만 명이 채 안 되는 규모다. 독일의 사회보장제도는 총 12권으로 이루어진 「사회법전SGB, Sozialgesetzbuch」에 따라 법제화되었다. 사회보장제도의 기본을 규정한 제1권을 필두로 5대 보험은 SGB 제4, 5, 6, 7, 11권에, 하르츠 피어는 SGB 제2권에, 사회부조는 SGB 제12권에 각각 규정되어 있다. 그리고 이 「사회법전」을 전담하는 사회법원이 설치되어 있다. 함부르크 사회법원 판사의 이야기다.[1]

사회법원의 재판권은 노동법원의 재판권과 긴밀한 관계가 있지만, 사회법원에서는 특별히 독일 사회보장제도와 관련된 분쟁을 다룬다. 예를 들면 의료보험이나 연금보험, 부모수당이 그에 속한다. 사회복지 급부로부터 분쟁이 발생하는 이유는 예를 들어 피보험자가 질병치료를 위해 특정 의약품을 처방받기 바라지만 더 저렴한 의약품에만 보험이 적용된다는 이유로 보험사가 거절할 수 있기 때문이다. 또는 환자가 원하는 최신 암치료법이 보험사의 승인을 받지 못할 수도 있다. 연금보험상 수령기간 산정에 대한 다툼도 발생한다. 독일 국민들은 전반적으로 사회보장제도에 만족하고 있다. 사회재판이 무료라는 점을 이용해 변호사를 찾는 불평꾼Querulanten들이 많지만, 이러한 일도 실제로 사회적 평화를 위해 중요하다.

독일 기본법 제20조는 독일이 민주적, 사회적 연방국가임을 선언하고 있다. 이렇듯 독일의 사회국가라는 명제는 헌법적 기본질서에 속하여 이를 개정하는 것은 허용되지 않으며 국가가 경제적 불평등 완화와 결부된 사회적 정의와 안전을 실현하도록 하고 있다. 날레스^{Andrea Nahles} 연방노동사회장관은 "독일은 사회적이기 때문에 강하다. 독일의 사회보장제도는 세계에서 가장 뛰어나다. 경제력을 뒷받침하는 동력이며 시민들의 참여 기회를 개선시킨다. 사회국가, 사회적 시장경제는 독일의 위대한 전통으로 삶의 가치를 창조해낸다. 이것은 장래에도 지속되어야 한다"라고 언급하고 있다.[2] 사회국가와 사회적 시장경제 개념은 전자가 사회적 연대를 강조하는 사회보장제를 중심으로 하는 개념이며 후자는 이것을 포함하여 질서적 자유주의에 기초하는 시장경제 개념이므로 후자가 전자를 포괄하는 더 큰 개념이다. 역사적으로 볼 때 사회국가 개념은 19세기 초 폼 슈타인 남작의 사회개혁으로부터 태동하여 19세기 말 비스마르크의 사회 입법으로 시작되었고, 사회적 시장경제는 20세기 들어와서 발터 오이켄을 중심으로 하는 프라이부르크 학파의 질서적 자유주의로부터 태동하여 2차 대전 후 뮐러-아르막과 에르하르트 경제장관이 실행했다. 궁극적으로 이 두 가지 개념은 독일의 사회적, 경제적 기본질서를 복합적으로 나타내며 상호 간에 밀접한 연관성이 있다.

지금 독일은 제조업 분야 평균 노동시간이 주 35시간, 1년에 최소 4주의 법적 휴가 보장, 최대 14개월의 유급 육아휴가, 최대 72주간의 병가―병가 기간 중 임금의 70%가 지급―가 보장된다. 여기에 5대 사회보험으로 사회안전망이 갖춰져 있고 유치원부터 대학까지 학비 없는 교육을 구현하고 있다. 학비가 없는 데서 그치지 않고 형편이 어려운 학생들에 대한 생활비도 유무상 반반으로 지급한다. 사회국가 독일의 현주소다. 독일은 사회보장에서 선구적인 국가다. 비스마르크하의 독일제국에서 19세기 말 질병, 사고, 연금, 실업보험을 세계 최초로 도입했고 미국, 일본, 캐나다, 스위스가 뒤따랐다. 미국의 경우 사고보험은 1908년에, 연금과 실업보험은 1935년에 도입되었고, 1965년에 들어와서야 65세 이상의 노인과 사회 취약계층을 위한 보편적 의료보험이 도입되었다. 간병보험은 아직도 실시되지 않고 있다. 미국에서는 강제보험이 아닌 사보험 비율이 유럽보다 훨씬 높기 때문에 사회보장국가로서의 위상이 유럽보다 떨어진다.[3] 미국 의료보험에 대한 함부르크 대학 키프만Matthias Kifmann 교수의 평가다.

> 미국의 의료보험은 독일과 달리 공적의료보험이 아닌 '고용주 기반employer-based'의 시스템이며, 의료보험 미가입자의 비율은 20% 이상으로서 부유한 국가 치고는 놀라울 정도로 높다. 이것을 변화시키고자 했던 것이 '오바마케어'였다. 오바마케어는 한편으로는 보조금을 지원하고, 다른 한편으로는 미가입 시 벌금을 부과하는 방식으로 의료보험 가입을 확대하려는 시도다. 온라인 플랫폼을 통해 가입자와 보험사가 중개되는 방식이다. 오바마케어 법안은 1000페이지에 달하며 그 내용도 복잡하다. 게다가 공화당이 우세한 주에서는 도입을 거부하고 있다[2015. 10. 26].

독일제국하에서 1883년 비스마르크의 질병보험을 필두로 1884년에 산재보험, 1891년에 상해 및 노령보험이 도입되었다. 상해 및 노령보험제는 오늘날 연금제도의 전신이다. 사실 비스마르크는 첫 사회보험이었던 질병보험을 사회보장제가 아닌 국가보장제 형태로 시행하고자 했다. 즉, 노사 양측의 기여금이 아닌 국가 예산으로 보험 재원을 충당하고자 했으나, 제국의회에서 오랜 논란 끝에 국가, 즉 비스마르크 행정부에 과도한 권력이 집중될 것을 우려한 당시 야당인 사민당의 반대로 오늘날과 같이 사용자와 노동자가 공동 부담하는 '사회'보장제의 형태로 합의되었다. 그래서 소요재원을 피보험자인 노동자가 2/3를, 사업주가 1/3을 공동부담하는 기여금으로 재원이 충당되는 집단적, 의무적인 사회보장제를 근간으로 하게 되었다. 두 번째로 도입된 산재보험은 심지어 사용자 측에서 그 재원을 전부 부담하는 형태였고 세 번째 도입된 상해 및 노령보험은 노사가 반씩 분담했다.[4] 당시 독일의 사회보험은 처음에는 산업현장 노동자들에게만 시행했고 1913년에 제국보험법으로 상업분야의 '고용직Angestellte'으로까지 확대, 시행했다. 이후 농부, 수공업자, 예술가 등의 직업군도 편입되었다. 바이마르 공화국 시절인 1927년에 실업보험이, 통독 후 1995년에 간병보험이 추가적으로 도입됨으로써 독일의 5대 보험이 완성되었다. 이 외에 1969년 「연방교육촉진법」에 의한 학생수당(바펙), 1975년 어린이수당, 1986년 보육수당 등이 차례로 도입되어 사회국가로서 지금과 같은 위상을 갖추게 되었다.

독일의 사회주의 입법 조치는 세계 최초로 시행된 것인데 영국이나 프랑스에 비해 후진적인 정치형태를 가졌던 당시 독일제국에서 사회보장제가 먼저 태동되었다는 것은 다소 의외라 하겠다. 당시 제국정부의 총리였던 비스마르크가 일반 대중을 위한 사회보장제를 도입하게 된 배경은 산업화로 야기된 노동자층의 빈곤이 정치적 폭발력을 내포하고 있음을 인지했기 때문이다. 산업화와 도시화가 진행되면서 지금 사민당SPD의 전신인 당시 사회주의노동자당SAPD이 비스마르크의 억압적인 반사회주의 입법조치에 반발하는 상황에 대응하여 노동자들을 회유하고 사회주의 운동의 토양을 제거할 필요가 있었다. 비스마르크의 억압적인 반사회주의적 입법조치들이 채찍이라면 사회보장은 당근이었다. 이것은 주민에 대한 후견, 그리고 주민을 신민화한 봉건국가의 잔재이기도 했으며, 여기에는 '생존 배려를 통한 위험방지'라는 왕정통치술이 숨어 있었다.[5] 비스마르크는 이런 생각으로 독일의 사회보장제 도입을 주도하게 되었으며 보험재원에 정부예산을 지원함으로써 정부에 대한 노동자들의 의존도를 높여 그들을 정부 쪽으로 묶어두려 했다. 이렇게 독일적 사회국가는 민주화 이전 시대에 뿌리내리고 있었으며 비스마르크의 의도대로 시민사회의 발전을 지연시킨 측면이 없지 않다.[6]

사민당은 비스마르크의 의도에 의구심을 가졌다. 사민당은 비스마르크가 의도했던 국가재원 부담 방안을 반대했고, 독일의 사회보장은 우여곡절 끝에 국가보장이 아닌 사회보장의 형태로 출발함으로써 비스마르크의 정치적 의도는 성공하지 못했다. 당시 도입된 연금제도는 독일제국하의 평균수명이 60세 정도였는데 연금은 71세가 되어야 지급이 개시되고 그 금액도 마지막 소득의 40%가 최대 한도였기 때문에 실질적인 '보장'으로서는 한계가 있었다. 비스마르크는 독일의 사회보장제가 당초 자신이 의도했던 대로 되지 않자 자신의 회고록에서 언급도 하지 않을 정도로 사회보장에 대한 생각에서 멀어졌다. 하지만 비스마르크의 사회보장제는 오늘날 독일의 사회국가의 기초가 되었고 곧 다른 국가들도 이를 뒤따랐다. 오늘날 역사가들은 사회보장제 도입을 독일통일과 함께 비스마르크의 2대 업적으로 평가한다.

전술한 대로 비스마르크는 노동자에 대한 국가의 영향력 확대를 위해 보험기금에 국가재정을 투입해야 한다고 주장했다. 비스마르크의 생각은 사용자, 노동자, 국가의 3자에 의한 재원조달이었지만 독일제국 당시에는 실현되지 않았다. 하지만 이제 비스마르크의 주장이 실현될 조짐이다. 인구 변화로 연금에 대한 국가예산 투입이 불가피해졌기 때문이다. 국내총생산에 대비하여 국가가 부담하는 사회보장비용은 1960년 11.2%에서 2015년 19%까지 늘어났다. 연금개혁이 2017년 가을 연방총선의 중심적 이슈가 될 것으로 보인다. 사민당은 현재 연금 수준이 더 악화되어서는 안 된다는 입장이지만 그렇게 하려면 산술적으로 더 오래 일하거나 기여금을 더 내거나 아니면 정부에서 더 지원하는 방법밖에 없다. 연방재원의 신규 투입이 없는 상태에서 현재의 '연금 수준'(총 노동소득에 대한 연금지급 비율) 48%를 유지하려면 2030년 전에 기여금 법정 상한선인 22% 선이 붕괴된다. 연금수준 1% 유지에 70억 유로가 소요된다.[7]

국가보장제에 대한 비스마르크의 생각은 2017년부터 핀란드가 시험 운영에 들어간 '기본소득제universal basic income'에서 확장적으로 구현되고 있다. 이것은 사회가 아닌 국가에 의한, 그리고 실업, 취업을 구분치 않는, 그래서 선별적이 아닌 보편적인 복지제도다. 복지제도가 잘 갖춰진 핀란드 같은 나라에서는 허드렛일을하느니 실업수당을 받으면서 제대로 된 일자리를 찾을 때까지 버티기 때문에 기본소득제가 더 효과적이다. 핀란드는 월 560유로의 기본소득을 우선 2천 명의 실업자들에게 지급하는데, 이 기간 중에 취업하더라도 계속 지급한다. 그리고 2018년까지 2년의 시험 운영기간이 끝나면 이를 점차 확대해나간다는 입장이다. 2016년에는 스위스에서 모든 성인에 대해 월 2500스위스프랑(약 300만 원) 규모의 기본소득을 도입하기 위한 주민투표가 부결되었다. 이 주민투표는 국민제안에 따라발의된 것으로 투표 참여자의 22% 정도가 찬성했는데, 스위스 정부는 이 제도가도입되면 약 2천억 프랑의 신규 예산이 소요되어 세금 인상이 불가피하게 될 것이라고 경고했다. 2016년 말 28개 EU 국가의 시민들을 대상으로 실시된 한 여론조사에서는 68%가 기본소득제를 찬성하는 것으로 나타났다.

함부르크 대학의 슈트라웁하르 교수는 연령이나 소득에 무관하게 지급하는'무조건적 기본소득제'를 적극 찬성하는 입장이다. 수령자는 심리적으로 좀 더 떳떳해지고 행정적인 번거로움에서 벗어나며 국가는 행정 비용을 절감할 수 있다. 그리고 무엇보다도 노동 의지를 북돋울 수 있는 장점도 있다. 하르츠 IV 체제로는일자리를 가져봐야 세금을 내고 나면 매달 150~200유로 정도만의 추가 소득을 기대할 수 있기 때문에 차라리 하르츠 IV를 수령하면서 그냥 놀거나 암시장에서 일하는 쪽을 택하기 때문이다. 질병보험이나 사보험만 남기고 여타의 사회보장은평생 기본소득제로 대체하자는 것인데, 어차피 로봇이 청소하고 공사장 일도 하고 3-D 프린터가 집도 찍어내는 시대가 오는데 우리 삶의 방정식도 빨리 적응해야 한다는 것이다. 하지만 정치와 대중은 익숙해진 것에 머물려는 성향이 강하여새로운 생각으로 옮겨가기가 그만큼 어렵기 때문에 의지와 결단이 필요하다고 주장한다.[8] 그런데 슐레스비히-홀슈타인 주가 독일에서 최초로 기본소득제를 도입하기로 했다. 2017년 6월 출범한 슐레스비히-홀슈타인 주의 자메이카연정—기민당이 중심이 되어 자민당과 녹색당으로 구성—은 기본소득제에 관한 기본 골격이 담긴 연정협약에 서명했다. 이제 4차 산업혁명으로 많은 직업이 사라지게 되면 국가가 기계세를 거두어 시민들에게 월급을 주는 기본소득제로 살아가는 시대가 머지않아 올 것 같다.

기본소득제의 장점은 기존의 사회보장제를 시행하는 데 들어가는 행정비용과 수령자 선정과정에서 오류를 줄일 수 있는 것이다. 사실 이 행정비용이 만만치 않고 또 아무리 해도 시행상의 완벽함을 바라기는 무리다. 사회보장 시행체계가 잘되어 있다는 독일에서도 '전체적으로 152개의 서로 다른 사회보장 조치들이 복잡하게 조직되어 있어 만족도가 떨어지고 높은 행정비용을 낳는다'는 비판이 있다.[9] 우리나라에서는 성남시에서 19~24세의 청년들에게 취업이나 창업과 연계하지 않고 지급하는 청년배당이 기본소득제의 선구자적 시도이다.

45년 일하고 월 1900유로 연금 받는 운전사

독일의 경제활동 인구는 약 4350만 명이다. 이들이 60대 중반 이후에 퇴직하게 되면 연금을 받아 생활하게 되는데 이 인구가 약 2000만 명 정도다. 이들 경제활동 인구를 구성하는 상대적으로 젊은 세대 약 4350만 명과 연금 생활자인 노년 세대 약 2000만 명 간의 연대원칙이 연금제도를 떠받치는 사상적 기반으로서 연금제도는 '세대 간 계약Generationenvertrag'이다. 함부르크에서 운전사로 일하는 몰Lothar Moll 씨는 매월 2500유로를 기본급으로 받는데 그중 약 37%인 925유로 정도를 사회보험 기여금으로 낸다. 의료보험 8.4%, 연금보험 9.35%, 실업보험 1.5%,

표 1 누가 얼마의 연금을 받나?				
월별 연금(유로)	남성 수	%	여성 수	%
300 이하	989,321	11.2	2,291,128	21.2
300~600	911,955	10.3	2,847,961	26.4
600~750	656,865	7.4	1,726,601	16.0
750~900	839,987	9.5	1,741,119	16.1
900~1050	1,010,805	11.5	1,035,044	9.6
1050~1200	1,118,015	12.7	556,379	5.2
1200~1350	1,066,148	12.1	303,666	2.8
1350~1500	844,844	9.6	160,270	1.5
1500 이상	1,383,766	15.7	123,253	1.1

자료: BILD.de Grafik(2016).

간병보험 1.175%이다. 의료보험은 법정 부담금 외에 의료보험 기관마다 부과하는 추가부담금이 약간 있다. 이 중 연금, 실업, 간병보험은 사용자 측에서 동일한 비율의 기여금을 부담한다. 의료보험만 노동자 부담 수준보다 약간 적은 7.3%를 사용자가 부담한다. 실제로 쓸 수 있는 가처분 소득은 기본급에서 소득세를 내고, 보험 기여금을 제하고, 여기에 2020년에 폐지되는 통일연대세 5.5%를 내고 난 후 남는, 총소득의 약 절반 정도에 불과한 금액이다. 여기서 집세까지 내게 되면 독일 서민들의 생활은 정말 빠듯하다. 휴가비를 모아야 한다고 생각하면 평소 어떻게 살림을 꾸려 나가는지 상상이 되지 않는다. 물론 여기에 초과근무수당은 별도다. 몰 씨는 청년 시절부터 동독 인민군 하사관으로 입대하여 직장생활을 일찍 시작해서 벌써 45년 일을 했다. 은퇴 시 1900유로 정도의 연금을 받게 된다고 한다. 45년간 일한 대가치고는 그다지 크지 않은 금액이다. 다행히 그의 부인이 반일 근무로 차량보험 일을 하고 있어 연금이 1000유로 정도 된다고 한다. 그래서 이 가족은 은퇴 후에 부부 두 사람이 받는 2900유로의 연금으로 생활하게 되는데, 연금세를 내야 하지만 그래도 독일의 평균적인 노동자에 비하면 사정이 좋은 편이다.

≪빌트≫에서 보도한 **표 1**의 연금 실태를 보면, 독일 연금생활자의 급여가 생각보다 높지 않다.[10] 남성 노동자의 절반 정도가 1000유로 이하를 받고 있고 여성

의 경우는 80~90%가 1000유로 이하의 연금을 받는다. 전 노동자의 평균 연금이 990유로 정도다. 독일 사람들은 다수가 월셋집에 사는데 이 연금을 갖고 집세를 내고 나면 불과 몇백 유로의 돈으로 한 달을 생활해야 한다. 독일에서도 노년 빈곤문제가 사회적으로 이슈화되고 있다. 2016년 4월 대연정 내각은 연금 수령 대상자 약 2050만 명에 대해 구서독지역 4%, 구동독지역 6%로 각각 연금을 인상하기로 결정했다.

독일은 사회적 약자를 배려하는 사회적 시장경제로 잘 알려져 있다. 그러나 독일의 빈부격차는 예상보다 높고 그 격차가 계속 커지고 있다. 물론 빈부 차의 확대는 비단 독일만의 문제는 아니며 전 지구적 문제이기도 하다. 슈트라웁하르 함부르크 대학 경제학부 교수는 단 1%의 사람들이 전 세계 99%의 부를 독점하고 있고 이러한 현상이 날로 커지고 있다고 우려를 표명했다. 사회적 시장경제를 시행하고 있는 독일도 이를 피해가지 못하고 있다. 사회적 시장경제도 완전 경쟁을 보장하는 자본주의 시스템을 근간으로 약간의 복지정책을 가미하는 것이기 때문에 경제가 발전할수록 빈부의 격차가 커지는 추세를 독일이라고 해서 피해갈 수는 없는 일이다. 독일인의 약 7명당 1명이 빈곤의 한계선에 처해 있다. EU의 기준에 따르면 평균소득의 60%인 월 1200유로 소득수준을 빈곤의 한계기준으로 본다. 그런데 독일에서 이 비율이 2006년에 14%였던 것이 오늘날 15.7%가 되었고 약 1300만 명이 이에 해당하는 인구다. 북부독일 기업 수천 개 사를 회원사로 갖고 있는 북부독일기업연합회UV Nord의 바흐홀츠Uli Wachholtz 회장의 말이다.

아직도 많은 독일 국민들이 국가연금이 얼마나 심각한 상황에 처해 있는지 모르고 있다. 이전에는 연금수령액이 마지막 월급의 60~70% 수준이었다. 오늘날에는 45%에 불과하며, 이마저도 점차 줄어들고 있다. 유감스럽게도 사회보험은 살아 있는 사람들 간의 재분배 시스템이라는 사실이 종종 경시되고 있다. 지난 40

년간 정부는 사회보험에 납부하지 않은 사람들을 위한 재정지원에 돈을 지출했다. 이제 우리는 심각한 노인빈곤 문제와 맞닥뜨리게 되었다. 나는 66세에 퇴직했으며 지난해부터 연금을 받고 있다. 평생 연대의식을 갖고 자발적으로 국가연금의 기여금 상한액을 꾸준히 납부해왔다. 연간 2만 유로 이상을 납부한 것이다. 이제 내 연금수령액은 2200유로이며, 이것은 수지맞는 장사가 아님은 자명하다. 아무도 그 정도로 적어질 것이라고는 생각하지 않았다. 독일 공무원들은 평균 1500유로를 받아서 일반 노동자들보다 평균 50%가량 더 받는다. 물론 과거에는 우체국 창구직원도 공무원이었다. 그래서 공무원 연금에 대한 평균 통계치가 낮다는 것을 고려해야 한다. 고위공무원이나 정치인들은 물론 더 많이 받는다. 일반 노동자 대상 평균연금을 청구하는 사람들 중 다수는 한 번도 연금 기여금을 납부한 적이 없는 사람들도 있다. 나는 국가연금을 택하기보다는 사적보험을 들었어야 했겠지만, 당시에는 확신을 가지고 결정했다. 추가로 생명보험도 들었지만, 이 역시도 형편없는 거래인 것으로 판명되었다[2015.10.1].

수십 년에 걸쳐 불입하는 보험형식의 장기 예적금은 소비자가 손해 보기 마련이다. 특히 개인연금의 계산에 불만족스러운 것은 한국이나 독일이나 마찬가지인 것 같다. 개인연금을 10년 만기로 들었을 때 그것도 예금식이 아닌 펀드형으로 들었을 때 그 수익 계산을 소비자 입장에서 검증할 수 있겠는가? 기금을 운용하는 보험사에게도 쉽지 않은 계산일 것이다. 확실한 것은 소비자보다는 보험사 입장에 유리한 계산이 될 것이라는 점이다. 쇼이블레 재무장관은 독일인들의 수명이 계속 늘어난다면 연금지급 개시시기를 67세 이후로 조정해야 한다며, 연금 지급시기를 결정하는 데 기대수명과 평생 노동시간을 연계해야 한다고 주장한다. 현재 독일 남성들의 평균 연금수령기간은 17.3년, 여성은 20.8년이다. 1960년대와 비교할 때 거의 2배 가까운 수준이다.

독일 고용자협회의 자유주의적 시장경제 싱크탱크인 "신 사회적 시장경제 이니셔티브"는 기대수명 1년 연장에 연금연령 4개월이 늦어져야 한다고 주장한다. 날레스 연방노동사회장관은 이를 반대하는 입장이다. 나는 한 지인을 통해 날레스 연방노동사회장관에 관한 이야기를 들을 수 있었다. 그녀의 아버지는 건축 공사장의 노동자였는데 아버지의 겉모습만 봐서는 그의 건강상태를 알 수가 없었다고 한다. 그래서인지 그녀는 연금 지급시기를 67세 이후로 늦추는 것을 반대한다. 그 지인은 날레스 장관이 자신의 아버지를 보며 하게 되었던 생각이 정부의 정책에 영향을 미치고 있다는 사실이 흥미로웠다고 했다. 뤼네부르크Lüneburg에 소재한 로이파나Leuphana 대학의 인간경영개발 전략연구소장인 델러Jürgen Deller 교수는 인구변화로부터 오는 부담 증가로 연금수급 개시시기에 대한 논의가 본격화되고 있다며, 70세가 넘는 고령일지라도 건강하고 노동 의지가 있는 퇴직자들이 많다는 점을 고려할 것을 강조한다. 그의 말을 들어보자.

인구변화라는 큰 도전과제를 마주하여, 연금 수급 개시연령에 대한 논의가 일고 있다. 70세가 넘는 고령일지라도 건강하고 근로 의지가 있는 퇴직자들이 많다는 점을 고려해야 한다. 현재 130만 명의 연금수령자가 일하고 있다. 이들은 취업을 사회에 계속 참여할 수 있는 기회로 보고 있다. 퇴직 후에는 연금이나 실업보험료를 내지 않아도 되므로 재정적 이점도 있다. 한 지인은 의사인데, 퇴직하기 전보다 더 많은 돈을 번다. 그러나 퇴직자가 일하기에는 조건이 좋지 않다. 특히 연간 '계속고용률Weiterbeschäftigung'이 제한되어 있다. 베이비붐 세대가 은퇴연령을 맞이하면서 유연한 연금수급 개시연령의 도입 논의가 거세지고 있다. 흥미롭게도 로마클럽Club of Rome의 한 연구팀에서 약 15년 전 독일 연금제도에 대한 지속가능한 해결방안을 찾기 시작했고, "우리가 일하게 될 방식에 대한 보고서"를 발표했다. 독일의 노후보장제도는 공적연금, 기업연금, 개인연금(저축)으로 구성된 삼주체제를 기반으로 하는데, 로마클럽 연구팀은 이 제도에 고령취업소득을 포함시켜 사주체제로 확장하고자 했다. 그들의 제안은, 고령근무자들이 더 이상 일을 할 수 없는 다른 퇴직자들을 지원하는 연대기금을 마련하자는 취지였다. 이는 인구변화에 대처하는 단초가 될 수 있다[2015.10.15].

어젠다 2010과 '하르츠 피어러'

2016년 7월 뮌헨 쇼핑몰에서 총기난사 사건이 일어났다. 사건의 주범은 이란계 독일 국적자인 18세 청년이었다. 그가 IS와 관련되었다는 증거는 없었으며 오히려 학교 내 집단 따돌림으로 성장과정에서 겪은 어려움이 범행동기인 것으로 밝혀졌다. 그런데 이 사건의 목격자가 SNS에 올린 영상에서 죽기 전 범인과 인근 건물 발코니에 있던 한 시민과 나눈 대화가 눈길을 끌었다. 그는 "난 이곳에서 태어난 2세 독일인이다. 난 '하르츠 피어' 지역에서 자랐다. 난 여기서 이해되지 않는 어떤 행동도 하지 않았다"라고 외쳤다는 것이다. 사회를 향한 외로운 늑대의 항변 같은 것이었고 여기서 등장한 "하르츠 피어Hartz IV"는 다시 한 번 독일 사회의 주목을 받았다. 하르츠 IV는 슈뢰더 총리 당시 '어젠다 2010'의 일환으로 도입되었는데, 실업 후 1년이 지나도록 재취업이 안 되는 실업자들에게 지급하는 수당으로서 실업수당과 사회부조를 합친 개념으로 이해할 수 있다. 어젠다 2010 전에는 2단계로 되어 있었던 실업 수당을 1단계 실업수당과 하르츠 IV 수당으로 대체함으로써 실업수당 지급기간과 금액을 줄인 것이다. 이것은 정부와 기업의 부담을 줄이는 데 기여했다. 그런데 하르츠 IV는 말이 실업수당이지 사실상으로는 장기간 실업이 계속되는 계층에 대한 사회부조적 성격을 띠고 있어 이제는 '하르츠 IV'를 받는 사람이란 의미의 "하르츠 피어러Hartz IVer"라고 하면 독일 사회에서 낙오자 그룹

같은 계층을 은연중에 지칭하는 말이 되고 말았다.

독일에서 실업을 하면 첫 1년간은 1차 실업수당이 나오다가 1년 내로 재취업이 안 될 때는 하르츠 수당으로 불리는 2차 실업수당을 받게 된다. 1차 실업수당은 실업 전 마지막 세전 임금의 60%(무자녀)에서 67%(유자녀)까지 받고 하르츠 수당으로 넘어가게 되면 개인당 월 404유로를 지급받는다. 슈뢰더 총리의 '어젠다 2010'이 도입되기 전인 2004년까지는 실업수당을 최장 32개월까지 주었지만 '어젠다 2010' 도입을 통해서 실업수당 지급기간을 1년으로 단축하고 실업수당보다 지급액이 작은 하르츠 수당을 지급함으로써 정부의 부담을 줄였다. 2016년 초 하르츠 수당 지급을 받는 사람은 580만 명으로서 가구 기준으로는 320만 가구로 집계되었다. 가구당 매월 평균 수령액은 886유로(기본수당 341유로, 주택월세 보조금 358유로, 사회연금 기여금 138유로 등)로 집계되었다. 그리고 가족 구성별로는 1인 가족 평균은 732유로, 독신으로 아이를 키우는 가구 평균은 955유로, 부부 가정은 954유로, 아이를 키우는 부부는 1325유로로 나타났다. 지역마다 지급액의 편차도 작지 않다. 일례로 본의 가구당 평균 수령액이 매월 1024유로인 데 비해 튀링엔 주 힐트부르크하우젠Hildburghausen의 가구는 매월 평균 687유로를 받는다. 구서독과 구동독 기준으로 보면 그 평균이 각각 911유로와 828유로이다. 이는 주로 주택 임차료 수준 격차에 따른 것이다. 하르츠 피어 수당을 지급받는 가구는 도시별로 베를린 30만 2804가구, 함부르크 10만 692가구, 쾰른 6만 2431가구, 하노버 6만 2272가구, 에센 4만 5602가구, 도르트문트 4만 5068가구, 뮌헨 4만 555가구, 브레멘 4만 545가구, 라이프치히 4만 374가구, 프랑크푸르트 3만 8885가구로 나타났다.[11] 그런데 편모나 편부 슬하의 어린이 97만 명이 하르츠 수당을 받는 가구에 속한다. 2016년 7월 발표된 베르텔스만 재단Bertelsmann-Stiftung의 조사에 따르면 독일 내에서 230만 명의 어린이들이 편모나 편부 슬하에서 양육되는데 이 중 37.6%에 해당하는 97만 명의 어린이들이 하르츠 수당으로 살아가는 가정에서 부양되는 것으로 나타났다. 이는 양쪽 부모를 가진 가정보다 5배나 높은 수치로서 편모나 편부 가정의 가계가 빈곤 한계선 이하로 추락될 개연성이 크다는 것을 보여준다.[12]

슈뢰더 총리가 단행한 '어젠다 2010'은 우선 그 정신적 측면에서 19세기 노동운동의 정신적 원류로 복귀한 것이다. 독일 좌파운동의 2대 줄기는 독일공산당[KPD]이 신봉하는 마르크스-엥겔스주의와 사회민주주의인데 후자는 19세기부터 "잔돈푼을 구걸하지 않는다[kein Almosen, kein Betteln]"는 정신에서 고용주에 대한 요구보다는 근로자들 스스로의 자기 책임을 강조한다. 이러한 입장에서 슈뢰더 총리가 정치적 위험을 부담하면서 평소의 소신을 관철시켰다는 것이다. 함부르크 정치교육원장의 이야기다.

> 내가 보기에 슈뢰더 총리가 '어젠다 2010'을 도입한 것은 역사학자의 입장에서 볼 때 경제정치적으로뿐만 아니라 사회적으로도 의미 있는 일이었다. 사민당은 언제나 서민과 노동자의 정당이었으며, 19세기 노동운동의 사상에 착안했다. 이는 노동자 자신이 책임을 짐으로써 스스로를 지켜나가자는 것으로, 노동자가 고용주의 자비를 구하는 것이 아니라 교육과 책임을 통해 고용주와 대등하게 대화를 이끌어가며 자신의 이익을 대변할 수 있도록 하는 것이다. '어젠다 2010'은 이 아이디어를 보다 엄격하게 재수용한 것이라 본다[2016.6.22].

2003년 슈뢰더 총리는 당시의 경기침체와 10%가 넘는 고실업을 극복하기 위해 '어젠다 2010'을 채택하여 노동, 교육, 가족정책상의 개혁을 단행했다. 이 중 실업수당 지급기한을 축소하고 노동자 해고조건을 완화하는 등의 노동시장 개혁조치를 당시 설치된 위원회의 하르츠[Peter Hartz] 위원장의 이름을 따서 "하르츠 개혁"이라 한다. 하르츠 개혁은 어젠다 2010의 핵심적 사안으로서 슈뢰더 총리의 퇴진을 초래했지만 2005년 새로 들어선 기민당의 메르켈 정부에 의해 승계되었다. 어젠다 2010 개혁 이후 실업자가 줄고 경제가 살아나는 등 개혁은 일단 성공한 것으로 평가된다. 다만 어젠다 2010 개혁만으로 독일 경제가 살아났다고 보기에는 무리며 여기에는 독일통일 이후 동독지역의 순조로운 시장편입과 유로화의 평가절하 등 유로존 효과가 보태졌다. 스웨덴의 경우 사회보장 지출 삭감조치를 단행했으나 독일의 어젠다 2010과 같은 노동시장 개혁 조치가 수반되지 않아 실패했으며 프랑스의 경우 유로존 효과가 독일과 같았으나 성공하지 못했다. 브레멘 상공회의소의 쾨네Torsten Köhne 부회장과 퐁거Mathias Fonger 사무총장은 경영자들을 대변하는 상공회의소의 입장답게 어젠다 2010에 아낌없이 후한 평가를 주었다.

아이러니하게도 슈뢰더의 적녹정부가 노동시장 개혁을 추진했다. 이는 보수정당에게나 있을 법한 일이었다. 어젠다 2010으로 우리는 옳은 길로 한걸음 더 나아갔고, 시장경제는 더욱 견고해졌다. 구 시스템은 노는 사람과 일하려는 사람을 똑같이 대했다. 슈뢰더가 자신의 자리를 걸고 입안한 이 개혁정책은 구직노력을 촉진하는 열쇠다. 슈뢰더가 이 정책을 발표했을 때 야당인 기민당과 심지어는 자신의 사민당으로부터도 비사회적 정책이라고 혹평을 받았지만, 메르켈 총리는 지금도 이 정책으로 득을 보고 있다[쾨네, 2016.9.1].

내 눈에는 이것을 대체할 만한 것이 없어 보인다. 우리 경제는 냉혹한 국제경쟁에서 살아남아야 하고, 이는 시장경제 시스템으로만 가능하다. 다행히도 우리는 노동조합이 계급투쟁을 벌이는 프랑스와 같지는 않다. 독일에서는 합의가 이루어진다. 독일에도 물론 노동조합이 중요한 역할을 하지만, 그들은 일자리가 달려 있는 기업의 성공을 그들 자신의 이익으로 보기 때문에 공동의 큰 목표가 위험에 빠지지 않도록 배려한다[퐁거, 2016.9.1].

중립적인 입장도 있다. 사용자의 입장이 고려된 개혁 조치이기는 하나 사측도 100% 만족하는 분위기는 아닌 것 같다는 이야기이다. 동아시아협회^{OAV} 회장이며 세계 3대 지게차 제조업체인 융하인리히^{Jungheinrich} 사의 프라이^{Hans-Georg Frey} 사장의 평가다.

어젠다 2010을 통한 개혁은 노동시장의 유연화로 경제위기 극복에 도움이 되었다. 다만 노동자평의회 숫자가 늘어났고 공동결정권이 강화되어 노측의 입장을 지원한 측면이 있다. 그럼에도 불구하고 '하르츠 피어'가 기업들의 부담을 현저히 경감시켰고 또한 실업자들로 하여금 재취업을 서두르게 하는 계기를 마련한 것도 사실이다. 숄츠 함부르크 주총리는 경제위기 당시 2년간 '단축근로^{Kurzarbeit}'를 가능케 했던 유능한 노동부장관이었다. 단축근로란 급여조정하의 일시적인 노동시간 감축을 뜻한다. 간단히 설명하자면, 위기 때에는 직원들을 해고하는 대신 40시간의 전일근무를 30시간의 단축근무로 대체하고, 35시간에 해당하는 임금을 지불하는 것이다. 융하인리히 사 역시 그렇게 했다. 리먼 사태 이후 지게차 시장의 절반이 무너졌다. 융하인리히 사의 수주 규모는 80% 급감했다. 그럼에도 단축근로를 통해 1200명 전 직원을 유지하면서 위기를 극복할 수 있었다[2016.1.20].

레온하르트^{Melanie Leonhard} 함부르크 노동사회부 장관은, 노동시장의 유연성을 제고하고 일자리를 창출했다는 점에서는 긍정적이지만 사회보장 체계에서 제외되는 '미니잡^{Minijob}'이 생겨난 것과 아울러 '1유로잡'이 실업 해소를 위한 임시방편이라는 당초 목적을 벗어나 영구화되는 경향을 보임으로써 임금수준을 전반적으로 끌어내리는 부작용이 발생하고 있다고 지적했다.

나는 이 개혁이 옳다고 생각하는 사람 중의 하나다. 90년대 말 독일은 개혁을 피할 수 있는 상황이 아니었다. 하지만 하르츠 개혁에 대한 비판적 평가가 있다. 우선은 미니잡인데, 고용청은 실업자들에게 사회보장 체계에 들어가지 않아도 되는 미니잡(360~450유로)을 중개했고, 이것을 사회보장으로 가는 잠정단계로 생각했지만 실책이었음이 드러났다. 왜냐하면 미니잡을 갖는 사람들이나 고용주들 어느 누구도 그 직업관계를 사회보장이 의무화된 직종으로 만드는 데에 관심이 없었기 때문이다. 미니잡으로는 아무도 사회보험료를 내지 않는다. 이 점이 바로 오류다. 두 번째 실수는 이른바 경쟁중립적인 조건하에서 생겨나는 특정 분야의 "1유로잡[1-Euro-Job]"이다. 이런 조치는 하르츠 수당을 받는 사람들이 취업할 수 있도록 하기 위한 것이었지만 결국 실패했다. 그래서 그것 대신 '시간제[Teilzeit] 노동'인 사회보장 의무를 갖는 직종에 우선순위를 두게 되었다. 이러한 맥락에서 최저임금제의 도입은 옳았다. 특히 난민 유입 전에 이 제도가 시작된 것에 안도하고 있다. 모두에게 적용되는 최저임금 8.50유로가 난민에게도 유효하다는 것은 이들의 사회적 수용에서 매우 중요하다. 난민에게 최저임금제가 적용되지 않아 독일 사람들이 일자리를 잃게 된다면 문제일 것이다[2016.2.4].

독일노조연맹[DGB]의 카차 카르거[Katja Karger] 함부르크 지부장은 하르츠 개혁이 상황을 개선시키지 못하고 있다며 격렬히 비판한다. 그녀는 이렇게 말했다.

하르츠 개혁은 인도적으로 봤을 때 연대의식이 많이 결여된 모델이다. 하르츠 개혁의 결과로 열악한 노동조건에서 저임금으로 버텨야 하는 '불안정 일자리 계층[Prekärisierte]' 노동자들이 생겨났다. 하르츠 개혁은 사람들이 다시 고용시장으로 나오게 하는 데에 도움이 되지 못했다. 함부르크에서만 2만~3만 명 정도가 일자리 중개가 불가능하다. 우리가 볼 때 하르츠 급여를 받는 사람들은 일종의 낙인이 찍히는 것인데 이는 비판의 여지가 있다. 나 역시 실직 상태였던 적이 있어 이를 직접 경험했다. 나는 하르츠 급여를 받았고, 일자리를 중개받는 과정에서 여러 장벽에 부딪혔다. 우선 고용청에서는 평가할 수 없는 일에 대해 평가한 후 부정적으로 분류해버린다. 당연히 이것은 구직 동기를 떨어뜨린다. 그 외에도 하르츠 개혁의 관료주의적 체제는 제대로 작동되지 않고, 반복적으로 잘못된 결정이 이루어진다. 구직자들이 아무것도 할 수 없다는 점을 확인할 것이 아니라 무엇을 할 수 있는가를 묻고, 이들의 답변을 기반으로 적합한 일자리를 찾아줘야 한다. 게다가 하르츠 개혁을 통해 증가한 저임금 부문과 이른바 '임금덤핑^{Lohndumping}'은 유럽의 이웃국가들에 부담을 주고 있다[2015.5.11].

언론인 슈만은 공동결정권이 노사 간의 조화로운 기업 운영으로 독일 기업의 경쟁력을 높여왔다고 이를 높이 평가하는 반면 어젠다 2010은 실업수당에 관한 것일 뿐이라고 그 효과를 평가절하한다.

독일 기업이 세계시장에 강한 이유는 높은 노동유연성 때문이다. 예컨대 2008년 독일의 심각한 경제위기는 국내 총생산량에 대략 10%가량의 부정적 영향을 미쳤지만, 실업률은 1~2% 정도로 미미하게 감소했다. 이것은 슈뢰더 총리의 어젠다 2010 때문은 아니다. 그건 신화다. 경험적 조사로 정확하게 알아야 한다. 그 비밀은 다름 아니라 거의 모든 경제분야에서 노동조합이 사측과 소위 '노동계좌^{Arbeitskonten}'라는 것을 통해 내부적인 신축성을 확보해놓았다는 것이다. 많은 사람들은 오랫동안 초과 근무수당을 받지 못하고 노동시간의 형태로 '저축^{Guthaben}'을 했다. 그래서 많은 기업들은 노동시간을 줄였고 직원들을 해고시키지 않고 수지를 맞출 수 있었다. 그래서 독일 기업들은 대다수의 전문인력을 유지하면서 경기가 다시 살아났을 때 다시 늘어난 일감을 바로 감당할 수 있었다. 어젠다 2010과는 관계가 없고, 노동자평의회와 노동조합이 경영진과 충분히 협상했고, 이것은 다시 독일 정부에 의해 '단축노동Kurzarbeit' 도입으로 체계적인 지원을 받았다. 자체적인 비상금으로 꾸려나갈 수 없었던 기업들은 실업보험과 단축노동에 따른 정부지원금을 받았다. 단축노동으로 사람들이 일주일에 하루 혹은 이틀 동안 일을 하지만 기존 보수의 3/4이나 4/5를 계속 받고, 직원 수의 감소 없이 경제가 다시 살아날 때까지 고용을 유지할 수 있었다. 대다수의 업무에는 경험이 있는 잘할 수 있는 사람들이 필요하다. 그들을 해고시키면 다시 새로운 사람들을 구해서 똑같은 능력을 양성하는 데 엄청난 시간과 돈이 든다. 이런 측면에서 독일은 잘하고 있고 이것은 이러한 사회적 시장경제가 활발하기 때문이다. 공동결정권이 사측의 기업운영을 방해할 수도 있다. 왜냐하면 기본적으로 노동자들이 참여하고 있는 공동결정권이 경영진의 운신 폭을 제한할 수 있고 노사가 충돌할 수도 있기 때문이다. 하지만 독일은 그렇지 않다. 많은 경험적 조사들이 이루어져 있다. 나는 한국과 비교하여 어떤지는 모르겠으나 영국, 프랑스, 이탈리아에 그런 것이 없다는 것은 알고 있다. 항상 파업, 투쟁, 분쟁이 있지 않은가! 그것은 생산성 하락을 가져온다. 독일에서 파업일수가 현저히 적은 것은 결코 우연이 아니다.

어젠다 2010은 해고보호와 관련하여 아무것도 바꾸지 않았다. 어젠다 2010이 바꾼 것은 실업자들에 관한 것이다. 2004년부터 실업이 되는 사람들은(학자든 엔지니어든 단순노무자든 모두 다) 늦어도 1년 이내에 그것이 어떤 수준의, 어떤 급여의 취업인지를 가리지 않고 취업을 하도록 강제하는 것이다. 그렇지 않을 경우 국가로부터 실업수당은 더 이상 나오지 않고 이른바 '하르츠 IV'로 진입하게 된다. 그렇다. 나는 이것을 "노동강제Arbeitszwang"라고 부른다. 그 당시 슈뢰더 정부의 전략적 오류는 어떠한 임금 하한선도 제시하지 않은 채 이러한 노동강제를 도입했다는 데 있다. 이건 무책임하고 노동착취를 불러왔다. 그래서 독일에서는 2년 전까지만 해도 상당수의 사람들이 시간당 7유로 이하의 말도 안 되는 보수를 받았다. 그것으로는 살 수 없다. 많은 사람들이 정규적 노동을 하고 있음에도 최소

생활비를 감당하기 위해 더 많은 돈이 필요했다. 이른바 "아우프슈톡커^{Aufstocker}"라고 불리는 사람들이다. 원칙적으로는 거대한 '임금보조^{Lohnsubvention}'가 시작됐지만, 독일의 사민당만이 그런 멍청한 일을 할 수 있을 것이다. 진보적인 영국의 신자유주의자들조차도 피고용자들에게 최저임금 없이 경제적 유연화를 강요하지는 않았다. 2004년부터 2014년까지 독일에는 10년 동안 최저임금이 없었고, 일자리를 잃었던 모든 사람들은 어떠한 임금, 노동조건과 상관없이 일하기를 강요받았다. 이러한 제도는 독일을 망가뜨렸고, 현재 20% 정도의 저임금 계층, 하층 노동자들은 격리된 상황에 놓였다. 그중 상당수는 독일 대안당^{AfD}을 지지한다. 아직 이 계층의 나락으로 떨어지지 않은 사람들도 있지만, 그들도 그렇게 될지 모른다는 두려움을 갖는다. 두려움은 가장 위험하다. 개개인이 두려움에 떨고 사회입지가 불안하다면, 자신들보다 더한 약자들을 찾아 고립시킬 것이다. 외국인, 망명자, 동성애자, 노숙자 같은 사람들 말이다. 이러한 현상은 독일뿐 아니라 다른 나라에서도 일어나고 있다. 프랑스의 르펜^{Marine Le Pen}이나 영국의 독립당^{UKIP}을 예로 들 수 있겠다. 독일은 슈뢰더 정부에 원인이 있다. 자금조달이 가능하도록 한 사회보장개혁은 원칙적으로는 잘못되지 않았지만, 20%의 노동자를 저임금층의 나락으로 떨어지게 한 것은 절대적으로 막아야 했다. 우리는 경제적으로 더 나은 상황을 만들 수 있었다. 이러한 저임금 분야의 확대는 유로존에 경상수지 불균형 같은 추가적인 문제들을 야기했다. 즉, 독일은 수출이 수입보다 현저히 많다. 혹자들은 임금덤핑으로 인해 독일 물건이 저렴해지고 외국보다 경쟁력이 있다고 말한다. 하지만 결코 그렇지 않다. 독일 자동차는 프랑스 자동차보다 싸지 않고, 독일 약품은 프랑스, 이탈리아 약품보다 저렴하지 않다. 이 덤핑임금 전략의 본래 문제는 독일의 적은 수요에 있다. 문제는 독일 사람들이 그리스 휴가에서 관광 지출에 쓸 돈이 없다는 것이다. 또한 독일인들은 프랑스의 고급 농산품을 사지도 않는다. 독일인들은 잘 먹는 걸 좋아하지만, 많은 이들이 좋은 프랑스 음식에 돈을 쓰지 않는다. 이게 바로 독일 저임금 전략이 유럽 분열을 만드는 이유다. 경상수지 불균형으로 인해 유로존의 다른 나라들은 독일 은행들과 기업들에 빚을 졌고 과채무 상태에 빠졌다. 그리스, 아일랜드, 포르투갈에서 무엇이 잘못되었는지 볼 수 있다. 독일 정부의 저임금 정책, 즉 저임금 정책의 독일 내에서도 점점 더 인내할 수 없는 압력이 전체 유럽에 가해지고 있다. 그리스, 포르투갈, 스페인에는 최근 단체협약이 거의 없다. 그곳에서 노동자들은 그들의 기업들에 완전히 내맡겨져 있고, 주변 국가들의 노동시장에도 점점 압박을 해오고 있다. 현재 폴란드에는 EU집행위와 연방정부가 허락한 200개 이상의 경제특구가 있다. 폴란드가 유럽연합에 가입하면서 적응을 위한 임시 조치로 도입되었지만 실제로는 남용되고 있다. 폴란드 내의 노동조건은 중국과 비슷하기 때문에 독일 기업들은 작업장을 폴란드로 옮겼다. 단순작업은 폴란드로 옮겨지고, 그곳의 큰 공동침실에 노동자들이 빽빽이 채워진다. 폴란드의 임금인하 압력을 통해 독일에도 똑같은 현상이 일어난다. 폴란드의 경제가 지난 15년 동안 20% 이상 성장했지만, 대다수의 국민이 얻는 이익은 별로 없다. 그들이 무엇을 하겠는가? 그들은 이제 민족주의자들을 뽑는다. 아까 말했듯이 사람들의 경제적 불이익이나 고립감은 이러한 정치적 행위를 통해 정체성을 강화하려 한다. 언제나 같은 맥락이다 [2016.7.19].

위트레흐트 대학의 웅어 교수는 슈만과 같은 의견이다.

미니잡 노동자들은 최저임금 8.50유로를 받는 워킹푸어다. 워킹푸어의 비율은 점차 증가하고 있으며, 하르츠 IV에 속하는 사람들은 생활을 유지하기 힘든 수입으로 사는데 한번 이 그룹에 들어오면 노동시장으로 재통합될 기회가 거의 없다. 그렇기 때문에 독일 사회에서 상층부로의 진입에 대한 융통성은 거의 제로에 가깝다. 어쩌다 2010을 만든 사민당은 하르츠 IV를 자랑스럽게 생각하고, 다른 사람들은 큰 실수였다고 생각한다. 나는 개인적으로는 큰 실수였다고 생각한다. 독일에서는 이 점에 대해 매우 격렬한 논의가 진행되고 있다. 독일은 항상 "사회적 시장경제"를 내세우고 있지만, 빈부격차가 커지고 있다. 내 생각에는 1990년대부터 이런 조짐이 시작되었는데 믿을 수 없을 만큼 그 격차가 크다. 부유층 상위 0.1%에 해당하는 독일인들의 수입은 작년에만 두 배로 뛰었다. 최상의 부유층 500인의 명단을 제외한 다른 통계는 없지만, 그들은 매우 부유하고 어마어마하게 부의 축적을 확장하고 있다. 이와 마찬가지로 빈곤선 이하의 사람들도 늘어나고 있어 빈부의 격차가 벌어지고 있다. 오스트리아는 여러 방면에서 독일의 모델을 많이 따르고 있지만 하르츠 IV는 따르지 않았는데 개인적으로 이 사실이 기쁘다. 현재의 오스트리아 시스템이 독일의 사회 시스템보다 훨씬 더 좋기 때문이다 [2015.12.8].

산업 4.0이 노동 4.0과 사회 4.0을 필연적으로 동반한다는 것은 제3장에서 이미 설명한 바 있다. 한시적 사업활동 같은 새로운 유형의 노동관계가 생겨남에 따라 기존의 노동해고 보호, 근로시간제 같은 제도들도 근본적 변화를 겪게 될 것이다. 핵심은 정부와 기업의 사회비용 경감과 노동의 유연화이다. 다만, 여기에는 기본소득제와 같은 보완책이 함께 가야 한다.

사회부조는 사회적 약자에게 주는 푼돈이 아니다

사회부조Sozialhilfe는 사회보장제의 마지막 그물이다. 소득이 없거나, 있어도 월소득이 773유로에 못 미칠 경우 사회부조의 일환으로 국가가 지급하는 기초생활

급여의 수급 대상이 된다. 독신의 경우 '하르츠 피어' 수준인 382유로를, 부부인 경우 690유로를 지급받는다. 2016년 말 현재 기초생활 수급자 수가 102만 명 정도인데, 이 중 절반을 조금 넘는 53만여 명이 65세 이상의 노인이며 나머지는 나이에 관계없이 심신 장애자 등 원초적으로 취업이 어려운 사람들^{Erwerbsminderung}이다. 노인 기초생활 수급자 수가 점차적으로 늘어나고 있다. 이들이 전체 65세 이상 노인인구에서 차지하는 비율은 지금 약 31%이나 2030년이 되면 전체 노인인구의 약 절반이 기초생활 수급 대상자가 될 것으로 예상된다.

난민들은 독일에 입국하여 심사받는 기간 중에 「난민신청지급법^{Asylbewerberleistungsgesetz}」에 따라 사회부조 혜택을 받는다. 기초생활 수급자가 되는 것이다. 심사가 끝나고 독일 잔류가 결정되면 직업교육을 받고 취업을 하게 되고 만약 취업을 못하거나 취업 후 실직이 되면 계속 기초생활 수급자로 남거나 하르츠 피어 수급자가 된다. 2015년 말 현재 난민심사 중인 자가 약 100만 명으로서 이들은 기본 의식주를 제공받고 월 135유로의 생활비를 지급받으며, 심사가 끝난 난민들은 약 50만 명 규모로서 하르츠 피어 수당 404유로를 지급받는다. 다만 난민 숙소에서 제공하는 식비와 전기료를 제외한 248유로를 현금으로 지급받는다. 독일에서 하르츠 피어를 포함하여 기초생활 수준의 사회부조를 받는 인구는 약 700~800만 명으로서 전체 인구의 9% 내외를 차지한다.

사회부조는 사회적 약자에게 푼돈을 주는 것이 결코 아니며 그들이 인간적인 삶을 살 수 있도록 하는 사회 차원의 지원이다. 사회적 약자에게 푼돈을 주는 것을 결코 바라지 않는다는 것은 사민주의의 기본 철학이 녹아든 말이다. 이와 관련된 빌리 브란트 총리의 어렸을 적 일화가 있다.[13]

어린 브란트는 조그만 상점에서 일하던 홀어머니 밑에서 그리고 전쟁에서 돌아와 화물차 운전사로 일하던 할아버지와 함께 살았다. 이때 노동자들의 파업이 있었다. 브란트는 빵가게 앞에서 무럭무럭 김이 오르는 빵을 바라보며 군침을 삼키고 있었다. 그때 할아버지가 일하는 공장의 사장이 지나가다 어린 브란트를 보고 빵 두 개를 사주었다. 브란트는 이 빵을 들고 기쁨에 들떠 쏜살같이 집으로 돌아와, 이 예기치 않은 행운에 대해 할아버지에게 말했다. 순간 할아버지의 얼굴이 굳어지며 불호령이 떨어졌다. "당장 다시 갖다주고 오너라." "선물인데요!" "선물? 파업하는 노동자는 사용자로부터 어떤 선물도 받아서는 안 된다. 우리는 거지가 아니다. 우리가 원하는 것은 선물 같은 푼돈이 아니라 우리의 권리다! 즉시 그 빵을 갖다 주어라." 브란트는 어린 시절을 회상하며 이 일화를 늘 이야기하곤 했다.

상기 일화는 독일 노동자들의 비타협적 측면을 보여주는 것일 수도 있지만 독일의 사회적 시장경제는 대립적이라기보다는 협력적인 노사관계를 특징으로 하는 조합주의에 그 바탕을 두고 있다. 독일 정부는 독일에 체류하고 있는 비취업 EU 시민들이 독일의 사회부조제도를 남용치 않도록 입국 후 5년이 지나야 '하르츠 피어'나 기초생활 수급자격을 인정토록 하는 법안을 발의했다. 이 법안 발의는 사회부조제도상의 급여를 수령할 목적으로 무작정 몰려드는 동구권 등의 EU 출신 이민자들을 제한하기 위한 것이다. 2015년 12월 연방사회법원이 EU 출신 이민자에 대해 독일 체류 6개월 후부터 사회부조금 수급자격을 인정함으로써 사회보장제의 남용이 우려되고 있는 현실을 고려한 조치이다. 2016년 1월 현재 44만 명의 EU 시민들이 독일의 '사회보장Sozialleistungen' 지급금을 수급한 것으로 나타났다.

국가부양의무와 공직자 연금

독일에서는 공무원의 개념이 조금 특별하다. 프로이센으로부터 내려오는 관료제의 영향일 것으로 본다. 우선 공무원에 대한 호칭이다. 독일 말로 "베암테Beamte"라 하는데 이는 '공직Amt'을 맡고 있는 사람, 즉 공직자란 의미로서 독일어가 주는 어감은 중립적이지만 왠지 다소 권위주의적인 느낌을 준다. 영미권에서는 "시빌 서번트civil servant"라 하여 '시민의 머슴' 정도로 해석할 수 있는데 봉사하는 측면을 부각시킨다. 우리나라에서는 보통 공직자라는 말보다는 공무원으로 불리는데 이 용어가 주는 인상은 영미권의 머슴 쪽에 가깝다.

독일의 공무원 연금은 일반 연금을 "렌테Rente"라고 하는 것과는 달리 "팡지온Pension"이라 한다. ≪빌트≫는 "왜 공직자의 최저연금이 일반 연금의 최저연금보다 2배나 높은가"라는 기사를 게재한 적이 있다.[14] 이에 따르면 연방정부 공직자의 최저 연금이 1588.47유로인 데 비해 일반인들의 최저연금은 790유로다. 질병으로 인해 오랫동안 휴직을 하고도 마지막 보수의 35%인 1588.47유로를 최저연금으로 받는 공직자가 5만 6000명이며, 일반 연금 수령자 2050만 명 중 2.5%인 53만 6121명이 최저연금인 790유로를 받는다. 45년을 일하고도 최저연금을 받는 경우가 있으며 모든 연금 수령자의 93%가 1600유로 이하의 연금을 받고 있다. 이에 대해 '사회연맹Sozialverbandes VdK'은 공직자 연금과의 격차 해소를 위해 일반 연금을 인상할 것을 주장하고 있다. 앞서가는 공무원 연금을 깎자는 것이 아니라 뒤처져 있는 일반 연금을 올리자는 발상이다.

연금에 관한 한 독일 공무원들은 특별한 대우를 받는다. 연금 수준이 높을뿐더러 재직 시에는 연금에 대한 기여금을 내지 않는다. 소위 '국가부양의 의무 원칙Allimentationsprinzip'이 적용되기 때문이다. 비스마르크 시절부터 독일의 공무원들은 국가에 봉직하는 대가로 국가에서 이들을 퇴직 후까지 부양한다는 개념이 생겨났고 이러한 전통은 지금까지 이어지고 있다. 공직자들에게 신분 보장을 해주고 연금 혜택을 주는 것은 부패에 대한 방어막인 동시에 유사시 국가를 위해서 목숨도 바치라는 의미일 것이다. 연금부담 때문에 독일 정부는 공무원의 숫자가 늘지 않도록 관리한다. 그래서 공공기관의 웬만한 직종은 공무원 신분을 주지 않는 고용직Angestellte으로 채용한다. 루프트한자가 민영화되기 전에는 루프트한자의 사장도 고용직이었고 우리가 공무원으로 임명하는 박물관장도 독일에서는 공무원이 아닌 고용직이다. '공직Amt'은 전통적인 국가사무인 외교, 국방, 치안, 사법 ,재무, 교육분야를 중심으로 한정된다. 그래서 외교관, 군인, 경찰, 소방대원, 판사, 교수, 교사가 '공직'이다.

현재 많은 나라에서 공무원 연금을 포함한 모든 연금에 대해 '더 내고 덜 받는' 구조로 전환이 이루어지고 있으나 독일의 공무원 연금은 아직도 '덜 내고 더 받는' 구조를 갖고 있어 개혁의 무풍지대로 보인다. 그리고 통일연대세 외의 사회보험료는 의료보험료만 낸다. 즉, 일반 노동자들이 보수에서 고용주와 함께 공동 부담하는 연금, 실업, 간병보험료를 따로 내지 않는다. 군인과 경찰은 의료서비스가 무료다. 이 대신 일반인들보다 다소 불리한 소득세율이 적용되며 독일 공무원들은 현직에 있을 때 보수가 동일 학력, 동일 경력을 기준으로 봤을 때 민간경제의 타 직종보다 적다고 한다. 우리나라처럼 연금을 관리하는 공무원 연금공단 같은 조직을 별도로 만들지 않고 기여금을 내지 않는 대신 그만큼 보수를 적게 받는, 즉 원천징수 형식으로 운영한다. 즉, 이런 원천징수 방식으로 공단을 두지 않으면서 행정비용을 줄이는 대신 기여금을 받지 않는 구조다.

2012년 2월 크리스티안 불프Christian Wulff 연방대통령의 불명예 퇴진 사례를 보면 독일 공직자에 대한 청렴 기준이 엄격하다는 것과 함께 특히 거짓을 용납하지 않는 서양 사회의 단면을 알 수 있다. 불프 대통령은 니더작센 주총리 출신의 촉망받는 기민당의 정치인으로서 메르켈 총리의 전폭적 후원으로 2010년 6월 대통령직에 올랐으나, 그의 주택 구입 시 대출 배경을 묻는 니더작센 주의회의 '조그만 질의kleine Anfrage'로부터 시작된 불운으로 사퇴해야 했다. 불프 대통령은 그 질의에 '잘못된' 답변을 했고 이것이 3개월 후 사퇴로 이어지는 원인을 제공했다. 그 뒤 은행대출 건에 관한 언론보도 방해 시도나 주총리 시절 사적 여행에서 기업의 지원을 받았다는 내용이 밝혀지면서 여론이 나빠졌고 검찰수사가 시작되자 대통령직을 사임해야 했다. 그는 사임 후 부인과도 헤어지는 불운을 당했다. 2014년 6월 법원에서 그의 직위남용 혐의에 대해 무죄를 확정함으로써 불프 스캔들은 일단락된다. 그동안 불프 대통령은 진심으로 사죄하는 진정성을 보여주었고 여론도 상당히 우호적으로 바뀌었다. 야박하게 돌아섰던 부인도 돌아왔고 최근에는 공적, 사적인 행사에 자주 모습을 드러내면서 재기를 시도하고 있다. 거짓은 미워하나 허심탄회한 사죄는 흔쾌히 받아주는 독일 국민들의 아량이 돋보인다.

모든 사람에게는 사회에서 각자 자신의 자리가 있다

2016년 4월 함부르크 코메르츠 은행에서 취임한 지 막 반년을 넘긴 함부르크 최연소 장관 레온하르트 노동사회가족통합부BASFI 장관을 초청한 강연회가 있었다. 독일에서 강연회란 늘 그렇듯이 연사가 이야기한 후 패널토론과 청중으로부터의 질의응답 시간이 주어진다. 그날 레온하르트 장관은 이민자, 난민에 대한 통합정책과 노인빈곤 문제, 그리고 청소년 등 소외계층에 대한 사회관청의 시책을 중심으로 설명했다. 우선 2015년에 6만 1600명의 난민이 함부르크에 난민신청을 했고 이중 2만 2300명이 체류허가를 받았다며 중요한 것은 난민들이 이미 여기에 와 있다는 사실이며, 그렇기 때문에 우선은 그들에게 기본적 의식주를 제공해야 하고 이들에 대한 사회통합으로 이곳에서 평화롭게 살 수 있도록 해야 한다면서

•• 2016년 4월 북부독일 도매무역협회AGA 주최 레온하르트 함부르크 노동사회가족통합부 장관(우측) 초청 '정치
대화'. 좌측은 북부독일 도매무역협회장인 크루제 박사. 사진 제공: 북부독일 도매무역협회.

강연을 시작했다. 이들의 사회통합은 결국 취업이 관건이며 이를 위해 그들이 출
신국에서 갖고 있던 자격증의 인정과 직업교육 기회 제공을 최우선 과제로 하고
있다고 했다.

함부르크 당국은 2015년 11월부터 난민을 위한 취업통합WIR, Work and Integration
for Refugees 프로그램을 시작했고, 독일 내 EU 출신 구직자들에게 우선권을 주는 제
도Vorrangprüfung를 3년간 유예시켰다고 소개했다. 이 제도는 노동시장에서 내국인
또는 내국인과 동일한 체류자격을 갖는 EU 출신 국민을 여타 지역 외국인과 구분
하여 취업우선권을 주는 제도다. 이 제도가 존치될 경우 직업교육 시 제공되는 도
제Azubi 자리가 비더라도 6주까지는 내국인이나 EU 출신 국민들이 우선적으로 지
원하도록 기다려야 하므로 난민 출신 청소년들에게는 그만큼 직업교육 기회가 박
탈된다. 그래서 이 제도를 3년간 유예함으로써 난민 출신들에게도 내국인과 마찬
가지로 동등한 지원 자격을 부여했다. 아울러 이민자, 저소득층이나 소외계층 가

정의 자녀들에 대한 적극적 직업지도의 필요성을 강조하고 이를 위해서 '청소년 취업진로개발센터Jugendberufsagentur'를 신설하여 이들을 일괄 상담, 지원해주는 프로그램을 시행 중이라 했다. 학교에 나오지 않거나 졸업 후 대학 진학도 직업교육도 택하지 않은 청소년들에게 편지를 보내서 상담을 권유하고, 이 편지에 아무런 반응이 없는 경우에는 직원이 가정으로 이들을 방문하여 상담을 진행한다고 했다. 방문을 받은 학생들은 대부분 사회 관청의 이런 적극성에 많은 것을 느끼고 상담에 적극 응하는 태도를 보인다는데, 이는 직업 선택의 질을 높임으로써 청소년 자신들뿐만 아니라 사회나 기업도 도와주는 것이라고 했다.

세 아이의 어머니이기도 한 레온하르트 장관은 어린이, 청소년을 위한 사회의 적극적 역할을 강조하면서 기업이 어린이 보육시설 설치나 지원에 더 큰 관심을 가져줄 것을 주문했다. 함부르크의 키타 시설이 다른 주에 비해 우수하며 이것이 산업입지 강화에도 큰 기여를 하고 있다고 했다. 함부르크에서는 만 한 살부터 탁아소를 이용하는데 일주일에 25시간(하루 5시간) 범위 내에서는 주정부가 100% 부담—1~3살은 월 928유로, 3살 이상은 월 565유로가 지원된다—하고 그 이상 초과 시간은 소득에 따라 차등 지원한다. 그녀는 기업 내 보육시설Betriebskitas의 설치로 아동들에게 기업의 선별적 교육 콘셉트를 조기에 전수하여 잠재된 적성개발을 촉진시킬 수 있다는 점도 소개했다. 예를 들어 함부르크 제일의 고용 규모를 갖고 있는 에어버스나 데지연구소DESY 같은 경우, 사내에 설치된 보육시설을 통해 자녀들에게 일찍부터 항공산업 분야나 과학연구 분야에 대한 관심을 촉발시켜 이들을 장차 해당 분야의 예비인력으로 키울 수 있다는 것이다. 레온하르트 장관의 여러 이야기 중 "모든 사람은 각자 사회에서 자신의 자리가 있다. 그 자리를 찾아주는 것이 우리의 할 일이다"라는 말이 기억에 남는다. 또 그런 자리를 찾아주기 위해 구체적 노력을 다각도로 시도하고 있는 독일 사회관청의 모습을 보면서 우리는 어떤 길을 가고 있는지 되돌아보게 된다.

레온하르트 장관은 난민의 유입을 독일의 노동력 감소를 상쇄할 수 있는 좋은 기회라고 평가했다. 난민들 대부분이 10년 이상의 학교교육을 받았으며 문맹률이 예상보다 적고 독일어를 배우려는 의지가 강해 당초 우려보다 낙관적이라고 했다. 함부르크 주정부에서는 이들의 체류자격 심사가 거의 1년 가까이 소요되는 점을 감안하여, 체류허가가 결정되기 전부터, 즉 체류심사 개시와 동시에 이들에 대한 독일어 교습과 직업교육을 기업들과의 협력하에 실시토록 하고 있다고 했다.

제9장

사회적 시장경제는 사회적인가?

유럽의 꿈, 연계와 인권

　프랑스 경제학자 미셸 알베르Michel Albert는 1991년 『자본주의 대 자본주의』라는 저서를 통해 라인식 자본주의를 독일 경제 및 사회시스템에서 파생된 자본주의 형태라고 정의했다. 그는 라인식 자본주의를 미국 경제에서 비롯된 신자유주의 모델과 비교하며, 전자가 더 효율적이고 공정한 모델이지만, 영미형 모델이 외견상 더 매력적이고, 영향력 있는 사회계층이 지지한다고 주장했다. 알베르는 프랑스 등 유럽 국가들에 라인식 자본주의를 권고했다. 제러미 리프킨Jeremy Rifkin은 2004년 저서 『유러피언 드림The European Dream』에서 개인적인 부의 축적을 통해서가 아닌 연계와 인권에 대한 존중을 통해서 실현되는 유럽의 꿈이 21세기적 도전에 맞서 아메리칸 드림보다 더 적절한 것이라 하여 알베르의 주장을 지지했다. 유럽이 평균수명, 교육, 생활의 질 등에서 미국에 앞서고 있다는 것과 전 세계 구호

활동의 반을 담당하는 높은 인도적 지원 통계도 제시했다. 이 책은 노무현 대통령이 읽고 나서 한국에서 선풍적 인기를 끌었던 책이기도 하다. 리프킨은 인터넷과 GPS를 기반으로 공유경제가 미래를 바꿔나간다고 주장한 미래학자다.

다양한 자본주의의 유형 가운데 자유시장경제[Liberal Market Economy]와 조합시장경제[Coordinated Market Economy]의 두 가지 유형이 대표적이다. 홀[Peter Hall]과 소스키스[David Soskice]가 출간한 『자본주의의 다양성[Varieties of Capitalism]』에서 주장되었고, 대체로 받아들여지고 있는 자본주의 유형 분류법이다. 『자본주의의 다양성』은 홀과 소스키스 교수 주도로 1990년대 초 하버드 대학의 유럽연구소와 베를린의 한 연구소 간 합동 연구사업으로 출간되었으며 미국과 유럽의 자본주의 시스템을 비교했다. 북대서양 중심적으로 생각했다는 비판을 받고 있지만 지난 20~30년 동안 이 방면의 가장 영향력 있는 책으로 평가된다. 자유시장경제는 신자유주의[Neo-Liberalismus]를, 조합시장경제는 질서자유주의[Ordo-Liberalismus]를 그 사상적 근거로 한다. 신자유주의는 시장의 경쟁질서를 스스로 형성되는 '자생적 질서[Gewachsene Ordnung]'로 보는 반면, 질서자유주의는 시장의 경쟁질서를 법적, 제도적으로 이미 만들어져 있는 '설정적 질서[Gesetzte Ordnung]'로 본다. 자유시장경제는 영국의 자유주의적 사상에서 시작하여 미국의 이민자 사회로 건너가 정착한 시스템이다. 고도로 개별화된 계약 사회가 선택한 체제라 할 수 있다. 조합시장경제는 독일의 산업화가 급진전되고 2차 산업혁명이 일어난 19세기 독일제국하에서 생겨났다. 독일제국에서는 영국, 프랑스와는 달리 시민사회에서 태동되었던 개인적인 자유의 가치나 인권이 국가적 차원에서 받아들여지지 않았기에 고용주들은 고용주대로, 노동자들은 노동자대로 단체를 조직하고 각 산업분야별로는 업종별 협회를 조직하여 자신들의 이익을 도모하는 조합적 모델을 발달시킬 수밖에 없었다. 홀과 소스키스는 이 조합들을 중심으로 조정되는 유기적이고 협력적인 과정을 지목하여 조합/협력적 시장경제라 했는데 독일에서는 이것을 보통 조합주의 경제라 한다.

조합주의를 바탕으로 하는 독일의 사회주의 시장경제는 '규제'를 특징으로 한다. 규제를 기본으로 하고 예외적으로 규제를 푸는 것이다. 2차 대전 후 독일을 점령한 미국은 한때 이 조합주의적 독일모델을 제거하려 했다. 조합을 중심으로 한 독일 산업계가 나치의 전시경제를 떠받쳤기 때문이었다. 이렇게 조합주의 모델은 전쟁의 참화와 함께 사라지는 듯했으나 전후 경제 복구과정에서 '사회적 시장경제'라는 이름으로 재탄생한다. 영미식 모델과 비교하여 견고한 정치, 경제적 제도에 그 기반을 두는 질서적 자유시장경제를 핵심으로 하는 독일모델을 다시 보게 된 것이다. 독일의 조합주의적 사회 원리에 관한 카르펜 교수의 설명이다.

협회Die Kammern들은 소위 말하는 자치행정법인Selbstverwaltungskörperschaft 또는 협동조합kooperative Gesellschaft이다. 자체적인 정관을 마련하며, 국가로부터 받는 감독이 다소 느슨한 편이다. 이러한 직종별 협회는 지방행정기관들과 함께 "보충성의 원리Subsidiaritätsprinzip"를 보여주는 전형적인 예이다. 보충성의 원리는 법치국가에서 매우 중요한 요소다. 그것은 아래에서부터 위로 만들어지는 사회적 자치조직gesellschaftliche Selbstorganisation에 관한 것이다. 노조와 고용주단체Arbeitnehmer-und Arbeitgeberverbände들도 국가에 의해 조직되는 것이 아니라 그 단체에서 자체적으로 조직한다. 이러한 단체의 대표자들은 무역이나 수공업에 관한 사안이라든가, 또는 병원의 조직 같은 각 직종에 연관된 사안에 대해서만 정치적 견해를 표명할 수 있다. 하지만 난민위기에 대한 대처라든가, 대외정책에 대해서 의견을 표명하는 것은 허용되지 않는다. 이는 법치국가에서 매우 중요하다. 독재체제가 아니기 때문이다. 법치국가는 사람들의 생활방식까지 결정하지 않는다. 오로지 국민들이 따라야 할 법질서Rechtsordnung를 정할 뿐이다. 이러한 자유주의 원칙Liberalitätsprinzip, 즉 각 개인의 기본권들과 보충성의 원리는 우리 사회의 본질이다. 분배문제, 대외정책, 재정정책 등 사회가 자체적으로 규정할 수 없는 경우에만 국가가 개입하는 것이다. 나머지는 각 사회가 스스로 조직한다[2016.3.2].

독일모델의 맹아는 19세기부터 등장했다. 당시 저명한 비교경제학자인 헨더슨 W. Henderson에 따르면 대륙의 산업화는 영국에서처럼 민간기업이 시작한 것이 아니라 본질적으로 정부활동에 힘입은 것이라 했다. 당시 독일이나 프랑스 사람들에게는 영국 정부의 레세페르적 자유방임적 태도가 비정상적인 것으로 비쳐졌다. 유럽 대륙에서 정부는 도로, 교량, 운하, 철도, 우편 등 인프라 사업에만 관여했던 것이 아니고 농장, 산림, 광산, 어장, 공장, 은행까지도 소유했다. '상각기관 Amortisationskasse' 또는 '프로이센 해상무역Preußische Seehandlung' 등 국가경제에서 정부기관은 늘 상당한 역할을 했다. 또 다른 정부의 영향력은 소위 산업진흥정책이란 형태를 띠고 나타났다. 미국의 「셔먼 반독점법」과 대조적으로 독일에는 카르텔이 합법적으로 확산되어, 1875년에 4개에 불과했던 것이 1890년에 100개 이상으로, 1914년에는 거의 1000개로 늘어났다.[1] 정부는 특허권 또는 기술적 지식을 보호하고, 기술상업학교를 설립했으며, 산업박람회를 개최하고, 공무원, 학생, 제조업자, 기술자들을 산업연수를 위해 영국, 프랑스, 벨기에로 파견했다. 독일의 산업화 초기단계에서 정부는 입법자로서, 행정관리자로서, 기업가로서 다양한 역할을 했다.[2] 독일에서의 이러한 초창기 산업화 당시의 정부 역할을 고려해볼 때 영미형과는 다른 독일모델의 태동이 예고되었다는 것을 짐작해볼 수 있다. 함부르크 경제부에서 혁신과 경제정책을 담당하는 프록슈 차관보의 언급이다.

토양이 다르다. 미국의 토양은 카우보이 토양이다. 이민자 사회에서 개척정신이 필요했다. 모든 것이, 질서 측면에서도 확립된 사회가 아니었다. 스스로 위험을 안고 시도하고 만들어내고 질서를 잡아가야 하는 사회였다. 영국의 자유주의적 사상의 토대가 미국으로 건너가 더 자유로워진 형태이다. 유럽 대륙은 다르다.

특히 독일은 오랫동안 군주체제였다. 민간이나 기업이 자율적으로 결정할 수 있었던 것은 아무것도 없었다. 그나마 협회를 조직하여 동종 분야 기업들의 이익을 대변하는 전통이 생겨났다. 모든 것이 정해져 있는 가운데 움직이는 것이다. 그러니 미국 기업은 '위험원칙'에 따라 움직이고 독일기업은 '예방원칙^{Vorsorgeprinzip}'에 따르는 것이다. 일본은 어쩌면 독일보다 더 신중한 모델일 것이다. 일본 기업들을 방문했을 때 일본 기업의 장기 플랜과 신중함에 놀랐다[2016.5.4].

자유주의적 시장경제를 운용하는 영국과 조합주의적 시장경제의 독일 간 제도적 차이가 산업현장에서 어떤 결과를 가져왔는지를 살펴보자. 홀과 소스키스 교수의 『자본주의의 다양성』에 따르면, 이들 두 제도의 차이는 주로 기업들 상호 간 또는 기업, 노조 혹은 고용주협회 같은 외부 경제주체 간에 어떻게 경제행위가 이루어지는가로부터 발생한다. 영국모델이 시장 메커니즘에 따른 것이라면 독일모델은 비시장적 형태의 상호작용에 크게 의존한다. 표 2에서 보듯이 우선 기업 거버넌스 측면에서 영국모델은 단일 경영조직으로서 사장^{CEO}의 단독적 경영형태가 일반적인 데 비해, 독일모델은 이중적 경영조직을 갖고 있다. 독일에서는 2천 명 이상의 대기업에서는 통상적인 경영진^{management board}에 더해 감독이사회^{Aufsichtsrat, supervisory board}가 있다. 감독이사회는 경영진의 선임 외에 주요 투자결정, 장기 경영전략 같은 주요 결정에 간여한다. 노사관계에서 영국모델은 사측 위주의 의사 결정구조로 대체로 노사 대립적 관계를 유지하며 타 기업에서도 활용가능한 보다 보편적인 기술을 가진 노동시장으로 이루어져 있는 데 비해, 독일모델에서는 공동결정권제 등 사회적 시장경제하에서 노측과 협력적이며 비교적 안정된 노동시장을 갖고 있고 노동자들이 해당 기업에 필요한 특수기술을 연마할 수 있는 교육훈련을 위한 장기적 투자가 이루어진다. 영국모델에서 볼 수 있는 경제의 대규모 규제완화는 기업들의 빠른 대응과 생산비용 절감을 허용한다. 반면

구분	영국	독일
지배적 소유구조	주식 투자자에 의한 소규모 주식소유	전략적 투자자에 의한 대규모 주식소유
노동자 대표 제도	자발적	조합적(감독이사회)
최고 경영기구	CEO 지배적인 단일 이사회	이중 이사회(다층적 권력 중심)
기업 주요 목표	이윤	다층적 목표: 이윤, 시장 점유, 노동자 고용안전
경영전략	새로운 분야에서의 급진적 혁신	점증적 혁신을 통한 비가격경쟁

표 2 영국과 독일의 기업 거버넌스 제도와 기업 전략

자료: Peter A. Hall/David Soskice, *Varieties of Capitalism*.

독일모델에서는 사회적, 경제적 규제로 기업들이 점진적인 혁신 패턴을 보이며, 장기적 성장세를 보이는 가격경쟁적이지 않은 제품 생산에 주력한다. 영국은 빠른 전환을 촉진하는 금융제도와 비용절감적 노사관계로 인해 주로 단기적 이윤창출을 중시한다. 독일에서는 광범위한 기업 간 협력이 이루어지며, 장기적인 직업교육, R&D, 기술 전수 등에서 촘촘히 조직된 협회business associations의 지원을 받는다. 독일 기업의 95%가 독일산업연맹BDI에 속해 있지만 영국은 대부분의 분야에서 협회 가입률이 50%를 넘지 않는다. 급격한 혁신패턴을 보이는 첨단기술분야나 과학을 기반으로 하는 부문science-based sector에서는 영국이 우세한 편이다.[3]

캘리포니아 대학의 피터세Jan Pieterse 교수는 세계가 다극화의 시대에 접어들었지만 아직 단극화의 사고가 여러 부문에서 지속되고 있는 경향을 지적한다.

다극화 시대에는 복수적 사고가 보다 더 연관적이고 적합하나, 가령 경제사상에서도 영미식 자본주의 모델을 지향점으로 하는 일치적, 단선적 사고의 저항에 부딪히고 있으며 이러한 영미식 자본주의 모델이나 작금의 세계화 같은 일치적, 단선적 사고는 주로 미국에 근거지를 둔 세계적 미디어나 컨설팅사, 또는 신용평가기관이나 싱크탱크를 통해 끊임없이 확대, 재생산되고 있다. 그럼에도 불구하고 과거 엔론 사태, 서브프라임모기지 위기, 리먼브러더스 사 파산에서 보듯이 영미식 자본주의나 '워싱턴 컨센서스'의 신뢰는 도전받고 있다. 1980년대 신자유

주의적 세계화는 이제 과거의 일이 되었다. 21세기의 세계화는 20세기와는 다를 것이다.[4]

피터세 교수의 지적대로 자본주의 모델에는 자유주의적 영미식 모델 외에도 조합주의적 라인식 모델이나 과거 일본, 한국의 '국가주도 자본주의state-led capital-ism' 모델 또는 현재 중국모델인 '국가 자본주의state capitalism' 모델 등 다양한 유형이 있다. 공유경제학자인 리프킨은 『유러피언 드림』을 통해 과거 세상을 풍미했던 아메리칸 드림보다는 유럽의 꿈이 더 우월하다고 주장했다. 2015년 OECD 연구 결과는 독일모델이 제한적으로만 성공적이라 했다. 스칸디나비아모델에 비해서는 덜 성공적이라는 것이다. 이렇듯 자본주의에서 단일 모델은 없으며 평가도 다양하다. 모든 경제는 제각각의 모습 또는 각 모델적 요소들이 부분적으로 혼합된 형태를 보이면서 시대와 지역에 따라 정부와 시장의 역할 및 조합을 최선으로 만들어내고자 한다. 하이에크Friedrich von Hayek는 그의 『법, 입법, 그리고 자유Recht, Gesetz und Freiheit』에서 두 가지 사회질서를 상정하고 있다. 자생적 질서cosmos와 만들어진 질서taxis가 그것인데 어떤 사회든 이 두 가지 현상이 동시에 혼재하고 있다고 했다.

에르하르트 경제장관과 뮐러-아르막

전후 독일경제의 정책입안자로 참여한 두 경제학자 루트비히 에르하르트Ludwig Erhard와 알프레트 뮐러-아르막Alfred Müller-Armack은 사회적 시장경제Soziale Marktwirtschaft를 독일에 불러왔고, 이것이 곧 자본주의의 대체자로서 독일에 자리잡았다. 사회적 시장경제에 대해서는 독일 기본법 등 법규상 명문으로 규정되어 있지 않은 만큼 엄격하고 폐쇄적인 개념이라기보다는 광범위하고 신축적인 개념으로 이해된다. 이것은 수요와 공급을 기반으로 하는 자유주의적 시장경제를 기본으로 하되 여기에 사회적 측면을 결합시킨 개념이다. 그러다 보니 시장에서 완전한 자유경쟁이 일어나도록 국가가 기본 질서를 세우고 감독하지만, 강한 자가 더 강하게 되지 않고, 약한 자가 더 약하게 되지 않도록 국가가 배려한다. 이렇듯 사회적 시장경제는 경제의 국가적 조정과 완전한 자유화 사이에 놓인 제3의 길이다. 당초 사민주의자나 노조원들은 그것을 내용 없는 선전으로 여겼으며 기업가들은 반대로 경제질서에서 '사회적' 요소가 자유경쟁을 저해할 것이라는 두려움을 가졌다는데, 이것은 바로 사회적 시장경제가 제3의 길이라는 것을 말해준다.

'사회적 시장경제'는 1946년 당시 경제학 교수였던 뮐러-아르막의 『경제지도와 시장경제Wirtschaftlenkung und Marktwirtschaft』라는 기념비적 저서를 통해 처음으로 세상에 알려졌다. 그는 지도경제(제1장)와 시장경제(제2장)를 다룬 이 책으로 지도적 전시 계획경제로부터 자유적, 사회적 시장경제로 넘어가는 과도기의 경제 이론을 제공했다. 이 책의 제2장에서 뮐러-아르막은 '시장경제'와 '경제지도Wirtschaftlenkung'란 상반된 개념을 적절한 경제정책을 통해 결합시키는 질서 정치적 개념을 사회적 시장경제로 표현했다.[5]

여기서 시장의 징벌적 메커니즘의 부정적 영향을 차단하기 위한 사회정치적 조치의 필요성과 함께 이 사회정치적 조치가 시장의 본질에 거슬러서는 안 된다는 점을 강조했다. 그 예로 최저임금이나 소득에 따른 차별적 과세를 통한 소득 재분배 조치를 들었다. 1952년 에르하르트 경제장관은 뮐러-아르막을 경제부로 불러들였고 그와 함께 1963년까지 사회적 시장경제를 '모두를 위한 번영'으로 정책화하고 시행하여 전후 독일 번영의 초석 역할을 했다.

사회적 시장경제의 실천자라 불리는 에르하르트 경제장관의 박사학위 지도교수 오펜하이머Franz Oppenheimer는 프라이부르크 학파의 대표자 발터 오이켄Walter

Eucken의 스승이기도 하다. 그는 '자유주의적 사회주의liberal socialism' 이론에 천착한 학자로서 1932년 발간한 『자본주의도 공산주의도 아니다Weder Kapitalismus noch Kommunismus』와 1933년 발간한 『이렇지도 저렇지도 않다. 제3의 길이다Weder so noch so. Der dritte Weg』를 통해 자유경쟁을 통한 사회주의를 주장했다. 오이켄이 자유주의자이지만 국가의 개입을 전제로 한 사회적 시장경제의 맹아적 발상을 하게 된 것은 다분히 그의 스승인 오펜하이머의 영향을 받은 것이라 볼 수 있고, 그런 의미에서 오이켄보다는 오펜하이머를 사회적 시장경제에 최초로 영감을 제공한 학자로 보기도 한다.

프라이부르크 학파에 속하는 오이켄 교수는 기본적으로 하이에크나 뵘Eugen Böhm과 같은 자유시장경제의 신봉자로서 '질서적 자유주의'에 기반을 둔 경제, 정치적 사상으로 전후 계획경제를 몰아내고 에르하르트와 뮐러-아르막에게 개혁의 기초를 제공했다. 그래서 일반적으로는 그를 사회적 시장경제에 처음 영감을 제공한 학자로 본다. 그는 평소 관심을 갖고 연구했던 힘, 부자유, 빈곤이라는 부정적 주제의 분석 토대 위에서 최대한의 자유와 경제의 합리적 운영을 위한 경제질서를 추구했다. 그는 국가가 시장의 직접 참여자는 아니지만 사회적 안전을 위한 시장의 심판자로서 경제를 지도할 수 있다는 사회적 시장경제의 맹아적 발상을 했다. 아울러 국가의 개입이 경제 프로세스에 대한 것이 아니라 경제질서의 형성에 영향을 미치는 방식이어야 한다고 했다. 사회적 시장경제의 사상적 기반이 된 질서적 자유주의는, 국가는 오로지 시장의 자유경쟁을 위한 질서를 만들고 국가 스스로 이 경쟁에 뛰어들지는 않는 것을 상정한다. 아울러 사회적 시장경제는 사회적 불균형을 방지하기 위해 사회보장을 포함한 국가의 과제를 확대한다. 사회적 불균형이 정치적 불안과 변혁으로 극우 정권을 불러들인다는 것은 양차 대전의 교훈이기도 하다.

전술한 대로 사회적 시장경제는 독재체제하의 계획경제나 고객경제Klintelwirtschaft

에 대응한 개념으로서 나치의 전시경제를 탈피하여 시장경제로 넘어가는 과정에서 나왔다.[6] 하지만 독일은 나치 경제 이전에 이미 1930년대에 세계 경제위기를 경험하면서 자유적 시장경제에 대한 의구심을 갖고 있었기에 사회적 시장경제는 이러한 역사 속에서 이루어진 사회적 학습과정의 결과이기도 하다. 이것은 경제행정 엘리트들로 하여금 1947년 이후 독일에서 사회적 시장경제의 관철을 현저히 쉽게 했다. 뮐러-아르막도 오이켄 등 프라이부르크 학파와 접촉 없이 독자적으로 1930년대 중반에 이미 사회적 시장경제에 대한 구상을 하게 되었다.[7] 나치 경제에 대한 반동으로 시장경제가 도입되었지만, 이 시장경제는 자유적 시장경제가 아니라 국가의 개입을 전제로 하는 사회적 시장경제였다. 그리고 이 배경에는 독일제국하에서 발전되어온 조합주의적 경제모델이 있다. 조합주의적 경제모델이란 전제적인 국가체제에 맞서 각 경제주체 간의 조합 결성을 통해 이익을 관철하는 사회적, 경제적 모델이다. 재미있는 일은 한국전쟁이 서독의 경제부흥에만 기여한 것이 아니라 전후 사회적 시장경제가 성립하는 데도 일조했다는 사실이다. 한국전쟁으로 '코리아붐Koreaboom'이 일어나자 당시 미국은 서독 경제를 서방 진영의 방어 노력에 결속시키기 위해 경제, 물가, 환율, 경제정책 우선순위 등에서 서독 정부가 직접적인 시장개입을 하도록 강력히 요청했다. 이것은 당시 서독 경제부의 시장경제적인 원칙과 목표들에 정면으로 상치하는 것이었다. 서방 점령국들은 통제적 국민경제를 선호했다. 시장의 힘을 자유롭게 방치하기에는 너무 불안해 보였기 때문이다. 이들은 1947년부터 서방 점령국하에서 경제정책 책임을 맡았던 에르하르트의 경제개혁에 다소간 유보적인 입장을 가졌지만 그럼에도 시간소모적인 실험과 정치적 모험을 피하기 위한 효율적인 길로 보았다. 에르하르트의 경제개혁은 그들의 눈에는 케인스적 경제의 대안적 모델 정도로 비쳤다.[8] 이런 가운데 서독 고용주협회나 노조는, 한국전쟁을 계기로 한 미국의 결속 정책에 발맞춘 경제적, 사회적 조치들을 자신들의 자치적 권한을 활용하여 스스로 시행해

나감으로써 독일제국 이래 발전되어온 조합적 경제모델의 르네상스를 가져왔다.[9] 한국의 위기가 전후 서독에서 조합적 시장경제의 귀환을 촉진시켰던 것이다. 이런 역사적 배경은 사회적 시장경제의 의의를 파악하는 데 중요한 출발점이다. 함부르크 대학의 하트예 교수는 사회적 시장경제와 사회국가 간의 관계에 대해 전자가 후자를 포괄하는 보다 더 큰 개념이라고 설명한다. 다만 사회적 시장경제는 경제학자들로부터 발전되었고, 전술한 대로 법적인 명문규정이 없어 조금은 산만하고 그래서 아주 명확한 개념은 아니라 했다[2016.7.13].

국가법을 전공한 함부르크 법대의 카르펜 명예교수는 쾰른 대학에서 공부할 때 뮐러-아르막 교수의 사사를 받았다면서 자신이 사회적 시장경제의 산 증인이라고 했다. 뮐러-아르막 교수가 에르하르트 장관에게 사회적 시장경제 개념을 가져갔고, 에르하르트 장관은 이를 정책으로 실현시켰다.

카르펜 교수의 다음 설명은 사회적 시장경제의 개념을 이해하는 데 매우 유용할 것으로 보인다. 국가가 경제나 문화를 어떻게 다루어야 하는지도 알기 쉽게 설명한다. 지난 국정농단 사태 시 나타났던 정경유착이나 문화계에 대한 블랙리스트 작성 같은 것이 왜 안 되는지가 또 한 번 자명해지는 대목이다.

우리는 "조합주의적 시장경제"라는 말 대신 "사회적 시장경제"라는 용어를 사용한다. 사회적 시장경제에서는 국가가 기본구도를 설정하고, 경제가 고용주와 노조 간 협조를 통해 '맨체스터식 시장경제'가 되지 않도록 한다. 다시 말해서, 국가가 경제를 조정하는 것이 아니라, 국가 차원에서 정한 구도, 즉 직업선택의 자유, 사유재산권, 사회주의의 포기와 같은 헌법적 구도하에서 고용주협회나 상공회의소 같은 사측 기관과 노조가 뭉쳐져서 거대 권력이 되지 않도록 하는 가운데 상호 협력하는 것이다. 양쪽은 균형을 잡아가면서 순수한 '맨체스터식 시장경제'가 출현하지 않도록 한다. 이것을 조합주의 경제라고 표현하는 것이다. 우리는 큰 틀에서 보면 경제를 그냥 놔두지는 않는다. 자본이 흐르기 때문이다. 시장경제에 기반을 두고 있으나 신자유주의적 또는 '맨체스터식 시장경제'와 구분된다는 점에서 사회적 시장경제란 용어가 적절하다.

　사회적 시장경제도 시장경제의 기본인 '국가와 경제의 분리'라는 생각으로부터 출발한다. 국가는 입법을 통해 큰 틀을 잡아준다. 요즘은 유럽법의 형태로 거의 반 정도가 넘어갔다. 그러고 나면 경제는 자유화된다. 국가가 잡아준 그 큰 틀 안에서 움직이는 동안 경제는 국가와 완전히 분리된다. 국가와 경제가 서로 거리두기를 하는 것이다. 이런 구도는 국가와 문화 또는 교육과의 관계에서도 볼 수 있다. 국가가 학교, 대학 그리고 연구기관을 세우지만 그렇다고 그 교육이나 연구의 내용에 개입하지는 않는 것과 마찬가지다. 국가는 본질적으로 시장 참여자가 아니다. 물론 정부예산이라는 형태로 국방이나 연금, 실업수당 같은 사회부문에 대규모 투자가 이루어지지만 이것은 영업활동이 아니라는 면에서 진정한 시장 참여가 아니다. 즉, 국가는 시장경제의 중요한 파트너로서 경제에 영향을 미치고 있으나, 이익을 추구하지 않는다는 관점에서 시장경제의 참여자가 아니다. 국가는 국내법이나 유럽법을 통해 경제활동의 큰 틀을 제공하여, 고용자협회나 노조로부터 하부적인 시장의 모든 경제 주체들에 이르기까지 자율적으로 경제활동을 영위할 수 있도록 지원한다. 즉, 국가는 긍정적 의미의 조정자^{coordinator}이자 심판자^{umpire}이다[2015.11.16].

나치 경제 이념은 '시장경제적 지도경제$^{marktwirtschaftliche\ Lenkungswirtschaft}$'다. 오펜하이머의 자유주의적 사회주의를 떠올리게 한다. 이 양자는 사회적 시장경제와 그 순서가 반대다. 여기서 우리는 주제어와 부가어를 구분할 필요가 있다. 나치 경제는 '지도경제'가 주제어이고 사회적 시장경제는 '시장경제'가 주제어이다. 생각건대 사회적 시장경제의 핵심은 질서적 자유주의를 근간으로 하는 자유시장경제라 할 것이다. 여기에 자유시장경제로부터 낙오되고 소외되는 사회적 약자 계층을 보호하기 위한 사회보장 조치와 사회적 연대개념에 의거한 공동결정권제 같은 사회적 요소, 그리고 카르텔 방지, 소득에 따른 차등세율, 경기대책, 최저임금제 같은 제도적 장치나 정책들을 동반한다. 즉, 사회적 시장경제에서 '사회적'이란 두 가지 의미를 갖는다. 하나는 사회보장이고 또 하나는 공동결정권이나 카르텔 방지 같은 사회적 연대나 국가의 개입을 전제로 하는 제도적 장치들이다. 사회적 시장경제는 역설적이기는 하지만 자유시장경제의 본질인 완전경쟁을 보장하기 위해 오히려 국가나 사회의 개입을 허용한다. 완전경쟁은 자유방임적 시장경제에서 가장 잘 보장될 것처럼 생각되나 실상은 그렇지 않다. 독과점 기업이 생겨나기 때문이다. 사회적 시장경제에서는 이러한 독과점 기업이 생겨나지 않도록 하는 카르텔방지법이 매우 중요한 역할을 한다. 여기에 19세기 말 비스마르크 시대부터 일찍이 발전해온 사회보장제도를 주축으로 하는 '사회국가' 개념이 더해지면서 독일의 독특한 사회적 시장경제가 자본주의의 한 형태로서 나타났고, 이것은 경제적 관점을 넘어서서 사회적 연대의식을 강조하는 사회적 질서 개념으로 발전했다. 사회적 시장경제는 이제 독일뿐 아니라 대부분 유럽 국가들로부터도 광범위하게 수용되고 있다. EU의 헌법이라는 「유럽연합에 관한 조약^{TEU}」 제3조에 사회적 시장경제가 명문화되어 있다. "유럽연합은 균형된 경제성장, 물가안정, 그리고 고도로 경쟁적인 사회적 시장경제에 기초하여 유럽의 지속가능한 발전을 도모한다"라고 규정하고 있다.[10] 시장경제는 오늘날 우리에게 매우 익숙한 용어로 자리잡고 있지만, 실상은 20세기에 들어와서야 자본주의를 대체하여 독일에서 사용되기 시작했다. 영미국가에서는 일찍이 큰 선입견이 없이 자리잡아온 자본주의란 용어는 독일에서 두 가지 면에서 평가절하되었다. 첫째, 독일은 영국이나 미국과 달리 자유주의의 전통이 미약하여 자본주의를 실용적으로 이해하지 못했다. 19세기 말 이후 사회주의에 대한 반대 개념 정도로 인식되었으며, 자본주의의 점증하는 무자비한 이윤 착취로 이를 지지하는 사람들이 많지 않았다. 둘째, 1931~1932년에 독일에 심각한 영향을 끼쳤던 세계 경제위기가 독일인들에게 다시 한 번 자본주의 체제에 대한 불신을 가져오게 했다. 그 여파로 20세기 초부터 독일 경제학자들은 자본주의를 대신하여 보다 덜 감정적이고 중립적인 용어를 찾았고, 이에 '경쟁경제', '사경제', '이윤경제', '자유경제질서'와 같은 말들이 나오게 되었다. 1932년 뢰프케Wilhelm Röpke가 '시장경제'와 '교통경제'란 용어를 사용했고 발터 오이켄은 '교통경제Verkehrswirtschaft'란 용어를 더 즐겨 사용했다.

기민당의 알렌 프로그램과 뒤셀도르프 강령

우리의 생각과 달리 사회적 시장경제를 선점한 정치세력은 사민당이 아니라 기민/기사 연합이었다. 기민당은 1947년 2월 알렌 프로그램Ahlener Programm과 1949년 7월 뒤셀도르프 강령Düsseldorfer Leitsätze으로 사회적 시장경제를 국민 앞에 내놓았다. 1947년 알렌 프로그램은 사회경제적 신질서의 내용과 목표를 자본주의적 이익과 권력추구가 아닌 국민들의 행복과 번영이라고 선언했다. 기민당은 여기서 나치하에서 독과점적 행태로 사세를 급격히 확장했던 독일 산업계를 비판하고 이들과 전체 국민 그리고 개별적 노동자 간의 관계를 중대한 하자로 규정하면서 자본과 노동 간의 새로운 관계 설정을 제시했다. 감독이사회 설치, 주식 소유의 과도한 집중방지, 공동결정권, 노동자평의회 운용 등에 관한 입장도 밝혔다. 생각건대 전후 최초의 대국민 정책서라 할 수 있는 알렌 프로그램은 향후 서독이 사회적 시장경제로 진입하는 첫 단추였고 아울러 신생정당으로서 기민당이 오랜 역사와 전통을 가진 사민당에 대해 정치적 우위를 견지하게 되는 선점적 조치였다. 실제로 전후 서독정부 수립부터 지금까지 약 68년 동안 기민당이 5명의 총리를 배출한 반면 사민당은 3명의 총리밖에 배출하지 못했고 집권기간도 기민당의 반에 못 미친다. 사회적 시장경제를 기민당에 선점당한 결과가 상당한 영향을 미친 것으로 보인다. 1948년 6월에는 화폐개혁으로 시장경제의 기초적 여건을 만들었고, 1949년 8월 연방총선을 한 달 앞두고 뒤셀도르프 강령으로 사회적 시장경제는 그 구체적 모습을 드러냈는데, 뮐러-아르막은 이 강령 기초 작업을 주도했다.[11] 기민/기사당은 여기서 계획경제도 자유경제도 공히 거부하고 경제적 약자를 포함한 모든 국민들의 요구를 충족시키는 사회적 정의를 앞세웠고, 커다란 성공을 거두었다. 지금 독일의 사회적 시장경제하에서 볼 수 있는 사회적 책임을 중시하는 자유 시장적 개념들이 그 당시에 다양하게 제시되었다. 우선 경쟁을 법으로 보장하고 경제주체들의 자기 책임을 강조했다. 아울러 시장가격 형성에 국가나 민간에서 고의적 개입이 있어서는 안 되었고 다만 통화, 신용, 조세 등 경제정책을 통한 조정 가능성을 열어두었다. 자율적인 임금 형성과 노조의 사회적 동반자적 인식 강화, 해고 보호의 확장을 제시했다. 노동시간은 노동자들이 휴식과 문화적 생활을 즐길 수 있을 정도의 범위 내에서 정해져야 한다고 했다. 기독교적 관점에서 노동자들의 존엄성이 강조되었다. 사회적 정의를 강조한 뒤셀도르프 강령은 1949년 8월 서독의 첫 연방선거에서 히틀러와 싸웠던 사민당 대신 신생 정당인 기민/기사당에게 신승을 안겨다 주었다.

사민당은 너무 오래된 정당이었다. 1925년 제정된 추상적이고 이데올로기적인 당 강령을 전후까지 그대로 답습했다. 그들은 기민당이 주창한 사회적 시장경제를 기만술로 보았다. '사회적'을 시장경제에 대한 장식물이라 생각했고 사민당과 노조는 에르하르트의 정책을 반대했다. 기민당의 자유주의적 개혁이 재건을 망칠 것으로 우려했다.[12] 그러나 사회적 시장경제에 대한 국민의 지지도가 계속 높은 데다 선거에서 연거푸 패하면서 성찰론이 일었고 1959년 사민당은 그간 취해 왔던 경제민주화 노선 대신 고데스베르크 강령을 통해 사회적 시장경제를 수용했다. 이로써 기민당과 함께 독일의 두 거대정당이 공히 사회적 시장경제에 입각한 시장경제질서를 지지하게 된다. 그리고 1976년 헬무트 슈미트 총리가 독일모델을 연방의회 선거에서 사민당의 모토로 표방하는데, 이 독일모델의 중심에 사회적 시장경제가 자리하고 있었다.[13]

1950년대에 기민당 정부는 사회적 보장을 위한 실천으로서 1957년 연금개혁을 단행했고, 같은 해 에르하르트 총리의 『만인을 위한 번영』을 발간했다. 에르하르트가 사회적 시장경제를 민생 현장에서 앞서 실천하기는 했지만 그가 생각한 사회적 시장경제는 뮐러-아르막의 생각과도 다소 달랐고 오늘날 우리가 생각하는 사회적 시장경제와도 달랐다. 그의 생각은 뮐러-아르막보다는 뢰프케 쪽에 가까웠다. 뢰프케는 개인과 사회 사이에서 전자에 가까운 자유주의적 제3의 길을 주창했으며 나치를 피해 스위스로 망명한 인사로서 폰 하이에크와 같이 자유주의자들의 모임인 '몽 펠르랭 소사이어티Mont Pelerin Society'의 일원이기도 했다. 그는 전후 독일에 지대한 영향을 미친, 에르하르트의 이상에 가장 접근한 학자로 평가된다. 에르하르트도 후기로 갈수록 순수한 시장주의자에 가까워졌다. 그는 『만인을 위한 번영』에서 서독의 사회적 시장경제가 사회국가화되어 가는 것을 비판했다. 그는 스승이었던 오펜하이머와는 달리 사유재산을 경제에 필수적인 것으로 보았고, 집단적 사회보장이 성과적 번영과 조화되지 않으므로 국가에 의한 복지적 사회보장이 제한되어야 한다고 했다. 자유와 자기 책임은 에르하르트에게 모든 것에 앞섰다. 그는 어떻게 보면 순수한 시장주의자이자 성장론자에 가깝다. 아데나워가 경제를 몰랐기에 에르하르트가 성공했다 하지만, 에르하르트가 아무것도 하지 않은 것이 그를 성공하게 했다고도 한다. 그는 경제가 발전하면 할수록 높은 복지가 저절로 이루어진다고 보았다. 뮐러-아르막은 개혁적 자유주의자로서 에르하르트만큼 시장을 신뢰하지는 않았다. 시장을 도구로 보고 그 도움을 빌려 사회적 정의와 기독교적 이상으로 충만한 목적을 실현시킬 수 있다고 보았다. 그는

국가에 의해 지지되는 전방위적 복지국가를 지지하지는 않았고 애덤 스미스^{Adam}
^{Smith}가 본 대로 국가의 '야경꾼'적 역할을 인정한 것도 아니었지만, 시장의 기본질
서 확립을 위한 국가의 개입이 어떻게든 필요하다고 보았다. 다만 이런 차원의 사
회정책과 경기정책은 경쟁을 저해하지 않는 시장친화적 범위 내에서만 지지했다.

독일은 사회적 시장경제를 포기하기에는 너무나 성공적이었다. 기본법에 특
정한 경제질서에 관한 규정이 없음에도 사회적 시장경제는 정부를 초월한 '기준
^{Richtschnur}'이 되었다. 그렇지만 에르하르트가 생각했던 처음 생각과는 더 이상 관
계가 없게 된 것도 사실이다. 그는 1974년 이미 사회적 시장경제는 끝났다고 선언
했다.

독일 기본법에는 사회적 시장경제가 없다

독일 기본법^{Grundgesetz}은 독일이 민주적, 사회적 연방국가라고 규정하고 있지
만 사회적 시장경제에 대한 직접적 규정은 없다. 전술한 대로 「유럽연합에 관한
조약」과 아울러 1990년 7월 1일 발효된 동서독 간 통화·경제와 사회동맹 조약에
서 사회적 시장경제를 동독지역에 적용하도록 명문화했다. 기본법상의 경제, 사
회질서에 관한 몇 가지 조항들이 내용적으로 독일의 사회적 시장경제질서를 규정
하고 있다는 의견도 있으나, 연방헌법재판소는 이를 부인하고 경제질서는 입법을
통해 결정하도록 하고 있음을 판례로써 확인하고 있다. 독일 기본법 제2조, 9조,
11조, 12조, 14조 및 15조는 경제, 사회질서에 관한 규정으로 영업권의 자유, 단체
와 회사설립의 자유(노조 결성권), 이전의 자유, 직업의 자유, 재산권, 상속권에 관
해 규정하고 있다. 내용적으로 자유주의적 질서를 바탕으로 하는 경제를 상정하
고 있어 사회주의 경제나 계획경제를 부정한다는 것은 명확하지만 그것이 사회적

시장경제까지 상정하는 것은 아니다. 따라서 독일 기본법은 경제체제에 관해 중립적이며 사회적 시장경제는 기본법이 아닌 개별 입법으로 구현되고 있다. 노동법 분야의 「단체협약법Tarifvertragsgesetz」, 「공동결정법Mitbestimmungsgesetz」, 「노동자평의회법Betriebsverfassungsgesetz」 같은 것들이나 「소비자보호법」, 「임차인보호법」 등이 대표적이다. 카르펜 교수의 설명이다.

> 헌법에 시장경제와 경제에 대해 명시하지 않는 것은 꽤나 일반적인 현상이다. 경제가 국가의 근간임에는 틀림없으나, 국가는 경제참여자가 아니라 심판이기 때문이다. 기본법이 자유주의적 성향을 표방하면서도 시장경제 등에 대해 명시하지 않는 것은 일반적인 일이다. 물론 경제질서라고는 말할 수 있다. 직업의 자유, 재산권, 카르텔법, 노조권 등 다양한 요소들이 경제질서를 제시하고 있기 때문이다. 그러나 오이켄이 이를 경제질서라 칭한 것은 이 요소들이 물론 어느 정도 질서가 잡혀 있는 것은 맞지만, '경제헌법Wirtschaftsverfassung'은 아니기 때문이다. 독일에는 시장경제와 사회국가로서의 근본적 요소들이 있고, 경제질서는 존재하지만 경제헌법은 없다.

기본법 제9조의 결사의 자유에 기초하여 노조결성권이 보장되며 제12조에서 직업의 자유가 보장되고 제14조상 사유재산권이 보장되나, 특히 제14조와 함께 "사회화Sozialisierung"에 관한 규정인 제15조를 사회적 시장경제와 직접 연관된 것으로 설명하는 학자도 있다. 재산권, 토지, 자연자원, 생산수단을 공공의 이익에 부합하도록 사용할 것을 의무화했기 때문이다. 사유재산을 인정하면서도 그것을 사회와 연결된 것으로 보고 그 어떤 완벽한, 무제한적인 사유재산을 인정치 않고 있다는 것인데, 이것은 사회적 시장경제와 연결시키기보다는 기본법 제20조와 제28조상의 사회국가원리를 구현하고 있는 것으로 보는 것이 타당할 듯하다. 기본법 제20조의 '사회적 연방국가'나 제28조의 '사회적 법치국가'는 19세기 비스마르크 시대부터 이어져 내려오는 독일의 사회보장제를 포괄하는 국가체제를 염두에 둔 것이라 볼 수 있다. 사회적 시장경제도 어느 날 갑자기 나타난 것이 아니라 오랜 사회전통 속에서 발전된 개념이니만큼, 1949년 5월 기본법 제정 당시 이미 독일에 이러한 사회적 시장경제의 토양이 배양되어 있었다는 것을 알 수 있다. 사회적 시장경제는 전술한 대로 EU의 조약에 명문화되어 있다. 카르펜 교수의 이어지는 설명이다.

사회적 시장경제는 헌법에 성문화되어 있지 않다. 하지만 헌법을 통해 인정되고 있다. 우선 영업의 자유가 있다. 영업의 자유는 기본법 제2조 '인격의 자유로운 발현권'에 의해 보장되는 것으로, UN국제인권선언, EU기본권헌장에도 나타나 있으며, 이는 경제활동의 자유라고도 볼 수 있다. 두 번째로 제12조가 있다. 이는 직업선택의 자유로서, 자유롭게 직업을 선택하고 수행할 수 있는 권리를 뜻한다. 동독에서처럼 직업을 지정하는 '통제경제Kommandowirtschaft'가 아니라 자유로운 직업 선택과 직업활동이 보장된다. 세 번째로 중요한 요소는 재산권 보장이다. 제14조에 명시된 재산권 보장은 사회적 시장경제의 근간이자 핵심이다. 사회적 시장경제에서는 재산권이 보장되면서도 제14조에 따라 사회적 의무와 결합되어 있기 때문이다. 즉, 모든 재산소유자는 연대를 위한 사회적 의무를 져야 한다는 뜻이다.

재정분야를 제외한 일반 경제나 시장질서와 관련된 헌법조항이 없는 독일과 대조적으로 우리 헌법에는 제8장에서 경제에 관한 조항들을 두고 있으며, 제119조 제2항은 "국가는 균형 있는 국민경제의 성장 및 안정과 적정한 소득의 분배를 유지하고, 시장의 지배와 경제력의 남용을 방지하며, 경제주체 간의 조화를 통한 경제의 민주화를 위하여 경제에 관한 규제와 조정을 할 수 있다"라고 되어 있다. 이 조항의 전반적인 내용은 독일의 사회적 시장경제의 내용과 별반 달라 보이지 않는다. 다만 "경제주체 간의 조화를 통한 경제의 민주화를 위하여 경제에 관한 규제와 조정을 할 수 있다"는 후반부 내용이 문제시될 수 있어 보인다.[14] 헌법에서 직접 "경제의 민주화를 위하여 경제상의 규제와 조정을 할 수 있다"라고 하고 있어, 이 규정은 제119조 제1항의 "대한민국의 경제질서는 개인과 기업의 경제상의 자유와 창의를 존중함을 기본으로 한다"는 규정과 조화되지 않아 보인다. 더욱이 독일적 개념에서 경제민주화는 사회적 시장경제보다 한 걸음 더 나간 진보적인 경제체제를 의미한다. 전술한 대로 사민당이 사회적 시장경제를 수용하기 전 유지했던 경제정책인 것이다. 규정 형식도 우리 헌법의 다른 조항에서 볼 수 있는 법률위임 형식이 아니다. 결국 제1항의 자유시장 경제질서에 대해 의도적으로 분명한 예외 사항을 둔 것으로 보이며, 여기서 "경제주체 간의 조화를 통한 경제민주화"라고 규정함으로써 경제민주화를 위한 규제와 조정의 내용을 경제주체 간의 조화로 한정하고 있음을 볼 수 있는데, 기업이 대표적 경제주체라 볼 때(정부와 개인도 경제주체이기는 하나) "경제주체 간의 조화" 규정은 정부, 기업, 개인(가계) 간의 조화보다는 대기업과 중소기업과 같은 기업 간의 조화를 의미하는 것으로 보인다. 이 조항은 대기업 규제를 염두에 둔 것으로 보인다.

생각건대 우리 헌법상의 경제질서는 자유적 시장경제를 기본으로 하되(제119조 제1항) 여기에 사회적 시장경제의 요소를 더했다(제119조 제2항 전반부)고 할 수 있다. 그리고 더 나아가 경제주체 간의 조화로운 질서를 위해서는, 즉 경제민주화를 위해서는 국가가 적극 개입할 수 있음을 규정하고 있다(제119조 제2항 후반부). 오해하지 말아야 할 것이 독일의 사회적 시장경제에서 국가의 역할이다. 국가는 축구장을 만들어주고 심판을 보는 것이지 선수가 되어 시합에 뛰는 것이 아니다. 과거 개발시대에는 경제기획원이 아마 그런 심판 겸 선수 역할을 했을 것이다. 그

동안 우리나라는 1990년대 이후 WTO와 OECD에 가입했고 지금 세계 경제 영토의 70~80%에 달하는 국가들과 자유무역협정[FTA]을 맺고 있다. 그러니 이제 과거 경제기획원 같은 심판 겸 선수는 필요 없어졌다. 우리 헌법 제119조 제2항이 생긴 때가 1987년인데 과거 개발시대에 대기업에 의한 경제력 집중이 이루어졌던 현상을 의식하고 이를 개선해보자는 취지가 아니었나 생각해본다. 그러나 이 조항은 사회적 시장경제에 더하여 경제민주화 내용까지 담고 있어, 당초 취지와는 달리 과거 개발시대에서와 같이 오히려 정부의 직접적 시장개입을 합법화시켜주는 근거로 남용될 수 있다는 점이 우려된다.

우리 헌법에는 제119조 외에도 사회적 시장경제 또는 사회국가적 성격의 조항들이 다수 있다. 제23조의 공공복리에 적합한 재산권 행사, 제32조의 최저 임금, 여성과 연소자의 보호, 제33조의 단결권, 제34조의 국가의 사회보장과 사회복지 증진노력 의무, 제76조의 긴급재정명령권, 제126조의 국유화에 관한 내용들이 그 것이다. 생각건대 헌법상으로 볼 때는 우리가 이미 독일의 사회국가나 사회적 경제보다 진보적인 규정을 갖고 있는 것으로 보인다.

바이에른 주를 지지 기반으로 하는 기사당[CSU]은 2015년 11월 전당대회에서 사회적 시장경제 대신 "공정한 시장경제[faire Marktwirtschaft]"를 표방했다. 중도 우파로서의 당의 색깔을 다시 한 번 분명히 하려는 의도에서였다. 기사당의 책사인 블루메[Markus Blume] 주의원은 이렇게 말한다.[15]

우리는 개방사회와 사회적 시장경제를 보다 미래지향적으로 만들고 디지털 시대에서 공정한 경쟁과 균형과 같은 질서를 갖고자 한다. 국경보호, 법집행, 치안유지와 같은 문제에 있어 국가는 강해야 한다. 극심한 불안정이 만연한 지금 미래를 위한 명확한 질서를 제공해야 한다. 사회적 시장경제를 '공정한 시장경제'로 끌고 가야 한다. 이것은 부자와 빈자 또는 분배정책에 관한 문제가 아니다. 사람을 돈으로 달래고자 하는 것이 아니고 동참시키고자 한다. 우리의 경제질서에 대한 수용성을 높이고 다시금 경제기적을 만들어내고자 한다. 이것은 새로운 '루트비히 에르하르트 2.0'이다. 여기에는 공정한 보수, 공정한 직장, 공정한 경쟁, 구글이나 페이스북 같은 시장경제와 개방 사회에 대한 독소 제거 같은 것이 포함된다. 데이터세계에 대한 공정한 규칙이 적용되는 '디지털 질서정책'이 필요하다.

여기서 블루메 의원이 언급한 "에르하르트 2.0"의 핵심은 에르하르트가 당초 생각했던 대로 '보다 자유주의적인' 시장경제 정책으로 가야 한다는 것이다. 열린 사회와 사회적 시장경제를 미래지향적으로 만들고 디지털 세계에서 공정경쟁을 실현시킬 수 있는 질서를 세워나가자는 것이다. 2016년 4월 현재 선거가 있다면 기민/기사 연합은 2012년 이래 최악을 결과를 맞이하게 될 것이라는 엠니드 연구소Emnid-Institut의 조사결과가 나왔다. 이에 따르면 기민/기사 연합이 33%, 대안당AfD이 13%를 차지할 것이라는 전망이다. 독일 대안당은 이미 6개 연방 주의회에 진출해 있고 그중 작센안할트 주에서는 24%나 차지하고 있다. 기민/기사 연합은 자신들의 '브랜드 핵심Markenkern'에 집중해야 하며 더 이상 좌로 흘러서는 안 된다며 긴장하는 모습을 보이고 있다.

공동결정권

독일의 공동결정권Mitbestimmung은 노사가 사회연대자로서 기업의 경영에 같이 참여하는 것으로, 노사 쌍방 간에 조화로운 협조를 통해 기업을 운영한다는 사회적 시장경제의 철학이 녹아 있는 제도다. 공동결정권은 사회적 연대의 일부로서 감독이사회와 사업장에서의 노동자평의회를 통한 두 차원에서 이루어진다. 우선 감독이사회에서 공동결정권은 슈미트 총리 당시인 1976년에 연방법 「노동자의 동의에 관한 법률Gesetz über die Mitbestimmung der Arbeitnehmer」 제정으로 공식화되었다. 이는 독일뿐 아니라 프랑스, 네덜란드, 덴마크, 스웨덴, 핀란드 등 다른 유럽 국가에서도 시행되고 있는 제도이기는 하나 독일이 가장 모범적인 국가라 한다. 당초 전후 연합국에 압류되었던 루르 지방의 석탄, 철강 업체에서 노동자들을 연합국이 선임한 경영진에 합류시켜 장기적 압류를 막아보려 한 시도로부터 출발했으며 1951년 광산, 철강업에서의 공동결정권이 그 효시다. 이 「석탄 공동결정법Montan-Mitbestimmungsgesetz」은 당시 서독 경제의 심장부였던 루르 지역 산업체들의 노사갈등을 해소하고 경제기적을 낳은 토대가 되었고 1976년 연방입법을 통해 전국적 차원으로 확대되었다. 이에 따라 2천 명 이상의 주식회사AG나 유한책임회사GmbH 형태 등의 자본회사는 그 규모에 따라 노사 쌍방 간 동수로 이루어진 12명, 16명, 20명의 감독이사회Aufsichtrat를 두고 노동자가 경영에 참여하는 것을 보장하고 있다. 감독이사회는 경영진Vorstand 선출이나 기타 경영에 관한 중요한 의결권을 행사하므로 경영진과 함께 기업을 이끌어나가는 중추적 기관이라 할 수 있다. 경영진과 동수의 노동자 대표들이 참여함으로써 노동자의 권익을 대변한다. 감독이사회 의장은 사측 또는 사측에서 지정하는 사람이 맡도록 하고 있고 의장에게는 2표의 의결권을 주어서 사주의 경영권을 방어한다.

현대 국가 중 사회보장제를 실시하지 않고 있는 나라는 없기 때문에 독일의 사회적 시장경제에서, 전술한 '사회적'이란 말의 두 가지 의미 중 연금이나 실업보험 같은 순수 '사회보장'적 측면보다는 해고 보호제, 차별적 과세를 통한 소득 재분배, 소비자 보호, 임차인 보호, 공동결정권, 카르텔 방지 등 경제정의를 실현할 수 있는 사회정치적인 제반조치나 메커니즘이 더 의미가 있다. 공동결정권은 영미권의 시장경제에서는 찾아볼 수 없는 제도다. 이것은 사회적 시장경제에서 국가가 노동을 자본과 함께 대등한 경제 요소로 인식하고 지원한다는 의미다. 자본주의에서 말하는 의존적인 노동이 아니라, 생산을 함께 결정하고 참여하는 노동이다. 첸처 함부르크 재무장관의 말이다.

> 사회복지는 오직 경제가 강할 때 가능하다. 경제는 다시 사회복지가 장기적이고 안정적일 때 유지된다. 장기적인 안정성은 기업들에게 중요하다. 유럽이나 독일에 소재한 기업들은 양질의 직업교육과 사회적 안전을 보장받는다. 번거롭더라도 공동결정권 덕분에 장기 파업이 없으니 기업들이 공동결정권을 수용할 수 있다. 경영상의 비선호 결정들도 노동자 대표들과 협의하고 그 결정이 필요하다는 것을 인식하게 되면 노동자 평의회를 통해 지원받는다. 이것은 기업들이 위기 상황에서도 안정적이고 예측 가능하다는 것을 의미한다. 기업 경영자들은 이 가치를 높게 평가한다[2016.12.17].

노동자들이 참여하는 경영기구는 직접 경영에 나서는 1차적 경영기구가 아니라 2차적 경영기구인 감독이사회Aufsichtrat다. 독일 기업은 영미권이나 한국에서 볼 수 있는 단일적 경영조직single board이 아닌 이중적 경영조직dual board을 갖고 있다. 이것은 전술한 대로 종업원 규모 2000명 이상의 기업에서 경영상 주요 사안에 대한 감독 권한이 부여된 감독이사회가 추가적으로 설치되어 있음을 말한다. 사장CEO을 포함한 경영진도 감독이사회에서 선출된다. 이 감독이사회에 노동자들이 사측 대표들과 동수로 참여하고 있으니 노동자들이 1차적, 직접적 경영참여는 아닐지라도 2차적, 간접적으로 경영에 참여하고 있는 셈이다. 이렇듯 노동자의 경영참여는 공동결정권이라는 말 그대로 동등한 경영참여라기보다는 부가적인 참여로 이해해야 한다. 이것은 노동자의 참여가 강하다, 약하다는 차원의 평가는 아니며 독일 기업의 이중 경영제의 구조를 볼 때 노동자가 직접 경영에 나서는 것이 아니라 간접적인 영향력을 행사한다는 의미다. 이것은 독일어에서 "mit-"란 접두어가 붙은 다른 단어에서도 유사한 용법을 볼 수 있다. 가령 우리말로 "합승하다" 정도로 번역할 수 있는 "mitfahren"은 운전기사 2명이 똑같이 모는 차가 아니라 한 사람이 모는 차를 다른 사람이 합승하는 것이다. 그래서 보통은 운전대를 잡은 사람이 주도한다. 물론 조수석에 탄 사람이 때로는 운전대를 잡은 사람보다도 더 무서울 수 있지만 이것은 어디까지나 예외적인 경우다.

공동결정권제는 확대된 개념으로 기업을 넘어서서 동종의 분야에서 이해관계가 대립되는 집단 간에도 적용된다. 이를테면 교육 분야에서는 교육관청과 교사노조 간에 광범위한 의미의 노사 간 협의를 통해 공동으로 의사결정을 한다. 2016년 함부르크에서 학생들의 수학시험 성적이 나쁘게 나오자 라베^{Ties Rabe} 교육장관은 방학기간에 보충수업을 할 것을 명령했다. 이는 감독권을 발동한 직권명령 형식이었다. 하지만 교사들과 협의 없이 보충수업으로 교사들의 업무부담을 늘어나게 했으므로 교육계의 노동자평의회에 해당하는 직원평의회^{Personalrat}에서 공동결정권 위배를 이유로 행정재판소에 제소했다. 교사들이 1심에서 승소했고 여기에 교육관청이 항소하여 판결을 대기 중이다.[16]

함부르크 시내 빈터후데 혁신학교 질란더 교장과 호프만^{Elke Hoffmann} 교사의 이야기다.

우리는 학생들을 개개인으로 인식하고, 교육적 결정이 일찍 이루어지도록 함께 고민해야 한다. 우리 학교는 "살아 있는 민주주의"라고 불리는 자율정책을 추구한다. 민주주의적 이념도 가르친다. 수업에서만 설명하는 것이 아니라 실제 현장에 적용한다. 학생들은 수업 내용을 정함에서 공동참여권을 갖는다. 학부모들 또한 여러 협의회에 참여하고 있다. 기업체 같은 곳에서 볼 수 있는 공동결정권이 학교에서도 행사된다. 우리 사회는 단체 활동이나 정치적 참여를 통해 공동결정을 위한 많은 가능성을 제공하고 있는데 이것은 사회가 바라는 것이다. 학교에서부터 그런 것을 시작하지 않을 이유는 없다. 우리 학교에서는 아이들과 학부모, 교사와 교장이 공동으로 결정을 내린다[2016.7.21].

공동결정권제는 각 작업장에 속한 노동자평의회^{Betriebsrat}를 통해서도 이루어진다. 즉, 경영 상부조직인 감독이사회에 노동자들이 참여할 뿐만 아니라 생산 및 판매 등 실질적인 기업활동이 이루어지는 각 작업장 수준에서도 노동자평의회가 설치되어 주요 결정에 참여한다. 또한 노동자에 대한 임금 결정은 개별 기업 차원이 아니라 동종업종 간 노사를 대표하는 기관인 산별노조와 사용자 단체 간 임금협약을 통해서 결정하므로 독일에서 기업경영 참여는 상당히 다층적으로 이루어지고 있음을 볼 수 있으며 이런 다층적 경영구조를 관통하는 원리가 공동결정권이라 하겠다. 기업을 경영하는 상부조직이 복수로 설치되어 있고 경영상 주요 사안에 대한 의결 절차가 복수조직에서 이중적으로 진행되며, 더욱이 경영상 주요사안인 임금에 대한 결정 권한도 사용자 단체와 노조 간의 협상에 의존하는 구조로 되어 있어 경영의 안정성과 민주성이 강화된 대신 영미형 기업과 비교할 때는 효율성과 신속성이 떨어진다. "천천히 가되 확실히 간다"는 독일의 산업전략상의 특성도 이러한 이중적 경영구조로부터 불가피하게 나오는 것으로 볼 수 있다.

지금 독일 경제라는 차는 운전대를 잡은 사람과 옆좌석에 탄 사람이 오순도순 잘 협의해가면서 성공적으로 운행되고 있다. 독일 경제의 전체적 성과가 양호하고 파업 등 노사쟁의가 다른 국가와 비교할 때 많지 않다는 점에서 그렇다. 독일의 공동결정권제가 성공적인 독일경제의 근간을 이루고 있음을 확인할 수 있다. 개별 기업에서 노사를 아우르는 이러한 다층적 경영양태는 실제로 매우 다양하게 나타나고 있다. 어떤 기업에는 노동자들 간의 합의하에 노동자평의회가 아예 설치되지 않은 경우도 있다. 전반적으로 볼 때 독일 기업의 경영에서 공동결정권이 사주 또는 경영진의 핵심적인 경영 행위를 저해하지는 않는 것으로 관찰되며, 여

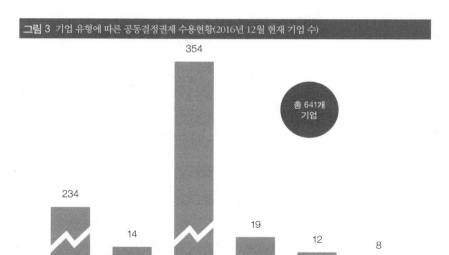

그림 3 기업 유형에 따른 공동결정권제 수용현황(2016년 12월 현재 기업 수)

354

총 641개
기업

234

14

19

12

8

주식회사　　유럽회사　　유한회사　　합명회사　　합자회사　　조합

자료: Hans Böckler Stiftung.

기서도 독일 사회 전반의 작동 원리인 '이익의 균형' 기제가 합리적으로 작동되고 있음을 볼 수 있다. 특히 규모가 큰 가족기업에서 이들 '가족'은 감독이사회나 경영이사회에 포진하여 실제로 기업의 사주 역할을 하고 있으며, 노동자의 경영 참여가 사주의 핵심적 이익을 침해하지 않을 정도의 한계선에서 움직이면서 노동자 차원에서 취할 수 있는 최대의 이익을 기업 전체의 경영이익과 함께 균형적으로 취하고 있음을 볼 수 있다. 즉, 대부분의 독일 기업들은 사주와 경영진 그리고 노동자들이 기업 전체의 이익 극대화에 유의하면서 유기적 협조를 달성해나가는 순조로운 기업운영에 익숙해져 있음을 관찰할 수 있다.

공동결정권을 갖는 감독이사회는 2천 명 이상의 고용규모를 가진 기업에서 그 설치가 의무화되어 있다. 대개는 자본회사[Kapitalgesellschaft]인 주식회사[AG]나 유한회사[GmbH]에서 주로 설치하고 있고, 숫자상으로 볼 때 99%에 해당하는 중소기업이나 규모가 크더라도 사주가 개인적으로 자금을 조달하고 책임지는 인적회사 또는 합명회사^{Komannditsgesellschaft}에서는 거의 볼 수 없다. 예를 들어 가사/주방용품 전문 생산업체인 밀레^{Miele}는 고용규모가 약 2만 명 규모임에도 인적회사이므로 감독이사회가 설치되어 있지 않다. 생각건대 **그림 3**에서 보듯이 수십만 개의 기업 중 700개에 못 미치는 대기업에만 적용되는 공동결정권이 마치 전체 독일의 기업 모델 또는 노사 간 모델의 전형적인 특징으로 거론되는 것은 균형적이지 않다는 느낌을 갖게 하지만, 감독이사회가 설치되어 있지 않은 기업이라도 노사 간 연대 정신을 살려서 기업 경영에 임하는 것을 적지 않게 볼 수 있는 만큼 공동결정권제가 독일모델의 한 특징임에는 틀림없을 것 같다. 더욱이 공동결정권제는 기업에만 국한되지 않고 관청, 학교 등 전 사회적으로 뿌리내리고 있다는 점을 볼 때 더욱 그렇다.

대학에서 총장을 선출하는 방식에서도 이해당사자들 간의 공동결정권이 행사되고 있음을 볼 수 있다. 함부르크 대학은 '대학평의회^{Akademischer Senat}'에서 총장 후보자를 추천한 뒤 '대학이사회^{Hochschulrat}'의 동의를 구하는 방식으로 총장 선정이 이루어진다. 대학평의회는 총 19명으로 구성된다. 그중 10명은 교수이고 나머지 9명은 다양한 전공의 학생들이다. 2014년 이전에는 대학이사회에서 선출한 후 대학평의회의 동의를 얻는 방식으로 진행이 되었는데 2014년부터 역순으로 바뀌었다. 이 변화는 함부르크의 현 사민당 정부가 총장 선출에 학생들의 참여가 확대되어야 한다는 입장을 취해왔기 때문이라고 한다. 대학이사회는 기업의 감독이사회에 상응하는 기관으로서 기업의 감독이사회가 경영진에 비하여 2차적이듯이 그 대학의 직접적 이해당사자들보다는 좀 거리가 있는 학계, 문화계 인사들로 구성된다. 함부르크 대학의 대학이사회는 4명의 대학 추천 교수와 4명의 함부르크 주정부 추천 인사로 구성된다. 그러다 보니 대학의 당사자들인 교수와 학생이 거의 동수로 참여하고 있는 대학평의회보다는 대학의 이해관계에 덜 직접적이다. 그래서 함부르크 대학은 우선 대학평의회에서 총장 후보자를 선정하고 대학이사회의 추인을 받는 형식으로 옮겨갔는데, 이것은 공동결정권의 원래 취지에 더 적합한 변화로 평가된다.

1976년 노사공동결정권 도입을 위한 「노동자의 동의에 관한 법률」을 연방의회에서 논의할 당시 자민당의 원내대표였던 미슈닉^{Wolfgang Mischnick} 의원이 "입법기관을 선출하고 정부구성에 영향력을 행사하는 '국가시민'이 '경제노예'로 격하되어서는 안 된다"는 감동적 연설을 했고 이 법안은 진보는 물론 자민당이나 기민당의 보수진영을 아우르는 합의를 통해 찬성 389, 반대 22라는 압도적 지지로 가결되었다. 공동결정권에 대한 평가는 대체로 긍정적이다. 독일 산업의 역동성과 경쟁력의 원천인 동시에 근로의 일상에서부터 민주주의를 몸소 체험하고 실천하는 정치적 역할도 수행한다. 이 공동결정권의 기제는 전술한 대로 기업과 공장에서만 일어나는 것이 아니라 관청이나 대학 등 전 사회적으로 "분쟁동반자관계^{Konfliktpartnerschaft}"의 전통이 있는 곳은 어디든 존재하고 있음을 볼 수 있다. 아울러 이것은 자율적인 임금협약제와 함께 "대등한 사고의 승리^{Sieg des Paritätsgedankens}"로 간주된다.[17] 바로 '이익의 균형'을 이루어내는 살아 있는 사회 전통인 것이다.

사회 변화에 따른 공동결정권제의 현대화에 대한 논의도 있다. 노사 간의 협조관계나 평형이 깨어질 경우 불협화음이 나는 것은 물론이고 사측 내부에서 대립이 있을 경우에도 때에 따라서는 사주의 의사에 반하는 결정이 내려지기도 한다. 2015년 봄에 있었던 폴크스바겐 사의 피에히^{Ferdinand Piech} 회장에 대한 빈터코른 ^{Martin Winterkorn} 사장의 반란이 대표적 사례다. 폴크스바겐 사 감독이사회 내의 불화가 폴크스바겐 사 디젤게이트를 불러왔다는 관측도 있다. 2000년대에 들어서면서 EU 차원의 "유럽회사^{Societas Europaea}"가 도입되었다. 그래서 앞으로는 '유럽회사' 형태로 등록하는 신규 기업을 포함하여 기존의 주식회사들도 노사 합의가 있을 때는, 공동결정권이 적용되는 이중적 경영구조 대신 영미식 단일적 경영구조를 선택할 수 있도록 했고, 이에 따라 공동결정권제가 향후 약화될 수 있다는 우려가 대두되고 있다. 유럽 전역을 대상으로 사업을 하는 독일 기업이 허다한데, 이 독일 기업들이 독일법에 의해서 노동자가 참여하는 감독이사회를 두는 것은 EU법에 저촉된다는 견해도 대두되고 있다. 실제로 젊은 창업자인 에르츠베르거Konrad Erzberger는 10명의 노측 대표가 포함된 20명의 감독이사회를 두고 있는 투이TUI를 상대로 유럽법원에 제소했다. 투이가 독일에서 1만 명을 고용하고 있지만, 나머지 유럽에서도 4만 2000명을 고용하고 있어, 차별적인 것은 물론 EU의 노동자의 이주자유원칙에 저촉된다는 것이다.[18] 이 판결은 빠르면 2017년 말경에 내려질 것으로 보이는데, 결과에 따라서 공동결정권제의 향후 존립 위기를 불러올 수 있다는 관측이다. 하지만 독일의 뿌리 깊은 사회적 파트너 간 연대의식의 표상이라 할 공동결정권제가 쉽게 무너지리라 믿는 사람은 없다. 독일에 대해 통렬한 비판을 마다 않는 언론인 슈만도 이렇게 이야기한다.

> 독일은 아주 정상적인 보통 자본주의 국가다. 자본을 가진 자가 권력을 잡을 수 있다. 하지만 이 권력에도 약간의 제한사항이 있다. 자본가들은 자신들의 이익을 위해 노동자들을 조금 더 배려하기를 강요받는다. 이를테면 이 약간의 배려는 생산성이며 돈으로 환산된다. 주인의식을 갖는 노동자들은 부당한 대우를 받는다고 생각하는 이들보다 결론적으로 두 배나 더 생산적이다[2016.6.17].

우리나라에서 거론되고 있는 노동이사제의 도입에 관한 논의는 독일의 노사공동결정권제로부터 나온 것으로 보인다. 독일의 공동결정권 제도가 기업경쟁력을 강화시키는 성공적인 제도로 자리잡게 된 것은 제도 자체보다는 그 제도를 받치고 있는 문화적 배경과 인적 요소라 하겠다. 이런 의미에서 협력적 노사관계가 자리잡지 못하고 있는 우리 현실에서 노동이사제가 기업의 발전을 위한 순기능적 촉매제가 될지는 두고 볼 일이다. 다만, 독일은 노측 이사가 감독이사회에 절반까지 배치되고 있고 그런 가운데 기업에 따라 노측 이사를 경영진에 두고 있어 노측의 의사를 제대로 반영할 수 있는 구조다. 그러나 대표이사에 힘이 집중되는 우리 기업들의 경영관행을 볼 때 노동이사의 단독적 경영 참여는 결국 톱니바퀴의 하나로 전락하여 노측의 의사 반영이 어렵게 될 것으로 보인다.

노동자평의회

경영층 상부의 감독이사회에서뿐만 아니라 작업장 수준에서도 노동자평의회 Betriebrat를 통해 노동자들의 권익을 대변하고 있음을 볼 때, 독일에서 노동자의 기업 경영이나 운영에의 참여는 상당히 높은 수준이라 볼 수 있다. 1900년 바이에른과 1905년 프로이센의 광산에서 "노동자위원회Arbeiterausschuss"로 출발하여 1920년 바이마르 공화국 당시 「노동자평의회법Betriebsrätegesetz」이 20명 이상의 사업장에서 도입되었다. 1946년 연합국 점령 당시 「통제법Kontrolgesetz」을 거쳐 1952년 현재의 「노동자평의회법Betriebsverfassungsgesetz」이 제정되었고 1972년 개정을 거쳐 오늘에 이르렀다.[19] 정부기관이나 공공기관 또는 교회 같은 곳에서는 "직원평의회 Personalrat"가 노동자평의회를 대체하는 기관이다. 노동자평의회는 5명 이상의 사업장부터 설치되며 사업장 규모에 따라 1명부터 수십 명으로 이루어진다. 노사 간 합의에 따라 설치하지 않을 수도 있다. 표 3에서 보듯이 실제로 50명 이하의 고용규모를 가진 소규모 기업들에서는 노동자평의회의 설치율이 15%를 넘지 않는다. 100명 이하의 중소기업들에서는 37%, 500명 이하의 중소기업들에서는 81%, 500명 이상의 규모가 큰 기업에서는 90%의 설치율을 보이고 있다. 아울러 기업형태에 따른 설치율은 비가족기업이 40%인 반면 가족기업에서는 3%밖에 되지 않는다. 독일에는 중소기업이나 가족기업의 숫자가 압도적이므로 결국 전체 기업

표 3 민간 기업 내 노동자평의회 설치 현황

고용 규모(명)	기업 형태			모든 기업(%)
	가족기업(%)	비가족기업(%)	혼합형태(%)	
5~9	0	16	6	2
10~19	2	31	19	7
20~49	6	38	22	15
50~99	21	60	30	37
100~249	37	78	63	63
250~499	60	88	70	81
500 이상	52	95	87	90
합계	3	40	23	9

자료: Schömer-Laufen(2012).

의 노동자평의회의 평균 설치율은 9%밖에 되지 않는다. 전술한 대로 수십만 개의 독일 기업 중 감독이사회를 설치한 기업도 641개에 불과하다. 이렇게 보면 독일의 제도라는 것이 무엇이든 일사불란하게 단일적인 것은 없다. "다양한 가운데의 통일"이 항상 정답이다.

노동자평의회는 근로 개시 및 종료 시간, 휴식 시간, 초과근무 시간이나 노동자 보호와 관련된 사안, 구내식당 등 복지시설 운영에 관한 사안, 또는 작업장 내 카메라 설치 등 정보보호Datenschutz 같은 작업장에 관한 모든 결정에 참여함으로써 노동자의 권익을 지킨다. 이 외에도 경영진의 결정 사항으로 볼 수 있는 고용 규모에 관한 것이라든가 자발적 성과급Sonderzahlung 지급 같은 사안도 노동자평의회의 의견을 고려하는 기업들이 많다. 밀레가 바로 그런 기업이라 했다. 노동자평의회는 최소 단위 사업장에서부터 기업 전체 차원의 노동자평의회Gesamt- 또는 Konzernebetriebsrat까지 다층적으로 설치된다. 다만 임금이나 기본 노동시간 같은 노동조건의 골격을 정하는 중요한 사안은 해당 분야의 노조와 사용자단체 간에 "단체협약Tarifvertrag"을 통해 집단적으로 처리되고 있음을 볼 때, 독일의 노사공동결정권은 최소한 세 차원에서 이루어지고 있음을 관찰할 수 있다. 첫 번째는 사용자단체와 노조 간의 단체협약 차원, 두 번째는 기업 전체 차원의 감독이사회, 세 번째는 개별 작업장 차원의 노동자평의회다. 기업에 따라서는 경영진에 노동자 대표가 참여하는 경우도 있다. 가령 노무이사 같은 직책을 노동자 출신이 맡는 것이다. 세계 3대 지게차 생산업체인 융하인리히 사의 경우 사용자 단체인 '게잠트메탈Gesamtmetall'의 북부독일 지역단체인 '노르트메탈Nordmetall'과 금속노조인 '이게메탈IG Metall'이 임금협약의 협상 및 체결 당사자다. 융하인리히 사의 함부르크 인근 노르더슈테트Norderstedt 공장에서 노동자평의회는 4명의 "전임 평의원freigestellte Betriebsratmitglieder"을 포함하여 15명으로 구성되어 있다. 2017년 2월 미국의 지엠GM 사의 자회사인 독일 오펠Opel 사가 프랑스의 최대 자동차 기업인 푸조 시트로앵PSA 사에 매각된다는 발표가 나왔을 때 오펠 사의 노동자평의회 대표인 쉐퍼-클룩Schäfer-Klug은 자신도 이 사실을 언론보도를 통해서 알게 되었다며 이를 "노사공동결정권에 대한 유례없는 훼손"이라고 했고 치프리스 독일 경제장관도 미국 지엠 사가 고용안정에 대한 책임을 져야 할 것이라고 경고했다. 보수논객 자라친의 이야기다.

공동결정권이 독일 기업을 강하게 만들었다. 노동자평의회가 기업의 번영을 함께 고민하기 때문이다. 이것은 "조합주의Korporatismus"에서 한 걸음 더 나간 것이며, 예를 들어 독일과 달리 노동자평의회가 종종 회사와 반목하는 프랑스와 비교해보면 긍정적인 요소다. 그 덕분에 독일의 중소기업은 훨씬 견실해졌고, 기업의 임금정책도 정확히 기업의 형편에 따라 달라진다. 어떤 소규모 금속가공업체의 대중국 수출량이 많을 경우, 그 기업의 노동자평의회는 임금수준을 그대로 유지하여 중국에서 경쟁력을 유지할 수 있도록 유의한다. 독일인들은 일을 할 때 어떤 식으로든 함께 하려는 성향이 있다. 고대 게르만 평의회 "팅그Thing"에서든, 그 외의 방식으로든 말이다. 기본적으로 독일의 영향을 받은 덴마크, 스웨덴, 또는 스위스를 봐도 알 수 있다. 이것은 팀워크와는 조금 다른 것이다. 함께 일을 해나가는 정치에서도 독일인들은 이데올로기화하지 않는다. 반면 남유럽 라틴계 사람들은 대립하는 성향이 더 강하지만, 그렇다고 일을 더 잘 해결하는 것은 아니다[2016.7.19].

2016년 독일가족기업협회장인 루츠 괴벨Lutz Göbel은 「노사공동결정법」 제정 40주년을 맞아 「노동자평의회법」의 개정을 제안했다. 디지털화가 이루어지는 '노동 4.0Arbeit 4.0' 시대를 맞아 시간제 노동Zeitarbeit이나 도급계약Werkvertrag 등 신축적인 새로운 노동형태가 나타나고 있어 기존의 「노동자평의회법」을 그대로 둘 경우 과도한 노동규제가 될 것이라 했다. 그 개정 필요성의 근거로 가족기업을 대상으로 실시된 공동결정권제에 대한 만족도 조사에서 75%가 만족한다고 했지만 25%는 여전히 불만족스러워한다는 결과를 제시했다. 특히 노동자평의회를 특정 그룹이 장악하여 기업주뿐만 아니라 여타의 노동자를 배척할 경우나 노조가 개입하여 노동자평의회를 정치화시키는 경우 기업의 성패를 위태롭게 할 수 있다며, 이러한 폐해는 프랑스에서 이미 나타나고 있는 사례라 했다. 그의 제안은 노동자평의회의 설립요건을 전 종업원 과반수 참석과 과반수 찬성으로 강화하여 민주적 정통성을 확보함과 아울러 비용의 투명성을 제고하자는 내용을 담고 있다.[20]

융하인리히 사의 전문경영인

2016년 4월 함부르크 북부 위성도시 노르더슈테트 시에 위치한 지게차 생산 기업인 융하인리히Jungheinrich 사를 방문했다. 융하인리히 사는 독일 내 5곳의 공장과 중국 상해 근처의 공장 1곳을 포함하여 모두 6곳에 생산공장을 갖고 있고 100여 국에 판매망을 구축하고 있는 연 매출 27억 유로의 중견기업으로서 직원 수는

1만 4000명이고 도요타, 키온Kion 사에 이어 세계 지게차 시장의 3대 생산업체다. 노르더슈테트 공장의 잔더Niels Sander 이사가 회사에 대해 브리핑을 하고 이어서 공장을 안내해주었다. 공장 견학 후에는 융하인리히 사의 전문경영인으로서 사장직을 맡고 있는 프라이Hans-Georg Frey 사장을 만나 융하인리히 사의 경영 전반에 대한 이야기와 특히 감독이사회의 공동결정권 행사구조에 관한 이야기를 직접 들을 수 있었다. 프라이 사장은 독일 남부의 바덴 출신으로서 수년 전 융하인리히 사의 사장으로 영입되기 전에는 냉장설비 생산업체인 립헤어Liebherr의 사장직도 역임한 전문경영인이다. 그는 립헤어 재직 시에는 완전히 고정된 급여를 받았고 지금 융하인리히 사에서는 고정 급여에 성과급인 보너스를 받는 형식으로 보수를 받는다고 한다. 세간에 알려진 것처럼 독일에서 가족기업이 전문 경영진을 외부에서 영입할 때 주식 지분까지 주는 경우는 매우 드문 사례라 했다. 그는 아시아 무역에 종사하는 독일 기업들의 이익을 대변하는 동아시아 협회OAV의 회장직도 맡고 있다.

1만 4000명의 고용규모를 가진 융하인리히 사는 경영을 전문경영인에게 맡김으로써 소유와 경영이 분리되는 강한 독일 가족기업의 전형이다. 융하인리히 사는 함부르크, 뤼네부르크, 뮌헨, 그리고 중국의 상해에도 공장을 갖고 있다. 주식회사 형태이지만 3400만 주 가운데 의결권을 행사하는 1800만 주의 보통주Stamm Aktien를 창업주 융하인리히의 두 딸의 가족이 각각 900만 주씩 소유하고 있어 온전히 이 두 가족의 소유라 볼 수 있다. 창업주인 융하인리히의 두 딸은 현재 여든이 넘은 고령이고 그 두 딸 중 한쪽은 남편인 볼프Wolf가, 또 다른 쪽은 아들인 랑에Lange가 감독이사회에 들어와 경영 감독권을 행사하고 있다. 감독이사회는 그들이 선출하는 경영진과 함께 기업을 이끌어가는 2대 중추기관이다. 기업의 실제 운영은 경영진이 하고 감독이사회가 이를 통제하는 기능을 맡고 있다. 융하인리히 사의 감독이사회는 모두 12명으로 구성되어 있고 사측과 노측 이사가 각 6명으로, 사측 이사로 소유주 가족인 볼프와 랑에, 그리고 이들 가족이 각각 2명씩 천거한 4명의 이사로 구성되어 있는데 이들은 유명 경영대학원인 인시아드INSEAD 교수 출신, 렘츠마Reemtsma 최고경영자 출신, 변호사들이라 한다. 노측 이사로는 노동조합인 이게메탈에서 파견한 2명(이들은 다른 기업의 감독이사를 겸임하고 있다) 그리고 융하인리히 사에서 선출된 4명의 노동자로 이루어져 있다. 감독이사회에 파견된 노조대표는 그 보수를 노조에 갖다준다고 한다. 프라이 회장을 만났던 바로 전날이 마침 이 4명의 노측 이사를 선출하는 날이었다고 한다. 공장 방문 중 노측 이사 선출을 위한 집회 공고문이 공장 내 사무실에 게시되어 있는 것을 볼 수 있었다. 프라이 사장은 이번에도 '좋은 사람'들이 노측 이사로 선출되었다며 기뻐했다. 이들이 어떤 사람들로 선출되는지가 경영에서 매우 중요하다며, 매사에 부정적인 사람이 이사로 선출되는 경우는 힘들어진다고 했다.

감독이사회는 최소한 분기마다 회동하여 사장을 포함한 경영진을 선출하고 중요한 경영 안건에 대한 가부를 결정하는 기업의 콘트롤타워다. 정부에 의회가 있다면 기업에는 감독이사회가 있는 셈이다. 라인식 모델의 대표적 특징이 영미식 기업에는 없는 이중적 경영제dual management이고 이는 바로 감독이사회가 제2의 경영진 역할을 하기 때문이다. 12명의 이사들 중 사주 가족 중에서 이사회의장을 맡는데 그는 다른 이사들과는 달리 2표의 의결권을 행사한다. 그렇기 때문에 감독이사회 내에서 노사가 동등하게 대립할 경우 사측에서 결정할 수 있는 구조다. 2015년에 있었던 폴크스바겐 사의 파동처럼 사측에서 표가 갈리는 경우 소유가족의 이익을 보호하기가 힘들어질 수 있다. 그러나 융하인리히 사의 경우는 대부분의 독일 내 가족기업들처럼 사측 이사 6명이 모두 사주 가족이나 그들이 신임하는 인사들로 이루어져 있기 때문에 노측 이사 6명과 전체적으로 대립할 시에도 경영권을 방어할 수 있는 구조로 되어 있다. 감독이사회에 사주 가족이 포진하고 경영진은 가족이 아닌 전문경영인이 맡는 유형이 대표적이기는 하나 트룸프Trumpf 사의 예에서 보듯이 사주 가족이 직접 경영진에 포진하고 감독이사회 이사장을 사주가 아닌 전문경영인으로 영입하는 경우도 있다. 트룸프 사의 감독이사회는 과거 베아에스에프BASF 사의 함브레히트Jürgen Hambrecht 사장이 맡고 있다. 그는 한국 베아에스에프 설립 등의 공로로 한국 정부로부터 훈장을 받은 인사이기도 하다.

독일은 노사 간 협의를 통해서 기업을 경영하는 구조이며 통상 경영진이 친소 유주 인사로 구성되는 점을 감안한다면 완전히 대등한 관계에서의 공동경영은 아닐지라도 최소한 기업경영에 노동자들의 의견을 반영할 수 있는 구조다. 물론 최고 결정기관인 감독이사회 외에 노동자평의회를 통해서 작업장에서 일어나는 대부분의 사안들을 노동자들 스스로 결정한다는 점에서 독일의 기업 운영은 더욱 민주적, 분권적이라 할 수 있다. 더욱이 임금 협상도 해당 분야의 사용자 단체와 노조 간에 이루어진다는 점에서 개별 기업주가 자사의 노동자 임금이나 노동 환경 등 근로자에 직접적으로 행사하는 영향력은 크지 않다는 점이 특기할 만하다. 프라이 사장은 독일의 가족중심적인 미텔슈탄트의 특장점을 혁신적이며, 종업원에 대한 책임감이 강하며, 장기적이며 지속가능한 사고방식을 갖고 있고, 사회에 대한 책임감이 큰 것이라고 설명했다. 대형 독일 주식회사에서도 폴크스바겐 사의 포르쉐Porsche 가문이나 베엠베BMW의 크반트Quandt 가문 등 이른바 '닻' 주주 Ankeraktionäre라고 불리는 소유가족들이 있는데 이들은 기업이 나아갈 전반적인 방향을 제시하지만, 보통은 경영상의 세세한 결정을 내리지는 않는다고 한다. 융하인리히 사의 전문경영인인 프라이 사장의 말이다.

성공의 핵심은 언제나 적합한 사람들을 두는 것이라 생각한다. 오너 가문 외 외부 경영자에게 경영을 맡겼다가 안 좋은 경험을 했다고 해서 오너 가에서 경영을 손에 쥐고 놓지 않으려 한다면, 이는 곧 그 기업의 몰락을 뜻한다. 가문의 일원이 경영에 적합하지 않을 수도 있다는 사실을 인식하여 좋은 경영자를 고용하는 것은 매우 어려운 일이며, 또한 예술이라 말하고 싶다[2016.4.28].

정치적이지만 정당과는 무관한 독일 노조

독일 노조의 숫자는 모두 합쳐서 최대 20개 정도이다. 독일노조연맹^{DGB}은 조합원이 약 600만 명으로서 산하에 8개 산별노조를 거느리고 있다. 금속노조^{IG Metall}, 공공서비스노조^{ver.di}, 화학노조^{IG BCE}, 보육노조^{GEW}, 철도노조^{EVG}(철도기관사노조^{GdL}는 별도), 요식업노조^{NGG}, 경찰노조^{GDP}, 건설·농업·환경노조^{IG BAU}의 8개 노조가 그것이다. 영향력이 제일 큰 노조를 꼽으라면 금속노조인 이게메탈^{IG Metall}과 공공서비스노조인 페르디^{ver.di}다. 이 둘 중에서도 금속노조가 세계에서 가장 큰 업종별 노조로서 가장 영향력이 크며 규모 면에서도 최대이고 강한 조직을 갖추고 있다. 공무원들은 자체적으로 노조―독일공무원연맹^{DBB}―를 가지고 있지만 독일노조연맹에 속하지는 않는다. 조종사노조^{Cockpit}, 철도기관사노조^{GdL}, 의사노조^{Marburger Bund} 등 특정 직업군의 소규모 노조들은 독일노조연맹에 속하지 않는 업종별 노조^{Spartengewerkschaften}다. 독일노조연맹은 분쟁해결 방안이나 정치적 입장에 합의하는 과정에 대한 특정한 규칙을 갖고 있으며, 정치적이고 공적인 차원에서 활동하고 있다.

사회민주주의 사상이 등장하면서 노동운동이 이슈가 되고 노동단체가 창설되던 1880년대에 현대적 노조가 생겨났다. 실제로 사민당의 창당 역시 대략 이 시기에 이루어졌다. 그럼에도 오늘날의 노조와 같은 형태를 갖추기까지는 여러 과정이 있었다. 첫 번째 단계는 우선 일종의 질병보험과 같은 형태였다. 노조가 형태를 갖추고 세력을 얻게 된 것은 바이마르 공화국 시절이었다. 실제로 이때가 정점이기도 했는데, 나치 시대에는 많은 노조원들이 이탈하면서 노조가 붕괴되었기 때문이다. 독일 노조는 전쟁 후 새로이 출발해야 했다. 나치 시대에는 진정한 의미의 노조가 존재하지 않았고, 강제수용소에서 살아 돌아온 노조원은 극히 일부에 불과했다.

독일 노조에 영향을 준 사상가들로서 로자 룩셈부르크, 아우구스트 베벨August Bebel, 그리고 카를 마르크스나 함부르크 출신이었던 에른스트 텔만Ernst Thälmann을 들 수 있다. 요제프 슘페터Joseph Schumpeter도 중요한 사상가이며 독일노조연맹이 창설되었을 당시 첫 회장이었던 한스 뵈클러Hans Böckler도 빼놓을 수 없다. 1945년 이후에는 뵈클러의 사상이 중요한 위치를 차지했고, 그는 당시 단일노조를 추구했다. 독일노조연맹DGB의 함부르크 노조위원장인 카르거Katzer Karger의 독일 노조에 대한 설명이다.

1933년 5월 나치가 함부르크 노조본부를 습격했다. 그것을 알고 이미 도주했던 사람들도 있었지만 이를 예상하지 못했던 일부는 체포되어 작센하우젠Sachsenhausen 과 노이엔감메Neuengamme 수용소로 보내졌다. 노조원들이 체포되고, 건물과 자산은 몰수되었다. 1945년 이후 연합군의 감독하에 노조가 새로 생겨나기 시작했지만, 다른 유럽 국가들과는 상당한 차이가 있었다. 예를 들어 사회주의적 성향의 노조가 있는 프랑스의 경우처럼 정치적 성향의 노조는 생겨나지 않았다. 독일 노조는 원칙적으로 정당에 중립적이다. 매우 정치적이지만, 역설적으로 정당과는 무관하다. 이러한 중립성은 노조의 가치로 확립되어 있지만, 법으로 규정되어 있는 것은 아니다. 이 때문에 노조원들은 정당에 가입할 수 있으며, 실제로도 오래 전부터 노조친화적인 사민당에 많이 가입해 있었다. 그러다가 슈뢰더 정부에서 어젠다 2010과 함께 노조와 사민당 간의 관계에 금이 가기 시작했다. 정당 내에서도 균열이 생겼고, 사민당은 노조원들까지도 끌어들인 좌파당DIE LINKE 창설과 함께 당원을 잃었다. 정당 활동에 적극적인 노조원 중 최소 절반 이상이 좌파당에 속해 있을 것이다. 녹색당에 속한 노조원의 비율 역시 상당하다. 하지만 노조 위원장들은 다수가 여전히 사민당을 지지한다. 책임자 위치에 있는 노조 간부 중 좌파당을 지지하는 사람은 드물다. 전략적 관점에서만 봐도 좌파당은 큰 도움이 되지 않는다. 좌파당과 함께 이뤄낼 수 있는 것이 많지 않기 때문이다. 녹색당 역시 복잡한 사정인데, 산업계에서 거부하기 때문이다. 노조원들이 좌파당이나 녹색당에서 활동한다고 하더라도 이는 순전히 개인적인 것이다.

독일에는 산업별노조Branchengewerkschaften만 있을 뿐 사업장별 노조Betriebsgewerk-schaften는 원칙적으로 존재하지 않는다. 한국과는 다를 것이다. 노조연맹 산하 노조 외에 공무원노조인 독일공무원연맹과 업종별 노조인 조종사노조, 철도기관사노조 등이 있다. 후자의 경우 특정 직업군의 이해관계를 관철시키는 것만을 목표로 하고 있어 독일노조연맹의 관점에서 볼 때 연대감이 부족하다. 노조는 모든 조직, 즉 한 분야에 속하는 모든 팀원들을 배려해야 한다고 보지만, 업종별 노조는 그렇지 않다. 독일노조연맹에 속한 각 노조들은 지역적으로 조직되어 있다. 예를 들어 함부르크에는 에어버스, 금속업종 기업 등 이곳에 소재하는 사업장들을 담당하는 이게메탈 지부가 있다. 모든 사업장에 자체적으로 노조가 있는 것이 아니기 때문에, 동일 업종에서 내부적인 경쟁이 발생하는 일이 없다[2015.5.11].

노조는 노동자평의회와 감독이사회에 모두 자체 노조원을 파견하여 노동자의 훈련과 계속교육을 담당하도록 한다. 노조는 글로벌 시장경제와 세계화로 나아가는 길을 함께 걷는 강력한 파트너다. 이런 사례는 미국에서도 영국에서도 찾아볼 수 없다. 카르펜 교수의 설명이다.

노조가 중요한 이유는 바이마르 공화국과 제3제국의 악몽 이후 노동복지와 공정한 소득분배가 중요함을 깨달았기 때문이다. 독일은 소득분배 기능을 노조에서 맡고 있다. 독일의 임금협상은 재산과 자본 간의, 다른 한편으로는 노동자들 간의 공정한 소득분배를 실현시키기 위한 가장 중요한 원동력이다. 임금협약은 임금결정과정에 국가가 개입하지 않는 시스템이다. 임금결정은 경제의 일부이고, 노조는 항상 더 나은 임금분배를 밀어붙임과 동시에 전체 경제운영에 지장을 주지 않도록 노력하기 때문이다. 노조는 경제 질서의 일부이며 노조원 대다수가 사회민주주의자이다. 슈뢰더 총리가 그 예다. 하지만 사민당과 노조는 관련이 없고, 있어서도 안 된다. 사회민주주의 지도자들은 노조운동 출신이고, 노조운동은 전반적으로 기독민주주의보다는 사회민주주의에 가깝다. 이러한 점에서 연관은 있으나 영향은 주지 않는다. 정부와 정당은 노조의 조직이나 인사에 관여하지 않는다. 물론 노조는 누가 의회에 진출하는지 관심을 갖고 있다. 노조와 정부는 이념적 연관성이 있으나 서로에 대한 지휘권은 없다. 1945년 이후 노조는 독일을 공정하고 정당하게 재건하는 것을 국가적 과업으로 보았고, 사민당은 강한 노조를 사회적 시장경제의 실현에서 필수적 존재로 보았다. 2005~2013년간 근로자 1천 명당 파업일수는 독일은 16일이었다. 프랑스의 경우 139일, 덴마크는 135일, 아일랜드는 28일이었다. 영국의 파업일수는 더 길었다[2015.11.16].

산별노조 차원에서 이루어지는 단체협약

독일에서의 단체협상은 각 업종별로 산별노조 차원에서 이루어진다. 단체협약에는 두 가지 종류가 있다. 하나는 지역과 상관이 없는 업종별 단체협약Flächen-tarifvertrag으로서 임금덤핑을 방지할 수 있어 독일노조연맹의 관점에서 볼 때 이상적이다. 다른 하나는 사업장별 단체협약Haus Betriebstarifvertrag인데, 지난 20년 동안 점차 이러한 추세로 전환되고 있다. 파업 시 교섭은 현 정치 또는 정부와 무관하게 노조와 회사 간에 이루어진다. 교섭에 진척이 없을 경우에는 단체협약법에 따라 중재가 이루어지고, 당사자들은 한 명의 중재자를 합의하여 선정한다. 카르거 위원장으로부터 단체협약과 관련한 내용을 계속 들어보자. 업종별 단체협약 적용률에서(2009~2011년) 독일은 58%, 한국은 12%다.

사업장별 단체협약은 힘든 일이고, 노조연맹에 많은 업무가 주어지며 또한 산별노조와 각 사업장이 서로 반목하게 될 위험이 있다. 1945년 이후 독일에는 소위 "사회적 동반자^{Sozialpartnerschaft}" 개념이 도입되었는데, 이것은 상호 대립하는 이익을 합의로 해결하는 것을 목표로 한다. 노조에 노조연맹이 있듯이 사측에도 사용자 조합들이 있는데, 이 조합들을 통해 노사 양측이 단체협약에 대한 교섭을 진행하고, 일부는 전국적으로 적용한다. 사용자 조합과 노조 간에 교섭이 진행되므로 각 기업이 직접 노조와 협상을 할 필요가 없으며 이러한 관행은 고용주와 노동자 간의 관계에 영향을 미친다. 노조연맹에 상응하는 고용주 측 조합은 고용주연맹^{BDA}이다. 독일고용주연맹은 각 고용주조합들의 상부조직이다. 고용주조합은 예를 들면 금속산업에서 크고 작은 기업들을 대변한다. 갈등이 발생할 경우에도 고용주조합이 모든 회원사들의 요구를 골고루 수용해야만 한다는 사실만으로도 이미 첨예한 갈등의 증폭은 완화될 수 있다. 다시 말해 폴크스바겐, 메르체데스, 아우디, BMW가 상호 간에 합의해야 한다는 뜻이다. 철도기관사 파업과 관련해서는 우리는 업종별 노조인 철도기관사노조의 활동을 지지하지는 않는다. 그들은 다른 업종 노동자들에게 연대적이지 않기 때문이다. 우리 측 노조인 철도노동자 조합원들이 고통받고 있기 때문이다. 키타^{Kita}의 파업도 시민들이 어느 정도까지 용인할 수 있을 것인지 우리 스스로 자문해 보아야 한다. 시민들이 감내할 수 있을 때만 파업의 의미가 있기 때문이다. 물론 파업을 통해 무언가를 달성하고자 한다면 어느 정도 고통이 수반되어야 하는 것은 자명하지만 누가 고통을 받을지, 그리고 그 기간은 얼마나 되어야 할 것인지에 대한 고려가 필요하다. 왜냐하면 고통받아야 할 대상은 고용주이지만 키타의 고용주는 학부모나 어린이가 아니라 주정부이기 때문이다. 키타 보육기관 파업 시 우리는 파업기간 동안 30개의 보육시설을 비상 운영하겠다고 함부르크 주당국에 제안했지만 거절당했다[2015.5.11].

같은 사업장에 각각 소속이 다른 노조가 있음으로 해서 애로가 발생할 수 있다. 철도 기관사들과 열차 객실 승무원들은 각각 다른 노조에 소속되어 있다. 항공사의 조종사와 여타 승무원 등 항공사 노동자들도 마찬가지다. 그래서 독일은 2015년 동일 분야 다수노조에 소수노조에 앞선 단체협약 교섭권을 부여하는 법을 도입했고 이 법은 2017년 위헌 청구소송에서 일부 보완, 수정을 전제로 살아남았다. 첸처 함부르크 재무장관의 이야기다.

한 기업 안에 여러 노동조합이 있다는 점이 문제다. 병원을 보면 의사, 간호사, 일반 운영 직원들에게 모두 각기 다른 임금제가 적용된다. 조종사가 파업하면 모든 일이 마비된다. 협상을 통해 합의가 이루어지고 나면 이제 항공기 승무원, 그 다음에는 지상직 승무원이 파업해서 또 일이 마비된다. 내 생각에는 조종사들이 매우 심한 요구를 하는 것 같다. 이 분야에서 단체협약 제도는 제대로 기능하지 않는다. 안정성과 지속성을 위한 신뢰할 만한 단체협약제가 필요하다. 일부 다른 나라에서는 노동조합의 분산이 더 심하다. 프랑스는 늘 총파업이 있다. 최소한 독일은 그 정도는 아니다. 독일에서는 난폭한 파업이 발생하지 않고, 단체협약도 지켜진다. 제도가 작동하고 있기는 하지만 노동 중단을 방지하는 쪽에서 더 개선해야 한다[2016.12.17].

최저임금제

독일은 2015년부터 시간당 8.5유로의 최저임금제를 도입했고 2017년 1월부터 34센트가 올라서 8.84유로가 되었다. 독일에서는 1990년대 중반, 건설 등 일부 제한된 분야에서 노사교섭을 통한 최저임금제가 도입되었으나 이것은 법정 최저임금제는 아니었다. 독일의 법정 최저임금제 도입은 유럽 국가 중에서 상당히 늦은 것으로 사회적 시장경제를 표방하는 독일이 최저임금제를 비교적 늦게 도입했다는 것은 언뜻 이해하기 힘들다. 그 배경으로 "임금결정에 대한 노사의 자치권"을 존중한다는 차원과 아울러 현실적으로 단체 임금협약을 통해 사실상의 최저임금제 효과를 갖는 임금 카르텔을 형성할 수 있다는 점을 들 수 있겠다. 그러다가 슈뢰더 정부에서 노동개혁의 결과로 약 600~700만 명까지 늘어난 저임금 노동자 Mini Job에 대한 생활보호와 분배구조의 개선 필요성이 확대됨에 따라 2013년 총선 이후 대연정을 합의하면서 최저임금제를 도입하기로 결정되어 2015년부터 시행 중이다. 어젠다 2010으로 노동의 유연화를 강화하면서 나타난 부작용을 보완하기 위한, 분배를 고려한 정책이다. 당초 최저임금제의 도입이 오히려 미숙련 노동자나 장기실업자의 취업을 어렵게 할 수 있다는 우려가 있었으나 도입 이후 2015~2016년간의 양호한 노동시장 동향으로 이러한 우려는 불식되었다. 독일 경제의 역동성이 고용에 미치는 최저임금제의 충격을 흡수한 것이다. 아울러 최근 단체임금협약이 개별협약으로 대체되어가고 있는 추세를 볼 때도 최저임금제의 도입은 시의적절했던 것으로 보인다. 레온하르트 함부르크 노동사회가족부 장관은 특히 난민들의 본격적인 유입에 앞서 최저임금제가 도입됨으로써 기존 독일인들의 직장을 보호하는 역할을 하게 되었다고 평가했다[2016.2.4].

유럽 국가 중 아직 최저임금제 도입을 미루고 있는 나라들은 스웨덴, 덴마크, 노르웨이, 핀란드 등 북구권 국가로서 단체협약 적용률이 대략 80~90% 선을 넘어서고 복지가 잘 되어 있는 나라들이다. 노조와 사용자 간의 단체협약이 사실상 최저임금의 방파제 역할을 한다고 볼 때 이들 나라에서는 최저임금제가 별도로 없어도 현실적으로 최저임금이 보장된다고 볼 수 있다. 독일 최저임금제는 약 400만 명(전체 경제활동인구의 10%)에 적용되고 있는데 일부 서비스분야에서는 유예되었다. 신문배달부나 봄철 농장에서 아스파라거스를 수확하는 계절노동자 그리고 직업훈련 인턴은 해당되지 않는다. 정작 최저임금이 필요한 분야가 제외되었다는 비판이 따르는 이유다. 그럼에도 독일의 최저임금제는 한국과 같이 지역이나 분야에 관계없이 전국적으로 일괄적인 요율이 적용되는 통합형이다. 단체 임금협약이 독일 경제시스템에서 유일하게 인정되는 카르텔로 비판받는 것을 볼 때, 법정 임금카르텔적 성격을 가진 최저임금제도 이러한 비판에서 자유롭지는 못하다. 즉, 독일은 완전경쟁을 지향하는 시장경제로서 담합을 통한 독과점 체제를 국가가 적극적으로 방지해야 하는 임무를 갖고 있기 때문이다. 사회적 시장경제의 창안자인 발터 오이켄이 특별히 강조한 대목이다. 다음은 카르거 함부르크 노조연맹위원장의 의견이다. 독일의 최저임금제가 독일 노동자뿐만 아니라 유럽의 노동자들을 위해서 필요하다고 한다.

최저임금은 필요하다. 독일에서의 임금상승은 다른 국가의 경제를 도울 것이다. 지금 우리의 이웃국가들은 독일의 저임금으로 인해 발생하는 최저가 상품의 공급과잉 문제를 겪고 있다. 독일의 저가 수출에 해외의 생산자들이 견뎌낼 수 없다. 이러한 점에서도 임금상승과 저임금부문 철폐를 단호하게 지지할 수밖에 없다. 아울러 최저임금제를 도입한 지 5개월이 지났지만 불법 취업에 대한 우려는 아직 현실화되지 않았다. 모든 것이 잘 진행되고 있다. 실업률도, 불법노동도 최저임금제가 도입된 2015년 1월 이후 증가하지 않았다. 독일은 실제로 선진 유럽국가 중에서 최저임금제를 가장 늦게 도입한 국가이다. 우선 고용주들이 원하지 않았고, 노조 내에서도 의견이 일치하지 않았기 때문이다. 일부는 최저임금제로 인해 단체협약의 효력이 상실될까 두려워했다. 예를 들어 프랜차이즈 요식업종 종사자의 경우 임금체계가 시급 5유로에서 시작하는 최하위 임금그룹이었는데, 노조는 최저임금 도입으로 임금체계를 전반적으로 끌어올릴 수 있을지에 대해 회의적이었다. 지금 그 결과를 단정적으로 평가하기에는 아직 시기상조이기는 하지만 주로 긍정적인 반응이다. 시급 8.50유로의 최저임금이 우선 2년간 시행되고, 그 이후 새로 협상에 들어간다. 사실 함부르크에서 생활하기에 8.50유로는 아직도 너무 낮은 수준이다[2015.5.11].

퓌펠 함부르크 경제연구소장의 견해는 다소 중립적이다.

한쪽에서는 최저임금이 고용을 축소할 것이라 말하고, 다른 쪽에서는 구매력을 확대할 것이라 말한다. 실제 비중이 어느 쪽으로 쏠릴지는 불명확하다. 연구결과에서는 양쪽 의견을 모두 입증하는 사실이 확인되고 있다. 이제 난민문제가또 다른 요인으로 추가되었다. 최저임금규정 적용대상을 구분해도 될 것인가? 최저임금제가 다시 폐지되어야 하는가? 만일 최저임금제가 난민의 노동시장 통합을 저해한다면 중대한 문제가 될 것이다. 최저임금제는 중요한 논점으로 남을것이다[2015.10.20].

생각건대 우리나라의 임금협약이 아직은 대부분 사업장별로 이루어지고 있고비정규직이 많은 현실을 볼 때 최저임금제는 더욱 의미가 크다 할 것이다. 다만, 지속가능한 고용을 지켜낼 수 있는 적정 수준의 최저임금 설정이 관건으로서 저임금 노동자의 세후 소득을 높이면서 업주의 인건비 급증을 완화할 수 있는 조세정책의 병행이 필요할 것으로 본다.

여성비율 할당제

페게방크Katharina Fegebank 함부르크 부총리는 녹색당의 젊은 여성이다. 2015년 2월 함부르크 선거에서 사민당의 숄츠 총리가 근소한 차이로 과반수 득표에 실패함에 따라 운 좋게 녹색당이 연정에 참여하게 되었고, 그녀는 녹색당 대표로서 약관 38세로 연정의 부총리를 맡게 되었다. 그녀는 과학기술, 대학, 평등업무를 담당하는 부총리로서, 자신의 포트폴리오 중 하나인 여성비율 할당제에 대해 언급했다.

함부르크의 경우 아직 양성평등을 달성하지 못했다. 고교 졸업생의 50%가 여성이다. 이들은 대학을 졸업하거나 직업교육을 이수한 후 취업에 성공하지만, 그 이후 승진을 계속하여 경력을 쌓아가는 대신 소위 말하는 "유리천장gläserne Decke"에 부딪히고 중간 관리자급에 머물게 된다. 함부르크에서는 여성 임원 비율을 높이기 위한 이니셔티브를 시행 중이다. 이 이니셔티브는 여성 졸업자들을 대상으로 정재계에서 성공한 여성들이 자신들의 지식을 공유하는 멘토링 프로그램 등을 제공한다. 나는 4주 전에 기회평등을 위해 헌신하고 네트워크를 구축한 바그너 교수에게 연방십자공로훈장을 수여하는 첫 영광을 누릴 수 있었다. 하지만 학계와 경제계에 평등이 확립되기까지는 아직 갈 길이 멀다. 전 독일이 그러하다 [2015.6.5].

상기한 페게방크 부총리의 언급 중 유리천장에 부딪힌다는 말은 여성에게 보이지 않는 장벽이 있다는 의미다. 2017년 5월 한국에서 외교부장관으로 여성 후보자가 추천되었을 때 한국 언론은 이를 "유리천장을 뚫는" 인사로 평가했고, 장팅옌張庭延 초대 주한 중국대사는 한국 내 남성 중심 사회를 깨뜨리는 시발점이 될 수 있다고 평가했다. 장 대사는 90년대 초 한국에 부임했을 당시 중국 외교부 아시아국에서 1/4 정도의 여성 외교관이 있었고 최소 10명 이상의 여성 대사들이 있었던 데 반해 한국 외교부에는 여성 대사가 없었다고 술회했다.[21] 독일도 여성이 광범위하게 경제활동에 참가하고 있지만 아직도 사회 각 조직의 상위층은 남성 위주로 이루어져 있어 2015년 여성 임원 할당제가 법률로 채택되었다. 이에 따라 2016년부터 공동결정제가 의무화된 상장 대기업부터 점진적으로 여성 임원의 비율을 최소 30%로 증가시키는 여성 할당제를 도입했다. 함부르크의 카르거 노조 위원장의 코멘트다.

여성비율 할당제에서 규정하고 있는 30%를 충족하기까지 10년 정도가 더 걸릴 것이다. 노조 내부에서도 이 문제에 대해 오랫동안 논쟁이 있었고, 그 결정을 내리기까지 먼 길을 걸어왔다. 나의 노조위원장 직책으로부터도, 경제와 정치의 룰이 여성의 룰이 아니라는 것을 많이 겪고 있다. 여성은 그것을 우회하거나 바꾸어야 하는 커다란 도전에 직면해 있다. 오랜 기간 동안 남성만을 위한 문화가 자리잡고 있기 때문이다. 남성들은 여성들과 근무환경을 공유하고, 지금까지와는 다른 방식으로 소통하는 법을 배워야 한다. 이 점에서 스칸디나비아 국가들이 독일을 훨씬 앞서고 있다. 내가 알기로 노르웨이가 처음으로 여성비율 할당제를 도입한 국가다[2015.5.11].

한국은 OECD 국가 중 최저 수준의 출산율과 급격한 고령화에 따라 경제활동인구가 감소하고 있어 여성 인력의 필요성이 커지고 있다. 이런 사정은 독일도 마찬가지이고 특히 세계 최저의 출산율을 보이고 있는 일본은 더하다. 아베노믹스에서도 "3개의 화살" 중 마지막 화살인 신성장 동력 구축의 핵심이 여성 인력의 역할 활성화이다. 사정이 이러한데도 한국의 여성 고용률은 OECD 국가 중 바닥권이다. 30~40대 여성의 경력 단절이 큰 문제라 한다. 여성 임원이나 여성 CEO보다는 중간 허리층의 여성 인력을 확보하는 것이 급선무다. 2015년 말 세계경제포럼 WEF이 발표한「세계 성 격차 보고서」에서 한국은 조사대상 145개국 중 115위를 기록했다. 특히 남녀 간 임금 격차 등 "경제활동 참여와 기회" 부문에서 125위를 기록하여 가장 저조한 수준을 나타냈다. 전체 순위에서 122위의 카타르나 134위의 사우디아라비아 같은 중동국가와 비슷한 수준이어서 충격을 주고 있다.

생각건대 남녀 간 성 격차는 조만간 크게 개선될 듯하다. 내가 1980년대 중반 첫 번째 해외 근무를 나갔을 때 주재국인 케냐 외교부의 아시아 국장이 여성이어서 놀란 적이 있었다. 케냐만 해도 영국 식민지 지배를 받았고 유럽의 영향이 컸기 때문에 여성의 사회진출도 우리보다 빨랐다. 1980년대 초 외교부의 천여 명이 넘는 외교관 중 여성 외교관은 달랑 1명뿐이었다. 지금은 여성 외교관들이 수적으로나 질적으로나 두각을 나타내고 있고 이런 현상이 사회 각 분야에서 나타나고 있어, 장차 남녀 간 성 격차 문제는 자연스럽게 해소될 것으로 보인다. 그럼에도 불구하고 구조적인 문제가 있다면 제도적 차원에서 접근해야 할 것이다.

사회적 시장경제와 사회적 경제

폰 하이에크는 고전적 자유주의의 수호자로서 신자유주의를 대표하는 밀턴 프리드먼Milton Friedman에 결정적 영향을 끼쳤다. 그는 전후 에르하르트 경제장관을 중심으로 독일 사회 내에서 자유 사회를 재건하려는 노력에 호의적이었지만 사회적 시장경제의 개념은 거부했다. 그는 국가의 개입이 없는, 즉 '사회적'이라는 형용사가 없는 시장경제를 지지했고 국가의 개입이 종국적으로 개인의 자유를 속박하게 된다고 보았다. 시장경제와 자유민주주의가 별개의 것이 아니라 현실적으로 결부되어 있다는 의미다. 그는 1960년대 후반에 나타난 독일의 발전을 '개입주의적'인 것으로 보았고, 당초 영어로 저술된 그의 책 『예종에의 길』 독일어판이 1971년 출간된 것을 계기로 독일 경제정책의 사회주의적 경향을 재차 비판했다. 그는 『예종에의 길』에서 온건하게 시작된 정부의 시장 개입이 결국 히틀러에게 전체주의의 길을 열어주고 국가적 재앙을 불렀다고 했다. 독일의 사회적 시장경제도 이런 잠재적 위험성을 갖고 있음을 경고한 것이다. 하지만 독일과 오스트리아는 폰 하이에크의 신자유주의적 발상을 거부하는 편이다. 오히려 순수 시장경제의 독성을 경고한다. 여기서 신자유주의적 발상에 경종을 울리는 견해를 들어보자. 오스트리아인으로서 네덜란드의 대학에서 가르치고 있는 융어 교수의 이야기다.

> 개인적으로 미국의 신자유주의적 상황이 좋다고 생각하지 않는다. 특히 금융위기 이후에 그런 체제가 잘 운영되지 않는다는 것은 모두가 아는 사실이다. 시장을 그냥 보이지 않는 손에 맡길 수는 없다. 여기서 문제는 어느 정도의 규제가 필요한가라는 정도일 것이다. 아무도 시장을 그대로 내버려둬도 괜찮다고 믿지 않는다. 음식 생산자는 음식에 독을 투여할 것이다[2015.12.8].

오이켄은 자유주의를 신봉했지만 사람들이 종종 오해하는 것처럼 급진적 자유주의자는 아니었다. 급진적 자유주의는 때때로 카르텔 형성으로 귀결되기도 했던 19세기 자유방임주의Laissez-faire에서 찾아볼 수 있으나 이러한 성향은 시장의 활성화를 위해 강력한 국가가 필요하다고 주장했던 오이켄의 신념에 부합하지 않았다. 다만 오이켄의 국가 역할론은 과거 한국이나 일본 등 동아시아 모델에서 보듯이, 수출기업에게만 수입 허가권을 주는 사례와 같은, 불완전한 경쟁시장을 적극적으로 만들어내는 국가의 역할과는 근본적으로 구분된다. 그가 주장한 것은 시장경제가 많은 공급자와 수요자의 참여하에 일어나는 완전한 경쟁상태가 되어야 하며 이는 시장 중립적인 국가의 개입에 의해 창출된다는 것이었다. 오이켄은 단순히 경쟁이 존재한다는 데 만족하지 않고 독과점 기업들에 의한 인위적 가격 설정 기능이 작동하지 않는, 그래서 완전한 경쟁이 실질적으로 이루어지는 상태를 요구했다.

사회적 시장경제에 대한 논쟁은 독일인들 사이에서 곧잘 일어난다. '사회적 시장경제'에서 '사회' 쪽을 지지하는지 아니면 '시장'을 강조하는지에 관한 것이다. 혹자는 독일 시장경제의 의미가 조합적 요소를 가진 완전한 복지국가로 변색되었다고 하고, 혹자는 아직 복지가 충분하지 않다고 한다. 2015년 1월 앵글로-저먼 클럽의 초청 연사로 왔던 BASF 사의 포셔라우^{Eggert Vorscherau} 부회장은 지금 독일이 '사회적' 조치들에 더 초점을 맞추고 있는 현상을 비판했다. 자민당^{FDP}의 린트너 당의장도 이에 가세하는 입장이다. 국가의 개입을 보편적으로 묵인할 뿐 아니라, 단기적 이익을 위해 국가의 개입을 능동적으로 요구하기도 하는 경향을 지적하면서 "시장에 대한 신뢰"가 침식되고 있다고 비판했다[2014.11.13]. 반면에 독일의 사회적 시장경제가 제대로 작동하지 않고 있다는 주장도 있다. 독일에서 빈부의 격차가 점차 벌어지고 있다는 것이 그 반증이라 한다. 세계화로 인해, 특히 중국과 인도의 약진으로 개도국에서의 전반적인 소득 불균형은 완화되었을지 몰라도 고소득자의 소득이 더욱 높아지고 있고 미국에서 지난 30년간 중산층의 소득이 정체되고 있음에서 보듯이 선진국 사회의 중산층은 세계화의 수혜대상에서 제외되고 있다고 한다.[22] 사회적 시장경제의 나라인 독일도 이러한 세계적 추세에서 벗어나기는 역부족인 듯하다. 소득 격차가 커졌고 특히 사회 이동성 측면에서 실패하고 있다는 비판이 따른다.

하지만 전술한 대로 사회적 시장경제는 시장경제의 한 형태일 뿐이다. 당연히 사회적 경제와는 거리가 멀다. 하지만 사회적 시장경제는 그 시장경제적 기본 바탕에도 불구하고 독일을 적어도 외형적으로 보기에는 사회주의에 가깝게 다가간 나라로 만들었다. 물론 독일 내에서 사회주의란 말은 잘 하지 않는다. 사회민주주의라 하는데 결국 그 뿌리를 보면 같다. 1차 대전 직후 독일은 1918년 11월 샤이데만이 제국의회에서 공화정을 선포함으로써(제6장 사진 참조) 사회주의와의 결별을 예고했고, "스파르타쿠스단의 난"을 계기로 독일 사민당 내 사회주의 파벌의 지도자였던 카를 리프크네히트와 로자 룩셈부르크가 1919년 1월 15일 같은 날 피살당함으로써 사회주의가 막을 내리고 사민주의로 그 대세가 옮겨간다. 그로부터 100년이 지난 지금 독일은 사회주의의 이상에 다가가려는 듯한 모습을 보여주고 있다.

스웨덴이 현실에 존재하는 사회주의 모범국가라고 한다. 하지만 스웨덴의 내부 사정을 조금이라도 안다면 그렇지 않다고 생각할 수 있다. 스웨덴에서는 "발렌베르크Wallenberg"라는 대기업이 국가경제를 좌우한다. 재벌에의 경제 집중도가 우리보다 못하지 않다. 잘 알려져 있지는 않지만 나라 안에 나라가 있다고 말하기도 한다. 영향력이 큰 대기업들과 토지를 소유한 귀족들이 있다. 매주 총리와 국왕과의 회동에 발렌베르크 일가가 함께 참석하기도 한다는데, 이런 상황은 집권당에 관계없이 어느 정도 양해가 되어 있다 한다. 2차 대전 때는 연합국과 나치 독일 양쪽에 무기를 팔았다. 스웨덴에는 강한 대기업들과 수많은 소규모 기업들이 있고 중견기업들은 별로 발달하지 않았다. 독일과는 대조적이며 어떻게 보면 우리와 비슷하다. 스웨덴에도 여타 스칸디나비아 국가들과 마찬가지로 공동결정제가 있고 노조가 강하지만 정부의 정책 결정에서 대기업들을 도외시할 수 있는 입장은 아니다. 스웨덴은 스스로를 "세상의 사회적 양심social conscience of the world"으로 생각한다. 인구 대비로 볼 때 가장 많은 난민을 받아들였다. 판문점 중립국 감독위원회에 대표를 파견했고, 베트남전쟁 때는 항의의 표시로 워싱턴에 나가 있는 대사를 불러들이기도 했다. 생각건대 우리의 경제모델 형성에서 독일 외에 스웨덴의 사례도 좋은 참고가 되리라 본다. 바로 대기업과 공존하는 사회적 시장경제다.

과거 소련의 붕괴에서 볼 수 있듯이 사회주의는 현실 세계에서는 성공하지 못했다. 이를 두고 후쿠야마는 『역사의 종말』에서 자본주의의 완전한 승리를 선언했지만, 이것은 사회주의에 대하여 자본주의가 승리했다기보다는 어설픈 사회주의 또는 미국의 저명한 사회주의자인 해링턴^{Michael Harrington}이 지적했듯이 반사회주의적 사회주의가 성공할 수 없음을 보여준 것이다. 그럼에도 적어도 지금까지는 순수한 사회주의가 현실적으로 성공한 사례가 없다는 것은 명확하다. 차이트재단의 괴링 이사장은 분단 당시 동독 사람들이 서독에 와서 보고 동독의 사회주의보다 서독의 사회적 시장경제가 우월하다는 것을 알게 되었다고 말한다.

> 우리 제도는 우리 사회의 가난한 사람들이 '불안정 계급^{Präkariat}'으로 전락하지
> 않도록 대처했다. '사전배려와 후생복지^{Vorsorge und Fürsorge}'는 우리의 사회적 시장
> 경제의 본질적 요소다. 독일에는 8200만의 인구 중 4200만 명의 노동자가 있고, 실
> 업률은 6.3%에 그친다. 우리 제도처럼 노동자 측에서 기업과 관련된 중요한 결정
> 들에 참여하는 것 또한 미국에서는 상상할 수 없는 일이다. 또한 독일에서는 2년
> 넘게 일한 사람을 별다른 이유 없이 해고하는 것은 어려운 일이다. 이 모든 요소
> 가 함께 우리의 국민경제에 영향을 주며, 미국과 비교했을 때 가장 큰 차이점이
> 다. 나는 우리 제도가 더 낫다는 것이 아니라 적어도 지금까지 잘 운용되고 있다
> 고 주장하는 것이다.

동서독이 이렇게 빨리 평화롭게 통일에 성공한 것은 빌리 브란트의 매우 현명한 동방정책 덕택이었다. 이 정책을 통해 동독 사람들은 서독으로 가서 가족들과 상봉할 수 있었다. 반대로 서독에서 동독으로 가는 제한도 완화되었다. 나 또한 1976년도에 드레스덴으로 지인들을 만나러 갔고, 전^全 동독 비자를 받을 수 있었다. 그전에는 방문구역이 한정되어 있는 비자였고, 숙박은 이른바 동독의 럭셔리

호텔인 "인터호텔^{Interhotel}"에서 하도록 규정되어 있었다. 그러나 우리는 대부분 친구집에서 묵었다. 게다가 하루는 '오스트하르츠^{Ostharz}'로 도보 여행을 했고, 여관에서 숙박했다. 그렇게 동서독 사람들은 대화를 할 수 있었다. 1983~1984년부터 동독 시민들이 서독을 방문하는 것이 더 수월해졌다. 그들은 예컨대 서독에 거주하는 가족의 생일잔치에 참석할 수 있었다. 그때 그들은 서독의 사회적 시장경제가 그다지 나쁘지 않다는 것을 알게 되었다![2016.11.9].

서독의 사회적 시장경제는 통일 당시 동독인들의 완전 자유경쟁적 시장경제에 대한 두려움을 해소시켰고, 실제로 독일이 통일되는 과정에서 경제체제의 차이로 인한 혼란을 줄이는 데 크게 기여했다.[23] 완전한 경제적 평등은 어떤 경제체제에서도 불가능한 것이지만 그렇다고 인간적 평등까지 맞바꿀 수 없다는 주장은 독일모델 근저에 흐르고 있는 '이익균등' 기제에서도 찾아볼 수 있다. 사회적이란 면에서 볼 때, 캐나다 퀘벡 주에서 20년 정도 실험 중인 사회적 경제가 독일의 사회적 시장경제보다 앞서 있다. 사회적 경제란 민간부문과 공공부문 사이에 위치하는 제3의 영역에서 일어나는 경제활동으로서 협동조합이나 사회적 기업을 통해 이윤추구보다는 일자리와 복지서비스 제공에 집중한다. 사회적 경제 모델을 창안한 폴라니^{Karl Polanyi}에 따르면 산업혁명 이후 서구의 시장경제는 인간과 자연을 상품화해서 "악마의 맷돌"로 던져버렸다고 한다. 이를 다시 되돌려 악마의 맷돌이 갖는 폭력성을 인간을 위한 맷돌로 순치하고, 시장경제의 한계를 넘어 호혜와 협력, 연대의 정신으로 나가자는 것이다.[24] 사회적 경제를 실천하는 대표적인 곳이 퀘벡이다. 스페인의 몬드라곤과 이탈리아의 볼로냐와 함께 사회적 경제를 실천하는 3대 주체라 한다. 퀘벡은 캐나다의 한 주에 불과하지만 주민들이 마음만 먹으면 언제라도 독립할 수 있는 나라 같은 주다. 수도인 퀘벡 시에 가면 외교부도 있고 한국 담당관도 있다. 2013년부터 「사회적 경제 기본법」을 시행하고 있고 7천 개가 넘는 사회적 기업, 단체로부터 나오는 연 매출이 150억 달러 정도로 전체 퀘벡 주의 국내총생산의 8% 정도를 차지한다.

사실 사회적 경제와 사회적 시장경제는 '사회적'이란 공동 수식어에 불구하고 비교할 수 없는 판이한 경제체제다. 후자가 이윤 극대화에 가치를 두는 시장경제인 반면 전자는 인간과 사회의 가치를 우위에 두는 경제체제이기 때문이다. 이 장에서 인용된 경제학자 중 사회적 경제를 지지하는 학자는 아마도 오펜하이머 정도일 것이다. 그 외에 폰 하이에크, 오이켄, 뵘, 뢰프케, 에르하르트는 물론 뮐러-아르막조차도 사회적 경제와는 거리가 멀다. 내가 1990년대 중반 몬트리올에서 근무할 때 보면, 퀘벡 주의 세금이 너무 비싸서 일은 퀘벡에서 하더라도 온테리오 쪽으로 넘어가서 사는 사람들이 있었다. '사회'라는 말을 강조할수록 부담이 더 커진다. 생각건대 관건은 삶의 목표에 대한 우리의 생각인 것 같다. 삶의 보람을 어디서 찾는가의 문제이기도 하다. 풍요로운 경제를 누리는 가운데 서로의 인격을 존중할 수 있을 정도의 새로운 인간관계를 만들어낼 수 있다면 그 풍요로움이 넘치지 않더라도 자족할 수 있지 않겠는가?

제10장

균형재정은 신성한 암소다

균형재정은 신성한 암소다

베를린경제연구소장인 프라츠셔^{Marcel Fratzscher} 교수는 2016년 1월 함부르크 경제이사회^{Wirtschaftsrat} 신년강연에서 "균형재정은 신성한 암소가 아니다"라면서 쇼이블레 재무장관의 긴축적인 예산운영을 비판했다.[1] 독일의 기간 경제시설이 노후화되어 가는데 균형재정을 고집하느라 제대로 된 투자가 이루어지지 않고 있다는 것이다. 북해와 발트 해를 잇는 기간 운하인 북해-동해운하가 노후화되어 몇 주간 운항이 폐쇄된 적도 있었고 인파가 붐비는 함부르크의 철도역사도 지어진 지 백 년이 넘었지만 부분적 개보수로 버티고 있다. 다리도 노후화되어 무너져 내리고 있다. 요즘같이 이자도 싼, 아니 싸다 못해 마이너스금리인 시기에 적자재정을 편성하더라도 돈을 끌어다 사회 기반시설을 개보수하고 확충해야 한다는 여론이 일고 있다. 하지만 쇼이블레 재무장관은 꿈쩍도 하지 않는다. 그의 고집스러움은 '쇼이블레적인schäublehaft'이란 말까지 만들어냈다. 그는 2017년도 예산을 수립하면서 국방 및 사회보장 부문을 대폭 확대하고 난민문제 해결을 위한 100억 유로의 별도 예산 등 총 3255억 유로의 정부예산을 책정했지만 예산 확대에도 불구하고 이는 어디까지나 세입의 범위 내에서라고 못박았다. 그는 이런 균형재정 기조를 2020년까지 지속적으로 달성하겠다는 입장이다.

돈 많은 독일이 왜 기반시설에 투자하지 않는가? 독일은 GDP 대비 국가채무의 비중이 60%를 약간 상회하는 수준으로 비교적 안정적이다. 국가채무 비중이 45% 밖에 되지 않는 스웨덴에 비하면 다소 크기는 하지만 220%나 되는 일본이나 100%가 되는 미국에 비하면 작은 편이다. 그럼에도 빠르게 진행되는 고령화, 낮은 출산율, 세계 경제의 둔화 등 여건 변화에 따른 재정지출에 대비해서 여유가 있을 때 허리띠를 졸라매야 한다는 생각이다. 건전한 재정이 건전한 경제의 기본이라는 믿음 때문일까? 독일 정부는 균형재정은 국가의 백년대계이고 지속가능성을 위한 기본이라는 생각을 갖고 있다. 그래서 국가부채가 이미 많은 상황에서, 여건이 될 때라도 그 빚을 늘려서는 안 된다는 것이다. 쇼이블레 장관은 미국연방준비위원회Fed나 유럽중앙은행ECB 또는 영국중앙은행BOE 등이 취하고 있는 양적완화정책에 대해서도 비판적이다. 양적완화정책이 경기침체를 해결하지 못하고 오히려 그 주범이라는 주장이다. 2016년 4월 워싱턴에서 열린 G20 재무장관·중앙은행총재 회의에서도 이 같은 입장이었다.

유럽연합은 마스트리히트 조약을 채택하면서 각 회원국의 한 해 예산적자는 국내총생산 대비 최대 3%로, 국가채무는 60%로 제한했다. 총량적인 재정지표에 대해 목표치를 정한 마스트리히트 재정준칙이다. 건전한 재정을 회원국의 자격 기준으로 도입하면서 이를 충족치 못하는 국가에 대해서는 경고기간 후 제재를 가하는 시스템이다. 독일도 기본법 제115조와 각 주의 헌법에 유사한 재정준칙을 두고 있다. 이에 따르면 신규 차입은 원칙적으로 금지된다. 2009년 독일 연방상하원은 '채무브레이크'제를 도입했다. 연방은 2016년부터 국내총생산의 0.35% 범위 내를 기준으로 하는 균형재정을 준수해야 하며, 주는 2020년부터 균형재정을 유지해야 한다. 유럽연합의 재정준칙보다 엄격한 기준이다. 독일은 재정 운용에서 유럽연합 내 우등생이다. 예산은 2006년부터 유럽연합 기준을 충족하고 있고 2014년부터는 적자가 한 푼도 나지 않는 균형재정을 달성해오고 있다. 국가채무는 통독과 금융위기 등을 거치면서 급증하여 2015년 말 현재 2조 유로가 넘었지만 재정 건전화 노력을 통해 2019년부터 국가채무 기준인 국내총생산의 60% 기준을 정확히 충족할 전망이다.

그러나 경제위기가 발생한 그리스는 말할 것도 없고 프랑스, 이탈리아, 스페인 등 유럽 남부국가들이 마스트리히트 조약이 시행된 지 20년이 되도록 아직 이 재정 기준에 크게 못 미치고 있다. 그리스의 국내총생산 대비 국가부채율은 200%를 넘는다. 유로 단일통화 도입 이후 독일에서는 경상수지 흑자가 지속되었지만 남부유럽 국가들은 환율 고평가로 적자가 확대되고 대외부채가 대폭적으로 증가되었다. 이런 위기에도 이들의 과도한 재정지출을 억제할 수 있는 유로존 차원에서의 정책적 수단은 제약되어 있다. 독일 연방정부나 주정부의 재정목표는 국가채무를 줄이는 것이다. 이는 매우 명료한 목표로 보인다. 국가채무는 장기적인 성장을 저해하고 후세대에 대한 조세부담 전가 등 국가발전에 미치는 부정적 영향이 매우 크다. 그래서 사회 기반시설의 노후화 등으로 인한 국내에서의 비판은 물론 이웃나라들로부터도 돈 많은 독일이 돈을 풀지 않아 유럽을 더욱 궁핍하게 한다는 비판이 무성하지만 독일 정부의 입장은 확고하다. 첸처 함부르크 재무장관의 말을 들어보자.

함부르크도 연방정부도 더 이상 새로운 부채를 만들면 안 된다. 함부르크도 균형예산을 유지하는 것을 헌법에서 기본의무로 규정하고 있다. 구체적으로는

2013~2018년간의 부채 경감 노력을 통해 2019/2020년부터는 새로운 부채를 질 수 없다. 이미 갖고 있는 국가부채가 너무 크기 때문에 이 헌법 규정은 매우 중요하다. 지난 수십 년간 국가가 부채를 내서 그 돈을 투자에 썼다. 그러나 시간이 흐르면 투자는 가치를 잃고 부채는 그대로 남아 있기 마련이다. 그래서 이러한 악순환을 끝내려는 것이다. 투자는 물론 계속 이루어져야 한다. 그러나 이는 가용한 재정 범위 내에서다. 얼마 전 EU집행위는 유럽경제 활성화를 위해 500억 유로를 독일이 투자할 것을 제안했다. 독일은 이 제안을 거절했다. 독일은 더 이상 새로운 부채를 만들 수 없기 때문이다[2016.12.19].

≪슈피겔≫의 말러Armin Mahler 경제부장은 다음과 같이 이야기했다.

지난 수십 년간 독일의 부채가 급증했으며, 금융위기로 더욱 심각해졌다. 이제 균형을 달성했다는 것은 그저 새로운 부채가 없다는 뜻일 뿐이다. 이전의 부채는 여전히 남아 있다. 현재 조건에서 재정 균형은 그리 대단한 일이 아니다. 유로화 위기와 유럽중앙은행의 저금리정책으로 국채에 대한 수요가 높아졌다. 금리부담이 급격히 줄어들었다. 독일은 이러한 특수효과로 재정균형을 달성한 것이지, 지출 절감으로 달성한 것은 아니다. 유로화 위기에서 얻어낸 이점 중 하나다. 10년 만기 국채조차도 이자가 전혀 붙지 않는다. 이전에는 한 번도 없었던 일이다. 많은 경제학자들이 독일이 새로운 부채를 만들지 않는다고 비판하지만, 경제가 이렇게 좋은 상황에서 재정균형을 달성하지 못한다면 언제 할 수 있겠는가?[2015.9.2].

그러고 보면 독일인들에게 균형재정은 여전히 신성한 암소인 셈이다. 이러한 보수적 금전관은 정부 차원에서만 아니라 일반인들, 즉 기업이나 가계에서도 나타난다. 기업은 '차입경영'을 하지 않는다. 열심히 저축하고, 장사도 가진 돈으로 하지 빚내서 하지는 않는다는 것이 돈에 관한 전통적인 독일모델이다. 100년 이상의 가족기업 전통을 가진, 가사/주방용품 전문 제조사인 밀레의 창업주 밀레^{Carl Miele}와 친칸^{Reinhard Zinkann}의 기업운영 원칙 중 하나가 은행차입을 하지 않는다는 것이었다. 열심히 해서 수익이 나면 그 수익의 범위 내에서 투자하며 은행 차입을 통한 무리한 사세확장은 하지 않았고, 그에 따른 '적정한' 성장에 만족한다는 원칙도 갖고 있었다. 그래서 1920년대 한때 밀레는 자전거, 오토바이 심지어는 자동차도 만들었지만 모두 접고 가사/주방용품에 특화한 상품만을 생산하기로 결정했다.[2]

이러한 경향은 독일의 일반 가계에서도 나타난다. OECD 국가 중 주택 자가보유율이 가장 낮은 나라가 스위스와 독일이다. 세를 사는 사람들이 많다는 이야기인데 스위스는 58%가, 독일은 55%가 월세를 사는 사람들이다. 소득은 높은데 자가주택 소유율이 낮은 것은 인플레가 없을 것이라는 믿음과 빚지기 싫어하는 생각 때문일 것이다. 실제로 독일의 경우 45%가 자가 소유자로서 이 중 19%만이 은행 대출로 집을 샀다. 인플레가 거의 없는 가운데 빚을 내며 집을 사야 할 이유가 없고 그러다 보니 독일의 가계 부채율도 낮다. 2015년도 독일 가계의 가처분소득에 대한 부채비율은 93%로서 네덜란드의 277%나 영국의 150%에 비해 현저히 낮은 편이다. OECD 국가 중 인플레가 작고 경제가 안정되어 잘사는 나라일수록 세를 사는 사람들의 비율이 높고 그렇지 않은 나라들은 그 비율이 낮다. 전자의 나라가 스위스, 독일, 오스트리아 등 독일어권 국가이며 후자의 나라가 이탈리아, 그리스, 스페인, 폴란드 등이다. 대출로 집을 사는 대표적인 나라가 미국이고 유럽에서는 네덜란드와 스웨덴이다. 그 비율이 미국은 40%, 네덜란드는 47%, 스웨덴은 52%로 각각 나타났다. 한국은 세를 사는 비율이 44%로, 빚 없이 집을 보유하고 있는 비율이 38%, 대출로 집을 사는 비율이 16%로 각각 나타났다.[3] 한국은 인플레도 낮은 편은 아니고 전통적 관점에서 자가보유에 대한 집착도 강하지만, 소득 대비 집값이 너무 비싸기 때문에 아직도 세를 사는 비율이 높다고 생각된다. 부동산에 대한 지나친 집착은 필연적으로 지나친 부채를 낳는다. 한국의 가계부채 주범은 필시 부동산에 대한 욕심일 것이다.

1923년 초인플레이션의 기억

독일이 균형재정을 고집하는 것이나 유럽중앙은행의 마이너스금리정책에 반대하는 일은 독일인들의 전통적인 경제관념 또는 화폐관 때문이기도 하다. 독일에서는 "돈은 돈 가치가 있어야 한다", "싼 돈은 멍청함을 만든다"는 말을 한다. 1차대전 후 초인플레를 경험한 독일인들에게는 통화가치의 안정이 지고의 선이다. 1921년 4월 전쟁배상금으로 330억 달러라는 당시 기준으로 엄청나게 큰 금액이 책정되었고 독일 정부는 배상금 지불로 야기된 재정적자를 보전하기 위해 화폐를 찍어내기 시작했다. 이러한 정부의 재정정책에 인플레를 우려한 국민들이 수중에 들어오는 돈을 바로 써버렸고 이렇게 화폐의 유통속도가 빨라지면서 급기야 초인플레 현상을 초래하고 말았다. 1923년 4월 시작된 하이퍼인플레이션 '테러'에 대한 기억이 아직도 사라지지 않아서일까. 당시에는 백만 마르크, 십억 마르크, 천억 마르크 지폐까지 나왔다. 우표도 10월에 발행된 1억 마르크 우표로 감당이 되지 않아 11월에 그 1억 마르크 우표에 100억 마르크 고무인을 찍어서 사용했고, 나중에는 500억 마르크짜리 우표까지 발행되었다. 이러던 것이 11월 1일에 렌텐마르크^{Retenmark}가 도입되면서 3페니히짜리 우표가 발행되는데 불과 11일 만에 500억에서 0.03으로 떨어진 숫자 놀음이 기이하게 느껴지기까지 한다. 당시 우표는 인플레가 너무나 빠르게 진행되었기 때문에 로제타 문양의 기본 디자인을 인

•• 왼쪽은 1923년 11월 22일 발행된 500억 마르크짜리 우표이고, 오른쪽은 렌텐마르크가 도입되면서 1923년 12월 1일 발행된 3페니히짜리 우표이다.

쇄해놓고 그날그날의 상황을 보아가며 액면가를 추가로 인쇄해서 시중에 유통시키는 방식을 취했다. 이것은 우표 역사에서 매우 보기 드문 사례다. 이에 비해 이미 나와 있는 우표에 가쇄를 해서 국호라든가 액면가 등을 고치는 사례는 비교적 흔하다. 우리나라에서도 구한말 우표나 광복 직후 발행된 우표들이 그렇게 가쇄된 것들이었다.

1차 대전이 발발한 1914년 7월 당시에 환율은 1마르크당 4.2달러였는데 초인플레가 절정에 달했던 1923년 11월 환율은 자그마치 1달러당 4.2조 마르크가 되어 있었다. 16조 배 이상 마르크화의 가치가 폭락한 것이다. 1923년 한 해 동안만도 실업률이 4%에서 23%로 증가했다. 빵 1kg에 6천억 마르크나 했고, 물건을 사려고 줄을 서 있는 동안에도 물건 값이 오를 정도로 초인플레이션에 대한 독일 국민의 경험은 악몽 그 자체였다. 히틀러가 뷔르거브로이어켈러에서 사람들을 선동하여 가투에 나서도록 시도한 때도 바로 초인플레이션이 절정에 달했던 이때였다. 1923년 11월 통화위원장으로 임명된 샤흐트Hjalmar Schacht가 렌텐마르크를 도입하면서 수개월 만에 인플레를 진정시켰다. 정부가 지출을 줄이고 예산적자를 메우기 위해 돈을 찍어내지 않겠다고 약속하고 실천한 것이다. 1923년 당시의 불유쾌한 기억은 2차 대전 직후에도 화폐경제와 물물교환을 병행하는 이중경제 형태로 다시 찾아왔고 1948년 6월 제국마르크^{Reichsmark}를 독일마르크$^{Deutsche\ Mark}$로 대체하는 화폐개혁 후 안정을 찾게 된다. 이 초인플레의 기록을 갈아 치운 사태가 짐바브웨에서 일어났다. 2008년 100조 짐바브웨달러 지폐가 나왔고 이 최고 고액권으로도 달걀 몇 개 살 수 있을 정도여서 사람들이 길가에 돈을 버렸다 한다.[4]

이런 경험에서인지 독일의 경제정책은 전통적으로 재정 건전성과 물가 안정에 초점이 맞춰져 있다. 그만큼 통화/재정정책에서 안정은 절대적이다. 지금 쇼이블레 재무장관도 이러한 입장을 지지한다. 더욱이 독일은 1990년대 경제적 난관을 극복하고 과감한 구조개혁으로 재도약을 이루어내면서 안정을 중시하는 독일모델에 대해서 더욱 자신감을 갖게 되었다. 쇼이블레 재무장관은 미국 연방준비제도나 유럽중앙은행의 양적완화정책이 경기침체를 해결하기보다는 그 유발 원인으로 작용하고 있다며 이들 중앙은행의 양적완화 포기와 금리인상을 주장한다. 어쨌거나 독일은 2015년까지 128억 유로의 흑자재정을 시현했고 여기에 2016년도 흑자분 62억 유로를 합해 2017년으로 넘어온 예산 흑자분이 190억 유로가 되는 독일 역사상 초유의 흑자 사태를 맞았다. 이는 당초 예상보다 두 배 이상 늘어난 흑자라 한다. 쇼이블레 장관은 이 흑자를 난민들의 숙박시설과 사회통합을 위한 비용으로 비축해놓겠다고 밝혔지만, 결국 2017년 9월 24일 예정된 총선 이후 집권당에 의해 용처가 결정될 것으로 보인다. 기민당은 누적된 국가부채를 갚겠다는 입장이지만 사민당이 집권하게 된다면 아마도 작금의 재정균형정책은 포기하게 될지도 모른다. 사민당의 총리 후보인 슐츠 전 유럽의회의장이 벌써 차입을 통한 투자확대를 공언하고 있기 때문이다.

브레멘 대학의 히켈 교수는 균형재정정책과 관련하여 독일 국민들의 약 3/4이

쇼이블레와 같이 재정정책의 기본은 절약하고 또 절약하는 것이어야 함을 믿는다고 했다. 그러니까 독일 국민의 1/4 정도만이 현재 유럽중앙은행의 양적완화정책을 지지하는 편이라는 것인데, 재정균형정책에서만 본다면 독일 국민들의 여론 향배는 슐츠 의장의 생각과는 거리가 있어 보인다.

현찰을 선호하는 독일인

지금 은행에서는 일반인들의 저축을 환영하지 않는다. 금융시장에서 값싸게 조달할 수 있기 때문에 일반 고객들의 저축은 업무만 늘릴 뿐이다. 그래서 이자는커녕 계좌 유지료를 내야 한다. 마이너스금리 시대다. 시민들 입장에서 분명 기분 좋은 일은 아니다. 과거 1960~70년대부터 돼지저금통—독일에서는 코끼리 저금통이었다—에 동전이 차면 은행에 달려가서 통장을 만들고 이후 또박또박 불어나는 저축액을 보면서 희열을 느꼈던 독일 사람들에게는 저축이 미덕이었다. 그리고 그 당시 돈은 곧 현찰을 의미했다. 그립Peter Griep 연방은행 북부지역 본부장에 따르면 지금도 마르크화를 현찰로 보관하고 있는 사람들이 있고, 집안 어느 구석이나 자동차 좌석 밑 같은 곳에 보관되었던 마르크화가 발견되는 일이 많다고 한다. 마르크화는 지금도 유로화로 태환이 보장된다. 양차 대전을 겪으면서 은행파산에 대한 기억이 남아 있는 독일 사람들의 현찰 선호를 보여주는 사례일 것이다.

현찰을 선호한다는 것은 그만큼 돈 가치를 믿는 것이다. 독일인들은 평균 1115 유로 정도의 현찰을 집에 보관하는 것으로 나타났다. "든든한 느낌" 때문이라는 이유가 가장 많았고 예상치 못한 용처에 대비하거나 은행에 대한 불신 등의 이유도 있다. 재미있는 것은 가장 많은 사람들이 냉장고에다 돈을 넣어 둔다는 것이다. 그다음으로 옷장, 침대 매트리스, 화장실 물받이 순으로 나타났다. 물론 많은 사람들이 은행의 대여금고를 이용한다. 함부르크 슈파카세^{Sparkasse}의 23만 개 대여금고 중 66%가, 쾰른-본 슈파카세의 20만 개 대여금고 중 80%가 사용 중에 있는 것으로 나타났다.[5] 독일은 아직 신용카드 같은 플라스틱 화폐보다 현찰이 더 많이 통용되는 나라다. 2014년 중 500유로 이상 대금 결제의 약 25%는 현금 결제가 이루어진 것으로 나타났다. 2016년 5월 함부르크 상공회의소에서 개최된 금융세미나에서 핀테크 강연 연사로 나온 오테로$^{Rafael\ Otero}$ 씨는 현찰이 없는 자신의 지갑을 보여주면서 이 지갑으로 영국 여행을 거뜬히 하고 왔는데 독일 같으면 굶어 죽을 것이라고 익살을 떨었다[2016.5.3].

EU는 500유로짜리 지폐를 더 이상 사용치 않기로 했다. 테러나 돈세탁 등 지하경제를 차단할 목적이라고 하는데 유로의 기축통화 기능 약화가 우려된다고 한다. 2016년 초 EU집행위는 2015년 11월 발생한 파리테러사건을 계기로 테러자금조달 수단 규제를 위해 선불카드나 가상화폐를 감시하고 고액권 사용을 제한키로 했다. 이런 배경에서 유럽중앙은행은 500유로 지폐 사용중지를 결정했다. 거래수단보다는 가치저장 수단의 용도가 큰 고액권이 통화정책을 왜곡시킬 여지가 있고 유럽중앙은행의 마이너스금리정책을 저해하는 측면이 있는 만큼 드라기^{Mario} $_{Draghi}$ 총재가 EU집행위의 권고를 선뜻 받아들인 것으로 보인다. 한스-베르너 진 $_{Hans-Werner\ Sinn}$ 뮌헨경제연구소장은 이것이 마이너스금리의 하한선을 폐지하기 위한 것이라고 설명했다[2016.5.17]. 재미있는 일은 이 조치에 독일인들이 예상 외로 강력하게 반발했다는 점이다. ≪빌트≫는 "우리 현금에 손대지 말라"는 캠페인을 시작했고 첫주에 만여 통의 지지 서한이 쇄도했다. 천 마르크 고액권에 대한 향수가 남아 있는 독일인들의 고액권 선호를 보여주는 것이라 하겠다. 우리나라에서도 5만 원 권이 발행될 당시 뇌물 등 부정적인 용도로 쓰일 것이 우려되었고 세간의 주목을 끌었던 사건들에서 그 우려가 현실로 나타난 바 있다. 5만 원 권의 환수율이 40%에 불과하다는 사실이 이를 말해준다.

유럽중앙은행의 마이너스금리정책과 독일

  유럽중앙은행의 드라기 총재를 성토하는 목소리가 독일에서 빗발치고 있다. 유럽중앙은행의 마이너스금리정책 때문이다. 세계 경기가 부진한 가운데 2012년 덴마크를 필두로 2014년부터는 유로존, 스웨덴, 스위스가, 2016년 초부터는 일본이 마이너스금리정책을 시행 중이다. 그런데 디플레이션 우려 등으로 소비진작을 위해 마이너스금리정책을 시행하는 나라들에서 오히려 가계저축이 증가하는 현상을 보임으로써 마이너스금리정책의 유효성에 의구심이 커졌다. 이는 경제전망이 극히 불투명한 상황하에서 마이너스금리정책이라는 고육책이 도입된 만큼 사람들이 미래를 대비하여 오히려 소비보다는 저축을 늘리려는 심리가 발동한 것으로 보인다. 여기에 이자 수입 감소로 인한 연금 생활자들의 생계 위협 문제는 정치권의 논쟁으로까지 번지고 있다. 저축을 불필요하게 만들고 연금 생활자들의 안정적 수입원인 은행 이자를 깎아먹는 제로금리나 마이너스금리정책은 독일의 전통적인 금리 관념과 동떨어져 있다. 마이너스금리를 적용해서 돈 가치를 없게 만드는 일을 독일인들은 반기지 않는다. 그래서 유럽중앙은행의 차기 총재는 꼭 독일 사람을 앉혀야 한다는 여론도 일고 있다. 많은 유로존 국가들이 개혁이 부진하고 그래서 유럽중앙은행의 싼 자금공급에 의존하게 되는 구조가 문제라는 인식이다. 그리고 유럽중앙은행의 권한이 불가침적이고, 그 독립적 권한을 인정한다고 해도 그 시책이 여론과 동떨어져 민주적 정통성을 결여하고 있다는 비판이 있다.

  쇼이블레 재무장관이 유럽중앙은행의 통화정책이 재앙적 결과를 가져온다고 성토한 데 이어 가브리엘 경제장관도 유럽중앙은행 때리기에 나섰다. 그는 "노년을 위하여 성실하게, 꾸준히 저축해왔던 사람들은 이제 바보가 되어버렸고 국가가 그 이득을 취하고 있다. 시민들이 돈을 내어 국가가 이득을 보는 이러한 구조는 시민과 국가를 멀어지게 하는 유럽적대적인 경기정책이다"라고 강하게 비판했다.[6] 특히 한스-베르너 진 교수는 유럽중앙은행의 양적완화정책에 적극 반대하고 있다. 진 교수는 2016년 5월 함부르크에 와서 유럽중앙은행의 마이너스금리정책과 헬리콥터머니Helicopter Money에 관한 강연을 하면서 유럽중앙은행의 월권을 더 이상 바라보고만 있을 수는 없다는 취지의 주장을 했다.[7]

저금리의 효과는 위기국들에게 4000억 유로의 이익을 가져다주었다. 독일은 엄청난 초과무역을 달성했지만, 그 돈의 이자수입은 도대체 어디로 간 것인가? 2007년의 금리대로라면 지금까지 3260억 유로를 더 받았을 것이다. 이것은 저금리로 인해 전체 독일인이 함께 입은 구체적인 소득손실이다. 결코 사소한 문제가 아니다. 공익 재단들이나 연금 생활자들이 노후를 기대는 생명보험사들도 돈줄이 말랐다. 저축자들은 과거에는 자금시장에 저축해서 복리이자로 2/3 정도까지 달했던 이자를 받았지만 오늘날에는 기껏해야 자신이 직접 투자한 금액의 1/3 정도만 복리로 받을 수 있을 뿐이다. 독일은 유럽에서 최대 순채권국으로서 최대 피해자이다. 유럽중앙은행 이사회 의결권의 60% 이상이 순채무국 수중에 있다. 이제 유럽중앙은행은 '헬리콥터머니'를 시행하려 한다. 사실 유럽중앙은행은 벌써 헬리콥터머니를 시행하고 있다. 단지 그렇게 부르지 않았을 뿐이다. 이것은 중앙은행이 시중은행을 거치지 않고 국민에게 직접 돈을 주는 것이다. 막 찍어낸 빳빳한 돈을 중앙은행이 국민에게 바로 건네준다. 이제 돈이 어디로 갈지를 쇼이블레 재무장관과 독일 의회가 아니라 유럽중앙은행 이사회가 결정한다. 이러한 유럽중앙은행의 정책은 월권으로서, 내가 내리는 결론은 이렇다.

1. 유럽중앙은행은 남부유럽 국가들의 구원자 역할을 하고 있는데, 이는 파산한 국가의 구제를 배제하는 TEU 조약(마스트리히트 조약) 제125조에 대한 위반이다.

2. 이러한 구제행위를 통해 북유럽의 납세자들이 남유럽 국가들의 채권자가 되었다. 과거에는 이들 채무국가와 이들의 개인 채권자(북유럽 민간은행 등) 간에 채무관계가 형성되었지만 이제는 국가와 국가 간에 새로운 채무 관계가 형성되었고 민족 간의 분쟁으로 격상되었다. 과거에는 형법상 분쟁 이었던 것이 이제는 민족 간 갈등이 되었고 쇼이블레 재무장관과 메르켈 총 리가 채권자가 되었다. 은행이 분쟁 상대가 아니고 독일이라는 나라를 대 표하는 이들이 그 상대다. 낮은 금리로 인해 독일은 이미 3260억 유로의 손 해를 보았고, 현재도 매년 900억 유로를 손해보고 있다.

3. 유로화 제도는 OMT 프로그램, SMT 프로그램 그리고 일일 지불금 납부면제 등과 함께 미국의 연방준비제도보다 훨씬 그 도를 넘어서고 있다.

독일 국민들은 유럽중앙은행과의 갈등을 결국 독일연방헌법재판소까지 가져 갔고 2016년 6월 연방헌법재판소는 유럽중앙은행이 과다채무 EU회원국의 국채매 입 프로그램을 통해 이들 국가들을 지원하는 것이 유럽중앙은행의 권한을 넘어선 것은 아니라는 판단을 내렸다. 그러면서 "통화 직접이전Outright Monetary Transaction" 프로그램에 대해 제기된 몇 건의 소를 기각했다. 여기서 유럽중앙은행의 경기부 양책에 대한 첸처 장관의 비판을 들어보자.

지금 금리가 너무 낮다. 함부르크는 채무를 지고 있기 때문에 한편으로는 저 렴한 금리로 인해 이익을 보지만, 불이익도 있다. 노후대비를 위해 저축한 시민 들은 금리가 너무 낮아서 수익을 얻지 못한다. 보험사들도 이자에서 나오는 수입 이 사라졌다. 우리가 제기해야 할 질문은 드라기의 금융정책이 어떤 결말을 가져 오느냐는 것이다. 유럽중앙은행은 인플레이션율이 2%보다 높아서도 안 되지만 그것보다 현저히 낮아서는 더욱 안 된다는 생각으로 금리를 낮게 유지하고 있다.

나중에 인플레이션율이 올라가서 이 목표가 달성되었다고 인식되면 유럽중앙은
행은 채권매입으로 풀린 돈을 다시금 시장에서 회수하려 할 것이다. 하지만 이미
수 조 유로가 시장에 풀렸음에도 에너지 가격이나 환율 등 다른 요인들로 인해
인플레이션이 되지 않고 있다. 우리가 염려해야 할 것은 이런 경제 요인들이 사
라지고 나면 급작스럽게 인플레이션이 올 수 있고 유럽중앙은행이 취한 부양효
과를 쉽게 되돌릴 수 없을 것이라는 점이다. 사들인 채권은 유효기간이 있고, 낮
아진 에너지 가격이 오르기 시작하고 달러가 절상되면 이미 고삐 풀린 과도한 인
플레이션이 나타날 수 있으며, 이를 되돌리기가 쉽지 않다는 데 문제가 있다. 그
래서 독일연방은행 이사회는 드라기 총재와 다른 견해를 갖는다[2016.12.19].

2017년 3월이 되면서 EU 경기 전망이 호전되었다. 2017년 성장 전망율도 1.7%
로 0.1% 상향 조정되었고 인플레율도 당초 1.3% 전망에서 1.7% 전망치로 수정되
면서 2% 인플레율 목표치에 다가갔다. 하지만 드라기 총재는 여전히 제로금리를
고수하여 사실상의 마이너스금리를 견지함으로써 독일 당국자들로부터 비난을
들어야 했다. 독일 측 계산에 따른 마이너스금리로 인한 독일 저축자들의 손실은
2017년에만 360억 유로가 된다. 독일 저축자들의 재산을 강탈해가는 처사라거나
양심적인 저축자들에 대한 출혈적 조치라는 보다 원색적인 비판이 빗발쳤다.[8] 드
라기 총재 쪽에서 보면 독일인들이 저금리로 인한 경기부양에 따른 긍정적 효과
는 도외시한 채 이자수입 감소라는 부정적인 면만 본다고 하겠지만 어쨌든 독일
인들에게는 그저 열심히 일하고 저축을 하고 또 은퇴 후에는 그것으로 연금을 받
아 생활하는 것이 아직도 전통적 미덕이다. 하지만 여기에 반대하는 목소리도 있
다. 베를린의 언론인 슈만의 항변이다.

독일에서는 오래전부터 빚을 지는 것은 나쁜 것이라고 생각해왔다. 이것은 경

제적 현실과는 거리가 멀다. 신용은 자본주의의 본질이다. 융성한 자본주의의 본질적인 메커니즘은 신용이다. 기민당은 "빚 없는 미래를 위해서"라는 슬로건 아래 선거 운동을 한 적이 있었다. 나는 한 칼럼에서 "주의하십시오. 기민당은 자본주의를 폐지하려고 합니다!"라는 글을 게재했다. 빚이 없는 나라는 자본도 없다. 그러나 이러한 이데올로기가 완전히 독립적으로 투영되면 막대한 경제적 손실을 초래한다. 안타까운 것은 독일이 이러한 구조를 국내뿐만이 아니라 유럽 전역에 적용시키려고 한다는 것이다! 메르켈, 쇼이블레, 가브리엘이 유럽 전체에 긴축적인 경제정책을 강요함으로써 유럽통합을 방해하고 있다. 긴축정책은 완전히 파괴적이고 모든 경제적 이성에 반한다. 내가 이념적인 케인스주의자라서가 아니라, 이것이 실증적으로 증명됐기 때문이다. 2008년 금융위기 이후 유럽은 점점 더 경제위기에 직면하고 있는 반면, 미국은 중앙은행과 연방정부의 협력으로 비교적 빨리 이를 극복했다. 오늘날 미국의 국내총생산은 2008년보다 14% 높지만 유로존은 경제위기 8년 후인 이번 여름에야 다시 2008년 수준에 도달했을 뿐이다.

지금 경제적 상황으로 봤을 때 균형재정이 무의미하다는 것은 명백한 사실이다. 터무니없는 것은 보수 신문 ≪디 벨트Die Welt≫가 "균형예산 정책은 항상 옳다"라고 주장하는 것이다. 지난주 고속도로 교량이나 철도 교량의 상태에 대한 대규모 조사발표가 나왔다. 그리고 그 보수 유지를 위해 최소 180억 유로가 필요하다고 한다. 당연히 지금도 교량의 수리 보수는 이루어지고 있지만, 노후화되어 가는 정도에 비해서는 모자라는 감이 있다. 이는 교량의 상태가 갈수록 안 좋아지는 것을 의미한다. 적어도 현재 상황은 이렇다. 이 사실만으로도 균형예산 주장은 거짓이다. 그것은 재정수리로 잡혀지는 빚이 아니지만, 점점 가치가 떨어지는 정부 인프라 설비의 감가상각으로부터 야기되는 다른 형태의 빚이기 때문이다. 독일에는 "근근이 산다Man lebt von der Substanz"라는 말이 있다. 독일 정부와 기반시설을 보면 맞는 말이다. 우리는 지금 돈을 거저 빌릴 수 있을 뿐 아니라 돈을 받고 빌릴 수도 있는 마이너스금리 시대에 살고 있다. 많이 받을 때에는 우리가 더 많은 이자를 납부해야 한다. 요즘 같은 상황에서 학교, 교량, 철도, 도로가 망가지는 것을 그저 바라만 보는 정부는 이해할 수 없다. 베를린의 공립학교를 방문해보았는가? 그곳에는 60년대와 같은 수준의 망가진 화장실과 교실이 있다. 말이 안 된다. 그것은 독일에서 상상할 수 없는 일이다. 이것은 다음 세대를 상대로 한 경제적 범죄이다. 우리의 아이들이 비싼 세금을 내야 한다![2016.7.19].

세금은 돈 버는 곳에서 낸다

2016년 8월 말 EU집행위는 애플 사가 아일랜드로부터 130억 유로 규모의 불법적인 조세감면 특혜를 받았다는 결론을 내리고 아일랜드 정부가 이를 환수해야한다고 결정했다. 아일랜드는 법인세율이 12.5%로서 EU 평균인 22.25%의 절반정도밖에 되지 않는다. 그런데도 애플 사는 아일랜드에 소재한 자회사 "애플 세일즈 인터내셔널Apple Sales International"의 영업이익을 우편함 회사 "헤드 오피스Head Office"로 이전하여 결국 영업이익의 0.005%밖에 안 되는 실효세율을 적용받았다. 그리고 이 과정에서 아일랜드 정부의 적극적 용인이 있었다고 한다. EU집행위는 이러한 행위가 특정 기업에 중대한 세법상의 특혜를 주는 것이므로 불법적인 "국가 보조금state aid"에 해당한다고 보았고 특혜발생 기간인 2003년부터 2014년간의 미납세금 최대 130억 유로와 이에 따른 이자를 납부해야 한다고 결정했다. 폴크스바겐의 디젤게이트에 따른 미국의 제재에 대한 EU 측의 반격이라는 해석이 나오는 가운데 애플 사도 유럽재판소에 제소할 의사를 밝힘으로써 정치적, 법적 공방으로 이어질 전망이다. 여기서 우리는 두 가지 문제가 혼재되어 있음을 볼 수 있다. 하나는 파나마페이퍼스 사례에서와 같이 우편함 회사의 설립을 통한 불법적인 조세 회피이고 둘째는 과도하게 낮은 법인세로 다국적기업을 유치하여 결과적으로 경제활동이 이루어지는 곳에서 세금이 징수되지 않고 엉뚱한 곳에서 세금을 거두어들이는 부조화 내지는 불의가 발생한다는 것이다. 그래서 EU는 소위 "바닥으로의 질주race to the bottom"라는 법인세 인하 경쟁을 통제하려는 룰을 만들려 한다.

EU집행위의 이 결정이 있은 후 독일에서의 반응은 가히 폭발적이었다. ≪함부르크 아벤트블라트Hamburger Abendblatt≫의 칼럼니스트인 슈마허Hajo Schmacher는 "무어라고Wie bitte? 0.005% 세금이라고?"라는 제목으로 글을 올렸다.[9]

우리의 재정당국은 '쇼이블레'처럼 한 푼까지도 타협이 없다. 우리 세금 당국은 적어도 수년에 한 번씩은 들이닥쳐 영업활동을 조사하고 영수증 한 장까지 파헤친다. 여기에는 유머도 없고 '특별규칙'도 없다. 무관용만이 있을 뿐이다. 여기까지는 좋다. 하지만 EU 내 다른 곳의 세금도 이렇게 공평하게 거둬지고 있는가? 아일랜드에서처럼 미국 거대기업 애플 사가 유럽의 어느 곳이나 독일에서 벌어들인 수익에 0.005%가 과세된다면 이것은 전혀 '쇼이블레적'이지 않다. 아일랜드는 걸핏하면 '특별규칙'을 제공하는데 이것은 융커Jean-Claude Juncker가 재무장관 겸 총리를 했던 룩셈부르크에서 이미 수십 년간 해오던 것들이다. 융커가 잘 알 것이다. 그가 바로 애플에게 130억 유로 세금 추징을 결정한 EU집행위를 지휘하고 있다. 지금 유럽에는 25세 이하 청년들 중 400만 명이 넘는 숫자가 실업자이거나 제대로 된 직업교육을 받지 못하고 있다. EU는 이들을 위해 2014년부터 2020년까지 127억 유로의 예산을 책정했다. 애플이 세금을 제대로 낸다면 우리는 이 예산을 두 배로 늘릴 수 있다. 이들이 제대로 교육받고 직장을 가져야 그 터무니없이 비싼 애플의 스마트폰을 살 수 있지 않겠는가. 이것은 평등의 문제는 아니지만 정의의 문제다.

EU집행위는 지금 룩셈부르크에서 아마존의 불법적 조세감면 특혜에 대해서도 조사 중이다. 첸처 재무장관의 말이다.

기본적으로 회사는 경제활동을 하는 곳에서 세금을 내야 한다. 기업들은 특허권 사용료 및 이와 비슷한 방법들을 이용한 정산으로 세금혜택을 얻어내려 한다. 해외뿐만 아니라 룩셈부르크나 심지어 이곳 함부르크 같은 EU 내에서도 그렇다. 기업들은 저렴한 영업세를 낼 수 있는 곳에서 영업신고를 한다. 우리는 세금을 목적으로 한 이전을 원치 않는다. 우리는 기업 소재지를 직접 확인해야 하고, 또 세율이 경쟁적인지 보아야 한다. 세계를 무대로 사업하는 다국적기업들이 세금을 덜 내도 되는 미국이나 아시아로 소재지를 이전한다면 그것은 놀랄 일이 아니다. 중요한 것은, 세금이 전 세계적으로 납득할 만하고 균형 있게 책정되어야 한다는 것이다. EU 국가들 안에서만 보더라도 세율의 차이로 인한 경쟁력의 차이도 크다. 예를 들어, 네덜란드는 유럽에서 가장 큰 세금천국이다. 대부분의 사람들이 이것을 잘 모른다. 아이슬란드나 아일랜드는 낮은 법인세로 외국 기업을 유인한다. 유럽의 법인세가 중장기적으로 조화되어야 한다고 보지만 꼭 통일되어야 할 필요는 없다. 문제는, 스타벅스와 같은 기업들이 그들의 유럽 내 영업장을 세금이 더 저렴한 곳으로 이전시킨다는 것이다. 이를 저지하기 위해서는 기업의 활동 소재지에서 세금을 징수한다는 원칙이 지켜져야 한다[2016.12.19].

언론인 슈만의 이야기다.

나는 다국적기업에 세금을 부과해야 한다고 주장했다. 세계적으로 세금을 내지 않는 자본을 은닉할 수 있는 것은 불합리하다. 우리는 "파나마페이퍼스"나 "럭스리크스Lux-Leaks"에 대해 이야기하고 있다. 당신은 내 책에서 "오프쇼어 무정부Die Offshore-Anarchie"에 대해 읽었을 것이다. 모든 것이 낡아버렸다. 이것은 처음부터 확실했다. 대기업들은 처음부터 '우리는 세금을 한 푼도 내지 않을 때까지 각 국들을 상호 대립적으로 움직이도록 할 것'이라고 했다. 이게 바로 지금 상황이다. 유럽연합의 모든 국가들은 결심하지 않음으로써 1년에 최소 5000억 유로 상당의 조세수입 손해를 보고 있다. 이것은 유럽 사람들이 합의하지 않기 때문이다. 아일랜드, 네덜란드, 룩셈부르크, 오스트리아, 몰타 사람들은 모두 자신들의 이익을 챙기기에만 급급하고 결과적으로 대립적인 양상을 가져왔다. 세계에서 가장 큰 '세금천국'이 어디인지 아는가? 네덜란드이다. 네덜란드는 '세금천국' 명단에서 자신들의 이름을 감추는 데 성공했다.

이것은 네덜란드가 강해서가 아니라 이런 네덜란드의 구조로부터 이익을 얻는 자본과 은행들 때문인데, 이들은 독일을 포함한 그들의 정부로부터 보호받고 있다. 이것이 문제다. 공익 유지를 위한 부담금은 점점 더 불공평하게 분배되고, 실업자들을 보상할 돈은 점점 적어지고 있다. 우리는 그 돈이 절실하게 필요하다. 남유럽에 투자해야 하고 실업자들을 위해 많은 것을 해야 하고, 미래를 어떻게 준비해야 할지 모르는 청년들의 두려움을 해소하기 위해서 또한 도와주어야 한다. 여기에 돈이 아주 많이 들어간다. 바로 이 5000억 유로가 필요하다. 이 5000억 유로에는 당연히 기업들뿐만 아니라 개인이나 자본가들의 이익도 포함된다. 예컨대 독일에서 자본수입, 즉 이자와 배당금 그리고 주식거래 이익은 공식적으로 원천세율인 25%만 과세된다. 만약에 내가 열심히 일해서 같은 돈을 번다면 38%를 내야 한다. 이 말인즉, 일하지 않는 사람들이 더 작은 세금을 낸다는 것이다. 예전에 한 재무장관이 "아무것도 없는 곳에서 아무것도 받지 않는 것보다 25%라도 받는 게 낫다"라고 말했다. 이건 그저 불공평의 단면적 표현일 뿐이다. 그 뒤에 숨어 있는 논리는 만약에 자본가들에게 더 높은 세율의 세금을 부과한다면, 그들은 어차피 외국에 가서 돈을 은닉하리라는 것이다[2016.7.19].

2016년 3월 국제탐사보도언론협회^{ICIJ}가 공개한 "파나마페이퍼스"는 파나마에 소재한 '우편함 회사' 명단이다.[10] 여기에는 전 세계 12명의 정상을 포함하여 유명 자동차 경주선수, 지멘스 이사, 대기업 회장 등 수천 명의 독일인도 포함되어 있는 것으로 알려졌다. 파나마는 오래전부터 검은 돈이 거래되어온 돈세탁의 천국으로 알려져 있다. 1980년대에 정권을 장악한 노리에가^{Manuel Noriega} 군부정권 때부터 부패가 심했고, 검은돈 거래의 수단으로 악용되기 쉬운 무기명 주식 관련 규정이 느슨하여 돈세탁이 용이했다. 이런 파나마의 최대 로펌 '모색 폰세카'의 내부 자료가 ≪쥐트도이체차이퉁≫에서 공개되었는데 28개의 독일 은행을 포함한 전 세계 500개 이상의 은행과 거래한 정황이 드러났다. 한국의 기업인도 수십여 명이 포함되어 있는 것으로 알려지고 있다.

쇼이블레 장관은 2016년 4월 워싱턴에서 열린 G20 재무장관 회의에서 파나마페이퍼스 사태로 불거진 조세회피 사태를 더 이상 방관할 수 없다며 각국이 역외 우편함 기업 명부를 만들어 공유하면서 누가 이 기업들을 소유하고 통제권을 행사하는지 투명하게 알 수 있도록 하고 조세회피에 관한 한 공소시효도 폐지하는 처방을 제안했다. 이 제안으로 이탈리아, 프랑스, 스페인, 영국이 참여하여 조세피난처에 설립된 '우편함 회사' 수익자 블랙리스트를 작성해 공유하기로 했다. 이런 처방은 역외 '우편함 회사' 자체를 금지할 수는 없지만 전반적인 투명성을 높여 장기적으로 이를 발본색원하기 위함이다. 독일과 덴마크 등 EU 차원에서는 조세회피 방지에 대한 공감대가 형성되어 있는 것으로 보인다. 그러나 어디까지가 합법이고 불법인지가 명확치 않는 등 사안 자체가 복잡하고, 직접적인 탈세나 돈세탁은 아닐지라도 '합법적인' 조세회피에 관용적인 나라들이 있어 당장 어떤 합의를 하고 가시적인 조치를 기대하기는 힘들어 보인다. 당장 미국만 하더라도 합리적으로 보이는 이 독일의 제안에 참여하지 않았다. 첸처 함부르크 재무장관은 이렇게 이야기한다.

파나마페이퍼스는 세금 이외의 다른 것에 관한 것이기도 하다. 이른바 페이퍼 컴퍼니, 우편함 회사라고 하는 기업들이 여러 가명하에 설립되었다. 이들 기업은 그 뒤에 누가 있는지, 어떤 돈으로 일을 하는지 알 수 없다. 이런 활동들은 상황에 따라서는 용인될 수도 있고 합법이기도 하다. 가령, 할리우드 스타가 대중들 모르게 마요르카 섬에 별장을 산다거나, 혹은 부부가 싸워서 이혼하기 전에 다른 주택을 추가적으로 사는 것은 위법이 아니다. 그러나 이 유령회사들 중 일부는 마약거래나 경제사기를 통해 설립되고, 그렇게 해서 돈세탁과 탈세가 은폐된다. 이 돈의 출처를 추적하는 것은 불가능하다. 따라서 파나마페이퍼스는 단순히 세금문제에 관한 것이라기보다는 어떻게 국제범죄와 자금세탁을 퇴치할 수 있느냐의 문제에 관한 것이다. 누가, 왜 해외로 돈을 가져갔는지 명확히 알기 위해서는 국제적인 정보교환이 가능해야 한다. 지구에는 법을 준수하는 선량한 시민들로만 이루어진 나라는 없다. 어디서나 규칙을 지키는 사람이 있는가 하면, 어기는 사람도 있다. 국제적 정보교환을 통해 우리는 마약거래나 경제사기 문제에 한층 더 가까이 접근할 수 있을 것이다. 유럽 국가들 간에는 이미 그런 종류의 정보교환이 있기는 하지만 우리는 최소한 G20이나 OECD 회원국들을 포괄할 만큼 확대된 네트워크를 가져야 한다. 이 분야에서는 국가들 간에 경쟁이 없어야 한다 [2016.12.19].

이런 생각들 때문인지 2017년 7월 초 독일연방범죄수사청^{BKA}이 파나마페이퍼스 거래내용이 담긴 1150만 건의 방대한 문서자료를 익명의 제보자로부터 500만 유로에 사들였다. 이들의 검은 거래를 차단하겠다는 독일 정부의 확실한 의지다. 우리 당국이 독일 BKA와 이 자료를 공유토록 협조하기를 기대해본다.

2017년 5월 EU집행위가 페이스북이 2014년 왓츠앱 인수 과정에서 허위정보를 제공했다는 이유로 1억 1천만 유로의 벌금을 부과했는데, 독일 언론들은 이 벌금 규모가 페이스북과 같은 대기업에게 전혀 징벌적 효과를 거둘 수 없는 미미한 규모라며 비판했다. 린트너 자민당 당의장의 이야기다.

구글, 아마존, 이케아, 스타벅스 등 다국적기업들은 독일에서 한 푼의 세금도 내지 않는다고 한다. 서로의 기업 운영방식이 다르다는 것이 이유라지만 이것은 우리 정치인들이 이를 문제 삼지 않기 때문이다. 나는 구글, 아마존을 비롯한 세계적인 대기업들이 우리나라의 기반시설들을 사용하고, 우리나라에서 돈을 벌면서도 단 1유로의 세금도 내지 않는 동안에는 일반 중산층에 대한 징세 또한 금지되어야 한다고 생각한다[2014.11.13].

48세의 덴마크 정치인인 베스타게르Margrethe Vestager EU집행위 경쟁담당 집행위원은 지금 미국 거대 기업들과 싸우는 유럽의 상징으로 떠오르고 있다. 그녀는 ≪뉴욕타임스≫와의 인터뷰에서 "정의를 속도와 바꿀 수 없다"고 기염을 토했다. 미국의 거대 통신기업들의 세계시장 지배력이 커져감에 따라 이들이 활용하는 콘텐츠에 저작권료나 사용료를 징수하려는 것이다. 바로 '구글세'다. 그녀는 남의 콘텐츠를 무단으로 가져가는 "스크래핑scraping" 문제, 광고계약의 불공정 문제, 그리고 "안드로이드Android" 문제를 제기했다.[11] 마침내 2017년 6월 EU집행위는 구글에 불공정 거래 혐의로 과징금 24억 2천만 유로를 부과했다. 자사의 쇼핑 가격비교 검색엔진인 "구글쇼핑Google Shopping"을 최우선 배치하여 공정 거래를 저해했다는 것이다. 한국에서도 구글세 도입 문제가 검토되고 있어 그 귀추가 주목된다.

국세청 자료에 따르면 국내에서 매출을 올린 외국 기업 9532개 중 절반에 해당하는 4752개의 기업이 법인세를 전혀 납부하지 않았다 한다.[12]

금융을 박살내라

지금까지 살펴본 대로 돈에 관한 독일인들의 생각은 대체로 보수적이다. 재정정책, 금융통화정책에서 그렇고 다국적기업에 대한 과세문제나 조세천국/세금포탈 같은 이슈에서도 유사한 입장이다. 이런 독일 입장의 대척점에 미국이 있을 것 같다. 내가 2016년 여름 만나서 세 시간 가까이 격정 토론을 했던 언론인 슈만은 우리말로도 번역된 『세계화의 덫』의 공동저자다. 그는 이 책을 쓴 1997년 당시 이미 10년 후 다가올 세계 금융위기를 예언했다. 그는 1973년 닉슨[Richard Nixon] 대통령이 금본위제에 기반한 고정환율제를 허물면서 브레턴우즈 체제를 포기한 이후 세계 금융산업이 필요 이상으로 비대화되어 국제 투기금융 거래의 대파국이 올 것이라 예상했다. 그는 "빛과 같은 속도로 움직이는 이윤 사냥"이라든가 "1분 만에 1억 달러를 벌다"라는 표현대로 국제 금융거래의 투기성과 무모함에 대해 강하게 비판했다.[13] 파생상품 거래 같은 투기적 국제 금융거래에 대한 독일인들의 생각은 이와 같이 매우 부정적이다. 그들은 주식 투자도 잘 하지 않는 사람들이다. 2015년도 한 해 동안 세계 주식시장 거래액은 대략 146조 달러 규모였다. 이 중 독일 주식시장 거래 규모는 약 1조 5천억 유로로서 세계 시장의 1% 정도다. 독일이 세계 경제에서 차지하는 비중을 대략 5% 정도로 볼 때, 독일인의 주식시장 참여율이 매우 낮음을 알 수 있다.

금융에 대한 독일의 보수적 입장은 금융기관의 "삼주체제"라는, 다른 나라에서 볼 수 없는 특수한 구조에서도 확인할 수 있다. 한 축은 주립은행[Landesbank]이나 저축은행^{Sparkasse} 형태의 공영은행이며, 또 다른 한 축은 폴크스방크나 라이파이젠 방크 같은 협동조합은행^{Genossenschaftsbank}이다. 이들 두 은행의 여신 비중은 각각 약 40%를 차지한다. 나머지 20%만이 민간상업은행에서 온다. 유동성 공급에서는 폴크스방크와 저축은행이 압도적이다. 이 은행들은 2008년 세계 금융위기에도 독일이 높은 안정성을 유지한 비결이었다. 폴크스방크도 저축은행도 해당 지역 에서만 영업을 했기에 금융위기의 부정적 영향을 받지 않았다. 금융위기 후 독일 의 은행시스템은 오히려 공고해졌다. 저축은행과 폴크스방크는 자신들이 금융산 업의 중추라는 사실에 자부심을 갖고 있다. 전체 독일 경제에서 금융이 차지하는 비중은 상대적으로 낮다. 금융은 어디까지나 실물경제를 보완하는 기능을 하는 것이지 그 반대가 되어서는 안 된다는 생각도 자리잡고 있다. 그래서 서비스산업 이 신장해가는 세계적 추세에 역행하고 있다는 지적도 있다. 은행의 삼주체제도 칸막이 효과가 있어 안정적이기는 하나 성장을 저해한다는 것이다. 어느 독일 국 책 은행장의 이야기다.

독일은 영국, 스페인, 이탈리아, 프랑스와 달리 압도적 우위의 대규모 민간은 행이 없다. 독일에는 바클레이, 로이드, RBS, HSBC 같은 청산은행^{Clearer}이나 머니 센터뱅크가 없다. 이러한 글로벌 상업/투자은행들은 자신들끼리 시장을 점유하 고 있어 더 많은 돈을 벌어들이므로 현금의 흐름이 전혀 다른 방식으로 이루어진 다. 독일에서는 삼주체제 내에서 서로 다른 분야의 은행 간 매입이 불가능하므로 인수합병이 불가능하다. 인수합병은 같은 분야 내에서만 이루어질 수 있다. 독일 에서 은행 간 인수합병은 매우 제한적이다. 독일의 은행거래는 미국과 같은 나라 들보다 더 강하게 통제되고 있다. 주립은행들은 2차 대전 이후 독일에서 유동성 공급자로서 '라인 강의 기적'에 통화공급자로 중요한 역할을 했다. 저축은행들은 자금을 모아 주립은행에 주었고, 주립은행들은 이것을 산업자금으로 대출해주었다. 당시 이 시스템은 매우 잘 가동되었고 큰 도움이 되었다. 주립은행들은 당시 공적보증을 통해 추가로 자금조달이 가능했으나, EU 차원의 공정경쟁의 관점에서 2005년 이후 폐지되었다.

2008년 금융위기 이후 미국 의회는 어떻게든 고삐 풀린 금융산업을 통제하고자 했고 "도드-프랭크 법$^{Dodd-Frank Act}$"으로 불리는 「금융시장 개혁 및 소비자 보호법」을 도입했다. 이것은 투자은행과 상업은행을 구분해서 금융시스템의 투명성을 제고하여 금융시장의 안정화를 도모하기 위한 800쪽이 넘는 방대한 분량의 법이었다. 이제 유럽에서도 상업은행과 투자은행을 분리해야 한다는 논의가 있다. 다만 독일에는 이러한 것들을 직접 규제하는 법은 없다. 독일에서는 은행이 원하는 모든 것을 할 수 있다. 그러나 얼마만큼의 자기 자본을 비축해야 하는지, 얼마나 많은 거래를 할 수 있는지는 금융감독청^{BFiA}이나 유럽중앙은행 등 감독기구의 감시와 통제를 받는다. 이들은 은행들이 어떻게 영업해야 하는지에 대해 아주 명확한 규칙을 가지고 있고 그 기준은 "자본율$^{capital allocation}$"이다. 감독기관이 감독을 하려고 하지 않는다면, 그것은 자본율이 높은 사업일 것이다.

이제 흥미롭게도 월스트리트에서 자신들의 이해에 반하는 이 법을 완화시키고자 시도하고 있다. 경제위기 때 골드만삭스와 모건스탠리를 제외한 모든 투자은행들이 상업은행으로 넘어갔다. 즉, 미국증권거래위원회^{SEC}의 고객은 그 단 둘로 줄게 되었다. 그 외의 모든 은행은 연방준비은행 소관이 되었고 모든 투자은행들을 그날부로 상업은행연합이 관리하게 되었다. 투자금융에 관한 규칙이 미국에서는 기본적으로 투자은행보다 상업은행에 더 엄격했기 때문에 숨 쉴 틈도 없게 된 것이다. 이 조건들은 물론 거래에도 영향을 주었다. 이러한 통합과정을 통해 북미은행들의 상황이 좋아졌다고 말할 수 있다. 엄청난 돈을 벌어들이면서 지금껏 없었던, 센세이션을 일으켰던 높은 벌금도 모두 지급할 수 있게 되었다. 서해안부터 시작해보자. 웰스파고$^{Wells Fargo}$, 뱅크오브아메리카$^{Bank of America}$가 있고, 와코비아^{Wachovia}가 다른 편에 있으며, JP 모건체이스^{JP Morgan Chase}가 있다. 이들이 상업적으로 규모가 크고, 많은 돈을 벌어들이는 4개 은행이다. 물론 이 외에도 모건스탠리 또는 골드만삭스도 있다. 그러나 시장은 크고 경쟁은 많지 않다. 시티은행 그룹은 통합 과정에 참여하는 시기를 놓치는 바람에 오늘날 다른 대형 은행에 비해 점유율이 매우 낮아졌다.

독일 은행은 너무 작아 시장에서 완전히 사라졌다. 그러나 1998년 뱅커스트러스트^{Bankers Trust} 인수 이후 뉴욕에서 인정받고 있는 유일한 독일의 메이저 플레이어는 도이체방크^{Deutsche Bank}지만, 합병에서 얻어낸 것은 거의 없어 점유율로 봤을 때 위기 전보다 규모가 작아졌다. 독일 금융산업은 응당 가지고 있어야 할 힘을 가지고 있지 않다. 다시 말해 실물경제와의 관계에서 금융산업은 약하다. 삼 주체제가 성장을 가로막고 있는 것 같다. 독일은 막강한 산업을 가지고 있으나, 그에 비해 금융산업은 그렇지 않다. 장점은 은행들이 자신들의 영역에서 보호받으며 일할 수 있다는 것이다[2015.6.19].

2017년 4월 브레멘에서 만난 브레멘 대학의 히켈^{Rudolf Hickel} 교수는 보수적인 독일의 금융체제를 지지하는 사람이다. 『금융을 박살내라』라는 저서도 갖고 있다. 그는 전통적인 예금업무를 중시하면서 고객지향적인 폴크스방크나 슈파카세 같은 조합은행의 역할을 높게 평가하고 도이체방크의 투자거래는 예외적인 것으로 본다. 2008년 촉발된 금융위기는 미국에서 벌어진 진지하지 않은 투기의 결과이며 당시 도이체방크를 제외한 거의 모든 독일 은행들이 이런 독성 있는 금융상품 거래에 참여하지 않음으로써 화를 피해갈 수 있었다고 했다. 미국에서는 60여 개의 은행들이 파산 위기에 몰렸지만, 독일에서는 3개 은행만 파산했고 그래서 독일은 「도드-프랭크 법」과 같은 금융규제법을 만들 필요도 없었다고 했다. 금융위기 당시 오바마 대통령이 7500억 달러를 부실 은행에 퍼부어 이들을 회생시킨

것은 그래도 긍정적이라는 입장이며,「도드-프랭크 법」 제정과 함께 오바마 대통령의 금융분야 업적으로 평가된다고 언급했다. 그는 트럼프 대통령이「도드-프랭크 법」을 철회하려는 시도에 대해서는 강하게 비판했다.

트럼프는 경제정치적으로 무자비한 기회주의자이다. 그는 미국우선주의를 위하여 그저 필요한 것을 취하는 사람이다. 그의 가장 큰 실수는 은행규제를 풀려는 것이다.「도드-프랭크 법」 대신 종전의「글래스-스티걸Glass-Steagall 법」 체제로 돌아가려는지도 모른다. 여기에 법인세를 인하하고 국경세를 도입하려 한다. 백인 노동자들의 몰락과 중부의 "러스트 벨트rust belts"가 그를 뽑아주었지만 트럼프의 정책은 그들을 위한 정책이 아니다. 트럼프는 어제도 미국 20대 대기업들과 식사 회동을 했다. 나는 그것을 "포퓰리즘의 덫Populismusfalle"이라고 부른다. 오바마케어를 없애려고 한 시도도 마찬가지 맥락이다. 오바마케어로 2천만 명 이상이 혜택을 보았는데 이를 되돌린다면 미국에서 의료보험이 없는 사람들은 다시 5천만 명 수준으로 늘어날 것이다. 트럼프의 주위 사람들을 보라. 모건스탠리나 골드만삭스의 CEO였던 사람들이 그의 내각에 들어가 있다. 트럼프는 선거에서 미국민들의 세계화에 대한 반발과 클린턴이 지지했던 부정직한 시스템에 대한 허점을 천재적으로 이용했다. 이제 월가 사람들은 교회에서 촛불을 켜놓고 트럼프 정권이 천년만년 계속되기를 기도하고 있다. 나는 하버드 대학 동창회에 접근할 수 있는데 그들의 대화내용을 들어보면 그들도 트럼프의 열렬한 지지자라는 것을 알 수 있다[2017.4.12].

함부르크 대학에서 사회학을 전공하는 네켈Sighard Neckel 교수는 국제금융 투기거래의 해악에 대한 다양한 연구를 한 학자이다.

투자거래는 전반적으로 경제에 여러 가지 부정적인 영향을 미친다. 투자거래에서의 손실로 인해 현물 경제에 투자할 자금이 없다. 현물 경제가 방치되는 동안에 페이스북과 같은 기업들이 높은 이윤을 챙기는 것은 바람직하지 않다. 이것으로 우리 경제와 사회에 문제가 발생한다. 금융 분야가 이처럼 극도로 높은 이윤을 목표로 하는 것이 우리 사회의 구조를 이미 바꾸어 놓았다. 사회 내 격차가 더 커졌다. 이것은 바람직하지 않다! 금융 자체는 경제에 매우 중요한 기능을 한다. 하지만 금융이 실물경제보다 더 큰 의미를 갖게 된다면 그것은 문제가 된다. 너무 많은 투기가 일어나고 상품과 인프라에 대한 투자는 너무 적게 된다. 런던의 금융가는 믿어지지 않는 이윤을 목표로 한다. 하지만 영국의 병원이나 대중교통에서 보듯이 영국의 기반시설 상황은 좋지 않다[2017.4.26].

위트레흐트 대학의 웅어 교수도 네켈 교수와 비슷한 관찰을 하고 있다.

사람들은 정부의 개입이 많을 때 자유를 원하고, 자유가 많을 때는 정부의 개입을 원한다. 현재는 정부의 개입을 더 필요로 하는 시기이지만 네덜란드와 독일은 정부에 넉넉한 자금이 없다. 그들은 금융위기에 그리고 은행보조금에 너무 많은 돈을 쓰고 있어서 사회기반시설이나 사회비용으로 쓸 돈이 없다. 그래서 국가의 개입은 보이지 않게 된다. 보이지 않는 곳에 돈을 쓰고, 필요한 곳에는 쓸 돈이 없다. 사람들이 볼 수 있는 영역에 정부의 개입이 필요하다. 재정 서비스 분야와 같이 돈이 많이 소모되는 분야가 아닌 주택, 근로여건, 도로, 학교와 연구개발에 해당하는 분야 말이다. 문제는 정부가 엉뚱한 곳에 돈을 쓰는 것이다. 그들이 멍청하거나 못나서가 아니라, 금융산업에 돈을 쓰도록 강요당하고 있기 때문이다. 독일이 그리스나 스페인을 재정지원했을 때를 보면, 독일의 돈이 그리스 은행으로 가서 다시 독일의 빚을 상환하게 되는 것을 알 수 있다. 그렇기에 독일의 세금은 다시 독일 은행으로 돌아왔다[2015.12.8].

금융업에 대한 일반 시민들의 부정적 시선도 감지된다. 은행들이 자신들의 돈이 아닌 남의 돈을 갖고 '호의호식'하면서 그 천문학적인 경영 손실은 고스란히 고객과 시민들의 몫으로 남게 된다는 것이다.

인위적 기업구제는 없다

함부르크는 중세 한자동맹 시절부터 해상무역을 통해 상업적 번영을 지켜온 도시국가이다. 지금도 이 도시의 부자는 무역/해운업자들이다. 우리 총영사관 관저를 세주고 있는 주인도 해운업자이고, 함부르크에서 가장 잘 알려진 거리 중 하나인 엘베 강변의 엘프쇼세Elbchaussee에 줄지어 서 있는 조그만 성처럼 보이는 아름다운 저택들의 주인도 해운업자들이 많다. 엘프쇼세는 나폴레옹이 독일을 다스린 몇십 년 기간 동안 닦은 길이기 때문에 "쇼세Chaussee"라는 프랑스어식 이름으로 명명되었다. 1950년대 아스팔트 포장 전까지 함부르크 시민들의 엘베 강가 소풍길로 사랑받았던 곳이다. 지금은 엘프쇼세 아래 강 쪽으로 산책길이 나 있어 당시 산책길로서의 인기는 사라지고 말았다. 그 당시 나폴레옹은 자유민권주의적 프랑스 대혁명의 사상을 독일에 널리 전파했고 독일 국민들을 핍박하여 독일의 통일 민족국가 형성을 자극한 것 외에도 대규모 도로확장 등 토목사업도 시행하여 추후 독일관세동맹의 실질적 촉진에 기여했다는 평가를 받고 있다.

얼마 전 타계한 함부르크 해양박물관 설립자인 페터 탐Peter Tamm의 집도 이곳 엘프쇼세에 있다. 그의 선박모형 수집은 어린 시절 그의 어머니가 그에게 선물한 손가락 크기보다 작은 모형 선박에서 비롯했다. 그때부터 시작된 그의 모형 선박

수집 취미가 소장품이 3만 6000여 점에 이르는 해양박물관 설립으로까지 이어졌다. 함부르크 해양박물관의 주소는 "한국거리Koreastrasse" 1번지이다. 한국거리는 인근의 "상해거리"나 "오사카거리"에 비해서 거리구간은 짧지만 해양박물관과 함부르크 세관이 위치하고 있어 브랜드 가치 면에서 오히려 우월하다. 탐 선장은 우리의 거북선이나 중국의 범선에 대해서도 상세히 알고 있었다. 그는 선박 애호가이자 영원한 선장이었다. 그런데 지난 수년간 함부르크의 해운업자들이 세계 해운업의 불황으로 직격탄을 맞았고 선박을 구입해올 때 돈을 빌려주었던 은행들이 덩달아 위기에 빠지게 되었다. 해운업 불황은 아직 사용 연한이 많이 남아 있는 멀쩡한 선박들까지 해체하여 고물로 팔아야 했을 정도로 심각한 것이었다.

함부르크 상인들은 사업이라는 것이 언제나 변화한다는 것을 일찌감치 간파했고 예기치 못한 시장의 상황에 신축적으로 대응해야 한다는 것을 알고 있었다. 그래서인지 함부르크 정부와 의회는 1차 대전까지만 해도 경쟁력을 잃은 기업에 대해 보조금을 지급하는 것을 늘 거부해왔다. 한때 부를 가져왔던 양조, 의류, 제당산업에 대해서도 그렇게 했고 이들 산업은 시대의 조류에 따라 그렇게 스러져 갔다. 함부르크는 오랜 상업 전통으로 민간 기업에 대한 국가 지원이 기본적으로 유효하지 않다는 것을 일찍부터 알고 실천해왔던 것이다.[14]

함부르크에는 2016년 10월 철수 전까지 한진해운 유럽 본부가 소재해 있었다. 해운업계의 불황으로 위기가 닥쳐오자 이곳 함부르크의 하팍-로이드Hapag-Lloyd에도 비상이 걸렸다. 하팍-로이드는 2014년 내가 함부르크에 막 부임하자마자 남미 해운업체인 CSAV 사와의 합병을 통해 몸집을 불렸다. 선사야말로 규모의 경제가 매우 중요한 업종이라 한다. 하팍-로이드는 해운업이 한창 호황일 때 비싸게 계약했던 용선료 인하협상에도 공격적으로 임했다. 하지만 한진해운은 위기관리에 실패했고 불운을 피해가지 못했다. 이른 아침 힘찬 뱃고동을 울리며 엘베 강을 거슬러 올라오던 한진 컨테이너선을 이제 더 이상 볼 수 없게 되었다. 현대상선도 다른 이유이기는 하지만 이제 함부르크 항 출입을 멈추었다. 당시에는 별로 느끼지 못했지만 이제 아주 볼 수 없으니 그 아쉬움이 더욱 진하게 남는다. 브레멘 대학의 히켈 교수는 자신이 정책결정자라면 한진해운을 구제했을 것이라고 했다. 물론 여기에는 당사자들이 먼저 돈을 내놓는 자구책인 "베일 인bail- in"이 은행의 "베일 아웃bail-out"에 선행되어야 한다는 당연한 원칙이 따라붙는다. 세계 6대 해운강국이었던 한국의 위상은 이제 백 년이 지나도 회복하기 어렵게 되었다. 파산한 이유는 분명하지만 해운시장의 특성상 떠나고 나면 다시는 돌아오지 못하기 때문이다.

우리 기업들의 해외 경쟁력과 관련하여 지역학적 측면에서 기초체력이 좀 더 필요해 보인다. 지역 사정에도 어둡고 현지 언어를 구사하는 인력 풀이 빈약하다. 결국 이런 것도 분기별 성과에 집착하는 우리 기업 문화와 관계가 있어 보인다. 독일 당국이 노동비자를 주는 조건 중의 하나가 현지어 구사 여부다. 난민 사태로 현지 사회와의 통합을 중시하는 이런 관행은 앞으로 더욱 강화될 것으로 보인다.

기업의 건전성을 감시하는 회계감사도 문제다. 2016년 5월 국내 모 일간지는 "조선, 해운 추락 때 비상벨 안 울렸다"라는 제하로 부실기업을 오판한 국내 유수의 회계법인들과 신용평가사 그리고 증권사 애널리스트들의 평가 사례들을 보도했다.[15] 이 보도 당시 조건부 자율협약에 들어간 한진해운과 현대상선에 대한 증권사의 부정적 평가는 없었다 한다. 법정관리로 가야 하는 기업의 재무상태를 아무 문제가 없는 듯이 다루는 회계감사 보고서가 나온 데다, 특히 증권사의 107개나 되는 리포트가 모두 "매수" 또는 "계속 보유" 의견이었고 "매도" 의견은 단 한 건도 없었다고 한다. 삼성 합병 시에도 대다수의 증권사들이 삼성에 유리한 의견을 냈다는 증언은 전술한 대로다. '압권'이 아닐 수 없다. 기업을 부실로 몰고 간 경영자들의 책임은 말할 것도 없지만 이들로부터 선의의 투자자들을 보호해야 할 책무를 지닌 '경제 보안관'들마저 무책임한 행태를 보였다. 이러한 도덕적 해이로

기업은 회사채 발행으로 연명할 수 있어 구조조정의 적기를 놓치는 것은 물론 투자자들의 피해를 더욱 키운다. 제도란 존재하는 것만으로 그 사명을 다할 수 있는 것은 아니다. 그것을 적정하게 운용하려면 당사자들은 물론 사회적인 관심과 견제, 감시가 필요하다. 독일의 '시험관Prüfer' 제도는 단순한 회계감사만 하지는 않는다. 더구나 독일은 엔론 사태 이후 기업감사제도를 이중적으로 시행하도록 강화했다. 현대상선과 한진해운에 대한 부실감사는 사회에 끼친 피해가 클뿐더러 해외의존도가 높은 한국에 치명적인 해운사의 퇴출을 가져왔다. 2016년 9월 세계에서 가장 크다는 선박/해양박람회가 열렸던 함부르크에서 톱뉴스는 부끄럽게도 단연 한진해운의 법정관리였다. 왜 자신들에게 주어진 일들을 제대로 하지 않는가? 독일병정처럼 말이다!

세계적인 해운업 불황으로 함부르크와 슐레스비히-홀슈타인 주의 국립은행인 HSH 북부은행Nordbank과 브레멘의 국립은행인 Nord LB도 어려움에 빠졌다. 부실 선박대출과 해운업에 과도하게 편중된 포트폴리오 때문이다. 부채가 많고 시장이 협소하여 문제를 자체적으로 해결하는 것이 어렵고, 담보로 잡고 있는 노후 선박을 판매하는 것도 어렵다고 한다. 해운업의 부진을 상쇄할 만큼의 돈을 버는 것은 물론 불가능하다. 한 국책은행 관계자의 말이다.

HSH 북부은행의 선박대출 문제가 실제로 한국의 컨테이너선박 제조와도 연관되어 있어, 현대중공업 등 한국 기업들과 많은 접촉을 하고 있다. 아직 건조 중인 많은 배들에 대해 우리 은행에서 자금을 대고 있기 때문이다. 지난해 진수된 330미터 규모의 함부르크 쥐트Hamburg Süd 사 컨테이너선도 북부은행이 자금을 지원했다. 선박금융사업은 이제 더 이상 주요 사업은 아니지만, 아직 우리 사업 모델의 일부를 차지하고 있다. 컨테이너 선박은 많은 이윤을 내지만 대출 상환이 이루어지지 않는 것이 문제이다. 노후 선박은 경쟁력이 제한적이고, 이로 인해 현금 유동성에 부담을 주어 해당 선박에 시행된 대출 상환이 힘들어지는 것이다. 금융위기 전 선박건조비용은 오늘날보다 높았다. 철강가격의 하락 등 요인으로 인해 지금의 건조 비용은 절반 정도에 불과하다. 신규제작 선박은 노후 선박보다 경쟁력이 높다[2015.6.19].

결국 정부의 구제금융 없이는 정상 운영할 수 없게 되었지만, 정부 차원의 직접적 개입은 EU의 경쟁법 차원에서 가능하지 않다. 정부 소유 공기업을 통한 간접적 지원방안이 가능할 뿐이다. 부실기업의 구제조치와 관련한 함부르크 재무장관의 말이다.

투자는 물론 계속 이루어져야 하지만 이는 가용한 재정 범위 내에서 이루어져야 한다. 이것은 투자자금을 예산에서 가져오겠다는 것이 아니고, 공기업을 통해 조달하겠다는 것을 의미한다. 함부르크에는 다행히 SAGA를 비롯한 몇몇 공기업이 있다. 이 기업들은 부채를 만들어도 되는데, 단 이 부채를 스스로 상환할 능력이 있을 때만 가능하다. 다른 유럽 나라들에는 이런 것이 없다. 이렇기 때문에 취약해진 EU 회원국들을 위해 독일이 더 많은 재정지원을 해야 한다고 요구한다. 얼마 전 EU집행이사회는 독일에 유럽 경제 활성화를 위해 500억 유로를 투자할 것을 제안했다. 독일은 이 제안을 거절했다. 독일은 더 이상 신규 국가부채를 만들 수 없기 때문이다. 그것은 오직 공기업만이 할 수 있는데 또 공기업과 비교해 사기업이 불이익을 받을 수 없게 규정한 EU 경쟁법에 의해 복잡해진다. 그것은 경쟁왜곡이 될 수 있기 때문이다. 그래서 함부르크는 하팍-로이드 사의 주주임에도 이 기업에 어떠한 재정 지원도 할 수 없다. 당시에 함부르크는 하팍-로이드 사가 외국에 팔리는 것을 막기 위해 하팍-로이드 사의 TUI 지분을 인수했다. 당시 자본 참여의 근거는 이곳의 "산업입지Standort"를 강화하고자 함이었다. 그러나 국가예산이 투입되어서는 안 되기 때문에 함부르크 공기업인 함부르크자산관리공사HGV를 포함한 함부르크 기업들의 컨소시엄을 설립해서 하팍-로이드에 투자하는, 개인 소유주와 같은 방식으로 진행되었다. 문제는, HSH 북부은행이 하팍-로이드 사의 주주이고, 따라서 원칙적으로는 이 은행이 하팍-로이드 사의 안정화에 관여해야 한다는 것이다. 이것은 HSH 북부은행의 정당한 이해이기는 하지만 기업에 신규 자금을 줄 수 없게 되어 있다. 2009년에 국고에서 30억 유로가 HSH 북부은행으로 흘러들어 갔다. 당시 구제위원회Beihilfekommission는 이것을 허용되지 않는 것으로 보았다. 새로운 투자는 특정한 조건에서만 인가되는데, 그 조건이란 HSH 북부은행이 먼저 민영화되어야 한다는 것이다. 기업매각이 쉬운 일은 아니지만 우리는 누군가를 찾을 수 있으리라고 생각한다. 예를 들면 아시아에서 말이다. 1월부터 매각 절차가 시작된다. 당신은 여기에 관심을 가질 만한 한국의 기업을 알고 있는가?[2016. 12. 19].

제11장

미텔슈탄트와 빅챔피언 가파

미텔슈탄트는 대기업보다 더 성공적이다

독일 기업의 대표적 유형은 "미텔슈탄트^{Mittelstand}"라 불리는 가족기업이다. 미텔슈탄트는 독일 경제의 중추이자 성공의 상징이다. 중소기업은 일반적으로 외형 면에서는 499명 이하의 고용규모와 5천만 유로 이하의 매출규모를 갖는 기업으로 정의되는 데 비해 독일과 오스트리아에서만 통용되는 미텔슈탄트(가족기업)에 대한 정확한 외형적 개념은 없다. 다만 본에 위치한 미텔슈탄트연구소의 정의에 따르면 미텔슈탄트는 기업의 규모가 중소기업의 외형보다 크더라도 한 명 또는 두 명의 자연인 또는 그의 직간접적인 가족 구성원이 50% 이상의 지분을 갖고 직접 경영에 참여하는 기업이다. 따라서 미텔슈탄트는 외형에 따른 개념이라기보다는 소유, 경영, 책임이라는 내용적인 특성에 초점을 맞춘 개념이다. 독일 경제의 성공요인을 지목할 때는 중소기업보다는 미텔슈탄트나 가족기업의 개념이 더 적합하다 하겠다. 다만 현실적으로는 중소기업과 미텔슈탄트의 스펙트럼이 크게 겹친다. 많은 미텔슈탄트가 중소기업이기 때문이다. 그러나 베엠베^{BMW}와 같은 대기업도 주식회사이지만 특정 가족이 대지주라는 점에서 미텔슈탄트에 가까운 가족기업 형태로 볼 수 있고, 밀레도 주식회사가 아닌 대기업으로서 역시 전형적인 미텔슈탄트이다. 독일 중소기업과 가족기업은 우선 기업의 숫자 면에서 전체 기업의 95%가 넘으며(중소기업은 99.6%, 가족기업은 95%) 고용 면에서 약 60%, 매출 면에서 약 40%를 담당한다. 특히 주목해야 할 것은 80%를 넘는 직업교육 훈련생들에게 직업훈련 기회를 제공하고 있다는 사실이다. 미텔슈탄트는 사회적 중산층^{Mittelschicht}과 서로를 보완하고 있다. 독일은 두 번에 걸친 세계대전, 그리고 특히 2차 대전 이후 대량 이주로 사회 전체가 뒤섞였다. 동프로이센으로부터 수백만 명이 들어왔고, 또 수백만 명이 동독에서 서독으로 탈주했다. 라인란트 지역은 한때 인구의 10%만이 개신교도였지만, 지금은 개신교도가 30~40%에 이른다. 이렇게 독일 사회는 사회학적 구조에서 볼 때, 계층구조를 이루고 있는 영국과 같은 국가들과는 전혀 다르게 넓은 중산층에 의해 지탱되고 있다.[1]

닥스^{Dax} 상장사 중 64.2%가 미텔슈탄트인 가족기업이다. 세금 납부 측면에서 보면 상위 500개의 가족기업들이 수익 대비 28%를 세금으로 납부하는 데 비해, 닥스 상장사 중 가족기업이 아닌 대기업 27개 사는 수익 대비 25%를 세금으로 납부하여 가족기업보다 납세 비중이 작다. 이런 통계에서 보듯이 독일 가족기업들은 매출, 고용, 기업가치, 투자 면에서 우수한 성과를 내면서 독일 경제에서 압도적인 비중을 차지하고 있다.[2] 고급 가방제조업체인 리모바^{Rimowa}는 지난 5년간 매년 70%씩 성장했다. 외국에서 독일의 가족기업만큼 부러운 것도 없다. 그러나 독일 가족기업의 경영수지에 관한 객관적 통계수치는 없다. 547개의 상장 대기업과 달리 300만 개의 독일 가족기업들은 대부분 경영공시 의무가 없기 때문이다.

≪한델스블라트≫가 독일 슈파카세/지로협회^{DSGV}의 30만 개 회원사에 대한 익

명 통계를 입수, 분석한 바에 따르면 많은 가족기업, 합명회사^{Personengesellschaft}, 중소기업들이 상장 대기업들보다 더 성공적이다. 2015년 이들의 수익률은 7.3%였는 데 반해 닥스, 엠닥스^{MDax}, 테크닥스^{TecDax}의 110대 상장 대기업들의 수익률은 6.3%였다. 아울러 장기적으로 비자본시장 지향적 기업들이 우수한 것으로 나타났다. 2003년 이래 조사된 이 30만 개의 기업들이 128%의 수익 성장률을 보인 데 비해 상장 대기업들의 성장률은 97%에 그쳤다. 2015년의 영업실적도 2014년과 마찬가지로 좋았고 평균 자기자본율도 25%로서 전례 없이 좋다. 2000년대 초기만 하더라도 3~4% 정도였다. 독일 내 가족/중소기업의 약진은 독일 내 호경기 덕이다. 외국의 수요 약세를 내수가 메워주었기 때문이다. 이에 비해 상장 대기업들은 러시아, 중국, 남미 등 주요 시장의 위기에 따라 고전하고 있다.[3]

미텔슈탄트의 강점은 사주의 책임경영이다. 호르히^{Frank Horch} 함부르크 경제장관은 소유주가 직접 운영하는 미텔슈탄트는 대기업과는 전혀 다른 마음가짐으로 자신의 기업을 운영할 것이라며 이것을 가장 중요한 성공요인으로 지목했다. 아울러 대기업에서 나타나는 거버넌스의 경직성 같은 단점을 보완할 수 있다. 독일 연방총리 직속으로 설치된 지속가능성 위원회에 참여하고 있는 함부르크 경영대학의 바센^{Alexander Bassen} 교수의 이야기다.

독일 경제의 장점은 높은 혁신력과 유연성을 제공하는 가족/중소기업에 있다. 대형 대학들이 갖고 있는 거버넌스의 경직성 같은 단점들은 대기업에도 역시 해당된다. 폴크스바겐 사태를 보라. 폴크스바겐은 엄격한 공포정치를 휘둘렀고, 많은 직원들이 기업의 배출가스 감축목표가 불가능하다는 것을 알고 있었지만 아무도 이견을 제시할 엄두를 내지 못했다. 이것은 자동차 부문뿐 아니라 금융부문 등에서도 대기업이 안고 있는 문제다. 오늘날 젊은이들의 근로동기가 이전과는 다르다는 사실을 고려해보면 대기업의 경직된 계층구조는 장애물이 되고 있다.

따라서 중소기업들이 경쟁우위를 차지하고 있으며, 이들 기업은 또한 사회적으로도 명성을 누리고 있다[2016.2.26].

중소기업과 직업훈련제도에 자부심을 갖고 있는 함부르크 수공업협회의 카처 Josef Katzer 회장의 언급이다.

독일에는 100만여 개의 수공업 영업장이 있고, 1500만 명이 종사하고 있다. 이들은 물론 중소기업이자 가족기업이다. 특히 함부르크는 공사가 많아 수공업 부문이 호황이다. 이곳 함부르크는 많은 돈을 벌어들이고, 또 소비하고 있다. 전체적으로 봤을 때 독일 수공업은 잘되고 있고, 경제의 견인차이기도 하다. 대기업은 상당 부분 중소기업에 하청을 주고 있다. 세수는 주로 중소기업에서 들어온다. 애플과 같이 높은 이윤을 내는 대기업이 변호사와 회계사들을 고용하여 세율이 가장 낮은 다른 국가에서 세금을 낸다. 독일의 조세수입은 국제세법 전문 변호사를 고용하고 있지 않은 중소기업 덕분이다. 또한 세분화된 중소기업의 구조 덕분에 우리가 금융위기를 극복할 수 있었다고 생각한다. 예를 들어 10인 기업에서는 고용주가 한 직원을 해고했을 경우 그의 개인사정이 어떻게 될지 잘 알고 있으므로 직원 해고에 대해 신중하다. 직업훈련도 독일 경제의 성공 기반이다. 수공업 영업장은 실제로 필요한 수보다 더 많은 직업 훈련생들을 훈련시킨다. 주 1~2일 수업을 포함하는 3년 동안의 수련시기 동안 기업은 월 600~1000유로가량의 임금을 지급한다. 훈련생들은 추후 어떤 영업장에도 투입될 수 있도록 광범위한 훈련을 받는다. 이렇게 유연성을 갖춘 노동력은 제대로 훈련되어 있고, 전 세계적으로 수요가 있는 귀중한 자원이다.

독일에서도 대기업들이 힘을 남용하는 경우가 있지만, 많은 경우 시간이 지나면서 그것이 손해라는 것을 깨닫게 된다. 대부분의 기업들은 하청업체들과 파트너적 관계를 유지하는 것이 중요하다는 것을 알고 있다. 대기업은 사회에 대한 책임을 지닌다. 텍사스에 사는 한 친구는, 미국에서는 대기업과 하청업체 간에 공정성을 찾아보기 힘들다고 한다. 미국에는 다른 사고방식이 자리잡고 있다. 다들 신속하게 거래하고자 한다[2015.7.3].

독일의 세계 최고상품은 축구가 아니다

『히든챔피언』의 저자인 헤르만 지몬 회장은 독일의 "세계챔피언 위상Weltmeister-position"이란 표를 만들었다. 본인의 설명에 따르면 재미삼아 만들어본 것이라 했다. 몇 개 분야에서 독일이 세계에서 차지하는 점유율을 **표 4**와 같이 집계했는데, 2014년 기준으로 축구 15.8%, 포뮬라 원[F1] 16.1%, 지식 12.5%, 히든챔피언 48%로 나타났다. 독일의 최고 상품은 축구가 아니라 지몬 회장이 만든 개념인 세계 최강 기업 '히든챔피언'이라는 것이다. 전 세계 히든챔피언 2734개 사 중 48%에 해당하는 1307개 사가 독일 기업이다. 히든챔피언은 세계 시장 톱3에 들어가면서도 낮은 인지도를 특징으로 하며 매출 규모가 50억 유로를 넘지 않는 기업들이다. 실제 히든챔피언들의 평균 매출액이 3억 유로가 넘는 점을 고려할 때 중소기업이라기보다는 중견기업이나 미텔슈탄트의 개념에 가깝다. 히든챔피언은 단일제품, 단일시장 기업들로서 군살 없이 날씬하고 기능적인 조직으로 사업을 꾸려나가는 경영스타일을 갖고 있다. 시장의 정의에 따라 달라질 수는 있지만 어쨌든 100%의 시장점유율을 가진 히든챔피언도 있다. 좁은 시장, 큰 기회라는 말대로 선택과 집중 전략은 히든챔피언의 특성 중 하나다.[4] 독일의 히든챔피언이 몰려 있는 바덴-뷔르템베르크 지역의 사투리로 "매일 조금씩 더 낫게Jeden Tag a bissler besser"란 말은 히든챔피언 또는 독일 미텔슈탄트의 성공 원리를 단적으로 나타낸다. 이 말에는

분야	기준	독일의 세계 시장 점유율
히든챔피언	히든챔피언 수	48.0%
포뮬러 원	월드챔피언십 우승	16.1%
축구	월드컵 우승	15.8%
지식	노벨상 수상	12.5%
대학	2011~2012 세계 100대 대학 순위	12.0%
스포츠	1896~2012 올림픽 금메달	9.5%
대기업	2011 ≪포천≫ 선정 글로벌 상위 100대 기업	6.4%
테니스	남자 세계선수권 대회	5.5%
인구	인구수	1.2%

표 4 독일의 세계 시장 점유율

자료: Hermann Simon.

장기간에 걸쳐 꾸준히 한 우물을 파는 경영 철학이 녹아 있다. 2015년 12월 본에 있는 지몬-쿠허 앤 파트너스Simon-Kucher & Partners에서 지몬 회장과 두어 시간 대화를 나누었는데, 그는 디지털화와 함께 나타난 거대 혁신기업인 가파GAFA(구글, 애플, 페이스북, 아마존) 같은 "기적의 기업", "슈퍼스타", "빅챔피언", "오픈챔피언"보다는 "히든챔피언"으로부터 더 많은 것을 배울 수 있다고 힘주어 말했고, 독일 대기업의 분사spin-off에 의한 전문화 추세를 예로 들면서 한국 대기업들 내부에 거대한 분사 잠재력이 있다며 강도 높은 독립성과 분권화를 제시했다. 그는 도표를 그려가며 아래와 같이 설명했다.

나는 빅챔피언에 반대하는 것이 아니라, 대규모 시장에만 대규모 기업이 필요하다는 것이다. 통신시장이나 제약시장에 진입하고자 한다거나 상용항공기나 자동차를 생산하고자 한다면 일단 회사의 규모를 키워야 한다. 이와 마찬가지로 매우 많은 소규모 시장도 존재한다. 세상에 얼마나 많은 시장들이 있다고 보는가? 아무도 모른다. 임의로 1만 개라고 가정해보자. 이 중 대규모 시장은 얼마나 될까? 아마 100개 또는 많아야 200개 정도일 것이다. 다시 말해 98%는 소규모 시장이라는 것을 의미하고, 그 규모의 총합은 2%를 차지하는 대규모 시장과 최소한 동일한 수준의 규모다. 내가 말하고자 하는 것은, 바로 애플이나 구글과 같은 세기의 회사들, 또는 기적의 회사들로부터 우리가 교훈을 얻기 힘들다는 것이다. 이러한 회사에서는 스티브 잡스$^{Steve Jobs}$와 같은 단 한 명이 독창적 아이디어를 내고, 불과 몇 년 안에 최고의 기업이 생겨난다. 이러한 기업이 우리의 롤모델은 아니다. 아인슈타인과 마찬가지다. 나는 아인슈타인 같은 사람이 되겠다고 결심하지 않는다. 일반적인 사업가들이라면 중소기업에서 더 많은 것을 배울 수 있을 것이라는 뜻이다. 이러한 기업들은 소소하지만 많은 일들을 제대로 해내고 있고, 이러한 일들은 아인슈타인이 아니더라도 해낼 수 있다. 끈기와 장기적 목표를 갖추고 노력한다면 자신의 분야에서 시장을 선도하는 역할을 할 수 있다. 이것이 바로 내가 전하고자 하는 메시지다. 물론 훌륭한 대기업으로부터도 배울 수 있다. 그러나 애플이나 구글 같은 기업이 될 가능성은 희박하다. 독창적인 아이디어를 생각해내고, 여기서 첫 번째가 되기 위해서는 운이 따라야 한다. 우리 회사의 예에서 볼 수 있듯이, 우리는 천재가 아니고, 우리 팀에 세계에서 가장 똑똑한 사람들이 모여 있는 것도 아니다. 그러나 우리는 다른 기업들과 달리 한 분야에 초점을 두고 이 사업을 세계화시켰다. 이런 것은 해볼 만하지 않을까?

한국에 적용해보자. 한국의 수출 포트폴리오를 보면 물론 전자기기와 자동차 두 분야가 주도적이다. 그러나 이 분야는 다른 국가와 경쟁이 심하다. 전자기기는 점차 중국으로 옮겨가고 있다. 자동차 제조의 경우 독일과 일본, 그리고 앞으로는 어쩌면 중국이 주도하게 될 것이다. 이 점에서 한국은 다시 한 번 숙고해야 한다. 또 어떤 분야에서 히든챔피언 전략을 세울 수 있을 것인가를 말이다. 작은 시장에 진입하고자 한다면 중소기업과 히든챔피언이 필요할 것이다. 이 경우 빅챔피언으로는 불가능하다. 1인당 수출 기준에서 보면 독일이 10년이 넘는 오랜 기간 동안 압도적인 차이를 두고 최상위를 차지하고 있고, 한국이 2위를 차지하고 있다! 한국의 순위가 프랑스, 영국, 이탈리아보다 높으며, 1인당으로 볼 때 미

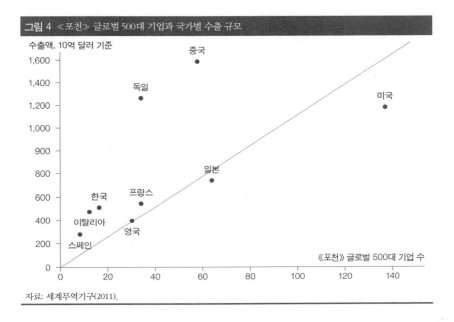

그림 4 ≪포천≫ 글로벌 500대 기업과 국가별 수출 규모

수출액, 10억 달러 기준

세로축 값: 0, 200, 400, 600, 800, 900, 1,000, 1,200, 1,400, 1,600

중국

독일

미국

일본

한국 / 프랑스

이탈리아

영국

스페인

《포천》 글로벌 500대 기업 수

가로축 값: 0, 20, 40, 60, 80, 100, 120, 140

자료: 세계무역기구(2011).

국보다 높다는 것도 자명하다. 한국은 수출지향적 경제이다. 그러나 한국 경제의 약점을 다른 그림에서 볼 수 있다. **그림 4**에서 가로축은 ≪포천Fortune≫ 선정 글로벌 500대 기업을, 세로축은 수출 규모를 나타내고 있다. 여기서 볼 수 있듯이 대부분의 국가에서는 초대형 기업과 수출규모 간에 거의 직선적인 비례관계를 보이고 있다. 즉, 이 국가들에서는 수출규모가 대기업의 숫자에 달려 있다.

다만 예외적인 국가 두 곳이 있는데, 바로 선도적 수출국인 독일과 중국이다. 이 두 국가는 무엇이 다른가. 중국에서는 전체 수출의 68%가 직원 수가 2000명이 안 되는 기업에서 이루어지고 있고, 독일도 대략적으로 볼 때 전체 수출의 3분의 2가 중소기업에서 이루어진다. 다시 말해 '좋은' 수출성적을 내기 위해서는 대기업이 필요하지만, '탁월한' 성적을 내려면 대기업으로는 충분하지 않다는 것이다. 수출량이 큰 강한 중소기업이 필요하다. 한국의 성장 둔화에는 세 가지 요인이 있다. 첫 번째는 수출에 역점을 둔 중소기업의 부재이고, 두 번째 요인은 인구구조이다. 한국 기업들이 성장하고자 한다면 한국 내부에 머물러서는 안 된다. 한국의 출산율이 독일이나 일본과 같은 수준으로 낮기 때문이다. 세 번째는 발전 과정에서 기인한 것이기는 하지만, 한국 기업들이 가격요인에 민감한 시장에서 활동 중이라는 점이다. 전자기기나 자동차는 가격이 중요하다. 예외는 프리미엄 자동차의 경우이다. 한국은 프리미엄 자동차 분야에 취약하다. 일본은 렉서스로 어느 정도 이 시장 진입에 성공했다. 철강과 조선 역시 가격에 매우 민감한 부문 이다. 중국에서, 그리고 조만간 베트남에서 더 낮은 가격의 선박을 생산한다면 고객들은 그쪽으로 이동하게 된다. 그러니 고급상품에 더 많은 비용을 지불할 의 향이 있는 고객들을 위한 글로벌 시장에 진입해야 한다. 아직까지는 성공하지 못 했다. 삼성, LG, 현대, 기아 등 한국 브랜드들은 잘 알려져 있지만, 아직 고객들은 이들 기업의 상품에 더 많은 비용을 지불할 의향은 없다. 애플 스마트폰은 평균 637달러이고, 삼성 스마트폰은 약 285달러이다. 두 제품 간에는 350달러의 차이 가 있다. 애플 사의 점유율은 15~20%에 불과하지만, 스마트폰 시장에서 발생하 는 수익의 80%를 벌어들이고 있다.

한국에는 히든챔피언의 수가 적은 편이지만, 한국과 독일의 히든챔피언 간에 질적인 차이는 없다고 본다. 만약 있더라도 재벌과 같은 한국의 대기업과 독일의 대기업 간의 차이보다는 훨씬 작을 것이다. 예를 들어 한국의 대기업들은 독일 대기업들보다 훨씬 다각화되어 있고, 더 많은 분야에서 활동하고 있지만 독일의 대기업들이 오늘날 20년 전보다 더욱 집약적이라는 점은 한국의 재벌기업들에게 도 참고가 될 것이다. 지적재산, 혁신, 혁신력은 매우 핵심적인 역할을 한다. 지 금까지 그래왔듯이 앞으로도 세계시장을 선도하는 것은 모방이 아닌 오직 혁신 을 통해서만 가능하다. 또한 노동자 친화적일수록 현저히 많은 수익을 올리게 될 것이다. 그러한 상품의 가치가 더 높기 때문이다. 향후 한국의 대기업들이 세계 시장에서의 전략이나 위치를 포기하기보다는 한국에 강한 중소기업들이 추가적으로 생겨나야 한다는 것이다. 하지만 대기업이 분사$^{spin-off}$된다면 새로운 성장동력이 되리라는 것 또한 말해주고 싶다. 특히 약 20년 전부터 이러한 변화가 점차 확산되고 있다. GE는 최근 금융부문을 매각했고, 지멘스^{Siemens}는 휴대전화사업에서 손을 뗀 지 오래이며, 바이에르^{Bayer}는 소재과학 사업을 분리하여 별도의 자회사를 설립했다. 사업분리가 이루어질 경우 독립한 기업의 대부분이 새로운 성장동력을 얻게 되는 것을 볼 수 있다. 이런 추세는 앞으로 더 강화될 것으로 본다 [2015.12.8].

지몬 회장과 대화를 마치고 일어서려 할 때 그가 나에게 주었던 "한국 경제에 대한 10개 항목의 제언" 중 몇 가지를 소개해본다. 그는 이 제언들이 독일 그리고 히든챔피언의 관점에서 한국 중소기업의 육성, 발전을 위한 도전과제를 정리해본 것이라며, 한국의 정치, 사회, 문화 등 실정에 따라 실제 활용이 가능하지 않는 부분이 있을 것이라는 점을 덧붙였다.

우선은 중소기업이나 히든챔피언을 육성해야 한다는 당위성을 뚜렷이 인식해야 한다. 독일의 히든챔피언들은 백 년이 넘는 사회적, 문화적 전통하에서 오랫동안 육성, 발전되어온 것이어서 한국에서 하루아침에 그러한 것을 기대할 수는 없다 해도, 한국 중소기업 발전 가능성에 대한 변수^{Parameters}들은 충분하다. 두 번째는 한국 중소기업이 고급인력을 유인하지 못하는 문제다. 독일의 히든챔피언들도 대학교육을 받은 머리 좋은 사람들만 모여 있지는 않다. 인재들이 시골에 있는 히든챔피언에서 일하려 하지 않기 때문이다. 그래서 히든챔피언의 직원들이나 젊은 창업자들은 그런 인재들은 아니지만 '기업가적 에너지'가 있는 사람들이다. 미국의 스티브 잡스나 빌 게이츠도 그렇다. 한국 중소기업들도 그런 사람들로 채워져야 한다. 그러기 위해서는 한국은 '사회적 가치'에 대한 인식을 바꾸어야 한다. 이것은 과도한 대학교육 현상과 맞물려 있다. 우리 사회는 엔지니어만 필요한 것은 아니다. 실제 산업현장에서 뛰는 전문 기술자들도 필요하다.

한국 재벌에는 분사에 대한 다대한 잠재력이 있다. 수많은 분야의 사업을 오직 한 사람의 사주가 운영한다는 것은 분명히 중장기적으로는 지속가능하지 않은 모델이다. 독일이나 미국에서도 보듯이, 분사는 기존의 제한으로부터 벗어나 새로운 성장동력을 제공한다. 지멘스, 린데, 바이에르 등 성공사례는 얼마든지 있다.

높은 상속세는 중소기업의 창달에 유해하다. 자본이 제대로 형성될 기회가 없기 때문이다. 프랑스가 대표적 사례다. 높은 상속세를 물리는 프랑스에서 미텔슈탄트나 히든챔피언은 제대로 클 수 없었다. 차라리 스위스, 오스트리아, 스웨덴처럼 아예 상속세를 없애는 것이 좋다고 본다. 상속세는 부의 분배를 위한 적절한 수단이 아니다. 독일에서 상속세가 전체 세수에서 차지하는 비중은 1~2% 정도다.

그는 상기한 것 외에도 사회 전체적인 다원화나 여성 인력의 중소기업 분야 활용 같은 사회적 요인도 거론했다. 독일에서 상속세를 면제해주는 취지는 가족기업의 기술로부터 나오는 경쟁력을 보호하기 위한 것인데, 그 면세기준과 범위는 헌법재판소에서 벌써 세 번의 다툼이 있을 정도로 사회적 분쟁거리가 되어왔다. 2014년 12월 연방 헌법재판소의 위헌 판결로 2016년 6월 상속세법 개정이 이루어졌지만 벌써 4차 헌재 소송이 제기될 것이라는 관측이 있을 정도로 상속세 면제를 둘러싼 사회적 대립은 좀체 수그러들 기미를 보이지 않고 있다.

박물관에 있는 밀레 자동차

전형적인 가족기업으로는 우선 지게차 제작업체인 융하인리히를 들 수 있는데 이에 대해서는 제9장에서 공동결정제를 설명하는 과정에서 소개했다. 창업자인 융하인리히의 후손들이 지금은 경영 일선이 아닌 감독이사회에 포진하고 있고 전문 경영인을 영입하여 기업을 운영하고 있는 사례다. 설명했다시피 프라이 동아시아협회장이 사장으로 경영 일선에서 감독이사회의 사주 가족들과 조화롭게 융하인리히 사를 경영하고 있다. 또 다른 가족기업으로서 세탁기 등 가전제품으로 세계적 브랜드를 가진 밀레^{Miele}의 사례를 들어보겠다.

밀레는 지금도 창업주의 후손들이 경영 일선에서 기업을 운영하고 있고 또 이 기업을 100% 소유하고 있는, 어느 모로 보나 가장 전형적인 가족기업이다. 연 매출이 37억 유로에 달하는 1만 9000명의 고용규모와 세계 48개국에 현지 법인을 갖고 있는 기업임에도 회사의 설립 형태는 사주가 무한 또는 유한 책임을 지는 합명회사다. 독일에서 가장 보편적인 기업의 법적 형태는, 200만 개가 넘는 개인가게와 같은 소매상^{Einzel Unternehmung}을 제외하면 대부분 유한책임회사인 "게엠베하^{GmbH}"로서 약 50만 개 사가 이 형태를 취하고 있다. 밀레와 같은 무한책임을 지는 사주를 의무적으로 포함하는 합명 인적회사^{KG}는 약 14만 개 정도이고 우리에게 익숙한 주식회사^{AG}는 약 8천 개 사가 등록되어 있다. 기본적으로 주식회사는 남의 돈을 갖고 사업을 하고, 합자회사나 합명회사는 자기 돈을 갖고 한다. 독일에서 주식회사가 크게 발전하지 않은 것은 바로 자신이 갖고 있는 돈으로 사업하겠다는 전형적인 독일 기업인들의 마인드가 반영된 결과다. 주식회사는 영미형 회사 형태로 히든챔피언과 같이 가족기업이 대부분인 독일의 전통적 기업형태와는 어울리지 않는다. 오히려 이민사회인 미국 같은 곳이 주식회사 설립에 적합한 토양을 제공했을 것이다.

** 귀터슬로에 소재한 밀레 본사 박물관에 전시 중인 밀레 자동차. 이 자동차는 밀레가 주방, 가정용품과 함께 자동차, 오토바이, 자전거 등을 만들 때인 1912~1914년에 만들어진 것이다. 이후 밀레는 다각화보다는 전문화의 길을 택했고 주방, 가정용품에 집중하여 그 분야의 세계적 기업으로 도약할 수 있었다. 그래서 밀레 자동차는 거리가 아닌 박물관에서만 볼 수 있지만, 전문화 경영방침으로 가기까지의 시행착오적 과정을 잘 보여주고 있다. 사진 제공: 밀레 홍보실.

밀레와 같은 인적회사Kommanditgesellschaft는 사주가 무한책임을 지는 만큼 "자본회사Kapitalgesellschaft"와는 달리 경영공시 의무도 없고 독일 기업의 특징이라 할 수 있는 공동결정권 같은 것도 인정치 않는다. 망하든 흥하든 전적으로 사주가 알아서 하는 구조이다. 그러니 사주가 혼신의 힘을 다할 수밖에 없다. "밀레"는 밀레와 친칸이 1899년 창업한 이래 지금까지 100년 이상을 그들의 직계후손들이 경영 일선에 나서고 있다. 기업 지분은 밀레와 친칸이 51 대 49로 거의 동등하게 갖고 있으나 마케팅상의 이유로 상호를 "밀레"로만 정했다. 이들은 시작부터 함께했고 "회사 정관Gesellschaftsvertrag"을 처음부터 명확하고 자세하게 만들었다 한다. 예를 들어 수익은 어디에 쓰여야 하는가, 기업 내 활발한 협력을 위해 어떤 전제조건이 충족되어야 하는가, 다음 세대로의 상속은 어떻게 이루어져야 하는가가 당초부터 결정되어 있는 구조로서 사주 가족 간 분쟁을 방지하는 데 기여하고 있다. 회사 경영기구로는 밀레와 친칸 두 가족의 후손들로만 이루어진 80여 명 규모의 "소유주 총회Gesellschafterversammelung"와 친칸과 밀레 일가에서 각각 3명씩 총 6명의 대표자로 구성된 "감독위원회Aufsichtsgremium", 그리고 양 가문의 직계후손 2명을 포함한 5명의 경영진을 두고 있다.

밀레는 귀터슬로Guetersloh가 위치한 농촌지역에서 농경제 분야의 기업으로 출발했다. 19세기 말 소젖으로 버터를 만드는 기계를 제작한 것이 시초였다. 버터기계에 이어 밀레가 유럽 시장에 가져온 혁명은 식기세척기다. 밀레는 주식시장 붕괴 직후인 1929년에 유럽 시장에 처음 식기세척기를 소개했다. 밀레는 식기세척기 분야의 선구적 기업이다. 당시 식기세척기는 가사 도우미 연봉의 세 배에 달하는 가격으로 인기상품은 아니었다 한다. 이후 세탁기를 만들었고 자전거, 스쿠터 그리고 자동차까지 만들었다가 개인 기업으로서의 한계를 인식하고 가정용품에만 다시 집중하는 것으로 회사 방침을 정했다 한다. 밀레는 전통적으로 어떠한 외부 투자도 받지 않으며 지속가능한 성장을 생각하는 독립적 가족기업이고, 이 원칙은 지금까지 충실하게 지켜지고 있다.

독일 내의 많은 가족기업이 그러하듯이 밀레 사가 중요하게 생각하는 성공 요소는 지속성과 장기적 관점에서의 사고다. 이 점에서 분기별 매출액을 최우선으로 생각하거나 사장이 계속해서 바뀌는 주식회사 같은 기업 구조와 차별된다. 가족기업은 설립자 가족들이 보통은 평생을 지속적으로 기업활동에 참여하기 때문에 보다 안정적이다. 현재 밀레의 전체 소유주는 약 80명으로서, 이들은 모두 양 가문의 후손들이다. 이처럼 소유주가 많기 때문에 독선적 지배구조를 막을 수 있다. 밀레는 고객 편의와 브랜드 가치에 초점을 둔다. 영어권 국가에서 밀레의 광고 문구인 "당신은 도착하셨습니다You have arrived"는 고객이 프리미엄 브랜드인 밀레 제품을 구매할 만한 위치에 '도착'했음을 의미한다.

밀레의 경영으로부터 배울 수 있는 독일 가족기업상의 특장점을 몇 가지 제시해보겠다.

우선 동東베스트팔렌-리페Ostwestfalen-Lippe 지방의 상인 전통대로 기업역사 100년이 넘는 기간 동안 차입 없는 건전 경영을 실천하면서 사세를 감당할 수 있는 분야로 한정하여 전문화의 길을 걸어왔다는 점이다. 2차 대전 전 자전거, 스쿠터, 자동차까지 만들었다가 이를 포기하고 당초 개발 품목이었던 가정용품에 집중하는 것으로 돌아왔다. 동베스트팔렌-리페 지방은 독일 내에서도 슈투트가르트, 함부르크와 함께 상인정신이 투철하여 근검, 절약하는 기풍을 가진 지역이다.

두 번째는 밀레 집안과 친칸 집안이 창사 이래 117년 동안 순조로운 동업관계를 유지하고 있는데 그 비결은 동업 조건이 포함된 "회사 정관Gesellschaftvertrag"을 구체적으로 맺어 모호한 규정으로 인한 분쟁을 방지하고 이를 지키려는 노력을 해왔으며 그 결과 신뢰가 쌓여왔다는 것이다. 특히 친칸 집안이 49%의 지분에도 불구하고, 사명에 밀레 집안의 이름만 들어가는 것을 용인했다는 점도 사실 쉬운 일은 아니다.

세 번째는 현재 사주가 80명의 양쪽 가문 출신인 친인척들로 구성되어 있는데, 경영진과 감독위원회에 의한 책임경영을 인정하되 이 80명으로 구성된 소유주 총회가 간여함으로써 어느 한두 명의 특정 사주에게 권한이 쏠리지 않게 한 것이 오히려 성공 요인이 되었다는 것이다. 생각건대 밀레의 경영구조는 매우 독특한 것으로, 독일 기업의 경영진과 감독위원회—밀레의 감독위원회는 노사공동결정제가 적용되는 통상 주식회사의 감독이사회는 아니다—라는 전형적인 이중 경영구조에 더하여 80명의 사주들이 직간접으로 경영에 참여하는 넓은 의미의 평의회Rat식 경영을 통해 성공을 거두고 있다고 보인다. 사실 주식회사는 다수의 주주가 경영권을 행사하기는 어렵다. 주식 매입을 통해 자본조달의 기능만 하고 경영은 대표이사진 1명이나 서너 명 정도로 집중되는 것이 보통이다. 우리나라의 경우 대개 재벌 집안의 후계자가 전문경영인으로서의 자질 여부를 떠나서 1인 오너로 전체 기업군을 좌지우지하는 것이 보통이고 주총을 통한 경영 간여는 형식에 그친다. 그에 비하면 독일의 가족회사는 수명에서 수십 명에 이르는 가족 주인들이 직접 경영을 책임지는 형태로 안정성과 효율성을 공히 발휘할 수 있는 잠재력이 더 크다. 실제로 2016년 5월 ≪한델스블라트≫의 조사에 따르면 비상장기업, 즉 합명회사ᴷᴳ 형태의 가족기업이 주식회사보다 높은 이윤을 창출한 것으로 나타났다.

네 번째로는 평화롭고 협력적인 노사관계를 위해 기업에서 많은 배려와 투자를 하고 있다는 점이다. 사회적 평화를 존중하는 기업문화 전통을 유지해오고 있어, 설립자뿐만 아니라 노동자들도 밀레에서 이미 4~6대째 내려오는 사람들이 많다고 한다. 매력적인 기업 복지를 제공하여 직원들이 지속적으로 함께 일할 수 있도록 하고 있는데, 1909년 자체 의료보험을 도입한 최초의 기업이다. 또한 젊은 부모들을 위해 유연근무제flexible Teilzeit와 재택근무 모델을 도입했고, 사내 유치원도 현재 건설 중이다. 준법감사compliance 측면에서도 상대적으로 작은 사업체에는 별도의 부서를 두지는 않지만, 위탁 책임자, 검사역, 외부 옴부즈만 등을 통해 행동규칙 준수를 독려하고 있다. 합명회사로서 감독이사회에 노측 참여가 없는 대신 노동자평의회의 역할이(성과급 산정 등을 포함하여) 활성화되고 있다.

이상의 분석은 2016년 12월 밀레를 방문했을 때 2대 창업 가족 경영자인 친칸Reinhard Zinkann 사장과 영입 전문경영자인 바르츄Olaf Bartsch 사장의 설명에 기초한 것이다. 밀레의 브랜드 철학은 세계적으로 단일하다. 중요한 것은 "재인식가치Wiedererkennungswert"다. 지속가능한 기업활동이 기업의 가치와 전통에 기반하며, 장기적인 성공의 필수적 기초임을 믿고 있다. 밀레는 유엔의 지속가능발전기구인 글로벌 컴팩트Global Compact의 회원이며, 다양성 헌장Charta der Vielfalt에 서명했다. 2년 주기로 지속가능성 보고서도 발간한다. 밀레는 친환경경제연구소ᴵÖᵂ의 미래 랭킹에서 2위를 차지했고, 2014년 독일 지속가능발전상을 수상했다. 밀레 방문을 통해 위계질서에 아랑곳 않고 말단까지 자신의 역할에 충실한 직업문화를 새삼 확인할 수 있었다. 공장 방문을 마치고 나오는데 방문 차량에 혹시 공장의 세탁기나 물건의 부품 같은 것이라도 실려 있는지를 검사하기 위한 검문절차가 있었다. 회사 간부가 직접 모는 차였지만 검사원 여직원이 나와서 트렁크를 열고 직접 확인을 했다.

밀레 사가 있는 귀터슬로는 옛 작센왕국에 속했던 동베스트팔렌 지역에 위치하고 있다. 빌레펠트Bielefeld, 파더본Paderborn, 데트몰트Detmold 등의 도시들이 위치한 이곳 사람들은 혁신적이고 보수적인 특별한 비즈니스 정신을 갖고 많은 성공적 가족기업들을 창업했다. 밀레는 물론, 웨트커 박사로 알려진 웨트커Ötker나 캐러멜 회사 베르테르Werther's Original도 이 지역 기업들이다. 이 외에도 아들러Dürkopp Adler(산업재봉기), 쉬코Schüco(건설업체, 창문/문), 자이덴슈티커Seidensticker(의류) 등의 지역기업들이 있다. 슈타인마이어Frank W. Steinmeier 현 대통령도 이 지역 출신이다. 이 지역 기업은 아니지만 600명 이상의 가족주주가 있는 뒤스부르크의 하니엘Haniel 일가가 있다. 하니엘은 메트로 그룹Metro Group의 대주주이며 메디아Media Markt, 자툰Saturn, 레알Real 같은 비교적 잘 알려진 전자제품 도소매업체들을 소유하고 있다. 뒤셀도르프의 헨켈Henkel 일가는 생필품과 화학기업을 운영하며 주식회사 형태다. 리들Lidl, 슈바르츠Schwarz, 알디Aldi 등은 주식회사가 아닌 가족기업들이다. 상장기업인 베엠베BMW는 주식의 40% 이상을 크반트Qwandt 가에서 갖고 있는 가족기업이다. 전술한 대로 가족기업의 상속 시 면세 문제가 오랫동안 독일 사회의 논쟁거리가 되어왔다. 상속세를 개혁해야 한다고 주장하는 쪽은 일반 국민과의 형평을 강조하고, 이것을 반대하는 쪽은 상속세 개혁이 가족기업의 경쟁력을 약화시킨다고 주장한다. 독일의 상속세제는 임금의 총합이나 실제 생산활동에 사용되는 영업자산이 일정 한도를 넘는 경우 상속재산의 85%까지 면세가 되고 심지어는 특별한 경우 100% 면세를 부여한다. 2014년 12월 연방헌법재판소는 가족기업에 대한 상속세의 감면 범위나 정도가 해당 기업에 지나치게 혜택을 주어 형평에 어긋나므로 2016년 상반기까지 해당 「상속 및 증여세 법」을 개정토록 판정했다. 연방헌재는 영업자산에 대해 입증 절차 없이도 광범위하게 면세를 허용하고 있는 점, 20명 이하의 기업에 대한 임금총합 계산에서의 특권적 규정이나 생산에 직접 활용되지 않는 행정재산에 대한 "all or nothing" 판정 기준 등이 헌법상의 '동등 취급의 원칙'을 위배한다고 보았다. 나는 2015년 5월 함부르크 경제이사회에서 주관한 공청회에 가보았는데, 연사로 나온 KPMG의 그루베^{Frank Grube}세무사는 차량의 움직임이 원활한 여러 차선의 고속도로 사진과 차량의 흐름이 정체된 차선이 줄어든 고속도로 사진 두 장을 보여주었다. 그러면서 연방헌재가 정부에게 전자의 사진과 같이 "크고 넓은 가능성"을 제시했는데 정부가 발표한 시안을 보면 후자의 사진처럼 경제의 흐름을 막으려 한다며 가족기업의 이익을 방어하는 쪽에 서서 설명했다. 그는, 헌재 판결에서 상속세가 독일 기본법 20조에서 규정하고 있는 사회국가 원칙이나 사회적 정의에 합치하지 않는다는 의견이 소수 의견이었다는 점과 상속세가 전체 국가 세입에서 차지하는 비중이 2%도 안 된다는 점을 들어 가족기업에 허용되고 있는 기존의 면세규정이 최대한 존치되어야 한다고 주장했다[2015.5.28].

연방헌재가 설정한 기한인 2016년 6월 상속세법 개정이 이루어지게 되었는데, 신규 상속세 개정안은 더 복잡해졌을 뿐 가족기업의 특권적 상속제의 골격을 그대로 유지하는 방향이어서 당초 개정 필요성을 제기한 헌법소원의 취지를 충분히 반영치 못했다는 비판을 받고 있다. 후일 추가적인 헌법 소원의 여지가 있는 것으로 말해지고 있다. 더욱이 독일에서 발생하는 상속액이 매년 4천억 유로 규모임에도 예를 들어 2015년에는 이 중 55억 유로만 세금으로 걷혔다는 조사 발표는 상속세, 증여세 감면이 남용되고 있다는 심증을 굳게 해주었다. 『세계화의 덫』을 쓴, ≪타게스 슈피겔^{Tages Spielgel}≫의 언론인 하랄트 슈만은 아래와 같이 상속세 면제에 매우 비판적이다.

독일 기업의 90%가 가족기업이라고 하는데 이것은 영국 사람들이 "소금 뿌린 곡물"이라고 말하는 것처럼 과장된 것이다. 많은 가족기업은 그야말로 무늬만 가족기업이다. 소유만 하고 경영을 하지 않는 경우가 많아서 그들은 재산 보전에만 관심을 기울이고 정작 기업에는 관심이 없다. 연방헌법재판소는 사민당의 재무장관 슈타인브뤼크Peter Steinbrück가 도입한 가족기업에 대한 면세규정을 위헌으로 벌써 세 번이나 판결을 내렸다. 하지만 독일에서 기업과 자본을 소유하고 있는 이들은 엄청난 권력과 영향력으로 이 정당한 개혁을 방해하는 데에 항상 성공할 수 있었다. 그리고 지금 다시 똑같은 일이 벌어지고 있다. 금번 개정안이 연방하원에서 가결되었다. 상속세는 주세州稅이기 때문에 상원에서 찬성해야 한다. 법률이 이렇게 가결된다고 해도 위헌성이 남게 되는데 그렇다면 이것은 네 번째로 위헌청구소송을 촉발시킬 것이다. 이번 개정으로 독일의 올리가르히는 수십억 유로 상당의 특권을 방어했다. 만약에 나의 부모님이 500만 유로를 은행 예금이나 주식으로 갖고 있고 그것을 나와 형제에게 상속한다면, 100만 유로를 상회하는 400만 유로에 대해 30%의 상속세를 내야 할 것이다. 그러나 BMW의 크반트 가문처럼 나의 부모님이 수십억 유로 상당의 기업을 운영한다면 자식들에게 세금 없이 수십억 유로 상당의 모든 재산을 세금 없이 양도할 수 있다. 일자리가 유지되는 한 세금이 면제된다는 이야기인데 이것은 납득하기 어렵다. 그렇기 때문에 헌법 재판관들도 이렇게는 안 된다고 하는 것이다. 모두에게 무세를 적용하거나, 모두에게 30%의 세금을 부과하라는 말이다. 기업의 경쟁력 유지 때문이라는 것은 유감스럽지만 명분일 뿐이다. 상속세 때문에 경제적 어려움에 처한 가족기업은 어디에도 없다. 이유는 간단하다. 상속세는 단 한 번 징수된다. 부모가 죽어 자식들에게 재산을 상속하려 할 때 단 한 번의 상속세가 부과될 뿐이다. 만약에 기업이 상속세 지불이 어렵다면, 세금을 다년간 분할 지불할 수도 있다. 그래서 금년에 3%, 내년에 3%, 후년에 3%, 이런 식으로 지불할 수 있다. 그렇기 때문에 기업이 상속세로 인해 곤경에 처했다는 사례는 보지 못했다. 이것은 그저 선전이고 로비의 힘일 뿐이다![2016.7.19].

'보수뚜껑'은 최대 20배가 기준이다

닥스^{Dax}에 상장된 독일의 대표적 대기업 경영진의 표준적인 모습은 어떨까? 평균 53세이고 47세에 경영진^{Vorstand}에 합류했으며 경제학을 전공했다. 바우만 ^{Werner Baumann}은 1962년생으로 바이에르^{Bayer}의 전략담당 이사로 있다가 대표이사로 취임했다. 바이에르에서 28년을 근무한 내부 승진 사례다. 닥스 상장기업의 대표이사 중 3/4이 내부 승진자들이다. 최고경영자의 외부 영입이 늘고 있는 우리나라와는 달리 독일 기업들의 내부 발탁률은 좀체 줄어들지 않고 있다. 2005년 82.8%에서 2015년에는 77.4%가 되었다. 이런 내부 발탁은 우선 감독이사회와의 신뢰관계나 해당 기업이 필요로 하는 네트워크에 정통하다는 강점을 갖고 있다. 새로운 경영자의 선임시간에 쫓기는 경우도 내부 발탁으로 가게 된다. 이러한 현상에 대해 직원들도 대체로 긍정적이다. 그러나 전환기에 처한 기업은 외부 영입으로 더 효과를 볼 수 있다.

대표적인 내부 기용 사례는 다이믈러^{Daimler} 사의 체체^{Dieter Zetsche}, 지멘스의 케저^{Joe Käser}, BMW 사의 크뤼거^{Harald Krüger}, 바이에르 사의 바우만^{Werner Baumann}, 헨켈^{Henkel} 사의 뷜렌^{Hans van Bylen} 등이다. 독일 기업의 경우 경영진은 감독이사회에서 선임하는데 이미 신뢰관계가 형성된 내부 직원을 발탁하는 것이 외부 영입의 경우보다 위험요인이 덜하며 특히 빠르고 불안한 시대에 더욱 그렇다. 아울러 재무담당 이사CFO가 최고경영자CEO가 되는 경우가 많다. 다만 축구구단의 경우 분데스리가에서 해당 팀의 선수가 그 팀의 트레이너로 오는 경우는 없다.[5]

2016년 4월 폴크스바겐의 경영진 9명에 대한 보너스 지급에 대하여, 배기가스 조작사태로 천문학적인 손실을 입은 가운데 경영진들이 몇백 만 유로씩 보너스를 가져가는 것은 옳지 않다는 여론이 비등했다. 결국 30% 정도 삭감된 보너스를 지급하는 것으로 타협되었고 폴크스바겐과 마찬가지로 경영상 애로를 겪고 있는 도이체방크 경영자 4명은 모두 보너스를 포기했다. ≪빌트≫는 이들 두 회사의 경영진들 사진과 함께 지급된 보너스 액수를 표시한 비교 기사를 게재했다. 이를 계기로 독일에서는 수백만 유로 이상을 받고 있는 주식회사 경영자들의 연봉을 제한해야 한다는 여론이 일게 되었고 2017년 3월 사민당에 의해 관련 법안이 제안되었다. 내용인즉, 50만 유로 이상의 연봉은 세금공제 혜택에서 제외하고 노동자들의 평균 임금과 경영자 보수 간 최대 비율을 정해야 하며 보너스 지급은 성과에 따라야 하고(경영적자 시에는 당연히 마이너스 보너스를 적용) 경영진의 보수는 총회에서 결정되어야 한다는 것이다. 이 입법 사례는 사회적 시장경제가 점점 사회적이 되어가는 경향을 보여준다. 아마도 에르하르트가 살아 있다면 이런 입법은 추진되지 않을 것이다. 하지만 "보니Boni"로 불리는 이 천문학적인 성과급은 다분히 신자유주의적 발상의 부적절함을 보여주는 사례로 생각된다. 금융위기 직후 2007년 자칭 "우주의 마스터masters of univers"라는 월가의 투자은행 경영진들이 가져간 돈은 무려 330억 달러였다. 금융위기 전해인 2006년보다 13억 달러가 줄어든 금액이다.[6] 이들이 보니로 가져가는 돈도 문제지만 이들이 떠받치는 연간 100조 달러 이상의 투자 금융도 문제다. 여기서 돌아다니는 돈만큼 실물 경제에는 돈이 돌지 않는다.

사민당의 오퍼만Thomas Oppermann 원내총무는 "우리가 경제기적을 이루었을 때는 매우 성공적인 경영자들을 두었는데 그들은 노동자 평균임금의 15~20배 정도를 가져갔다. 왜 오늘날에는 50~100배를 가져가야 하는지 납득할 수 없다"라고 했다. 여기에 쇼이블레 재무장관은 위헌 소지가 있을 수 있다는 견해를 표명하고 있다.[7] 경영진의 지나친 고액 연봉을 제한해야 한다는 여론에 뜻밖에도 자민당도 동조하는 기색이다. 히르슈Burkhard Hirsch 자민당 의원은 100만 유로 이상의 고액 연봉에 대한 세금공제 철폐를 주장했다. 그는 "지나친 고액연봉이 일반인들의 정의감 상실을 가져온다. 사회가 정의롭느냐는 문제는 국가의 관심사이기도 하다. 100만 유로를 받는 경영자는 총리의 연봉을 두 달 반 만에 벌게 되는데 누구든 이것이 과대평가되고 있다는 점에 동의할 것이다"라면서 고액연봉 제한에 합당한 근거가 있다는 의견을 피력했다.[8] 독일 내 주식회사의 최고 연봉자는 다이믈러의 체쳄 사장으로서 연봉은 980만 유로이며 그 뒤는 에스아페SAP의 맥데르모트Bill McDermott, 바이어스도르프Beiersdorf의 하이덴라이히Stefan Heidenreich 등으로 연봉이 800만 유로를 상회한다. 함부르크 대학에서 금융사회학을 연구하며 교환교수로 서울대학교에도 왔었던 네켈 교수의 이야기다.

그리스 철학자 플라톤은 이미 2000년 전 그의 저서 『국가』에서 질서 있는 사회에서는 부유한 시민들(원로원 의원, 전쟁 영웅, 거상 등)이 일반 시민들보다 20배 이상 부유해서는 안 된다고 말했다. 이것이 플라톤의 생각이었고 실제로 서구 산업국가들에서 그 비율은 적용되었다. 1990년까지 독일 최고경영자들의 연간 수입이 일반 노동자들 평균의 약 20배에 상응했다. 당시 미국은 25배 정도였다. 그러던 것이 1990년 이후 세계화와 금융분야 분화를 거치면서 크게 변화했다. 독일에서는 30대 주식회사의 최고경영자들이 일반 노동자의 평균 임금보다 약 200배 더 많은 돈을 벌고, 미국에서는 그 비율이 300배에 이른다. 이것은 당연히 사회에 부정적인 영향을 미친다. 대다수의 사람들이 여전히 20배 정도의 비율은 용납하지만 더 큰 격차는 정당하다고 여기지 않는다. 그리고 금융분야는 다른 경제

분야에도 영향을 미쳐 지금은 폴크스바겐, BMW, 지멘스 같은 기업들의 최고경

영자들도 큰돈을 받는다[2017.4.16].

이런 여론에 떠밀렸는지 폴크스바겐 감독이사회는 회장의 연봉을 최대 1천만

유로로 하고 그 외의 이사진 연봉을 그 이하로 제한하는 계획을 제시했다고 하는

데, 이 "보수뚜껑Gehaltsdeckel" 1천만 유로는 이미 작은 돈이 아니다. 우리 재벌기업

들의 회장들 연봉은 얼마나 되는지 문득 궁금해진다. 이들은 사주이지만 대부분

경영자로 나서고 있으니 공식적인 보수가 있을 것이다. 그런데 경영자로서가 아

닌 사주로서 기업 내에서 이런저런 형태의 특전이 있을 수 있고 또 무엇보다도 전

체적인 기업경영에 미칠 수 있는 제왕적 영향력이 문제다. 한국 재벌기업들은 대

부분 인적회사가 아닌 자본회사이므로 사주는 대주주로서 주총에서 영향력을 행

사하고 결산에 따른 자본 수익을 취할 뿐이다. 그런데 우리 재벌기업들은 외부에

서 볼 때 마치 인적회사인 것처럼 보인다. 만약 재벌들이 자본회사를 인적회사처

럼 운영한다면 지금 고액연봉 논란을 일으키고 있는 독일 대기업 사장들의 보수

에 대한 비용지출보다 훨씬 큰 액수가 그들로 인해 지불될지도 모를 일이다.

공익재단의 나라, 독일

독일 기업의 특색은 대기업이든 중소기업이든 대부분의 기업들에 창업자의 가

족 구성원들이 경영에 참여하고 있다는 점이다. 벤츠나 베아에스에프BASF가 예외

적으로 가족의 소유를 떠난 기업이다. 폴크스바겐 사태 시 피에히Piech 가족이나

포르쉐Porsche 가족 등 폴크스바겐 사의 경영에 참여하고 있는 창업주 후손들이 언

론에 다시 부각되었다. 2016년 9월 브레멘 상공회의소를 방문했다. 브레멘 상공회

의소는 브레멘 시청 건너편에 쉬팅하우스에 입주해 있는데, 그날 쾨네^{Torsten Köhne} 부회장, 퐁거^{Mathias Fonger} 사무총장, 헤어^{Volker Herr} 국제부장 등이 나와서 맞아주었다. 이들과 쉬팅하우스에서 오찬을 겸한 간담회를 가졌는데, 여러 가지 이야기 중 독일 기업인들의 기업, 기업가 정신에 관한 쾨네 부회장의 생각을 엿볼 수 있는 이야기를 들을 수 있었다.

기업의 사회적인 부가가치가 중요하지 않은 것은 아니다. 기업은 "자기목적 Selbstzweck"이 아니라 일반적인 사회적 가치를 가져야 한다. 나는 페이스북 같은 기업에 대해 매우 회의적이다. 이것은 아무도 배부르게 하지도 않고 아무것도 만들지 않는다. 그것의 가치는 경제적으로 정해져 있지 않다. 기업들은 빈곤 퇴치와 자원 절약, 그리고 사회적 불균형을 극복하는 데 기여하는지의 사회적 기준에 따라서도 평가되어야 한다[2016.9.1].

독일 기업들은 대부분 다양한 형태로 사회공헌 활동을 하고 있어 가족 기업이라 하더라도 사회적으로 비난받는 일은 거의 없다. 최근 BMW의 크반트 가족은 1억 유로를 스칼라^{SKALA} 재단에 쾌척했다. 함부르크에서만도 쾨르버^{Körber} 가족, 오토^{Otto} 가족, 퀴네^{Kühne} 가족, 렘츠마^{Remtsma} 가족 등 사회공헌으로 유명한 기업들은 수없이 많다. 융하인리히의 프라이 사장이 재직했던 립헤어의 사주가족도 사회공헌에 적극 참여하는 기업이다. 스포츠 활동을 적극 지원하는 기업들도 많다. SAP 창업자가 오펜하임 축구팀의 스폰서였고 오토도 함부르크의 명문 함부르크 축구팀^{HSV}을 지원하고 있다. 킨트^{KIND}는 축구클럽 하노버96을, 로스만^{Rossmann}은 함부르크 핸드볼팀을 후원하고 있다. 하노버 축구팀이나 하부르크^{Harburg} 핸드볼팀도 기업 후원 사례다. 프라이 사장은 독일 기업가 정신의 하나로 사회적 책임을 적극 실천한다는 점을 강조했다.

독일의 가족경영기업에서는 다음과 같은 몇 가지 특징이 나타난다. 우선 고도로 혁신적이다. 내가 있었던 슈투트가르트 지역의 경우 수많은 특허가 출원된다. 그리고 기업인들은 직원들에 대해 큰 책임의식을 가지고 가족처럼 대하며 다음 세대까지 생각하는 지속가능하고 장기적인 사고방식을 갖고 있다. 마지막으로 기업의 사회적 책임CSR을 적극 실천한다. 대부분의 기업인들은 자신이 속한 도시, 지역, 환경을 위해 무언가를 해야 한다고 느낀다. 이러한 특성들은 물론 다른 국가의 기업에서도 볼 수 있지만, 내가 아는 많은 독일 기업에서 직원과 환경에 대한 이러한 책임의식이 매우 특징적으로 나타난다[2016.4.28].

함부르크는 도시공화국의 전통을 가진 도시로서 도시 상류층들은 자신들이 이 도시를 이끌고 나간다는 자부심과 책임감이 강한 시민들이다. 인색하다고까지 여겨지는 그들이지만 사회공헌 활동에는 매우 적극적이다. 2016년 4월 어느 날 두 건의 함부르크 기업가 사회공헌 사례가 보도되었다. 첫 사례는 해운기업인 퀴네가 함부르크 축구팀HSV 소유 축구장Volkspark 부채 상환에 필요한 자금 2500만 유로를 은행 이자보다 낮은 신용으로 제공키로 했다는 것인데, 원조 개념으로 보면 유상원조에 해당된다. 두 번째 사례는 함부르크 미술관Kunsthalle 리모델링에 물류재벌인 오토에서 1500만 유로를 희사하여 개보수를 끝내고 4월 말에 재개관한다는 뉴스였다. 함부르크 미술관은 재개관 기념으로 5월 한 달간 무료 개방되었다.[9]

함부르크의 쾨르버Körber 재단은 소위 "재단기업Unternehmensträgerstiftung"이다. 즉, 기업이 재단을 소유하고 있는 일반적인 경우와는 반대로 재단이 기업을 소유하고 있다. 설립자인 쾨르버Kurt A. Körber는 지금은 함부르크 시로 편입된 베르게도르프Bergedorf에서 기계제작 사업으로 돈을 번 사업가였다. 그는 사회적으로 활발하게 활동했고, 1955년에 쾨르버 재단을 설립하여 기업의 주식을 포함한 모든 재산을 재단에 상속한다는 유언을 남기고 세상을 떠났다. 이 '쾨르버 재단'의 연간 예산은 약 2천만 유로이며 60명의 직원을 고용하고 있다. 함부르크에는 유명 주간신문 ≪디 차이트≫를 창간한 언론재벌 부체리우스가 그의 부인과 함께 만든 공익재단도 있다. 재단 설립을 통한 탈세는 독일에서는 상상하기 어렵다. 기업이 재단에 돈을 출연하면 이 재단이 그 기업의 소유주가 되어 기업이 벌어들이는 이윤을 공익을 위해 사용해야 하기 때문이다. 그러니 기업활동을 포기하기 전에는 세금 혜택만을 보고 재단을 만드는 것이 가능하지 않다. 그럼에도 많은 기업가들이 죽은 후 자신의 재산이 유지되기를 원할 경우 재단을 설립한다. 이렇게 하면 후손들의 소유 기업으로 존속하는 것은 아니지만 재단으로서 오랫동안 존속될 가능성이 크기 때문이다. 만약 상속권이 있는 자녀들이 많다면 그 기업이 단기간에 무너질 위험성도 크다. 현재 독일에는 이런 공익 재단이 2만 개가 넘는다. 전 독일 재단협회 회장을 맡고 있는, 차이트 재단의 괴링 이사장의 이야기다.

독일에는 모두 2만 1300개의 재단이 있고, 이들 재단은 총 1천억 유로 상당의 재산을 소유하고 있다. 그들은 민간 차원에서 사회 공헌활동에 현저히 기여하고 있다. 부체리우스는 자신이 부자로 죽을 것을 알고 있었다. 그는 50년 동안 국가가 평화와 사회적 시장경제를 통해 그로 하여금 부를 쌓아올 수 있도록 해주었다고 생각했다. 그리고 그 감사의 표시로 무언가를 하고자 했고 그래서 재단 설립을 통해 국가가 베풀어준 은혜를 사회에 돌려주고자 했던 것이다. 여러 분야의 재단들이 있다. 독일은 "공익Gemeinnützigkeit"에 대한 매우 광범위한 정의를 내린다. 사회분야, 학문과 교육, 양육, 그리고 기념물, 동물/자연보호와 의료지원 등 분야들이 이에 해당한다. "공익 목표"를 추구하는 한 세금 면에서 우대받고, 법인세와 상속세가 면제된다.

≪빌트≫의 패자, 한국 재벌

독일에서 제일 많이 팔리는 대중지인 ≪빌트≫ 1면을 보면 재미있는 칼럼이 있다. 승자와 패자 칼럼이다. 그날의 승자와 패자에 해당하는 각 한 사람씩을 매일 선정하여 그들의 사진과 함께 간단한 설명을 곁들이는 식이다. 2017년 2월 18일 ≪빌트≫의 패자로 삼성의 이재용 부회장이 게재되었다. 그가 구속된 다음날이었다. 여기서 ≪빌트≫는 "삼성의 후계자 이재용이 뇌물공여와 배임 혐의로 체포되었다. 삼성의 최고경영자는 한국 정부로 하여금 다툼의 여지가 있는 삼성의 기업구조 개편에 동의하도록 3400만 유로에 달하는 뇌물을 제공했다 한다. 한국은 깊은 부패의 늪에 빠져 있고 대통령은 권한이 정지되었다"는 기사를 게재했다. 한국의 상황을 압축적으로 표현했다고 본다. 2017년 3월 초 독일의 진보적 보수신문인 ≪쥐트도이체차이퉁≫도 한국의 정경유착에 대해 거의 전면을 할애한 기명기사를 실었다. 1960년대 개발시대에 재벌기업을 육성하면서 한국에서의 정경유착 현상이 시작되었고 오늘날에는 삼성장학생으로 불리는 많은 사회 지도급 인사들이 정관계, 법조계, 언론계에 포진하면서 정경유착의 골이 깊어져 왔기에 박근혜-최순실 게이트를 계기로 경제가 일시 주춤거리더라도 이 정경유착의 폐해를 말끔히 걷어내야만 미래를 도모할 수 있다는 내용이었다.[10] 흡사 어느 국내 신문의 사설 같은 느낌을 주는 기사였다. 그렇다. 한때 국가 발전의 견인차 역할을 해왔던 재벌기업들이 이번 국정농단 사태를 계기로 정경유착이라는 보다 손쉬운 방법에 의존하고 있음이 또 한 번 확연히 드러났다.

과거 개발시대에는 국가가 나서서 수출기업에 금융지원을 해주고 수입권도 주는 이중삼중의 혜택을 통해 재벌기업들을 키워왔다. 워낙 불모지에서 출발하다 보니 이미 기반이 갖춰진 재벌기업들을 이런 제한적 경쟁구도하에서 집중 육성하지 않을 수 없었고 재벌들은 국내시장과 해외 수출시장 간의 차별적인 가격설정을 통해 성장할 수 있었다. 자동차가 대표적인 예이다. 국내에서는 상대적으로 품질이 떨어지는 물건을 비싸게 팔고 해외에서는 질이 더 나은 물건을 싸게 파는 식이다. 당시에는 시장이 완전 개방되지 않았고 정부의 수출 육성정책으로 이것이 가능했다. 그만큼 과거 개발시대 30~40년 동안 국내 소비자들은 재벌기업들을 밀어주었다. 그 당시에는 그것이 경제를 일으킬 수 있었던 가장 현실적인 방법이었을 것이다.

그러다가 한국 경제는 1990년대 중반 이후 WTO, OECD 가입과 함께 개방화의 물결을 타게 되었다. 때마침 불어닥친 금융위기 이후 국제통화기금^{IMF}의 압력으로 금융시장을 개방하면서 급격하게 신자유주의로 휩쓸렸고 비대칭적 시장구조와 사회 양극화 같은 부작용이 나타나게 된다. 새로운 밀레니엄이 시작되면서 우리 정부는 칠레와의 자유무역협정^{FTA} 체결을 시작으로 미국, 유럽연합, 중국 등 메이저 국가들과 연속적인 FTA를 맺게 되었고 시장은 완전 개방으로 가게 되었지만, 정작 이 개방된 시장을 움직이는 질서는 과거 개발시대의 구태의연한 경제모델이었다. 개방경제의 시작으로 과거 정부주도의 제한적 경쟁시장 질서는 공식적으로는 사라졌지만 그 자리에 관치금융이나 전관예우 같은 구태가 살아남아 광범위한 정경유착의 고리에 의한 비공식적 특혜경제가 끈질기게 지속되었다. 한국모델의 역사 전반을 관통하는 것은 "국가와 재벌이 폐쇄적 지배동맹을 구축하고 노동기본권과 복지기본권을 통제하여 정경유착으로 비리를 일삼아온 속성과 공공성이 취약한 무책임한 자본주의의 길"이라는 지적이 공허하게만 들리지 않는 현실이 되고 말았다.[11]

지금 우리의 개방경제는 공정한 가격경쟁을 통해 자유경쟁 시장질서를 주도해 나가야 함에도 정경유착이라는 특혜적 경쟁질서가 그것을 대신함으로써 재벌의 독주가 가능해졌고 중소기업이나 골목상권은 왜소하게 되어 재벌기업의 하청기업으로 전락하게 되었다. 이런 가운데 재벌기업은 생산기지를 해외로 옮기고 중소기업들은 임금이 싼 외국인 노동자에 의존하게 되면서 급기야는 경제가 발전하고 국민총생산이 현저히 증대되었음에도 청년들은 취업을 못하는 현상이 발생했다. 즉, 경제성장의 과실이 일반 국민의 이익으로 전이되지 않는 왜곡 현상이 발생하면서 기업의 이익이 국가 또는 공공의 이익과 합치하지 않는 신자유주의의 왜곡 현상을 목도하고 있는 것이다. 이러한 구조는 일반 노동자들의 시간당 평균임금을 OECD 내 최하위 수준으로 깎아내렸고, 비정규직이 늘어나는 데 따른 기업과 가계 간 소득격차 심화와 가처분소득 감소 그리고 가계부채의 증가로 인한 내수시장과 성장의 부진을 가져오는 원인이 되고 있다. 생각건대 이러한 시장과 경제모델의 미스매치는 한국 경제의 방향 실종을 초래한 근본적 원인으로 보인다. 시장은 완전경쟁시장을 전제로 움직이는데 그 시장을 운용하는 프레임은 과거 개발시대의 불완전경쟁시장에서나 가능했던 모델이다 보니 추가적 성장은 한계에 부딪히고 삶은 팍팍하게 될 수밖에 없었다. 재벌이 정경유착으로 완전경쟁시장 질서의 왜곡자로 지목되고 있다는 사실의 이면에는 재벌기업이 완전경쟁구도하에서는 이미 경쟁력이 없다는 의미가 있다. 정경유착이 아니라면 비대한 재벌구조의 비효율적 경쟁력으로 시장에서 살아남을 수 없다는 것이다. 그러니 재벌기업의 자체 경쟁력으로 정경유착이라는 특혜 없이 완전경쟁시장에 내동댕이쳐질 때 살아남아야 하는데 과연 기존의 세습경영체제와 비대한 구조로 가능할지가 의문시된다.

한국 재벌들의 기업가적 행동 중 가장 분명하고 지속적인 성향으로 '확장'에 대한 강한 선호를 든다. 경험이나 지식이 별로 없는 산업에도 공격적으로 투자를 확대한다는 것이다.[12] 우리 재벌기업들이 소위 '가파'라 불리는 미국의 거대 혁신기업들처럼 초대형 세계 시장을 대상으로 사업을 한다면 몸집이 커도 좋을 것이다. 아니, 커야 할 것이다. 그러나 우리 재벌기업들은 가파 기업처럼 디지털 시대에 전 세계를 대상으로 하는 매크로한 시장에서 '매크로한 시스템'을 파는 것이 아니라 결국 단일업종 시장에서 '일반 상품'을 만들어 판다. 그러니 몸집이 커야 할 당위성은 없다. 1990년대 초로 기억한다. 한국의 모 대기업이 ≪타임≫ 뒤표지에 A에서 Z까지 이르는 모든 상품을 생산하거나 거래한다는 광고를 보고 아연실색한 적이 있었다. 단일제품, 단일시장 기업인 독일의 히든챔피언들의 군살 없이 날씬한 경영원리에 전면적으로 상치하는 문어발식 경영방식을 세계만방에 고하는 것이었다. 우연인지 필연인지 그 대기업은 망했지만, 지금도 우리 재벌기업 구조로는 최적의 경쟁력을 갖기 힘들다. 생각건대 한국 재벌에게 규모의 경제가 필수적이지는 않아 보인다. 그런데도 한 사람의 사주로서는 도저히 잘 알 수 없는 다종 업종을 넘나드는 거대 기업군을 유지하는 것은 분야별로 전문화되어 자기 책임경영을 하는 독일의 미텔슈탄트와 비교할 때 장점보다는 단점이 많고 그 단점은 치명적이기까지 하다. 여기에 "산업 4.0" 시대가 본격적으로 도래하게 되면 개별기업 간 규모의 경제라는 것은 더 이상 설 자리가 없게 되고 재벌경영 체제는 도대체 장점이라고는 아무것도 없게 될 것이다.

성공적인 기업가들에게서 볼 수 있는 몇 가지 행동모델 중에는 "남과 다른 생각을 한다"든가 "끊임없이 새로운 것을 받아들인다" 같은 혁신적인 것들과 함께 "경영관이 명확하고 건전하다" 또는 "절약정신이 투철하다"와 같은 평범하고 도덕적인 특징도 빠지지 않는다.[13] 지금 한국 재벌기업의 총수들은 대부분 2~3세 경영자로 교체되었다. 이들은 과연 어떤 면모를 갖추고 있을까? 온실에서 자란 이들이 선대 창업자들이 가졌던 창업정신이나 "투지gut"를 그대로 물려받았을까? 세계 대기업들의 경영자들을 소개하고 그 기업을 평가한 "이 세상은 누구 것인가?Wem gehört die Welt?"에서 한국 기업인으로는 이재용(삼성)과 정몽구(현대) 두 사람이 포함되었는데, 그다지 평가가 좋지 않다. 독일, 일본 기업이나 마윈의 알리바바Alibaba 그룹에 못 미치는 것은 물론, 나이지리아의 당고테Dangote 그룹보다 좀 나은 평가를 받았을 뿐이다. 그러나 뇌물, 탈세, 투명성 부문에서 15점 만점에 현대는 6점을 삼성은 4점을 기록하여, 이 세 부문에서 6점을 받은 당고테 그룹과 같거나 못한 평가를 받았는데,[14] 최근 드러난 우리 재벌기업들의 모습을 보노라면 이 평가가 과히 틀리지 않은 것 같다. 오히려 그 행태의 전모는 양적이나 질적인 면에서 비즈니스스쿨의 부패 사례로 인용해야 할 정도가 아닐까 싶다. 함부르크 시내의 고급 백화점 알스터하우스와 베를린의 명품백화점 카데베[KDW]가 태국의 센트럴그룹[Central Group]에 인수되었는데, 이 회사는 중국계 태국인 3세가 경영하는 대기업이다. 동아시아협회의 프레콥[Timo Prekop] 사무총장은 센트럴그룹을 3세 경영자의 예외적인 성공사례로 언급했다. 금융사회학을 연구하는 함부르크 대학의 네켈 교수는 하버마스의 이른바 "재봉건화[Refeudalisierung]"에 대해 이야기한다. 사람들이 뽑지 않은 권력의 지배를 받는다는 것이다. 언론을 포함한 수많은 지도급 인사들이 삼성에 줄서기를 한 전모를 보면서 우리 사회가 알게 모르게 삼성의 지배를 받고 있다는 사실이 새삼 경악스럽게 다가온다.

사회계층 간의 권력관계가 마치 과거 봉건시대로 되돌아가고 있다. 금융분야에서 현대 중산층 역사에 지금까지 볼 수 없었던 부의 집중화가 발생했다. 그리고 부가 정치에 대해 직접적인 영향력을 미치기 시작했다. 서구 사회에서 약 15년 전부터 부자들에 대한 정치인들의 '반응[Response]'이 증대되었다. 부유한 사람들의 정치적 영향력은 가난한 사람들의 정치적 영향력에 비해 훨씬 크다. 예를 들면 구글은 어떠한 경쟁도 없는 독점업체다. 페이스북의 저커버그[Mark Zuckerberg]가 전 세계 여러 나라의 국가원수로부터 어떤 대접을 받았는지를 보여주는 사진 시리즈가 있다. 그는 마치 국가 원수처럼 대우받았다. 메르켈 또한 그를 크게 환영했다. 왜냐하면 메르켈은 페이스북이 지닌 엄청난 정치적 영향력을 알고 있기 때문이다. 저커버그는 어느 누구에게도 표를 받지 않았지만 그럼에도 이러한 엄청난 경제적, 정치적 권력을 소유하고 있다. 꼭 봉건군주처럼 말이다. 현대 기술의 발전은 흥미롭게도 아주 오래된 사회의 모습을 상기시켜준다. 이 외에도 "재봉건화"는 전 세계적으로 계약이 아니라 개인적 의존성에 기반한 노사관계에서도 발생하고 있다. 예를 들면 계약서가 없는 이동 노동자Wanderarbeiter가 여기에 해당한다[2017.4.26].

제12장

대외무역과 세계화

세계화를 둘러싼 트럼프와 시진핑의 대결

트럼프 대통령의 등장은 브렉시트와 함께 반세계화로의 반전을 가져왔다. 2017년 1월 트럼프 대통령은 취임하자마자 범대서양무역투자동반자협정[TTIP] 협상을 중단하고 환태평양경제동반자협정[TPP]을 탈퇴했다. TPP는 이로써 사실상 좌초하게 되었다. TPP가 발효하려면 가입국 GDP 합계의 85%가 필요하기 때문이다. 다보스 포럼에서는 미국이 아니라 중국의 시진핑習近平이 세계 자유무역의 수호자로 조명받았다. 시진핑은 세계화가 경제성장을 가져왔다며 세계화를 옹호한 반면, 트럼프는 "우리 제품을 만들고, 우리 기술을 훔치고, 우리 일자리를 파괴하는 나라들로부터 우리의 국경을 보호해야 한다"라며 세계화의 비전을 거부했다.[1] 세계화 무대에 뒤늦게 진입한 중국이 세계화를 옹호하고 세계화의 거인 미국이 세계화를 거부하는 듯한 진풍경이 연출된 것이다. 미국은 2017년 3월 말 무역수지 적자와 불공정 관행에 대한 조사를 개시하는 행정명령을 발동하고 2016년도 상품교역에서 미국이 현저한 무역적자를 기록한 국가들의 불공정한 관행에 대응할 것임을 밝혔다. 미국이 100억 달러 이상 적자를 기록한 국가는 중국, 일본, 독일, 멕시코, 베트남, 이탈리아, 한국을 포함한 16개국이다. 4월에는 "미국 상품을 사고 미국인을 고용하는Buy American Hire American" 행정명령을 발동했고 이와 함께 법인세 인하, 국경조정세 신설을 포함한 세제개혁을 추진 중이다. 국경조정세는 수입품에 대해서는 과세와 함께 비용공제를 인정하지 않고, 수출품에 대해서는 원천 비과세한다는 것이다. 이는 사실상의 보호관세로 보여져 WTO 규정 위반 가능성이 제기되고 있다.

트럼프 대통령의 이러한 행보에는 나바로Peter Navarro 무역위원회 위원장이나 로스Wilbur Ross 상무장관이 주장하는 "트럼프 무역독트린Trump Trade Doctrine"이 반영되어 있다. 트럼프 무역독트린이란 어떠한 무역 거래도 미국의 경제성장에 기여하고 무역적자는 감소시키면서 동시에 미국의 산업기반을 강화해야 한다는 "미국우선주의"에 다름 아니며, 전후 국제정치, 경제질서라 볼 수 있는 팍스 아메리카나를 창출해낸 미국이 스스로 그 질서를 공격하고 나선 모습이다. 세계 1위 경제대국인 미국의 이러한 움직임에 대항하여 세계 경제 2, 3, 4위 대국인 중국, 일본, 독일의 공동대응 움직임도 나타나고 있다. 2017년 3월 하노버 정보통신박람회CeBIT의 주빈국은 일본이었고 주빈국 정상 자격으로 아베安倍晋三 총리가 방문했다. 이 자리에서 메르켈 총리는 아베 총리와 함께 자유무역을 강조하고 미국의 동참을 촉구했다. 5월 말 브뤼셀 나토 정상회담과 타오르미나 G7 정상회의에서 NATO의 방위비 분담문제가 쟁점화되었고 이에 더하여 무역, 기후변화와 같은 주요 이슈에 미국이 유보적 입장을 견지했다. 트럼프는 독일의 자동차 수출에 대해 "매우 나쁘다"라고 했고 메르켈 총리가 "유럽인의 운명은 우리 손으로 지켜야 한다"고 하면서 미국과 유럽의 대립이 수면 위로 드러났다. 그리고 6월 초 미국은 파리기후변화협정을 탈퇴했고, 7월 함부르크 G20 정상회의에서 미국과 유럽의 입장차는 다시 한 번 확연해졌다. 함부르크 G20 정상회의는 반세계화 세력의 과격한 집회, 시위로 큰 후유증을 남겼다. 유럽 13개국에서 데모대들이 원정을 왔을 정도였다. 다행히 사망자는 없으나 수백 명의 경찰관들이 부상당했고 백여 대의 자동차가 전소되어 G20 회의가 끝난 후 출근길에서 그 전소된 차량들의 흉한 모습을 볼 수 있었다. 안 그래도 G20 회의가 구속력이 없어 G0으로 전락했다는 비판이 있던 차에, G7을 창설했던 슈미트 총리의 딸인 주잔네Susanne는 G20 회의의 규모가 커진 데 대해 한마디로 "소란Unfug"일 뿐이라고 평가절하하고 나섰다. 그녀는 자신의 아버지가 구상했던 노변정담식의 허심탄회한 의견교환을 위한 장이 아닌 "절대적으로 반생산적인absolut kontraproduktiv" 회의로 변질되었고 이런 회의를 막대한 비용과 희생을 치러가며 개최할 필요가 있는지에 대해 강한 의구심을 드러냈다.

　미국은 지속적인 무역적자를 제거되어야 할 악으로 보고 있으나—표면적으로는 공정무역을 내세운다—무역적자라는 사실만 놓고 그렇게 판단하기에는 무리가 있다. 2008년 금융위기 당시 미국의 무역적자는 크게 떨어졌는데 그렇다고 해서 그 당시 미국인들이 더 잘살게 되었다고 주장하는 사람은 없을 것이다. 반면 2017년 1월의 무역동향을 보면 외형적인 무역적자 증가에도 불구하고 내용적으로는 전체 수출과 수입이 공히 늘어났는데, 이것은 미국 경제의 활력 때문이다. 무역적자는 가계적자처럼 꼭 갚아야 할 빚은 아니며 때로는 경제적 번영의 신호이기도 하다.[2] 다만, 미국의 경우 무역적자를 만성적인 것으로 볼 수 있는 만큼 이 논쟁은 좀더 지켜보아야 할 것 같다. 한국은 최근 수년간 경제상황이 좋지 않음에도 무역흑자가 늘고 있는데 이는 불황형 흑자라 볼 수 있다.

　세계화와 자유무역 확대를 위한 중국의 목소리에도 불구하고 중국이 진정한 세계화의 주창자라고 보기에는 무리가 있다. 시진핑이 세계화의 기수임을 자처하고 나섰으나 국제현안 해결에 대한 중국의 기여도, 중국 내부의 사회적, 경제적 통제, 제반 사회문제를 야기하고 있는 중국식 발전모델의 한계 등을 감안해야 한다. 아울러 미국의 국제적 리더십에 대한 전망이 불투명한 가운데 중국의 리더십에 기대를 거는 유혹이 큰 것도 사실이나 국제적 리더십은 단순히 희망한다고 주어지는 것이 아니라 공과에 따라 얻어지는 것이므로 중국식 세계화는 결코 진정한 세계화가 될 수 없을 것이다.[3] 어쨌거나 중국은 경제 개방성을 평가하는 OECD 조사에서 59개 조사 대상국 중 59위로 가장 폐쇄적인 산업국가로 분류되고 있다.[4] 함부르크 대학의 하트예 교수의 평가다.

분명 세계화는 우리 모두에게 도전과제이다! 한국은 흥미로운 모델이며 독일도 그 모델에서 배울 점이 있다. 한국이 이뤄낸 경제기적은 예나 지금이나 놀라울 따름이다. 독일은 한때 일본을 주시했지만 일본 경제는 오늘날 더 이상 모델로 보기 어렵다. 유연성이 없고 국가부채가 너무 높다. 반면 한국은 모델로서 전적으로 적합하다. 민주주의로의 정치적 전환도 마찬가지이며, 이웃의 중국에 모범사례가 될 수 있을 것이다. 한국이 민주주의를 택했다는 사실이 매우 중요하다. 언제나 엘리트층은 존재하겠지만, 국민들은 투표권과 의사표현의 자유를 얻게 되었다. 내 경험에 의하면 중국의 최대 약점은 실수를 용납하지 않는 시스템이다. 모든 인간은 실수를 하며, 이는 아주 자연스러운 일이다. 그러나 정치에서는 실수를 드러내어 고칠 수 있게 하는 것이 중요하다! 이것이 중국의 정치적 환경에서는 불가능하다는 점은 위험한 일이다. 내 소견으로는 한국이 중국보다 더 능률적이라 생각한다. 중국은 정체되어 있고, 비판적 견해를 드러내는 곳은 억압을 받는다. 민주주의가 최악의 정치체제라고 했던 처칠의 명언은 일리가 있다. 그럼에도 개방적인 사회의 능률이 더 높고, 이러한 관점에서 한국이 더 잘해내고 있다고 볼 수 있다. 최근 밝혀진 폴크스바겐 사태도 유사한 현상으로 볼 수 있다.

지난 수년간 사내에서 잘못된 결정에 대한 비판이 허용되지 않았다. 권력에 저항하는 사람들은 퇴출되었다. 억제하에 있는 시스템은 더 큰 실패 위험에 빠지게 된다[2015.9.30].

사실 세계화와 자유무역의 종결자는 함부르크다. 아테네와 로마제국 이후 지중해 지역에서는 베네치아가, 북부유럽에서는 한자동맹이 세계화의 두 번째 단계로 나타났다고 한다. 함부르크는 13세기에 이미 뤼베크와 화폐동맹을 맺었고 이 화폐동맹은 14~16세기에 번성했던 벤디슈화폐동맹Wendish Monetary Union으로 발전했다. 함부르크는 뤼베크, 브레멘 등 다른 한자도시들과 함께 1834년 결성된 독일 관세동맹에도 가입하지 않았다. 이 관세동맹이 세계교역에 배타적이라 생각했기 때문이다. 이 도시들은 1871년 통일된 독일제국의 꾸준한 압력으로, 주요 항만을 자유 무역항으로 남겨두고 1888년에 가서야 독일관세동맹에 가입했다.[5]

우리는 "역사의 종말"이 아니라 "역사의 회귀"를 보고 있다

2016년 4월 브레멘 시청에서 개최된 "대외경제의 날Aussenwirtschaftstag" 강연회에 참석했다. 개막 프로그램을 보니 푀펠 함부르크세계경제연구소장 외에도 뮌헨안보회의 의장을 맡고 있는 이성어 대사의 강연이 눈에 띄었다. 경제행사에 외교관의 국제정세 강연이 포함된 것이 이채롭고 여기에 독일 사람들의 지혜가 있다는 생각이 들었다. 이날 푀펠 소장은 "세계 경제성장 이제 끝났는가"란 제목으로 강연을 했는데, 그는 이미 세계 도처에서 세계화의 추세에 역행하는 조짐들이 나타나고 있다며, 이런 상황을 과거 150년 전 기술혁명과 함께 나타났던 최초의 세계화 물결에 역행했던 현상과 비교하면서 경고하고 나섰다.

오늘 우리는 "역사의 종말"이 아니라 "역사의 회귀"를 겪고 있다. "재민족주의화"와 "탈세계화"란 키워드가 확산되고 있으며, 브렉시트의 유럽이나 미국에서도 이를 겪고 있다. 오는 일요일 오바마 대통령이 이곳 브레멘에서 멀지 않은 하노버를 방문할 예정이지만 미국 예비경선 운동을 보면 트럼프 후보가 범대서양무역투자동반자협정TTIP을 근본적으로 반대한다는 사실을 알 수 있다. 세계 경제의 원동력인 미국조차도 보호주의와 재민족주의화의 방향으로 역행하는 것인지도 모른다. 이것은 국가와 안보공동체의 대외정치적 책임을 요구하는 매우 특수하고 위험한 상황일 수도 있으며, 글로벌 경제와 국제무역에 다양한 방식으로 큰 영향을 주는 문제다.

과거로 거슬러 올라가보면 약 100~150년 전이라는 시간적 차이에도 불구하고 당시 상황이 오늘날의 상황과 매우 흡사함을 관찰할 수 있다. 우리는 150년 전 세계화의 첫 번째 물결, 즉 증기선이 당시 운송비용을 대폭 감소시키는 등 기술적 진보가 이루어짐에 따라 매우 개방적이고 자유로운 세계경제를 맞이했다. 그러나 지금과 마찬가지로 당시에도 어떤 경제적 변화가 일어나고 있는 것인지 제대로 알지 못했다. 그리고 사회와 정치가 봉건제도로 후퇴했으며, 우리는 세계화의 후퇴, 민족주의와 보호주의의 나락으로 떨어지게 되었다. 1차 대전으로 시작된 20세기의 비극은 이후 2차 대전과 동서냉전으로 이어졌다. 역사학자들은 우리가 다시 전 세계에 영향을 미치는 지역적 갈등을 겪고 있다는 데에서 당시와 상당한 유사성을 관찰하고 있다[2016.4.19].

세계는 지금 세계화와 반세계화의 대립이 점차 첨예해지는 모습을 보이고 있다. 함부르크는 과거 독일제국 시절부터 해외무역은 물론 식민지 개척에서도 그 발진기지 역할을 한 곳이다. 해외 식민지 개척에 그다지 큰 비중을 두지 않았던 비스마르크가 빌헬름 2세의 등극으로 퇴출된 후에야 비로소 독일의 식민지 정책

•• 2016년 4월 19일 에미히홀츠Harald Emigholz 브레멘 상공회의소 회장이 "독일 대외경제의 날"에서 개회사를 하고 있다.

은 활기를 띠게 되었다. 그 식민지정책의 중추역할을 했던 식민지청이 함부르크에 있었고 그 건물에 지금의 "세계지역문제연구소GIGA"가 입주해 있다. 2015년 초 영국 옥스퍼드 대학 교수로 있던 세계무역기구WTO 전문가인 인도계의 나얼리카 Amrita Narlikar 총재가 부임해왔다. 그녀는 자신이 저술한 『WTO 옥스퍼드 핸드북』을 주면서 자신의 스승이며 현대 국제무역론의 대가인 바그와티Jagdish Bhagwati 교수의 『세계화 옹호론In Defense of Globalization』을 아울러 적극 추천했다. 바그와티 교수는 무역자유화와 세계화를 명확하게 구분하고 있고 무역자유화는 지지하지만 금융통제 완화에는 반대한다. 이러한 생각은 케인스John Maynard Keynes의 저서에서도 찾아볼 수 있다고 했다. 그녀는 함부르크 대학에서 '무역의 세계화'를 주제로 강연한다며 세계화 과정에서 국제통화기금IMF과 세계은행IBRD의 역할에 대하여 다룰 것이라고 했다. 그녀의 생각을 들어보자.

일반적으로 세계화에 대한 비판은 충분한 논거가 부족하다고 생각한다. 물론 세계화에 비판적 측면이 있기는 하지만, 전반적으로 봤을 때 최소한 지구상의 최빈곤층에게는 긍정적 효과를 가져다준다. OECD 통계로 세계화의 긍정적 효과를 확인할 수 있다. 모든 면에서 긍정적인 것은 아니지만 대체적으로 긍정적이며, 따라서 나는 세계화에 찬성한다. 세계화는 금융시장 자유화 등 다른 요소들도 아우르고 있는데 금융자유화의 대표적 오류가 1998년 동아시아 외환위기였다. 무역자유화는 세계화의 일부에 불과하다. 나는 무역자유화는 찬성하지만 자유화 움직임을 완전히 찬성하는 것은 아니며, 예를 들어 이주는 통제할 필요가 있다고 본다. 독일의 현 상황도 지나치게 빠르게 진행되고 있다[2016.3.23].

2015년 6월 바그와티 교수는 함부르크에 와서 "오늘날의 무역 이슈"란 주제로 강연했다. 그는 여기서 다자간 세계무역 협정인 도하라운드를 외면하고 있는 미국과 세계 지도자들을 비판하고 환태평양경제동반자협정[TPP]이 합의에 의한 무역 규칙이 아니라 미국이 강요하는 규칙에 다름 아니라는 비판적 견해를 표명했다. 그는 세계화를 지지하는 입장이지만 양 방향인 무역협정과 달리 일방적인 투자자 협정에 대해서는 반대했다. 미국의 WTO 체제에 대한 비선호는 트럼프 정부에까지 이어지고 있으며 특히 WTO 규범이 수출국에만 유리하다는 인식을 갖고 있다. 그의 강연의 일부다.

WTO가 1999년 시애틀에서 회의를 개최했을 당시 미국 내 반세계화 운동은 정점에 이르렀다. 비정부기구[NGO]들의 성향은 생각했던 것보다 훨씬 좌로 치우쳤다. 이제는 다자간 협정에서 결정적 순간이 되었다. 도하라운드의 정체는 환태평양경제동반자협정[TPP] 같은 다자간 무역협정 체결을 촉진시켰다. 나는 현재의 대규모 경제권역 상황을 "스파게티 그릇"에 비유하곤 한다. 그릇 속의 스파게티는 점점 뒤죽박죽 뒤섞이고, 통제가 불가능할 정도로 엉켜버려 먹을 때마다 넥타이에 흘려 지저분해지기 마련이다. 다자간 시스템이 실패한 이유는 주요 국가의 정책의 초점이 양자 간 협정에 맞춰져 있었기 때문이다. 양자 간 협정은 두 이해 당사자만이 관여하게 되어 덜 복잡하기에 짧은 시간에 더 많은 성공을 가져온다. 경력을 중시하는 정치인들은 실적을 쌓기 위해 협상에 더 많은 시간이 소요되는 다자간 협정 대신 양자 간 협정을 택하곤 한다. WTO 자문위원회는 메르켈 총리와 캐머런 총리의 주도로 무역 자유화 및 활성화를 위해 창설되었으며, 서덜랜드 Peter Sutherland 전 GATT 사무총장과 내가 공동위원장을 맡았다. 미국과 인도 정부에 참여를 요청했으나, 어느 쪽에서도 관심을 보이지 않아 인도네시아와 터키가 참여하게 되었다.

십자말풀이를 하다가 "도하라운드를 묘사하는 네 글자 단어"를 묻는 문제를 보게 되었다. 내가 생각해낸 답은 "사망DEAD"이었다. 모두들 웃음을 터뜨렸지만 케리John Kerry 의원은 미소조차 짓지 않았다. 1년 반 동안 오바마 대통령은 도하라운드에 대하여 언급조차 하지 않으려 했다. 미국 정부는 한 번도 도하라운드를 제대로 지지한 적이 없다. 오바마 대통령은 미국 상무부와 밀접한 관련이 있는 시카고 법대에서 교편을 잡았었다. 그가 반무역주의의 영향을 받은 것은 필연적인 결과다. 힐러리 클린턴 장관은 대선 당시 무역 문제와 관련하여 방어적 자세를 취했었다. 만약 그렇지 않았다면 첫 선거운동에서 많은 지지자들을 오바마 대통령에게 빼앗겼을 것이다. 그리고 이제 우리는 그의 유산을 되돌아보게 될 것이고, 오바마 대통령은 자신이 보호무역론자로 기억되는 것을 바라지 않는다. 이제 우리는 중국의 동남아시아 공세를 목도하고 있고, 미국은 중국의 공격적인 외교 정책을 자신들의 상업적 이해관계에 적합한 동맹을 정당화하기 위한 변명으로 이용하고 있다. 오바마 대통령은 "우리가 기준을 세우지 못한다면, 중국이 하게 될 것"이라고 하지만 이는 터무니없는 주장이며, 오늘날에도 가능성이 없는 시나리오이다. BRICS 국가들은 중국이 기준을 세우는 것을 방관하지도, 좌시하지도 않을 것이다. TPP는 무역 규정에 관한 것이 아니라, 미국이 루머와 공포로 구축한 규제에 대한 것이다[2015.6.25].

TTIP/TPP/CETA/RCEP

독일에서 세계화나 자유무역과 관련해서 일어나고 있는 대표적인 논의가 바로 미국과 유럽연합 간의 "범대서양무역투자동반자협정^{TTIP}"을 둘러싼 것이다. 2013년 6월부터 진행되어온 교섭은 2016년 10월 당시 오바마 대통령의 하노버 박람회 방문 시 변곡점을 맞는 듯했다. 오바마 대통령은 하노버 박람회 개막행사에 와서 자신의 재임 중 TTIP 교섭을 완료하겠다는 의지를 표명했다. 오바마의 8년 재임 기간 중 독일의 파트너는 내내 메르켈 총리였다. 미국 국가안보국^{NSA}이 메르켈 총리의 휴대전화까지 도청한 사건이나 독일이 리비아 사태 시 참여하지 않은 것은 특기할 만한 양국 간 불협화음 사례이지만 두 사람은 잘 협력해왔다. 독일에서는 벌써 오바마 도착 며칠 전부터 데모가 있었다. 세계화와 TTIP에 반대하는 목소리였다. 공식적 여론조사를 보면 반대여론이 50~60% 정도지만 비공식적으로는 80% 가까이 된다 한다. 오바마의 퇴임 전 TTIP 성사 의욕은 결국 트럼프가 당선되면서 파국을 맞았다. 이 협정교섭에 대한 독일 국민들의 관심은 매우 높았으나 협정교섭 상황이 공개되지 않아 비판을 받았다. 함부르크 대학의 에이스베트 Emma Aisbett 교수의 견해와 바그와티 교수의 견해를 차례로 들어보자. 두 사람 모두 비판적 입장이다.

TTIP 이전에 이미 실질적으로 미국과 유럽연합 간에는 관세가 없었다. 그래서

TTIP는 관세에 대한 협상이 아니었고 표준과 투자자 분쟁해결에 관한 것이었다. 나는 이것이 사람들에게 대체 어떤 도움을 줄 수 있는 것인지 잘 모르겠다. 다국적 기업들과 변호사들만이 이러한 협정을 통해 혜택을 볼 것이다. 독일인들은 스웨덴 기업인 바텐팔Vattenfall이 독일 정부의 원자력 폐기에 이의를 제기한 이후로 이미 투자자 분쟁처리 문제에 대해 민감해져 있다. 투자자 분쟁해결은 대기업들을 보호하기 위한 것일 뿐이다. 호주는 필립 모리스Philip Morris로부터 담뱃갑 포장 법안으로 소송을 당했고 바텐팔은 독일에 보상을 요구하고 있지 않은가[에이스베트, 2017.3.30].

TTIP의 경우, EU는 좀 더 민주적인 모델을 필요로 한다. 미국의 시스템은 지나치게 로비활동에 치중되어 있다. 교역 분야는 로비활동과 의원들에 내맡겨져 있고, 미국 정부는 더 이상 리더십을 보여주지 못하고 있다. 자유무역은 한편으로는 가격에 의해 결정되지만, 다른 한편으로는 "공유가치shared values"에 의해 결정되어야 한다. 나는 TTIP에 반대하지 않지만, 미국은 상대방의 권리를 보호하기 위한 방향으로 움직이려 하지 않을 것이다. 미국은 TPP에도 자신들의 기준을 내세우고 있다. 우선 작은 국가에 이 기준을 도입할 것이고, 이후에는 로비활동에 좌지우지되는 큰 국가에 도입하려 할 것이다. TPP에서 미국의 반대세력은 없다. TTIP의 경우는 다르다. 유럽은 충분한 힘을 갖춘 유일한 상대다. 왜 유럽연합은 미국의 기준을 적용하려 할까. 유럽의 시스템은 로비활동에 좌우되지도 않고, 더 균형이 잡혀 있다. 이제 더 이상 미국이 초강대국이 아니며, 리더십과 가치를 보여주어야 한다는 사실을 유럽연합이 상기시켜줄 수 있을 것이다[바그와티, 2015.6.25].

2016년 2월 초 함부르크 앵글로-저먼 클럽 신년회 강연 시 함부르크 세계경제연구소장이었던 슈트라웁하르 교수는 아래와 같이 TTIP를 지지했다.

TTIP는 유럽 내에서 완전히 잘못 평가되고 있다. 독일에서 TTIP를 반대하는 이유는 유전자조작 식품에 대한 공포 등이며, 이는 큰 그림에서 볼 때 사소한 문제다. 그러나 중재재판에 대한 문제는 해결 가능한 문제라 생각한다. 우리는 TTIP가 TPP와는 달리 투자를 강조하고 있다는 사실을 잊어서는 안 되며, 투자 보호, 소유권 보호, 계획의 안정성 확보에 관심을 가져야 한다. 에너지정책에 대해 메르켈 총리가 보여준 행보는 이와 반대되는 예라고 할 수 있다. 원전 조기폐쇄를 결정하면서 원전업체들과 체결한 기존의 계약들을 무효화시켰고, 이로 인해 법적으로 구속력 있는 약속을 어기게 되었다. 계획의 안정성은 도대체 어디에 있는가. 미국에서는 다른 법적 이해가 존재한다. 미국은 분쟁 발생 시 민간중재기구를 도입하려는데, EU는 공법에 의한, 투명한, 국가에 의해 지정된 재판관할을 요구하고 있다. 이는 전적으로 정당하다. 이 부분에서 협상타결이 이루어진다면, 우리는 빠른 시일 내에 TTIP를 체결해야 한다. EU가 지난 수년간 내부 문제에 몰두하느라 미국과의 관계에 소홀했던 것이 최대 실수일 것이다. 유럽은 오바마 대통령의 대외정책이 실현될 수 있도록 충분히 지지하는 데에 실패했다. 이제 그 결과로 유럽은 뺨을 맞게 된 격이다. 미국에는 유럽문제에 대한 관심뿐 아니라 이해도 사라지고 있다. 우리는 이러한 상황을 개선하기 위해 좀 더 노력을 기울여야 한다[2016.2.2].

2015년 10월 가브리엘 경제장관이 함부르크에서 "2015년 가을 경제현안" 강연을 할 때 재미있는 질문이 나왔다. 청중 한 사람이 "TTIP의 장점을 당신의 모친에게라면 어떻게 간결하고 쉽게 설명할 것인가?"라고 질문했다. 가브리엘 장관은 이렇게 설명했다.[6]

나라면 어머니에게 이렇게 말할 것이다. "우리는 저 밖의 거대하고 넓은 세계화의 세계에서 이런저런 약속을 할 수 있는 친구를 몇 명 사귀려고 해요." 그러면 나의 어머니는 이렇게 말씀하실 것이다. "꼭 미국 애들이어야만 하니?" 나는 "그 애들 말고는 누가 있겠어요?"라고 할 것이고, 어머니는 "없지"라고 할 것이다. 나의 어머니는 명확한 사고를 하시는 분이다. 미국 대선 전 타결 여부는 미국에 달려 있다. 개방은 미국인들도 각별히 좋아하는 일은 아니다. 또한 아시아 국가들과의 TPP는 근본적으로 더 좋지 않은 조건으로 합의되었다. 흥미로운 것은 독일이 31개의 자유무역협정을 체결하는 동안 국민들은 별 관심을 보이지 않았는데 왜 갑자기 관심이 커진 것인가이다. 우리보다 약한 나라와 FTA를 할 때는 관심이 없다가 똑같이 강한 나라와 하는 것이기 때문에 관심을 갖는다면 이는 FTA의 실패를 뜻한다. 이전에는 생산자들이 자유무역에 반대하고, 소비자들은 그 이점을 알아채고 찬성했었다. 그러나 오늘날에는 그 상황이 역전되었다. 이는 미국이 관세의 80%를 이미 철폐했고 비관세장벽도 없는 것이나 마찬가지인 상황과 관계가 있어 보인다. 나는 TTIP가 소비자보호규정을 악화시키지 않을 것이라 확신한다. 소비자들은 믿지 않지만, 이 규정은 앞으로도 독일의 입법자들이 결정할 것이다.

린트너 자민당 당의장은 다음 2014년 11월 함부르크 연설에서 보듯이 2년 후 트럼프 정부의 보호무역주의 등장을 정확하게 예견하고 있다.[7]

이것은 내가 독일 정치의 변화가 필요하다고 생각하는 세 번째 주제다. 어쩌면 사회의 고령화와 관계가 있을지도 모른다. 나도 도전과 혁신을 즐기고 기업가정신이 뛰어난 사람들을 많이 안다. 하지만 적어도 정치계의 현실은 현상을 유지하고 기술적 발전, 새로운 기반시설 또는 큰 프로젝트에 대한 부정적인 결과만을 예상하는 경향을 보인다. 프래킹^{Fracking}을 두려워하며 혹시 모르니 실험하는 것마저도 금지한다. FTA를 하면 미국으로부터 온 복제 닭고기를 먹게 될 수도 있으니 절대 안 된다고 말한다. 서양 전체의 딜레마이자 모순은 이와 정확히 똑같은 논쟁이 미국에서도 벌어지고 있다는 사실이다. 미국은 우리보다 높은 식품규정을 갖고 있다. 그래서 그들은 프랑스 곰팡이치즈를 끔찍하게 두려워한다. "프랑스인들이 우리에게 독을 먹이려고 상한 식품을 보내는 것"이라고 말이다. 이는 서양 전체가 갖추고 있는 방어태세라 할 수 있다. 그러니 북미-유럽 FTA와 같은 프로젝트에 대해서도 이런 식으로 이야기되고 있다. 나는 뒤셀도르프 출신인데 그곳 현지의 벤츠 공장에서 조만간 1800개의 일자리가 사라질 예정이다. 스프린터가 뒤셀도르프에서 조립되면 북부독일에서 다시 해체시킨 후 미국으로 보내져 그곳에서 두 번째 최종조립과정을 거친다고 한다. 왜 그런 것일까. 바로 미국이 소형 화물차에 대한 높은 수입세를 갖고 있기 때문이다. 그래서 1800개의 일자리가 이제 북미로 간다. 만약 FTA를 맺었더라면 그 일자리들이 물론 뒤셀도르프에 그대로 남아 있을 수 있었다. 관세를 절감하고 더 많은 기준을 통합시킬 기회가 생길 수도 있었다. 예를 들면 북미와 유럽 간에는 화물차를 생산할 때 깜빡이에 서로 다른 색깔을 사용한다고 한다. 한쪽은 빨간색에 가깝고 다른 한쪽은 오렌지빛이다. 이것을 통합시키는 것은 고객에게 이 차량을 더 저렴하게 해줄 뿐만 아니라 이와 관련된 수요를 확대시킴으로써 경제를 활성화시키는 요인이 될 것이다. 북미와 유럽이라면 세계에서 가장 큰 경제적 공간이다. 우리가 우리의 기준들을 통합시킨다면 전 세계에 영향을 미칠 만한 효과가 나타날 것이다. 그리고 독일-미국 관계는 특히 이와 같은 시점에서 새로운 자극 또는 생기, 즉 미래를 위한 공동프로젝트를 필요로 한다. 우리가 자칭 경제친화적인 대안당^{AfD}처럼 매번 "no"라고만 대답하거나 정부처럼 기껏해야 "yes but"이라 대답한다면 그 기회를 놓치게 될 것이다. "FTA? 좋지만 투자자보호 없이"라든지 "이 조항을 빼달라"

라든지 "추후에 재협상을 해야 한다"는 등 이런 식으로 "yes but"의 태도를 유지하다 보면 기회는 떠나간다. 그러다 보면 미국 정권이 교체될 때가 되고 어쩌면 새 정권은 다시 무역보호주의의 길을 택할 수도 있다. 그들에게는 이것이 그리 간절하지 않다. 왜냐하면 미국은 현재 셰일가스 혁명으로 인해 산업기반에 완전한 르네상스를 겪고 있기 때문이다. 이처럼 경쟁력 있는 상황에서는 이런 것이 꼭 필수적이지 않다. 새 정권은 다시 보호주의로 돌아갈 수도 있다. 그렇다면 기회는 사라지고 우리는 아무것도 얻지 못한다. 위험을 감수하는 정신과 새로운 것에 대한 개방성이 요구된다. 독일도 미래를 생각한다면 모든 것에 반대만 하는 것이 아니고 가끔은 찬성할 줄도 아는 사회가 되어야 한다[2014.11.13].

2016년 5월에서야 TTIP 협상문서들이 공개되었는데 미국의 농산물이 유럽으로 들어간 후에 유럽 자동차 등 공산품 수입이 허가될 것이라는 소식에 독일에서는 반론이 비등했다. 2014년 9월에 이미 슈타인마이어 외교장관이 함부르크에 와서 TTIP 비밀협상에 대한 비판을 의식한 해명성 발언을 했다.[8] 무역협정은 협상과정에서 일반에게 공개치 않는 관행이 있다. 중간에 공개하게 되면 피해를 입을 것으로 예상되는 산업분야에서 항의나 압력을 가할 것이기 때문이다.

TTIP와 관련하여 모든 것이 비밀리에 진행되고 있다는 비난에서는 벗어나야 할 것 같다. 아마 그 어떤 협상도 이처럼 많은 서류들이 사전에 인터넷에 공개되고, 무엇이 다뤄지고 있고, 유럽연합 집행위가 우리 모두를 위해, 원하는 것을 얻기 위해 어떤 협상 입장을 갖고 있는지 지금보다 명확하게 확인할 수 있었던 적이 없었을 것이다. 당연히 나는 결과를 예측할 수 없으며 언제 협상이 성사될지는 더더욱 알 수 없다. 현재 우리는 협상의 지연을 보고 있으며, 미국의 중간보고서가 발표되기 전에는 내 판단으로는 결정적인 성과가 나올 것 같지는 않다. 오바마 대통령의 남은 두 번째 임기 동안 무언가 진행이 되기나 할 것인지도 문제다. 아무것도 진행되지 않는 일은 벌어지지 않겠지만, 내 경험상 대선을 앞두고 선거운동이 진행되는 마지막 임기 동안은 분명 협상에 관심을 갖기 힘들 것이다.

환태평양경제동반자협정TPP에 관한 푀펠 소장의 견해를 들어보자.[9]

미국에게는 TPP가 TTIP보다 더 중요할 것이다. 이것은 아시아 국가들의 경제적 역동성 때문이며, 또한 이 지역에 대한 중국의 영향력을 견제하기 위한 것이기도 하다. 미국에게 경제는 곧 정치다. 동남아는 지역 전체가 매우 역동적이고, 서로 긴밀히 연결되어 있다. 인도네시아, 베트남, 또는 인구가 많은 방글라데시와 같은 나라들이 이에 해당된다. 한국도 협약에 가입하는 것이 의미가 있으리라 본다. 동남아 국가들의 역동성을 함께 하고, 지분을 확보하는 것은 분명 이점으로 작용할 것이다. 중국에서는 그들이 놓친 기회에 대한 논의가 커지고 있다. 아시아 지역은 매우 이질적이다. 언어, 문화, 종교적 관점에서 볼 때 아시아는 유럽보다 훨씬 다양하다. 위기 이후 세계는 세계화의 또 다른, 새로운 단계에 접어들었다. 세계 경제에서 디지털화의 역할이 더욱 커지고, 가치사슬 속으로 침투하게 될 것이다. 여기에 적응하지 못하면 도태될 것이다. 기술적 변화를 포함하여 변화의 총합을 보면 새로운 시대가 열린다고 볼 수 있다.

트럼프 행정부가 출범하면서 TTIP와 TPP가 방기되는 가운데 2016년 10월 말 "캐나다와 유럽연합 간 포괄적 경제무역협정CETA"이 협상 개시 7년 만에 타결되었다. 벨기에 내 왈론 지역정부의 반대를 극복하고 2017년 2월 유럽의회의 동의로 잠정 발효되었다. 과거 같으면 당연하게 여겨졌을 법한 자유무역협정이지만, 시기적으로 자유무역과 세계화 물결이 도전받고 있는 가운데 타결됨으로써 새삼 그

의미가 부각되었다. 현존하는 캐나다와 유럽 간 관세의 99%를 철폐함으로써 양자 간 경제통상 관계에 날개를 달아줄 것으로 기대하고 있다. 트뤼도 캐나다 총리는 CETA가 좋은 일자리 창출과 노동자 및 소비자 보호, 투자, 식품, 환경, 문화적 다양성의 보호 등에서 향후 자유무역협정의 기준이 될 것이라며 이를 포괄적인 진보적 협정으로 규정했다. CETA는 브렉시트 이후 유럽연합의 붕괴가 우려되고 유럽연합의 통상정책에 대한 신뢰가 도전받는 가운데 이루어진 긍정적 결과물로 평가되고 있다. 현재 협상 중인 EU-일본 간 메가 FTA도 브렉시트 등의 여파로 탄력을 받을 전망이다.

한편 미국의 TPP 탈퇴 선언 이후 "역내 포괄적 경제동반자협정RCEP"을 두고 중국과 일본이 주도권 다툼을 벌이는 양상이 나타나고 있다. 중국은 아세안 지역 국가들과 낮은 수준의 형태라도 빠른 타결을 원하는 데 반해 일본은 호주와 함께 서비스와 투자를 아우르는 높은 수준의 RCEP 추진을 희망하면서 내심 미국의 TPP 협상 복귀도 바라고 있다.[10] 한국으로서는 TPP 발효 시 수백억 달러의 수출감소 예상 등으로 가장 타격이 클 것으로 예상되었던 만큼 TPP 폐기로 인한 FTA 선점 효과의 유지 등 유리해진 측면이 있다. 2017년 3월 말 한국은 미국이 빠진 가운데 칠레에서 열린 TPP 각료회의에 참가했다.

WTO와 세계화의 장래

2016년 3월 세계무역기구 전문가인 나얼리카 GIGA 총재를 만났을 때였다. 갑자기 도하라운드DDA의 안부가 궁금해졌다. "얼마 전 미국무역대표부USTR 대표가 도하라운드 폐기를 제안했다. 도하라운드는 아직 살아 있나?"라고 물었는데, 그녀의 답변은 이랬다. "도하라운드 유지를 위한 최후의 수단이 사라지기 전까지는 폐기를 승인하지 않을 것이다. 하지만 다자주의는 좌절되었고 양자주의가 진전되고 있다. WTO에 의지하는 것은 더 이상 바람직하지 않다. WTO는 사실상 사장되었다고 볼 수 있다."[11] 그녀의 이어지는 평가다.

TTIP와 TPP는 경제규모가 큰 중국, 브라질, 인도를 모두 배제했는데, 이는 큰 실수라고 생각한다. 한국도 빠져 있는 것을 보면 미국은 이 제안을 하면서 실수를 한 것 같다. 전형적인 오바마 스타일이다. 어째서 WTO와 도하라운드에 대해 이성적이고 다자적인 협정을 마련하지 않았을까? 한국이 TPP에 가입하지 않기로 한 것이 기회를 놓친 것인지, 아니면 신중한 결정이었는지 잘 모르겠다. 이 협정에서 배제된 것은 분명 불리한 영향을 받게 될 것이다. 오바마 대통령과 클린턴 장관은 "우리가 세운 기준을 따르겠는가, 중국이 세운 기준을 따르겠는가?"라는 질문을 던진 바 있다. 몇몇 미국 정치인들은 다소 노골적으로 TPP가 중국을 봉쇄하기 위한 전략이라고 표현했다. 앞으로 한국을 비롯한 미가입국들은 다자주의의 부활을 적극 촉구해야 한다. 도하라운드에서 무엇이 잘못되었는지, 더 나은 제안서를 연구해야 한다[2016.3.23].

도하라운드는 계속되고 있다. 아니, 명맥을 유지하고 있다는 표현이 맞을 것 같다. 제10차 WTO 각료회의가 2015년 12월 나이로비에서 개최되어 농업분야 교역과 최빈국 관련 이슈에 대한 합의를 도출했다. 유럽연합도 다자무역체제를 강화하고 WTO 협상의제를 활성화하려는 정책을 견지하고 있다. 아울러 통관절차 간소화 등의 내용을 담은 WTO의 무역원활화협정ATF이 2017년 2월 발효되었다. 보호무역주의 강화 등으로 불확실성이 고조되는 상황 속에서 수출여건 개선에 기여할 것으로 기대된다.

향후 세계 무역에서 문제가 되는 것은 디지털화로 인해 세계 무역의 역동성이 감소하는 구조적인 전환기를 맞이하고 있다는 점이다. 3-D 프린터로 창출되는 가능성만으로도 교역에 엄청난 영향을 주게 될 것이다. 소비재와 투자재를 필요에 따라 현장에서 출력할 수 있다면 시간과 공간, 국내와 국외 개념은 쓸모가 없어지며, 노동 분배에서도 변화가 일어날 것이다. 장기적으로는 데이터 거래에 초점을 맞춰야 한다. 소셜로봇들social robots이 소셜미디어상에 포스팅하며, 의견과 여론이 소셜미디어를 통해 확산될 것이다. 디지털화로 인한 무역 역동성이 감소하는 추세는 이미 드러나고 있다. 1991~2011년간 상품시장, 생산요소시장, 자본시장들을 관찰해보면 당시 GDP의 세계적 평균 성장률이 2.5%였는데 세계 무역의 평균 성장률은 5%였다. 반면 2012년 이후 통계치를 살펴보면 세계 GDP 성장률은 비슷한 2.5~2.6% 수준인 데 반해, 세계 무역 성장률은 2.5%로 반감되었음을 확인할 수 있다. 이는 디지털 시대에 진입하면서 경제성장만큼 무역이 일어나지 않고 있음을 의미한다. 이러한 추세는 계속되어 앞으로 세계는 점점 더 무역이 아닌 데이터교환을 통해 연계될 것이며, 이는 상품수출 의존도가 큰 독일 경제에 부정적인 영향을 줄 수 있다.[12] 이러한 견해는 푀펠 함부르크 세계경제연구소장의 다음 강연에서도 나타난다. 그는 국수주의와 보호주의로 인한 반세계화를 우려하고 있고 동시에 향후 세계화의 질적 변화 양상에 대한 의견도 제시하고 있다.

과거의 성장추이를 살펴보면 여러 주기가 나타난다. 세계화의 첫 번째 물결에서는 거의 전 세계에서 비정상적으로 높은 성장률을 확인할 수 있다. 그리고 여러분들은 우리가 1, 2차 대전 후 어떻게 현재의 상태로 변화해왔는지를 보고 있다. 세계는 서로 점차 가까워졌고, 이는 우선 기술적 진보로 인한 것이 아니라 정치적으로 이루어진 것이다. 무역협정을 체결했고 세상을 다시 함께 결합시켰지만, 1, 2차 대전 사이에 성장률이 비정상적으로 낮았고, 이것이 국수주의와 보호주의 때문이었음을 알 수 있다. 다시 한 번 지적해보자면, 우리는 현재 이와 유사한 상황에 있으며 언제든 이 당시처럼 되돌아갈 수 있다는 것이다.

더 이상 우리 앞에는 세계화로 향하는 공동의 길이 존재하지 않는다. 우리 모두는, 특히 여러분들은 각각의 통화권과 경제권들이 어떻게 변화하는지 더욱 면밀히 주시해야 한다. 우리는 전혀 새로운 형태로 분화될 것이다. 세계의 몇몇 지역들은 더욱 통합되겠지만, 다 같이 몰려갈 수 있는 공통적인 세계화의 길은 더 이상 없을 것이다. 우리는 서로 다른 역동성을 가진 서로 다른 지역들을 보게 될 것이다. 그리고 이것은 전략적 무역정책의 귀환과도 관련이 있다. 그것은 다자주의가 글로벌경제와 정책의 패러다임이라는 생각하에 오랫동안 겪어보지 못했던 것이다. 그러나 우리는 새로운 양자주의를 경험하게 될 것이며, 이를 통해 공통적인 세계화가 아닌 개별국가들 간의 심화된 통합을 보게 될 것이다[2016.4.19].

세계화가 좋은 것인가, 부정적인 것인가에 대한 판단은 참으로 쉽지 않다. 독일 뉴스에서도 아마존으로 인해서 영세 책방이 거의 문을 닫고 있다는 소식 외에도 모든 골목 가게들이 상권을 위협받고 있다는 소식이 가끔씩 전해진다. 많은 영세 공급자들이 생존을 위협받고 있다는 것은 불문가지다. 그렇다면 과연 우리 소비자들은 그러한 세계화나 디지털화로 생활이 많이 편해졌을까? 옛날 아마존이 없었을 때 오랜만에 책방에 들러서 이 책 저 책을 집어들어 보고, 또 한두 권의 책을 사는 그런 재미를 느꼈던 우리는 지금 누리고 있는 디지털화로 인한 편의성이 없다고 해서 불행했던 것일까. 슈만은 세계화에 상당히 비판적인 언론인으로서 『세계화의 덫The Global Trap』과 『글로벌 카운트다운Global Countdown』을 썼다. 그의 이야기다.

모든 유럽 국가들은 마이크로소프트의 라이선스를 구매하기 위해 아마도 매년 1000억 유로 상당의 돈을 지불할 것이다. 저급한 윈도우 라이선스와 더 저급한 오피스 패키지를 위해서 말이다. 모든 유럽 국가들의 행정, 대학, 병원, 학교는 마이크로소프트에 절대적으로 의존적이다. 순수 학문적으로 봤을 때 불합리한 것은 특허 소프트웨어가 컴퓨터 공학적 측면에서 구식이라는 것이다. 요즘 다른 모든 분야에서 공개소스 소프트웨어^{Open Source Software}가 표준적이다. 슈퍼컴퓨터든, 스마트폰이든, 장비제어든, 기계제어든, 모든 것들은 공개소스로부터 작동된다. 정부의 각 부처와 행정부에서만 아직도 윈도우가 사용되고 있고, 2013년에 알려진 바에 의하면 미국 정보기관의 "뒷문^{Hintertür}"으로도 사용되었다. 세계에 존재하는 많은 사람들처럼 윈도우를 사용하는 모든 이들은 이 프로그램이 얼마나 조악한지 알고 있다. 충돌현상이 일어나며 모순적이고 전혀 이해할 수 없다. 우리가 직접 통제할 수 있고, 공개소스이며, 미국 정보기관의 뒷문이 아닌 새로운 유럽의 "에어버스" 프로젝트와 운영체제를 개발할 때가 왔다. 이것은 왜 일어나지 않는 것일까? 미국의 로비가 매우 세기 때문이다[2016.7.19].

세계화는 단적으로 말하면 기업가들에게는 일종의 규모의 경제를 실현시켜주지만 일반 노동자들에게는 사용자에게 내맡겨지는 형국을 가져오고 있다. 기업은 저임금을 찾아서 지구상의 어느 곳이라도 공장을 이전할 수 있지만 노동자들은 그렇지 않다. 새로운 기업 진출로 새로운 고용을 창출하는 곳에서는 좋은 일이겠지만 독일이나 한국 같은 곳에서 기득권을 갖고 있는 노동자들에게 세계화는 이미 심각한 위협이다. 세계화는 생산기지 이전문제나 이로 인한 국제적인 세금분쟁 같은 것을 필연적으로 수반한다. 함부르크 경영대학의 바센 교수의 이야기다.

세계화에 따른 생산기지 입지선정 시에는 장기적 관점에서 비용뿐 아니라 직원의 자질도 고려하게 될 것이다. BMW 사는 약 5년 전 기업 내 연령구조에 맞추기 위한 생산라인을 고안했다. 직원들의 평균연령은 언젠가 55세가 될 것이고, 다른 방식으로 조립라인 설비를 구축해야 한다. 이 나이대의 직원들은 더 이상 젊은 직원들과 신체적 조건이 동일하지 않기 때문이다. 이러한 의미에서 우리는 더욱 노력해야 한다. 생산기지를 임시로 이전하는 것은 해답이 될 수 없기 때문이다. 게다가 직원들이 노동조건에 만족하지 못하거나 끊임없이 사고가 발생할 경우 이로 인해 기업에도 이미지 손상과 비용문제가 발생한다. 물론 개발도상국으로의 생산기지 이전에는 긍정적인 부분도 있다. 개발도상국에 기본적으로 좋은 일이다. 노동조건이 개선된다는 전제에서다. 노동시간을 제한하고 학교수업을 받을 수 있도록 해서 기업이 책임감 있게 행동한다면 아동노동도 꼭 나쁜 것만은 아니다. 이 경우 이 아이들이 독일 기업에서 일하는 것이 가족을 부양하기 위해 광산에 보내지는 것보다 나을 것이다. 많은 가정에서 아이들이 일하는 것 외에 별다른 대안이 없다. 따라서 아동노동이 근본적으로 잘못된 것은 아니지만, 이것은 좀 더 나은 미래를 위한 한걸음에 불과하다.

기업들의 지속가능성을 평가하는 가치규범 중 "기업들이 가치창출이 이루어지는 국가에서 세금을 납부하고 있는가"라는 항목이 있다. 개발도상국에서 제품을 생산하는 신발업체를 예로 들어보자. 이 업체의 가치사슬은 목초지를 어슬렁거리는 소에서부터 시작된다. 신발생산에 필요한 가죽은 소에서 얻어진다. 해당 국가에서 일자리가 창출되는 것은 물론 긍정적인 효과이지만, 가죽가공으로 인한 환경오염은 부담이 된다. 푸마Puma 사에서 자사의 가치사슬을 외부비용 측면에서 정량화하고 화폐가치로 환산한 바 있다. 여기서 외부비용이란 수질오염 또는 대기오염으로 발생하는 비용을 말한다. 조사 결과 연간 1억 5천만 유로의 연수익을 내는 푸마 사가 1억 유로 상당의 외부비용을 야기하고 있음을 밝혀냈다. 이 비용을 부담할 경우 수익의 2/3가 손실될 것이다. 이러한 이유에서 방글라데시에서 제품을 생산하는 모든 제조업체들은 사실 케이맨제도가 아니라 방글라데시에 납세해야 하는 것이다. 많은 독일 기업은 자국에서 최종 조립만을 할 뿐이다. 이들 기업으로 인한 환경오염은 중국이나 베트남에서 일어나고 있다 [2016.2.26].

함부르크 대학의 에이스베트 교수의 이야기다.

부유한 국가에도, 빈곤한 국가에도 세계화의 승자와 패자가 있다. 그리고 우리는 대체로 패자들에게 합당한 보상을 제대로 해주지 않았다. 미숙련 노동의 비교우위를 가진 국가들에서는 가난한 노동자들이 세계화를 통해 이익을 얻었다. 하지만 천연자원을 비교우위로 가진, 예를 들면 많은 아프리카의 국가들은 세계화를 통해 혜택을 받지 못했다[2017.3.30].

독일의 무역흑자 이대로 괜찮나?

독일은 중국과 함께 세계 최대의 무역 수출국이며 또한 흑자국이다. 독일은 매년 흑자규모를 경신해오면서 2016년에는 2530억 유로의 무역흑자를 시현했다. 하지만 과거 중상주의 국가와 같이 무역흑자를 내는 것은 독일 정부의 정책목표가 아니다. 독일은 미국의 통상대표부USTR 같은 전담 무역기구가 없으며 독일투자무역사GTAI를 경제부 감독하에 두고 있을 뿐이다. 도광양회韜光養晦의 지혜가 돋보이는 대목이다. 우리는 정부가 바뀔 때마다 미국식 통상전담기구의 설치가 거론되는데 이는 대표적 흑자 시현국가로서 과거 개발시대의 "수출 입국" 이미지를 내세우거나 수출 따로 내수 따로 식의 수출위주 통상정책을 표방하는 것처럼 인식되어 그다지 현명해 보이지는 않는다. 핵심은 외형적 기구가 아니라 순환보직

제 개선 등을 통한 통상 담당인력의 전문성 향상과 같은 내실일 것이다.

독일은 공식적으로 독립적인 산업정책도 부인한다. 물론 산업부도 없다. 에르하르트의 경제정책이 성공한 것도 아무것도 하지 않았기 때문이라고 한다.[13] 사회적 시장경제의 자유주의적 측면을 강조한 말이다. 무역흑자가 경쟁력의 척도인지는 상황에 따라 다르다. 우리나라의 최근 무역수지 흑자는 불황형 흑자로 볼 수 있다. 우리나라처럼 원자재를 수입에 의존하는 구조상, 수입은 수출상품을 만들기 위해 꼭 필요한 것임에도 수입이 줄면서 발생하는 흑자는 향후 무역전망을 어둡게 한다. 2014년 9월 헬무트 슈미트 전 총리를 만났을 때 그는 뜻밖에도 독일의 무역흑자가 위험하다고 이야기했다. 그리고 이것은 독일과 거래하고 있는 나라들의 불만을 증폭시켜 부메랑으로 돌아올 것이라고 했다.

> 지금 한국과 독일은 무역흑자를 시현하고 있다. 한국의 무역흑자가 800억 달러인데 이는 갈등을 야기할 수 있다. 왜냐하면 우리에게 흑자란 우리와 무역을 하고 있는 국가들에게는 손실이기 때문이다. 분명 손해를 보고 있는 무역파트너들은 보복을 하려고 할 것이기 때문에 이와 같은 흑자는 지속될 수 없다. 30~40년 이내로 사라질 것이다. 그렇기 때문에 무역의존도가 높은 한국이나 독일과 같은 경우에는 앞으로 상황이 어려워질 것이라 생각한다[2014.9.5].

유로존 경제들, 특히 무역수지 흑자국가와 적자국가 간의 불균형은 역사상 그 어느 때보다 심화되었다. 더구나 독일의 수출 민족주의는 유로존 위기를 해결하는 데 최대 걸림돌로 작용했다 한다.[14] 무역전쟁이라고 표현하듯이 어느 한 나라의 무역흑자는 상대 교역국가의 적자를 의미한다. 실제 역사적으로 볼 때 과도한 무역불균형이나 무역 제재 같은 무역이슈가 전쟁도 초래했다. 태평양전쟁이 그 예이다. 적어도 일본의 시각으로는 그렇다. 독일 기업들이 전통적으로 내수시장

보다는 해외시장 진출에 초점을 맞춰왔고 유로존 국가들의 수출 경쟁력 약화와 무역적자를 야기해 경기회복 속도를 떨어뜨리고 또 다른 재정위기를 촉발하고 있다며 유럽연합 내 다른 국가들은 불편한 시각을 드러내고 있다. EU집행위는 GDP 대비 6%가 넘는 무역흑자를 내는 국가를 '안정위협'의 대상으로 분류하고 모니터링을 한다. 독일은 당연히 그 대상이다. EU집행위는 독일에 대해 지속적으로 서비스시장을 개방하고 임금 인상을 신속하게 추진할 것을 요구하고 있다. 미국도 독일의 흑자 급증이 유럽과 세계 시장에 미칠 부정적 파급효과에 대해 주시하고 있다. 2016년 5월 오바마 대통령의 경제보좌관인 퍼먼Jason Furman은 독일의 서비스수지 흑자가 늘어나는 현상을 비판했다. 그는 (서비스 수지는 저축과 투자의 차이라고 설명하면서) 독일의 흑자가 늘어날수록 다른 나라의 수요가 취약해지므로 독일의 흑자가 장기적으로 지속가능하지 않다며 독일의 투자 확대, 국가지출 확대, 세금인하, 임금인상을 권유하고 현재 독일모델이 보편적인 세계모델이 되어서는 안 된다는 비판적 관점을 표명했다.[15]

태평양전쟁이 일본에 대한 미국의 무역 봉쇄로 일어났다는 주장에서 보듯이 무역을 둘러싼 분쟁은 긴 역사를 갖고 있다. 지금은 과거의 무력 전쟁이 무역 전쟁이나 경제 전쟁으로 바뀌었다. 1980년대에는 미국과 일본/독일 간 경쟁이 격화되었고, 지금은 미국과 중국/독일 간 경쟁이 격화되고 있다. 미국은 과거 일본이나 지금의 중국이 환율정책, 불공정 거래 같은 것을 통해서 이득을 취했다고 하는데, 공통적으로 미국이 항상 피해를 입은 듯이 이야기하는 시각이 흥미롭다. 1990년대 초 미국인들은 일본을 구소련의 후계국가들(CIS국가)보다 더 위험하다고 생각했다. 일본은 경제 수치에서만이라도 미국을 이기려 했다. 프랑스는 독일의 경제적 우월을 두려워하고 영국은 다른 나라의 번영이 자신들을 궁지에 몰아넣는다는 불신을 갖고 있다. 그러한 인식은 마치 국제 스포츠 경기에서와 같이 긍정적인 경쟁과 공개적인 적대 사이의 경계를 쉽게 허물어뜨린다. 과거 19세기나 20세기

초까지의 전쟁은 영토 취득을 통해 적국의 확장을 방지하는, 그래서 극단적인 제로섬 게임이었지만 무역과 경제는 한쪽이 잘살게 되면 다른 쪽으로부터 수입도 늘어날 수 있는 구조다. 나의 이익이 남의 손실을 가져오는 제로섬 게임은 아니다. 적어도 이론적으로는 그렇다.[16]

독일이 유로화의 저평가로 흑자를 보고 실업율도 낮게 유지하고 있으나 환율 효과가 사라지게 되면 충격이 올 수 있다는 분석도 있다. 독일 정부는 유로존 내에서 균형무역을 유지하고 있다는 점이나 내수경기 활성화 방침 등을 밝히며 비판을 의식한 대응을 하고 있다. 가장 큰 자본 수출국으로서 독일 기업들이 국내 투자보다는 세계의 여러 국가에 현물과 금융투자를 하고 있고 다른 한편으로는 금융위기를 맞은 유럽 국가에 직간접적으로 구제금융이나 공적자금의 형태로 지원한다는 점도 강조한다. 독일 정부의 공식적 입장도 전술한 대로 수출입 간 균형을 취하는 것이다. 문제는 시장경제를 하고 있는 나라에서 개별 기업의 실제 무역거래를 인위적으로 조절하기가 쉽지 않고 생리에도 맞지 않다는 것이다. 결국 문제는 독일 기업의 너무 강한 경쟁력이다. 바로 독일 수출의 80%를 담당하는 중소기업의 경쟁력이다. 이들 히든챔피언들은 자동차, 기계/설비류, 화학제품 등에서 원천적인 경쟁력을 갖고 있고, 경기의 변동이나 가격에 덜 민감한 '독보적' 제품들을 만들어내면서 독일 수출 흑자의 원인을 제공하고 있다. 1990년대 "신경제" 개념에 따라 발 빠르게 제조업을 접고 금융서비스 등 3차 산업으로 옮겨갔던 영국이나 미국과 달리 독일은 제조업을 끈질기게 붙들었다. 천천히 가는 독일모델의 특성 때문인지 모른다. 하지만 세기가 바뀌면서 독일모델이 두각을 나타내고 있다. 영국이 유럽연합에서 나간 것도 결국 앵글로색슨식 경제모델이 라인식 경제모델을 이기지 못한 데 기인한다. 유럽연합은 독일, 프랑스의 주도하에 사회적 시장경제 질서하에서 운용되고 있다. 이제 영국에는 자동차 산업이 없다. 명성을 날리던 롤스로이스Rolls Royce나 벤틀리Bentley는 독일 기업이 인수했고 재규어Jaguar나 랜드

로버Landrover 같은 자동차업체는 독일의 BMW나 미국의 포드Ford를 거쳐 이제는 인도의 타타Tata 그룹이 인수해갔다.

과연 제조업 없는 경제발전이나 복지가 가능할까. 독일 사람들의 생각은 그렇지 않다. 사람들이 경제생활을 영위하기 위한 가장 기본적인 것이 의식주이며 이는 제조업으로 뒷받침된다. 물건을 만들어 인간의 삶에 기여하는 것을 가장 기초적인 경제행위로서 보며 그렇기 때문에 서비스업도 제조업이 있고 난 다음이라는 생각이다. 기본에 충실하는 독일모델의 모습이다. 생각건대 "피와 땀과 눈물"로 "매일 조금씩 더 낫게, 한 걸음, 한 걸음" 발전을 도모하는 독일 제조업이야말로 성공적인 독일모델의 중추이며 바로 여기서 넘치는 무역흑자가 시현된다. 그런 독일의 무역흑자가 왜 비난받아야 하는가. 미국의 무역적자는 기본적으로 달러의 기축통화 역할로부터 파생된 평가절상 상태의 지속과 미국의 빈약한 국내 저축률로부터 나오는 구조적인 문제다. 지몬 회장도 "독일 정부는 책임이 없다. 문제가 있다면 너무나 경쟁력이 막강한 상품을 생산하는 독일의 히든챔피언 때문이다"라며 무역수지를 맞추기 위한 인위적인 조정은 있을 수 없다는 의견을 표명했다.[17] 미국인들이 무역적자 덕분에 능력범위를 넘어서는 헤픈 소비를 해왔음에도 그 책임을 열심히 일해서 흑자를 보고 있는 나라들에게 돌리려는 "네 탓 게임blame game"을 하고 있다는 것이다.

브렉시트 이후 영국의 살길은 한국모델이다

2016년 6월 브렉시트 결정이 내려진 후 얼마 안 되어 영국의 《가디언》은 흥미로운 기사를 게재했다. "브렉시트 이후 영국이 번영하기를 원한다면 한국을 보라"는 스퍼리어Christian Spurrier 기자의 기명기사다. 내용인즉, 브렉시트 이후 영국이 번영하려면 잘 알려져 있는 모델국가인 스위스나 노르웨이, 캐나다 같은 나라들보다는 오히려 한국을 주목해야 한다는 것이었다.[18] 인구나 국토면적 등 외형적 여건이 유사하고 거대 경제블록에 속해 있지 않으면서 특별한 자연자원도 없는 가운데, 금융위기를 극복하고 발전을 이룩한 한국의 사례가 바로 브렉시트 이후 영국의 갈 길을 보여주고 있다는 것이다. 한국의 성공요인으로 교육과 기술에 대한 지속적인 대규모 투자와 2007년 한미 간 FTA를 필두로 한 EU, 중국, 캐나다, 호주와의 자유무역협정을 꼽았다. 그러면서 EU가 8천 마일이나 떨어져 있는 한국과도 FTA를 체결한 것을 볼 때, 브렉시트 이후에도 영국과 자유무역을 폐기할 가능성은 크지 않을 것이라는 의견을 표명했다. 이러한 의견은 2017년 3월 말 브렉시트 공식통보에 즈음하여 영국의 메이Theresa May 총리가 BBC와의 인터뷰에서 "단일시장과는 다른 형태가 되겠지만, EU와의 포괄적 무역협상 타결이 가능하다고 생각되며 적어도 무역에서는 여전히 자유로운 접근이 가능할 것으로 생각한다"라고 언급한 대목과 일치하는 관찰이다. 아울러 한국이 세계에서도 가장 단일한 민족, 단일한 문화국가인 데 반해 영국은 이미 일부 대도시의 40% 정도가 유색인종일 정도로 사회적 통합 정도가 다르다는 점이 거론되었다. 생각건대 총인구의 7%에 달하는 영국 내 외국인 숫자가 브렉시트 이후 감소세로 돌아선다면, 외국인 인구비율이 2% 남짓한 한국과 같이 사회통합의 개선을 가져올 수 있으며 이는 경제적 측면에서 긍정적 요인으로 작용할 것으로 보인다.

투자부문에서 볼 때는 브렉시트의 타격이 결코 만만치 않을 것으로 보인다. 영국은 영어를 무기로 EU라는 운동장에서 활개를 쳤고 특히 EU 내 한 국가에서 설립인가를 받으면 별도의 추가적 절차 없이 EU 내 다른 국가에 지점을 개설할 수 있는 "패스포팅passporting"제 덕택으로 EU 내에서 금융부문 등 많은 외국 기업들을 유치했다. 그러나 브렉시트 이후 양상은 달라질 것이다. 토니 블레어Tony Blair 전 총리는 CNN 아만푸어Christian Amanpour와의 인터뷰에서 "영국이 지금까지 누려왔던 이익을 브렉시트 이후 기대하기는 매우 어려울 것이다"라고 언급하면서 브렉시트 철회를 주장하고 있다.

나는 2016년 9월 함부르크의 "다이히토어Deichtor" 로터리클럽에서 강연하면서 이러한 견해를 소개하고 반면교사적으로 한국이 양자적 자유무역협정FTA이 아닌 환태평양경제동반자협정TPP 같은 경제블록에 들어가는 문제와 관련하여 생각해 볼 만한 사례로 예시했다.[19] 즉, 영국이 EU에서 나와서 한국과 같은 자유로운 FTA 국가로 돌아가려는데, 한국이 굳이 FTA국가 위상을 포기하고 TPP에 들어가는 것이 타당하느냐는 문제제기였다. TPP에 들어가는 것이 좋다, 나쁘다는 것보다는 무역, 투자는 물론 사회, 노동 등 보다 광범위하고 심층적인 경제통합을 요구하는 메가 FTA의 접근에 대해서는 기본적으로 매우 신중해야 한다는 주장인데, 무역블록과 경제블록을 구분해야 한다는 것이다.

최근 한국과 EU 간 FTA 시행 5년간의 평가 보고서가 나왔다. 한국 측의 상당한 무역역조로 나타났는데, 이것은 당초 여러 경제연구소에서 전망했던 것과 다른 결과다. 특히 자동차 무역역조가 눈에 띄는데 이것은 현대자동차나 기아자동차가 체코나 슬로바키아에 일찌감치 공장을 이전하여 유럽 내에서 생산하는 한국차의 판매가 우리의 수출통계에는 반영되지 않는다는 점도 있겠으나, 역시 기본적으로는 경제규모나 발전 정도가 차이가 나는 국가 간 FTA는 약한 쪽이 불리하다는 것을 보여준다. 미국과 큰 국력 격차가 없는 듯한 EU도 TTIP 협상 시 매우 신중하게 접근했다. 한미 FTA는 발효 이후 5년 동안 한국의 대미 교역률 증가가 대세계 교역 증가율을 앞지르고 있고, 한미 양국 모두 상대국의 시장에서 시장 점유율이 증가하여 상호 호혜적 성과를 시현하고 있는 것으로 평가되고 있다. 하지만 내용 면에서 보면, 특히 미국 자동차의 대한 수출이 2011년 3.5억 달러 수출에서 2016년 16.8억 달러 수출로 연평균 40%씩 신장세를 보이는 등 자동차, 의약품, 농식품 같은 FTA 주요 혜택품목에서 미국의 대한국 수출이 대폭 늘어났고, 아울러 미국의 상품수지는 적자가 늘었지만 서비스수지는 흑자가 늘었다는 점을 감안하면 미국의 주장대로 한미 FTA가 미국에게 불리하다는 주장에는 쉽게 동의하기 어렵다. 트럼프 행정부가 한미 FTA 재교섭을 하겠다는 입장이라지만, 이제 곧 법률이나 교육시장이 개방되는 시기가 오면 균형은 미국 쪽으로 넘어가게 될 가능성이 크다.

여기서 무역자유화협정을 통한 자유가 부자유를 초래하게 될 것이라는 조순 교수의 경고를 새삼 돌아보게 된다. 그는 "미국은 승자의 나라로 돈 있고 힘있는 소수의 엘리트가 이끄는 나라이지 풀뿌리 민초의 목소리가 그리 큰 나라는 아니다. 미국은 한국의 경제모델이 될 수 없고 미국과 FTA를 하게 되면 우리는 대외경제정책이 없는 나라가 되고 만다"라고 경고했다.[20] 큰 나라와 FTA, 특히 메가 FTA를 할 때는 기본적으로 신중할 필요가 있다. 유럽이 미국과 TTIP를 교섭하면서 보인 신중함을 보면 더 그렇다. 이것은 국가정체성과 관련된 문제이기도 하다.

중국이 독일을 먹여 살리나?

2015년 독일의 대외무역 3대 상대국과의 교역량은 EU 1조 3155억 유로, 미국 1734억 유로, 중국 1630억 유로로서 사실상 내수시장으로 볼 수 있는 EU를 제외하면 중국은 미국과 함께 독일의 양대 무역국이다. 특히 EU의 대중국 수출 중 거의 절반을 독일이 차지하고 있다. 투자 면에서도 2014년 말로 독일의 대중국 누적투자액이 600억 유로에 육박하고 있고 중국에 진출한 독일 기업이 약 5200여 개로서, 이들의 중국 내 고용인구는 110만 명을 상회한다. 중국의 대독일 투자는 16억 유로이나 증가 속도가 가파르다. 독일에 진출한 중국 기업은 약 920개로서 3만 명을 고용하고 있다. 중국 최초의 푸동~상하이 간 자기부상 열차 프로젝트도 독일 기업이 맡았다. 함부르크 항만에 출입하는 컨테이너 세 개 중 하나는 중국 것이다. 함부르크 상공회의소는 격년마다 서밋 차이나 행사를 주관하는데 여기에 중국의 총리급 인사가 항상 참석한다. 슈미트 총리가 독일 총리로서는 처음으로 중국을 방문하여 마오쩌둥毛澤東과 덩샤오핑鄧小平을 만난 이래 그는 6번이나 중국을 방문했고 콜, 슈뢰더, 메르켈 총리에 이르기까지 독일 총리들의 중국행은 꼬리를 물었다. 슈뢰더 총리는 재임 7년간 6번 중국을 방문했고 메르켈 총리는 2016년 6월 재임기간 중 9번째로 중국을 방문했으니 이들은 거의 매년 빠지지 않고 중국을 방문한 셈이다. 2016년 메르켈 총리의 중국 방문에는 슈타인마이어 외교장관과 쇼이블레 재무장관 등 총 6명의 각료가 수행했다. 물론 독일에 대한 중국 지도부의 관심도 마찬가지로 크게 증대되어왔다.

슈뢰더 총리가 중국과의 경제협력에 압도적 비중을 둔 반면, 메르켈 총리는 경제협력 이외에도 인권, 법치주의, 지적재산권 문제 등을 거론하며 보다 균형 잡힌 대중 접근정책을 취하고 있다. 메르켈 총리의 2006년 5월 방중 시에는 2박 3일간의 비교적 짧았던 체류 일정에도 불구하고 당시 원자바오溫家寶 총리와 6~7시간이나 같이 시간을 보냈을 정도로 접촉의 강도가 높았다. 이른 아침부터 자금성 근처 공원을 같이 산책하고 연후 조찬을 가진 후 총리회담과 기자회견을 갖고 나서 하이테크 포럼에 참석한 뒤 다시 공식 오찬을 함께 하는 식의 일정이었다. 2006년부터 독중 간에는 차관급 전략대화가 창설되었고 이는 2011년부터는 정부 간 각료 협의회로 격상되어 운영되고 있다. 중국의 시장경제 지위 부여문제에서도 독일이 EU 내에서 중국의 입장을 대변하는 역할을 자청하고 있다. 그런 독일로서는 중국의 경제상황에 신경 쓰지 않을 수 없는 형편이다. 2015년 중국에서 증시가 폭락했을 때였다. ≪슈피겔≫은 "중국 쇼크China-Schock"라는 제호로 말러Armin Mahler 경제부장의 기명기사를 실었고, 이 기사가 나온 뒤 얼마 되지 않아 그를 만날 수 있었다. 그의 말이다.

중국의 증시폭락과 경제현황은 물론 충격적이다. 특히 신흥국들에게 그렇다. 그러나 실제 결과는 예상하기 힘들다. 전문가들도 이것이 무엇을 의미하는지에 대해 의견이 일치되지 않는다. 일반적인 내수시장 수요로의 전환과정이라는 의견이 있는가 하면, 보다 근본적인 문제로서 통제를 벗어나 있다고 말하기도 한다. 후자의 경우에는 향후 거대한 정치적 난관에 부딪힐 것으로 예상되며, 점차 증가하는 부채로 인한 위험이 도사리고 있다. 중국에 가 있는 특파원들은 현장에서 수많은 인터뷰를 했고, 평가를 도출해냈다. 중국이라는 주제는 경제부장으로서 내가 주시하고 있는 세계경제 테마 중 하나다. 독일은 유럽에서 가장 중국 시장에 의존도가 높은 나라로서 독일만큼 중국발 쇼크에 영향을 많이 받고 있는 유럽 국가는 없다. 특히 자동차산업 분야에서 독일의 수출의존도가 높은데 폴크스바겐은 총 매출액의 50%를 중국과의 거래에서 확보하고 있고 메르체데스와 BMW 역시 중국 내 고급승용차 판매를 통해 높은 이윤을 내고 있다. 어쩌면 직원들을 해고하거나 공장을 닫아야 할지도 모른다. 그러나 가장 큰 위험은 증권시장과 세계금융시장에 닥칠 것에 관한 것이다.

중국발 쇼크에 내재된 잠재적 위험은 머리 위에 있는 다모클레스의 칼과 같다. 그러나 이 칼이 정말 머리 위로 떨어질 것이라고는 생각하지 않는다. 다시 좋아질 것이다. 충격은 증권시장에 닥치고 있으나, 독일 기업들은 대다수가 증시에 의존적이지 않다. 유럽과 미국의 경제와 관련해서는 양국의 시장이 더 이상 성장하지 않거나, 성장률이 저조하다는 문제를 주시하고 있다. 지금까지 아시아는 이들 국가의 성장에 중요한 자극제였다. 그러나 이 자극제로서의 아시아가 사라진다면 우리의 성장요인이 어디에서 오겠는가. 우리는 내수시장 경기를 더욱 활성화시켜야 할 것이다. 유럽에도 가능성이 있기는 하지만, 그럼에도 거대한 문제들이 우리를 향해 다가오고 있다고 본다[2015.9.5].

프라이 회장은 세계 3대 지게차 제작사인 융하인리히의 사장이자 독일 내 아시아진출 기업협회인 동아시아협회^{OAV}의 회장을 맡고 있다. 다년간 중국, 러시아 기업들과 거래해온 경험을 갖고 있는 그는 중국은 이제 신창타이^{新常態, New Normal} 단계로 진입한 것으로 현 경제상황에 대한 부정적 평가가 과장되었다고 진단했다. 아울러 러시아, 인도, 브라질과 같은 신흥국들과의 사업 경험을 간략히 소개했다.

30년간 아시아와 사업을 하고 있고, 24년 전부터 중국과 관계를 맺고 있다. 최근 언론보도 내용은 실제보다 다소 과장되었다. 어렵기는 독일 기업도 마찬가지 아닌가. 물론 분야에 따라 타격이 더 클 수도 작을 수도 있다. 어쨌거나 끊임없이 부정적인 보도만을 내보내는 것은 좋지 않다. 심리적으로 영향을 주기 때문이다. 오늘날 중국의 성장률이 6.9%라 해도 결코 나쁘지 않다. 명목수치로 보면 몇 년 전 12% 성장률이었을 당시보다 많이 저조하지만 실제로는 크게 다르지 않다. 성장률은 상대적인 것이다. 화폐를 보면 알 수 있다. 위안의 대유로 환율은 이전에는 8유로였고, 그 후 6유로가 되었다가 최근에는 7.15유로다. 42년간 달러 환율을 주시하고 있는데, 마르크의 달러 환율은 2마르크에서 4마르크까지 변동했었다! 끊임없이 오르락내리락했다. 현재 유로환율은 1.09달러였다가 1.16달러로 절상되었지만, 그렇다고 세상이 무너지는 것은 아니다. 산업과 시장은 서로 적응하기 마련이다. 지난 30년간을 보면 경기가 일방적으로 좋기만 하거나 나쁘기만 했던 적은 단 한 번도 없었다. 신흥시장의 경우 세계경제 성장률이 3.5%가 아니라 3.3%에 불과하더라도 문제가 되지 않는다.

신흥시장에 대해 조금 더 이야기해보겠다. 브라질은 25년 전부터 "미래의 국가"라고들 했다. 유감스럽게도 아직 우리는 그 미래를 기다리고 있고, 어쩌면 그 미래에 영영 도달하지 못할 것으로 보인다. 경제상황이 장밋빛 미래를 선사할 때면 곧 다시 추락하곤 한다. 과거에 이미 독일 기업들의 대규모 철수가 있었다. 나는 당시 브라질에 섬유공장을 운영하는 회사에서 근무하고 있었다. 한동안 그 사업은 수익성이 있었지만, 그 후 경기침체와 파산이 이어졌다. 1년 반 전 융하인리히는 브라질에 공장을 설립하는 것을 고려한 적이 있었다. 개인적으로 브라질을 사랑하지만, 몇 차례의 고민 끝에 설립을 포기했다. 자금만 날리게 될 것 같았기 때문이다. 브라질과 거래하던 독일 기업 중 대다수는 장기간 상황이 좋지 않았다. 인도에 더 많은 기회가 있고, 중국에는 그보다 더 많은 기회가 있으며, 러시아도 다시 상황이 호전될 것이다. 장기적인 가능성들을 고려할 때에는 인구규모와 이것이 국가경제에 주는 의미를 고려해야 한다. 10억 명의 인구가 갖는 의미는 상황이 조금만 나아져도 그 결과는 어마어마하다는 것을 뜻한다. 그 덕분에 인도와 중국의 성장은 엄청나다. 그 외에도 나는 훌륭한 교육을 받은 인재들로 구성된 중국 정부의 능력을 신뢰하고 있다. 이들은 "서부 대개발Go West" 정책과 내수 중심 성장전략을 내건 합리적인 5개년 계획을 수립했다. 환경문제도 깨닫고 있다. 물론 하루아침에 해결할 수 있는 문제가 아니라는 것은 자명하다[2016.1.20].

이러한 독중 간 협력관계의 발전에도 불구하고 지금 독일에서는 중국의 독일 첨단기업에 대한 인수, 합병으로 여론이 분분하다. 독일의 대표적 로봇 기업인 쿠카Kuka의 인수협상에 가브리엘 경제장관까지 개입해서 이를 막고자 컨소시엄 결성을 제안하기도 했다. 하지만 이는 역풍을 불러일으켰고 시장 논리를 이기지 못했다. 특히 독일의 대중국 투자규모가 중국의 대독일 투자규모보다 20배가 크다는 점을 볼 때 더욱 그렇다. 중국은 1천억 달러에 달하는 돈을 해외에 투자하지만 이 중 약 2%만이 독일로 온다. 특히 로봇, 하이테크, IT 기업에 투자하고, 이를 통해 하이테크 분야의 노하우를 사들이고 있는 것은 분명하지만 그렇다고 중국이 단기간에 기술을 이전해간다는 것을 의미하지는 않는다.

중국은 자국 기업이 더 이상 임금경쟁력으로 버틸 수 없다고 보고 전략적 차원에서 기술을 확보하기 위해 환경기술, 공장자동화, 인터넷 서비스를 미래 성장동력으로 지정하여 전 세계적으로 인수, 합병 대상기업 목록을 작성하면서 본격적인 기업 사냥에 뛰어들었다. 2014년 중국의 해외기업 인수, 합병은 272건 557억 달러, 2015년에는 382건 674억 달러에 달했고 이 두 해 동안 인수된 독일 기업도 64개이다. 특히 미국이 국가안보를 이유로 중국의 미국 기업 인수, 합병을 견제함에 따라 독일과 유럽 기업에 대한 시도가 더욱 거세지고 있다. 중국은 유동성 위기를 겪고 있는 핵심 기업 중 적절한 승계자를 찾지 못하는 가족기업을 타깃으로 하여 기술과 브랜드, 특허를 인수받는 데 초점을 두고 있고 독일 기업 입장에서는 중국의 자본을 활용하고 생존할 수 있는 대안^{China option}으로 인식하고 있다. 중국은 한국에서는 기업 인수 후 기술만을 가져가는 행태를 보인 것과는 달리 독일에서는 기존 경영진과 기업문화를 대체로 존중해주는 접근을 시도하고 있다. 프라이 회장의 이어지는 평가다.

지금까지 중국은 매우 능숙하게 해냈고, 원자재 보유량이 높은 국가가 되었다. 중국은 나이지리아 등 아프리카 국가나 카자흐스탄에 투자했다. 원자재 확보를 위한 장기적 관점에 따른, 수 세대에 걸쳐 진행되는 마스터플랜을 세운 것이다. 호주에 대한 투자나 독일 기계 제조업체 인수를 생각해보라. 최근에는 독일의 전통 있는 기업 크라우스 마파이^{Krauss Maffei}가 중국 기업에 인수되었다. 그전에는 싼이──가 콘크리트펌프업계를 선도하던 푸츠마이스터^{Putzmeister}를 인수했다. 또 다른 예로는 융하인리히의 주요 경쟁자이자 한때 린데그룹 산하에 있었던 키온^{Kion} 그룹이 있다. 린데그룹의 라이츨레^{Wolfgang Reitzle} 회장은 이 지게차 사업을 골드만삭스에 매각했지만, 2009년 경제위기로 이 사업은 좌절되었다. 골드만삭스는 자사의 지분을 중국의 공영기업인 산동중공업^{Shandong Jiangsu Hantong Heavy Industry}

에 매각했다. 이렇게 키온 지분의 38.5%는 중국 공영기업에 넘어가게 되었다. 중국은 작전계획에 따라 움직이고 있다.

중국은 2015년 수립된 중국판 산업 4.0 정책인 "중국제조 2025"의 기치하에 차세대 IT, 바이오, 로봇, 항공, 해양 등 10대 핵심산업의 역량강화를 추진하고 있다. 유럽은 이것이 실상은 중국 기업에 대한 지원을 늘리고 외국 기업을 불공정한 경쟁으로 내모는 정책으로 인식하여 경계심을 갖고 있다. 중국을 잘 아는 린더^{Ludwig} ^{Linder} 변호사의 좀 더 비판적인 평가를 들어보자.

중국은 무력이 아닌 경제력과 인적교류를 통해 세계를 정복하고 있다. 구찌나 프라다 등의 브랜드를 제외하면 베네치아의 모든 부티크 매장이 중국인들의 손에 넘어간 것을 볼 수 있다. 또한 중국이 아프리카에서 벌이고 있는 일들을 보면 식민지 경영과 다를 바 없다. 어족자원을 싹쓸이하고 식량원을 빼앗고 있다. 하지만 이 모든 일들이 전쟁 없이 교묘한 방식으로 이루어지고 있다.[21]

중국은 안정적인 내치를 바탕으로 "일대일로^{一帶一路}" 정책을 구사하면서 해외진출을 강화하고 있다. 후쿠야마는 중국의 일대일로 정책의 전망에 대해 회의적이다. 중국은 내부적으로는 안정적 통치를 바탕으로 기간투자를 중심으로 하는 경제정책을 성공적으로 관리할 수 있었지만, 터키나 우즈베키스탄 같은 나라로 가게 되면 내치 불안, 부패 등으로 유사한 정책이 쉽사리 성공하기 어려울 것으로 보고 있다.[22] 독일 언론인 슈만은 유럽에서 5세대에 걸쳐 일어난 일들이 지금 중국에서는 1세대 만에 실현되었다며 중국에 대한 경탄을 금치 못한다.

중국은 산업정책에 관한 한 정말 엄청난 전략가들이다. 상해의 푸동에서 일어났던 일은 세계의 어느 나라도 해내지 못한 것이다. 인류의 역사 중 중국처럼 이처럼 짧은 기간 내에 극한 빈곤에서 탈출한 나라는 어디에도 없었다. 한국의 발전도 인상적이지만, 사실 중국의 발전에는 못 미친다. 성과의 정도나 범위, 속도 같은 것을 들여다볼 때 말이다. 나의 처남이 중국에서 살고 있다. 그곳에서 16세에 학교를 그만둔 젊은이들을 만났다. 그들의 부모는 3헥타르 상당의 땅을 관리하고, 농가에 화장실도 있다. 정당 관영 방송을 볼 수 있는 작은 흑백 TV는 이 가족의 부를 상징한다. 28세의 딸은 유창한 영어를 구사할 줄 알며, 나의 처남의 공장을 운영한다. 그녀는 차도 있고 외국 여행도 한다. 한 세대에 거쳐 일어난 일이다. 유럽은 이 단계에 도달하기 위해 다섯 세대를 거쳤다. 정말 존경스럽다! 덩샤오핑의 개혁 정책은 1980년에야 시작되었다. 이렇게 늦었다고는 상상도 할 수 없을 것이다. 중국 발전의 속도는 손에 땀을 쥐게 할 정도다. 그렇다. 수십억 인구의 사회를 이렇게 성장하게 만든 능력에 대해 중국의 공산당원들에게 경의를 표한다. 물론 공산주의와는 관계가 없고 그냥 전략일 뿐이기는 하지만 말이다. 매우 인상적이다. 하지만 그들이 지금 진행하는 것들은 단기적인 안목이며 무계획적이다. 현재 중국의 지도자 시진핑과 그의 동료들을 전임자들과 비교하자면 난쟁이다. 그들은 우리의 정치인들처럼 생각이 짧다[2016.7.19].

러시아 제재

우크라이나 사태 이후 2014년 러시아에 내려진 경제제재가 러시아 경제를 압박하는 것은 당연하지만 역으로 경제제재를 하고 있는 독일 등 유럽 국가들에도 상당한 부담을 주고 있다. 러시아 제재가 발동된 후 독일의 낙농 산업은 붕괴될 지경에 이르렀다. 큰 수출시장을 상실했기 때문이다. 특히 함부르크 등 북독일 지역에 소재한 600여 개 이상의 기업들이 러시아 제재의 여파로 애로를 겪고 있으며 이들은 러시아 제재조치가 가급적 빠른 시일 내에 해제되기를 희망한다. 함부르크 대학 평화안보연구소장을 맡고 있는 브로슈카^{Michael Brzoska} 교수의 이야기다.

> 우크라이나와 관련해서는, 서방국가들이 지난 25년간 몇 가지 실수를 했다. 이를테면 EU와 러시아가 예상했던 것보다 한층 더 다른 방향으로 발전하리라는 가능성을 과소평가했다. 그들은 러시아 내정이 친서방 노선을 걷게 되리라 기대했고, 당시에는 러시아 민주화의 실마리를 찾을 수 있었다. 그러나 러시아가 전체주의 성향이 강한 정치체제로 발전하리라는 것을 생각하지 못했다. 러시아의 체제는 서방국가들의 기준에서 볼 때 가까스로 민주주의의 범주에 들어가는 체제다. 또 다른 문제는 지정학적 사고가 러시아 내에 매우 폭넓게 확산되어 있다는 것이다. 푸틴 대통령에게서도 강하게 나타나고 있다. 이러한 사고방식은 자유민주주의국가로서 지역에 상관없이 대외정책을 수행할 것을 요구하는 EU나 미국의 안보정책적 관점에 반하는 것이다. 이러한 사고방식의 차이 때문에 NATO의 동진정책이 러시아와의 관계에 균열을 야기했다. 어떤 경우에도 제재조치는 그 목표대상이 뚜렷해야 한다. 국민들까지 영향을 주는 광범위한 제재조치에는 정당한 명분이 없다. 국민들은 이 정책에 책임이 없다. 독일, 그리고 함부르크는 무역에 타격을 받고 있고 헝가리는 농업 피해를 보완할 지원이 부족한 상황이다 [2015.2.16/2015.12.17].

동아시아협회장인 프라이 회장은 다음과 같이 이야기한다.

> 러시아와 관련하여 유럽이 대화를 재개하지 못하고 있는 것은 물론 안타까운 일이다. 푸틴 대통령이 언짢아하는 것은 어떻게 보면 당연하다. 모든 유럽인들이

우크라이나로 향하고, 우크라이나를 NATO 회원국처럼 대하고 있다. 러시아와의 관계가 단절되는 것은 유감스러운 일이고, 이러한 방식으로 러시아를 무릎 꿇게 하겠다는 것은 오산이다. 러시아는 이제 방향을 전환하여 중국에 천연가스를 판매하고 있다. 러시아에 대한 태도는 너무 근시안적이었다. 물론 경제제재가 루블화에 영향을 주기는 했지만, 융하인리히는 영리하게 처신했고, 러시아 시장에서의 매출하락은 사실상 느끼지 않고 있다. 지난 25년간 거래했던 러시아의 사업파트너들은 상품대금 지불에서 언제나 신뢰할 수 있는 파트너들이었다. 몇 년 전 환율문제가 있었을 때도 지불에 어려움이 있기는 했지만, 한 번도 돈을 떼어먹은 적은 없었다[2016.1.20].

러시아 제재와 관련하여 함부르크의 국제해양법재판소ITLOS 골리친Vladmir Golitsyn 소장이 했던 레닌그라드 공방전 이야기가 생각난다. 1941년 9월에 시작된 독일군의 포위는 1944년 1월이 되어야 풀렸는데, 세계 전사에 유례없는 2년 반의 포위를 버텨낸 레닌그라드 시민들의 이야기다. 독일군의 포위상태가 오래가자 먹을 것이 없어졌고 나중에는 인육을 먹었다고 한다. 그래서 가족마다 아이들을 보호하기 위해 늘 어른들이 아이들과 떨어지지 않았고 이를 감시하기 위해서 군에서 특별 기동대까지 설치해서 운영했다. 100만 명이 넘는 희생자들의 다수가 기아로 인한 것이었다. 밤에는 거리마다 확성기를 설치해서 차이콥스키 음악을 크게 틀어놓고 굶주림에 지친 군인들과 시민들의 항전 의지를 독려했다고 한다. 2015년 여름 상트페테르부르크를 방문했을 때 성 이삭 대성당 주위가 온통 배추밭이었던 당시 사진을 볼 수 있었다. 핀란드군까지 독일군과 합세하여 공방을 벌였지만 결국 레닌그라드 시민들을 이기지 못했다. 지금의 경제제재 정도로 러시아를 굴복시킬 수 없다는 이야기다.

2017년 7월 미국 의회가 이란과 북한을 포함한 추가적인 대러시아 제재 법안을 통과시켰다. 이 제재안은 러시아 기업의 유럽 에너지시장 진출을 차단하려는 것이라 하는데 트럼프 대통령의 결심을 남겨놓고 있지만 벌써부터 유럽 국가들은 유럽과 미국의 이해는 다르다며 크게 반발하고 있는 모습이다.

제13장

환경과 에너지 전환

독일의 가장 큰 환경단체는 녹색당이다

그림형제^{Gebrüder Grimm}의 동화 중에는 숲을 배경으로 하는 것이 많다. 그만큼 숲은 독일 사람들의 생활의 일부다. 도이칠란트란 말도 게르만이 로마군을 물리친 토이토부르크 숲^{Teutoburger Wald}으로부터 유래했다. 독일 사람들은 이렇듯 태생적으로 자연과 엮여 있다^{Naturverbundenheit}. 독일말로 환경을 "움벨트^{Umwelt}"라 한다. 사람이 살고 있는 "세상^{Welt}"을 "둘러싸고 있는^{um}" 것이 자연이고 곧 환경이다. 아마도 독일인들의 남다른 환경보호 의식과 환경운동은 이런 전통과 생각으로부터 출발하는 것은 아닐까. 역사학자 라트카우^{Joachim Radkau}는 오늘날과 같은 환경운동의 시초를 1800년에 일어난 목재난을 둘러싼 논의로 본다. 나무가 없어져 땔감을 더 이상 구할 수 없다는 두려움이 계몽주의 시대 산림 낭만주의의 자연예찬과 함께 찾아왔다. 어떻게 보면 오늘날 유럽의 환경운동은 19세기 초까지 거슬러 올라가는 미국의 자연보호운동에서 그 원형을 찾아볼 수 있다. 미국에서는 19세기 초에 벌써 윌리엄 워즈워스William Wordsworth 같은 사람들이 자연을 보호할 가치가 있는 대상으로 생각했고 19세기 중엽에 요세미티 국립공원을 보호구역으로 지정했다. 독일에서는 1899년 슈투트가르트에서 조류보호연맹이 조직된 시점을 전후하여 1차 환경운동이 있었고, 현대 환경운동의 원년으로 간주되는 '1970년 유럽 자연보호의 해'와 1971년 라인 강 상류지역에서의 정유시설 확장계획 반대를 위한 시민운동 등을 시발점으로 2차 환경운동이 발생했다. 아울러 1978년 서독 연방정부 내에 환경부가 신설되고, 미래녹색운동GAZ, Grünen Aktion Zukunft이 조직되면서 환경운동의 제도화가 이루어졌고, 1980년 녹색당이 창당되어 환경운동의 정치화로까지 진전하게 된다. 그러고 보면 독일 내에서 가장 큰 환경단체는 녹색당인 셈이다.

독일 녹색당은 여러 분야의 시민운동으로 출발했다. 반핵운동이나 환경운동, 양성평등과 여권신장, 동성애자 권리보호 같은 시민운동에 참여했지만, 처음에는 정당 형태가 아니었고 그럴 생각도 없었다고 한다. 그저 정부의 사회운동세력 정도였다. 그래서 당을 만들고 정부의 일원이 된다는 것에 대해서 논란이 있었지만, 슈미트 총리하에서 원자력과 평화정책을 둘러싸고 사민당 내에서 갈등을 빚었던 인사들이 사민당을 나와서 녹색당을 창당했다. 현재 녹색당의 주력 사업은 재생 에너지를 포함한 에너지정책, 엘베 강 수질 개선과 같은 환경여건 개선, 그리고 지속가능한 경제다. 여권신장, 동성애, 난민 등 인도적 문제에서도 진보적 입장을 대변한다. 2017년 6월 말 독일 하원은 동성 간 혼인Ehe für alle을 인정하는 연방법률을 통과시켰다. 녹색당이 전면에 나섰음은 물론이다. 메르켈 총리는 자신은 반대했지만 표결 시 "정파강제Fraktionszwang"를 해제하여 기민당 소속 의원들이 더욱 자유롭게 투표하도록 했다. 함부르크는 2015년 이후 사민당과 녹색당이 적녹연정을 해왔다. 2016년 11월 엘베 강 남쪽의 하부르크에 있는 환경부를 방문했을 때

케어스탄Jens Kerstan 환경장관은 오늘날 사람들의 환경의식 변화에 녹색당의 기여
가 컸다며, 원자재 소비, 유해물질 배출, 폐기물 처리 같은 사안에서 우리 현 세대
가 장래 세대를 희생양으로 삼아서는 안 된다고 강조했다. 현재 독일 내 16개 연
방 중 10곳의 환경장관직을 녹색당이 맡고 있다며 환경에 관한 한 녹색당이 주도
하고 있다는 자부심도 드러냈다. 그는 또 환경과 경제정책 간의 조화로운 시행에
대해 이야기했다.

　　좋은 환경정책은 경제촉진을 가져온다. 풍력분야와 폐기물 처리분야가 좋은
　　사례다. 그런 의미에서 환경관청은 경제관청으로서의 기능을 병행하고 있다. 환
　　경부는 에너지 소비를 최적화하고 탄소 배출을 줄이려는 노력과 동시에 신재생
　　에너지 산업의 서비스 제공자이기도 하다. 대기오염 방지와 같은 주제에서 갈등
　　은 있기 마련이다. 환경부와 달리 경제부가 경유차량 도심운행 제한을 위한 신규
　　환경 스티커제 도입을 반대하는 것이 일례다. 어떤 환경문제에서 환경부가 양보
　　하는 것처럼 보일 수 있지만, 그에 상응하는 보완조치를 동시에 강구하고 있다.
　　예를 들어 녹색당은 엘베 강 치수사업에 동의해주었지만, 보상 없이 해준 것은
　　아니다. 오염된 엘베 강을 생활의 터전으로 다시 돌아오도록 통행 선박들의 비용
　　지불을 통한 재정조달 같은 대안을 강구했다. 주택건설 같은 사업에서도 녹지가
　　줄어들게 되면 세금을 걷어 다른 녹색사업이 대체적으로 이루어지도록 하고 있
　　다[2016.11.4].

　　함부르크 기민당 교육대변인인 프린Karin Prien 의원은 기민당이 녹색당과 체질
이 맞는다고 했다. 사민당보다 더 진보적인 녹색당이 오히려 기민당과 가깝다니
언뜻 이해되지 않지만, 사실 사민당 정치인들로부터 관료적 느낌을 받는 경우가
꽤 있다. 오히려 녹색당은 물론이고 기민당 정치인들이 더 서민적이라는 것을 가

끔 느낀다. 그래서인지 기민당과 녹색당의 연립정권을 드물지 않게 볼 수 있다. 2016년 3월 바덴-뷔르템베르크 주에서 녹색/기민당의 연정이 들어섰고 2017년 6월에는 슐레스비히-홀슈타인 주에서 기민/녹색/자민당의 흑녹황연정—자메이카 국기 색깔이라 해서 자메이카연정이라 한다—이 출범했다. 프린 의원은 이 자메이카 연립정부에 교육장관으로 입각했다. 그녀의 이야기다.

사민당은 분배를, 기민당은 성장을 강조한다. 기민당에서는 기업활동을 촉진할 수 있는 요인을 유지하는 것이 중요하다. 지나친 과세는 경제활동을 마비시킨다. 또한 복지정책적으로는 국민들이 자립하고 자급 능력을 키울 수 있도록 지원하여 활성화하는 것이 중요하다. 기민당과 사민당이 서로 다른 이념을 따르고 있기는 하지만, 대연정 이전부터 양 정당은 상당히 동화된 면이 있다. 특히나 전통적으로 사민당 내에 강한 우파진영을 보유하고 있는 함부르크에서 그러했다. 그럼에도 근본적인 차이점들은 계속 존재한다. 사민당은 "국가를 신봉staatsgläubig" 하는 경향이 강하다. 반면 기민당은 원칙적으로 녹색당에 가깝다. 기민당은 사회 스스로가 많은 것을 해낼 수 있다고 믿는다. 지원을 아끼지 않으면서도 동시에 사회의 능력과 각 개인의 능력을 신뢰한다. 자세히 살펴보면 사민당과 기민당 간의 이러한 정책적 차이를 확인할 수 있다[2016.10.26].

2016년 바바라 헨트릭스Barbara Hendricks 연방환경장관이 국민 의견을 들어보기 위해 선공람한 「독일기후보호계획 2050」을 보면 2050년까지 독일 국민들이 육류 소비를 현재의 반으로 줄여야 한다는 정책 권고안이 담겨 있다. 독일인들의 주당 육류 소비량 1.1킬로그램을 300~600그램 수준으로 줄여야 한다는 것인데, 이것은 국민건강 배려 차원이 아니라 환경보호 차원에서다. 소의 사육 규모를 줄임으로써 연 2500만 톤에 달하는 이산화탄소를 내뿜는 메탄가스 배출량을 줄이기 위한 것이다. 아울러 신규 축사 건립을 불허하여 소의 보유 두수를 줄이거나 농업보조금을 친환경적 요소와 연계하는 등의 정책도 함께 예고하고 있다. 헨트릭스 장관은 독일 국민을 채식주의자로 만들겠다는 것은 아니라며 식생활 습관도 시대에 따라 변하기 마련이므로 건강과 함께 환경도 같이 고려하는 방향으로 식생활을 개선해나갈 필요가 있다는 입장을 밝혔다. 그녀는 여러 비판에도 불구하고 육류 소비를 줄이는 것이 기후 보호에 도움이 된다는 입장을 굽히지 않고 있다.[1]

독일 사람들의 고발정신은 세계적이다. 경찰행정도 세계적이다. 그런데 이 두 가지가 함께 간다. 고발이 뒷받침되지 않는 경찰행정은 무력해지기 일쑤다. 독일의 환경 규제를 보면 까다롭기도 하지만 이것이 시민들의 고발정신 없이 단순히 환경 경찰력만으로는 가능하지 않다는 것을 쉽게 알 수 있다. 함부르크 총영사관의 관저 정원은 오트마르셴 지역에서도 상당히 큰 편이다. 봄철이 되면 정원관리를 시작하는데 2014년 첫해 몇 가지 사실을 알게 되었다. 우선 새를 보호하기 위해 새가 알을 낳아 부화하는 초봄부터 본격적인 여름철이 되기 전까지는 새들의 부화 장소가 될 만한 수풀이나 주택의 생울타리Hecke를 건드려서는 안 된다. 그러니 담장을 이루고 있는 생울타리를 깎지 못하고 이 시기가 끝날 때까지 기다려야 한다. 함부르크는 이 시기가 2월 말부터 6월 20일경까지다. 자기 집 앞마당의 나무를 벨 때도 해당 관청의 허가를 받아야 한다. 1그루를 베면 2그루를 심어야 한다. 그리고 마당에서 집안 현관까지 이어지는 포석이나 테라스에 사이사이로 잡풀이 올라오는데 이것도 관청의 허가 없이는 함부로 화학 제초제를 뿌리지 못한다. 집안 마당에서 이루어지는 일인데 누가 알랴 싶지만 바로 이웃이 신고자다. 수만 유로까지 벌금을 물어야 한다. 그래서인지 도심에서도 무성한 수목을 늘 볼 수 있다.

엘베 강 치수사업과 4대강 사업

엘베 강 치수사업은 엘베 강 하구로부터 함부르크 항만까지 약 100여 킬로미터에 이르는 수로의 강물 바닥을 깊게 파고 수로 폭을 확장하여 컨테이너선의 대형화로 인한 통항 수로를 확보하고자 하는 사업이다. 함부르크 항만에는 길이가 300~400미터 정도의 1만 TEU가 넘는 컨테이너선들과 크루즈 선박들이 출입하는데 이들은 약 16미터의 흘수와 400~500m의 회전공간을 필요로 하는 대형 선박들이다. 이런 선박들이 입항할 때는 항상 파일럿 선의 안내에 따라 움직이는데도 가끔은 낮은 하상에 선박이 걸려 오도 가도 못하는 사고가 발생하고는 한다. 그래서이 치수사업은 함부르크 산업의 동맥인 항만산업의 운명이 걸려 있는 사안으로서 함부르크 주정부에서 사활을 걸고 추진하고 있다. 2015년 선거 후 사민당과 녹색당의 연정협약에도 엘베 강 수심확장 공사에 대한 동의가 명시되어 있다. 다만 2012년 이래 법정 공방으로 이어지고 있어 얼마나 신속하게 사업이 진행되느냐 여부는 법원이 이 계획을 제한 없이 동의하는지 여부에 달려 있다. 사업명은 "엘베 강을 깊게 하는 것Elbevertiefung"이지만, 실제 사업내용은 다소 차이가 있다. 왜냐하면 엘베 강의 수심은 이미 많은 곳이 30m이므로 강바닥을 긁어내어 수심을 깊게 하는 공사는 극히 일부고 실제로는 엘베 강의 일부 지역의 수로만 확장하는 것이기 때문이다.

엘베 강은 침식과 퇴적으로 인한 하상의 변천으로 범람이 잦아지고 수로 확보에 애로가 생기면서 19세기부터 치수사업이 반복적으로 시행되어왔으며 현재 추진 중인 9차 치수사업은 이미 2002년에 사업신청이 이루어졌다. 「연방수로관리법」에 따라 2007년까지 치수사업을 완료할 예정이었으나 각 환경단체, 지역자치단체, 개인 등 약 5200건의 이의제기가 있은 후 독일자연보호연맹의 소 제기에 따라 2012년 연방행정법원이 사업 중단을 결정했다. 2015년 유럽법원에서 "엄격한

•• 엘베 강 어귀에서만 자라는 쉬어링스 물회향초. 이 식물의 보
  호를 위해 14년을 끌어온 엘베 강 치수사업이 또 연기되었다.

일정 조건하에서만 가능하다"라고 함으로써 독일 국내법원의 판단에 따라 사업
을 추진할 수 있는 길을 열어주었으나 2017년 2월 라이프치히 연방행정법원은 또
다시 확정 판결을 미루고 말았다. 이유인즉 함부르크 엘베 강 어귀에서만 자란다
는 "쉬어링스 물회향초Schierlings-Wasserfenchel"란 멸종위기 식물의 보호를 위해, 치수
사업으로 인해 강물의 염도가 일정 수준 이상으로 높아지지 않는다는 것을 보장
해야 한다는 것이었다. 이렇게 되면 이 염도 확인, 조치 작업에 최대 반년 정도가
더 소요되고 이 작업 후 재신청과 재검토가 반복된다면 결국 사업이 추진되더라
도 2020년이 지나야 사업이 종료될 것으로 보인다.

　2017년 2월 라이프치히 연방행정법원의 판결은 독일인들에게 "환경은 전부"라

는 생각을 새삼 일깨워주었다. 이 판결로 이번만큼은 확정 판결을 내려주리라고 기대했던 함부르크 경제부에서는 난리가 났다. 함부르크 경제의 목줄이라는 엘베 강 수심확장 사업이 최소한 6~10년 전으로 되돌아갔기 때문이다. 판결 당일인 2월 9일 하루 동안 함부르크 항만물류주식회사^{HHLA}의 주가가 14% 내려앉아 1.2억 유로의 손실이 났다. 향후 함부르크 항만 출입 연간 컨테이너 물동량 900만 TEU 중 50만 TEU의 손실이 추정된다는 전망도 나왔다. 이와 관련하여 독일자연보호연맹^{NABU}이나 독일환경자연보호연합^{BUND}은 함부르크 주정부와 타협치 않겠다며 '양보'가 있지 않는 한 소를 취하하는 일은 없을 것이라 했다.[2] 이해관계가 상반되는 사회적 파트너와 합의 없이는 아무것도 할 수 없다는 독일 사회의 진면목을 잘 보여주는 사례다.

강바닥을 쳐내는 것만으로 벌써 정부와 환경단체 간 10년 이상을 씨름하면서도 결론이 나지 않고 있는 독일의 예가 반드시 바람직하지는 않겠지만, 강바닥을 쳐내는 것은 물론 엄청난 보를 만드는 등 한 나라의 큰 강 4개를 동시에 갈아엎은 우리 4대강 사업은 너무 졸속으로 결정되었다. 당시 정부의 4대강 사업에 대한 강력한 의지는 차치하고라도 반대하는 환경단체나 사회세력이 있었을 텐데 이것에 이의를 제기하고 막아설 수 있는 사회적, 법적 장치가 어떻게 작동하지 않은 것인지 의문이 제기된다. 우리의 환경의식이 약한 것인지, 환경단체가 덜 적극적이었는지, 사법부의 역할이 미진한 것인지, 우리 사회의 '이익의 균형'은 어디서 찾을 수 있는 것인지 의문스럽다.

함부르크의 항만도시로서의 위상과 관련하여 결단을 내려야 한다는 여론이 일고 있다. 한자동맹 도시로서 항만을 통해 800년의 번영을 이루어왔지만 이제 함부르크의 항만 경쟁력의 위상과 지속가능성에 대한 의문이 생겨났다. 로테르담이나 안트베르펜과 같은 천연의 양항과 경쟁을 계속하려면 어떤 대가를 치러야 하는가? 10만여 명 이상의 고용인구를 갖고 있는 항만, 해운산업이 장차 어떤 위상을 갖는 것이 적정한가? 함부르크는 항만도시인가 항만을 가진 도시인가? 이런 문제들을 다시 살펴서 지속가능한 대안을 찾아야 한다는 것이다. 니더작센 주의 빌헬름스하펜 항이나 브레멘 항도 함부르크로 집중된 항만산업이 적절히 분산되어야 한다는 입장에서 엘베 강 수심확장사업에 소극적이다. 컨테이너 선박 물류 전문가인 말쵸브Ulich Malchow 브레멘 대학 교수는 함부르크 조찬 강연에 와서, 컨테이너 선박의 운용비용이 해상에서보다 육상 하적 등에서 발생하는 부분이 더 크므로 1만 3천 TEU가 넘어가는 대형 컨테이너선들은 이미 규모의 경제 효과가 감소했다며 8천 TEU급 정도의 선박이 경제성이 가장 좋다고 평가했다. 그러면서 최근 함부르크 해운사의 선박 발주도 8천 TEU급으로 집중되고 있다고 소개했다 [2016.3.3]. 아마도 함부르크 경제부에서 매우 반길 만한 주장인 듯하다. 함부르크 경제부에서 해운, 항만과 혁신 분야를 담당했던 프록슈 차관보의 이야기다.

20년 전 함부르크 경제가 더 이상 장래성이 없다는 평가가 나왔다. 당시까지도 함부르크의 중점산업은 구시대적인 "식민산업(조선, 선박, 정유, 고무)"이었고, 함부르크는 항구에 의존하는 무역 도시로서 공과대학도 없었다. 한국, 일본, 중국과의 경쟁이 심해지면서 구조적 변화가 시급해졌다. 북독일 지역 조선산업의 일자리 수는 4만 개에서 2500개로 줄어들었다. 지금은 함부르크 쥐트, 하팍-로이드, 될레Döhle 등 해운 부문의 과잉공급이 문제가 되고 있다. 2016년 3월 함부르크 해운산업에 대한 평가, 분석 결과를 바탕으로 우리는 구조적 변경과 전략전환을 결정했는데, 연합지구 정책을 통해 항만/해운 외에 항공, 풍력, 생명과학, 보건의료 및 미디어 등 다른 분야들에도 중점을 두는 전략을 채택했다[2016.5.4].

에너지 전환, 세계대세다

　함부르크에서는 격년마다 9월에 세계에서 가장 크다는 풍력박람회가 개최된
다. 2016년 9월 말에 열린 풍력박람회에는 세계 34개국으로부터 1400여 개의 업
체가 참여한 가운데 약 4만 명의 관람객이 다녀갔다. 1989년 북해 연안 소도시 후
줌Husum에서 시작된 풍력박람회를 이어받아 2014년부터 함부르크에서 개최되면
서 해가 갈수록 문전성시를 이루며 세계 풍력산업의 메가트렌드를 보여주고 있다.
여기서 풍력터빈과 타워, 스마트저장 신기술과 함께, 분산되어 있는 에너지 생산
및 소비 시스템을 통합하여 에너지경제의 최적화를 실현하고자 하는 "에너지경
제 4.0" 같은 주제도 논의되었다. 함부르크는 세계의 풍력 수도다. 수년 전 원자력
사업을 포기한 지멘스는 물론 에너콘ENERCON이나 노르덱스Nordex 또는 동DONG,
베스타스Vestas 같은 세계 유수의 풍력기업 200여 개가 모여 연합지구를 이루고 있
다. 세계 최대의 해상풍력단지인 3.3기가와트 규모의 북해단지도 헬기로 1시간
내 거리에 위치하고 있다. 이곳에는 60층 빌딩규모의 타워에 A-380 양 날개 길이
의 바람개비를 가진 풍력터빈들이 들어서 있다. 조선, 해양산업과 어우러져 시너
지 효과도 내고 있다. 조선해양박람회도 격년마다 풍력박람회와 2주 간격으로 열
리고 있다. 2016년 9월 조선해양박람회는 약 65개국으로부터 2200여 개의 기업이
참여했다.

　에너지 전환을 의미하는 "에네르기벤데Energiewende"란 독일어가 이제 녹색혁명
을 지칭하는 말이 되었다. 녹색혁명이란 석탄, 가스, 우라늄 등 화석연료로부터
태양, 물, 바람, 지열, 바이오메스 등 재생에너지로 전환하는 것이다. 독일의 재생
에너지 분야의 발전은 실로 괄목할 만하다. 2014년 독일은 에너지 사용을 줄이면
서도 경제성장을 이루어내는 에너지 역사상 신기원을 열었다. 김용 세계은행 총
재는 "독일이 화석연료 사용과 경제성장을 분리할 수 있다는 것을 세계 최초로 보

여주었다"라고 언급했다. 2015년을 기점으로 독일은 전력생산에서 차지하는 신재생에너지의 비율이 30% 선을 상회하게 되어 원자력의 2배를 넘어섰고, 2050년까지는 80%까지 끌어올리는 것을 목표로 하고 있다. 온실가스 배출량을 1990년 대비 40% 줄이겠다는 목표치는 예정보다 일찌감치 달성할 전망이다. 신재생에너지 중 풍력에너지의 발전은 특히 눈에 띈다. 2015년 한 해 동안 풍력에너지의 생산이 전년 대비 50%가 증가했다. 2015년에는 전체 전력생산 또한 647테라와트시로 최고치를 경신했고 전체 생산전력의 10%를 해외로 수출했다. 독일이나 오스트리아에서 살다 보면 신재생에너지가 이미 시민들의 생활 깊숙이 들어와 있음을 볼 수 있다. 주택마다 설치된 집광판은 물론 목재펠릿wood pellet을 공급하는 차가 호스를 연결하고 집집마다 마치 기름을 넣듯이 목재펠릿을 공급해주는 광경도 흔히 볼 수 있다. 목재펠릿을 이용한 난방이, 규모가 큰 집단건물이 아닌 도시 내 일반주택까지 들어온 것이다. 2016년 9월 함부르크 풍력박람회에 참석한 세프초비치Maroš Šefčovič EU집행위 부위원장은 이제 "퇴로가 없다"며 에너지 전환이 대세임을 강조했고, 가브리엘 연방 부총리는 "독일의 풍력산업이 유치산업보호 단계를 지났다"라고 선언했다.[3] 리스펜스Jan Rispens 함부르크 신재생 연합지구 사장의 이야기다.

독일은 탈원전을 확정했다. 2022년에 마지막 원자력발전소가 가동을 멈출 것이다. 이미 성공을 거두고 있다. 예상보다 빠른 속도로 진행되고 있는 신재생에너지로의 전환은 계속 확대될 것이고, 이 과정에서 수천 개의 일자리가 창출되고 있다. 현재 전력 과잉생산으로 인해 다소 어려움이 있다. 여전히 너무나 많은 석탄 및 갈탄발전소들이 가동되고 있다. 이 화력발전소들을 체계적으로 축소하기 위해서 어떻게 해야 할지를 이제 생각해야 한다[2015. 10. 21].

이런 독일도 중국의 유럽시장 진출에 바짝 긴장하는 모습이다. 중국은 그동안 내수시장만으로 성장할 수 있었지만 이제는 해외로 눈을 돌리고 있다. 사실 풍력에너지의 생산단가가 대폭 싸진 것도 중국 기업들의 대규모 투자에 힘입은 바 크다. 신재생에너지 분야에서 이미 중국은 미국이나 유럽의 2배가 넘는 세계 최대 투자국이다. 2015년도에 전 세계적으로 2700억 달러에 달하는 태양광/풍력설비 투자가 이루어졌는데 이 중에서 중국의 투자액만 1000억 달러가 넘었을 정도이며 특히 2010년 이후 투자가 급증하고 있다.

그러면 우리의 현실은 어떤가. 2016년에 함부르크에 진출해 있던 대우조선해양의 현지법인 '드윈드DeWind Co.'가 문을 닫았고 삼성중공업의 풍력부문도 철수했다. 풍력과는 직접 관계는 없지만 급기야 한진해운으로 인해 2016년 9월 조선해양박람회가 개최되는 바로 그 시기에 이곳까지 여파가 몰려왔다. 그리고 2주 후 열린 풍력박람회에는 2014년에 26개 한국 업체가 참가했던 것과 대조적으로 단한 개의 업체만 참가했다. 우리는 녹색기후기금 창설 등 일부 괄목할 만한 성과가 있었지만 정작 중요한, 깨끗한 에너지를 개발, 생산하고 육성하는 녹색산업 부문에서는 부진했다. 우리의 전력 생산에서 차지하는 신재생에너지 비율은 3% 남짓한 수준에 불과하다. 2011년 착공이 계획되었던 서남해 해상풍력단지는 시작조차 못하고 있다. 서울의 대기오염은 매우 심각한 수준이다. 중국 탓만은 아니다. 중국에서 날아오는 대기 오염물질과 한국에서 배출되는 미세먼지가 합쳐진 결과다. 그러나 중국은 이미 신재생에너지 최강국이다.

이해되지 않는 것은 그동안 우리는 오히려 화석연료로 돌아가는 모습을 보였다는 것이다. 지난 박근혜 정부에서 화력발전소를 증설하려던 계획이 바로 그러한 역행 추세를 말해준다. 실제로 온실가스의 주범인 석탄발전량이 지난 10년간 오히려 늘어났다는 사실은 충격적이기까지 하다. 독일 언론에서는 전 세계적으로 석탄/갈탄발전이 늘어나는 현상을 두고 "석탄 거짓말Kohle-Lüge"이라 하는데, 경제적 측면에서 보더라도 화석연료를 전적으로 해외 수입에 의존하는 우리나라에서 그 의존도를 높이는 이러한 에너지 믹스 추세는 납득하기 어렵다. 우리나라의 연간 1인당 온실가스 배출량이 12.5톤으로 세계 7위라 하는데, 1인당 국민소득은 30위 정도에서 맴돈다. 우리가 전근대적인 화석연료에 크게 의존하고 있으며 에너지를 헤프게 쓴다는 이야기다. 풍력이나 태양광은 이제 원자력을 포함한 어떤 화석에너지보다도 저렴하다. 태양광의 경우 독일에서는 2011년에, 여타 19개 국가에서는 2014년 1월에 이미 화석연료와 신재생에너지의 발전단가가 같아지는 그리드 패리티grid parity를 달성했다. 그런데 한국에서는 아직도 태양광이나 풍력의 전력 생산단가가 석탄이나 가스에 비해 비싸다. 이것은 우리가 이 분야에서 세계 평균적인 추세를 따라잡지 못하고 있다는 것이며 향후 우리의 에너지 전환에 집중적인 초기 투자가 필요하다는 것을 말해준다. 신재생에너지는 비싸다는 종래 우리의 인식도 이제 바꾸어야 할 때다.

앞으로 계속 악화되는 대기오염은 또 얼마나 우리의 건강을 해칠 것이며 환경파괴와 기후변화를 불러올 것인가. 파리 세계기후변화협정이 출범했다. 목표는 금세기 말까지 지구의 평균기온 상승을 2도 이내로 억제하는 것이다. 수몰위기에 처한 도서국가들은 말할 것도 없고 우리도 미세먼지로 인한 심각한 대기오염을 겪고 있지 않은가. 고용창출 등 산업진흥과 함께 기후 보호를 위해서도 깨끗한 에너지는 세계대세다. 세계는 화석연료를 떠나고 있다. 위기가 곧 기회라지만 이 말은 누구에게나 해당하는 것은 아니다. 2023년부터는 5년마다 자발적 온실가스 감축안INDC을 제출해야 하므로 신재생에너지는 이제 선택이 아닌 필수다. 2016년 9월 함부르크 풍력박람회 개막행사에서 에너콘의 케트비히Hans-Dieter Kettwig 대표이사는 "에너지 전환을 위한 체계적인 계획과 일관성 있고 집중적인 실천이 요구된다"라고 했다.[4] 평범하지만 우리가 되새겨볼 말이다.

2017년 6월에 미국은 상기한 파리협정 탈퇴를 선언하여 세계를 충격으로 몰아녔었다. 함부르크-하부르크 공과대학의 환경기술에너지연구소장인 칼트슈미트[Martin Kaltschmitt] 교수는 미국도 캘리포니아 주를 필두로 이미 태양광이나 풍력분야에서 많은 투자가 이루어지고 있고 특히 셰일가스가 탄소 배출량이 작기 때문에 기후보호 추세를 되돌리기는 어려울 것이라고 했다. 다만 문제는 트럼프 대통령이 주는 메시지인데, 기후변화가 일어나고 있다는 엄연한 과학적 사실을 부정하고, 진실이 사실이 아닌 이데올로기에 따라 정해지는 것이 문제라 했다. 그러면서 이런 일들이라면 백 년 전에나 일어날 법하다고 덧붙였다.[5] 아무튼 미국의 탈퇴는 기후보호를 위한 범세계적 노력에 찬물을 끼얹었다. 언론인 슈만의 이야기다.

우리의 도로가 이 "강판상자[Blechkisten]"(자동차)로 꽉 차 있는 한 이 모든 것이 지속가능성과는 관련이 없다. 우리가 아직도 겨울마다 다량의 천연가스를 태우는 이런 집에 사는 것도 지속가능하지 않다. 지구 역사 1000만 년 동안 축적된 양의 천연가스를 매 겨울 소비해버리는 그런 주택에 사는 한 이는 지속적이지 않다. 베를린의 자전거 교통은 매년 10% 이상 증가한다. 사람들은 자동차가 있지만 타지 않는다. 나를 예로 들 수도 있겠다. 나는 여전히 차를 소유하고 있고 이것은 가끔씩 상당히 유용하다. 그러나 90%는 그저 덩그러니 세워두고 있다. 12년 전에 구매했지만 지금까지 5만 5천 킬로미터를 주행했을 뿐이다. 원래는 아이들이 자기 집에 차가 없다고 할까봐 샀다. 사실 이것은 신분과 관계되었지만, 자동차를 소유한다는 것은 더 이상 신분의 상징이 아니다. 젊은이들에게는 전적으로 무의미하다. 우리의 삶의 방식, 패러다임의 전환이 절실하다[2016.6.16].

우리나라에서도 40년이 된 고리 1호기 폐쇄를 시작으로 본격적인 에너지 전환의 막이 올랐다. 만시지탄의 감이 있지만 결국 가야 할 길이다. 탈원전에 따른 에너지 수급 불일치를 메울 수 있는 것은 신재생에너지뿐이다. 치밀한 계획과 과감한 투자가 필요하다. 우리의 신재생에너지 산업 현황은 아직 취약하다. 골든타임을 놓친 감이 없지 않지만, 늦었다고 생각할 때가 오히려 적기다. 태양광이나 풍력의 발전 생산단가가 그 어느 때보다도 저렴하다. 에너지 체계의 신속한 전환에 집중적인 노력을 기울여야 하는 동시에 에너지 소비 절약에 허리띠를 졸라매야 한다. "선진국은 쫀쫀하다고 할 정도로 에너지를 절감하려는 노력을 기울이고, 비싼 전기요금이나 휘발유 가격을 감수하고라도 환경친화적인 방향으로 나아가고 있다. 그런데 우리는 거리마다 24시간 네온사인이 휘황찬란하게 번쩍이는 것을 자랑스럽게 생각한다. 원자력을 폐기하자고 하면서 전기 소비는 줄이지 않고 거리에는 중형 차량이 넘실댄다. 앞뒤가 맞지 않은 이야기다."[6] 이만열 박사는 한류가 특히 많은 개발도상국에서 큰 영향력을 갖고 있어 나비효과의 진원지가 되고 있다며 예를 들어 우리 드라마에서 화려한 모습을 보여주기보다는 에너지 절약에 힘쓰고 자동차 대신 자전거를 타고 다니는 모습을 보여주면 좋겠다는 흥미로운 제언을 하고 있다.[7] 우리의 1인당 1차 에너지 소비량은 독일의 거의 1.5배이다. 문을 열어놓은 채로 냉방을 하는 모습은 이제 없어야 한다. 산업계도 에너지 절약의 예외가 되어서는 안 된다. 공짜 점심은 없다. 피와 땀과 눈물의 독일모델을 생각해보자.

신재생에너지의 총아 태양광과 풍력

독일 정부의 에너지 정책목표는 2022년까지 원전 폐쇄를 완료하고, 2050년까지 신재생에너지 비중을 80%까지 끌어올리는 것이다. 전력 생산에서 신재생에너지의 비중이 30%에 가까운 독일도 이 목표치를 달성하기가 만만치는 않아 보이지만 이미 정상 궤도를 질주하고 있다. 오늘날 태양광과 풍력에너지는 원자력보다 저렴해졌고 가장 높은 발전 잠재력을 가진 에너지원으로 주목받고 있다. 태양광 발전의 경우 대규모 발전설비는 킬로와트시당 5~7유로센트, 가정용의 경우는 7~9유로센트 수준이다. 풍력 발전에 드는 비용은 해상풍력이 육상풍력보다 다소 비싸지만 육상풍력을 기준으로 5~6유로센트 정도다. 이에 반해 영국의 신규 원전에서 생산되는 전기는 12유로센트 정도로 산정된다.[8] 한계비용 면에서도 태양광이나 풍력이 절대적으로 유리하다. 에너지원이 공짜이기 때문이다. 발전소를 지어 일정 기간이 지나 초기 투자비용이 빠지면 그때부터는 생산단가가 1유로센트 정도가 될 것이라 한다. 전쟁이나 테러 위협 측면에서도 원자력보다 훨씬 안전하다. 전술한 대로 에너지 소비를 줄이면서 경제성장을 이룬 독일의 사례는 전 세계에 의미심장한 메시지를 던지고 있다. 신재생에너지는 결코 경제성장을 저해하지 않는다는 것이다. 특히 경제규모에 비해 과도한 화석연료를 소비하는 우리가 새겨들어야 할 메시지다. 칼트슈미트 교수의 이야기다.

세계적으로 지금 에너지혁명이 진행되고 있다. 신재생에너지는 시간이 흐를수록 더욱 경제적인 에너지원이 되고 있다. 이제 신재생에너지는 원자력, 석탄, 가스보다 저렴하다. 태양광으로 1킬로와트시의 전기를 만드는 데 독일에서는 6유로센트가 드는데 아부다비에서는 3유로센트면 된다. 원자력은 영국에서 나온 가격을 본다면 12유로센트가 든다. 2020년에는 태양에너지가 킬로와트시당 평균 2유로센트 정도가 될 것이다. 2010~2015년 사이 태양광은 전 세계적으로 230GW까지 축적되었다. 아프리카의 전체 에너지 생산량(160GW)보다도 많다. 2015년 세계 태양광 에너지 총생산량은 독일 전체 에너지 총생산량의 절반이지만 2020년까지는 그것의 두 배로까지 성장할 것이다. 신재생에너지와 관련하여 기회는 많다. 어떤 에너지시스템이 최적의 선택이 될지는 입지조건에 달려 있다. 어떤 시스템이 현장에서 최대의 잠재력을 갖추게 될지는 제반조건에 따라 달라진다.

북독일에서 풍력이 최선의 방법임은 명확하다. 풍력과 일조량의 변동성이 크다면 유기성 폐기물에서 바이오가스를 생산할 수 있다. 물론 논의과정에서 어떤 에너지 믹스를 택해야 에너지공급이 가장 안정적일지 고려하는 것이 중요하다. 석유 가격이 떨어져도 신재생에너지 가격이 올라가지는 않는다는 흥미로운 사실을 알게 되었다. 석유 가격이 비싼 상황에서만 신재생에너지가 경쟁력을 가질 수 있다고 알고 있지만, 이는 사실이 아니다. 태양광과 풍력에 대한 투자는 특히 개발도상국가들에서 증가하고 있다. 태양광은 비용 측면에서 경제성이 가장 큰 시장이다. 환경적 측면에서 보자면 신재생에너지는 그 종류마다 각각의 장단점이 있다. 탄소발자국을 비교해보면 수력 에너지가 가장 환경친화적인 것처럼 보인다. 댐 건설 과정에서 이산화탄소 배출이 매우 제한적이기 때문이다. 하지만 수력발전이 심각한 단점을 갖는 여타 환경적 요인에서는 꼭 그런 것은 아니다. 해상 풍력에너지의 경우에는 풍력단지의 규모에 따라 배출량이 다르다. 태양광과 풍력은 수력보다 조금 더 많은 이산화탄소를 배출할 뿐이다. 하지만 화석연료는, 석탄의 경우 대략 100배 정도 높다. 태양광은 풍력단지와 다르게 소음을 일으키거나 풍경을 훼손하지 않는다.

안전 측면에서도 태양광 발전소는 테러의 표적이 되지 않으며, 핵폐기물과 같은 문제도 없다. 태양광 발전소는 분산적 방식으로 지을 수 있다. 전쟁이라도 나면 어떻게 될까? 한 발전소가 공격을 받더라도 그것이 공급 시스템 전체의 붕괴를 가져오지는 않는다. 원자력 발전소의 경우라면 전체를 중단해야 할 것이다. 태양광은 확장적 시스템expandable system으로서 일단 작게 투자해서 바로 작은 양이라도 발전할 수 있고 이 시스템에 투자를 점차 늘려 더 많은 발전을 할 수 있다. 반면 원자력 에너지의 경우에는 이렇게 할 수 없다. 원자력 발전은 처음부터 큰 투자를 해야 하고, 따라서 큰 위험도 감수해야 하고 1킬로와트시의 전기 생산 시까지 긴 시간이 걸린다. 규모의 경제 논리를 강요받는다.

한국처럼 수출에 의존하는 국가들에게는 동남아시아가 유망 시장일 수 있다. 개발도상국은 증가하는 에너지 요구를 충족시킬 지원과 기술이 필요하다. 지식과 기술 수준이 높은 한국은 이들 동남아시아 국가들에 적합한 신재생에너지 시스템을 개발할 수 있는 큰 잠재력을 갖고 있다. 동남아시아 국가들은 미래지향적 시장이며, 한국은 문화적으로나 지리적으로도 독일보다 이들에게 더 가깝지 않은가. 중국은 이미 세계를 선도하고 있다[2015. 12. 2].

탈원전은 어차피 가야 할 길이다

장기적으로 에너지를 수용가능한 가격으로 지속적으로 조달하기 위해 에너지 전환은 필수적이다. 화석연료는 점점 더 고갈되어가고 따라서 장기적으로 점점 더 비싸지게 마련이기 때문이다.[9] 기후변화 측면에서 에너지 전환의 당위성은 더 말할 것도 없다. 2017년 6월 함부르크 공대의 환경기술 에너지경제 연구소장인 칼트슈미트 교수와 우리 정부의 탈원전 정책에 관해 논의한 적이 있다. 그에 따르면 탈원전은 원전이 위험해서이기도 하지만, 이미 저렴해진 신재생에너지의 생산단가를 볼 때 어차피 피할 수 없는 일이라고 했다. 전술한 대로 영국의 신규 원전 전력 생산단가가 12유로센트인데 태양광 발전은 수년 후인 2020년까지는 2유로센트까지 떨어질 것이다. 아울러 원전은 주민들의 반대가 극심하고 최소한 수십만 년 이상 지속되는 방사능을 가진 폐기물 처리에서 아직 아무도 그 정확한 대처 방안을 모른다. 우리가 고리 1호기를 가동 중단하고 탈원전의 방향으로 가닥을 잡은 것은 지금 나타나는 가시적인 피해에도 불구하고 추후 치르게 될지도 모를 고통과 비용을 줄이는 길로 보인다. 안전 면에서도, 경제적인 면에서도 공히 그렇다. 다만, 우리는 신재생에너지 산업 기반이 취약하므로, 전환에 필요한 기간을 독일보다는 늘려 잡아야 하고 전술한 대로 에너지 전환을 체계적인 계획으로 일관성 있고 집중적으로 실천해나가는 동시에 불가피하게 나타나게 될 과도기적 에너지 부족 현상을 모든 국민과 산업계가 에너지 절약에 적극 참여함으로써 극복해 나간다는 자세가 요구된다. 정부도 이에 따른 설득력 있는 청사진을 제시해야 할 것이다. 물론 독일을 보더라도 전기 소비는 꾸준히 늘어왔다. 전기 기기의 에너지 효율성 증가에도 불구하고 전체 전기 소비량의 증가를 막지는 못했다. 절약으로는 한계가 있기에 결국 대체에너지원을 집중적으로 신속하게 개발하는 것과 함께 가야 한다.

독일의 원자력 정책은 후쿠시마 원전 사고 이후 메르켈 총리가 2011년에 탈원전을 선언하면서 일대 전환기를 맞았다. 1980년 독일 녹색당이 탄생한 것도 원전정책을 둘러싼 사민당 내부의 갈등 때문이었다. 당시 사민당 내의 요슈카 피셔 Joschka Fischer 등 원전을 반대하는 그룹이 사민당을 뛰쳐나와 탈원전을 표방하는 녹색당을 창당했다. 그러나 이제 사민당은 물론 기민당이 주도하는 대연정에서 원전 포기를 결정했다. 2010년 후쿠시마 사태 후 1년이 안 되어 메르켈 총리는 탈원전을 결정했고 2011년 6월 의회 연설에서 "일본과 같은 고도의 기술 선진국도 결국 원자력을 정복할 수 없음을 보여주었다. 후쿠시마는 종래 나의 입장을 바꾸었다"라고 고백했다. 아마도 물리학자로서의 과학적 심증을 토로한 것이 아닌가 한다. 그리고 2022년까지 단계적으로 모든 원전을 폐쇄하기로 했다. 여기에 논란이 없지는 않다. 세계적 화학업체인 베아에스에프BASF의 포셔라우 부회장은 독일이 아무런 대책 없이 탈원전을 결정해버렸다고 비판하는가 하면 함부르크 신재생에너지 연합지구의 리스펜스 사장이나 칼트슈미트 교수는 탈원전을 강력히 지지한다. 그들은, 후쿠시마 사고 전에는 원자력에너지가 가장 저렴하다는 주장이 있었고 킬로와트시당 3센트까지 이야기가 나왔지만, 폐기물 처리까지 고려한 원자력 생산비용은 킬로와트시당 15~20센트 선(리스펜스 사장)이며, 영국의 신규원전

생산단가는 전술한 대로 12센트 정도(칼트슈미트 교수)라고 언급하고 있다. 그러니 안전성 문제를 고려치 않더라도 태양광이나 풍력에너지가 원자력보다 저렴해졌기 때문에 원전을 지을 이유가 없다는 것이다. 원자력에 관한 칼트슈미트 교수의 계속되는 이야기다.

원자력이 청정에너지인지 아닌지에 대한 논쟁은 여전히 살아 있다. 30년 전부터 논란이 일었다가 잠잠해지기를 반복하고 있다. 결국 원자력 반대자와 지지자 사이의 무승부 상태처럼 보이기도 하지만, 여러 관점에서 원자력은 청정하지도 않고 재생에너지로 분류할 수 없는 가스나 석탄과 같은 수준이다. 차이가 있다면 우라늄은 3종의 동위원소를 갖는 화석연료$^{fossil-triogene}$이고, 가스와 석탄은 광물성 화석연료라는 점이다. 원자력 폐기물 처리는 중요한 환경문제다. 환경성평가나 전과정평가$^{Life\ Cycle\ Analysis}$를 살펴보면 연료봉 생산 등 우라늄 가공과정에서 엄청난 양의 이산화탄소가 배출되며, 이러한 점에서 원자력 역시 기후와 환경에 부담을 주고 있음을 알 수 있다. 독일에서 원자력을 포기하기로 결정했을 때 이미 원자력 발전소에 민간기업이 투자한 금액이 수억 유로를 넘어섰다. 그리고 수명이 다한 원전 폐기 시 발생하는 비용을 적립해왔지만, 그동안 폐기처리를 위해 적립된 금액으로는 충분하지 않다는 것이 명확해졌다. 나머지 비용은 누가 충당하게 될까. 납세자가 부담해야 하나? 이 테마에 대한 논의는 더욱 뜨거워질 것이다. 최종처분시설이 어디에 들어서게 될지 아직 불명확하기 때문이다. 원자력을 포기할 수 없다는 반론은 20~30년 전 독일에서도 나왔다. 하지만 에너지수요를 신재생에너지원으로 대체할 수 있다는 것이 입증되고 있다. 원자력은 두 가지 문제를 안고 있다. 첫 번째는 폐기물을 어떻게 처리할 것인가 하는 것이다. 이 문제는 여전히 해결되지 않고 있으며, 어떤 국가에서도 이에 대한 답을 갖고 있지 않다. 두 번째 문제는 원전이 복잡한 시설이고, 이를 운영하는 사람들이 실수를 할 수 있다는 점이다. 이것은 당연한 일이고 불가피한 일이며 그로 인해 예상되는 피해는 삶의 기반을 앗아갈 정도로 크다. 이것은 사회적, 윤리적 문제다. 제아무리 최고의 지식과 도덕성을 갖춘 유능한 엔지니어일지라도 그 안전성은 보장할 수 없다. 결국 인간은 실수하기 마련이다. 물론 풍력, 화력, 태양광 발전설비에서도 사고는 일어날 수 있다. 그러나 인명피해를 제외하면 이러한 사고들은 심각한 경우라 하더라도 지역적 차원에서 그칠 뿐이다. 원전사고가 일어날 확률은 낮지만, 잘못되었을 경우의 위험도는 매우 높다. 이 위험을 감수할 것인지에 대한 사회적 합의점을 찾아야 한다. 이것은 흑백논리이다. 중간지대는 존재하지 않는다. 독일에서도 의견이 서로 분열되어 있었다. 슈뢰더, 피셔 정부에서는 원자력을 폐기하려 했고 메르켈 정부에서는 첫 임기 중에 방향을 전환했다가 후쿠시마 사고 후 다시 탈원전을 결정했다. 그동안 시간은 계속 흘렀고, 원자로는 노후되었으며, 35년, 40년 뒤에는 그 불안정성이 더욱 높아질 것이다. 기술적 문제로 인해 위험은 더 커지고 있다. 원자력은 절대 재생에너지원이 아니다. 우라늄 역시 화석원료의 하나로 매장량이 한정되어 있다. 원자력은 지속가능하지 않다. 고속증식로Fast Breeder Reactors의 실현은 기술적으로 먼 미래의 것이다. 독일은 국내 우라늄 매장량이 전무하여 캐나다, 콩고, 러시아, 호주로부터 전량 수입해야 했을 것이다. 에너지 이슈와 관련하여 명확한 두 가지는 신재생에너지를 지속적으로 개발하고, 화석연료를 점진적으로 폐기하는 것이다. RWE나 EON 같은 기업들이 정부의 원자력 폐기 방침에 유보적이며, 좀 더 정확히 말하자면 급속한 폐기 추진 과정에 반대하여 소송 중이다.

에너지 시장은 사실상 정부 규제나 보조를 어떤 식으로든 안 받은 분야가 없다. 과거에는 루르 지역 개발을 위해 석탄이 정부 보조를 받았고 가스는 파이프와 기반시설에 보조를 받았다. 50~60년대에는 원자력 발전소를 짓기 위해 투자자들이 정부 지원을 받았다. 그러면서 투자자들은 수억 유로를 원자력 에너지에 투자했다. 그들의 투자비용은 오래전에 상계되었고 어마어마한 흑자를 냈지만 그들은 오히려 정부로부터 보상금을 받으려 한다. 바텐팔^{Vattenfall}은 스웨덴 기업이다. 독일법에 대한 신뢰를 바탕으로 투자를 결정했는데, 그 뒤에 법이 바뀌었다. 바텐팔은 향후 20년간 원자력 발전소를 가동했을 때 기대되는 수익에 대한 보상금을 요구하고 있다. 독일법에 따르면, 업자들은 발전소 해체 시 소요비용을 비축해두어야 했지만 따로 보험을 들지는 않았다. 이것은 원자력 사고 발생 시 비용 지불을 정부, 즉 국민이 떠맡는다는 것이다. 반면에 화력, 풍력 발전소는 사보험을 들어야 한다. 단적으로 이야기한다면 원자력 발전소가 업자들에게 이익을 주고 그들은 큰돈을 벌었지만 불리한 것은 모두 정부가 떠맡는 구조라는 것이다. 독일의 탈원전 전문가위원회는 2016년 4월 정부와 4대 원전기업 간에 원전 폐로 및 폐기물 처리비용을 분담하는 내용의 계획안을 발표했다. 이에 따르면 정부는 핵폐기물의 중간저장 및 영구저장 비용을 부담하고 기업이 핵 폐로/원전 해체비용을 부담하되 2022년까지 233억 유로를 관련 정부기금에 출자하는 것으로 되어 있다.

일본은 후쿠시마 사고 이후로 신재생에너지에 중점을 두기로 결정했다가 아베 정부가 들어섰고, 다시 원자력으로 돌아갔다. 나로서는 전혀 이해할 수 없다. 하지만 그들이 원자력에너지에 의존하는 유일한 국가인 것은 물론 아니다. 프랑스도 전력생산의 80%를 여전히 원자력으로 얻고 있으며 벨기에도 비슷한 상황인데, 그들은 머지않아 많은 문제들에 직면할 것이다. 왜냐하면 그들의 원자력 발전소는 지어진 지 30년도 더 되었기 때문이다. 발전소가 오래될수록 사고발생률도 더 높아진다. 현 단계에서 무슨 일이 일어날 것인지에 대해 우리는 아직 정확하게 모를 뿐이다[2015.12.2].

칼트슈미트 교수가 언급한 대표적 원전국가인 프랑스도 이미 2015년 사회당

정부에서 원전의 전력생산 비중을 2025년까지 75%에서 50%로 감소시킨다는 정책을 발표한 바 있고 마크롱 정부는 이를 그대로 계승할 것으로 보인다. 이것은 현재 58기의 원전 중 17기를 7~8년 만에 폐쇄시키는 전격적 정책 전환으로서, 프랑스는 이제 프랑스를 대표하는 엔지니어 예술의 표상으로 간주해온 원전과 결별하고 에너지 전환을 시동하려는 것이다. 그동안 원자력 산업에 구멍난 양동이에 물 붓기 식의 돈이 들어갔고 프랑스의 국영전력회사인 EdF는 부실해졌다.[10] 리스펜스 함부르크 신재생에너지 연합지구 사장은 한국의 여전히 높은 원전 의존도에 대한 우려를 표명하면서 신재생에너지를 보완하는 정도의 소규모 신형 원전 추세에 대해 아래와 같이 언급하고 있다.

원자력을 계속 사용한다 하더라도 대규모 원전의 시대는 끝났다. 이제 발전소 간에 서로 유연하게 연계되고, 분산적 시장 접근이 가능한 시스템으로 가고 있다. 석탄 발전은 이러한 추세에서 더 이상 살아남지 못할 것이다. 원전은 소규모로 신축성 있게 신재생에너지원을 보완하는 방식으로만 성공할 수 있다. 이러한 동향은 특히 미국과 유럽에서 관찰되고 있는 전 세계적인 현상이다. 곧 최악의 투자폐해로 판명될 대규모 사업에 대해 경고밖에는 해줄 것이 없다. 한국의 현 산업에너지 공급사정을 고려할 때 탈원전은 당분간 쉽지 않을 수 있다. 한국은 원전기술을 수출까지 한다. 그러나 한국에도 문제가 생길 수 있다. 프랑스의 원자력 기업 아레바Areva는 거의 파산 상태이다. 핀란드와 프랑스에 원전공사를 진행했고, 이로 인해 큰 손실을 입었다. 이제 아레바를 살리기 위해 국가에서 대규모 자금을 투입해야 한다. 핀란드에서 진행된 원자로 공사는 계획했던 것보다 더 길어졌고, 건설비용은 당초 예상비용보다 4배나 많은 120억 유로까지 치솟았다. 이 원자로는 아레바가 노르망디에 건설했던 원자로와 동일한 가압수형 원자로Druckwasserreaktor였는데, 격납용기에 결함이 발견되어 용기를 교체하고 원자로를 다시 설치해야 했다. 에너지 정책에서 패러다임의 전환이 일어나 구글이나 애플 같은 기업들이 풍력단지와 태양광시설에 투자하기에 이르렀다. 이러한 추세는 앞으로 10~20년간 더욱 가속화될 것이다[2015.10.21].

내가 카타르에 근무할 때 카타르는 원전 건설을 염두에 두고, 학생들을 경희대학교 원자력과에 유학시키고 있었다. 그런 카타르도 후쿠시마 사고 이후 이제는 원전 대신 태양에너지 쪽으로 선회한 것으로 보인다. 특히 경기도만 한 카타르는 말할 것도 없고 우리나라만 해도 국토가 협소하여 원전 사고 시 돌이킬 수 없을 만큼 치명적이다. 이미 국토면적 대비 가장 조밀한 원전국가다. 한전의 아랍에미리트UAE 원전공사가 시작되고서 왕궁에 들어갔다가, 하마드 국왕으로부터 한국이 UAE에서 원전을 짓는데 카타르 국경에 너무 가까운 데다 짓는다는 불평을 들어야 했다. 하지만 어느 나라든 원전은 대개 이웃나라 국경 가까운 곳에 짓는다. 중국이 원전을 동부 해안에 짓는 것도 해수 활용 차원이기도 하지만 유사시 자국의 피해를 최소화하려는 의도이다. 사실 중국 원전에 이상이 생기면 최대 피해국은 편서풍의 영향을 받는 한국이 될 것이다. 하기는 우리도 동해안에 원전이 집중되어 있지 않은가. 그만큼 원전이 위험하다는 이야기다.

깨끗한 디젤은 허구였다

빈Wien에 있을 때 이야기이다. 눈이 불편해진 것 같아 안과를 갔더니 의사 이야기가 빈의 공기가 나빠서 그렇다고 하는 것이 아닌가. 너무 뜻밖의 이야기를 들은 것 같았다. 빈의 공기는 적어도 내가 볼 때는 세계 어느 곳 못지않게 깨끗한 것 같은데 공기가 나쁘다니 무슨 소리인가 했다. 결국 디젤차에서 나오는 배기가스가 눈에는 보이지 않지만 매우 유독하다는 것을 그때서야 알게 되었다. 디젤자동차가 환경오염, 특히 공기오염의 주범이라는 것이 이번에 폴크스바겐 사태를 계기로 공론화되었다. 결론은 디젤자동차의 배기가스 저감장치를 과학적으로나 공학적으로 개선할 수 없다고 하니 디젤차를 포기하는 것밖에는 다른 방법이 없다는 것이다. 지금까지 우리가 믿어왔던 깨끗한 디젤 신화는 폴크스바겐 사태에서 보듯이 허구였다. 케어스탄 함부르크 환경장관의 이야기다.

> 과거 자동차업계는 디젤이 연료를 더 적게 소비한다는 장점에 착안하여 디젤 기술을 집중적으로 개발해왔다. 그 결과 탄소 배출은 줄일 수 있었지만, 다른 유해물질Schadstoff의 배출은 막을 수 없었고, 특히 대도시에서 대기오염의 주범이 되어왔다. 정치계와 산업계는 현재 이 문제를 논의하고 있으며, 녹색당은 장기적으로 디젤 기술이 장래가 없으며 그렇기 때문에 전기자동차 같은 다른 대체동력으로 옮겨가야 한다는 입장이다. 함부르크는 전기버스나 수소버스의 개발에도 지속적으로 투자할 것이다. 현재로서는 전기차 또는 수소차 중 어느 쪽을 장기적으로 밀고 나갈지에 대해서도 아직은 미정이다. 최근 논의되고 있는 경유차량 도심 진입 제한을 위한 블루카드제의 도입으로, 유해성분 가스 배출이 한계치를 넘어서는 도심에서 낡은 디젤 차량 진입을 금지하게 된 것은 의미가 있다[2016.11.4].

독일연방과 각 주 환경장관들은 블루카드제를 도입하도록 결정했다. 유해 배기가스 배출 수치가 아주 낮은 디젤차량에만 블루카드를 교부하도록 하여 이들 차량만 도심출입을 허용한다는 것인데 이것은 디젤차에서 배출되는 독성물질 수치가 높아졌다는 판단에 따른 것이다. 이렇게 되면 질소산화물NOx 배출량이 최대 80밀리그램 이하인 유로Euro 6 타입의 디젤차를 제외한 나머지, 즉 유로 4는 물론 유로 5 타입의 약 1340만 대 정도가 도심 진입이 허가되지 않을 전망이다. 유로 6

타입 디젤차는 대략 2015년 이후 운행이 허가되었는데, 이 차량에 해당하는 약 50만 대 정도의 디젤차와 현재 이미 그린카드를 받은 차량들만 자동으로 블루카드를 받게 된다. 슈투트가르트에서는 2018년부터 이 제도가 시행될 것으로 보인다. 여기서는 대기 측정 신호등까지 설치해서 유해 디젤차량의 도시 진입을 막을 계획이라 한다. 디젤차 소유자들은 중고차 값이 떨어지는 데다 거래 자체가 어려워지고 있어 불만이 많다. 이른바 "디젤 혼란Diesel Chaos"이다. 좀 더 근본적이며 장기적인 교통환경 정책이 필요하다는 여론도 있다. 가령 교통수요에 따라 자동 조절되는 신호등 체계라든가 자전거 전용도로인데, 이것은 지금의 자전거 전용도로 개념에서 벗어나 진정한 자전거 고속도로를 말하는 것으로, 이미 코펜하겐에 설치되어 있다. 이런 시설이 갖춰지면 자동차를 타는 많은 사람들이 자전거로 바꿔 탈 수 있다. 깨끗한 공기를 위한 최선의 조치들이다.

폭스바겐 사의 배기가스 조작 사건에 따른 미국과의 배상협상이 2016년 6월 말로 일단락되었다. 배상규모가 자그마치 147억 달러로서 미국 역사상 가장 규모가 큰 소비자 배상이라 한다. 이는 2리터 엔진 차량에 대한 것이며 8만 5000대에 달하는 3리터 엔진 차량에 대한 배상과 형사책임 문제는 추가적으로 진행되고 있다. 물론 유럽과 한국을 포함한 다른 지역에서의 배상 문제도 진행형이다. 폭스바겐 사는 전 세계 1100만 대의 차량에 배기가스치를 조작하는 장치를 장착해놓고 "깨끗한 디젤"로 속여 차량을 판매했으며 이 중 50만 대가 미국에서 판매되었다. 그리고 보면 폭스바겐 사의 배상협상은 이제 시작이라고도 할 수 있다. 2016년 6월 30일 자 ≪인터내셔널 뉴욕타임스≫는 사설을 싣고, 미국에서의 손해배상 협상 결과는 소비자 보호와 환경에 관한 법규를 고의적으로 위반하는 기업들의 악행을 방지하기 위한 조치로서, 이 협상 결과가 타 국가에서 진행 중인 협상에서 소비자들에게 더 나은 조건을 압박하게 될 것이라 했다. 또 유럽연합을 포함한 다른 나라 정부들이 폭스바겐 차량들의 조작사실을 인정하면서도 수년 동안 유예 조치를 해준 것은 공공보건만을 해칠 뿐이라고 비판했다. 폴크스바겐 사의 스캔들에 대한 나의 서면 문의에 대해 케어스탄 환경장관은 다음과 같은 답변을 해왔다.

배기가스 저감장치에 대한 제조업자의 설명을 믿었던 폴크스바겐 디젤차의 수많은 구입자들의 실망에 대해 잘 이해하고 있다. 이 소비자들은 대기오염을 최소화하고자 하는 기대로 구매를 결정했기 때문에 배기가스 저감장치의 가치를 매우 높게 여기는 사람들이다. 함부르크의 환경부는 기후 및 건강보호를 위해 유해물질로 인한 대기오염을 최소화하려는 정책을 펼쳤다. 특히 디젤차에서 배출되는 질소산화물^{NOx} 대책에 중점을 두었다. 안타깝게도 환경부는 함부르크에서 교통부문에서 배출되는 질소산화물이 믿을 수 없을 정도로 높게 검출된 것을 확인했다. 높은 질소산화물의 주요 원인은 디젤차량이다. 이러한 배경으로 이 폴크스바겐 사태의 내막이 완전 명료하게 설명되어야 하며, 독일의 자동차 제조업자들이 보다 강화된 환경친화적 구동 기술을 만들어내야 한다고 생각한다[2017.1.18].

전 세계적으로 폴크스바겐 사태 이후 폴크스바겐 차량의 판매가 줄고 있는 가운데 한국에서는 가격할인 마케팅으로 2016년 상반기 동안 폴크스바겐의 판매가 늘어났다는 소식을 접하고 아연실색할 따름이었다. 검찰 수사에 따르면 폴크스바겐 사는 디젤차량뿐만 아니라 휘발유차량도 배출가스 기준에 맞추기 위해 소프트웨어를 조작했고, 우리 정부에 제출한 서류 중 조작이 확인된 것만 139건이나 된다고 한다. 2016년 4월 함부르크 상공회의소에서 "한국 경제의 날$^{Wirtschaftstag\ Korea}$" 행사가 열렸다. 한국과 거래하거나 진출하고자 하는 독일 기업을 위해 한국 경제를 소개하는 행사다. 나는 인사말을 통해 독일 기업들이 한국 소비자들의 신뢰를 존중해줄 것과 한국 시장을 단순한 소비시장이 아닌 장기적 동반자로 대해줄 것을 강조했다. 아울러 배상문제에서 폴크스바겐이 한국 소비자들을 지구 반대편 (미국)의 소비자들과 동등하게 대해줄 것을 요청했다.[11]

폴크스바겐 사는 배기가스 조작사건의 전말이 드러난 가운데 경영진의 책임을 묻지 않고 단순히 해임으로 이들을 방면하려 했다. 감독이사회는 20명 전원 찬성으로 경영진 해임을 발의했는데, 현 감독이사회 의장인 푀취Dieter Pötsch는 2015년 9월까지 재무이사로 경영 일선에 있었던 사람이다. 그러던 그가 감독이사회로 와서 자기 자신을 방면하는 모양새가 된 것인데, 지금까지 경영진이 가스 조작에 연루되었거나 그 사실을 알지 못했다고 한다.[12] 그럼에도 브라운슈바이크 검찰이나 미국 당국으로부터의 조사가 진행 중인 시기에 해임을 결정한 것은 성급했다는 평가다. 만약 수사를 통해 연루 사실이 드러날 경우 그 대외적 파장은 만만찮을 것으로 보인다. 2017년 5월 슈투트가르트 검찰은 폴크스바겐의 모회사인 포르쉐의 사건 당시 CEO였던 뮐러Matthias Müller 현 폴크스바겐 회장에 대한 조사를 개시했다. 주주들에게 경영공시를 제대로 하지 않았다는 혐의다. 슈투트가르트 검찰은 벤츠 차의 사업장에 대해서도 대대적인 압수 수색을 실시했는데, 배기가스 조작 의혹 벤츠 차가 100만 대 이상인 것으로 알려지고 있다. 제2의 폴크스바겐 사태가 우려되고 있으며, 이래저래 독일의 자동차 업계는 어려운 국면으로 빠져들고 있다. 더욱이 5대 자동차사가 담합을 하고 디젤차 배기가스 조작이 폴크스바겐 그룹과 벤츠 외에도 피아트, 랜드로버, 볼보, 르노, 오펠, 현대 등 차량에서 전방위적으로 이루어졌음이 드러나면서 독일 사회 전체가 충격에 빠졌다.[13] 2017년 8월 초 정부와 자동차업계가 "디젤위기 정상회담Diesel Kriesen-Gipfel"을 열었으나 수습이 쉽지 않을 전망이다. 놀라운 것은 이들 자동차의 유해가스 배출이 기준치의 10~18배에 이른다는 것인데, 독일의 신뢰에 심각한 내상이 예상된다.

과거 만MAN이나 지멘스 사태에서 보듯이 회사경영 실패에 대해 아무런 책임을 지지 않는다는 것은 관례가 아니다. 5년 전 폴크스바겐 사의 자회사였던 만의 경우 사무엘손Hakan Samuelsson 사장에게 2억 3700만 유로의 손해 배상을 사주에게 물어내도록 요구했다. 이유는 그가 사장으로서 자신이 인지하지 않았더라도 회사가 뇌물을 받았던 책임을 져야 한다는 것이었다. 그것을 요구한 사람이 바로 당시 폴크스바겐 사 감독이사회 회장이었던 피에히Ferdinand Piech였다. 이제 폴크스바겐 모기업에서 다른 잣대를 들이대려 한다. 폴크스바겐의 경우 뇌물을 받은 것은 아니지만 배기가스 조작 스캔들로 160억 유로라는 천문학적인 피해가 발생했는데, 책임규명 없이 하룻밤 사이에 감독이사회가 경영진과 감독이사들의 단순 해임을 의결한 것이다. 이들의 책임을 물을 만한 뚜렷하고도 중대한 배임행위가 없었다는 전제에서인데 과연 그렇게 종결될지는 확실치 않다. 독일 검찰에서 수사 중이기 때문이다. 폴크스바겐 사태는 환경, 기후보호 측면에서 오히려 잘된 일일 수 있다. 이 사태를 계기로 사람들은 디젤차량이 생각보다 친환경적이지 않다는 사실을 깨닫게 되었으며 지난 수십 년간 디젤 기술을 기업 전략의 중추로 삼았던 폴크스바겐 같은 자동차 회사들이 탈디젤 움직임을 보이고 있기 때문이다. 폴크스바겐 사의 뮐러 회장은 이미 디젤기술에의 계속 투자를 재고하겠다는 입장이다. 하기는 프랑스, 네덜란드, 노르웨이 등 많은 나라들이 디젤차를 포함하여 이제는 휘발유차까지도 2030~2040년을 기점으로 전면적으로 판매를 금지하는 정책을 도입하기 시작했다. 파리기후변화협약상의 의무 이행을 촉진하기 위해서겠지만 아무래도 폴크스바겐 사태가 그 실행 시기를 앞당긴 것 같다.

폴크스바겐 사의 디젤게이트는 피에히 회장과 빈터코른 사장 간의 권력다툼으로부터 불거져 나오게 되었다는 후문이 있다. 피에히 회장은 폴크스바겐 창립자 가족인 포르쉐 가문의 사위로서 폴크스바겐의 신화를 만들었지만 이번 사태를 계기로 2017년 봄에 회사 지분을 모두 팔고 폴크스바겐 왕국을 영원히 떠났다.

제 3 부

독일모델은 지속가능한가?

유럽연합은 너무 빨리 커졌고, 유로화의 도입은 정치적인 틀이 결정되지 않은 채 이루어졌다. 성급하게 내려진 이 결정들은 시차를 두고 문제가 되어 되돌아왔다. 브렉시트와 그리스 사태에서 보듯이 유럽연합의 결속력 약화와 유로존의 위기는 독일에게 가장 중요한 도전과제가 되고 있으며, 국내적으로는 인구감소, 투자부족, 커지는 빈부격차와 사회정의라는 문제에 직면해 있다. "독일은 악순환에 빠져 있다. 지난 30년간 경제적 결합으로 인한 문제들은 해결되지 않았고 그 사이 세금부담은 커졌고 국가부채는 불어났다"라거나 "독일경제는 생각만큼 좋지 않다. 기업들은 해외투자를 선호하고 기반시설은 낙후되었으며 교육에 대한 투자가 부족하고 이자율이 낮아 독일인들은 그저 근근이 살아가고 있을 뿐이다"라는 비판과 경고음이 들린다.

제14장

쏟아지는 경고

무너지는 독일의 성공신화

2016년 6월 중순 독일의 남북을 관통하는 총연장 970킬로미터에 달하는 독일 최장 고속도로인 A7 고속도로 상의 프랑켄 지역에서 노후 교량을 대체하기 위해 건설 중이던 교량이 무너졌다. 이 사고로 1명이 사망하고 11명이 중경상을 입었다. 7월 초에는 아우크스부르크Augsburg에서 기존 교량을 해체하는 공사장에서 다리가 무너져 내려 두 명이 중상을 당했다. 후진국 사고로만 생각했던 교량 붕괴사고가 독일에서 연이어 두 번이나 발생했다. 독일모델에서 배운다는 나의 생각이 무색해져버린 순간이었다. 물론 1995년 서울에서 발생한 성수대교 붕괴사고와는 성격이 다르다. 성수대교 사고는 개보수를 위해 공사 중이던 교량이 아니었고 멀쩡하게 사용 중이던 교량이 무너져 내리면서 때마침 다리 위를 지나가던 차량들이 한강 아래 물속으로 빠져버린 전형적인 후진국형 사고였다. 당시 본에서 근무하던 나는 어느 행사장에서 만났던 한 외교관으로부터 "어떻게 그런 일이 일어날 수 있느냐"는 식의 비아냥거림을 듣고 매우 기분이 상했던 기억이 난다.

사건 한 달여 전에 만났던 함부르크-하부르크 공대의 한 건축학 교수가 했던 이야기가 떠올랐다.[1] 독일 내 다리들이 노후화되어 전반적인 점검 작업을 개시했고 자신도 함부르크 컨테이너항을 연결하고 있는 퀼브란트 다리Köhlbrandbrücke에 직접 나가서 현장을 점검하고 돌아오는 길이라고 했다. 사고라는 것은 어떤 사람에게도, 어떤 나라에서도 일어나지 않는다고 장담할 수 없다. 그러니 사고가 났다는 사실만 놓고 본질적인 부분까지 평가하거나 크게 부끄러워할 일은 아니다. 다만 사고의 발생원인과 빈도 등을 놓고 어느 정도 판단은 할 수 있으며 또한 사후에 '소 잃고 외양간을 어떻게 고치느냐'가 선진국과 후진국을 가르는 차이가 아닌가 싶다. 한국 주재경험이 있는 한 독일인 사업가는 이제는 독일이 한국의 건설기술을 배워야 할 때가 왔다고 농담 아닌 이야기를 해왔다. 그는 단기간 내 완공하여 지금까지 잘 운영되고 있는 인천공항을 예로 들었다. 그러면서 안타깝지만 독일에서는 앞으로 그런 사고들을 더 자주 보게 될 것이라는 이야기도 했다. 필수 인프라에 대한 투자가 지연되고 있는 데 대해 우려하고 독일에 대한 신뢰—특히 아시아에서의—가 흔들릴 수 있다는 데 노파심을 드러냈다. 함부르크에 주재하는 라인베르크Marcus Reinberg 몽골 명예영사의 이야기다.

한국에 2년 전 딱 한 번 가보았지만, 인천공항은 내게 매우 인상 깊은 기억으로 남아 있다. 공항에 도착하면서부터 나는 그 공항이 매우 효율적으로 움직이고 있음을 느낄 수 있었다. 독일 공항들은 이에 비할 바가 못 된다. 베를린 신공항 건설에 한국인 엔지니어들을 고용했어야 했다! 이 공항 건설은 이제 감당할 수 없게 되어버렸다. 엘프필하모니는 적어도 베를린 신공항만큼의 재앙은 아니었다. 엘프필하모니는 계획보다 비용이 많이 들었고 건설 기간도 수년이 더 걸렸다. 그러나 베를린 신공항은 완공식 초청장을 보내놓고 이를 취소해야 했다. 부끄러운 일이다. 베를린과 독일의 이미지도 나빠졌다. 엘프필하모니는 원래 함부르크 시가 7천만 유로 정도를 부담키로 했지만 결과적으로 7억 유로 이상의 비용이 들었던 것을 생각해보면 애초부터 비현실적인 계산이었다. 이렇게 큰 비용이 들 예정이라고 처음부터 밝혔다면 엘프필하모니 건설은 시작도 못했을 것이다. 독일의 아름답고 역사적인 건축물을 보기 위해 많은 관광객들이 독일에 오는데, 이는 많은 세대가 이러한 건축물을 통해 혜택을 받을 수 있다는 것을 보여준다. 그러나 이러한 프로젝트에 필요한 많은 비용을 책임지려는 정치인이 없다. 이 비용이 자신들의 재선에 지장을 줄 수 있기 때문이다[2016.10.21].

2017년 1월 함부르크의 새 음악당 '엘프필하모니Elbphilharmonie'—약칭으로 '엘피Elphie'라 한다—가 완공되었다. 우리 돈으로 1조 원이 들어간 세계에서 제일 비싼 음악당이다. 이 건물 안에는 호텔도 있고 일반 임대용 호화 아파트도 있으니 1조 원이 모두 음악당 건축에 들어간 돈은 아니다. 2015년 완공한 파리 필하모니 음악당의 건축비용이 약 3천~4천억 원 정도였는데 그때 제일 비싼 음악당이라고 했으니 엘피의 건축비용을 상상할 수 있다. 엘피는 완공된 지 100여 일 만에 100만 명 이상의 방문객을 맞이한 세계적인 명소로 부상했다. 지금까지 함부르크의 상징이었던 미헬 교회를 대신하여 새로운 명소가 되고 있다. 그런데 엘피의 건축 과정을 보면 일반인이 이해할 수 없는 점이 한두 가지가 아니다. 우선 투입된 예산이 당초보다 10배 가까이 늘어났고 공기도 두 배 가까이 연장되어 꼬박 10년이 걸렸다. 이런 사태가 독일에서 벌어졌다는 것은 더욱 상상하기 어렵다. 그래서 정치인들의 눈속임이었다는 말까지 나오고 있다. 처음부터 소요될 예산을 정직하게 밝히면 그 어마어마한 금액에 아무도 동의하려 하지 않을 것이기에 단계적으로 금액을 늘려가면서 충격을 완화한다는 것이다. 베를린 신공항 건설은 이보다 더 심각한 경우다. 감독이사회에 보베라이트[Klaus Wowereit] 베를린 시장, 브란덴부르크 주총리 등 정치인들이 너무 많이 참여하면서 일이 틀어졌고 각 분야마다 시공회사 간의 소통과 협업이 부족했다는 평가다.

독일연방철도는 2015년 한 해 동안 1억 7463만 분을 연착해서 매일 평균 7974 시간을 연착했다. 정확함의 대명사로 신뢰받던 철도가 이제는 믿을 수 없는 교통수단으로 전락했다. 사람들은 연방철도가 민영화된 이후로 부실해졌다 한다. 독일이 세계에서 처음 만든 고속도로 아우토반[Autobahn]의 사정도 마찬가지다. 고속도로가 노후한 데다 정체되는 일도 다반사다. 언론인 슈만은 균형재정정책에 대해 비판적이다. 그는 투자 지연으로 인한 인프라 설비의 감가상각은 결국 다른 형태의 빚이라 주장한다.

이것은 다음 세대를 상대로 한 "경제 범죄"다. 우리 세대에게는 중요하지 않겠지만, 우리의 아이들이 비싼 세금을 내야 한다. 이것은 쇼이블레의 정책뿐만이 아니라 신자유주의자들과 신고전주의자들의 경제적 입지 때문이다. 그들의 목표는 국가의 역할을 최소화하는 것이다. 독일의 낡은 다리와 학교는 어떻게 이데올로기가 삶에 영향을 미치는지 보여준다. 경제적인 측면에서 봤을 때 매우 불합리하지만, 독일에서는 오래전부터 빚을 지는 것은 나쁜 것이라고 생각해왔다. 이것은 경제적 현실과는 거리가 멀다. 신용은 자본주의의 본질이다. 융성한 자본주의의 본질적인 메커니즘은 신용이다. 기민당은 "빚 없는 미래를 위해서"라는 슬로건 아래 선거 운동을 한 적이 있었다. 나는 한 칼럼에서 "주의하십시오. 기민당은 자본주의를 폐지하려고 합니다!"라는 글을 게재했다. 빚이 없는 나라는 자본도 없다. 그러나 이러한 이데올로기가 완전히 독립적으로 투영되면 막대한 경제적 손실을 초래할 것이다. 안타까운 것은 독일이 이러한 구조를 국내뿐만이 아니라 유럽 전역에 적용시키려고 한다는 것이다!

현재의 경제적 상황으로 봤을 때 이것이 무의미하다는 것은 명백한 사실이다. 터무니없는 것은 보수 신문들이 "균형예산 정책은 항상 옳다!"라고 주장한다는 것이다. 지난주 독일의 고속도로 교량, 철도 교량 등의 상태에 대한 대규모의 조사발표가 나왔다. 그 보수 유지를 위해 최소 180억 유로를 투자해야 하는데 지금 이루어지고 있는 교량의 수리 보수는 노후화되어가는 정도에 비해서는 모자란다. 이는 교량의 상태가 갈수록 안 좋아지는 것을 의미한다. 적어도 현재 상황은 이렇다. 이 사실만으로도 균형예산 주장은 거짓이다. 그것은 재정수지로 잡히는 빚이 아니지만, 점점 가치가 떨어지는 정부 인프라 설비의 감가상각으로부터 야기되는 다른 형태의 빚이기 때문이다. 마이너스금리 시대인 요즘 같은 상황에서 학교, 다리, 철도, 도로가 망가지는 것을 그저 바라만 보는 정부라니…… 함부르크는 어떤지 모르겠지만 베를린의 공립학교를 방문해 보았는가? 그곳에는 60년대와 같은 수준의 망가진 화장실과 교실이 있다. 말도 안 된다! 그것은 첨단기술국가이자 복지국가인 독일에서 상상할 수 없는 일이다[2016.7.19].

베를린은 통독 후 지난 20여 년 가까이 시내 전체가 공사 현장이나 다름없다. 다른 도시에서 볼 수 있는 건축현장에서도 답답함을 느끼기는 마찬가지다. 함부르크 시내에 위치한 문화부 건물만 해도 내가 함부르크에 부임했던 2014년 초에 벌써 일부 도로를 점거하고 개축공사가 한창이었다. 그런데 떠날 때가 된 2017년 중반까지도 완공될 기미가 보이지 않는다. 물론 말이 개축이지 전통 건축유산이라 할 수 있는 건물의 외부 뼈대만 남기고 모두 바꾸는 만큼 공터에 새 건물을 짓는 것보다 돈도 더 들고 더 어려운 작업이기는 하다. 그럼에도 평균 이상의 오랜 기간이 소요되는 것도 사실이다. 왜 이런 사태가 벌어지고 있을까. 결국 돈과 인력의 문제다. 건전한 재정 기조를 유지하기 위해 그동안 사회 기간시설에 신규 투자를 하지 않았고, 직업교육에 대한 관심이 떨어져 건축 기술자들이 감소하고 폴란드나 체코 같은 동구권 나라의 기술자들도 이제는 독일과의 임금격차가 많이 줄어들어 웬만하면 가족이 있는 고향을 떠나려 하지 않는다. 그래서 외국인 기술자들도 구하기 어려워졌다. 베를린 신공항의 경우, 정부의 어설픈 간섭을 이야기하기도 한다.

인프라만이 문제는 아니다. 폴크스바겐 사태는 천문학적인 배상 규모 외에 더욱 중요한 독일 기업에 대한 신뢰를 근본적으로 흔들기에 부족함이 없는 스캔들이었다. 아직까지 그 윤곽이 확연히 드러나고 있지 않은 도이체방크 사태도 파장이 작지 않을 것으로 예상된다. 이 두 스캔들은 상품 결함을 알고도 판매했다는 점이 핵심이다. 모르고 실수할 수는 있지만 알고도 실수하는 것은 결국 속임수밖에 되지 않기에 신뢰에 근본적인 의문이 제기된다.

혹자는 독일이 정보통신분야나 창업부문에서 뒤처져 있고, 교육이 너무 형편없어져 버렸다고 비판한다.[2] 독일은 이제 미국에 버금가는 이민자의 나라가 되었고 사회적 계층이동 측면에서 매우 취약한 교육성과를 보이고 있다고 한다.

독일이 미국보다 두 가지 영역에서 명백하게 뒤처져 있다. 첫째는 모든 커뮤니케이션과 전자분야이다. 둘째는 새로운 기업의 설립, 즉 스타트업Start-ups이다. 미국에는 우수한 창업자들이 있다. 독일에서도 점차 스타트업 문화가 개선되고 있고 학생들은 모두 자신들만의 기업을 갖고 싶어 한다! 이것은 지난 10년간 발전했는데, 특히 베를린에서 크게 발전했다. 하지만 전반적인 스타트업 상황은 결코 좋지 않았다. 독일에 견주어볼 때 이 두 가지가 미국의 장점이다. 미국은 모든 영역에서 정보통신 기술을 선도하고 있고, 좋은 스타트업 무대를 갖고 있다.

독일의 또 다른 약점은 유감스럽게도 교육시스템이다. OECD의 국제학업성취도평가PISA를 살펴보면 독일의 교육 수준은 전반적으로 기대수준만큼 높지 않다. PISA는 통계적으로 중요한 의미를 지닌다. 브레멘의 교육은 포르투갈과 같은 수준이고 바이에른과 바덴-뷔르템베르크의 교육수준은 매우 높지만, 독일 전체는 중위권 정도에 머물러 있다. 그리고 흥미로운 점은 PISA는 학업의 절대적인 성과만을 측정하는 것이 아니라 얼마나 많은 "사회적 계층이동social mobility"이 있는지에 대한 문제도 제기하고 있다는 것이다. 이것은 얼마나 많은 노동자 가정의 아이들이 아비투어 시험까지 해낼 수 있느냐 하는 것이다. 이 점에서 독일의 상황은 매우 나쁘다.

나쁜 교육시스템은 1살 때부터 시작된다. 유치원, 초등학교, 어머니의 양육, 삶의 균형까지 독일의 상황은 좋지 않다. 오늘날에도 독일에서 아이들이 무언가를 배우려면 부모가 곁에 앉아 도와주어야 한다. 나와 내 아내는 그렇게 할 수 있었지만 많은 다른 사람들은 그렇게 할 수 없다. 독일의 교육시스템은 사회 계층이동에서 취약하다. 단지 학자들의 가정뿐만 아니라 모두가 함께 가야 한다. 하지만 이제 독일은 이민자의 나라다. 독일 내 외국에서 태어난 사람들의 비율이 12~14%로 비교적 높다. 독일은 미국보다도 더 이민자의 나라가 되었다.

최근 독일에서 일어나고 있는 현상에 대한 이런 설명에도 뭔가 부족함을 느낀다. 그래서 성공적인 독일모델에 대한 필연적 결과로서 독일의 '오만함Arroganz'을 거론한다면 지나친 것일까. 독일은 너무 오랫동안 어려움을 모르고 안정적으로 발전해왔다. 그래서인지 미래의 일에 계획을 충분히 세우지 않고 특별한 긴장감도 없는 것처럼 보인다. 독일이 이제 전쟁이 아닌 경제력으로 유럽을 삼키려 한다는 비판이 나오는 가운데 독일의 오만함이 거론된다면 이제는 옷깃을 다시 여밀 때다. 모든 일에는 주기가 있고 달도 차면 기운다. 하지만 진정한 독일모델은 이것을 극복해내지 않을까. 그렇지 않으면 위기에 강한 독일모델이 아니기 때문이다.

독일은 아직 구제 가능한가?

독일 경제가 '유럽의 병자' 신세에서 벗어나 제2의 경제기적을 이루고 있다는 평가에 대해 이를 환상이나 거품으로 일축하는 전문가들이 있다. 이들은 독일 경제가 인구감소, 투자 부족, 에너지 경쟁력, 유럽연합의 위기 등으로 애로와 장벽에 부딪히고 있다며 다가올 어려움을 경고하고 있다. 통일과 함께 독일은 새로운 차원에 도달했다. 동독지역 연방주들의 재건이 촉진되었다. 유럽연합은 너무 빨리 너무 커졌고, 정치적인 틀이 확실하게 결정되지 않은 채 유로화가 도입되었다. 성급하게 내려진 이 결정은 시차를 두고 문제가 되어 되돌아왔다. 물론 독일모델의 관점에서는 위기가 오더라도 독일모델을 이루고 있는 제반 특장점들은 쉽게 변하지 않으며 존속된다고 보는데, 지난 독일통일 후 동독과의 통합과정에서나 1990년대 중반 이후 세계 금융위기에서도 독일모델이 건재했다는 사실을 그 근거로 들고 있다.

독일 경제가 좋지 않을 때마다 무수한 경고가 쏟아졌다. 2005년 1월 한스-베르너 진 뮌헨경제연구소 소장은 『독일은 아직 구제 가능한가?Ist Deutschland noch zu retten?』를 통해 "독일은 악순환 속에 빠져 있다. 30년간 점차 증가하는 경제적 결함으로 인한 문제들은 해결되지 않았고, 그 사이 세금부담은 커졌고, 국가부채는 엄청나게 불어났다"라고 진단했다. 그리고 단체협약이나 노조 같은 전형적인 독일모델적 요소를 수정하는 "6+1 프로그램Das 6+1 Programm"을 제시했다. 그는 그 책을 의학 서적으로 생각하고 마치 의사가 질병치료에 대한 처방을 하듯이 썼다고 했다.[3] 그리고 그는 "독일의 시급수준은 전 세계에서 가장 높으며, 총 투자율이 OECD 국가 중 가장 낮고, 비숙련 노동자 실업률은 가장 높다. 따라서 독일은 현재 위기에 봉착해 있으며 무언가 행동을 해야 할 때가 되었다. 임금등급표를 확대하고 저임금 부문을 창출해야 한다"라고 주장했다. 같은 해 4월에는 ≪슈피겔≫

베를린 지국장이었던 슈타인가르트^{Gabor Steingart}가 독일이란 "슈퍼스타"가 몰락했다며 독일모델의 사망을 선언하고 "제2의 건국" 수준의 개혁을 역설했다.[4]

그러다가 2014년에 다시 경고음이 울리기 시작하면서 프라처^{Marcel Fratscher} 독일경제연구소^{DIW} 대표는 『독일의 환상^{Die Deutschland-Illusion}』이란 책에서 독일 사람들이 갖고 있는 두 가지 "환상"을 지적했다. 첫 번째는 독일이 두 번째 경제기적을 이루었다는 것이고, 두 번째는 독일에게 유럽은 필요하나 유로화는 필요치 않다는 것이라고 했다. 독일 경제가 생각만큼 좋지 않으며, 독일 기업들은 해외투자를 선호하고, 인프라는 낙후되었으며, 교육에 대한 투자가 부족하고, 은행저축에 대한 이자율이 낮다고 지적했고, 현재 독일 사람들은 그저 근근이 살아가고 있을 뿐이라고 진단했다. ≪디 벨트≫의 경제·금융국장인 게르제만^{Olaf Gersemann}은 『독일 거품^{Die Deutschland-Blase}』이란 책에서 선대들의 삶을 소개하면서 현 세대는 잘해야 더 나빠지지는 않는 것에 만족해야 하는 삶을 살게 될 것이라고 진단했다. 그리고 많은 부분에서 변화가 이루어지지 않는다면 현재가 "한때 좋았던 시절"로만 기억될 날이 멀지 않을 것이라고 경고했다.[5]

쾰른 독일경제연구소의 휘터 소장은 독일 경제가 과대평가되고 있다며, 보다 현실적인 시각이 필요하다고 했다. 단기적으로는 아직 낙관적이기는 하나, 중장기적으로는 향후 EU의 발전 향배와 맞물려 있다고 보았다. 그리스 사태 같은 것이 EU 내 큰 나라인 프랑스나 이탈리아, 스페인 등의 나라에서 발생할 경우 관리가 쉽지 않다는 것이다. 국내적으로는 작년에만 100만 명 이상 유입된 난민들을 독일 사회로 통합하고 이들로부터 유발되는 비용을 어떻게 감당할 수 있는가도 문제라면서 난민에 들어갈 비용을 2017년에만 88억 유로로 추산했다[2015. 12. 7].

독일이 직면하고 있는 주요 도전과제로 인구감소, 투자 부족, 커지는 빈부격차와 사회 정의문제 정도를 들 수 있고, 대외적으로는 브렉시트와 그리스 사태에서 드러난 유럽연합의 결속력 약화, 유로존의 위기 문제 등 EU의 향배가 중요한 도전과제다. 생각건대 여러 독일의 도전과제 중에서도 가장 문제시되는 것은 인구감소와 EU 요인일 것이다. 이 문제들은 불가항력적인 측면이 있다. 독일의 의지로도 쉽게 풀 수 없는 문제들이기 때문이다. 독일은 인구감소로 2030년까지, 그러니까 대략 15년 내로 600~700만 명의 노동인력 감소가 예상되고 있다. 인구와 경제와의 관계는 치명적일 정도로 밀접하다. 독일 인구는 2002년 8254만 명으로 정점을 찍은 뒤 2011년 8022만 명까지 줄었다. 자연적인 인구감소 추세가 급격히 진행되고 있다. 독일이 난민들을 적극 받아들인 것도 내면적으로는 인구감소 문제와 무관치 않다. 2017년 5월 현재 약 14만 명의 난민들이 독일에서 새로이 취업한 것으로 나타났다. 다만 먼 장래에 4차 산업혁명이 가져올 산업과 고용관계의 변화를 고려한다면 인구감소로 인한 충격을 추가적으로 상쇄할 수 있을 것으로 보인다.

인구문제와 함께 유로존 또는 EU의 지속가능성 문제가 큰 도전이 될 것으로 보인다. 지난 5월 프랑스 대통령으로 선출된 마크롱^{Emmanuel Macron}이 EU의 구원투수가 될 전망이다. 프렉시트까지 갈 뻔한 물에 빠진 EU를 막판에 건져 올렸다. 그는 놀랍게도 막연한 EU의 지지자가 아니라 EU 통합 심화를 위한 구체적인 액션 플랜을 제시하고 있다. 이것은 2017년 3월 로마 조약 체결 60주년을 맞아 공론화된 독일, 프랑스, 이탈리아, 스페인 등 EU 주요 4개국의 "다층적 속도의 유럽"을 실천하겠다는 것에 다름 아니다. 유로존 국가를 중심으로 경제, 화폐통합 심화를 위한 EU 재무장관직도 만들고, 공동외교안보정책 심화를 위한 구체적 제안도 하고 있다. 아무튼 향후 EU의 발전 향배는 독일의 운명을 가를 만큼 중요해 보인다. 이는 제15장에서 추가로 설명한다.

현실적 도전에 맞서나가는 과정에서 기존 모델의 존속 여부와 관련하여, 홀^{Peter Hall} 교수는 「유럽자본주의 다양성의 진화^{The Evolution of Varieties of Capitalism in Europe}」라는 논문에서 세계화 등 국제 경제의 발전이 자본주의의 다양성을 잠식해간다는 주장을 반박한다. 2차 대전 후 영국과 독일은 임금, 노동, 생산성의 제 문제에 대해 각기의 고유한 모델에 상응하는 차별적 제도를 발전시켜왔으며, 공통적인 경제충격이 오더라도 이를 대응하는 과정에서 각각의 모델에 따른 조정경로의 조합이 지속적으로 분화해 나가면서 "일치화convergence"가 이종이 아닌 동종 내에서 발생한다는 것이다. 그렇기 때문에 동질적 자본주의 국가들끼리 더욱 유사해지지만 자유시장경제와 조합적 시장경제 간의 중심적 구분은 없어지지 않으며 오히려 심화된다고 주장한다. 독일 경제에 충격이 올 경우, 독일모델의 특징들이 사라지고 영미형 자유주의적 시장경제로 이행하기보다는 기존의 틀을 유지하는 가운데 이에 대응하는 과정을 거칠 것으로 보았다. 독일모델의 근간들이 외국과의 경쟁이나 자유화 개혁의 강력한 압력하에 침식되었다는 우려가 있지만, 그것이 독일모델의 지속성을 위협하지는 않을 것으로 본다. 실제로 독일은 정치경제제도의 과격한 변화 없이 그러한 도전들에 맞설 수 있다는 것을 보여주었다. 통일이 좋은 사례다. 독일모델의 전반적인 변화 없이 동독 주들을 통일독일에 합류시키는 데 성공한 것이다.[6]

사회적 시장경제를 위한 더 큰 용기

정계와 경제계 인사의 연설로부터 제기된 경고나 비판을 들어보자. 린트너 자민당 연방의장과 다국적 기업인 베아에스에프의 포셔라우 부회장의 연설을 소개한다. 두 연설 모두 내가 현장에서 연사의 확신에 찬 모습이나 참석자들의 반응 또한 여과 없이 느껴볼 수 있었다. 린트너는 30대 후반의 젊고 똑똑한 차세대 주자로 기대되는 자민당 지도자이다. 중도우파를 대표하는 자민당은 40년 이상 4차에 걸쳐 기민당이나 사민당과의 연정에 참여하여 오랫동안 집권세력의 일부를 담당해왔지만, 2013년 총선에서 5%의 벽을 넘지 못해 연방하원에서 퇴출되는 당 역사상 초유의 수모를 당했다. 린트너 의장은 이번 2017년 가을에는 기필코 하원에 다시 진출하겠노라 장담하고 있다. 그가 2014년 11월 함부르크에 와서 "사회적 시장경제를 위한 더 큰 용기"란 제목으로 연설을 했다. 2015년 2월로 예정된 함부르크 선거를 지원하려는 목적이었다. 약 40~50분에 걸친 즉흥 연설에서 독일 정부의 정책을 다각도에서 거론하면서 비판했다.[7]

독일은 변함없이 매우 잘해나가고 있다. 취업시장도 안정적이다. 역사상 가장 높은 취업자 수를 기록했고 청년실업률 또한 유럽 최저치를 유지하고 있다. 그러니 독일은 현재 매우 양호한 상태에 있다고 할 수 있다. 모두 기억하겠지만 15년 전까지만 해도 독일은 《이코노미스트^{Economist}》의 표현에 따르면 "유럽의 병자"였다. 지금의 호조세는 시장경제적인 리뉴얼 정치를 통해 이루어낸 것이다. 고용주들과 노동조합들의 현명한 임금정책, 어젠다 2010 정책의 유연화, 그리고 2009~2013년의 안정지향적인 예산정책과 재정정책이 바로 독일이 이곳까지 올 수 있었던 이유들이다. 이는 단지 통계학자들을 위한 숫자, 사실, 수치일 뿐만 아니라 독일에서 몇십 만 또는 몇백 만 명의 사람들이 직접 경험한 것이다. 이 사람들은 지난 15년간 실업자에서 직장인이 되고, 훈련을 받을 수 있게 되어 비정규직에서 정규직이 되는 등 자신의 삶의 질을 개선할 수 있었다. 그러니 시장경제적인 정치가 대다수의 국민들에게 긍정적인 방향으로 영향을 미치고 실제적인 경험으로서 나타난 것이다. 달리 표현하자면 에르하르트와 그라프 람스도르프$^{Otto\ Graf\ Lamsdorf}$의 시장경제적인 정권이 5월 1일 노동조합들이 내걸었던 수천 개의 붉은 깃발들보다 사회적이라는 뜻이다. 국민들의 현실 속에서 말이다. 우리는 이를 자랑스럽게 여겨도 된다. 그리고 사실 그 길을 이어가야 맞다. 가장 가까운 이웃인 프랑스와 비교해 보겠다. 프랑스에서는 지난 세월 동안 정반대로 갔다. 올랑드$^{François\ Hollande}$ 대통령은 독일에서 논의되었고 아직도 사민당 내의 부유세 논쟁으로 이어지고 있는 모든 것을 프랑스에서 실행했다. 그는 국민들과 기업체들의 부담을 가중시켰다. 그 결과 프랑스 자동차업계에서는 꼭 필수적인 구조가 축소되었다. 취업시장의 문제들에 대해서는 공무원 고용을 확대하는 방식으로 접근했다. 하지만 이는 독일에서 달성한 것과는 불공평할 정도로 다른 결과를 초래했다. 실업률, 그중에서도 청년실업률이 크게 증가했고 경제적 전망 또한 매우 어두운 상황이며 올해도 또다시 마스트리히트 조약이 허용하는 것보다 더 큰 적자를 냈다. 이제 올랑드 대통령은 시장경제적인 개혁을 하겠다고 주장한다. 공급 중시 경제학 정치, 즉 독일이 먼저 시행한 자유주의적인 경제정책을 펼치겠다는 것이다. 그러니 독일이 프랑스에게 마스트리히트 조약에 대해 한 번 더 "할인"을 적용해달라는 것이다. 한 번 4.5%라는 적자가 난 것뿐인데 그렇다고 해서 개혁과 성장을 망치면서까지 절약할 수는 없지 않느냐고 말이다. 그런데 독일 정부는 어떻게 반응했는지 아는가? 가브리엘 부총리는 "당연한 말이다. 안정화 협약stability pact에 새로운 유연성이 필요하다"라고 반응했으며, 메르켈 총리도 역시 "당연하다, 어떻게든 함께 해답을 찾을 수 있지 않겠냐"라고 반응했다. 우리는 다시금 안정화 협약의 잃어버린 이빨을 되찾아주고 마스트리히트 조약의 본래 취지에 다가가기 위해 4년을 노력했다. 그런데 그 결과가 처음으로 실험되는 이 시점에서 독일이 또다시 프랑스에게 "할인"을 허용한다면, 그리고 단호하지 못한 재정정책으로써 그릇된 관용을 보인다면, 메르켈 총리는 2003년 슈뢰더 총리가 처음으로 프랑스를 위해 마스트리히트 조약을 어겼을 때의 상황에서부터 다시 시작하는 것이다. 외채위기 극복은 빚을 내는 것으로는 안 되고 오로지 견고함과 시장경제적인 개혁을 통해 이루어낼 수 있다. 그러려면 독일은 앞으로도 "유럽의 변호사"의 역할을 해야만 한다. 그러지 않으면 위기로부터 벗어나기는커녕 더욱 더 심각한 위기 속으로 빠져들 것이기 때문이다.

독일의 시장경제적 정책들은 비교적 성공적이었다고 할 수 있다. 그럼에도 불구하고 국민들의 의견은 다르다. 독일 국민 중 85%는 시장경제가 옛날에 더 성공적이었다고 이야기한다. 그 정도로 국민들의 신뢰를 잃은 것이다. 나는 이것이 특히 모든 국제자본시장들의 붕괴와 관련이 있을 것이라 생각한다. 2008년은 물론 그 전후로도 말이다. 하지만 내 눈에는 이에 대한 책임은 시장경제, 즉 질서자유주의적 경제시스템에 있는 것이 아니다. 자본시장의 혼란은 시장경제의 실패가 아니기 때문이다. 그러니 우리가 해야 할 것은 시장경제의 기본원칙인 법적 책임과 공평한 거래정신을 자본시장에도 제대로 도입하는 것이다. 리스크가 존재하는 상황에서 성공할 경우 그에 대한 보상을 받고, 반대로 실패할 경우에는 직접 그에 대한 책임을 져야 하는 것이다. 이것이 바로 자본시장에서 요구되는 자연스러운 리스크 브레이크다. 신용기관과 은행의 과도한 관료화가 아닌 시장경제체제의 필수적인 기본구성요소들을 잘 지키는 것 말이다. 이는 경제적으로 현명할 뿐만 아니라 우리 경제체계의 윤리적인 완전성을 위한 해답이다. 하지만 안타깝게도 우리나라는 지금 약 1년째 다른 방향으로 나아가고 있다. 우리는 자유민주적인 경제정책으로 큰 성장을 이룩했다. 그리고 현재 디지털화, 고령화, 국제화라는 세 가지 큰 과제를 직면하고 있다. 변화란 꼭 손실을 뜻하지는 않는다. 특히 우리와 같은 무역의존적인 국가에게 디지털화, 국제화로 인한 모든 가치사슬의 근본적인 변화가 유리하게 작용할 수 있으며, 고령화 또한 그와 연관된 서비스산업을 생각하면 어쩌면 완전고용이 가능해질 수도 있다. 우리가 제대로 대비를 한다면 많은 좋은 기회들이 존재한다. 하지만 나의 걱정은 지금 우리가 더 이상 대비를 하지 않고 있다는 점이다. 독일은 말하자면 "포스트 물질적 포만감"의 상태로 변했다. 복지국가에 대한 과대한 요구와 동시에 자발적인 노력이 없다. 그리고 내가 이곳에서 가장 나이가 많은 사람은 아니지만 이 말은 하고 싶다. 나 역시도 노인들의 성취적인 삶과 연륜을 매우 존경하지만, 정치가 오로지 노인들의 필요와 관심만을 위해 돌아가기 시작한다면 그들의 손주들에게 죄를 짓는 것이다. 바로 그런 상황에 우리가 현재 놓여 있는 것이다. 명성 높은 경제연구소들의 공동예측결과를 보면 연초 예측결과의 제목은 "독일의 호황, 하지만 경제정책으로부터의 역풍"이었다. 가을 예측결과의 제목은 "독일은 퇴행 중"이었다. 어제는 "경제현자Wirtschaftsweisen"들로부터 내년 독일의 경제성장률이 1%일 것이라는 예측이 나왔다. 이는 우리가 직접 초래한 스태그네이션 현상이다. 물론 지금은 국제적으로도 위기상황이기도 하다. 하지만 위기상황으로부터 우리 경제가 입는 영향은 투자환경의 악화와 국가와 개인의 투자기회의 축소로 인해 훨씬 커졌다고 볼 수 있다.

린트너 의장의 선임자였던 볼프강 게르하르트Wolfgang Gerhardt도 반시장적 정책에 대해 이렇게 비판했다.[8]

독일의 "사회국가"는 쾌락주의적이다. 그것은 오직 현재만 안다. 미래는 보이지 않는다. 그것은 사회정의를 위한 정치가 아니며 세대 간 정의에 침묵하는 것이며 오직 활력을 잃어버리는 길에 들어선 수사적인 "선거 경제"일 뿐이다. 그것을 바꾸기 위해서는 현재의 성장을 나누는 정치에서 미래의 과제를 극복하는 확대된 정치스타일로 가야 하지만 우리 사회와 정치는 용기와 긴 호흡이 결여되어 있다. 경쟁은 독일에서 가장 오염된 말이다. "경제적 경쟁과 같이 정치적 경쟁을 긍정적으로 보는 것이야말로 개방된 사회의 가장 중요한 전제이다"라고 더글러스 노스는 말했다. 아무도 미래를 알지는 못한다. 그러나 오늘 말에 먹이를 주지 않는다면 내일모레는 걸어가야 한다. 세계화와 그로부터 수반되는 디지털화는 세계적 차원의 통상이나 놀랄 만한 기술적 가능성만을 이야기하는 것은 아니며 우리의 현 사회생활의 모든 단면을 확대하고 심화하고 가속화시키는 것이다.

2015년 초 함부르크의 전통적 고급사교 클럽인 앵글로-저먼 클럽에서 세계적 화공업체로서 한국에도 일찌감치 진출한 베아에스에프의 부회장을 지냈던 포셔 라우는 독일의 반시장적 산업정책, 에너지정책에 관한 비판을 쏟아냈다.[9]

귀빈 여러분, 여러분의 앞에는 확신에 찬 시장경제주의 기업가가 서 있습니다. 저는 강한 경제가 독일과 유럽의 번영, 자유, 민주주의를 위한 기본적인 전제 조건임을 확신합니다. 당연한 말처럼 들리지만, 모두에게 해당되는 말은 아닌 듯합니다. 일각에서는 "경제"와 "사회" 사이의 틈새를 벌리려고 합니다. 이 틈새는 정치 수사적입니다. 현실과는 동떨어져 있고, 그렇기에 위험합니다. "경제", 이것은 다시 말해 우리 모두를 뜻합니다. 수공업체, 중소기업, 대기업에서 일하고 있는, 기꺼이 그 자리에서 일하고자 하는 수백만의 사람들입니다. 일 역시 삶의 한 부분이자 인간관계입니다. 이는 수치로만 표현되는 것이 아닙니다. 이 점에서 기업들은 서로 독립적이지만, 때로는 서로 멀어져 가고 있는 사회에서 안정적인 닻과 같은 역할도 하고 있는 것입니다. "경제", 이것은 우리의 국가공동체에 자금을 조달하는 기반이기도 합니다. 건강하고, 지속적으로 성공을 거두며, 국제적 경쟁력을 지닌 경제만이 일자리를 제공하고 세금과 공과금을 지불할 수 있습니다.

경제가 사회에 얼마나 중요한지는 지난 수년간의 과정을 보면 알 수 있습니다. 경제는 탈진하여 쓰러졌고, 모든 국가들을 중환자실로 보냈습니다. 독일만은 아직 예외입니다. 그 이유 중 하나는 슈뢰더 정부에서 시작한 노동시장 개혁입니다. 독일은 아직 노동시장 개혁의 덕을 보고 있습니다. 정부는 유로화 위기를 겪은 다른 국가들에게 이 노동시장 개혁을 권고하고 있으나, 정부 스스로는 63세 연금과 함께 역행하고 있습니다. 지난 수십 년간 수차례 정권교체가 일어났음에도 산업이 크게 발전하고 호황을 누릴 수 있었던 가장 큰 원인은 바로 우리가 높은 기술력을 갖춘 견고한 기반을 지니고 있었기 때문입니다. 제조업은 독일 경제의 중추입니다. 국제적으로 비교해보면 제조업의 중요성을 알 수 있습니다. 제조업이 침식되고 있는 프랑스나 오랫동안 금융서비스에만 치중했던 영국을 생각해보십시오. 이 두 나라는 우리보다 훨씬 큰 어려움을 겪고 있습니다. 독일 안에서도 제조업이 갖는 핵심적 역할을 확인할 수 있습니다. 부유한 지역 내에는 특히 기술집약적 산업이 뿌리내리고 있습니다. 라테마키아또나 소시지를 파는 자영업자의 밀집도가 높다는 것은 매력적으로 들릴지는 모르겠지만, 마음이 풍요로워질 뿐 정부의 재정에는 도움이 되지 않습니다. 베를린을 보십시오!

정치무대에서 끊임없이 산업정책에 대해 이야기가 나오고 있기는 합니다. 그러나 대부분의 정당에서 메타 수준에서만 다루고 있습니다. 즉, 산업에 대한 정책의 근본적 지지, 산업정책적 행동의 세부적 실행은 개별적으로만 이루어지고, 다른 결정인자에 묻혀버리고 밀려납니다. 대규모 산업과 중산층은 점차 국가의 황금알을 낳는 거위 취급을 받고 있습니다. 현 연립정부는 이전 정부들과 달리 연금이란 선물을 안겨주고, 임금교섭 당사자들에게 높은 수준의 임금협정을 요구하며, 시간제 근무를 감소시키고, 임금을 인상시키고, 비판의 여지가 있는 최저임금제를 도입하고, 주택시장에 임대료 제한을 때려 넣고, 일회성 에너지 전환으로 전기요금을 상승시켜 발전을 저해하고 있습니다. 급격히 노후하고 있는 독일 인프라 시설에 대한 이야기는 계속해서 나오고 있지만 아무것도 충분히 진행되고 있지 않습니다. 이것은 잘못된 일입니다. 오늘의 경쟁력이 내일로 상속되는 것은 아니기 때문입니다. 오히려 거시적 접근을 통해 국가와 산업의 경쟁력을 계속 강화시켜나가는 것이 대단히 중요합니다. 우리는 지난 수십 년 동안 우위를 확보했고, 이를 잃어버려서는 안 될 것입니다. 예를 들어 정당의 프로그램과 연정협약을 들여다봐도 알 수 있습니다. "경쟁력"이란 개념은 거의 보이지 않고 "복지" 개념만 반복해서 나오고 있다는 점을 미루어볼 때, "산업 경쟁력"이란 테마가 "복지"의 기반임에도 불구하고 정책적으로 중요한 위치에 있는 것 같지 않습니다. 특히 디지털화와 같은 미래사업과 독일의 국제적 경쟁력에 관해서는 껍데기 뿐인 말들이 많습니다. 그리고 한 번도 구체화된 적이 없습니다. 우리는 그저 막연함을 느낄 뿐입니다. 변화가 시급합니다. 장기적으로 경쟁력 있는 경제와 경쟁력 있는 산업이 갖춰져 있지 않다면 독일과 유럽은 미래에 추가적인 구조적, 재정적 문제와 직면해야 하기 때문입니다.

미국은 완전히 다릅니다. 금융위기 발발 후 7년이 지난 지금 미국은 다시 세계 경제의, 그 어느 때보다 약해 보이는 세계 경제의 안전축이 되었습니다. 베를린에서 남동쪽으로 1500킬로미터도 안 되는 곳에서 전쟁의 소용돌이가 휘몰아치고 있습니다. 중동에서는 IS가 전역을 화염 속에 몰아넣고 있습니다. 미국은 이 혼란 속에서 다시 두각을 나타내고 있습니다. 적어도 경제적으로는 말입니다. 미국과 유럽의 차이를 보여주는 중요한 예는 "에너지"입니다. 프래킹은 미국이 경제를 회복하고 서서히 재산업화할 수 있었던 이유 중 하나입니다. 이 새로운 시추 기법이 알려졌을 때 미국인들은 곧바로 그 전략적 가치를 알아보았습니다. 프래킹이 주는 기회는 이로 인한 리스크보다 훨씬 큽니다. 반면 우리 독일인들은 집단 히스테리의 순간에 내려진 결정으로 아무런 계획도 없이 원자력 에너지를 포기했습니다. 이와 유사한 예로 현재 범대서양무역투자동반자협정^{TTIP}에 대한 논쟁이 있습니다. 이 문제는 냉정하게 비용과 효율이라는 관점에서 경제적, 전략적 의미를 따져보는 것이 아니라, 대부분 불확실한 두려움과 감정들에 대해서만 논의되고 있습니다. 하필 자유무역으로 인해 가장 많이 득을 보고 있는 독일이 자유로운 무역을 방해하고 있습니다. 협상파트너들의 분노를 실감할 수 있습니다. 이들은 "우리는 독일이 무엇을 바라는지 알 수 없다. 독일인들 스스로도 자신들이 무엇을 원하는지 모르는 것 같다"라고 합니다.

현대 산업사회에서는 언제나 진보를 둘러싼 갈등이 있습니다. 이는 피해갈 수 없습니다. 리스크와 갈등 없는 진보는 없습니다. 중요한 것은 이를 어떻게 다룰 것인가입니다. 이것을 이상주의의 환상이라 할 수도 있을 것입니다. 실상은 독일 정책의 대부분이, 그리고 마찬가지로 독일 사회의 생각이 바뀌어야 한다는 것입니다. 우리가 하나의 산업사회로 남기를 바라고, 이 산업사회의 기반을 유지하면서 계속 발전해나가야 한다는 근본적인 합의가 필요합니다. 이때 비용과 편익은 확인 가능하고, 실감할 수 있어야 합니다. 우리에게 필요한 이 근본적 합의는 경제 엘리트 및 정치 엘리트에 대한 기본적인 신뢰가 회복되어야 한다는 점을 전제로 합니다. 여기서 기본적 신뢰란 합리적인 결정을 내리고, 이해상충이 있을 경우 이를 인식하고 해결함을 말합니다. 산업사회는 끊임없이 스스로를 새롭게 입증할 수 있어야 합니다. 경쟁정책이나 기술적 관점뿐 아니라 수용, 대화, 학습능력 관점에서도 마찬가지입니다. 이렇게 해야만 산업사회에 대한 신뢰와 번영의 기반을 유지시켜나갈 수 있습니다. 우리는 진정으로 지속가능한 발전을 위해 다양한 정책적 목표들 사이에서 균형을 되찾아야 합니다. 일부 사람들은 산업을 "좋은" 산업과 "나쁜" 산업으로 구분 지으려 하고 있습니다. 좋은 산업은 태양광 업체와 풍력업체들이고, 나쁜 산업은 굴뚝산업이라는 것입니다. 이것은 어불성설입니다!

산업중심지 독일의 산업정책은 원자재 및 에너지의 가격경쟁력을 갖추어야 합니다. 우리는 20년 후에도 함부르크가 해운업과 경쟁력 있는 항구를 갖춘 운수업의 중심지이기를 바라고, 화학, 시멘트, 철강의 중심지이기를 원하고, 그래야만 합니다. 독일이 전 세계적으로 훌륭한 발전의 중심지로 남기를 바란다면 독일에서 생산되는 주요 원자재와 잘 갖춰진 인프라시설을 포기해서는 안 됩니다. 안전하고, 리스크가 적으며, 지속가능한 에너지공급을 확보하기 위해서는 발전단지 신축 및 전력망 확충의 필요성에 대한 사회적 합의가 절대적입니다. 여러분의 집에 밤마다 전기가 끊긴다면 촛불이 비치는 낭만적인 밤을 보내게 될 것입니다. 그리고 돈도 아낄 수 있지요! 하지만 산업적 생산 중심지에 단 하루만 에너지공급이 중단되어도 전혀 낭만적이지 않은 재정적 재앙이 벌어질 것입니다. 산업은 국민경제 전체와 마찬가지로 에너지공급의 안정성에 달려 있습니다.

나는 2016년 5월 뤼네부르크의 로이파나 대학에서 열리는 "로이파나 경제포럼 Leuphana Wirtschaftforum"에 초청을 받아 독일과 한국의 경제모델을 주제로 강연했다. 그때 나를 초청한 사람이 로이파나 대학의 인사관리전략연구소장 위르겐 델러Jürgen Deller 교수였다. 그는 "한국 기업에서는 경영자들이 주로 한국인이다. 외국인에게는 거의 기회가 없다. 반면 독일은 다른 국적자들에게 많이 개방되어 있다"라며 한국 기업들을 국제화 측면에서 비판했다. 나는 독일 경제에 관한 경고 또는 비판적 의견들이 어떤 의미나 현실적인 유용성을 가질 수 있는지에 대해 그와 이야기했다. 그는 경고의 유용성에 대한 의견과 함께 디지털화에 대해 언급했다.

누구나 어떤 상황에 적응할 수는 있다. 그러나 한번 익숙해지고 나면 다시 변화하는 것이 어렵다. 슈타인가르트가 부정적인 시나리오를 제시하며 변화에 실패할 경우 어떤 결과가 닥치게 될지 명확히 알려주었던 것은 유용했다. 독일은 한때 "유럽의 병자"라는 오명을 얻은 적이 있었다. 이는 사람들의 경각심을 일깨웠고, 정치인들로 하여금 변화를 가져오도록 했다. 독일이 경제적 번영을 유지하려면 때때로 다음 세대를 고려하고, 지속가능한 경제를 추구해야 한다는 경각심을 불러일으킬 필요가 있다. "분기별 사고방식Quartalsdenken"은 더 이상 의미가 없다. 경고는 심리적으로 볼 때 중요하다. 우리가 안주하고 있는 부분에 대해 의문을 던지기 때문이다. 이러한 단절들은 언제나 불가피하다. 현재 통화현황 추이를 보면 위험이 다시 커지고 있다. 압력이 사라졌기 때문이다. 독일이 효율성을 개선한다면 더 많은 수출기회가 있을 것이다. 좀 더 디지털화에 집중해야 하며 사회통합을 촉진해야 한다. 새로운 노동형태를 수용하는 것은 어려운 일이다. "인더스트리 4.0"은 디지털화가 핵심이며 이는 기기 간의 커뮤니케이션에 관한 것이다. 하노버 산업박람회에서 다름슈타트 공대 팀은 디지털화가 많은 기업들에서 인력관리 차원의 심리적 문제를 야기하고 있다고 했다. 역량부족의 문제가 아니라, 변화에 대한 사람들의 두려움 때문이다. 노동자들이 스스로를 디지털화의 희생자가 아니라 참여자로 인식하도록 하기 위해서는 어떻게 해야 하는가가 문제다[2015.10.15].

"우리도 할 수 있다"는 치명적 실수인가?

독일은 기본법 제16조에서 자국민의 국적박탈과 외국으로의 인도를 금지하고 있고, 제16a조는 정치적 박해자에 대한 망명권Asylrecht을 보장하고 있다. 이 두 조항은 나치 치하의 경험을 반면교사로 삼았다. 나치하에서 많은 독일 국민들이 국적을 박탈당하고 탄압을 피해 외국으로 갔다. 유대인에게만 해당된 사례는 아니었다. 그래서 독일은 자국민에 대한 국적 박탈을 금지하고 정치적 박해자를 받아들이는 헌법상 명문 규정을 마련했다. 전쟁 시 독일 국민들의 망명을 받아준 나라들에 보답하는 의미도 있을 것이다. 사실 이 망명권의 인정은 독일의 통일에도 크게 기여했다. 동독을 포함한 동구권 인사들의 서독 망명을 보장함으로써 장벽 붕괴의 촉매 역할을 했다. 외국인 난민은 아니지만 전쟁 직후 동프로이센 등지로부터 실향민들이 대거 서독으로 넘어왔던 역사적 사실도 있다. 독일은 브란트 총리의 동방정책 시부터 동구권의 독일계 사회에 대해 적극적인 서독이주정책을 펼쳤고 구소련의 해체과정에서나 유고 내전 시에도 많은 난민을 받아들였다. 바로 이것이 통독의 촉매 작용을 하는 분화구 역할을 했다. 2014~2015년간 시리아 내전으로 인한 난민 유입은 유례가 없는 일이었다. 2015년 한 해에만 공식 난민 신청자가 100만 명을 넘어섰으니 비공식 유입 난민 등을 감안할 때 얼마나 많은 난민이 단기간 내에 들이닥쳤는지 짐작할 만하다. 오스나브뤼크에 소재한 레마르크 평화센터의 슈나이더 소장은, 자신 스스로가 난민이었던 『서부전선 이상 없다』의 작가 레마르크의 작품에 나타난 난민에 대한 생각을 아래와 같이 소개했다.

> 레마르크가 작품을 통해 보여준 당시 현실은 오늘날의 상황과도 깊은 관련이 있다. 그의 작품은 이민자와 난민, 그리고 피난의 삶을 보여준다. 그의 소설은 항상 인도적 관점에 초점을 맞추었다. 그는 개인과 당국의 대결을 주제로 삼았고, 이 주제들은 어떻게 개인이 낯선 사회에 통합될 수 있는가, 어느 정도로 통합될 수 있는가, 그것이 개인의 정체성에는 어떤 결과를 가져오는가와 같은 현재적인 문제를 다루었다. 레마르크는 그의 작품들에서 난민들이 사회를 보다 풍요롭게 한다는 점을 강하게 지지한다. 피난이라는 실존적 경험과 그것을 해낸 그들의 능력이 우리 사회를 더욱 풍요롭게 한다는 것이다. 그들을 결코 관료적 차원에서만 바라보아서는 안 되며, 또한 그들을 결코 일련번호 따위로 여겨서는 안 된다. 작년에는 레마르크가 1947년 미국에서 쓴 문제작 『실향민displaced person』이 주목받았다. 이 작품 전체가 2015년 6월 ≪슈피겔≫에 실렸다. 이 작품에서도 레마르크는 개별적 인간의 가치를 강조했다. 그는 오늘날 난민이나 이주에 대해 우리 스스로에게 질문을 던지게 하고 있다[2016.12.6].

난민 유입이 한창이던 2015년 독일 조야는 난민에 대한 찬반논쟁으로 들끓었다. 반이슬람 포퓰리스트 우파들의 "페기다Pegida"와 함께 이에 반대하는 "노기다Nogida"도 일어났다. 페기다는 "서양의 이슬람화를 반대하는 애국적 유럽인"이란 의미로 2014년 10월 드레스덴에서 약 350명이 모인 첫 시위 이후 매주 또는 격주마다 정기적으로 시위하고 있다. 2015년 1월 12일에는 최대 규모인 2만 5000명이 모였고 이후 2017년까지 지속적으로 매번 2000~3000명이 모여 꾸준한 반이슬람 시위를 이어가고 있다.

2015년 8월 말 정례 연방기자회견에서 메르켈 총리가 표명한 "우리는 할 수 있다Wir schaffen das"는 구호는 기민당을 포함한 각계에서 상당한 저항을 불러일으켰다. 이 구호는 "독일은 강한 나라이고 그렇기에 그동안 많은 일을 해왔고 또 할 수 있어야 한다"는 메르켈 총리의 발언에서 나온 구호였는데, 독일의 행정력으로 한창 쏟아져 들어오던 난민들을 감당할 수 있고 또 감당해야 한다는 맥락이었다. 메르켈 총리는 이 구호와 함께 난민들이 들어올 수 있도록 더블린협정을 중지시키고 독일 국경을 계속 열어놓도록 하는 포용적 결정을 포기하지 않았다. 메르켈 총리는 독일은 인도주의와 법의 나라라는 소신을 평소 갖고 있다. 난민문제에서 독일이 나서지 않으면 누가 하겠는가라는 생각이다. 함부르크 역사박물관 체흐 관장의 독일 이민사에 대한 이야기다.

독일경제사 측면에서 볼 때 이주 현상은 항상 긍정적이고 결정적인 역할을 했다. 이민은 독일의 경제기적을 이끌어냈다. 19세기에는 폴란드 외국인 노동자가 루르 지역의 광산 채굴 작업에 동원되었는데, 현재 이 지역 출신의 성姓은 이런 역사적 사실을 보여준다. 전쟁 후에는 동쪽에서 온 실향민들이 독일 재건에 기여했다. 그 이후에는 이탈리아와 터키에서 온 외국인 노동자가 독일의 부족한 노동력을 채웠다. 독일의 경제는 항상 이민과 맞닿아 있다[2015.10.14].

이러던 메르켈 총리도 그해 12월 기민당 연방 당대회에서 표출된 비판과 쾰른, 함부르크 등 대도시 연말 불꽃놀이 행사장에서 동시다발적으로 발생한 난민들에 의한 집단 성추행사건을 기점으로 기존 입장을 바꾸게 되었고 2016년 12월 베를린 "기억의 교회Gedaechtnis" 광장의 성탄절 야시장에서 발생한 트럭 돌진 테러 사건 후에는 한층 강경한 입장으로 돌아섰다. EU의 외부국경 단속은 물론, 난민이 계속 발생하고 있는 중동이나 북아프리카 나라들과 개발원조를 연계하는 등 적극적 공조를 통해 난민봉쇄 정책을 구사하게 되었다. "정치인은 난제를 풀어가야 한다." 융크^{Oliver Junk} 고슬라 시장의 말이다. 2016년 10월 천년의 고도 고슬라를 방문했을 때, 그는 사민당이지만 난민정책만큼은 메르켈 총리의 생각과 같다는 것을 확인할 수 있었다. 그의 말이다.

'대의민주주의'에서, 최대한의 국민적 동의를 얻는 것이 과연 정치의 과제인가 하는 질문을 던져보아야 한다. 전후 독일에는 군비확장과 축소, 나토의 이중결정, 독일통일과 그 조건을 둘러싼 문제들이 있었다. 만약 이 문제들을 국민들이 결정하게 했다면 우리의 역사는 다른 길을 갔을 것이다. 정치인들은 결정을 내리기 위해 선출되었다. 정치인들은 국민들의 직접 투표에 맡겨두어서는 안 될 복잡하고, 때로는 달갑지 않은 결정을 해야 한다. 이것이 '대의민주주의'이다. 난민문제는 단지 '예' 혹은 '아니오'로 결정할 수 없는 복잡한 문제다. 난민 수용이 우리 노동시장에 어떤 의미를 갖는지는 부분적 측면일 뿐이다. 전쟁과 기후변화로 인해 전 세계적으로 이민이 증가하고 있다는 점을 잊어서는 안 되기 때문이다. 이에 맞서 담을 쌓을 수는 없다! 이 주제를 가지고 포퓰리즘을 이끌어내는 것은 쉽다. 난민으로 인한 인구 증가는 장기적으로 독일 국민경제에 긍정적인 영향을 미칠 것이지만 당장은 아니다. 고슬라 인구는 5만 명이고 우리는 1600명의 난민을 수용했다. 고슬라는 여러 도전에 직면했으나 모두 감당할 수 있었다. 그러나 독일 내에서 난민들을 분배하는 시스템에 문제가 있다. 이른바 "쾨니히슈타이너 열쇠^{Königssteiner Schlüssel}" 원칙에 따라 경제력이 크고 인구수가 많은 도시들이 대다수의 난민들을 수용하게 되었다. 이 때문에 작은 도시들은 큰 도시들과 비교해 수용능력이 부분적으로 더 큼에도 불구하고 난민들을 조금만 받게 되었다. 큰 도시들은 난민을 받기 이전부터도 이미 주택부족 문제를 안고 있었다. 큰 도시들에서는 지금 부동산과 임차료를 적정 수준으로 유지하는 것이 중요한 과제다. 즉, 큰 도시들에는 주택이 부족하고 그래서 난민들은 겨울철에 최선의 해결책이 될 수 없는 캠프장이나 컨테이너에 거주해야 한다. 반대로 고슬라에는 아직도 빈 집들이 있다. 여기에 주둔해 있던 국경수비대와 연방군이 감축되면서 2002년부터 2012년 사이에 4000명이 떠났다. 그리고 그곳의 건물들은 지금도 여전히 비어 있다![2016.10.19].

트럼프 대통령 당선자는 2017년 1월 취임에 앞서 독일의 ≪빌트≫ 및 영국의 ≪더 타임스≫와 공동인터뷰를 하면서 영국의 EU 탈퇴를 현명한 선택이라 하고 메르켈 정부의 난민수용정책을 치명적 실수라고 평가절하했다. 그리고 1월 20일 취임하자마자 TPP 탈퇴문서에 서명하고, 7개 이슬람국가 국민에 대한 미국 입국을 90일간 정지하는 한편 180일 이내에 멕시코 국경장벽 건설 구체안을 마련토록 하는 행정명령을 발동했다. 이에 대해 메르켈 총리는 "테러방지를 목적으로 하더라도 특정한 신념이나 특정 국가시민에게 모두 혐의를 두는 것은 정당화될 수 없다"라며 트럼프 대통령의 조치를 비판했다. 트럼프가 독일의 난민수용정책을 비난한 데 대한 반격이었다.

틸로 자라친Thilo Sarrazin은 독일 미디어에서 주목하는 논객이다. 사민당 출신으로서 연방은행 임원과 베를린 주정부의 재무장관을 지냈다. 이민자 사회를 분석하고 그 의미를 조명한 베스트셀러 『독일이 없어져 간다Dutschland schafft sich ab』로 유명세를 탔다. 2010년에 발간된 이 책은 150만 권이 팔렸다 한다. 이 책에서 그는 독일로 이주한 이민자들이 그들만의 성역을 쌓고 독일 사회와 통합되지 않은 채로 살아가는 현상을 찾아내고 지적하면서 그 문제의 심각성을 일깨웠다. 독일 사회 내 이슬람 이민자들이 늘어나고 있고 그들 대부분이 교육 성취도가 높지 못해서 독일 사회에 기여보다는 부담이 되고 있다고 관찰한 것이다. 그는 이런 이민자 사회를 "평행집단ᵖᵃʳᵃʳᵉˡˡᵉ ᴳᵉˢᵉˡˡˢᶜʰᵃᶠᵗ"이라고 했는데, 독일 사회가 이 평행집단을 통합하지 못하고 방치한다면 원래의 독일은 사라지게 된다는 주장이다. 2016년 발간한 『희망생각: 유럽, 화폐, 교육 ,이민─왜 정책은 그토록 자주 실패하는가』에서 그는 다시 한 번 특정한 배경을 가진 사람들의 저급한 '인식능력ᶜᵒᵍⁿⁱᵗⁱᵛᵉ ᶜᵒᵐᵖᵉᵗᵉⁿᶜᵉ'을 문제시하고 현 대연정 정부의 난민정책을 비판했다. 이 책은 다시 한 번 독일 사회에 큰 반향을 불러일으켰다. 사민당은 당원이었던 그를 제명하려고까지 했는데, 2017년 3월 언론에서 그가 독일 대안당에 합류했음을 확인할 수 있었다. "우리는 할 수 있다"는 메르켈 총리의 입장과 관련한 자라친의 생각이다.[10]

메르켈 총리는 "우리는 할 수 있다"로 난민문제의 핵심을 본질적인 것보다 부차적인 문제로 전환하는 데 성공했다. 난민을 받아들이느냐 마느냐의 문제로부터 어떻게 이들을 빨리 분류, 심사해서 등록을 시키고 또 그동안 인간답게 먹이고 재울 수 있느냐로 공공 논의의 초점을 돌렸다. 물론 8천만 인구의 부국인 독일이 80만 아니 150만이라 하더라도 이들 난민을 물리적으로 거두지 못하리라고 생각하는 사람은 없을 것이다. 그러나 문제는 그다음 단계다. 그렇게 많은 이질적인 사람들을 어떻게 사회적, 문화적으로 그리고 노동시장에 통합시킬 수 있느냐 하는 것이다. 그리고 그렇게 많은 난민들이 계속 들어온다면 어떻게 할 것인가? 어떤 결과를 가져올 것인가 하는 것이다. 난민문제는 아프리카나 중동으로부터 오는 이슬람 신앙을 가진 사람들에 대한 문제이다. 이들은 대부분 교육적인 성과가 저조한 나라들로부터 온다. 이들의 문화적, 인지적 프로필은 이들이 교육성과 면이나 노동시장에의 통합 측면, 사회적 관계, 범죄성, 근본주의적 사상에의 함몰 가능성 등에서 향후 어떻게 되리라는 것을 알려주고 있다. 장래 통합의 성공은 비관적이다.

유엔난민기구 통계에 따르면 현재 약 6천만 명의 난민이 있는데 이들 대부분은 전쟁 등으로 인한 불가피한 측면보다는 더 나은 삶을 위한 경제난민이다. 독일 난민법이 계속 유효하다면 이들은 배우자나 자식들을 데려올 수 있고 젊은 난민들의 높은 출산율로 적어도 몇십 년 후면 이들에 대한 사회보장비용의 급격한 증가가 예상된다. 대략 20년 후면 이들의 숫자가 5배가 된다는 계산이 나온다. 이제 독일과 셍엔^{Schengen} 공간의 국경을 제대로 통제하는 것이 독일 사회와 문화의 존립을 위한 문제라는 것이 명백해졌다. 우선 망명자법이 강화되어 능동적인 정치활동으로 핍박받고 위협받는 사실이 증명될 때만으로 망명이 제한되어야 한다. 아울러 더블린협정의 핵심적 사항이 보장되어야 한다. 즉, EU 국경을 넘어온 최초의 나라에서 체류권 신청이 이루어져야 한다는 것이다.

난민문제가 독일 전역을 뒤흔들고 있다. 니더작센 주의 인구 7만의 소도시 첼레^{Celle}에서는 주민의 사랑을 받던 이란 출신 교사가 난민에 의해 살해되는 사건이 벌어졌다. 2017년 2월의 일이었는데 아프가니스탄 난민 출신 청년이 범인으로 지목되고 있다. 이 사건은 과거 영국 윈저 왕가를 배출했던 이 조그만 도시 전체를 떠들썩하게 하고 있다. 바이에른에서는 젊은 여성이 난민 출신의 소년에 의해 살해당하는 사건도 있었다. 함부르크에서는 난민촌을 설치하는 문제를 놓고 지역 주민들이 대립하고 있다. 고급 주택가인 블랑케네제^{Blankenese}에서는 난민촌 건립 결정을 저지하려는 행정소송이 진행 중이다. 이곳만 아니고 함부르크의 많은 지역에서 난민촌 건립을 둘러싸고 주민들이 행정당국과 대립하고 있다. 주민투표를 통해 정치적 차원에서 난민촌 건립 반대를 관철시키려는 움직임도 나타나고 있다. 난민은 좋지만 난민촌 이웃은 싫다는 것이다. 지금 독일은 난민문제가 초미의 이슈가 되었다. 그러나 "이들로부터 기회를 만드는 수밖에 없다"는 말대로 중요한 것은 수백만에 달하는 그들이 이미 독일에 들어와 있다는 것이고 이들에게는 잘 곳과 먹을 것, 입을 것이 필요하다는 점이다. 더 나아가 그들이 평화롭고 만족스럽게 살 수 있도록 독일의 기존 사회와 통합해야 한다는, 결코 만만찮지만 해결해야 하는 과제를 던지고 있다.

결론적으로 말하자면 주사위는 이미 던져졌다. 함부르크 상공회의소에서는 이들의 직업훈련을 위해서 아랍어 직훈용어사전을 만들었다. 이들의 노동시장 통합에는 7~10년이 걸릴 것으로 보인다. 휘터 소장의 말대로 난민은 향후 독일 국민 경제에 지속적인 비용을 유발한다. 하지만 시간과 돈이 들어가는 것은 독일 인력을 키우더라도 마찬가지가 아닌가. 오히려 이들은 젊은 성인이 많아 유리한 점이 많다. 독일로 들어온 많은 난민들은 중동에서 남부 유럽을 거쳐 1천 킬로미터가 넘는 여정을 육로로 이동해왔기 때문에 노약자가 많지 않고 강건한 젊은이들이 다수다. 아프가니스탄 정도를 제외하면 이라크나 시리아 등 출신자들은 학력 수준 면에서도 고학력자가 많다고 한다.[11] 이들을 어떻게 교육시키고 통합하느냐가 관건이겠지만 독일 사회의 대응에 따라 이들 난민인력은 향후 독일 경제 발전을 위한 중요한 인적자원이 될 것으로 전망된다.

독일만 사라지고 한국은 괜찮나?

독일이 사라질 수 있다는 자라친의 말에 화들짝 놀랐다. 우리나라는 어떨까? 대한민국은 사라지지 않을까? 전 세계적으로 한류 열풍이 고조되고 있다. 함부르크에서도 벌써 몇 차례 케이팝 경연대회를 했는데, 그 열기가 대단했다. 빈에서 케이팝 행사를 했을 때도 인근 국가에서 참여자들이 몰려올 정도로 인기가 있었다. 지금 동남아시아나 중앙아시아에서는 한글을 배우려는 열풍이 일고 있다.

카타르에 있을 때 대사 관저에 전기 수리를 하러 왔던 스리랑카 출신의 기술자로부터 한국에 가면 큰돈을 벌 수 있다는 말을 들었다. 무엇보다 한국에서 외국인 노동자들의 처우가 좋다고 소문이 났기 때문이다. 사실 카타르에서 일하는 외국인 노동자들의 실태는 비참할 정도다. 현 인구 220만 명 중 약 30만 명만 카타르 사람이고 나머지는 외국인이다. 이 중 인도인이 절반을 넘는다. 그래서 카타르에서 제일 많이 팔리는 신문은 아랍어 신문이 아니라 영자 신문이다. 그리고 100만 명 이상이 집단 노동자 숙소에서 기거하고 있다. 액화천연가스 개발로 인한 카타르의 고속 발전을 견인한 인력은 외국인 노동자들이었다. 2010년 카타르에서 근무할 당시, 카타르에는 북한 노동자들도 있었는데 이들이 40도 이상의 열사에서 일주일에 40시간 이상 일하고 받는 돈이 고작 월 200달러 정도였다. 카타르도 중국 상인이나 인도 상인 못지않게 장사로 오랫동안 먹고산 사람들이다. "다우^{dhow}"라는 배를 타고 인도양을 누비며 장사했다. 이들의 상술과 협상력은 아주 출중하다. 그래서인지 카타르에는 외국인 노동자들이 똑같은 일을 하더라도 임금은 국적에 따라 차등 지급하는 관행이 있다. 외국인 노동자들이 모국에서 받는 보수를 기준으로 카타르에 와서 일을 할 만한 정도의 조그만 인센티브를 얹어주는 수준에서 보수가 결정되는 구조다. 카타르는 악명 높은 카팔라 비자제도를 운영하고 있다. 노동자를 데려온 카타르 내국인 고용주가 그 사람에 대한 모든 권리를 갖는 전근대적인 제도다. 일단 노동자가 카타르에 입국하게 되면 당초 노동자를 데려온 고용주의 허락 없이는 직장을 바꾸는 것도 심지어는 출국도 마음대로 할 수 없다. 카타르는 국제노동기구에서 감시 대상국가로 분류되어 있다. 2020년 월드컵 주최를 위한 경기장 건설이라든가 지하철 등 도시기반 건설에 공기를 맞추느라 외국인 노동자들을 혹사한 사실이 알려지면서 독일에서는 카타르 월드컵을 보이콧해야 한다는 여론까지 일고 있는 실정이다.

한국에서 일하는 외국인 노동자들의 사정이 다른 나라에서의 외국인 노동자 처우 기준에 비해 나쁘지 않고, 그래서 계속 외국인 노동자들이 들어오는 상황에서 자라친이 이야기하는 현상이 한국에서도 일어나지 않을까 하는 우려가 든다. 이러한 상대적으로 후한 대우는 국내 노동자들과의 임금격차에 따른 국내 기업의 인센티브와 맞물려 이들의 한국행 러시가 멈추지 않게 만든다는 데 문제가 있다.

앞서 이야기한 카타르에서 일하는 스리랑카 출신의 전기기술자가 한국에 올 경우 카타르에서보다 최소한 5배의 높은 임금을 받을 수 있다고 했다. 그러니 그들 입장에서는 필사적으로 한국에 들어오려고 하고, 그러기 위해서 한국어도 열심히 배운다. 우리 기업주 입장에서도 내국인 노동자보다 부리기 쉽고 싸니까 이들 노동력이 상대적인 우위에 있는 것은 사실이다. 그러나 한번 생각해보자. 이런 현상이 이미 몇십 년 되었고 앞으로 또 몇십 년이 흘러가면 과연 어떻게 될 것인가를. 이미 웬만한 공장실무 인력들은 이들이 차지하고 있어 우리 청년들의 취업난을 더욱 부채질하고 있다. 우리 청년들의 눈높이가 높아서 소위 3D 업종에의 취업을 회피해서 그렇다는데 이 말은 반만 사실이다. 우선 그런 현상이 왜 오게 되었는가를 살펴보아야 한다. 그리고 이제는 3D 업종에 대한 인식도 바꾸어야 한다. 독일이나 오스트리아를 보자. 거리 청소나 가정 폐기물 수거, 공원 관리 등 허드렛일로 보이는 단순 직종의 인기가 높아 오히려 외국인이 비집고 들어갈 틈이 없다 한다. 공장에서도 특별히 3D 업종이라 할 것이 없다. 이쯤 되면 우리 청년들이라고 이런 직종들을 마다하겠는가. 노동 여건과 사회의 인식에 따라서 상황은 바뀔 수 있는 것이고 보면 왜 우리는 이런 여건을 만들지 못하는 것일까? 다시 자라친의 이야기다.

나는 자질이 미흡하거나 지적 능력이 우수하지 않은 일부 자국민 역시 노동시장에서 기회를 얻을 수 있는 수준으로 외국인 노동자 이주를 항상 제한해야 한다고 본다. 물론 기업에서는 반기지 않을 것이다. 기업에는 굼뜬 한국인보다 손이 잰 필리핀 사람들이 더 필요하기 때문이다. 하지만 국가 차원에서 보면 거꾸로 생각해봐야 한다. 우리는 더딘 자국민들에게 민첩성을 요구함으로써 속도를 높이도록 만들어야 한다. 물론 모두들 그에 합당한 대가를 바랄 것이다. 하지만 결과적으로 보면 민첩한 필리핀 사람들이 느린 한국인보다 더 많은 비용을 야기한다. 필리핀 사람들은 가족들을 데려와 5명의 아이를 낳고, 조기에 은퇴할 것이고, 이는 곧 복지체제에 대한 부담으로 이어질 것이다. 이 비용이 각기 다른 금고에서 부담된다는 차이만 있을 뿐이다. 손이 잰 필리핀 사람을 고용한 레스토랑 소유주의 금고는 굼뜬 한국인을 고용한 경우보다 풍요롭겠지만, 국고의 경우는 정반대다. 그렇기에 국고란 무엇인지에 대한 질문을 던져야 한다. 정치는 최선의 결과를 낼 수 있도록 사회를 이끌어나가기 위해 존재하는 것이다. 즉, 이 경우에는 이주를 까다롭게 제한하는 것을 뜻한다[2016.7.19].

앞으로 언젠가 이주노동자들이 필요 없다고 하면 그들이 돌아갈 것인가? 4차 산업혁명이 본격화되어 허드렛일을 할 직종이 없어진다고 한다면 돌아갈 것인가? 그들 출신 국가와 소득격차가 좁혀지지 않는 한 아마도 그렇게 되지 않을 것이다. 이들은 오히려 한 단계 상향 조정된 실무직책을 맡아서 국내 노동자들의 진입을 막을 것이다. 그리고 높은 출산율로 그들의 인구 비중은 계속 빠른 속도로 늘어갈 것이다. 그런 상태가 몇십 년이 지속된다면 한국 사회가 어떻게 될까? 지금도 외국인 범죄가 심심찮게 언론에 보도되고는 한다. 이들을 우리 사회에 완벽하게 통합하는 것이 쉬운 일일까? 그렇지 못하다면 우리 사회의 경제적 부담과 함께 사회 안정성은 어떻게 확보할 수 있을 것인가? 독일에서도 과거 이주노동정책을 비판하면서 "노동력을 불렀더니 사람이 왔다"는 말을 한다. 하물며 우리는 세계에서 사실상 가장 높은 인구밀도를 가진 나라다. 독일의 직업훈련제 도입이 논의되더라도 기업들은 반대할 것이다. 외국인 노동력이 있는데 국내 도제들을 훈련과정에서부터 돈을 들여 육성하려 하겠는가? 설령 도입한다 하더라도 이미 국내 도제들을 구할 수 없는 상황에 처하게 될 것이다. 공장에서의 수작업은 이미 외국인 노동자들에게 점령당한 뒤가 될 것이기 때문이다.

여기서 국내 취업 현실이 어려워진 두 가지 현상을 지적하고 싶다. 하나는 대기업들의 해외 공장이전이고 다른 하나는 중소기업들의 외국인 이주노동자 고용 확대이다. 독일이나 미국은 적극적으로 국내 기업의 국내 유치에 힘쓰고 있다. 독일의 "산업입지정책Standortpolitik"이나 미국의 "리쇼어링reshoring 정책"이 그것이다. 트럼프 대통령은 국내 일자리 보전을 미국우선주의 정책의 근간으로 삼고 있기도 하다. 이주노동자 정책도 마찬가지다. 기업들은 분명 남는 장사를 하겠지만 그들의 사회비용은 고스란히 일반 국민의 몫이다. 그것도 단기간이 아닌 몇 세대에 걸친 부담으로 남게 될 것이다. 3D 업종을 꺼린다는 청년들을 이야기하기 전에 그들이 일할 수 있도록 여건과 인식을 바꾸어야 하는 것이 정부와 사회의 시급한 과제다. 자라친의 분석이다.

나의 책 『희망사항』을 읽어 보았는가? 그 안에 담긴 생각은 사실 매우 간단한 것이지만 종종 오해되곤 한다. 한국은 독일처럼 출산율이 매우 낮다. 여성 1명당 1.3명으로 출산율이 유사하다. 낮은 출산율이 한 사회에 문제가 되는 것은 당연하다. 그 사회는 고령화되고, 결국 모든 것이 뒤집힐 것이기 때문이다. 곤란한 상황이지만, 우리가 현대 사회에서 이러한 상황을 바꿀 수 있을지 모르겠다. 여성들의 교육수준이 높아졌고, 이들은 더 나은 학력의 남성들과 결혼하고자 한다. 하지만 고학력 남성들이 부족하고, 그렇기에 아이의 수도 줄어든다. 이것은 모든 선진사회에서 나타나는 현상이고, 이로 인해 난관에 봉착하게 된다. 하지만 이 난관은 퇴직연령을 70세로 연장하는 등의 방식으로 해결이 가능하다. 이런 식으로 낮은 출산율로 인해 한 사회의 청년층에 가해지는 노인부양 부담을 극복할 수 있다. 이제 이주문제로 가보겠다. 이주는 언제나 다양한 측면을 갖고 있다. 우선 외관의 문제인데, 이들이 이방인임을 바로 알아챌 수 있는 것은 외관이 아닌 문화적 유사성의 문제이고, 이는 곧 인지능력에 관한 문제다. 이미 알고 있는 것 Wissen이든, 교육Bildung에서 비롯된 것이든 말이다. 한 사회의 미래와 화합을 위한 사회적 차원의 질문들을 던지는 것 외에 경제적 관점에서도 이 문제를 연구해볼 수 있다. 나는 다음과 같은 방식으로 생각을 발전시켜보았다. 특별히 독창적인 것은 아니지만, 이것을 확실히 파악하는 것이 중요하다. 모든 사람은 생산활동을 통해 자원을 만들어내지만, 동시에 모든 사람은 자원을 소비한다. 이렇게 우리가 여기에 앉아 와인을 마시면서, 언젠가 퇴직하게 되면 다른 사람들의 부양을 받으면서 말이다. 부모는 자녀들을 위해 지출해야 하고, 우리가 실직하게 되면 국가가 우리를 위해 지출한다. 다시 말해 모든 사람들이 자원을 소비한다. 국가예산이나 국민경제가 장기적으로 균형을 이루게 되면, 이것은 평균적으로 모든 사람들이 출생부터 사망에 이르기까지 창출해낸 가치만큼을 소비했다는 것을 의미한다. 만약 어떤 집단에서 자신들이 소비하는 것보다 더 많은 자원을 생산하고 있다면, 이들은 모두의 보편적 번영에 기여하고 있는 것이라 볼 수 있다. 자체적 소비량을 초과하는 잉여생산을 한 것이기 때문이다. 하지만 생산한 자원보다 더 많이 소비하는 그룹은 그 사회의 번영을 소모하고 있는 것이다. 한국과 독일은 저출산율과 고령화라는 유사한 문제를 안고 있다. 이것은 오로지 더 많은 자원을 생산하는 집단구성원의 이주를 통해서만 해소될 수 있는 문제다. 하지만 이주국가의 국민들보다 교육수준과 소득수준이 낮고, 실업률이 높은 집단구성원의 경우라면 이야기가 다르다. 이 경우에는 결과적으로 그 국가가 생산하는 자원보다 더 많은 자원을 소비할 것이다. 이것은 단순한 논리적인 맥락이다. 그리고 이는 이주를 경제적 관점에서 보았을 때 최소한 자국민들과 동등한 수준의 자격을 갖추고, 최소한 같은 수준의 인지능력을 가진 이주자들만을 허용하는 이주정책을 시행해야 한다는 것을 뜻한다. 더 높은 수준의 이주자들의 경우에는 번영을 위한 순기여도가 발생한다. 자국민의 수준에 미치지 못할 경우에는 번영을 희생하게 된다. 따라서 나는 이주의 관점에서 독일에 주어진 것들이 이러한 기준들을 충족시키지 못하고 있으며, 장기적으로 볼 때 문제가 되리라 본다[2016.7.19].

프랑스와 독일의 사회통합, 무엇이 다른가?

2016년 7월 14일 프랑스 대혁명 기념일에 세계적으로 아름다운 휴양도시 니스Nice에서 테러가 발생했다. 혁명기념일 불꽃놀이를 보기 위해 운집한 인파에 트럭이 돌진하여 90명 가까운 사망자가 발생한 것이다. 당시 아셈ASEM 정상회의로 몽골에 있었던 메르켈 총리는 프랑스의 자긍심의 날이 비극의 날이 되었다며 애도를 표했다. 2015년 1월 "샤를리 엡도Charlie Hebdo", 11월 "바타클랑Bataclan", 그리고 2016년 7월 "니스"로 이어지는 연속적인 테러—1년 반 동안 12건의 테러 및 테러기도 사건이 발생했다—에 프랑스 국민들은 뭔가 잘못되고 있다는 느낌과 함께 1년 반 전 샤를리 엡도 테러 당시 느끼지 못했던 당황스러움과 무력감을 느꼈다고 한다. 샤를리 엡도 사건 직후에 프랑스 국민들은 연대감을 쏟아냈다. 그 연대감은 바타클랑으로 분해되고 니스 사건으로 차오르는 인내의 한계를 맞이했다. 마뉘엘 발Manuel Valls 프랑스 총리는 "이제 프랑스는 테러와 함께 살아야 한다"고 고백하기에 이르렀다. 프랑스나 유럽을 위협하는 테러는 외국에서 오는 것이 아니라 '자생적a version of its own intifada'이다. 이웃이 살인자로 돌변하고 일상이 무기가 되고 쉼터가 전장이 되어간다. 이것은 미국 올랜도 테러와 같이 개별적 행동으로 막아내기가 극히 어렵다. 정보기관의 강화 같은 조치로는 해결하기 어려운 국면을 맞고 있는 것이다.[12]

여기서 의문이 생긴다. 독일에는 400만 명의 회교도들이 살고 있으며 이 중 이슬람 근본주의자만 8000명, IS 전투에 참가했다 돌아온 외국인 테러전투원FTF이 700명이 넘는다. 이들은 IS의 주장에 동조해 이들 편에서 총을 쏘았던 사람들이다. 물론 이 중 많은 청년들은 IS의 행태에 염증을 느껴 탈출하여 독일로 돌아오기도 했다. 그러나 모두가 그렇지는 않을 것이다. 독일 정보기관이나 경찰당국에서도 이들을 감시하고 있다지만 어떻게 보면 이들은 테러에 가담할 수 있는 여지가 있는 집단이다. 그래서 독일에서 테러가 일어날 수 있는 가능성은 여전히 높다. 그런데 프랑스와는 달리 조용한 편이다. 왜 그럴까?

테러 전문가들이 이야기하기를, 과격 회교분자들에게 미국은 '큰 사탄'이고 프랑스가 '작은 사탄'이라고 한다. 프랑스는 미국 다음으로 IS와의 전투에 많은 군인들을 보내고 있다. 3500명의 군인들이 말리, 니제르, 차드, 모리타니 등지에서 대테러 작전에 참여하고 있다. 2015년 11월 파리 테러 사건 이후 올랑드 대통령은 어떤 국가 원수보다 강한 어조로 IS와의 전쟁을 선포했다. 그래서인지 IS는 프랑스를 EU 내 공격 대상 1호로 삼았고 여기에 지리적으로도 프랑스는 IS나 북아프리카에서 접근하기가 상대적으로 쉬운 곳에 위치하고 있다. 프랑스는 국내에서도 대테러 조치를 강화해왔고 그 결과 2016년 6월까지 3500건의 가택 수색, 600건의 재판 회부가 이루어졌으며 그 가운데 67건만이 유죄가 인정되었다. 이런 무고한 사람들에 대한 광범위한 수색, 체포, 기소 등으로 반감이 고조된 상태다.[13]

아울러 프랑스의 과거 식민지 역사와도 연관된다. 테러범들은 대부분 과거 프랑스의 식민지였던 알제리, 모로코, 튀니지에서 이주한 가정의 2~3세대이다. 외부에서 들어온 것이 아니라 프랑스 내부에서 생겨났다. 늦어도 2012년 발생한 모하메드 메라Mohamed Merah의 유대인 학생 습격사건 때부터 식민 역사와의 관계가 조명되기 시작했다. 테러에 가담한 이주가정 2~3세대는 아랍문화인 이슬람의 가치로 교육받지 않았으며, 종교는 폭력을 위한 구실일 뿐이고 결국 프랑스 내부의 과격화 현상이 전이된 것으로 볼 수 있다. 프랑스는 대표적인 엄격한 정교분리주의^{Laizismus} 나라로 그동안 프랑스 내 어떤 국가기관도 이슬람 사회에 관심을 두지 않았으며 그 과격화 동향을 감지할 수 없었다. 이들은 여성의 얼굴을 가리는 것을 엄격히 금지한 정책을 평등적 개념으로서가 아닌 반이슬람 정책으로 받아들이면서 사회에 대한 증오를 키웠다. 그러나 가장 설득력 있는 요소는 이민가정이 느끼는 사회적 불평등과 소외감이다. 1960년대에 경제가 팽창하면서 북아프리카 지역으로부터 노동자들이 들어왔으며 이들이 모여 사는 지역은 특히 경제위기를 겪으면서 새로운 '프롤레타리아의 도시'로 슬럼화했다. 지금 프랑스의 실업률은 10%이지만 이들 북아프리카 이민가정의 젊은이들은 둘 중 하나는 직업이 없다.

독일 내 터키 출신을 비롯한 이민자 사회의 상황은 프랑스보다 훨씬 여유가 있는 편이다. 물론 2016년 7월 테러가 2건 발생한 데 이어 2016년 12월에는 베를린 차량 돌진 테러가 발생했다. 2016년 열차 내에서 흉기를 휘두르는 테러로 홍콩 여행객 등 4명이 사망했고 뮌헨 동네 쇼핑몰에서 총기를 난사한 사건도 있었다. 그런데 이 2건의 테러는 IS와는 무관한 파키스탄계와 이란계 청년으로, 모두 정신적인 치유가 필요한 사람들이었다. 자라친도 베를린 시내의 쾰른^{Kölln} 같은 터키인 거주 지역을 예로 들면서 이들 이민자 가정과 사회가 독일 사회와 통합되지 않고 있어 위험하다는 생각을 갖고 있지만, 어느 면에서나 프랑스의 상황과는 비교가 되지 않는다. 독일의 이민자 사회는 적어도 아직은 관리가 되고 있다는 의미다.

그러나 문제는 이제부터다. 이제 독일 내 이민자 사회는 급격한 변화를 예고하고 있다. 2015년 한 해에만도 100만 명의 난민들이 쏟아져 들어왔다. 물론 등록되지 않은 비공식적으로 들어온 난민들의 숫자도 상당할 것이다. 이들은 정교분리를 표방하는 터키가 아닌 시리아, 아프가니스탄, 이라크 같은 보다 근본주의적인 이슬람국가들 출신이다. 독일 사회가 이들에 대한 통합에 실패할 경우 그 파급력은 상상하기 어렵다. 아울러 향후 페기다 운동과 같은 반이민자, 반외국인 정서가 확산되고 이것이 이민자 사회나 외국인들과 충돌되는 상황이 올 경우 문제가 한층 심각해질 것이다. 독일 사회 발전의 지속가능성 여부에 관한 핵심적 사안인 동시에 이주노동자 사회의 규모가 커져가는 우리나라에도 분명 고민거리를 던져주고 있는 문제임을 인식해야 한다. 자라친의 이야기다.

프랑스가 독일보다 부유하지는 않다. 모든 사람이 더 가난하다면, 빈곤층은 더더욱 가난하다. 결국 테러리즘은 이슬람이 현대 사회에서 아직 자신의 역할을 찾지 못했다는 현 상황을 보여주는 것이다. 테러리스트의 95%가 회교도이다. 우선 이 사실을 깨달아야 한다. 그들의 관점에서 보면 이러한 일들은 다른 국가들이 이슬람을 충분히 존중하지 않고 억압하고 있기 때문에 발생하는 것이다. 그것은 사실일지도 모른다. 하지만 경제적으로 성장하고, 돈을 벌기 위해 열심히 일하고, 또 이렇게 번 돈을 쓰며 삶을 즐기는 나라의 사람들에게는 테러를 벌일 시간이 없다! 그렇기에 한국에도, 그리고 중국에도 민족 간 갈등은 있을지언정 테러가 일어나지는 않는다. 그렇기에 테러리즘은 이슬람 국가들이 현대 사회에 아직 안착하지 못했고, 현재의 이슬람이 분명 신자들에게 충분한 안식처가 되지 못하고 있음을 보여주는 것이다. 따라서 지금 파키스탄, 방글라데시, 인도의 무슬림, 태국의 무슬림 소수민족, 점차 확대되는 인도네시아 특정민족 중에서, 그리고 중동지역 전반에서 테러가 일어나고 있는 것이다. 테러리즘은 이슬람적 현상이며, 나는 이것이 사실이라고 본다. 회교도들은 "그것은 우리를 존중하지 않고 억압한 서방국가들의 잘못이다"라고 한다. 하지만 잘 생각해보면 이것은 교육의 문제다. 이 세상에서 누군가에게 주어지는 기회들을 결정하는 것은 근본적으로 인지능력, 우수한 학교성적 등 그의 학습성과다. 프랑스나 독일을 살펴보면 회교도들은 하위그룹에 속해 있다. 이들은 현대 사회에서 더 이상 통용되지 않는 남성상Männlichkeitsideal을 따르고 있다. 현대 사회에서는 변호사, 엔지니어, 공무원들이 인정받고 있으며, 근육질 남성들이 각광받는 시대는 지났다. 이 점에서 남성성 과시에 열을 올리는 것은 의미가 없으며, 이는 이슬람 사회나 미국의 흑인 사회에서 나타나는 국지적 현상일 뿐이다. 현대 사회는 더 이상 이러한 특성을 필요로 하지 않는다. 현대의 사무라이는 일본도가 아닌 첨단 기술을 가지고 싸운다. 이러한 점에서 전 세계적으로 남성적 역할 모델은 공허해졌고, 지식보다 남성적 역할 모델을 중시하는 문화권은 문제와 직면하게 되었다. 다른 한편으로 인종적 요소와 문화적 요소는 서로 떼어놓고 생각할 수 없다. 내가 선천적으로 누구인지가 나의 문화도 결정하기 때문이다. 반대로 내가 속한 문화는 내가 무엇이 될지, 또는 내가 무엇이 되려고 할지를 결정한다[2016.7.19].

인구감소의 쌍두마차 일본과 독일

2014년 10월 기민당의 싱크탱크인 콘라트 아데나워 재단 주최로 독일과 일본의 인구변화에 대한 강연회가 있었다. 사회를 맡은 클라인Andreas Klein 함부르크 사무소장이 "2060년쯤에는 일본의 인구가 지금 인구보다 삼분의 일 정도가 줄어들 것이라 한다. 독일이 일본으로부터 배울 만한 것은 어떤 실수를 하지 않아야 하는가이다"라고 하면서 주제에 대한 네거티브식 접근을 시사하며 강연회가 시작되었다. 독일보다는 오히려 일본의 노령화 현황과 이에 대한 대처가 부각된 감이 있지만 인구감소 절벽을 맞고 있는 우리로서도 참고할 수 있는 점이 많아 축약, 인용해본다. 함부르크 대학 동아시아학부 일본학과의 폭트Gabriele Vogt 교수와 연방인구문제연구소BiB의 도어브리츠Jürgen Dorbritz 소장의 발표 내용이다.[14]

나는 일본으로부터 어떤 실수를 하지 말아야 하는지 외에도 더 많은 것을 배울 수 있다고 생각한다. 일본에서는 인구감소로 인한 노령화 문제를 "전략적 사회자본" 이슈로 다루는데, 여기서 핵심적인 개념은 "활동적 노년"이다. 인구고령화라고 하면 보통 "연령의존지수$^{\text{age dependency ratio}}$"가 상승함에 따라 연금을 포함한 기본적인 사회적 부담이 늘어날 것이라고만 생각하지만 일본에서는 노령화에 대한 이미지와 과정을 변화시키고 노인들을 사회에 통합시킴으로써 보다 긍정적인 측면을 강조하려 하고 있다. 내가 가장 흥미롭게 생각하는 주제이기도 하다. 일본에서는 1900년부터 매우 급격한 인구성장이 있었다. 이는 많은 선진국들이 그랬듯이 의료기술 및 지식의 발달로 유아사망률이 감소하고 동시에 기대수명이 늘어났기 때문이다. 약 100년 후인 2005년도에 일본의 총인구가 최고치에 달했고 그 이후부터 대체로 감소하기 시작했다. 그 이유를 요약해보면 매우 저조한 출산율, 사실상 없는 거나 마찬가지인 이민자 유입, 그리고 긴 기대수명이다. 인구학자들의 입장에서는 가장 극단적인 조합인 것이다. 일본에서는 무의미할 정도로 적은 인구유동성을 제외하고 출산율과 사망률만을 놓고 본다면 2005년에 두 커브가 서로 가새지르는 것을 볼 수 있고 이는 인구의 마이너스 성장이 시작되었음을 알리는 것이다. 일본은 100세 이상 인구 보유 면에서 세계신기록을 갖고 있다. 100세 이상 인구가 약 5만 명에 달한다. 지역별 분포 또한 흥미롭다. 일본은 인구구성에서 지역별 차이가 뚜렷하다. 빨간색으로 표시된, 소위 말하는 오지는 노인들이 많이 거주하는 지역들이다. 이는 일본의 죽어가는 마을들이다. 다시 말해 폐교, 철도 폐쇄 등 사회 기반시설들을 조금씩 폐쇄하는 중이며 '역성장'이 진행 중이라 할 수 있다. 녹색 지역들은 일자리가 많은 도쿄 주변의 수도권지역과 대도시들이다.

관건은 일본이 지금과 같은 급격한 인구 고령화와 인구감소 문제에 어떻게 대처하고 있는가인데, 출산율, 인구이동, 그리고 사망률에 대응하는 개념들은 가족정책, 이민정책, 그리고 노인정책이다. 가족정책에서는 특히 2007년부터 "일과 삶의 균형$^{\text{work-life balance}}$"이 키워드로 떠올랐다. 2007년에 일본의 보건부에서 '일과 삶의 균형'의 가치를 강조하면서 2008년에는 대부분의 일본 기업들이 가입되어 있는 기업인협회에서 모든 회원기업인들에게 관련 제도를 이행하라 요구했다. 예를 들면 3세 이하인 아이가 있는 부모들에게는 야근을 요구할 수 없다거나 해외출장을 보낼 수 없다는 내용 등이 있었다.

다음은 노인정책이다. 노인정책의 세 가지 핵심분야는 연금, 건강, 그리고 간병이다. 나의 논지는 간병이 세 가지 분야의 정책들을 모두 통합시킬 잠재력을 지닌 테마라는 것이다. 간병은 당연히 노인정책의 핵심요소다. 이는 이민정책이 변경될 수 있는 분야이고 '일과 삶의 균형', 가족 내의 간병 및 양육 등에 관해서도 하나의 중심요소다. 일본은 2000년 4월에 독일의 간병보험에 근접하는 보험제도를 도입했다. 흥미로운 점은 일본의 간병보험은 가정 내에서 진행되는 간병서비스와 요양시설에서 제공되는 서비스 사이에 차이를 둔다는 사실이다. 일본 예산의 분포가 어떻게 되는지 살펴보면 대부분이 가정 내의 간병으로 투입된다는 것을 알 수 있다. 즉, 현재 요양원들이 거의 사용되지 않고 있다는 뜻이다. 이는 이민정책과 상반되는 내용이다. 왜냐하면 앞서 언급한 간병인 이민 상호협정이 개인 가정이 아닌 요양원에만 해당되는 시스템이기 때문이다. 이것은 일본 내각에서 1995년과 2003년에 진행한 설문조사 결과다. 즉, 간병보험이 도입되기 전과 도입된 후의 결과다. 이 설문조사가 보여주는 것은 부양자와 피부양자 모두 간병과 가족 내의 간병책임자와 관련해서 의견의 변화를 겪었다는 사실이다. 우선 간병보험이 도입된 후인 2003년에 보면 "단지 자식이라는 이유만으로 부모를 부양할 의무는 없다", 그리고 피부양자의 시각에서도 "자식이라는 이유만으로 부모를 부양해야 하는 것은 아니다"라는 의견이 늘어났다. 즉, 모든 세대에서 변화가 일어나면서 수십 년간 지속되어온 "부양의 의무는 가족이 갖는다"라는 이상에서 벗어나고 있다는 것이다. 여담으로 일본에서는 어른용 기저귀가 유아용 기저귀보다 많이 팔린다고 한다. "누가 당신을 부양했으면 좋겠는가"라는 질문에 대한 여성과 남성의 응답에는 큰 차이가 존재한다. 일본 남성의 3분의 2는 아내가 자신을 부양해주기를 원하지만 여성 응답자들 중에는 남편의 부양을 원하는 경우가 거의 없었다. 그 대신에 딸, 또는 홈헬퍼(전문 간호인)의 돌봄을 원한다. 즉, 일본에서는 부양이 꼭 가족 내에서 이루어지지 않아도 되며 전문가에게 맡겨도 된다는 의견이 지배적이라는 사실을 보여준다. 하지만 현재 일본에는 전문 간병인이 많이 부족한 상황이다. 그래서 우선 간병사들의 근무환경이 많이 개선되어야 한다. 이어서 간병인이라는 직업이 로봇화되어야 한다. 그리고 해외로부터 간병인력의 수입이 필요할 것이다. 인도네시아, 필리핀, 그리고 베트남과 간호인력 이민협정을 맺은 지 8년이 되었다. 국가당 매년 최대 2000명이라는 제한이 존재하지만 미달되었다. 무엇보다도 해외 간호인력이 필요하다고 신청하는 일본의 요양원이 점점 줄고 있는 탓이다. 또 다른 문제는 노인자살이다. 매년 일본에는 약 3만 명이 자살을 하는데 그중 4분의 1 이상이 노인이다. 즉, 나이가 들면서 찾아오는 외로움 또한 큰 문제라는 뜻이다. 일본의 1인 가구 중 대부분은 독거노인들이다. 청년 및 학생들이 아닌 노인들이다.

여기서 핵심은 이런 다차원적인 문제를 해결하기 위해 일본 정치는 어떤 노력을 하고 있는가이다. "실버인적자원센터silver human resource center"가 좋은 예다. 현재 일본 기초 행정구역의 3분의 2 이상에 해당되는 1600개의 행정구역에 이와 같은 센터가 존재하고 회원은 총 76만 명에 달한다. 업무종류를 살펴보면, 노인회원들이 이 센터를 통해 대부분 사기업 또는 개인 의뢰인에게 보내진다. 가장 고전적인 예는 정원청소, 지역놀이터 환경미화, 우편배달, 슈퍼마켓 앞 자전거 관리, 노인들을 위한 컴퓨터수업, 가사 도우미 등이 있다. 다음은 시민사회다. 수치에 따르면 일본 시민사회에서 활동 중인 사람들 중 절반을 훨씬 넘는 인원이 50세 이상이다. 젊은이들이 아닌 은퇴연령의 사람들이 가장 활동적이라는 뜻이다. 일본 시민사회의 특징은 일명 "이중구조dual structure"다. 이는 자신의 소속지역에서 어떤 문제를 해결하는 데는 적극적인 반면에, 전국적인 네트워크를 형성하거나 실제로 공공의 정치적 논의 및 협상에 목소리를 내는 데는 소극적인 현실을 지칭한다. 최근에 유명해진 캠페인 중 일명 "Zero waste"라 해서 인구 2000여 명의 작은 마을 가미카쓰^{上勝}에서 진행되고 있는 캠페인이 있다. 가미카쓰 마을은 일본 남쪽의 작은 섬 시코쿠에 위치하고 있으며 앞서 노인 인구 분포지도에서 빨간색으로 표시되어 있던 지역 중 하나다. 이 마을 주민들 중 대부분이 노인이다. 이 마을은 더 이상 쓰레기를 배출하지 않겠다는 야심찬 계획을 세웠다. 예를 들면 실제로 그곳에서는 폐기된 천을 재활용하여 장난감 곰인형을 만들고 있다. 완전히 새로운 소비문화, 생산문화가 등장했고 마침내 관광도 늘어났다. 이 시스템이 어떻게 작동하는 것인지 보기 위해 많은 일본인들이 가미카쓰 마을을 방문하기 때문이다. 이곳은 '죽어가는 마을' 중 하나였지만 주체적인 이니셔티브를 통해서 새로운 '경제새싹'이 돋아나게 된 것이다. 두 번째 예시는 "아리가또"라는 시간통장^{Zeitsparbuch} 캠페인이다. 시간통장에 도장을 모으는 것이다. 즉, 누구든 참여할 수 있고 누구든 자발적으로 서비스를 제공할 수 있다. 예를 들면 이웃집 학생에게 영어과외를 해준다거나 옆집 할머니를 위해 장을 봐주는 등의 서비스 말이다. 자신이 일한 시간은 통장에 기록된다. 여기서 핵심은 내가 일을 해서 통장에 쌓인 시간을 언제든지 필요로 하는 다른 서비스로 맞교환할 수 있다는 것이다. 예를 들면 펑크 난 자전거 바퀴를 갈아줄 사람이 필요할 경우에도 사용할 수 있다. 또한 재미있는 점은 내가 일해서 통장에 쌓인 시간을 다른 사람에게 선물할 수도 있다는 것이다. 이 캠페인은 현재 비교적 흔히 실행되고 있다. 아직은 작은 네트워크이지만 일본 내에서 상당히 빠르게 퍼지고 있다. 이 캠페인이 시작된 이유는 도쿄에서 근무하는 많은 청년들이 시골에 사는 노부모를 직접 모시는 데 큰 어려움을 겪었기 때문이다. 이 캠페인 덕분에 그들이 시간통장을 채우면 멀리 떨어져 살고 있는 그들의 부모가 이를 사용하여 누군가의 서비스를 받을 수 있게 되었다. 장을 대신 봐준다든지 일주일에 한 번씩 누군가가 들러서 책을 읽어준다든지 하는 식으로 말이다. 이런 이니셔티브들, 이런 캠페인들을 보면 일본 사회가 혁신적인 시도들을 통해 새로운 활력을 얻고 있다는 사실을 알 수 있다. 새로운 네트워크들은 외로움과 노인자살률을 줄어들게 할 것이다. 연구결과들은 활동적인 사람들이, 예를 들면 질병을 앓게 될 확률도 훨씬 적다는 사실을 뒷받침한다. 또한 사회적 복지상태가 가장 열악한 곳에 서비스활동들을 공급해주는 공공자원이 되어주기도 한다. 이런 사회자본으로 볼 수 있는 노력들이 자발적인 차원에서 계속 이어진다면 건강한 노후가 가능하기 때문에 특히 간병과 건강시스템과 관련된 비용들이 눈에 띄게 절감될 것이다. 나의 결론은 일본 사회는 급격히 고령화되고 있을 뿐 아니라 무엇보다도 '건강하게' 고령화되고 있다는 것이다.

결론적으로 독일과 일본의 인구현황은 매우 유사하다. 단지 일본의 상황이 독일의 상황보다 모든 면에서 조금 더 심각할 뿐이다. 우리는 비슷한 출산율을 갖고 있다. 하지만 결혼과 출산 사이의 상관관계에서는 큰 차이를 보인다. 일본에는 미혼의 여성들이 아이를 낳는 경우가 극히 드물다. 이것이 일본의 출산문제이다. 일본은 결혼시장 문제도 겪고 있다. 여성들이 남편의 수입이 자신의 수입의 두 배는 되어야 한다고 생각한다는 것이다. 그러니 일본 여성들이 자신의 기준에 맞는 남성을 찾기가 어렵다고 한다. 또한 결혼을 안 하면 전통적으로 아이도 낳지 않는다. 이 모든 요소들이 합쳐져서 극심한 문제를 낳는다. 이는 사실 요즘 흔히 볼 수 있는 전통주의와 현대화의 상호작용이다. 두 가치가 서로 맞닥뜨리면 늘 이와 같은 인구문제가 따른다. 일본의 사망률이 독일의 사망률보다 낮다. 그러니 인구고령화문제도 더 심한 것이다. 인구구성이라는 측면에서도 40년대 출생인 일본의 베이비붐 세대가 은퇴 나이에 진입하면서 일본이 더 큰 문제를 직면하고 있다. 내가 긍정적으로 생각하는 부분은 예시로 보여준 고령화에 맞춰가는 캠페인들이고 이것이 바로 독일이 일본으로부터 배울 만한 부분이다.

제15장

유럽통합과 독일

로마 조약 60주년을 맞다

　1945년 종전 이래 70년 이상 유럽은 평화와 번영을 지속하고 있다. 무역을 하고 경제를 작동시키는 동안 사람들은 서로 맞서 싸우는 전쟁을 일으키지 않는다. 이에 더하여 정치적, 경제적으로 통합된 세계는 더욱 평화로운 세계다. 바로 쉬망 플랜과 로마 조약으로 시작된 유럽연합이다. 지난 2017년 3월 로마에서는 EU 특별정상회담이 열렸다. 이 특별정상회담은 60년 전 로마 조약으로 불리는 "유럽경제공동체 설립조약"이 서명되어 현 유럽연합EU의 전신인 유럽경제공동체EEC가 설립된 것을 축하하는 자리였다. 1950년 프랑스의 외교장관인 쉬망Robert Schuman 이 제창한 쉬망 플랜 이후 1951년 독일, 영국, 프랑스, 베네룩스 3국 간의 파리 조약으로 유럽석탄철강공동체ECSC가 출범했다. 유럽석탄철강공동체는 '초국가적su-pranational' 성격을 가진 최초의 국제기구로서 6개 가맹국 간에 석탄과 철강의 공동시장을 창출했다. 유럽석탄철강공동체의 당초 의도는 독일과 프랑스 간 전쟁을 방지하는 것으로서, 전쟁 물자인 석탄과 철강의 공동관리로 전쟁을 일으키는 것을 물리적으로 불가능하게 한다는 구상이었다. 그리고 70년 이상 전쟁 없는 유럽을 만들어낸 것은 당초 이 구상이 성공했음을 보여준다. 유럽석탄철강공동체는 이후 1957년 로마 조약 체결로 유럽경제공동체로 발전한다. 이는 종래 유럽석탄철강공동체에서의 석탄과 철강을 넘어 공동시장의 범위를 일반 상품, 노동, 서비스로 확대하는 것으로, 이로써 전반적인 자유무역과 경제협력을 위한 단일시장이 출범했다.

그러다가 1992년 마스트리히트 조약으로 불리는 「유럽연합에 관한 조약^{TEU}」으로 경제를 넘어 정치분야(공동외교안보 및 내무사법정책)를 포괄하고, "유럽 시민"을 도입한 유럽연합이 탄생했고, 1999년에는 유럽통화연맹^{EMU}이 출범했다. 이후 유럽연합은 2007년 12월에 체결되고 2009년 12월에 발효한 리스본 조약으로 이사회의 45개 정책 분야에 가중다수결제를 도입하는 등 효율성을 강화하는 방향으로 기존의 로마 조약과 마스트리히트 조약을 개정하여 오늘에 이르게 되었다. EEC에 관한 로마 조약은 「유럽연합 기능에 관한 조약^{TFEU}」으로 개정되었고, 마스트리히트 조약은 암스테르담 조약을 거쳐 개정된 「유럽연합에 관한 조약」이 되었다. 이 두 개 조약이 오늘날 EU의 핵심적인 법적 기반이다. 그동안 유럽연합은 원회원국 6개국에서 2013년 크로아티아 가입을 끝으로 28개국으로 확대되었다. 다음은 헬무트 슈미트 총리의 회고이다.

6개의 국가로 시작되었던 EU가 지금처럼 28개 국가가 되고 이 중 반 이상의 국가가 통화연맹을 하고 있는데 이렇게 큰 규모의 EU는 더 이상 제대로 움직일 수 없다. 이렇게까지 오게 한 것은 큰 실수였다. 이에 대해서는 확실히 사민당과 기민당 모두가 책임이 있다. 1947년인가 1948년인가 내가 EU에 대해 글을 쓴 적이 있다. 그때는 쉬망 플랜이 미처 나오기 전이지만 그때까지만 해도 EU의 미래에 대해서 굉장히 긍정적이었다. 하지만 지금 시점에서 이야기하자면 EU의 전망은 매우 나쁘다고 할 수 있다. 내 관점은 비관적이라기보다는 현실적인 것이다. 6개의 국가로 시작된 것이 28개의 국가까지 확대되면서 통제가 불가능해져서 생긴 문제이다[2014.9.15].

순조로운 듯했던 유럽연합은 2014년 그리스 사태에서 보듯이 통화연맹 부문에서부터 파열음이 나기 시작했고 2015년 난민위기를 겪으면서 응집력은 더욱 약해졌다. 급기야 2016년 6월 영국이 탈퇴하면서 창립 이후 최대의 위기를 맞고 있다. 이런 가운데 2017년 3월 초 융커 집행위원장이 『EU 미래에 관한 백서』를 발표하여 향후 EU의 진로에 관한 5개 시나리오를 제시했고, 이어 베르사유 궁에 모인 EU 주요 4개국 비공식 정상회담에 참가한 메르켈 총리, 올랑드 대통령, 젠틸로니 Paolo Gentiloni 총리, 라호이 Mariano Rajoy 총리는 각 회원국들이 통합의 속도를 스스로 선택하는 "다층적 속도의 유럽 multi-speed Europe"이라는 기조하에 각 분야에서 차별화된 통합을 추진해 나가겠다는 입장을 밝혔다. 향후 EU의 실질적 결속 강화를 위해 획일적인 협력보다는 유로존 가입국가들을 중심으로 안보, 경제, 유로존 등 제반 분야에서 차별화된 협력을 통해 통합 발전을 가속화하겠다는 것이다. 이것은 지금까지 유지되어온 EU 내 균형적인 통합기조를 공식적으로 포기하는 획기적인 조치다. 아울러 향후 EU가 이러한 다층적인 트랙으로 통합을 가속화할 수 있을 것인지 아니면 동유럽이나 남유럽 EU 국가들의 반발로 정체나 후퇴를 가져올지의 시험대에 올라서게 되었다. 그럼에도 불구하고 EU 주요 4개국의 입장 표명은 브렉시트 충격에 대항하여 더 이상 EU 공동체의 대오를 흐트러뜨리지 않겠다는 고육지책이며, 28개 회원국이 똑같은 보조를 취하기 어렵다는 현실을 받아들인 결연한 의지의 표명이다. 이것은 불과 8년 전까지도 컨센서스 방식에 의한 의사결정 구조를 갖고 있었던 EU로서는 혁신적인 일대 방향 전환이 아닐 수 없다.

다행인 것은 2017년 5월 프랑스 대선에서 마크롱이 당선된 일이다. 유럽 문제를 두고 마크롱과 르펜은 정반대의 입장을 가졌다. 마크롱은 독일 정치인들이 놀랐을 정도로 유럽 통합에의 비전과 구체적 계획을 제시한 강력한 유럽통합주의자이고, 르펜은 당선되면 2018년에 프렉시트를 묻는 국민투표를 실시하겠다고 공약한 반유럽 정치인이다. 오스트리아, 네덜란드에 이어 프랑스에서도 유럽 통합에 반대하는 포퓰리즘적 우파 정당의 득세가 좌절됨으로써 최대 위기를 맞는 듯했던 유럽연합은 일단 그 고비를 넘겼다. 마크롱의 혜성과 같은 등장으로 자신감을 회복한 것이다. 하지만 일련의 선거에서 나타난 유럽인들의 반유럽적 여론이 만만찮은 만큼, 위기를 완전히 극복했다고 보기는 어렵다. 일단 시간을 벌었을 뿐이다. 보다 심화된 통합으로 효율적인 모습과 가시적인 성과를 보여주지 않는다면 유럽연합의 지속가능성은 더 이상 장담할 수 없다. 브렉시트 직후인 2016년 7월에 함부르크 대학의 유럽통합연구소장인 하트예 교수를 만나 EU의 향배에 관해 논의한 적이 있다. 당시 그의 말이다.

지금까지의 "정부 간 모델intergovernmental model"은 실패했으며, 이제 28개국으로 이루어진 EU는 존재하지 않는다. 향후 19개국의 유로존을 중심으로 추가적인 심화과정을 통해 사실상의 'EU연방'으로 가게 될 것이다. 어떤 정치가도 이를 공론화시키려 하지 않겠지만, 결국 제도적 전환을 포함한 EU 개혁으로 통합심화 과정을 밟게 될 것이다. 이 과정에서 모든 EU 회원국들은 'EU합중국'의 일원이 될지, 아니면 영국처럼 변방에 머물러 있을지를 결정해야 한다. 이것은 유럽이 EU와 비EU로 명확히 구분된다는 것을 의미한다. 브렉시트로 EU의 해체가 가속화될 것이라는 전망도 있으나, 실상은 그 반대가 될 가능성이 많다. 일각의 EU 회의론에도 불구하고 그 어떤 나라도 탈퇴하지 않을 것이다. 영국의 탈퇴비용이 가시화되기 시작하면 EU 내 이탈 움직임은 사그라들 것이다. 탈퇴는 비용을 수반하기 마련이다[2016.7.13].

이렇듯 2016년 7월 당시 하트예 교수는 2017년 3월 EU 4개국 정상들이 표명한 "다층적 속도의 유럽"을 정확히 예언했다. 사실 EU의 통합을 가속화하기 위한 "투트랙 유럽2-track Europe" 같은 구상은 이미 독불 간에 많은 공감대가 있었다. 2015년에 EU 개혁을 위한 메르켈과 올랑드 간의 공동제안이 나왔고 2017년 독일과 프랑스 대선 이후 이를 본격화하자는 데 의견이 모아져 있었다. 당시 독불 양측의 가브리엘 경제장관과 마크롱 경제장관은 개혁을 서둘러야 한다고까지 주장했다. 그런 가운데 브렉시트가 그 발표 시기를 앞당겼을 뿐이다. 예를 들어, 그리스 사태 이후 각 회원국의 재정주권 포기를 의미하는 유럽 재무장관직을 신설해야 한다는 주장은 꾸준히 제기되어왔다. 재정정책과 통화정책이 분리된 체제가 더 이상 효율적이지 않다는 생각에 따른 것이다. 유럽중앙은행에게 독립적인 통화정책 권한을 부여한 것은 어떻게 보면 공공부문을 국가로부터 독립된 전문가들에게 맡겨야 한다는 신자유주의적 논리가 적용된 듯이 보인다.[1] 결과론적인 관찰이기는 하지만 유럽중앙은행은 선출된 정부가 아니기 때문이다. 선출된 정부가 아님에도 선출된 정부의 의지와는 상관없이 독자적인 통화정책 권한을 행사하는 것이다. 바로 이것이 문제가 있다는 시각이며 특히 드라기 유럽중앙은행장의 양적완화정책에 반대하는 독일에서 이런 문제를 강력히 제기하고 있다. 그래서 단일 유럽 재무장관을 신설하여 통화정책을 재정정책과 일치시키고, 독일이나 프랑스 같은 큰 나라의 정치적 영향력 아래 두려는 것이다.

피케티Thomas Piketty는 유로존의 각국 의회에서 선출되는 유럽 예산의회를 신설하자고 주장한다. 유로존 국가들의 공공부채를 한데 모으고 자본에 대한 누진세를 물리자고도 한다. 기업의 이윤에 대한 법인세 부과에서는 이윤 조작이 쉽지 않도록 각 자회사의 이윤에 개별적으로 세금을 물리는 대신 전 유럽 수준에서 한꺼번에 이윤을 신고하고 이에 따라 과세하자는 것이다. 그렇게 되면 1990년대부터 펼쳐진 유럽 국가들 간의 법인세 인하 경쟁 같은 것도 필요 없어진다고 설명한다. 그리고 이를 담보할 정치연합의 강화를 주문하고 있다.[2]

생각건대, EU의 통합 속도를 가름하는 EU 내 의사결정 과정은 "더 많은 유럽more Europe"을 지향하는 초국가적 모델과 "더 적은 유럽less Europe"을 지향하는 정부 간 모델이 혼재되어 있는데, 앞으로는 EU의 정체성 제고와 함께 초국가적 모델을 중심으로 "더 많은 유럽"을 추구해나갈 것으로 보인다. EU 핵심 4개국의 이 의지는 2017년 5월 프랑스 대선에서 EU 통합을 지지하는 마크롱이 프렉시트 추진을 공약으로 제시한 국민전선FN의 르펜을 물리치고 대통령에 당선됨에 따라 2017년 9월 독일 총선 후 독일과 프랑스 간의 적극적인 공조하에 구체화되어나갈 것으로 보인다. 마크롱은 이미 EU의 통합 경제재무장관직의 신설을 주장하여 독일 정치인들을 놀라게 했다. 그동안 당위론적 차원에서 꾸준히 거론되기는 했으나 실제 정부 수반의 입에서 구체적으로 언급되기는 마크롱이 처음이기 때문이다. 그리고 마크롱은 대통령으로서 첫 집무일에 베를린으로 와서 메르켈과 머리를 맞대고 유럽의 진로를 함께 모색했다.[3]『독일이 사라진다』의 저자 자라친은 독일 연방은행 출신으로 베를린 재무장관을 역임한 재정문제 전문가다. 그는 지금의 유로화 체제가 왜 지속가능성이 없는지에 대해 조금 쉽게 설명하고 있다.

국가재정과 통화는 서로 떼어놓고 생각할 수 없다. 국가는 부채가 있더라도 언제나 자국 화폐를 충분히 찍어낼 수 있는 '화폐특권Währungsprivileg'이 있어 절대 파산하지 않는다. 하지만 여러 국가들이 하나의 통화동맹에 속하게 된다면 이 화폐특권에 관한 국가 기능은 국가보다 상위의 차원으로 올라가며, 각 참여국은 확실치 않은 상황에서는 더 이상 발권은행으로부터 자금을 조달받을 수 없다. 실질적으로 국가 재정은 개인 기업의 것과 같은 상황이 되어버려서, 유동성이 충분하지 않을 경우 파산할 수도 있다. 따라서 통화동맹은 근본적으로 큰 리스크를 안고 있다.

지금 독일이 항상 피하고자 했던 일들이 벌어지고 있다. 각국 재정에 유동성 문제가 발생했고, 이제 대부분의 국가에서 유럽 차원의 지원을 요청하고 있다. 하지만 이들 국가를 유럽 차원에서 지원한다는 것은 곧 가장 지불능력이 충분하고 가장 안정적인 국가들이, 즉 독일과 네덜란드가 결국 전체 시스템을 책임져야 한다는 것을 뜻한다. 그리고 이것은 장기적으로 볼 때 엄청난 리스크를 안고 있다. 이탈리아와 프랑스가 통화동맹 설립 전 자국의 발권은행과 같이 유럽중앙은행 금고에 접근하기를 바라고, "이제 유럽중앙은행이 우리를 도와야 한다"는 식으로 이야기한다면 이는 성립할 수 없는 오해이다. 통화동맹 내에서 상대적으로 약한 국가들은 끊임없이 암묵적으로 독일과 다른 국가들이 재정을 책임지게 하려 하고 있다. 하지만 타인의 돈을 끌어다 지불할 수 있다는 것은 언제나 비정상적인 일이다. 그렇기에 이 통화동맹은 모든 것을 비정상적인 방향으로 이끌고 있으며, 위험을 키우고 있다. 유럽안정화기금^{ESM}의 7천억 유로나 은행동맹을 보면 분명 그렇다. 과도한 양적완화정책 또한 경제적으로 취약한 국가들을 돕기 위한 것임이 분명하며 이것은 여러 문제 중 하나이다.

환율메커니즘은 한 국가경제의 경쟁력을 유지하도록 돕는다. 예를 들어 EU가 아닌 터키 경제는 15년간 호황을 누렸다. 하지만 이 15년간 끊임없이 5~7% 수준의 인플레이션에 시달렸고, 터키 리라는 지속적으로 약세를 보였다. 리라의 약세는 바람직한 현상이었다. 그 덕에 터키 경제는 공산품 등에서 경쟁력을 갖게 되었고, 동시에 국내의 분배문제도 인플레이션을 확대시킴으로써 쉽게 해결할 수 있었다. 임금을 더 높이는 식으로 말이다. 그것이 터키 경제가 밟았던 길이다. 정확히 그 시기에 그리스 경제는 침체에 빠졌다. 90년대 말 EU에 들어온 그리스는 더 이상 터키처럼 지속적으로 통화를 평가절하할 수 없는 상황이 되었다. 그 이후부터 그리스는 이탈리아와 같은 상황에 놓여 있다. 이탈리아는 여전히 2008년 당시의 국민생산고를 회복하지 못하고 있다. 통화가치가 과도하게 올라갔으며, 통화조절 없이는 완화시킬 수 없는 상황이다. 따라서 통화동맹이 가맹국들 간의 긴장을 고조시키고, 통화동맹 내에서 경제력이 상대적으로 약한 국가들은 높은 실업률 발생 등으로 침체에 빠졌다는 것이 나의 견해다[2016.7.19].

브렉시트는 명예로운 고립이 될 것인가?

영국은 2016년 6월 EU 탈퇴를 묻는 국민투표에서 탈퇴를 결정했다. 사실 독일이라면 이런 일은 일어나지 않았을 것이다. 무엇보다 기본법에서 연방 차원의 국민투표제는 인정하지 않고 있기 때문이다. 나치하에서 오남용된 국민투표제에 대한 반성이다. 영국은 EU의 회원국이지만 유로EURO 회원국은 아니다. EU의 핵심은 경제, 화폐통합인데 유로존이 아니다 보니 통화연맹 과정에서 소외되었고, EU 내에서 독일이나 프랑스에 비해서 핵심적인 역할을 못하고 겉돌게 되었다. 로스토의 경제발전 5단계론에서 볼 때 독일은 '이륙단계'가 1850년 이후에야 시작되어 영국에 비해 70~80년 뒤떨어져 있었던 나라다.[4] 두 번의 세계대전에서도 영국에게 패했다. 그런데 이제 독일에게 한참 밀리고 있다. 그러니 과거 대영제국의 종주국이었던 영국의 자존심이 상할 수밖에 없지 않은가. 이런 상황에서 캐머런 총리가 정치 모험을 했다. 국민투표라는 배수진을 치고 정치적 입지를 강화하기 위한 모험을 한 것인데, 모험은 결국 모험으로 끝났다. 2016년 2월 EU 정상회담에서 EU와 협상하여 영국의 '특별지위' 확보에 성공함으로써 영국에게 유리한 옵션을 부여받았고 영국에 취업하고 있는 동유럽 EU국가 노동자들의 본국에 남아 있는 자녀들에게 영국 수준의 수당 대신 동유럽 국가의 경제수준에 따른 축소된 수당을 지급하도록 했지만, 끝내 국내에서의 좌절을 막는 데는 실패했다. 이것은 마치 독일에서 슈미트 총리나 슈뢰더 총리가 정치적 입지를 강화하기 위해 '건설적 신임투표제'를 시도했던 것과 유사한 동기에서 비롯된 것으로 보인다. '건설적 신임투표'는 야당에서 주도하는 '건설적 불신임투표'와는 달리 총리 자신이 주도한다. 두 총리가 시도한 신임투표는 정치 도의상 온당치 않은 것으로 평가받고 있다. 자신들이 유리하다고 판단하는 시점에서 건설적 신임안을 부결토록 유도하여 의회를 해산하고 다시 재선출됨으로써 사실상 집권연장의 효과를 노리는 것이기 때문이다.[5]

나는 2016년 1월 부체리우스 로스쿨에서 가진 독일과 한국의 경제모델 강연에서 영국의 브렉시트 시도를 기본적으로 앵글로색슨형 자유주의적 시장경제[LME]와 게르만형 조정적 시장경제[CME]의 충돌로부터 비롯된 것이라 설명했다. 2015년 11월 캐머런 총리는 채텀하우스 연설에서 EU가 유로존과 비유로존의 통합체제라는 인식하에 영국 등 비유로존의 이익이 침해되어서는 안 된다는 "보장의 원칙binding principle"을 주장했는데, 이는 EU 내 경제 거버넌스가 두 가지 유형이 있다는 것을 전제한 것이다. 그러면서 로마 조약 이래 추진되어오고 있는 "통합심화Ever Closer Union"로부터 영국을 제외해줄 것을 요청했다. 이러한 관점에서 볼 때 영국의 입장은 앵글로색슨형의 LME가 더 이상 EU의 통합 진전에 따른 게르만형의 CME로 전이되어서는 안 된다는 것에 다름 아니다. 독일 기본법에서 찾아볼 수 없는 "사회적 시장경제"란 말이 EU의 헌법이라는 「유럽연합에 관한 조약」 제3조에 명문화되어 있다는 것은 제9장에서 언급했다. 하트예 교수는 "EU는 프랑스의 사르코지Nicolas Sarkozy 대통령 시절 자유시장경제에 치우친 정책으로 잠시 방향을 틀었으나 영국을 제외한 많은 EU 회원국들의 거센 반대가 있었고 앞으로 EU의 경제정책이 다시 사회적 시장경제 방향으로 진행되리라 확신한다"라고 언급했다.[6]

2017년 3월 말 버로우^{Sir Tim Barrow} 주 EU 영국대사가 투스크^{Donald Tusk} EU 상임 위원장에게 메이 총리가 서명한 영국의 EU 탈퇴 공식 서한을 전달했다. 이로써 브렉시트 투표가 이루어진 지 9개월 만에 영국의 EU 탈퇴가 공식화되었고 영국과 EU는 탈퇴 협상을 개시했다. 메이 총리는 탈퇴 서한에서 EU의 성공과 번영을 기원하고 영국이 EU를 떠나는 것은 아니라는 점, 즉 영국의 탈퇴 결정이 유럽인들과 공유하고 있는 가치를 부정하는 것이 아니며, 다만 영국의 자결권을 회복하려는 것이라는 점을 강조했다. 아울러 유럽과 가까운 파트너이자 동맹으로서 지속적으로 가까운 관계를 유지하기를 희망하면서 향후 탈퇴 협상 및 EU와의 미래 동반자관계 설정을 위한 협상을 동시에 진행할 것을 제안했다. 메이 총리는 같은 날 하원 연설에서도 영국의 EU 탈퇴는 역사적인 전환점으로, 돌이킬 수 없고 영국민을 위해 탈퇴협상에 최선을 다하겠다며 영국의 단합을 호소했다. 코빈^{Jeremy Corbyn} 노동당수도 영국의 EU 탈퇴로 변화를 겪을 수밖에 없다는 점을 인정하고 메이 총리의 호소대로 단합할 것을 주문했다.

브렉시트의 중심에 섰던 보리스 존슨^{Boris Johnson} 외교장관은 "영국은 브렉시트로 수동적인 탈퇴에 머무르지 않을 것이며 글로벌 무대 재진입을 통해 향후 주요 국제문제에서 스스로의 목소리를 가진 능동적 캠페이너^{campaigner}가 될 것"이라고 강조했다. 아울러 "런던이 선진적인 금융서비스 경험과 인프라 구축, 영어사용 등 자체적인 경쟁력으로 금융중심지로 번성한 것이지, 단지 유럽연합에 들어가 있기 때문만은 아니다"라고 자신감을 보였다. 하지만 브렉시트에 따라 영국이 치러야 할 비용은 만만찮아 보인다. 브렉시트는 단순히 잔류, 탈퇴 여부에 관한 결정이라기보다는 이민과 인종에 대한 영국인의 입장을 결정하는 시험대이고, 동시에 영국이 유럽 내에서 고립된 섬나라로 전락하고 말 것이냐의 문제이다. 이제 영국은 과거와 같이 "명예로운 고립"을 선택했다. 유럽에 관한 영국인들의 생각을 2016년 10월 함부르크 항구축제에서 영국인 사학자이자 독일 현대사 전문가인 이언 커쇼로부터 들을 수 있었다.

영국은 지리적으로 유럽의 주변부에 위치해 있고 역사적으로도 대륙과는 다른 길을 걸었다. 이미 오래전부터 대륙보다는 해외에 큰 관심을 갖고 있었고 기껏해야 대륙에서 지배적 세력의 출현을 저지하기 위해 참견을 했을 뿐이다. 1973년 영국이 유럽경제공동체에 가입한 이유는 무역 차원에서 이익이 기대되었기 때문이다. 순수한 경제적 동기에 기인한 것이었다. 결론적으로 영국은 유럽과 이념이 다르다. 스페인으로 여름휴가를 떠나는 영국인들을 생각해보자. 그들은 유럽에 대한 "감정이 없다^{Kein Gefühl für Europa}!" 그들은 자신들의 이웃 프랑스보다 호주를 더 가깝게 생각한다. 하지만 이것이 브렉시트로 이어져서는 안 되었다. 캐머런은 위험한 곡예를 시도했고 존슨은 그저 국민들을 속였다. 영국이 유럽연합을 탈퇴한 주된 이유는 유럽연합 국가들에서 유입되는 많은 이민자 때문이었다. 이것은 반격하기 힘든 감정적인 주제였다. 미디어에서 이민자들에 대한 긍정적인 근거는 거의 들을 수 없었다. 최근 연간 이민자 수는 35만 명이었고 그중 절반은 유럽연합에서 온 이민자였다. 이것은 실제로 영국에게 너무 많은 숫자다. 학교 부족, 의료시설 과부하, 주택 부족은 사람들의 우려를 불러왔다[2016.10.26].

영국의 브렉시트와 미국의 트럼프 대통령은 2차 대전 이후 지속되어왔던 자유주의적 국제질서를 뒤흔들고 있다. 아이러니하게도 이러한 국제질서 형성에 가장 큰 기여를 했던 영국과 미국이 스스로 그 질서를 깨뜨리고 있는 것이다. 말할 것도 없이 자유주의적 시장경제의 선구자는 영국과 미국이다. 존 로크^{John Locke}의 자유주의적 사상, 그리고 명예혁명과 권리장전으로 실현된 영국의 자유주의가 미국으로 건너가 꽃피웠던 것인데, 이제 이 두 나라가 스스로 이를 허물고 국수주의를 부추기고 있다. 급기야는 "후퇴하는 미국, 전진하는 유럽"이라는 말이 나오고 있다.

영국의 EU 탈퇴협상은 9월 독일 총선 이후에나 본격적으로 이루어질 전망이다. 영국과의 탈퇴협상 기한은 2년 내로 목표하고 있으나 대다수의 전문가들은 이것을 현실적으로 불가능한 것으로 보고 있다. 독일에서는 EU 내의 추가적 탈퇴를 방지하기 위해서라도 브렉시트 협상을 강경하게 끌고 나가야 하며 영국의 입맛에 맞게 취사선택하는 소위 "체리 피킹cherry picking"을 하지 못하도록 한다는 데 의견이 모아지고 있다. 독일 연방하원의 조사에 따르면 브렉시트로 인한 영국의 손실 규모는 GDP의 9.5%까지 이를 수 있으며 특히 모든 무역관세 등을 포함하는 "하드 브렉시트Hard Brexit"의 경우 심각한 타격을 입을 것으로 보고 있다. 메르켈 총리는 44년간 회원국으로 있어왔던 영국을 탈퇴시키는 과정은 다양한 권리와 의무들이 밀접하게 얽혀 있어 우선은 이러한 관계를 질서 있게 풀어나가면서 탈퇴 협상을 마무리한 연후 새로운 관계 설정에 관한 협의가 가능할 것이라는 입장을 밝혔다. '선 탈퇴 후 미래관계 설정' 순으로 협상을 진행시켜 나간다는 입장이다.

일본이나 한국도 영국에 진출하고 있는 기업들이 대부분 영국뿐만 아니라 EU를 대상으로 교역 및 영업 활동을 하고 있어 신규 무역협정 체결 문제 또는 WTO 양허표 존속 문제 등 무역 면에서 딜레마가 예상되고 있다. 기존에 FTA 관계를 맺고 있는 한국과도 새로운 양자협정을 체결해야 한다. 특히 금융업 같은 경우 "싱글 패스포트Single Passport제"의 지속 여부에 관심이 모아지고 있다. 싱글 패스포트 제가 소멸될 경우 EU 역내국가에서 금융면허를 받아야 하기에 불가피하게 주요 금융거점의 이전을 검토해야 할 입장이기 때문이다. 유럽도매금융시장의 시장 점유율 측면에서 현재 90%의 비중을 가진 런던의 브렉시트 이후의 비중은 약 60% 정도로 추산되고 있으며, 런던에 소재한 국제금융기관들이 이전할 경우 유럽중앙은행ECB이 소재한 프랑크푸르트와 유럽증권감독청ESMA이 소재한 파리가 주요 수혜 도시가 될 것으로 보인다. 2016년 12월 스위스 UBS 은행이 유럽 본부를 프랑크푸르트에 설립하기로 하자 언론들은 "승자는 프랑크푸르트다"라며 대서특필했다. UBS 은행의 사례는 이전을 검토 중인 다른 은행들에게도 연쇄적으로 파급효과를 미칠 것으로 보인다.[7]

독일 중심의 EU, 지속가능한가?

EU 내 독일의 독주에 대한 경계심이 커지고 있다. 독일 기업들의 우세한 경쟁력에 유로존의 환율 혜택까지 더해지면서 막대한 무역흑자가 발생했고 이것이 다시 EU 내 취약국가들의 목을 조르게 되어 그리스 사태 같은 현상이 발생한 만큼 이에 대해서는 독일이 좀 더 책임감을 가져야 한다는 입장이 대두되고 있다. 지금 독일은 사면초가에 처해 있다. 마크롱 같은 유럽 지도자나 트럼프 대통령으로부터 무역흑자나 방위비 분담에 보다 책임감 있는 모습을 보여야 한다는 비판에 직면하고 있기 때문이다. 물론 독일 측에서도 할 말은 있다. 예를 들면 유럽중앙은행이 헬리콥터머니까지 뿌려가면서 인위적인 경기부양책을 실시했고 그런 과정에서 몇천 억 유로의 손실이 독일에 떠넘겨졌다고 주장한다. 쿤드나니Hans Kundnani는 『독일의 역습The Paradox of German Power』에서 오늘날 EU의 형태가 독일의 음모에 의한 결과라는 결론을 내렸다. 독일이 EU의 통제하에 있다기보다는 독일이 다른 EU 회원국을 통제하는 정반대의 현상이 나타나고 있는데, 독일을 견제하려고 만든 EU가 오히려 독일이 통제하는 EU가 되었고 독일은 안보 무임승차와 저평가된 유로화 덕분에 경제위기 속에서도 홀로 수출호황을 누리고 있다는 것이다. 독일이 나치의 역사적 경험을 통해 변했다고 하지만 실은 결코 변하지 않았고 이제 전쟁 대신 경제로 유럽을 지배하려 한다는 것이다. 역사는 돌고 도는 것일까? 독일의 대외적 여건은 날로 어려워지고 있다. 휘터 쾰른경제연구소장의 설명을 들어보자.

독일이 항상 생각해왔던 것처럼 유럽연합은 잘 결속되어 있지 않다. 유럽연합은 한순간에 통화동맹과 국가부채 위기 수준을 넘어서는 갈등을 안게 되었다. 전후시대에 태어난 우리로서는 이러한 일들이 어젠다로 재등장하리라고는 상상할 수 없었다. 이러한 점에서 세상은 실제로 무너지고 있는 것이다. 독일은 어떤 역할을 하고 있을까? 좋은 일만 하고 있는 것은 아니다. 난민문제에서나 에너지 전환 과정에서의 단독행위도 있다. 독일이 전력을 과잉생산하여 수출하게 되면 그 국가의 시스템에도 문제가 생긴다. 난민문제도 마찬가지다. 난민을 수용하면서 독일은 1차 수용시설에 모습을 드러내는 난민의 수가 국경에서 등록된 수의 절반 정도밖에 되지 않는다는 점을 확인하고 있다. 이들이 도대체 어디에서 거주하고 있는지 우리는 전혀 알지 못한다. 아직 어떤 목표를 향해 가고 있는 것은 아니며, 독일은 더 많은 노력을 해야 한다. "세상이 무너진 것 같다"는 표현은 다시 말해 사람뿐 아니라 경제에 있어 안전의 상실을 뜻한다. 난민위기 극복은 우리 혼자만의 힘으로 해결할 수 있는 것이 아니다. 현 유럽이 어떻게 될지 예상하는 것은 힘든 일이다. 전 중앙유럽과 동유럽 국가들은 20년 전부터 열광하며 유럽연합 가입을 위한 길을 걸어왔지만, 오늘날 그 전망은 회의적이다[2015.12.7].

하지만 함부르크 대학의 하트예 교수는 독일이 독주한다는 이러한 견해에 동의하지 않는다.

독일이 독주하고 있다는 견해에는 동의하지 않는다. 그리스의 예에서 볼 수 있듯이 독일의 영향력은 제한적이다. 위기 당시 독일은 아마 그리스를 포기하는 방법을 택했을 것이다. 그러나 프랑스, 몰타, 키프로스, 그리스와 같은 국가들이 반대했기 때문에 다른 결과가 나왔다. 독일이 경제적으로 가장 큰 비중을 차지하고 있기는 하지만, 이를 정치에 일대일로 대입할 수 있는 것은 아니다. 최근 들어 유럽에서 독일의 영향력이 과대평가되는 경향이 확산되고 있다. 현재 EU 내의 경제나 산업구조를 고려해보면 독일은 장기적으로 봤을 때나 겨우 지금 지불하고 있는 비용을 되돌려 받을 수 있을 것이다. 유럽이 독일화되었다는 주장은 잘못된 것이라 생각한다. 유럽중앙은행에서 관장하고 있는 통화정책은 지난 40년간 독일이 쌓아온 경험들과 전혀 일치하지 않는다. 그러나 유럽중앙은행은 "1국 1표" 원칙에 따라 움직이는 구조적 한계를 가지고 있다. 각국의 가중치가 고려되지 않는 것이다. 독일은 키프로스와 동일한 권한을 가지고 있으며, 이는 독일이 핵심적 위치에서 그 힘을 잃었다는 것을 의미한다. 물론 이런 상황들이 지금 당장은 독일에 불리하게 보이겠지만, 장기적으로 보면 유리할 수도 있다. 만약 독일이 더 큰 영향력을 가지고 있었다면, 아마 유럽연합은 이미 무너진 지 오래되었을 것이다. 바로 그 때문에 1990년에 유럽중앙은행을 창립할 당시 가중치를 포기했다[2015.9.30].

차이트 재단의 괴링 이사장의 말이다.

나토의 설립은 당시 "미국을 갖고, 소련을 퇴출시키고, 독일을 넘어뜨리는 것 to keep the Americans in, the Soviets out and the Germans down"이었다. 이와 비슷하게 처칠은 유럽연합은 독일을 묶어두기 위한 것이라고 보았다. 프랑스가 유럽연합에서 탈퇴한다면 역사책에는 독일의 잘못이라고 기록될 것이다. 다시 독일이 너무 강해졌고, 그래서 다른 국가들이 지속적인 통합을 거부한 것이라고 말이다. 판결은 그렇게 날 것이다. 이것은 진실인가? 헬무트 슈미트는 프랑스가 유럽에서 1인자여야 하고 독일은 기껏해야 2인자에 머물러야 한다는 생각을 항상 갖고 있었다[2017.2.23].

　2015년 11월 뤼베크에서 빌리 브란트 재단 주관으로 매년 개최되는 "빌리 브란트 연설Willy-Brandt Rede" 행사에서 마르틴 슐츠Martin Schulz 유럽의회 의장의 열정적인 연설을 들을 수 있었다. 그는 독일, 네덜란드, 벨기에의 아헨, 마스트리흐트, 리에주 3개 도시를 연결하는 삼각지대에서 태어났고 어린 시절 여러 국경을 넘나들지 않고는 산책조차 갈 수도 없었다며 스스로를 "본능적 유럽인instinct European"이라고 자처했다. 심지어 그의 조상들은 독일이 아닌 다른 국가에 속하여 군복무를 하기도 했다고 한다. 그는 매우 비관적으로 연설을 시작했고 "독일의 유럽"이 아닌 "유럽의 독일"을 원한다며 실제가 된 유럽의 꿈을 미래로 이어나가자고 호소하면서 연설을 마쳤다. 그는 2017년 9월 총선에서 메르켈 총리의 대항마로 사민당의 기대를 한몸에 받고 있다. "21세기 유럽, 그 도전과 기회"라는 제목이 붙여진 그의 연설 첫 부분과 미테랑 대통령을 언급한 부분 그리고 슈미트 총리를 인용한 끝 부분을 인용해본다.

　　유럽연합은 분명 혼란의 한가운데에 서 있습니다. 유럽연합 내 분위기가 술렁이고 있습니다. 유럽연합의 붕괴와 와해 가능성이 사상 처음으로 현실적 시나리오가 되었습니다. 현실을 도피해서는 안 됩니다. 이것이 현실입니다. 이런 때일수록 수사가 아니라 유럽회원국 정부 정책에서 실제로 시행되고 있는 민족주의의 재등장이 위험하고 이것이 언제나 부정적인 결말의 시작이라는 점을 확신하는 사람들이 나서야 합니다. 재민족주의화는 국수주의를 여는 문이며, 국수주의는 유럽 대륙에서 벌어진 사건 중 가장 끔찍한 일이었습니다. 그리고 그 해독제는 우리가 유럽연합에서 실현했던 범국가적 민주주의였습니다. 그렇기에 나는 사람들의 마음을 움직이고 이성을 설득하기 위해 이곳 뤼베크에 왔습니다. 우리는 지금 이 순간 도전과제에 직면하고 있기에, 포기하는 것이 아니라, 민족과 국경을 초월한 국가 간 협력을 지지해야 합니다. 우리는 함께 했을 때 강해지고 혼자일 때 약함을 잘 알고 있기 때문입니다. 이는 특히 실제로 거대한 도전과제를 직면하고 있는 지금 그러합니다.

자국민들이 타국민보다 낫고, 자신들의 종교가 더 우월하고, 자신들의 정치적 의견만이 옳다는 언사는 우리의 가치들, 표현의 자유, 상호 존중의 원칙에 반하는 것입니다. 다른 모든 사람들을 무시하는 요구들은 유럽이 한때 겪었던, 그리고 지금 횡행하는 오도된 민주주의인 조합주의^{Korporatismus}로 귀결되기 마련입니다. 이러한 정책들이 거침없이 우리의 가치를 갉아먹고 있다는 사실은 정말 경악할 만합니다. 유럽의회를 떠나기 전 자신에 대해 이야기했던 미테랑 대통령의 연설이 기억납니다. "나는 젊고 서민적인 프랑스인이었으며 기독교인이고 교육을 받았으며 예술을 사랑했다." 미테랑 대통령은 독일군 포로로 잡혔었습니다. 예외적인 일이기는 했지만, 독일군은 최고의 프랑스어 실력으로 미테랑 대통령 자신보다 프랑스에 대해 더 잘 알고 있었다고 합니다. 이 경험을 통해 그는 "민족주의는 곧 전쟁을 뜻한다는 것을^{Le nationalisme c'est toujours la guerre}" 확신하게 되었습니다[미테랑 대통령은 포로생활 시 접촉했던 독일군들이 오히려 덜 민족주의적이라는 것을 깨닫고 미테랑 자신이 과거의 민족주의 성향으로부터 탈피하게 되었다]. 20세기 후반 유럽의 정책은 20세기 전반에 대한 대답이었습니다. 인종우월주의^{Herrenmenschendenken}, 조직적 학살, 7천만 명에 달하는 1, 2차 대전 희생자에 대한 대안을 마련하는 것이 그 목적이었습니다. 그 잔혹함을 경험했고, 대안을 찾을 수 있음을 깨달은 자들이 내린 결론은 상호발전과 존중뿐 아니라 상호통제의 역할도 할 수 있는 국경을 초월한 협력이었습니다. 이 협력은 구조적인 불가침성을 마련하기 위해 경제통합뿐 아니라 문화 및 정치통합 역시 포괄해야 합니다.

끝으로 헬무트 슈미트 총리가 이야기했던 지혜로운 명언을 인용하고자 합니

•• 2015년 11월 30일 뤼베크에서 "빌리 브란트 연설"을 하는 슐츠 유럽의회 의장. 사진 제공: Thorsten Wulff.

다. 통찰력 있는 분석가로 잘 알려진 슈미트 총리가 2011년 사민당 전당대회에서 자신의 사민당 정치인생을 마감하는 자리에서 했던 말로, 우리 모두에게 하나의 규범이 될 수 있을 것이며, 독일에 중요한 교훈이 될 것입니다. "우리나라는 운명을 거스를 수 없다. 독일은 지리적으로 대륙의 중심에 위치하고 있으며, 8200만 국민들이 살고 있는 경제대국이다. 다른 국가들이 위기와 싸우고 있을 때 독일이 유럽의 중심으로서 강국의 위치에 있는 상황은 처음 있는 일이 아니다. 우리는 역사를 뒤돌아보고 자문해야 한다. 당시 이런 유사한 상황에서 우리는 무엇을 했는가? 독일은 자신의 힘을 주변 국가들을 돕기 위해 이용했는가? 아니면 다른 나라에 자신의 의사를 강요하기 위해 권력을 이용했는가? 만약 후자의 경우라면 결국 유럽뿐 아니라 독일 스스로에게도 재앙이 될 것이다." 이러한 의미에서 나는 유럽을 지지하자고 외치는 바입니다! 나는 유럽을 위해, 확실한 목표를 위해 싸워야 할 책임을 느낍니다. 나는 "독일의 유럽"이 아닌 "유럽의 독일"을 원합니다!

유럽 내에서 군주와 하인이 존재해서는 안 됩니다. 민주주의의 틀 안에서 서로 눈높이를 맞추고 협력해야 합니다. EU는 실제가 된 꿈입니다. 이 꿈이 깨지지 않고 미래로 이어질 수 있도록 노력합시다[2015.11.30].

슐츠 유럽의회 의장은 대학을 나오지 않았다. 그는 미국의 샌더스Bernie Sanders 의원과 곧잘 비교된다. 차이트 재단의 괴링 이사장은 이렇게 이야기했다.

그의 성장은 독일이 능력주의Meritokratie라는 점을 다시 한 번 증명한다. 나는 이것이 훌륭하다고 생각한다! 슈뢰더, 슈타인마이어, 슐츠의 이력은 진심으로 무언가를 움직이고자 하는 사람은 사회적 출신과 관계없이 정상에 오를 수 있다는 것을 보여준다. 슐츠는 원래 서점상이었다. 명문 대학을 나왔는지의 여부는 정치적 커리어와 전혀 무관하다. 이것은 강력한 민주주의의 표식이다[2017.2.23].

유럽연합의 장래

EU의 향후 발전 향배는 독일모델의 지속가능성과 밀접히 연관되어 있다. 제2의 경제기적이라는 독일의 경제적 성공에 독일 경제의 자체적인 요인뿐만 아니라 EU라는 거대한 단일시장과 자유경제지역의 후광효과가 결정적 역할을 했다고 보면 향후 독일의 지속적인 경제안정과 번영도 EU와 맞물려 있다고 보는 시각이 우세하다. EU는 위기를 맞고 있다. 영국이 탈퇴했고 여기에 프랑스에서도 국민전선의 르펜이 프랑스의 탈퇴를 공약으로 제시했으며 2017년 5월 대선에서 34%의 지지를 받았다. 만약 르펜이 당선되고 그리고 프렉시트가 일어난다면 이는 EU의 사망선고에 다름 아닐 것이다. 2015년 12월 쾰른에 소재한 독일경제연구소의 휘터 소장은 독일 경제의 지속가능성과 관련하여 "단기적으로는 낙관적이기는 하나 중장기적 관점에서는 외부적 요인이라고 볼 수 있는 EU의 향배와 맞물려 있다. 예를 들어 그리스 사태 같은 것이 EU 내 큰 나라인 프랑스나 이탈리아에서 일어난다면 대응하기가 쉽지 않다"면서 EU 요인을 지목했다. 함부르크 상공회의소 쥐스Dirk Süss 부회장도 유사한 견해를 표명했다.

> EU의 발전과정에서 여러 측면의 비판적 요소가 보인다. 우선 유로화의 변화와 저금리의 지속이 문제이고, 또한 몇몇 EU 회원국들의 개혁이 지연되고 있어 문제가 되고 있다. 여기서 몇몇 회원국들이란 그리스를 말하는 것이 아니다. 그리스는 비교적 작은 문제이다. 프랑스와 같은 국가들이 필수적인 개혁을 시행하지 않는다면 오히려 더 큰 문제를 야기하게 된다. 프랑스는 지난 3년간 올랑드 정권하에서 성과가 크지 않았다. 그리스 사태 같은 것이 프랑스나 이탈리아에 발생한다면, EU 전체에 큰 충격을 줄 것이다[2015.10.13].

이렇듯 EU의 향후 발전 향배는 독일의 장래 번영과 맞물려 있는 사안이다. 더욱 우려스러운 것은 바로 독일 사람들을 포함한 유럽인들이 유럽연합의 장래에 대해 확신이 없다는 것이다. 유럽의 장래에 대한 독일 사람들의 전망은 어둡다. 2016년 2월 유럽인 8천 명(독일인 2천 명 포함)을 대상으로 한 여론조사에서 독일인 33%만이 유럽을 낙관적으로 전망했고 60%가 비관적으로 보았다.[8] 이는 2012년 이래 가장 낮은 수치이다. 독일인보다 더 비관적인 사람들은 프랑스인들이다. 26%만이 낙관적, 65%가 비관적으로 보았다. 가장 낙관적 결과를 보여준 핀란드인들조차도 38%가 낙관적, 52%가 부정적 견해를 드러냈다.[9]

유로존 위기Euro-crisis는 2010년 이후 유로존 국가들에서 나타나고 있는 국가부채위기, 은행위기, 경제위기 등 다층적인 위기를 지칭한다. 유로화 자체의 화폐

가치와는 관계가 없다. 유로존 위기는 스페인, 아일랜드, 포르투갈, 이탈리아 등과 함께 그리스 위기사태로 표면화되었다. 그리스는 과거 해운 강국이었으나 빛을 잃었고 관광업 말고는 이렇다 할 경쟁력 있는 산업이 없다. 그런 가운데 2000년 EU 가입 이후 유로화가 도입되면서 노동비용 증가 등 고환율 효과로 인한 수출 경쟁력의 약화로 무역적자가 증가했고 이와 함께 재정적자가 GDP의 15% 규모에 육박하게 되었다. 2009년 금융위기가 닥치면서 그리스는 더 이상 무역과 재정의 적자를 메울 수 없었고 EU와 IMF의 구제금융에 의존할 수밖에 없었다. 그리스에 대한 구제금융은 2010년부터 지금까지 3차에 걸쳐 3500억 유로 규모로서 그리스 국내총생산의 2배에 가까운 금액이다. 그러니 그리스 국민들은 아무것도 안하고 2년 동안 구제금융에 의존해서 살았다는 말까지 나온다.

그리스는 EU 가입 후 한때 순조로워 보였다. 높은 금리는 하락했고, 이미 갖고있던 국가채무를 덜 갚아도 되었다. 금리가 낮으면 더 빚을 내고 싶은 유혹을 느끼게 된다. 그래서 빚을 내어 공공부문을 확대했고, 새 일자리를 창출하여 임금을 상승시켰다. 서비스부문을 위시하여 모든 부문이 활황을 이루었다. 그리스에서는 공공기관이 성장했고, 스페인에서는 민간부문이 성장했다. 은행들은 이 낮은이자로 유럽 금융시장에서 돈을 빌렸고, 이렇게 빌린 돈은 부동산 구매에 들어갔다. 이들은 살 수 있는 부동산은 다 사들였고, 엄청난 부동산과 건축 붐이 일어났다. 외국으로부터 받은 신용대출은 임금을 인상시켰지만 결국 생산성 증가와는무관한 것이었고, 이들 국가의 물가만 상승시킨 결과를 가져왔다. 내수시장이 성장했고 상황이 좋아 보였지만, 그러는 동안 대외 경쟁력은 사라졌다. 그리스 경제위기는 무엇보다 부실한 거버넌스 문제가 크다. 60세까지만 일하고도 퇴직 전 보수의 80%를 받는다는 공무원연금 문제, 행정의 부정부패, 만연한 탈세 관행 등 산적한 문제를 갖고 있다.

그리스 사태는 국가채무위기, 은행위기, 그리고 경쟁력위기의 세 가지에 관한 것인데, 구제금융으로 이 세 가지 위기를 모두 극복할 수는 없다. 특히 경쟁력 개선은 요원한 실정이다. 그리스의 수출 경제는 보잘것없는 상황으로서 유럽중앙은행이 제시한 물가안정 목표 달성은 쉬워 보이지 않는다. 위기가 수그러든 것처럼 보이지만 이 세 가지 위기에 대한 각각의 해결책이 없는 한 다른 채무국들에 대한 전염가능성은 남아 있다. 메르켈 총리가 그렉시트를 막기 위해 3차 구제금융 지원에 합의한 것은 꼭 독일의 의사만은 아니며, 그렉시트까지 불사하겠던 메르켈 총리에게도 다른 선택지는 없었던 것으로 보인다. 독일이 EU에 머무는 한 다른 선택은 허용되지 않았을 것이다. 3차 구제금융 이후에도 전망은 밝지 않다. 독일은 또 언젠가 구제금융 상황이 다시 닥쳐올 것이라고 이미 예상하고 있는 듯하다. 이전의 재정지원도 문제를 해결하는 데 아무 효과가 없었기 때문이다. 다만 지금 그것 말고는 정치적으로 다른 방법이 없다는 것도 알고 있다. 더 나아가 한스-베르너 진 교수는 과거 소련이 소련 내 연방국가들에게 빌려주었던 채권을 러시아가 회수하지 못했던 전례에 비추어 유로존이 붕괴되면 독일의 청구권도 소멸될 것이라는 견해를 표명했는데, 이는 그리스로부터 채권을 회수한다는 것이 매우 어렵다는 것을 말한다. 그리스의 실태에 관한 독일연방은행 관계자와 북부독일기업연합의 바흐홀츠 회장의 관찰이다.

2010년과 2012년에 그리스는 큰 결속력을 보였다. IMF는 더 심각한 경기침체에 빠질 수도 있었던 그리스에 자금을 지원했다. 이로 인해 긴축 이행과정이 확대, 연장되었다. 그러나 이제 그리스인들은 그들의 정치인들에 의해, EU가 긴축정책을 통해 그리스의 불행을 야기했다는 오해를 갖게 되었다. 실상은 정반대다. 긴축정책을 통해 그리스는 구조개혁에 필요한 시간을 벌 수 있었다. 게다가 이제는 그리스 정부가 제 기능을 다하지 못하는 "실패국가failed state"라는 평가가 나오는 상황이 되었다. 행정업무는 마비되었고, 개혁을 이행하기 위한 기구도 없다.

이는 국세청뿐 아니라 다른 부처도 마찬가지다. 예를 들어 뇌물 없이는 허가를 받을 수 없다는 식이다. 이러한 관행은 투자를 더욱 어렵게 하고 있다. 약 600개의 상류층 가문이 그리스 전체 국가 경제를 좌지우지하고 있다. 우리는 그리스에서 행정도, 정치적 리더십도 부재한 무정부적 상황을 보고 있다. 이를 두고 민주주의라고 주장하고 있지만, 실제로는 개혁이 이행될 수 없는 저개발국가로밖에 보이지 않는다. 이는 아일랜드, 포르투갈, 라트비아, 에스토니아 같은 다른 위기 국가들과 구분된다[독일연방은행 관계자, 2015.6.30].

물뿌리개를 든 정원사처럼 그리스를 다룬다면 우리는 그 목표를 달성할 수 없을 것이다. 세 번째 구제금융은 그리스를 구하지 못한다. 우선 질서가 확립되어야 하고, '고객정치Klientelpolitik'가 완전히 근절되어야 한다. 국민들이 국가를 신뢰할 수 있어야 한다. 그리스에서 허가 한 번 받기 위해 무슨 일을 하고 있는지 아는가? 제일 먼저 몇 푼 쥐어주어야 한다. 뇌물 없이는 아무것도 진행되지 않으며, 이것이 일상이다. 정부에 대한 그리스 국민들의 보편적인 불신에는 역사적 배경이 있다. 오스만 제국으로부터 독립한 뒤에도 외국인의 통치를 받았다. 첫 번째 선거에서는 터키, 프랑스, 영국 정당 중에서 선택해야 했고, 심지어 그리스 왕국의 초대 국왕인 오토는 독일인이었다! 문화적, 역사적 이유로 인해 그리스인들은 지배자들을 신뢰할 수 없다는 사실을 배웠다. 그리스에서는 주요 정치 지도자들이 친척과 측근을 위한 공직을 만들겠다는 공약으로 표심을 얻는다[바흐홀츠, 2015.10.1].

다른 유로존 국가들의 상황도 좋은 것은 아니다. 한스-베르너 진 교수의 진단이다.

포르투갈은 아무것도 하지 않고 있다가 2012년에야 허리띠를 졸라매고 임금과 물가를 억제했고, 나머지 유로존 국가들보다 늦게 인플레이션에서 벗어났지만 드라기 총재의 "무엇이든 하겠다"는 방침이 발표되자 자본시장이 다시 불붙고 부채가 증가했다. 물론 부채를 통해 내수경기를 진작시킬 수는 있지만, 과도하게 높은 물가를 끌어내려 실수를 바로잡을 수는 없다. 캐나다의 한 신용평가사를 제외하고는 이미 모두 포르투갈에 대해 부정적 전망을 내놓았다. 캐나다의 신용평가사마저 부정적 전망을 내게 된다면 국가위기는 바로 다시 시작될 것이다. 프랑스는 다른 나라들만큼 인플레가 심하게 발생하지 않았고 제대로 경쟁력을 갖춘 적도 없었다. 이탈리아도 아무것도 하지 않고 있다. 아일랜드에서만 큰 변화가 있었다. 아일랜드의 그래프는 이미 꺾여 있고 자기 임무는 이미 완수한 것으로 보인다. 유럽에서 악역을 맡고 있는 독일의 물가는 점점 싸졌다. 그러나 실제로 싸진 것이 아니라 다른 나라들이 점점 더 비싸졌기 때문이다. 모두 상대적 수치이기 때문이다. 우리 계산대로라면 독일은 나머지 유로존 국가들에 비해 30% 정도 상승되어야 한다. 이게 문제인데, 신용대출 팽창으로 인해 비교물가가 잘못 형성된 것이다. 이를 다시 바로잡기는 매우 어렵다. 아일랜드의 문제는 리먼 사태 발생 2년 전인 2006년 가을에 이미 터졌고, 당시 아무도 도와주지 않았다. 유럽중앙은행은 아일랜드를 전혀 돌보지 않았고, EU의 구제방안은 아예 없었다. 결국 아일랜드는 물가와 임금을 낮출 수밖에 없었고, 그렇게 다시 경쟁력을 갖게 되었다. 그 후 2011년에 EU의 구제방안이 시행되자 즉각 이를 중단했다. 돈을 준다는데 왜 개혁을 하겠는가? 정치가들은 개혁에 필요한 돈을 지급한다고 하지만 진실은 그 반대다[2016.5.17].

2015년 당시 그리스의 EU 내 경제비중(2%)에 비추어 그렉시트가 일어나더라도 유로존 전체의 위기는 없을 것이라는 전망에도 불구하고 유로존 자체의 위기, 즉 유럽통화동맹^{EMU}의 위기 가능성이 거론되기까지 했다. 그립^{Peter Griep} 독일연방은
행 북독일 본부장의 이야기다.

  유럽의 통화시스템의 붕괴는 상상 가능한 최악의 결말이다. 그리스가 탈퇴할
경우 이것은 다른 18개 국가에 대해 통화연맹을 고수하고, 이를 개선하기 위한
더 큰 모멘텀을 주게 될 것이다. 어떤 국가도 전 세계 경제에 파국을 불러올 수 있
는 붕괴를 원하지는 않을 것이다. 또 다른 선택지는 더 견고한 안정이다. 그리고
붕괴와 안정 사이에는 수많은 가능성이 있다. 독일 국민 모두가 마르크화로 돌아
가는 비용이 높을 것이라는 것을 알고 있다. 스위스프랑이 그 예다. 유로화를 유
지하는 것은 경제적 문제만은 아니다. 메르켈 총리가 말했듯이 유로화 없이 독일
과 유럽연합의 발전은 어려울 것이다. 유로화는 본질적인 것이다. 국민의 대다수
가 유럽의 안정화에 동참하고 있다. 어쨌거나 우리는 적의가 확산되는 것을 저지
해야 한다.
  독일의 일반 국민에게 묻는다면 독일이 너무 많은 것을 내주고 있다고 우려할
것이다. 그러나 사실 독일은 유럽연합으로부터 막대한 이득을 얻고 있다. 플러스
와 마이너스 양면을 모두 제시하는 것이 정부의 과제다. 국민에게 돌아가는 이득
을 명확히 했을 때 정치적 긴장이 감소한다. 독일은 제대로 훈련받은 유럽 노동
력의 이민을 통해 그리고 안정적인 유로화를 통해 이익을 얻고 있다. 환율변동이
없다는 것은 독일 기업들에게 이점으로 작용한다. 국민들은 유로화를 과소평가
하고 있다. 물론 독일은 높은 환율을 견뎌낼 수 있을 것이다. 국민들은 항상 다른
국가를 위해 비용을 대고 있다고 말하겠지만 세계는 좀 더 복잡하게 얽혀 있다
[2015.6.30].

  언론인 슈만은 유럽연합이 경제적 상호 의존도가 높아졌음에도 이를 규율할

정치제도가 수반되지 않아 합법성legitimacy이 결여되고 있음을 지적하고 있다.

유럽연합은 1985년의 정치적 통합 수준에 아직도 머물러 있다. 정치와 경제적 발전이 동떨어져 이중적으로 진행됨으로써 오늘날의 문제를 초래했다. 단일시장은 "유럽 단일협약Single European Act"을 통해 작동되었다. 물론 자크 들로르와 그의 전문가들이 제시했던 큼직한 약속들은 아니지만, 그래도 시장은 작동했다. 우리는 부모님 세대에는 생각도 하지 못했을 법한 통합된 경제를 갖고 있다. 대략 500~1000명의 직원이 있는 중소기업은 유럽 내 국가에 최소한 3명의 공급자와 5개의 판매지사를 두고 있다. 유럽에 아예 기반을 두고 있지 않은 제조업체나 서비스업체는 존재하지 않는다. 한 곳의 근거지에만 영업 기반을 두는 기업도 있지만, 내가 아는 대부분의 기업들은 유럽 전역을 활동 영역으로 하고 있다. 그 말은, 우리의 삶의 셀 수 없이 많은 것들이 더 이상 국내적으로 규율할 수 없게 됐다는 것이다. 유럽 사람들은 일상의 모든 분야에서 갖게 되는 상호 간 경제적 의존이 세계화를 넘어서는 수준에 이르렀다. 이러한 의존성은 우리가 원하지 않더라도 공동의 통치가 필요함을 보여준다. 그렇지만 예를 들면 메르켈 총리, 쇼이블레 재무장관, 가브리엘 부총리는 프랑스, 이탈리아, 그리스가 아닌 독일에서 선출된다. 그들은 그들의 유권자들에게나 유럽 이사회에서도 "독일의 이해"를 대변하겠다고 선언한다. 그렇기 때문에 "유럽 정치"라는 것은 각 국가의 이해의 산술적 집합일 뿐이다. 예를 들어 법인세와 관련해서, 최소한 15~20% 정도의 세율, 그리고 국가들이 서로 대립적으로 행동하지 않는 것이 유럽의 공통적 이익일 것이다. 여기서 내가 말하고 싶은 것은 국가이익의 합이 유럽의 공동번영을 가져오지는 않는다는 것이다. 과거 자크 들로르 같은 영향력 있는 집행위원장은 인격과 카리스마로 유럽의 이해를 명확히 표현했고, 회원국 정부—당시 EU는 작았다—도 개별적 불이익은 감수하는 입장이었다. 그것이 전적으로 가치 있는 일로 여겨졌기 때문이다. 하지만 이러한 유럽의 공동이익을 내세우고 회원국 정부에 관철시킬 수 있는 행동을 하는 지도자는 더 이상 존재하지 않는다. 최악인 것은 유럽의회도 이 일을 하지 못한다는 것이다. 개념적으로 봤을 때 유럽의회가 할 일이지만, 의원이 선출되는 경로를 보면, 개개의 구성원들이 국내 정당을 기반으로 선출되는 것을 볼 수 있다. 그들은 국내 선거운동을 한다. 독일 의원들은 유럽의회에 들어가기 위해 스페인이나 프랑스의 득표를 필요로 하지 않는다. 오직 독일의 표만 필요하다. 이것은 잘못된 구조다. 의회 내의 각 다수는 이미 정부 여당의 연장선일 뿐이므로 유럽의회는 허약할 수밖에 없다. 그들은 항상 이것이나 저것을 이루어낼 것이라 말하지만, 문제가 시작되면 국내 정당의 보스들은 스트라스부르나 브뤼셀에 의원들을 불러 이렇게 말한다. "당신이 원하는 의견을 표출할 수 있지만, 다음 선거에서 탈락하고 싶지 않으면 이번 결정에서는 우리가 원하는 대로 해야 해"라고 말이다[2016.7.19].

슈탕네트 박사는 유럽의 발전에 이성적, 경제적 요소에 더하여 좀 더 감성적인 요소와 정체성이 필요하다고 본다. 경제연합으로서의 EU에만 관심을 두어서는 안 된다는 것이다.

독일의 국수주의 역시 유럽의 정체성과 대립된다. 독일은 경제연합으로서의 EU만을 원하고 있다. 프랑스와 영국은 유럽적 구상에 대해 좀 더 개방적이다. 독일의 "특수한 길"을 과소평가해서는 안 된다. 독일의 대외정책에서 볼 수 있듯이 이미 오래전부터 다시 그 길로 들어서기 시작했다. 최근 들어 독일의 경제적 성공이 다른 국가들의 어깨에 부담을 지우며 이뤄낸 일임이 명확해졌다. 유럽 내에 공동사업들이 진행되고 있지만, 아직 결속력을 보여주기에는 충분하지 않다. 나는 헬무트 슈미트의 견해에 확실하게 반대한다. 나는 "경제가 평화를 위한 길이 될 수 없다"고 생각하기 때문이다. 평화를 위해서는 그 이상의 것이 필요하다. 평화를 위해서는 감정이 필요하다. 상호 간의 관계 속에서 발생해야 하고, 감정적 통합도 이루어져야 한다. 네덜란드는 전통적으로 개방적이고 다원적인 국가다. 독일에는 이러한 정서가 없으며, 그 정서를 추방시켜버렸고 되찾아오지도 않았다. 프랑스를 보면 사회적 담론 과정에서 극심한 분열이 발생하기도 하지만, 그럼에도 샤를리 엡도 테러 같은 사건이 일어나면 모두가 함께 단결한다. 사실 프랑스에서 그 누구도 그 잡지를 좋아하지 않음에도 말이다. 유럽에는 이러한 단결이 필요하며 아시아에서도 마찬가지다. 공동의 문화적 인식, 공동의 정체성. 젊은 세대들에게 이러한 정체성을 전수할 수 있기를 바란다[2015.2.12].

제 4 부

독일모델과 한국

각 국가마다 자신들의 역사적·문화적·사회적 환경에 맞게 발전시켜온 '근본적인 차이'가 있는 시스템이 존재하며, 이러한 국가 시스템은 경제적 성과와 사회적 복지라는 국가목표를 효율적으로 그리고 지속가능한 방법으로 달성하는 관건이다. 아울러 국가 시스템은 현대 사회에서 인류의 보편적 가치와 국제적으로 인정된 "최선의 관행(Best Practices)"을 지향해야 하며, 이 과정에서 다른 국가에서 시행되고 있는 시스템의 특장점을 벤치마킹하는 것은 나쁘지 않아 보인다. 개인이든 국가든 서로 보고 배우며 발전해가기 때문이다.

독일 사회 각 분야의 모델적 요소들은 하나같이 좋아 보이지만, 역사적 전통이나 사회문화적 배경과 맞물려 있어 한국 사회가 이것들을 수용하기는 쉽지 않다. 그럼에도 우리의 새로운 국가모델을 지향함에 있어서 독일모델적 요소들의 함의와 그 수용가능성을 생각해보는 것은 결코 무익하지 않을 것이다.

제16장

독일모델과 한국

독일모델의 수용성

『자본주의의 다양성』의 저자 홀과 소스키스의 물음으로 돌아가보자. 각 국가의 정치, 경제에서 경제적 성과와 사회적 복지를 가르는 근본적인 차이가 있는가? 무엇으로 그 차이를 식별해낼 수 있는가? 결론은 각 국가마다 자신들의 역사적, 문화적, 사회적 환경에 적응하여 발전시켜온 '근본적인 차이'가 있는 시스템을 갖고 있다는 것이며, 이러한 시스템은 단순히 경제모델을 넘어서 어느 한 국가의 전체적인 시스템에 관한 문제이기도 하다는 것이다.[1] 즉, 국가 시스템은 경제적 성과와 사회적 복지라는 국가목표를 효율적으로 그리고 지속가능한 방법으로 달성하는 관건이다. 아울러 국가 시스템은 현대 사회에서 인류의 보편적 가치와 국제적으로 인정된 "최선의 관행Best Practices"을 지향해야 하며 이 과정에서 다른 국가에서 시행되고 있는 시스템의 특장점을 벤치마킹하는 것은 나쁘지 않아 보인다.

개인이든 국가든 서로 보고 배우며 발전해가는 것이기 때문이다.

미국의 국가 시스템은 미국에 맞다. 다층적 사회구성을 전제로 한 미국의 국가 시스템은 독일이나 유럽에는 맞지 않는다. 유럽 사회는 보다 단일적이다. 물론 최근 독일의 사회구성도 더 이상 예전처럼 단일적이지는 않지만 그렇다고 이것이 이미 확립되어 있는 독일 사회의 시스템에 영향을 미칠 정도는 아니다. 국가 시스템을 결정짓는 요인으로서 기본적으로 고려해야 할 것은 인구의 규모나 사회통합의 수준이다. 예를 들어 덴마크의 "플렉시큐리티Flexicurity" 시스템이 중국에서는 도저히 가능할 것으로 보이지 않는다. 독일이나 한국에서도 가능할지 의문이다. 이것은 미국처럼 2주 만에 해고할 수 있는 유연함과 실직 후 후한 실업수당과 적극적인 교육훈련을 통해 개개인에게 새 직업을 찾아주는 안정성을 겸비한 제도다. 이런 제도가 인구 500~600만 명의 덴마크가 아닌 10억 인구의 중국에서 작동할 수 없을 것임은 당연하다. 인구 5천만의 한국에서조차 쉽지 않은 제도일 것이다.

자크 아탈리Jacques Attali는 「시스템 성토」라는 재미있는 글을 썼다. 그에 따르면 사회가 지금처럼 돌아가게 만든 그 모든 것이 시스템이다. 시장경제, 국경개방, 의회제도, 민주주의처럼 현재 적용 중인 경기규칙 자체가 시스템이라고도 했다.[2] 그가 내린 시스템의 정의가 흥미롭다. 결론은 시스템을 탓하기보다는 그 시스템, 즉 시장민주주의의 개선을 위해 노력하자는 것이다. 현재 한국의 국가 시스템도 좋다 나쁘다를 판단할 수 있을 만큼 장단점이 또렷한 것 같지는 않다. 헌법상 민주주의와 시장경제를 도입하고 있고 그에 따른 기본적 국가체제와 기구들을 갖추고 있다. 그런 가운데 한때 놀라운 경제적 성과도 보여주었고 또 지난 박근혜 정부에서 보았듯이 실책도 했으니 시스템을 탓하기보다는 이의 개선을 위해 노력하자는 아탈리의 제안이 더 현실적일 수 있다는 생각도 든다. 이것은 시스템 자체보다는 이것을 움직이는 주체, 즉 사람이 중요하다는 의미일 수도 있다.

독일의 제도를 보자. 비례제와 다수제를 절충한 투표방식을 포함한 선거제도,

연방제를 포함한 정치제도, 건설적 불신임제, 건설적 신임투표를 포함한 의회민
주주의의 작동 기제, 모든 것을 성문화한 법제를 갖고 있는 법치주의, 이중적 경
영제에 나타나고 있는 노사공동결정제, 정부와 기업이 맞물려 돌아가는 이원적
직업교육제도Duales System, 어느 것 하나 단순하지 않다. 상당히 복잡하고 정치한
제도들이다. 제도의 생성배경도 다양하고 이해관계도 얽혀 있다. 독일의 투표제
만 보더라도 그렇다. 연방선거에서는 자신의 선거구에 출마한 후보자와 주 리스
트상Landesliste의 정당에 대해 2표를 행사하지만, 함부르크 주의회 선거에서는 양
쪽에 5표씩 도합 10표를 행사한다. 여기서 각 개인에게 주는 투표용지를 보면 투
표지가 아니라 노트 수준이다. 함부르크 전체 선거구의 주 후보자 명부에 5표를
그리고 자신의 지역구에서 출마한 후보자들에게 5표를 행사하는데, 이 10표를 분
산시켜 찍을 수도 있고 몰아서 찍을 수도 있다. 그래서 유권자들이 주후보자 명부
상 제안된 정당별 명부순서를 무력화시킬 수 있다. 복잡하지만 훨씬 민주적이다.
카르펜 교수의 이야기를 들어보자.

　　독일은 전 세계적으로도 선거법이 가장 복잡한 나라 중 하나다. 연방선거법이
　모든 연방주의 선거권을 규정한다. 주의회 선거의 경우 각 주의 규정을 따르지
　만, 이 규정들은 연방선거법을 모법으로 한 것이다. 함부르크의 선거권은 연방선
　거권과 다르게 분할투표panaschieren와 누적투표kumulieren가 가능하다. 분할투표란
　유권자가 5표를 서로 다른 정당의 후보에게 나누어 투표할 수 있으며, 후보자 명
　단의 순서에 영향력을 행사할 수 있음을 뜻한다. 누적투표는 한 정당에 5표를 모
　두 주는 것이다. 모든 연방주에 동일하게 적용되는 기본원칙은 비례성의 원칙이
　다. 다수결의 원칙에 따라 오직 최다득표를 한 하나의 정당만이 여당을 구성하고
　두 번째 정당이 야당을 구성하는 영국과 달리, 독일은 의석배분 시 유권자들의
　투표를 정확히 반영한다. 영국의 선거제도는 '흑' 아니면 '백'으로, 유럽의 분열을

조장하고 있는 영국독립당[UKIP]이 그 수는 적을지라도 의회의석을 확보하는 것은 아주 드문 경우다[2016.3.2].

독일에서는 비례대표 후보자들의 정당명부 순서를 사실상 투표에서 결정하는 함부르크식 분할/누적 투표방식을 연방 차원에서도 실시해야 한다는 여론이 일고 있었다. 그런데 일견 복잡하게 보이지만 사실은 매우 민주적인 이 제도가 한국에서 가능할 것인가? 쉽지 않을 것 같다. 우선 정당 권력의 상실을 우려하는 정치권에서 반대할 것이다. 이런 정치관계법을 개정하는 것이 헌법 개정 이상으로 어려울 것이라 했다.[3] 독일의 이중적 직업교육제가 또 다른 사례다. 이 제도는 지금까지 오직 독일, 오스트리아, 스위스에서만 가능했다. 이들 세 나라는 역사적 배경이 유사하기 때문이다. 2017년 3월 메르켈과 트럼프 간의 독미 정상회담에서 이것을 의제에 올려놓았는데, 나는 이 독일식 직업교육 제도가 신자유주의적 경제기반을 가진 미국에 정착하기는 쉽지 않다고 본다. 푸틴과 시진핑이 주도하는 러시아와 중국에서라면 모르겠다. 이들은 다소간 규율적인 사회 시스템을 갖고 있기 때문이다. 거꾸로 전관예우가 독일에서 발붙일 수 있을까? 우리도 독일과 마찬가지로 성문법제를 택하고 있다. 이것은 모든 것이 법전에 다 나와 있고 영미법과 달리 판관들의 자기 판단이 개재되기가 쉽지 않다는 것이다. 그런데 우리나라에서는 어떻게 봐주기식 판결의 전관예우라는 틈이 생겼을까 하는 의문이 든다. 제6장에서 인용한 독일 변호사의 '판결근거가 명확하고 거의 승소 여부를 예상할 수 있다'는 언급은 전관예우 같은 틈을 허용치 않는다는 것을 말해준다. 독일의 검찰도 한국 검찰과 같이 수사권과 기소권을 독점하고 있다. 그렇다고 독일에서 한국처럼 검찰의 권력이 비대해서 문제가 된다는 이야기는 들어보지 못했다. 이것은 사법제도에 대한 사회적 신뢰나 문화에 관한 문제다. 독일의 미텔슈탄트도 마찬가지다. 중세 수공업제도와 영방제적 국가 발전과정으로부터 나온 뿌리 깊은 역사적, 사회적 배경을 갖고 있다. 몇백 개의 나라로 쪼개어져 있는 상황에서 대기업이 나올 수 없었던 것은 당연하며 소수 대기업에 의존해야 했던 우리와는 상황이 달랐다. 독일에서는 정권이 바뀌어도 정책의 일관성을 유지하는 편이다. 브란트의 동방정책이 콜에 와서도 이어졌고, 슈뢰더의 어젠다 2010은 메르켈에 의해 계승되었다. 우리는 정권이 바뀌면 많은 정책이 바뀐다. 무슨 차이일까? 답은 정부정책이 얼마나 법제와 연계되어 있느냐일 것이다. 독일의 정책은 법제를 통하여 시행되기 마련이다. 그리고 연방제를 하기 때문에 많은 법제가 연방의 대표기관인 분데스라트의 동의를 받아야 하는데 독일에서 정권이 바뀐다 함은 연방 하원의 세력분포가 바뀐다는 것이지 연방상원인 분데스라트의 세력까지 바뀌는 것은 아니다. 그러니 정권이 바뀌어도 법을 개정하기는 쉽지 않다. 정책의 일관성을 유지하려는 의지도 있겠지만 현실적으로 쉽지 않은 것이다. 결국 독일의 정책 일관성이라는 관행은 고도의 법치국가성과 연방제와 관련이 있다. 법치주의가 상대적으로 약하고 연방제를 하지 않는 우리로서는 이러한 것을 따라하기가 결코 쉽지 않다.

2018년에 개헌을 한다는데 우선 대통령제냐 내각제냐를 선택해야 한다. 현대적 대의 민주제의 기본은 내각책임제에서 더욱 발휘될 수 있다. 연정을 하더라도 의회의 다수파가 정부가 되어 정책을 밀고 나갈 수 있다. 대통령제가 강력하기는 하지만 국회에서 여당이 과반수 의석이 되지 않으면 입법을 통한 정책 구현이라는 부분은 어려워진다. 우리가 법치주의를 하지 않겠다면 몰라도 입법권이 원활하지 않은 상황에서 국정을 끌고 나가기는 쉽지 않다. 대통령제는 이런 불합치를 해결할 수 있는 방법이 없다. 본질적으로 대통령과 국회가 동등하게 국민으로부터 수권을 받기 때문이다. 그러나 계파정치를 하는 한 내각책임제 역시 본질적인 대의제 민주주의의 장점을 발휘하기가 쉽지 않다. 바로 일본이 그렇기에 어느 독일 정치인의 지적대로 민주주의 코스프레를 하는 것으로 인식된다. 대의제 민주주의는 의원 하나하나가 국민의 대표기관으로서 독립적으로 사고하고 행동해야 함을 전제로 한다. 정당제도도 성숙되어야 한다. 우리나라의 정당사를 보면 대통령을 따라 이합집산하는 모습을 보여왔다. 이런 정당으로는 특히 내각책임제를 하겠다고 하기에는 이른 감이 없지 않다. 대통령제는 대통령 개인에게 권력을 주지만 내각책임제는 총리라는 개인보다 정당을 기반으로 한 내각에게 권력을 주는 것이다. 여기서 총리가 지도력을 갖지만^{Kanzler prinzip} 내각 모두가 각 부서에 대한 권력을 갖고^{Ressortprinzip} 총리와 각 내각 구성원이 함께 정부권력을 행사한다^{Kollegialprinzip}. 그렇기 때문에 정당의 발전 여부와 정치 수준이 대통령제보다는 내각제에서 더욱 민감하게 나타나며 정치의 성패로 바로 이어질 수 있다.

만약 이런 조건에 확신이 있다면 현대적 대의민주정치를 가장 잘 구현할 수 있는 내각책임제로 가는 것이 맞다. 국정을 잘 이끌어가면 내각책임제의 집권정당이나 총리는 장기간 집권할 수 있다. 제6장에서 이야기한 장기간에 걸쳐 정책기조를 유지하는 "계열적 일관성"을 내각책임제를 통해 더욱 장기간 확보할 수 있기 때문이다. 우리 헌법상 책임총리제라지만 대통령제의 속성상 책임총리제 구현은 쉽지 않다. 꼭 그렇게 해야 하는 의미도 크지 않다. 국민이 대통령을 뽑았지 총리를 뽑은 게 아니기 때문이다. 국민주권 측면에서 대통령제하에서의 총리의 위상은 각 부서 장관과 다를 바 없다. 책임총리제는 곧 내각책임제다. 다시 말해, 내각책임제를 하지 않는 한 책임총리제는 환상일 뿐이다. 전 세계적으로 보면 대개 유럽은 내각책임제를 하고 아시아나 남미는 대통령제를 한다. 미국은 1776년 독립 당시 정당이 발달해 있지 않았고 중앙정부의 실체나 권한도 미약했다. 그래서 강력한 중앙정부와 대통령의 권한 강화를 주장했던 공화당과 이를 반대한 민주당의 절충 형태가 오늘날 미국식 대통령제다. 이런 의미에서 선진적 정치의식과 민주적인 국민정당이 의원내각제로 가기 위한 최소 조건이다. 2016년 촛불혁명에서 보여준 성숙된 국민의식을 보더라도 내각책임제를 못할 이유는 없다. 다만, 한 나라의 정치제도도 그 나라의 토양과 체질에 맞아야 한다. 절대적으로 좋고 나쁜 것은 없다. 선거제도도 다수대표제와 비례대표제 그리고 소선거구제나 중, 대선거구제와 같은 선택지 중에서 우리나라의 지역구도나 정부형태 등을 고려하여 결정해야 할 것이나 전국적 인물을 뽑을 수 있고 신생 정당의 출현을 촉진한다는 의미에서 지금의 소선거구제보다는 중, 대선거구제가 바람직해 보인다. 어차피 지역단위의 정치는 지방자치를 통하여 많은 부분을 실현한다고 볼 수 있기 때문이다. 다만 지방정치가 중앙정치로부터 독립적이어야 한다는 전제가 필요하다.

차선책으로 대통령제로 가되 4년 중임제를 통해 비교적 긴 시간의 집권기간을 확보하는 것도 좋다. 국회의원 선거를 대통령 임기 중간에 두어 미국처럼 중간선거를 통해 대통령을 견제하는 방안도 좋아 보인다. 독일의 경우 총리의 재임 기간에는 아무런 제한이 없다. 헬무트 콜은 16년을 재임했고, 메르켈도 10년을 훌쩍 넘게 재임하고 있다. 그러나 헬무트 슈미트라면 8년 이상 하지 않아야 한다고 이야기할 것이다. 그는 총리를 8년 이상 하게 되면 눈이 멀게 되거나, 지치거나, 틀에 갇혀버린다고 했다. 미국처럼 4년으로 하되 중임할 수 있도록 하는 것이 좋겠다. 민주적 통제 면에서 지금의 대통령제가 설령 제왕적 대통령제라 하더라도, 문제는 그것보다는 각각의 헌법기관들이 제자리에서 제 역할을 다하지 못하는 데 있다. 박근혜 대통령이 1~2년도 아닌 4년간 권좌에서 실정을 하는 동안 우리 정치인들은, 국무위원들은, 감사원은, 검찰은 무엇을 했나. 국무위원으로서의 역할, 중립적인 감사원이나 검찰의 위상은 지금의 제도로도 부족한 것은 아니다.

한국의 경이로운 경제발전은 익히 알려져 있다. 2007년 이스트 미시간 대학의 정영엽 교수는 한국의 경제발전을 다각적 관점에서 종합적으로 (특히 자본축적과 경제성장에 초점을 맞추어) 분석했고, "경제발전은 인간생활과 경제적, 정치적, 사회적, 문화적 그리고 기술적 환경의 총체적인 스펙트럼을 포괄하는 복합적이며 다면적인 과정이다. 경제발전이야말로 발전에 대한 의지, 노동력의 질적 수준, 인간, 기술, 태도, 가치관 그리고 제도들의 적절한 변화와 공고한 경제구조를 포괄하는 모든 필요성분의 혼합체이다"라고 했다.[4] 한 나라의 시스템은 여기서 언급한 경제발전을 넘어서는 보다 복합적인 과정이다. 그러니 한 나라의 시스템을 다른 나라에 이식한다는 것은 지난한 일임에 틀림없다. 독일 사람들의 정신적 자질과 사회 각 분야의 제도적, 모델적 요소들은 하나같이 좋아 보이지만 이것을 벤치마킹하기란 쉽지 않다. 과거 일본을 포함한 개도국들이 서양의 모델적 요소들을 가져오는 과정에서 경험했듯이 어떤 나라의 관행도 그 전통에 깊게 착근되어 있어 원한다고 해서 쉽게 들여올 수 없기 때문이다.[5] 특히 독일과 한국 간 문화적, 인적 차이는 극명해 보일 정도로 대조적이다. 프로이센의 많은 문물과 제도가 일본을 거쳐 우리나라에 들어와 있지만 다르게 운용되고 있다는 것은 전술한 대로다. 문화가 다르고 사람이 다르기 때문이다. 한국인은 극단의 창조성을 갖고 있다 한다.[6] 보수적인 독일인의 기질과는 아무래도 많이 달라 보인다. 함부르크 민속학박물관의 크뇌델Susanne Knödel 박사에 따르면 인류학점 관점에서 한국의 유교는 250년 만에 친인척 시스템Verwandschaftsystem을 완전히 바꾸었다 한다. 고려 시대는 부계와 모계가 동등하게 중요시되는 친인척 관계가 지배적이었으나 유교가 도입되면서 가부장적 전형으로 발전되었다는 것이다.[7] 하기는 우리나라의 종교변천사를 보면 흥미로운 점이 눈에 띈다. 고려시대의 불교가 조선시대에 들어오면서 유교로 대치되었고 해방 후에는 기독교가 성행하고 있다. 타 민족의 지배로 인한 것이 아니라 스스로 종교를 바꾸는 일은 세계 문화사에서 보기 드물 것이다. 크뇌델 박사는 이런 현상을 두고 한국 사회가 그 어떤 사회보다도 한번 결정된 사회적 개혁을 밀고 나갈 수 있는 능력이 있는 사회라고 평가했으나 다른 한편으로는 독일처럼 보수적인 사회라기보다는 극단적인 넘나듦이 있는 사회라는 생각이 든다. 아무튼 이런 차이로 독일의 제도나 생각들을 우리 사회에 수용하기는 쉽지 않아 보인다. 그럼에도 불구하고 우리의 새로운 국가모델을 지향해나가면서 이러한 독일모델적 요소들이 갖는 함의와 그 수용가능성을 생각해보는 것은 결코 무익하지는 않을 것이다. 독일 사람이 가장 독일적이라고 했듯이, 이 장에서는 외형적인 제도보다는 그것을 관통하는 내면적 기제나 인간적 요소로부터 나타나는 독일모델적 특성과 그에 상응하는 한국의 현실을 살펴보고자 한다. 어떤 분석도 비교 없이는 또렷해지지 않는다. 비교를 주저할 필요가 있는가?

독일과 일본의 역사기억에는 닮은 점이 없다

독일의 과거사 극복과정은 곧잘 일본의 그것과 비교되며 이것은 향후 우리가 일본과의 과거사 문제를 어떻게 풀어나갈지에 대한 일말의 단초를 보여준다. 일본은 우리에게 가깝고도 먼 나라이다. 임진왜란으로부터 시작해서 을미사변을 거쳐 한일합방 후 식민지를 겪었다. 이 과정으로부터 비롯된 위안부나 징병, 징용 문제는 1965년 한일협약 이후에도 아직 미제로 남아 있다는 인식이 있고 또 사실 그렇다. 한일관계에서 보이는 마찰의 대부분은 과거사와 관련된 정체성의 문제이기도 하다. 그만큼 풀기가 어렵다. 일본이 과거사 문제에 여하히 접근하고 있는지의 문제는 논외로 하더라도 우리의 인식이나 접근에서 뭔가 꼬이고 있다는 느낌을 받는다. 2015년 12월의 "위안부 합의" 이후 아베 총리가 했다는 "위안부 할머니들에 대한 직접적 사과편지는 털끝만큼도(조금도) 생각하지 않고 있다"는 발언은 충격적이다. 이것은 지금까지 한일 간에 논란이 있어왔던 과거사 문제에 대한 일본 정부의 종결적 발언으로 보인다. 일본의 외교백서에서는 한국에 대해 "민주주의와 시장경제에 대한 기본가치를 공유한다"라고 되어 있던 표현을 2015년부터 삭제했다. 우리 헌법에는 민주주의와 시장경제라는 가치가 명시되어 있는데 이제 일본은 자신들만 민주주의와 시장경제를 하고 한국은 그렇지 않다고 생각하는 것은 아닌지, 그렇다면 일본이 한국과의 선린우호정책에 근본적인 의문을 제기하고 있는 것은 아닌지 생각해볼 일이다. 기본가치를 공유하지 않는 선린우호 관계는 쉽지 않기 때문이다. 위안부 문제를 포함한 한일 간 과거사 문제의 요체는 진정한 사과와 배상이다. 여기에 대한 일본의 입장은 전술한 아베 총리의 발언에 이미 나타나 있지만, 더 이상 일본의 사과를 요구하고 기대하는 것은 의미도 없고 가능하지도 않아 보인다. 일본은 수십 차례 사과를 했다고 생각한다. 그러나 국제 사회의 눈높이로나 당사자인 한국민들의 마음속에서 일본의 사과는 형식적인 것일 뿐 진정한 사과는 아니다. 그래서 사과를 하지 않았다고까지 생각한다. 1990년 5월 아키히토^{明仁} 일왕이 한 "통석의 념" 같은, 일본 사람들조차 잘 쓰지 않는 말로 사과 수위를 조절하려 했던 일본의 입장과 1970년 12월 브란트 총리가 진눈깨비 내리는 젖은 바닥에 털썩 주저앉아 행한 무릎사과에서 보여진 독일의 입장은 당연히 대비된다. 2011년 11월 폴란드의 시코르스키^{Radoslaw Sikorski} 외교장관은 베를린에 와서, 독일이 힘을 행사하는 것보다 행사하지 않는 것이 더 두렵다며 유로존 위기에 대처하기 위한 독일의 유럽 내 지도적 역할 강화를 촉구했다.[8] 이 사례에서 보듯이 독일-폴란드 관계가 이런 단계까지 오게 된 것은 가해자인 독일이 피해자인 폴란드에 대해서 "할 만큼" 했기 때문이다. 브란트 총리의 무릎사과가 문제가 아니라 영토를 떼어주지 않았는가. 피와 살을 뜯어주었으니 폴란드가 독일을 믿지 않을 수 없다.

한일 간의 사과 공방만 하더라도 중요한 것은 사과받는 당사자가 수긍하는 사과다. 독일과 일본의 입장이 다른 것은 우선 문화의 차이로부터도 나온다. 죄의식을 드러내고 참회하는 기독교 문화를 가진 독일과 달리 체면을 중시하고 수치심을 거부하는 신도/유교 문화와 경직된 정치문화로부터 일본의 과거사에 대한 태도를 추론해볼 수 있다.[9] 우리가 인식하는 대로 일본 사람들이 정말 진정한 사과를 할 생각이 없을 수도 있다. '배상'을 거부하는 입장과 연결해보면 일본 사람들의 '잘못하지 않았다는 생각'은 좀 더 명확해진다. 독일은 2차 대전 전 가졌던 영토를 거의 1/4이나 잃었다. 그리고 브란트 총리 때 동프로이센을 포함한 이 실지를 완전히 포기하는 조약을 체결했다. 큰 맥락에서 보면 독일이 일으킨 전쟁에 대한 배상의 의미가 있다. 잘못했으니 그 죄과를 어떤 형태가 되었건 달게 받겠다는 인식이 전제되어 있다. 일본은 북방 4개 섬을 제외하면 이렇다 할 실지는 없었다. 그런데도 과거 제국주의 때 영토를 팽창하면서 차지했던 조그만 섬들을 갖고도 이웃국가들과 분쟁을 벌이고 있다. 이제 사과문제는 "물건너갔다"고 보는 게 맞겠다. 일본의 전후세대가 역사를 제대로 배우지 않았고 관심조차 없다는 현실을 볼 때 더욱 그렇다. 독일의 과거사 극복이 막강한 유대계 미디어를 포함한 미국 유대인 사회로부터의 강력한 외부 압력과 함께 1960년대 독일 사회 내부에서 자생적으로 발생한 68세대의 저항운동 같은 세대 간 투쟁을 통해 나온 복합적인 것임을 볼 때, 이 두 가지가 모두 결여된 일본으로부터 전향적인 입장을 기대하는 것은 애당초 무리였다. 전후 독일은 4개 강대국에 의한 복수적 점령상태였다. 이것은 어느 한 나라의 관용으로 독일의 과거가 용서될 상황이 아니라는 것을 의미한다. 게다가 미국 등 4대국은 이미 독일인들을 잘 알고 있었다. 미국에는 독일 이주민이 많았고, 그중 독일에 다시 돌아온 사람도 있었다. 그러니 전승국들은 독일을 손바닥에 놓고 들여다보았다. 그러나 일본의 점령국은 오직 미국이었고 냉전과 조우한 미국의 '시혜mercy'만으로 일본의 과거를 눈감아줄 수 있는 상황이었다. 게다가 미국은 일본에 대해 아무것도 알지 못했다. 일본 연구에 많은 영향을 미쳤다는 『국화와 칼』을 쓴 베네딕트Ruth Benedict 여사는 일본에 가본 적도 없이 그 책을 썼다. 이런 점은 일본에게 숨을 공간을 더 만들어주었다. 독일도 1950~60년대 아데나워 총리 당시에는 과거사 극복의 조짐은 보이지 않았다. 그러나 독일이 유럽 공동시장에 참여하고 미국과 안보 협력을 하기 위해서는 과거사 청산이 전제조건이었다. 즉, 독일에게는 과거사 극복은 선택이 아니라 필수였던 셈이다. 그리고 독일에서는 젊은 세대들이 자발적으로 부모 세대에 저항했고 과거사에 관한 사회적 논의의 주도세력이 되었다. 이러한 사회적 저항이 일본에서는 없었다. 그들의 부모, 조부모들이 2차 대전 시 무엇을 했는지는 잘 알고 있을 터이지만, 독일에서와 같은 치열한 세대 간 대립은 없었다. 그 사이에 70년이란 세월이 흘렀다. 베를린 자유대학의 콘라트Sebastian Conrad 교수도 이 점에 동의한다. 그는 "일본과 독일의 서로 다른 역사적 접근에 대한 두 가지 원인을 이야기한다면, 하나는 일본에서는 세대 간 갈등이 없었다는 것이고, 또 하나는 유럽연합과 같이 주변국과의 공동목표가 부재했다는 점이다. 특히 중국과 그러하다"라고 언급했다. 함부르크 연방군사대학 슈타크Michael Staack 교수의 말이다.

독일의 정치인들이 일본과의 대화에서 과거사 청산을 위한 자극을 주고자 시도하고 있다. 이런 맥락에서 행해진 2015년 3월 메르켈 총리의 일본 방문 시 행동은 실로 그 누구도 예상치 못한 것이었다. 그러나 결정적인 발걸음을 떼는 것은 일본 스스로여야 한다. 일본은 지난 1940, 50년대에 과거사 청산의 기회를 놓쳤다. 나는 단기간 내에 일본이 달라질 것이라는 데에 회의적이다. 30년이 넘는 세월 동안 일본의 정치인들은 책임감을 보여주기 위해 노력했지만, 이러한 노력은 이제 국수주의적 방향으로 전환되었다. 독일과 달리 일본의 엘리트층은 자국을 강대국이라 생각한다. 세계대전이 끝난 지 벌써 70년이 지났다. 하지만 일본은 독일과 다른 길을 갔다. 그동안의 세월을 일본이 어떻게 만회할 수 있을지 우려스럽다. 사실 일본에는 '정치Politik'와 '사회Gesellschaft' 간에 차이가 존재한다. 젊은 세대는 일본이 과거에 범죄를 저질렀고 이에 대한 책임을 져야 한다는 것을 정확히 알고 있다. 이런 젊은 세대가 있으니 세대교체가 이루어진 미래에는 상황이 나아지기를 바라겠지만 나는 사실 이에 대해 회의적이다. 과거에 대한 책임을 지고 사과를 하는 것은 원래 범죄에 직접적으로 가담했던 세대가 했어야 하는 일이기 때문이다[2016.5.23].

    독일과 일본의 과거사와 관련한 근본적 환경과 실제 여건이 다른 만큼 일본에 대한 우리의 접근도 달라야 할 것 같다. 독일은 역사를 현재로 갖고 왔지만 일본은 역사를 묻어 두려고 하고 있지 않은가? 이것이 옳으냐의 문제는 차치하고라도 이렇게 되면 현실적인 대안이 별로 없다. 그러니 일본에 대해서는 이것을 현재화시키기보다는 그대로 과거로 두되, 치열한 학문적 연구와 이를 통한 국제적 공감대와 담론이 형성될 수 있도록 하는 것이 어떨까 생각해본다. 언젠가 담론의 가치가 높아지게 되면 일본도 자연히 발을 들여놓게 될 것이다. 여기서 유의할 것은 역사의 정치화다. 통일문제도 마찬가지이지만, 역사기억 문제를 국내 정치와 연계해서는 통일도 역사 극복도 미래가 없다. 역사를 잊은 자에게 역사가 되풀이된다. 개전 20일 만에 수도가 함락된 임진왜란이 있고서 채 300년이 안 되어 수도의 구중궁궐에서 조선의 왕비가 참살당하는 수모를 겪지 않았는가. 군대가 있음에도 총 한 방 제대로 쏘아보지 못하고 나라를 빼앗기지 않았나. 이렇게 본다면 우리는 이미 역사를 잊은 민족이었고 그래서 다시 그 치욕의 역사가 되풀이되었다. 이제 그것을 또다시 되풀이할 수는 없지 않은가. 그러니 '남'인 일본만 탓하고 있을 만큼 한가하지 않다. 비단 일본과의 문제만은 아니다. 해방 후 분단을 야기한 과정에서 미, 소의 역할이나 당시 우리 정치인들의 대처를 독일이나 오스트리아의 전후 대처와 비교해 봄직도 하다. 특히 오스트리아는 독일과 똑같은 가해자의 입장에 있었으나 카를 레너라는 걸출한 지도자에 의해 분단 없이 온전히 나라를 보전했다. 우리에게는 이승만 대통령이란 지도자가 있었지만 결국 분단을 막지 못했다. 확연히 비교되는 대목이다.

    그렇다고 과거사에 대한 일몰제를 주장하는 것은 아니다. 역사는 독일의 예에서 보듯이 인위적인 "이제 그만"이라는 것이 가능하지 않기 때문이다. 제2장에서 살펴보았듯이 독일은 에르하르트 총리 시절부터 "이제 그만"을 시도했지만 결국 실현되지 않았다. 그리고 과거사에 관한 한 일본은 독일처럼 "이제 그만"이라고 할 만한 사정이 아니다. "아무것도" 한 것이 없기 때문이다. 이제 한일 간의 역사 공방은 위안부 소녀상으로 옮아왔다. 독일에서도 소녀상이 건립됐다. 2017년 3월 세계 여성의 날을 계기로 레겐스부르크 인근의 한 공원에 유럽 최초의 소녀상이 세워졌는데, 시작일 뿐이다. 우리 정부는 소녀상 건립에 간여치 않지만 일본 정부가 그 반대 공작에 공공연하게 개입한다는 것은 이제 비밀도 아니다. 프라이부르크에서 소녀상 건립이 무산된 일이 그것을 말해준다. 2017년 6월에는 미국 남부에서 최초로 세워질 소녀상 건립에 반대해온 애틀랜타 주재 일본 총영사가 한 지역언론과의 인터뷰에서 일본 정부의 공식 입장에도 못 미치는 시각을 드러냈고, 소녀상이 단순한 예술 조형물이 아니라 일본에 대한 증오와 분노의 상징이란 말을 했다. 바로 이것이 일본 지식인들의 생각일 것이다. 베를린의 한복판에 세워진 2711개의 홀로코스트 추념비를 보노라면, 사실 제3자의 입장에서도 "저렇게까지 할 필요가 있을까"란 의문이 들 정도다. 이 도심의 "돌무덤"은 유럽 도시의 상쾌한 분위기를 일거에 숙연케 한다. 바로 그곳에서 홀로코스트 희생자들이 밤낮으로 분노와 증오를 쏟아내고 있기 때문일 것이다. 그런데 독일은 자신들에 대한 이 분노와 증오가 그들 수도 한복판에서 그렇게 쏟아져 나오도록 허용했다. 대단한 관용이 아닐 수 없다. 이것을 보자면 누군들 독일의 과거사 청산이 미진하다고 할 수 있겠는가? 일본은 도쿄 한복판은커녕 외국의 소도시 한 귀퉁이에 조그만 소녀상을 건립하는 것도 안 된다며 외교관들까지 나서고 있다. 이런 일본을 상대로 시시비비를 가리는 것이 과연 현명한 일일까? 여기서 홀로코스트와 성노예 간 비교 문제가 제기될 수 있지만 이것을 '희생자경쟁Opferkonkurrenz' 차원에서 볼 일은 아니다. 스케일은 다를지 몰라도 인간성 말살이라는 문제의 본질은 똑같다. 아울러 제2장에서 말했듯이 스케일 면에서 일본의 범죄성이 작은 것은 결코 아니다. 일본이 아시아에서 일으킨 전쟁으로 중국에서만 1450만 명이 죽었다.[10] 홀로코스트 희생자 600만 명의 2배가 넘는 숫자다. 난징대학살은 불과 2~3주 만에 30만 명이 학살당한 인류 전쟁 역사상 유례없는 사건이다. 죽음에도 질이 있는가? 노이엔감메 강제수용소 추모관장은 이렇게 증언했다. "독일군과 일본군 어떤 쪽이 더 끔찍했느냐의 문제라기보다는 그냥 그 방식이 달랐을 뿐이다. 파괴력과 강도는 같다. 태평양전쟁에 참여했던 미군들의 기록에 따르면 유럽 대륙에서의 전쟁보다 아시아에서의 전쟁이 더 잔인했다고 한다."[11] "과도한 역사적 성찰은 미래의 활력을 빼앗는다"는 니체의 말도 있지만 "역사를 모르는 자, 그 역사를 다시 살게 될 것이다"란 말도 있다. 균형적 접근이 필요할 때다.

아울러 혹시 우리가 가해자의 편에서 다른 민족에게 저지른 과오는 없는지 살펴보고 허심탄회한 접근이 필요하다는 점도 독일의 사례에서 가져올 수 있는 부분이다. 요체는 독일이나 우리나 과거 역사에서 "무엇을 했는지"를 제대로 파악하고 잘못한 게 있다면 이를 반복하지 않기 위한 답을 찾아내고 체득화하여 비극의 반복을 막아야 한다는 것이다. 이는 가해자 입장에 선 독일이나 피해자 입장에 선 한국이나 원리는 마찬가지이다. 독일은 이 점에서 대단히 잘해왔고, 또 그렇기에 과거 역사가 오늘날 번영의 밑거름이 되고 있다. 독일은 자신의 과거사뿐만 아니라 남의 과거사도 챙기고 있다. 독일과 터키 간의 공식적 우호관계에도 불구하고 2016년 6월 독일 연방하원은 아르메니아인들에 대한 터키의 학살을 제노사이드로 간주하는 결의를 채택했다. 아르메니아인들에 대한 터키의 학살은 20세기 최초의 제노사이드로 간주된다. 우리가 큰 나라도 아니면서 오지랖 넓게 남의 일까지 나서냐고 할 수 있다. 하지만 지금 세계는 좁다. 누가 무엇을 하는지 순식간에 다 알 수 있는 세상이 되었다. 우리같이 국제관계가 치명적이리만큼 중요한 나라일수록 '원칙'을 고수하는 외교를 해야 한다. 그래야 살 수 있다.

생각에는 세금이 없다

괴팅엔 대학을 방문했을 때 그 대학에서만, 그 도시에서만 노벨상이 무려 45개가 나왔다는 사실을 알고 깜짝 놀랐다. 지금도 세 명의 노벨상 수상자들이 괴팅엔에서 살고 있다. 독일 사람들이 보수적이라고는 하지만 이들이 혁신적이지 않다거나 창의적이지 않다는 것은 아니다. 노벨상이 생기기 훨씬 전에 인류 역사에 한 획을 그었던 종교개혁도 독일 사람인 루터의 작품이다. 1521년 보름스 제국의회에서 황제 앞으로 불려나간 루터는 황제의 95개조 철회 종용에 대해 "나는 여기서 있다. 달리 아무것도 할 수 없다"란 말을 남겼고 이것이 중세와 근세를 갈랐다. 역사가들이 중세와 근세를 구분하는 기준은 '인간성'에 대한 관점이다. '인간성의 존중'을 기준으로 이것에 눈뜨기 시작한 때를 근세의 출발점으로 보는 것이고 이것은 바로 사상과 종교의 자유, 생각의 자유에 관한 것이다. 독일 동요 중에 "생각은 자유, 사냥꾼도 생각은 쏘아 맞힐 수가 없지요"라는 유명한 노랫말이 있다. 이런 관점은 루터의 "생각에는 세금이 없다^{Gedanken sind zollfrei}"란 말에서도 찾아볼 수 있다. 그런 연유에서인지 독일은 '생각의 대국', '사상과 문학과 철학의 대국'이다. 비스마르크는 그렇기 때문에 역설적으로 독일이 철학자와 시인의 나라가 아닌 과학자나 엔지니어의 나라가 되기를 바랐다. 그러나 과학자와 엔지니어의 나라가 철학자나 시인이 없이 이루어질 수 있을 것 같지는 않다. 사람들은 무엇이 옳고 그른지를 판단할 수 있을 정도로 충분히 이성적^{vernünftig}이지만 행동은 다르게 한다고 한다. "나는 생각한다. 고로 이성적이다. 나는 다르게 할 수 없지만 다르게 행동한다." 이것이 악의 이론이다. 악을 향한 생각에도 이성은 있다. 이성 그 자체는 이데올로기—여기서 이데올로기는 긍정적인 주관을 갖춘 사상을 의미한다—가 아니기 때문이다. 성숙한 판단력을 가진 사람도 살인을 하고, 나치도 이성이 없어서 홀로코스트를 자행한 것이 아니다. 그래서 계몽적 철학^{aufklärischer Philosophie}을 결여한 이성이나 도덕Moral을 수반하지 않는 생각은 위험하다. 이것은 결코 흑백논리적 사고가 아니다. 그래서 생각은 자유지만 도덕을 부정하는 생각은 위험하다는 이야기다. 이런 생각은 칸트 전공 철학자인 슈탕네트 박사의 『나쁜 생각Böses Denken』이란 책에 잘 나타나 있다.

우리나라로 돌아와보자. 우리의 생각의 힘과 그 도덕성은 어느 정도인가? 생각은 지적인 욕구와 연결된다. 우리는 과연 지적인 활동에 얼마나 관심이 있는가. 우선 우리가 만나고 있는 모임의 내용을 들여다보자. 우리가 공을 들이는 네트워킹의 실체는 무엇인가. 최순실이나 삼성의 대관업무 사장 같은 '효험 있는 선지자'를 만나기 위해서인가. 지적 욕구를 해소하기 위함인가. 아니면 그저 시간을 때우기 위해서인가. 여기서 중요한 것은 우리의 '생각'이다. 시험이 객관식이라 생각하는 힘이 약하다는 말도 한다. 하지만 단지 시험 형태 때문에 생각하는 힘이 약해진 것일까. 혹시 우리 스스로가 생각의 틀을 설정해놓고 있는 것은 아닐까. 이런 틀에 갇힌 생각으로는 멀리 갈 수 없다.

혹시 우리의 생각을 제한하는 것이 있다면 무엇일까. 일례로 '공산주의'나 '빨갱이' 같은 것이 있다. 해방 후 한국전쟁을 겪으면서 공산주의나 빨갱이는 전 국민이 터부시하는 주제가 되었다. 혹시 자신에게 그 딱지가, 아니면 그 딱지의 그림자라도 붙게 되면 어떡하나 하는 극심한 공포를 느꼈다. 그래서 지금도 "좌파"나 "좌파적"이라는 말까지도 터부의 대상 또는 혐오의 대상이 되면서 우리의 마음이나 생각으로부터 아예 추방되거나 부정적 딱지가 붙여졌다. 국민적인 기피어가 되어버렸다. 서구에서 위대한 사상가의 한 사람으로 평가되는 마르크스 같은 인물을 평가할 때도 관용을 찾아보기 힘들다. 우리가 사고를 함에 있어서 한쪽으로 치우친 사고, 단선적인 접근이 알게 모르게 상당히 뿌리를 내리고 있다. 대화시에 가급적 자신의 생각은 감추고 상대방의 이야기만 듣고자 하는 성향도 우리의 생각 어딘가에 자리잡고 있는 자유로운 생각이 들켜서는 안 된다는 두려움 때문이 아닌가 싶다.

 "좌파"라는 것은 그저 정치적인 성향, 즉 진보적인 성향을 뜻하는 정치적, 사회적 개념일 뿐이다. 보수적인, 그래서 현상유지를 원하는 성향을 이르는 "우파"라는 말에 대칭적인 개념이다. 그런데 좌파는 나쁜 것이고 우파는 좋은 것인가. 독일에서 우리가 알고 있는 기민당이나 기사당 또는 자민당 같은 정당은 우파적인 정당이고 사민당이나 녹색당 또는 좌파당 같은 정당들은 좌파적 정당들이라지만 이들은 모두 중도적 국민정당이다. 독일의 정치는 이데올로기화되어 있지 않다. 정책 대결을 할 뿐이다. 독일의 좌파당Die Linke은 통독 후 라폰테인Oskar Lafontaine을 주축으로 한 사민당 탈당파들과 구동독 민주사회당PDS(공산당의 후신)이 합하여 만든 당이다. 지금도 동서독 출신 2명을 공동대표로 한다. 아마 우리 같으면 최소한 좌파당이란 당명을 사용하지는 않았을 것이다. 이데올로기적 선입견이 있는 "좌파"라는 당명으로 한국에서 성공하기는 어렵기 때문이다. 독일 사람들은 좌파당이란 이름 자체에서 부정적인 생각을 갖지는 않는다. 라폰테인과 좌파당을 창당했던 귀지Gregor Gysi나 현 공동 대표인 바겐크네히트Sahra Wagenknecht의 인기는 상당하다. 귀지는 최근 동독의 나체문화FKK, Frei Körper Kultur를 서독에서 더 배워야 한다며 나체촌에서 나체의 남녀들과 함께 찍은 사진을 언론에 공개하기도 했다. 여기서 그 자신만은 옷을 입고 있었는데 이유는 옷을 벗을 수 있는 연령을 넘어섰기 때문이라고 익살을 떨었다. 바겐크네히트는 귀지와 함께 좌파당을 창설한 라폰테인의 동지이자 부인이다.

 독일은 설령 극단적인 좌나 우를 표방하는 정당일지라도 기본법상의 '자유민주적 기본질서'를 심각하게 위협하지 않는 한 정치적 신념에 따른 정당 활동을 광범위하게 허용하고 있다. 독일의 민주주의가 뢰벤슈타인Karl Löwenstein의 전투적 민주주의에 기초하여 자유민주주의적 정치, 사회질서를 적극적으로 보호하는 방어적 민주주의임을 감안하더라도 사상적인 관용의 허용치는 대단히 높다. 유럽연합 해체를 주장하는 독일 대안당은 물론 심지어는 독일의 1937년 말 이전 고토 회복이나 인종주의적 강령으로 나치의 노선을 표방한다는 독일국가민주당NPD도 2017년 1월 연방헌법재판소의 해산청구 심판에서 살아남았다. 연방헌법재판소는 NPD가 "헌법 적대적"이기는 하나 기본법 21조상 정당을 해산할 수 있는 요건인 "자유민주적 기본질서"를 해치는 정도까지는 아니라고 보았다. 헌법재판소의 결정은 기본적으로 정치적이다. 나라마다 정치적 상황이 다른 만큼, 일률적 비교는 어렵다 해도 우리의 통합진보당 해산 결정에는 일말의 아쉬움이 남는다. 독일의 사례가 맞다거나 아니라는 것보다는 생각이나 결사의 제한에 더욱 신중해야 한다는 주장이다. 우리 사회에서 특정인의 과거 저서나 발언에 나타난 생각이나 표현을 문제삼는 경우가 있는데, 독일에서라면 문제가 되지 않을 것들이다. 이것은 기본적으로 사상과 표현의 자유를 제약할 수 있다는 점에서 바람직하지 않아 보인다.

2015년에 작고한 헬무트 슈미트 총리의 서거 전인 2014년에 그의 나치장교 복무를 꼬집은 『헬무트 슈미트와 저주스런 전쟁Helmut Schmidt und der Scheißkrieg』이란 책이 나왔다. 이 책은 얼마 남지 않은 생을 명예롭게 마감하고자 하는 슈미트 총리에게 적잖은 부담이 되었을 것이다. 나도 사실 조금은 놀랐다. 아흔을 훌쩍 넘긴 노정치가를, 그것도 여러모로 존경과 신망을 한몸에 받고 있는 사람을 비판해서 무엇을 얻고자 하는 것인지, 동양적 관점에서 볼 때는 조금 심하다는, 또는 적어도 쓸데없는 일이라는 핀잔을 들을 수 있다. 그러나 독일 사람들은 좌고우면하지 않는다. 칭찬이든 비난이든 할 것은 한다는 생각이다. 고속철ICE의 2등석에 탄 손님이 1등석 손님을 위해 비치한 신문을 가져가는 것이 차장에게 목격되어 결국 그 기차에서 하차하게 된 사건도 있었다. 내 눈에는 무척 흥미로운 사건이었다. 한국이라면 그 상황에서 여객차장이 과연 그 손님을 내리게까지 했을까. 규정은 어겼지만 한국인의 관대한 미풍양속 개념으로는 아마 어려웠을 것 같다. 우리는 이렇게 원칙대로 단순하게 생각하고 행동하는 사람을 '독일병정'이라고 냉소적으로 여기는 경향이 있지 않은가? 한 철학자는 테러리스트는 적어도 자신의 생각에는 충실한 사람들이라 했다. 한국 속담에 "모난 돌이 정 맞는다"라는 말이 있다. 유교 사상의 가르침 가운데는 "중용지도中庸之道"라는 것도 있다. 모두 평균적인 인간을 만들자는 것은 아닌지 모르겠다. 그러나 그 평균치도 튀는 쪽이 있어야 늘어날 것이 아닌가.

완벽은 낭비다

우리가 고쳐야 할 것 중의 하나는 완벽함을 추구하는 것이다. 장기간에 걸친 거시적 측면에서보다는 단기적이며 단편적인 완벽성을 추구하는 습관이다. 이런 성향은 정책을 수립하고 시행할 때나 행사를 준비할 때 곧잘 나타난다. 한 치의 오차도 있어서는 안 된다는 태도는 언뜻 보기에 긍정적일 수 있다. 하지만 이보다 불합리하고 지속가능하지 않은 것은 없다. 완벽을 시도할수록 필요 이상으로 시간과 돈이 투입되고 한계효용의 법칙에 따라 경제성이 떨어진다.

카타르에 있을 때였다. 카타르는 우리나라의 액화천연가스LNG 최대공급국이다. 당시 2010~2011년에는 천연가스 시장이 공급자 중심에서 수요자 중심으로 바뀌고 있는 터라, 단기계약을 하면서 부분적으로는 현물시장에서 조달하는 관행이 이미 다른 나라들에게는 일반적이었다. 나는 그때 쉘Shell의 최고정보책임자CIO와도 의견을 나누었다. 그는 우리가 1~2년치의 비축분만 있다면 장기계약을 하지 말라고 조언해주었다. 사정이 이러함에도 우리 가스공사는 카타르와 또다시 장기계약을 체결했다. 이유인즉, 석유나 가스는 에너지안보와 직결된 전략 자원이기 때문에 한 치의 소홀함도 허용되지 않는다는 것인데, 이러한 완벽주의는 비용을 그만큼 더 지불하게 하는 것이고 결국 이것은 국내 소비자들의 부담으로 돌아가게 된다. 2015년 7월 우연히 국내 언론의 한 기사를 보게 되었다. "국제 LNG 가격 반값 되었는데, 왜 한국만 찔끔 내렸나"라는 제목의 기사였는데, 에너지 수급을 책임져야 하기 때문에 비싸도 사올 수밖에 없다는 가스공사의 구태의연한 입장을 재삼 확인할 수 있었다. 이것은 마치 안보를 책임지기 때문에 무기를 비싸게 사와도 된다는 이야기나 마찬가지 아닌가?

예를 들어 어떤 행사를 준비할 때도 마찬가지다. 우리는 일단 행사를 준비하는 책임자나 담당자가 되면 자신이 맡은 행사를 완벽하게 치르고 싶어한다. 그것만이 지고의 선이다. 조금이라도 문제가 생기면 본인의 능력이나 명예에 손상을 입는다고 생각한다. 그러기에 무리를 하는 한이 있더라도 그 행사준비는 완벽해야 한다. 플랜 B도 전방위적으로 준비한다. 지구 반대편에 있는 행사장도 몇 번씩 답사한다. 비용을 고려치 않고 완벽을 도모하려는 이런 현상이 전 사회적으로, 전 국가적으로 벌어진다고 볼 때, 그 개개의 행사나 사업은 실수 없이 되겠지만 그에 따른 비능률과 비효율성은 국가 경쟁력을 갉아먹는다. 우리나라의 노동생산성은 OECD 국가 중 최하위에 속한다. 그러니 아이들에게도 열심히 했다고만 칭찬할 것은 아니다. 이런 문제들을 대할 때 각자가 합리적이며 지속가능한 사고를 하는 것이 중요하고 또 만에 하나 일을 하다가 실수를 하더라도 그 과정이 합리적인 것이었다면 더 이상 결과에 책임을 묻지 않는 풍토가 요구된다.

독일인의 성정이 완벽하다 해도 합리적이고 지속가능한 범위 내에서다. 일회한의 성공 같은 것은 독일인의 마음에는 결코 없다. 일회성의, 단편적인 성공이 아니라 지속가능한 성공을 거두기 위해서 신중하려 하고 그 신중함으로부터 "천천히 서두르는" 모델이 나온다. 이것은 독일의 미텔슈탄트나 히든챔피언의 대표적 특성이기도 하다.

"겉보기 어른"의 대화문화

"겉보기 거인Scheinriese"은 미하엘 엔데Michael Ende의 동화책에 나오는 이야기인
데 멀리서 보면 거인이지만 가까이서 볼수록 그 실체가 드러나 거인이 아니라는
것이다. 외관과 달리 내용이 없는 것을 빗대어 그렇게 부른다. 독일 사람들은 자
국인 독일을 비판할 때도 "독일은 겉보기 거인"이라고 표현한다. 그런데 뮌헨안보
회의 의장을 맡고 있는 이성어 대사는 러시아를 "겉보기 거인"으로 혹평했다. 러
시아를 제대로 모를 때는 두려운 거인 같은 존재이나 막상 뜯어 놓고 보면 경제력
이나 국민들의 평균수명이라든가 하는 측면에서 결코 두려워해야 할 거인 같은
존재는 아니라는 것이다.

나는 여기서 우리 사회에 대해 "겉보기 거인" 대신 "겉보기 어른Scheinerwachsene"
이란 말을 하고 싶다. 외형은 어른인데 실상은 아이란 것이다. 적어도 우리의 집
단어울림 현상이나 과도한 쏠림 현상 그리고 대화문화를 볼 때 이런 생각을 지울
수 없다. 부연하자면 어린애들이 하듯이 뭉쳐 다니고, 개인으로서가 아닌 집단으
로서야 비로소 용감해지고, 무엇이든 호불호가 과도하게 나타난다. 영어만이 외
국어이고 영미식 시장경제가 최고의 자본주의이고 골프가 최선의 운동이고 하는
등의 쏠린 생각과 함께 실제 그에 따른 행동 양태들을 보이는 것이다. 중국이 부
상하면서 갑자기 중국 바람이 불었다. 중국이 우리 모두를 밥 먹여주는 것도 아닌
데 너도나도 중국어에 매달렸다. 지금 독일에서는 인구감소로 전문 노동인력이
부족하여 우리 학생들이 독일에서 직업교육을 받고 기술을 배워서 현지에서 취업
할 수 있는 기회가 큰데도 막상 학생들을 모집할 수 없는 상황에 부딪혔다. 일선
고교에서 독일어를 가르치지 않기 때문이다. 모두들 중국이나 스페인어로 갈아
탔다는 것인데 여기서도 과도한 쏠림 현상을 볼 수 있다.

또 한 가지는 우리의 대화법으로 드러나는 현상인데 두 가지 문제점이 보인다.

우선은 상대방의 입장을 도외시하고 그 말을 경청하지 않고 자신의 의견만 주장하는 것이다. 말이 안 통할 수밖에 없다. 두 번째는 상반되는 경우다. 상대방의 말만 듣고 정작 자신의 생각과 말은 닫아버린다. 이 경우는 상대방의 말을 경청하고 이해하려는 동기에서보다는 상대방의 의중을 떠보려는 것으로 생각된다. 이런 상황은 일본이나 중국 등 아시아 문화권에서 흔히 볼 수 있다고 한다. 이 대조적인 두 가지 대화문화가 사안에 따라 교차적으로 발생하면서 결국 말이 통하지 않는 사회, 대화나 토론이 생산적이지 않은 사회가 되고 말았다.

우선 첫 번째 문제를 보자면 어린애들이 말다툼을 하거나 싸울 때 대개는 각자의 주장이 서로 평행선을 달린다. 상대방의 말에 귀 기울이지 않고 자기 할 말만 하고 끝난다는 특징을 보인다. 구체적인 이익이 걸려 있는 대화일수록 이런 경향이 나타난다. 가령 도로에서 차량사고라도 나게 되면 사고 당사자들끼리 언성을 높이며 자기주장에만 열을 올리는 것을 볼 수 있다. 그런데 이런 일방적인 자기주장의 대화 양태가 집단적 토론을 할 때도 드물지 않게 나타난다. 상당히 단선적이다. 정부 당국자의 언론 브리핑이나 인터뷰를 봐도 그렇다. 자신의 입장을 일방적으로 풀어놓는 것으로 끝이다. 세상 이치가 그렇게 단순하지는 않을 텐데 말이다. 자신의 입장에 동의하지 않는 부분에 대한 이해나 설명은 거의 없다. 가령 사드 배치를 둘러싼 중국과의 문제가 있다면, 보통 우리의 입장은 충분히 설명되지만, 정작 알고 싶은, 왜 그러면 상대방이 그렇게 사활을 거느냐, 공신력 있는 3자적 평가는 무엇이고 현실적 대책은 무엇인가 하는 것들에 대한 궁금증은 긴 시간 인터뷰를 듣고 나서도 해소되지 않는다. 국회 청문회에 나와서 증언을 할 때도 입장이 상반되는 증인들 간에는 조그마한 공유점을 찾기조차 쉽지 않다. 엄연한 사실에 대한 문제에서도 양측의 입장이 평행선을 달린다면 어느 한쪽은 거짓이다. 2016년 12월 국정농단 사건 청문회에서 보았던 한결같은 증언들은 그야말로 "거짓말의 향연"이었다. 거짓말은 도덕 없는 생각의 연장이다. 언론에서 어떤 스캔들이

터져나올 때마다 반복적으로 되풀이되는 현상이 있다. 연관자들의 한결같은 부정이다. 스캔들 보도 내용을 부정하는 것은 물론이고 명예훼손죄로 고소하겠다고까지 한다. 하지만 어느 정도 시간이 흘러 진실이 드러나는데 대부분은 이러한 한결같은 부정이 사실이 아니다. 그렇기 때문에 우리 속담 "아니 땐 굴뚝에 연기 나랴"가 이미 진리를 말하는 경구가 된 지 오래이다. 왜 그럴까? 유교의 체면문화 때문일까?

두 번째의 경우에는 오히려 정반대의 현상이 나타난다. 자신의 솔직한 의견을 좀처럼 드러내지 않고 상대의 눈치를 살핀다. 일본 사람들의 과도한 예양문화는 명치유신 전 약 500년간의 막부통치하에서 스파이 정치를 겪어오면서, 살아남으려는 사람들의 조심스런 언행 습관이 집적되면서 생긴 것이라 한다. 우리도 과거 조선시대의 사화 같은 역사적 배경이나 일제강점기를 거쳐 한국전쟁이라는 동족상잔의 내전을 겪으면서 말조심하는 습관이 알게 모르게 몸에 배게 되었으리라는 추측은 해볼 수 있다. 또한 가장 기본적인 대화법으로 볼 수 있는 문답의 형식 면에서 불일치 현상이 관찰된다. 예를 들면 "이냐, 아니냐?" 또는 "했냐, 안 했냐?"는 식의 질문을 던지면 답변도 "이다, 아니다" 또는 "했다, 안 했다"로 나와야 하는데 이것은 없고 장황한 보충설명식의 답부터 듣게 되는 경우가 많다. 왜 그럴까? "아니오"라고 답하는 것이 부담스러워서일까? 아무튼 상당한 주의를 기울이지 않으면 상대방의 입장이 어떤 것인지 잘 알 수가 없다. 시간과 돈이 들어가는 만남과 대화를 장시간 갖고도 자신의 의견도 표현치 않고 상대의 의견도 무엇인지도 알수 없다면 이것이 초래하는 사회적인 비능률은 클 수밖에 없다. 좀 더 진솔한 대화 자세가 필요하다. 재독 동포사회에는 한국 간호사들이 독일인과 결혼한 한독 가정들이 많다. 그중 한 사람으로부터 대화와 소통에 관한 재미있는 이야기를 들을 수 있었다. 그 사람은 한국 며느리와 독일 며느리, 두 며느리를 두고 있는데, 결론부터 말하자면 독일 며느리가 더 친밀하게 느껴진다고 했다. 한국 며느리는 무슨 생각을 하는지 잘 모를 때가 많지만 독일 며느리는 좋든 나쁘든 그런 일이 많지 않다는 것이다. 시어머니 생일날같이 외식을 하고 결국 각자 돈을 치르게 되더라도 소통이 원활한 독일 며느리가 낫다면서 독일 며느리가 야박하기도 하지만 대신 시부모로부터 바라는 것도 없다고 했다.

독일에서 유명 정치인들은 수시로 일반 대중들 앞에서 연설이나 강연을 한다. 연설 말미에는 형편에 따라 상당히 길게 또는 짧게 질문의 기회도 주는데, 그들의 화법은 상당히 내면적이며 다층적이고 철학적이기까지 하다. 물론 메시지는 분명하다. 그래서인지 독일 정치인들의 강연이나 연설은 늘 청중들로 꽉꽉 찬다. 정보화의 시대에 사람들은 의외로 많은 정보를 접한다. 반대편의 주장이나 객관적인 비교, 평가가 없다면 사람들은 더욱 의구심을 가질 뿐이다. 2017년 3월 취임한 슈타인마이어 대통령은 "문제들은 언제나 복잡하다. 따라서 그 문제의 해결도 단순할 수는 없다"라고 말한다. 2016년 외교장관이었을 당시 세계지역문제연구소 GIGA의 초청으로 행한 그의 독일 대외정책에 관한 연설 일부를 소개해본다. 시기적으로 남중국해 문제가 불거졌을 때였다.[12]

지루한 유엔총회가 끝난 어느 날 저녁, 숙소 앞에서 한 비유럽 우호국의 외교장관을 만났습니다. 그 장관은 나에게 이렇게 말했습니다. "사실 우리는 독일을 좋아한다. 축구, 자동차, 맥주, 모든 것이 좋다. 하지만 이해할 없는 부분이 있어 항상 당신에게 물어보고 싶었다. 독일 사람들은 자동차가 전혀 다니지 않는 곳에서도 빨간불에는 길을 건너지 않는다. 나는 아마 절대 우리 국민들이 그렇게 행동하도록 만들 수 없을 것이다. 그런데 꼭 그럴 필요가 있을지도 의문이다." 이것은 진부한 일화에 불과할 수도 있지만, 그 이면에 숨겨진 문제는 진부하지 않습니다. 그 이면의 문제란 질서, 규정, 제도, 그리고 그것들의 정당성이나 그에 대한 동의는 어디에서 오는 것인가 하는 것입니다. 얼마 전 카메룬의 저명한 정치학자

한 분이 독일을 방문했습니다. 많은 분들이 잘 알고 계시는 아쉴레 음벰베^{Achille} ^{Mbembe}입니다. 그는 질서를 주제로 개최된 베를린의 한 학술행사에서 이에 대해 상당히 격한 어조로 표현했습니다. 그는 "당신들의 질서는 우리에게 있어 무질서 다"라고 말했습니다. 이는 질서개념의 상반된 가치를 보여주는 것으로, 우리가 다른 이들의 견해를 열린 마음으로 대해야 한다는 것을 의미한다고 생각합니다. 대외정책에서 우리는 다른 이들을 이해할 준비가 되어 있어야 하고, 이를 타협 을 위한 전제조건으로 보아야 합니다. 이러한 이해와 타협의 자세야말로 독일이 위기 속 조정자이자 중재자로서 명성을 얻을 수 있는 방법입니다. 우리는 헤드라 인^{Überschriften} 싸움에서 벗어나야 합니다. 키신저 장관은 "모든 대외정책은 인식 ^{Wahrnehmung}에 대한 것"이라는 멋진 말을 했습니다. 여기에는 두 가지 관점이 있 는데, 하나는 서방국가들이, 그중에서도 특히 미국이 중국의 경제적, 정치적 발 전을 저지하려 한다는 중국의 관점이고, 또 다른 하나는 남중국해에서 미국이 나 설 수 있는 여지를 허용하지 않으려는 것이 중국 정부의 목적이라는 미국의 입장 입니다. 이처럼 두 가지 상반된 관점이 있지만, 나의 경험상 이는 무엇이 옳고 그 른지를 논쟁할 수 있는 성격의 것은 아닙니다. 따라서 우리가 남중국해의 이용에 서 무엇이 정당하고, 무엇이 정당하지 않은지에 대한 문제를 구체적으로 논의하 고, 이를 통해 이해와 타협에 가까워지기 위해서는 헤드라인 싸움에서 벗어나야 한다고 생각합니다.

네트워킹에 올인하는 사회

지금 한국에서 볼 수 있는 특징적 사회 현상이라면 종교의 과열화와 함께 '네트 워킹'에의 몰두 현상을 들 수 있겠다. 한국 사회의 네트워킹은 모든 계층을 아우르는 전 사회적 인맥 엮기다. 이것은 공식적, 공개적, 제도적이라기보다는 비공식적, 비공개적, 특정 개인 또는 그룹의 사유적 행태를 보인다. 그런 연유로 사회 공익적 관점에서 볼 때 긍정적 사회적 결과물로 이어지기보다는 상당한 부정적 효과를 동반한다. 국가적으로나 사회적으로나 추문이 터질 때마다 그 배후에 숨어 있는 비정상적인 '네트워킹'의 그림자를 볼 수 있다. 특히 현역 국가기관이나 조직 내에서 그러한 은밀한 네트워킹의 반국가성, 반사회성은 과거 군대 내 하나회 같은 경우에서 목도한 바 있으며, 꼭 현역기관이 아니더라도 특정 지역의 향우회나 학교 동창회, 특정 직업 종사자들의 퇴직 단체 같은 것들도 본래 의도에 반해 사회적 인식이 꼭 긍정적인 것만은 아니다.

강남 같은 부자 동네에서 유럽의 특정 페스티벌 견습여행을 주선하는 데 참가비가 터무니없이 비싸도 예약이 밀린다 한다. 하다못해 학부모들이 사친회를 넘어서서 학교나 학생과는 아무 관계없는 목적으로 그저 친목회를 하는 사례도 있다. 대학에서 주관하는 무슨무슨 '최고과정'이라는 것도 어떻게 보면 학습기회의 창출이라는 본질적 목적보다는 명사들의 네트워킹이라는 부수적 목적 때문에 비싼 참가비를 감수하는 것이고, 대학은 이를 이용해서 돈을 벌고 있다. 그래서 반년이나 1년을 그 '최고과정'이라는 것을 다니고 나면 꼭 무슨무슨 과정 몇 기 동기회를 조직해서 그들만의 리그를 지속하려는 경향을 볼 수 있다. 최근 이런 '과정'은 대학뿐만 아니라 언론사에서도 개설하고 있다. 독일에서도 언론사가 지식산업으로 장사를 하지만, 양태가 다르다. 그들은 누가 오든 1회한의 참가비—아주 비싸게 받는다—를 받고 한 번의 강연 또는 하루나 이틀 정도의 강연회를 주관한다. 강연장에 들어갈 때 명찰을 주는 정도지 참가자들 간에 네트워킹을 한다는 기미는 보이지 않는다. 헌법에서 보장하고 있는 결사의 자유나 '사사로운 목적'을 비난하려는 의도는 결코 없지만, 우리 사회의 이 네트워킹 열풍은 도대체 어디서 오는지 의문스럽다. 우선 우리 사회가 투명하지 않으니, 심하게 말하자면 '법치'가 아니니 사적인 네트워킹으로 자구책을 강구하려는 것일 수도 있겠다. "옷깃만 스쳐도 인연"이라는 말이 있지만 독일 사람들에게는 옷깃을 스치는 정도의 인연은 없다. 그런 정도로 일상생활에서 늘 일어나는 일들은 인연이 아니며, 그러니 신경쓰지 않는다. 왜 우리에게만 그런 조그만 인연들이 소중할까. 그리스 재정위기가 터지자 독일 사회에서는 그리스 사회의 비효율성에 대한 엄청난 성토가 쏟아졌다. 개인 집을 짓는 데 건축허가라도 받을라치면 해당 관청 담당직원과 점심이라도 해야지 그냥 서류만 내서는 안 된다는 것이었다. 우리 사회의 모습을 그리스에 비교한다면 지나친 것일까? 확실한 것은 개인적인 네트워킹에 의존하는 정도가 독일 사회보다는 우리가 훨씬 크다는 점이다. 우리는 온갖 일에 개인적으로 신경을 쓰고 관리해야 한다. 매우 피곤한 일이고 사회적 비용도 크다. 우리 사회가 좀 더 투명하고 공적인 메커니즘에 따라 움직였으면 한다.

그런데 이런 현상이 꼭 사회적인 불합리성으로부터만 오는 것 같지는 않다. 예를 들면 우리 주위에 소위 '유명인', '셀러브리티'가 있는 경우 많은 사람들은 그냥 두고 보지를 못한다. 그럴 만한 상황이나 계제가 아닌데도 접근을 해서 말을 걸거나 악수라도 하려 하고 악수가 허용되면 사진도 찍고 싶어한다. 그런데 이런 현상은 사회적 연관성이 있다기보다는, 오히려 개인적 이기심이나 허영심 때문이다. 그 사람 입장에서 그런 접근을 원하지도 않고 귀찮기만 할 뿐이라는 생각은 별로 하지 않는다. 유명인과 동일시되는 느낌 또는 그 사진을 갖고 허세를 부리려는 심리가 문제다. 그저 유명한 누구를 알고 또 한술 더 떠서 잘 안다고 남에게 이야기하는 것만으로도 허영심이 채워지기 때문이다. 이런 생각은 의외로 만연해 있다. CNN의 유명 기자 아만푸어Christiane Amanpour는 1990년대부터 이름을 떨친 중동 특파원이었다. 그녀가 발칸전쟁 직후 사라예보 시내의 한 호텔 식당에서 바로 내 옆 테이블에서 식사를 했고, 헨리 키신저와도 함부르크의 한 호텔 식당에서 그런 식으로 조우했지만 나는 크게 신경 쓰지 않았다. 그게 당연하다. 그 셀러브리티의

사적 시간을 방해하지 않는 것도 좋지만 '나도 셀러브리티!'라는 자존심을 간직하면 어떨까.

칸막이 문화가 있는 독일 사회

"사람이 아니라 일이 네트워킹한다"는 말은 독일의 조합주의적 경제 특성을 잘 나타내준다. 동종 업종별 이익단체인 조합을 만들어 이들 조합을 기반으로 연대하는 사회구조이기 때문이다. 우리 건물구조의 특징은 가급적 칸막이를 하지 않는다는 것이다. 현대식으로 지어진 아파트를 보면 특히 그렇다. 현관문을 열고 들어서면 거실, 부엌, 식당이 대부분 한 공간에 자리하고 있다. 아파트가 대부분인 좁은 주거 공간에서 현관 따로, 거실 따로 식의 구조는 적절치 않을 것이다. 일본의 경우 옛날 건물들은 집안에서 각 방마다 벽이 있지만 천장 끝까지 닿아 있지 않아서 실내의 상부는 서로 통해 있었다. 막부시대에 모반을 하지 못하도록 서로 감시하기 위해서 나온 가옥 구조라 한다. 그러나 독일 건물들을 보면 각 용도대로 촘촘하게 구획되어 있다. 현관Diele부터 작으면 작은 대로 거실이나 부엌과 칸막이가 되어 있다. 작은 집이라도 용도에 따른 구획이 철저하다. 아마도 프라이버시를 중시하는 전통 때문이 아닐까 한다. 이렇듯 가옥구조도 문화와 전통을 반영하고 있다.

재미있는 점은 이런 칸막이가 독일 사회에도 반영되어 있다는 점이다. 독일에서는 우리라면 당연히 알 법도 한 동종 단체나 동종 직업군에 종사하는 같은 지역 내 사람들끼리도 서로 잘 알지 못한다. 2015년 킬 대학의 창립 350주년 행사에 갔을 때이다. 우리나라의 충남대 정상철 총장을 포함해서 일본, 스웨덴, 노르웨이 등지로부터 자매결연 대학 총장들이 왔는데 당연히 올 법한 인근 지역의 독일 대학총장들은 눈에 띄지 않았다. 2015년 하노버 음대 총장을 만났을 때 일이다. 그녀에게 바로 옆 도시의 함부르크 음대 총장을 아느냐 했더니 안다고 하면서 북부지역 음대총장 협의회에서 만난 적이 있다고 했다. 즉, 모르는 것이 당연하지만 공식 협의회를 통해서 알게 되었고 회의 때 만나는 정도라는 반응이었다. 독일은 모든 생활영역이 철저하게 전문화되어 있다. 그러다 보니 그저 자신의 일을 하는 것이고 다른 영역을 쳐다볼 필요도 없고 또 그럴 겨를도 없다. 독일인들은 직장과 가정이 아닌 과외의 일에는 시간을 쓰려 하지 않는다. 그러니 독일 사회에는 자연스럽게 촘촘한 칸막이가 되어 있고 이 칸막이가 개인의 전문 직업생활과 생활공간을 보호한다. 이런 칸막이를 허무는 것은 규칙 위반이고 반사회적이다.

그러면 한국 사회는 어떤가? 내가 보기에는 의당 있어야 할 칸막이가 없는 것이 문제다. 전술한 대로 네트워킹만 해도 전방위적이다. 출신 지역이나 학교를 매개로 사회영역 간에 구분이 없는 전방위적 네트워킹이 이루어진다. 오비이락 격일지는 모르겠으나 경제기획원과 재무부를 합쳐 재경부 시대가 된 이후부터 우리 경제가 그다지 기를 펴지 못하고 있다. 이것은 어설픈 시너지 효과보다는 칸막이 효과가 더 필요하다는 것을 말해주는 사례가 아닐까? 이와 반대로 정작 칸막이를 없애야 할 곳에서는 그렇지 않다. 재외공관은 해외에서 외교부가 아닌 전체 정부를 대표한다. 따라서 각 정부부처나 기관에서 해외활동을 할 때는 해당 재외공관과 긴밀한 협조가 바람직하다. 결국 국익에 도움이 되기 때문이다. 그런데 웬일인지 요즘은 공관을 우회해가는 듯한 느낌을 받는다. 선진국일수록 정부 내에서 외교부 같은 비권력 기관과도 협조가 잘된다. 민관 간의 협조도 마찬가지다. 힘센 기관이 아니면 민간이나 기업과의 협력은 어렵다. 독일은 조합주의 경제를 꼭 들먹이지 않더라도 합리적 협력은 정부 내에서나 민관 간에서나 자발적으로 원활하게 이루어지고 있다. 그러니 독일과 우리는 칸막이 치는 법이 다르다고나 할까? 공직자의 충원도 그렇다. 정치를 하지 않던 사람이 국회의원이 되고, 공직을 맡아

보지 않았던 인사들이 입각을 하는 경우가 다반사다. 이것은 조금 과장한다면 모든 사람들로 하여금 입각을 꿈꾸게 한다. 정치인은 물론, 학교에서 가르치는 사람도, 언론에서 정부를 비판하던 사람도, 극단에서 연기를 하는 사람도 모두 입각을 꿈꾼다면 전 사회적으로는 어떤 현상이 일어날까? 이런 현상이 과연 바람직한 것인지의 여부는 차치하고라도 적어도 독일에서는 이런 현상이 없다. 정치도 전문 정치인이 한다. 공직은 내각책임제에서 정치인이 맡는 장관과 정무차관을 빼고는 직업 공무원이 맡는다. 대학 교수나 언론인이 정관계로 진출하는 사례는 99% 없다. 물론 그 반대도 마찬가지다. 판검사는 대부분 평생 판검사로 마친다. 그러니 전관예우라는 독버섯이 자랄 공간이 없다. 독일은 전문직업인의 사회로서 할 일이 정해져 있고 각 영역마다 칸막이가 있기 때문이다. 우리의 경우 공무원은 모두 장관을 꿈꾸고 언론인은 모두 데스크를 꿈꾼다. 그러니 우리는 모두 제너럴리스트다. 전문가가 없다는 이야기다. 어쩌다 전문가가 있어도 제너럴리스트라는 사람들이 전문가가 가야 할 자리마저 차지해버린다. 왜냐하면 그 전문가라는 사람들은 조직에서 언제나 소수이기 때문이다.

전체적인 사회의 흐름에서 한국 사회는 마치 차로가 줄어드는 길목에 많은 차들이 머리를 들이대고 몰려 있는 모습을 연상시킨다. 독일 사회는 선진국 도로에서 볼 수 있듯이 차들이 미리미리 조금씩 양보해가면서 질서 있게 빠지는 모습이다. 독일은 초등학교 때부터 능력과 자질에 따라 인문계 또는 실업계로 상급학교를 선택하게 하면서 어느 정도 사회이동성에 대한 조절을 한다. 중등학교를 졸업할 때 대학과 직업학교를 선택하면서, 약간의 패자 부활이 가능하기는 하지만, 또 다시 조절이 이루어진다. 사회에 나와서는 자신의 직업과 전문분야로 나가서 대개는 한 우물을 판다. 그러다 보니 사회 전체적으로 우왕좌왕하는 모습보다는 일정한 경로에 따른 질서 있는 흐름을 보인다. 우리나라는 70~80%가 대학을 가는 구조다 보니 실업계 고등학교를 가더라도 대학을 가겠다는 학생들이 많다. 독일에서는 직업학교에서 배워도 될 것을 대학에서 배우다 보니 모두 똑같은 대학 졸업자다. 그러니 기본적으로는 대우나 임금도 똑같이 받아야 한다는 의식이 있다. 이렇게 되면 무엇을 하더라도 불만이다. 우리나라에서 노사관계가 유독 어려운 것이 아마도 이런 조절되지 않는 사회 특성 때문인지도 모르겠다. 사회 상층부에서는 모두가 입각을 하거나 국회의원을 할 수 있다고 생각하며 끊임없이 남의 영역을 쳐다본다. 의당 있어야 할 칸막이가 없고 무한 경쟁의 세계만 있을 뿐이다. 이것을 사회이동성이 활발해서 좋다고 해야 할까? 우리 사회는 서부개척시대의 사회가 아니다. 그런 전통이 남아 있는 무한경쟁적 신자유주의 사고는 득보다 실이 많다. 자신의 칸막이를 지켜가며 사는 것이 개인적으로나 사회적으로나 덜 소모적이다. 이것은 제도보다는 문화의 문제다.

독일의 칸막이 문화는 두 가지 의미를 갖는다. 우선은 전문성을 인정한다는 것이고 둘째는 자신의 직업을 수행하면서 딴 마음을 먹지 않는다는 것이다. 2016년 10월 함부르크 문화장관이 작고한 후 반년 정도를 그 자리를 공석으로 두다가 현직 차관을 장관으로 임명했는데, 숄츠 함부르크 총리가 많은 고민을 했다고 한다. 이유인즉 차관을 장관으로 바로 올리는 것은 독일의 관행이 아니라는 것이다. 그런 현상은 차관이 차관으로서 임무를 수행하는 것보다는 향후 장관을 염두에 둔 행보를 조장할 수 있기 때문이다.

한국은 저신뢰 국가인가?

독일에서 뉴스를 보거나 들으면서 느끼는 것은 검찰발 뉴스는 정말 가뭄에 콩나듯 한다는 것이다. 그런데 한국 뉴스를 보노라면 검찰 없이는 뉴스가 되지 않을 정도로 검찰발 뉴스가 도배하다시피 한다. 독일에서는 검찰이 있는지 없는지, 또 무엇을 하는지 잘 눈에 띄지조차 않는다. 죄 지은 사람에게 검찰이 권력이라는 것은 이해가 되어도 어떤 한 나라에서 검찰이 최고 권력이라는 것이 무슨 얘기인가? 우리는 검찰총장이 아니라 부장검사만 해도 언론이 따라붙는다. 검찰의 시시콜콜한 인사 동정까지 비교적 소상하게 보도한다. 그만큼 검찰의 동정에 관심이 있는 사람들이 많다는 것인지, 왜 그렇게 관심을 기울이는지 언뜻 이해되지 않는다. 함부르크에서 3년을 넘게 살며 신문, 방송을 접하고 있지만 법원장이나 검찰청장의 이름이 거명되는 사례는 없었다. 법관이나 검사는 법정에서 다투는 사람들이기 때문이다. 대형 전관예우 사례가 심심찮게 꼬리를 무는 사법부도 신뢰하지 못하기는 마찬가지다. OECD의 사법부 신뢰도 조사 결과를 보면 한국의 사법제도에 대한 국민의 신뢰도는 2014년 기준 27%로서 조사대상 42개국 중 39위에 그쳤다. 인도, 인도네시아, 브라질, 멕시코, 러시아보다 신뢰받지 못하는 한국의 사법부가 되고 말았다.

우리 사회의 신뢰 수준은 어떤가? 한 시장조사전문기업에서 전국 만 19~59세 성인남녀 2000명을 대상으로 한 사회적 신뢰에 대한 인식조사 결과 타인에 대한 전반적인 신뢰 수준이 매우 낮은 것으로 조사되었다. 한국 사회가 정부, 미디어, 전문가, 직장동료 등을 모두 쉽게 믿지 못하고 유일하게 가족만을 믿는 '불신사회'로 추락해가고 있다는 것이다. 예를 들면 자녀에게 모르는 사람은 일단 의심해야 한다고 말한다(54.9%), 해당 가격이 믿을 만한지 의심된다(48%), 정부 발표가 사실인지 의심된다(47.7%), 언론 뉴스가 사실인지 의심된다(41.1%)로 각각 조사되었다.[13] 이쯤 되면 후쿠야마가 『트러스트Trust』에서 한국을 저신뢰국가로 분류한 것을 부정하기가 어렵다는 생각이 든다. 후쿠야마는 신뢰국가인 일본이나 독일과 달리 한국이나 중국, 프랑스, 이탈리아 등의 국가들을 가족의 범위를 벗어나면 신뢰하기 어려운 사회로 분류했다. 그런데 우리 관혼상제에는 가족의 범위를 넘어서는 많은 사람들이 몰린다. 신뢰하지 않는 사람들과도 기쁨과 슬픔을 나눈다는 이야기다. 농경사회의 유습이라 하지만 이런 모습은 이제 그만둘 때가 되었다. 냉철하게 생각해보자. 우리 사회에 만연한 불신의 늪을 말이다.

우리 사회에서 문제가 되는 이슈나 사건을 볼 때 가장 애로를 느끼는 것이 우선 사실이 무엇인지를 잘 모르겠다는 것이다. 의견이 아니라 사실fact을 이야기하는 것인데도 사람마다 다르니 사실 파악이 제대로 되지 않는다. 이런 가운데 어떻게 그 처방이 나올 수 있겠는가? 커다란 사회적 낭비를 대가로 헛된 논쟁을 하고 만다. 2015년 국내의 사기죄 발생건수는 약 26만 건으로 총 범죄의 약 13%에 이른다. 국내 모 일간지는 일본의 한 경제전문지에서 "한국인은 숨 쉬는 것처럼 거짓말을 한다. (중략) 나라 전체가 거짓말 학습장으로 대통령 등 영향력이 큰 사회 지도층들이 대담하게 거짓말을 한다"라고 보도했다고 소개했다.[14] 1인당 사기, 위증, 무고죄 발생이 일본의 165배라고도 했다. 부끄러운 일이다. 선진국은 경제수치만으로 되는 것은 아니다. 아니, 경제수치도 신뢰나 문화를 기반으로 한다. 정직한 사회, 신뢰사회가 되지 않고서는 추가적 성장은 어렵다. 전술한 생각의 도덕성을 바탕으로 하는 정직과 신뢰가 모든 것의 출발이기 때문이다. 서양에서는 거짓말을 하면 아예 결격 사유다. 무엇을 해보기도 전에 자격이 박탈된다. 그러고 보면 '조그만 거짓말'부터 조심해야 한다는 생각이 든다. 마땅찮은 사람으로부터 전화가 왔다고 할 때 우리는 "없다고 하세요"라고 하지 않는가. 나는 언젠가부터 그렇게 말하기를 그만두었다. 차라리 전화를 받는 쪽을 택한다.

독일의 방송 뉴스는 우리 뉴스에 비하면 매우 짧다. 사실 위주의 뉴스가 보통이고 평론을 할 때는 확실한 의견을 1인칭 형식으로 구사한다. 우리는 가장 비판적이라는 모 종편의 뉴스를 보더라도 의견을 말해야 할 부분에서 앵커의 마지막 말을 맺는 형식이 대개는 3인칭이다. 1인칭으로 "그렇다" 또는 "그런 것으로 생각된다"가 아니라 "……라고들 한다" 또는 "……라는 의견도 있다"는 식이다. 소위 '기름장어 화법'을 할 필요가 없는 사람들조차도 그러한 불분명한 화법에 길들여져 있다.

　개인적인 이야기지만 나는 아버지로부터 유감스럽게도 가훈이라는 것을 듣지 못했다. 어려서부터 "공부 열심히 해라"라는 말만 듣고 자랐고 직장을 가진 후로는 "부정하지 말아라"는 판에 박힌 말만 들었다. 그런데 내가 가정을 갖고 아이들이 자라나면서 우리집도 가훈이 있어야 되겠다는 생각을 하게 되었지만, 이래저래 30년을 끌다가 5~6년 전에야 '정직'을 가훈으로 정하게 되었다. "정직은 최상의 정책"이라는 영어 속담도 있지만 정직이야말로 인간 최고의 가치이자 또 매우 실용적인 생활 방편이기도 하다. 사람은 살면서 무수한 실수를 한다. 그러기에 괴테도 "사람은 추구하는 한 실수하기 마련이다Es irrt der Mensch, solange er strebt"란 말도 하지 않았던가. 실수를 처방하는 가장 좋은 방법은 정직이다. 당장 어렵더라도 장래에 더 큰 실수를 막아준다.

동물학대는 상품불매로 이어진다

　독일인들의 동물 사랑은 유별나다. 한 해 애완용 동물 먹이 구입에 쓰는 돈이 40억 유로 정도다. 이 중 어류와 조류 먹이에 들어가는 5억 유로 정도를 빼면 모두 개와 고양이 먹이에 들어가는 비용이다. 고양이가 먹는 통조림 먹이에만 11억 유로를 쓴다고 한다.[15] 식용가축인 소나 돼지를 도살하는 데서도 이른바 아랍인들의 할랄Halal 규칙이 적용된다. 즉, 고통 없이 죽여야 한다. 매년 독일에서 도살되는 6000만 마리의 돼지들 중 3분의 2가 도살되기 전 '콜렌디옥시드'로 마취하는데 그 마취 효과가 바로 나타나지 않아 도살 시 돼지들이 고통 속에서 상당한 저항을 한다는 2015년도 말 연방정부의 동물보호 보고서가 나왔다. 그러니 도살방법을 개선해서 돼지들이 도살과정에서 고통이 없도록 해야 한다는 것이다. 언론에서도,

특히 독일 최대 대중지인 ≪빌트≫에는 동물에 대한 기사가 거의 매일 다루어진다. 잃어버린 개를 극적으로 찾은 이야기, 물에 빠진 개를 119소방대원들이 구조한 이야기로부터, 동물원 사자가 새끼를 가졌다는 이야기, 뤼네부르크 황야지대에 늑대들의 개체가 늘어나고 있다는 이야기, 시내 모처에 바이오 사료가게가 생겼다는 이야기 등 개, 고양이 같은 동물에 대한 이야기가 끊임없이 이어진다. 여기에는 동물이 우리 인간생활의 한 부분이라는 전제가 있다. 동물들의 이야기가 곧 인간의 이야기라는 것인데, 그만큼 동물보호에 대한 관심이 높다.

BBC 월드서비스에서 매년 시행하는 국가선호도 조사에서 한국에 대한 독일 사람들의 선호도가 유독 떨어지는 것을 볼 수 있는데 아마도 동물에 대한 생각과 취급 요인이 클 것이라 생각한다. 유럽 주재 대사관이나 총영사관에는 한국의 애완동물 취급에 대한 항의서한이 끊이지 않는다. 이 사람들 입장에서는 한국 사람들이 개고기를 먹는다는 것 자체가 혐오스럽지만 비둘기도 먹는 서양 사람들 입장에서 식용 자체를 갖고 비난할 수는 없다고 생각해서인지 주로 도살방법이나 그전의 동물 학대에 대해서 집중적으로 성토한다. 모란시장에서 조그만 철장에 떼로 포개어져서 고통스러워하는 개들의 사진이 인터넷을 통해 확산되고 있다. 이 문제는 우리가 생각하는 것 이상으로 심각하다. 이들은 실제로 동물학대를 이유로 한국상품 불매운동을 벌이고 있다. 무역의존도 세계 1위인 우리나라로서는 심각한 문제가 아닐 수 없다. 2014~2016년간 함부르크 총영사관에 보내진 수백 통의 항의 서한에 대해 나는 아래와 같이 총영사 명의로 직접 대응했다. 나만 해도 동물보호 문제에 관심이 크기 때문이다.

귀하께서 보내신 서한을 잘 받아 보았습니다. 우리나라에서 일어나는 일들에 대한 귀하의 관심과 노고에 존경을 표합니다.

소셜미디어에서 확산되고 있는 고양이와 개의 잔인한 사진들은 저도 알고 있습니다. 한국에는 상업적 목적만으로 죽어가는 이 다정한 생명에 대해 관심을 두지 않는 사람들이 있습니다. 제가 이 동물학대 사진을 봤을 때 귀하와 마찬가지로 혐오감과 슬픔을 느꼈습니다. 저는 8년 전부터 개를 한 마리 키우고 있습니다. 제 직업의 특성상 많은 어려움이 있지만, 그럼에도 저는 제 개가 충실한 동반자로서 항상 제 곁에 있기를 바랍니다. 그렇기에 제게 있어 이 연약한 동물에 대한 학살을 인정하는 것은 생각하지도 못했던 일입니다. 하지만 한국의 국민들 전체가 이 만행에 대해 비난받는 것은 부당하다고 생각합니다. 괜찮으시다면 제 의견을 말씀드리고 싶습니다.

물론 개고기 문화는 서양에서 과거의 산물이고, 현지 사회의 대다수가 이를 거부하고 있지만, 여기 중앙유럽에서도 100여 년 전까지 개고기를 먹었고 이는 드문 일이 아니었다는 사실은 잊혀진 것 같습니다. 미식문화의 트렌드에 불과한 경우도 있었지만, 지역 전통 차원에서 개고기 식용이 이루어지고 있는 경우도 있었습니다. 또한 한국과 마찬가지로 전쟁으로 인한 극심한 식량난 등을 해결하기 위해 개고기 소비가 이루어졌던 공통된 역사적 배경도 있습니다. 오늘날 독일에서 개들이 애완동물로서 갖는 위치에는 의심의 여지가 없습니다. 우리가 고도로 발달된, 부유한 국가에 살고 있다는 징표입니다. 이는 제가 볼 때 우리가 추구할 만한 모범적 사례이며, 아직도 개를 하등한 생물로 바라보는 일부 한국인들에게 의식의 전환점이 되기를 기대합니다.

그러나 식용동물을 어떻게 대해야 하는가의 문제와 어떤 동물이 식용동물인가를 정의 내리는 문제는 확실하게 구분 지어야 할 것입니다. 이미 말씀드렸다시피 제 경우에는 제가 아는 대부분의 한국인들과 마찬가지로 개와 감정적 교감을 나누고 있습니다. 개고기 식문화를 근본적으로 정당화할 수 있는가 하는 문제는 객관적으로 봤을 때 종교나 취향에 대한 논란과 마찬가지입니다. 개고기 식문화를 완전히 포기할 수 없다면, 규정을 엄수하는 것이 더욱 중요하다고 생각합니다. 이러한 관점에서 동물을 잔인하게 살해하는 것을 금지하는 동물보호법이 1991년 도입된 것은 의미 있는 첫걸음이라 생각합니다.

개고기 문제는 문화상대성의 일례이지만, 그럼에도 저는 한국이 올바른 사육 방법과 식용동물의 정의라는 두 가지 관점에서 기준을 점차 독일과 동등한 수준으로 맞춰갈 것이라고 확신합니다. 이제 한국인 대다수에게 개고기 문화는 금기시되고 있을 뿐 아니라 동물의 권익에 대한 움직임이 점차 커지고 있습니다. 최근 들어 동물보호시민단체KARA, Korea Animal Rights Advocates에서 서울에 동물보호 교육센터를 설립하기도 했습니다. 지난날 우리가 겪었던 식량난이 미래지향적인 우리 사회에 대한 도덕적 잣대가 되어서는 안 될 것입니다. 그러나 때때로 과거를 되돌아보는 것은 우리의 가치들이 얼마나 상대적이고, 시간의 변화에 얼마나 많은 영향을 받고 있는지 깨닫게 해줄 것입니다.

평화와 자유는 통일보다 우선한다

2010년 내가 카타르에 있을 때 신임 러시아 대사가 나를 예방왔다. 그는 매우 흥미로운 배경을 갖고 있었다. 그는 바그다드에서 대사를 지냈는데 사담 후세인 시절에 후세인에게 신임장을 제정한 마지막 러시아 대사였고 그곳에서 이라크전쟁이 나면서 부상을 입었다고 했다. 그는 그의 아버지가 소련 공군으로 2차 대전 때 홋카이도 폭격에도 참전했고 추후 평양에 무관으로 파견되면서 그가 평양에서 태어나 8~9살이 될 때까지 평양에서 자랐다고 했다. 그때 아버지 손에 이끌려 다녀본 평양 인근의 산천이 매우 아름다웠다면서 아직도 기억이 난다고 했다. 이런 이야기를 듣노라면 불현듯 북한의 산천을 보고 싶다는 생각이 든다. 나의 아버지도 일제 때 금강산을 등산하고 찍은 사진도 남아 있어 가보지 못한 우리 산천에 대한 그리움을 자극하곤 한다.

우리의 통일을 논할 때 빠지지 않는 것이 바로 독일통일 사례다. 세계 현대사의 '말썽꾼' 독일 민족이 평화적으로, 즉 베트남의 통일과는 달리 전쟁이 아닌 방식으로 이룬 통일이기 때문이다. 함부르크 총영사관에서는 해마다 "한반도 평화통일 포럼"을 개최해왔다. 여기서 나는 두 가지를 이야기했다.[16] 첫째는 "독일과 달리 전쟁의 책임이 조금도 없는 한국이 독일과 함께 분단된 것은 역사의 모순이다. 하지만 독일이 일찌감치 통일을 이룩한 반면, 한반도에서는 70년이라는 긴 시간 동안 분단상태가 지속되고 있는 것에 대해 무엇보다도 한국민 스스로가 반성과 자책을 해야 한다"라는 것이고, 둘째는 한 국가의 분단은 외세에 의해 일어나지만 통일은 스스로의 힘으로만 이뤄낼 수 있다는 것이었다. 첫 번째로 한국민의 반성과 자책을 강조한 것은 막연한 생각에서만은 아니다. 독일보다는 한국이 통일에 좀 더 유리한 환경임에도 독일이 이룬 통일을 우리는 아직 이루지 못하고 있음을 염두에 둔 것이다. 독일과 한국의 분단 발생 배경을 보자.

독일과 한반도는 2차 대전 이후 승전국에 의해 분할된 후 고착된 분단으로 이어졌다는 공통점을 갖는다. 그러나 그 분할 배경은 판이하게 다르다. 독일은 주변국을 위협하고 유럽의 안정을 해칠 정도로 너무 강하여 분할된 반면, 남북한은 너무 약하여 일제의 식민지 통치를 겪었고 일본의 패망 이후에는 일본군의 무장 해제를 이유로 미, 소에 의해 분할되었다. 따라서 분단의 일차적 책임이 독일은 나치에 있다면, 한반도는 38선을 기준으로 편의적인 분할을 감행한 미국과 소련, 그리고 식민통치 후 패전으로 무장해제 원인을 제공한 일본에 있을 것이다.[17] 이런 의견은 1996년 12월 함부르크에서 개최된 한독 간 공동 통일 학술대회에서 행해진 헬무트 슈미트 총리의 기조연설에서도 잘 드러나 있다.[18] 분단 발생 배경의 차이는 통일 해법에서도 차이가 있다는 것을 의미한다. 즉, 국제법상 독일은 통일에 승전국들의 동의가 필요했고 한국은 그 동의가 필요 없으며 다만 휴전체제의 특수성으로 UN의 개입 정도가 필요하다. 지정학적인 상황도 독일은 유럽대륙에서 동서분쟁의 중심에 있었지만 한반도는 그렇지 않다.[19] 이렇게 본다면 통일 여건적인 측면에서 독일보다 한국이 수월했다. 그런데도 독일은 27년 전 통일을 이룩한 반면 한반도의 통일은 아직도 요원하기만 하니 우리가 더욱 반성하고 책임감을 느껴야 한다는 취지였다. 전술한 함부르크 공동학술대회에서 유사한 견해가 있었다.

> 지난 반세기 간의 한민족의 통일 노력이 실패로 끝났음을 누구도 부정하지 못한다. 한민족의 실패는 독일 민족의 성공과 매우 대조된다. 동서 냉전시대의 국내외 조건으로 통일이 될 수 없는 상황에서 한민족은 실현 불가능한 통일이라는 이상과 목적만 역설하고, 통일로 가는 과정인 분단 상태의 개선, 즉 '평화공존적 남북관계' 유도를 위한 노력을 전혀 하지 않은 결과로 실패한 것이다. 통일은 한국과 북한이 독일처럼 많은 교류를 통해 경제적, 사회적으로 어느 정도 통합되어 있어야 기회가 올 때 평화적으로 성취될 수 있다. 현재까지도 남북한 간에는 경제협력, 인적교류, 정보교류 등 남북통합을 위한 노력이 없고 조건도 형성되어 있지 않다는 점이 한반도 통일의 전망을 어둡게 한다.[20]

한독 통일외교정책 고위자문위원으로 참여하고 있는 독일연방군사대학의 슈타크 교수는 "동독은 북한과 비교 대상이 될 수 없다. 일단 북한의 주체사상은 마르크스-레닌주의와도 전혀 다른 이념이다. 실제로 북한은 공산주의 국가라고도 할 수 없다. 북한은 국제 사회로부터 격리되고 단절되어 있는 유일한 국가다"라고 했다.[21] 그런 만큼 한반도의 통일문제도 결코 독일통일보다 쉽지 않다는 데 대부분의 학자들도 동의한다. 그러면 여기서 의문이 제기된다. 우리가 북한이라는 나라를 정녕 몰랐던가? 한국전쟁 이후 북한이 정상적인 나라가 아니라는 것은 이미 수십 년간 국제적으로 정평이 나 있지 않은가? 그렇다면 북한의 입장을 상수常數로 보고 그것을 뛰어넘는 정책을 구사했어야 했다. 북한 때문에 통일에의 진전을 이루지 못한다는 것은 자기변명이며 현실적으로도 하등의 도움이 되지 않는다. 이것은 통일을 위한 접근이라기보다는 오히려 국내용이라는 의구심을 갖게 한다. 게다가 한국은 월등한 경제력에 자신감을 갖고 북한 정권의 조기 붕괴설에 현혹되어 남북한 관계를 악화시킴으로써 통일의 기회를 망쳐버렸다.[22] 통일정책만 해도 내용은 별반 다를 것이 없는 것을 정권이 바뀔 때마다 이름을 바꿔 불렀다. 우리 통일정책의 선명성을 떨어뜨렸고 남북한 간 통일정책의 선점경쟁에서도 밀린 감이 없지 않다. 햇볕정책이 나오기 전까지는 북한의 고려연방제 정도만 알고 있던 외국인들에게 매번 바뀌는 한국의 통일정책을 설명하기가 사실 용이하지 않았다. 동독이 북한과 다르다는 점도 사실 통일문제에 관한 한 꼭 들어맞는 관찰은 아니다. 법치국가성이나 호전성 측면에서 동독이 북한보다 상대적으로 나았다는 것이지 그렇다고 그들이 동독이라는 국가를 포기하려 했던 것은 결코 아니었기 때문이다. 이것은 호네커Erich Honecker의 통독 전 마지막 행적을 보아도 알 수 있다. 외부적으로는 고르바초프의 페레스트로이카가 진행되면서 헝가리와 체코가 국경을 열었고, 내부적으로는 라이프치히의 월요 시위로 어쩔 수 없는 상황으로 몰린 데다 여기에 샤봅스키Günter Schabowski 대변인의 실수로 보른홀머Bornholmer 거리의 검문소가 뚫리면서 베를린 장벽의 붕괴가 급작스럽게 찾아왔다. 호네커가 스스로 길을 열어준 것은 아니었기 때문에, 북한보다 '몰캉한' 동독 요인이 통일을 가져온 한 원인을 제공했다는 분석도 온전히 수긍되지는 않는다. '몰캉한' 사람도 생존 문제가 걸리면 사나워지기 때문이다.

두 번째로 통일의 자주성 문제이다. 자주적인 통일 가능성이 높아졌을 때 국제 사회의 도움이 필요한 것이지 그것 없이 국제 사회의 도움만 의존해서는 결코 통일을 이룰 수 없다. 분단의 발생이 우리의 책임에 따른 것이 아닌 만큼 독일과는 달리 한반도 통일에는 법적인 제약이 없다는 점도 자주적 통일 가능성을 높여주는 요인이다. 물론 정치적으로 미, 중, 소, 일과의 협력이 긴요하기는 하지만, 그것도 남북한 간의 통일 여건이 어느 정도 성숙해진 다음이다. 독일의 통일 과정에서도 동서독 간의 자체적인 협력과 교류가 토대가 되었다는 사실은 불문가지다. 브란트 총리가 1969년 의회연설에서 "독일 내에 두 국가가 존재한다"는 선언으로 동방정책을 시작한 이래, 동서독은 장기간에 걸쳐 상호 방문, 우편, 통신 및 무역 등 여러 분야에서 꾸준히 교류했고 이러한 교류가 통일을 이루는 바탕이 되었다. 통일 전인 1987년에 동서독 간 상호 방문자는 670만 명에 달했다. 이런 가운데 1989년 9월 초 시작된 라이프치히 시민들의 개혁 요구 시위가 평화혁명으로 이어지면서 통일을 이끌었다. 동독 주민들이 통일을 원했고 독일인들이 통일을 주도했다.[23]

자주적 통일 역량과 관련해서, 탈북자들에 대해 우리가 좀 더 따뜻하게 대해주어야 한다는 점을 강조하고 싶다. 독일통일을 가져온 1차적인 세력은 동독 주민들이었다. 그들의 자각이 서독으로 향하게 했고 그렇지 않은 주민들은 동독에 남아 자유를 요구하는 시위를 했다. 바로 이들이 통일의 주역이었다. 우리는 어떤가? 내가 함부르크에서 만난 통일문제 전문 정치학자인 이영기 교수는 한국전쟁 전 자유를 찾아 월남했다. 그의 이야기다.

베를린 장벽이 무너진 후 1990년 3월 실시된 동독에서의 자유선거에서 사민당의 라폰테인은 영토적 통일보다는 사회적 통일이 먼저라고 했고 기민당의 콜은 빠른 통일을 선거공약으로 내세웠다. 동독 주민들의 선택은 빠른 통일을 내세운 기민당이었다. 동독 사람들의 생각에 초점을 맞춘 기민당이 승리했던 것이다. 우리도 마찬가지다. 북한 사람들이 무엇을 원하는지를 잘 봐야 한다. 탈북자들을 보라. 그들이 원하는 것은 자유다. 북한 주민들의 생각에 답을 주어야 한다. 1990년대 기아로 인한 절망적 상황에서 북한 주민들의 탈주가 시작되었다. 하지만 당시 김대중 정부는 북한과의 관계 유지를 위해 이들을 외면했다. 물론 공식적으로는 아니었지만 재외공관에서 그들을 잘 받아주지 않았다. 이것은 매우 아쉬운 부분이다. 1997년 황장엽이 넘어와서 북한은 3년 내로 망한다고 했다. 통일의 기회를, 적어도 통일로 갈 수 있는 역량을 키울 수 있는 좋은 기회를 놓쳤다. 만약 그때 물꼬가 터진 것처럼 북한 주민들의 탈주 러시가 일어났다면 지금 통일 여건도 반전을 맞았을 것이다[2017.4.11].

지금도 기회는 있다. 2015년 12월 10일 세계 인권의 날을 맞아 함부르크 총영사관이 콘라트 아데나워 재단과 공동 주최한 북한 인권 설명회에서 영국에 거주하는 탈북자 박지현 씨를 초청했는데 그녀의 증언에 따르면 지금도 세계를 떠도는 탈북자들과 북한에 남겨진 친척, 지인들 간에 수많은 연락이 이루어진다고 한다.[24] 그러니 이들 탈북자들의 입을 통해 자유세계의 사람 사는 모습을 북한 주민들에게 전달할 수 있는 길은 열려 있다. 우선 우리가 탈북자들을 좀 더 따뜻하게 대해주어서 그들을 통해 우리 사회가 목숨을 걸고라도 넘어올 만한 가치가 있는 사회라는 것을 북한 주민들에게 전달해야 한다. 더 나아가 중장기적으로 북한 주민들에게 초점을 맞추어 그들이 한국모델을 선망하도록, 그것이 안 된다면 최소한 한국모델을 겁내지는 않도록 해야 한다. 이것이 통일을 위한 최소한의 필요조건이다. 결과론적인 접근이기는 하지만 독일에서는 사회적 시장경제마저 독일통일에 한몫했으니 독일인들의 준비성이 좋은 것인지 운이 좋은 것인지 놀라울 따름이다. 사회적 시장경제는 우선 그 이름만으로도 동독인들의 통일에 대한 의구심을 풀어주었기 때문이다. 과거 김대중 정부의 '햇볕'이 북한 지도자들보다 북한 주민들에게 좀 더 많이 비추어졌더라면 하는 진한 아쉬움이 남는다.

독일은 다시 강해졌는데 한민족은 아직도 너무 약한 것일까? 남북한은 한반도 주변의 냉전구조와 남북대결구조를 변화시킬 내적 역량을 구비하지 못한 채 소모적인 대치관계에서 벗어나지 못하고 있다. 이제 70여 년이란 분단의 세월이 흘렀다. 이 기간은 인간의 한 생애라는 관점에서 볼 때 짧은 세월은 아니다. 그동안 남북한은 서로 다른 방향으로 많이 가버렸다. 그래서 슈타크 교수는 한국의 통일은 "재통일"이 아니라 "신통일"이 될 것이라고 말한다.

한국과 독일 사이에 몇몇 확연한 차이점이 존재한다. 첫 번째는 바로 한국은 독일과는 달리 전쟁에 패한 국가가 아니기 때문에 통일에 관한 문제에 대해 국제 법적 측면에서 구속을 받지 않는 자유로운 입장이라는 것이다. 법에 의해 강요받는 것 없이 순전히 자신의 정치적 결단력과 이해관계를 바탕으로 자유롭게 선택할 수 있기 때문에 당시 독일의 상황에 비해 매우 유리하다. 두 번째 차이점은 통일과정에서 이를 지원해줄 만한 국제적 레짐의 유무다. 독일은 당시 NATO, EC, 그리고 OSCE의 존재 덕분에 다른 국가들과의 관계가 형성되어 있어 협조를 구하는 데 훨씬 수월했다. 하지만 한국에는 NATO와 같은 기구들이 없는 것이 독일에 비해 불리한 점이다. 마지막으로, 나 또한 물론 동독의 팬이 아니지만 현재의 북한과 당시의 동독은 확연히 다르다. 북한은 완전히 폐쇄적인 자세로 고립되어 있는 상황을 유지하려 하지만 이와 달리 동독은 어느 정도는 개방되어 있었고 대화의 의지가 있었다. 통일에서 가장 중요한 것은 우선 주변국들과 충분히 교류하고 협력하여 그들의 동의를 얻는 것이다. 또한 북한과 동독의 차이, 그리고 상황적인 요소들을 고려했을 때 갑작스럽게 통일을 하는 것은 어렵고 바람직하지 못하다. 장기적인 과정에 걸쳐서 진행되어야 한다. 독일에는 "작은 걸음 정책Politik der kleinen Schritte"이라는 표현이 있다. 인내심을 갖고 작은 단계를 하나씩 밟아가는 과정이 보다 실용적인 개선을 가능케 한다. 남북 간의 제도화된 연락 또는 만남은 사실상 거의 없지 않은가. 이 또한 당시 동서독의 상황보다 불리하다. 사실 한국과 북한은 이미 너무 오랜 기간 서로 너무도 다른 모습으로 발전해왔기 때문에 어쩌면 "재통일Wiedervereinigung"이라는 표현보다는 "신통일Neuvereinigung"이라는 표
현이 맞을지도 모르겠다[2014.11.12].

나는 독일국가재단의 라이머스Dirk Reimers 회장과의 면담 중 통일에 관한 우리
국군장교의 생각을 전해들을 수 있었다. 라이머스 회장은 독일국가재단이 주최
한 "국가의 날Tag der Nationen" 행사에 참석했던 한국군 장교에게 "분단된 지 무려 70
년이나 지난 이 시점에서 아직까지도 한국과 북한을 결합시키는 요인이 있는가?"
를 물었고, 이에 그는 "우리가 함께 한 3000년의 역사"라고 한순간의 고민도 없이
대답했다면서, 그의 망설임 없는 대답에 크게 감동했다고 했다.[25] 그렇다! 남북한
은 누가 뭐라 해도 단일 언어와 문화를 가진 한 민족, 한 국가다. 그 몇천 년의 역
사에서 본다면 70년은 결코 긴 세월은 아니다. 독일이 분단 45년 만에 통일을 했
다 하지만 독일이야말로 역사적으로 볼 때 천 년 이상의 분단과 분절 상태를 겪었
던 나라다. 신성로마제국도 사실상은 수백 개의 나라가 정치적으로 분열되어 있
었고, 1871년 독일제국이 출범한 이후에도 사실상 여러 개의 나라가 상당한 독립
성을 유지했다. 그래서 휘터 교수가 1990년 이후 통일된 독일을 최초의 진정한 단
일민족국가라고, "젊은 나라"라고 했다는 것은 이미 살펴본 바와 같다.

우리의 역사에서도 7백 년에 가까운 삼국시대를 끝내고 통일한 저력이 있다.
우리가 동일한 언어와 문화를 유지하는 한 그리고 우리의 통일에의 의지가 사라
지지 않는 한 남북한 간의 통일은 결국 시간문제일 뿐이다. 이렇게 생각하고 나면
한결 여유가 생긴다. 바로 그것이다. 통일문제에 여유를 갖는 것이 필요하다. 그
렇다고 해서 아무것도 하지 않는다면 통일은 분명히 더욱 멀어질 것이지만 말이
다. 빌리 브란트는 이 점에 대해 아주 적절한 언급을 했다. "저절로 생기는 일은
없으며, 오래 지속되는 일도 없다." 맞다. 통일을 향한 꾸준한 노력이 필요하다.
하지만 전면에서 부르짖는 것이 아니라, 과거 서독처럼 조용히 점진적으로 그리

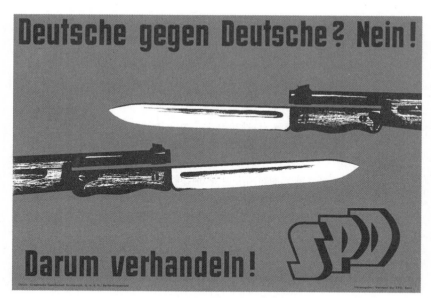

•• 1950년대 초 사민당의 선거 벽보: "독일인에게 적대하는 독일인? 아니다! 그렇기에 협상해야 한다!"

고 일관성 있게 통일을 향한 지속가능한 실적을 집적시켜 나가면서 제도화하려는 노력이 필요하다. 단발성으로 끝나는 이벤트는 큰 의미가 없다. 그동안 수많은 이산가족 상봉을 이루어 내었으면서도 남북관계가 냉각되면 그런 분위기는 흔적도 없이 사라지곤 했다. 바로 이벤트였기 때문이다. 이호철 작가의 말대로 하다못해 휴전선 어디쯤엔가에 남북이산가족 상봉소라도(개성공단처럼) 만들어 놓았더라면 흔적이라도 남고, 그 흔적이 다시금 남북이산가족 상봉을 만들어낼 수 있는 유인을 제공했을 것이다.[26] 이것은 하나의 예지만 그런 식으로 꼬리를 물 수 있는 지속가능한 여건을 하나씩 만들어 나가야 한다.

브란트 총리의 동방정책과 접근을 통한 변화는 바로 냉전이라는 현실을 인식한 타협의 결과물이다. 갑자기 찾아온 것처럼 보이는 독일통일은 우연이 만들어낸 기적은 아니다. 브란트 총리의 '동방정책'이 1974년 이후 슈미트 총리를 거쳐

1982년 기민당의 콜 총리로의 정권교체에도 불구하고 지속적으로 시행되는 과정에서 "피와 땀과 눈물"이 모인 정직한 독일모델이 다시 한 번 발현된 결과였다. 아데나워 총리 당시 "독일정책Deutschlandpolitik"은 "서방정책Westpolitik"이었다. 이것은 통일보다는 전후 국제질서에서 서독이 자리잡기 위한 생존 전략이었다. 서방정책으로 만들어진 국가 기초 위에서 1969년 이후 브란트 총리가 "동방정책Ostpolitik"을 수립할 수 있었고, 이후 이를 일관성 있게 시행해나가면서 통일의 결정적 전기를 만들어냈다. 이 과정에서 여러 전제조건들이 있을 수 있지만 최소한의 필요조건은 평화유지다. 평화 없는 통일이란 동서독이 그랬듯이 남북한 모두 바라지 않는 것이며 무엇보다 현실을 도외시한 것이다. 우리는 이미 동족상잔의 끔찍한 전쟁을 겪었다. 한국전쟁이 우리에게 남긴 것은 무엇인가? 최소한의 한 가지를 말한다면 다시는 한반도에서 전쟁을 해서는 안 된다는 것이다. 전쟁 재발은 민족적 차원에서, 시민적 차원에서 용납해서는 안 된다. 이런 관점에서 북한에 대해 예방전쟁도 물론 안 되지만 자위 차원이라는 선제공격도 해서는 안 된다. 독일 언론도, 외과 수술처럼 국지적으로 공격한다는 이야기부터 싹을 잘라야 한다고 주장한다. 한반도의 사정이 매우 특수하기 때문이다. 미국의 화력이 아무리 월등하다 해도 북한의 군사적 대응 능력을 일거에 소멸시킬 수는 없다. 인구 천만의 도시가 휴전선 수십 킬로미터 내에 있는 한 전술적으로 타당하지 않은 개념이다. 그리고 이것이 한반도에서 돌이킬 수 없는 전쟁으로 연결되고 핵전쟁으로 비화할 수 있는 가능성도 크다. 북한 정권은 정권 수호 차원이라면 핵전쟁도 불사할 수 있는 예측할 수 없는 상대다. 전 세계가 핵전쟁의 공포에 휩싸이게 될 것이며 그 후유증은 몇십년이 갈 것이다. 그리고 남북한은 한국전쟁 이후 그랬던 것처럼 또다시 더 이상 치유할 수 없는 반목 상태로 돌아가 버릴 것이다. 나는 2017년 8월 15일 함부르크 켐핀스키 호텔에서 열린 광복절 경축 리셉션을 통해 350여 명의 하객들 앞에서 "지금이야말로 한반도의 모든 당사자들이 평화의 가치에 대하여 숙고해봐야 할 때이다. 한반도 통일이 우리의 국가적 목표이기는 하지만 카를 야스퍼스나 빌리 브란트 총리가 외친 것처럼 자유나 평화 없는 통일은 무의미하다" 고 언급했다. 함부르크 주정부 주빈으로 온 얀 푀르크젠[Jan Pörksen] 사회노동부 차관은 "한반도 긴장 고조 상황이 염려스럽다. 상황이 얼마나 심각한지 짐작하기조차 어렵다. 하지만 현재의 상황은 외교적으로 신중하고 사려 깊게 해결되어야 한다. 2차 대전 희생자들이 잠들어 있는 노르망디의 그 수많은 무덤들은 우리가 다시는 전쟁이 일어나지 않도록 노력해야 한다는 것을 상기시키고 있다"라고 그의 축사에서 강조했다. 최근 한반도 정세는 우리가 생각하는 것 이상으로 심각하다. 인식이 중요하다고 했듯이 적어도 이곳 독일에서의 한반도 정세에 대한 상황 인식은 매우 심각하다. 만나는 사람들마다 한반도의 안부를 묻고 걱정한다. 더 이상 우리가 경제 때문에 인위적으로 한반도의 정세 안정을 운운할 때는 아니다.

우리 역사에서 보듯이 불과 40년이 안 되는 시차를 두고 일어났던 임진왜란과 병자호란은 대표적인 외침 사례다. 얼마나 많은 무고한 양민들이 죽고, 다치고, 끌려갔는가. 그 도륙의 참상은 필설로 다하지 못한다. 이렇듯 한반도의 역사에서 외침은 일본과 중국에 의해 일어났다. 하고 싶은 이야기는 결국 미국만이 믿을 수 있다는 것이다. 한미동맹은 이승만 외교의 쾌거이며 한국의 지난 번영을 지켜온 토대였고 또 앞으로도 그럴 것이다. 다만, 한 가지 유의할 점이 있다. 미국의 외교나 국방 정책은 움직인다는 것이다. 그래서 시기적으로나, 사안별로 한미 간의 이익이 일치하지 않을 수 있다. 이럴 때는 단호하게 우리의 입장을 밝히고 미국의 이해를 적극적으로 구하는 동시에 세계를 향하여 외쳐야 한다. 우리가 원하는 것이 무엇인지를 말이다. 왜 침묵하는가? 무엇이 두려운가? 백척간두에 처해 있는 풍전등화 같은 우리의 운명이 걸려 있지 않나? 이 정도 안보위기 상황이라면 우리 언론에서도—종이 신문이나 포털이나 할 것 없이— 며칠이고 몇 달이고 안보문제로 1면 전면을 덮어야 한다. 그리고 세계 여론을 움직여야 한다. 슈미트 총리는 1996

년 12월 한독 간 공동학술대회에서 기조연설을 하면서 한국전쟁 당시 남북한 희생자들이 750만 명으로 베를린 장벽의 가시철조망에서 생긴 희생자 숫자의 1000배가 넘는다고 했다. 우리 헌법은 "평화적 통일"을 지향하고 있고, 1994년 민족공동체통일방안 등에서 보듯이 평화는 우리 국가통일의 기본 원칙이기도 하다. 평화와 통일이 조화적으로 이루어지지 않고 충돌할 가능성이 있다면, 당연히 평화가 통일보다 앞선다. 1960년 야스퍼스Karl Jaspers가 독일의 자유가 독일의 통일에 앞선다고 외친 것과 마찬가지다. 인간적 권리가 정치적 목표보다 앞서는 것은 당연하다. 1981년 브란트 총리는 "평화가 전부는 아니지만, 평화 없이는 다른 아무 것도 없다"라고도 말했다. 우리가 명심해야 할 경구다.

독일통일과 비교할 때 한국의 통일에 대한 출발점은 제대로 된 현실 인식이다. 우리 헌법을 보자. 한반도 전체를 대한민국의 영토로 규정하고 있다. 선언적 규정이기는 하나 이는 북한이 엄연한 국제법상의 국가로 존재하고 있다는 사실을 무시한 것이며 더욱이 우리가 1990년대에 북한과 유엔 동시가입을 한 사실에 비추어서도 맞지 않는 인식이다. 초기 서독의 독일정책Deutschlandpolitik은 할슈타인 정책이었다. 동독을 인정치 않겠다는 것이었지만 국가 기초를 다진 후 곧 동방정책으로 전환한다. 하지만 현실적으로 서독의 동쪽에 국제법상으로 독일어를 쓰는 같은 민족의 또 한 나라가 존재한다는 것을 잊어버린 적은 없다. 그래서 서독의 영토를 표시하는 지도는 언제나 동독을 뺀 서독의 유효 통치지역만을 나타냈다. 이는 독일인들의 실용주의적 태도와도 일치한다. 비스마르크의 말처럼 신의 옷자락이 역사를 스쳐갈 때 그 옷자락을 순간적으로 낚아채 통일에 성공한 독일이지만 그들이 통일을 하겠다고 떠들고 다닌 것은 아니다. 독일통일로부터 배울 것이 있다면 바로 이것이다. 현실을 직시하고 조용히 역량을 키우는 것이다. 한반도의 정세가 위중해져 가고 있다. 느닷없는 "통일 대박"으로 우리는 헛된 기대심만 부풀렸고, 북한의 경계심만 북돋웠을 뿐이다. 국가권력 구조 전문가인 함부르크 연방군사대학의 로타 교수와 비스마르크의 소독일주의가 한반도 통일에 갖는 함의에 대해 의견을 나눈 적이 있다. 그의 견해다.

우선은 극심한 "부적합성Inkompatibilität"이다. 남북한 간 시스템과 정치문화가 두드러진 상이함을 보이고 있지 않나. 그런 것은 연방체제 내에서도 간단히 치유할 수 없으며 극심한 상이함 속에서 도대체 무엇을 통일할 수 있는지에 대한 의문이 제기된다. 또 다른 이유라면 물론 경제적인 편차다. 한국이 전자, 철강 등 산업에서 뚜렷한 강세를 보이는 반면 북한은 주민들의 식량을 걱정해야 하는 처지다. 통일의 경제적 결과는 어떨 것인가? 어떤 경우에도 남한을 통하여 북한을 연대적으로 결합하는 것이 전제가 되어야 하며 원조는 늘 의도적인 정치목적과 함께 가야 한다. 다만, 연방체제적 결합은 현 상황에서는 상상할 수 없다. 그것은 완전히 다른 구성으로 이루어진 이질적이며 원심적인 연방의 극단적인 사례가 될 것이다. 아마도 남북한이 주권국가로 결합하는 느슨한 국가연합이 고려될 수는 있겠다. 마치 초기단계의 유럽연합과 같이 특정 권한만을 공동정부에 넘기는 형태다. 그동안 유럽연합도 초국가적 요소가 강해졌다. 한국의 경우에는 초기적 차이를 장기간에 걸쳐 극복하기 위해서는 오직 국가연합만이 고려 가능하다는 것이 나의 평가다[2017.3.15].

로타 교수의 상기 평가는 지금 통일을 하더라도 양쪽의 공통부분이 없다시피 해서 통일의 과실이 없을 것이라는 주장이며, 오히려 공산주의에 극도로 세뇌된 사람들을 통합시키기도 쉽지 않으며 경제 체제의 상이함이나 그 수준의 격차로 인한 혼란도 있을 것이라는 것을 함축적으로 말해준다. 이런 평가를 감안해볼 때, 통일로 가는 과정에서 연방제를 주장하는 북한의 고려연방제보다—북한도 고려연방제를 수정하여 국가연합적 방안을 선호하는 방향으로 선회한 것으로 보이지만[27] — 남북연합을 통한 통일 방안을 담고 있는 우리의 민족공동체통일방안—이것은 민족 통합 후 국가연합 형태의 남북연합을 거쳐 1민족 1국가로 통일을 완성하는 방안이다—이 보다 현실적이다. 민족공동체통일방안의 1-2단계에 해당하는 역사적 사례로서 아마도 신성로마제국을 들 수 있겠다. 과거 신성로마제국은 정치적으로는 수백 개의 별도의 영방국가로 분리되어 있었으나 언어적, 문화적으로는 동일한 정체성 으로 결속되어 있었고 인적, 물적 왕래도 이루어졌다. 정치적 통합의 상징으로 황 제가 있었고 제국의회 같은 최소한의 협의 기구도 갖추고 있었다. 또 천 년의 시 간이 걸리기는 했지만 결국 통일의 길로 갔다. 한반도에서도 언젠가 통일이 된다 는 것은 논외로 하더라도 중장기적으로 통일을 이루지 않고도 한민족이 평화롭게 공존하면서 공동번영할 수 있는 방안이다. 여기서 민족공동체통일방안 중 2단계 인 남북연합 상태를 일단 최종 단계로 보고, 우선 1단계의 민족통합을 촉진할 수 있는 여건을 만드는 방안을 생각해볼 수 있겠다. 과거 독일제국이 통일로 가는 과 정에서 오스트리아의 대독일주의를 배척한 결과로 지금 독일과 오스트리아—물 론 독일과 오스트리아는 남북한과 같은 한 민족 한 국가로 보기에는 이질성이 있다—는 별개의 나라가 되었지만 두 나라가 공히 민주주의와 시장경제로 국운의 융성을 누리고 있지 않나. 남북한도 언젠가 대립적인 이데올로기에서 탈피하여 지금의 독일과 오스트리아와 같이 공동번영의 길을 갈 수 있고 그 과정에서 중요한 것은 북한 주민들의 생각일 것이다. 바로 여기에 우리 통일정책의 초점이 맞추어져야 하며 이것은 아마도 한국판 동방정책—그 스펙트럼이 북방정책이나 햇볕정책과 상당 부분 겹칠지라도—이 아닐까 한다. 19세기 말 독일이 전기, 화학, 의약업 등 제반 분 야에서 영국을 따라 잡으며 국가 발전의 전기를 맞게 된 것도 역설적으로 영국이 나 프랑스와는 달리 민권정치가 발달하지 못한 정치적인 후진성 때문이었음을 상 기할 때, 한 민족이나 국가의 역경이 꼭 핸디캡으로만 남아 있으라는 법은 없다. 역경을 또 다른 발전의 계기로 삼을 수 있는 발상의 전환이 필요해 보인다.

"1970.12.7 브란트총리 무릎사죄 기념재단"의 그라세 이사장은 나에게 아래와 같이 쓰여진 작별 편지를 보내왔다.

당신 고국의 평화가 위협당하고 있고 명백한 위험에 처해 있다. 한반도의 평화 정착을 가슴 깊이 원한다. 부디 외교적인 슬기로움으로 군사적 대결을 막고 균형과 평화를 찾아주기 바란다. 당신과 당신 가족, 한국민 그리고 세계의 안녕을 기원한다[2017.8.20].

에필로그

2014년 4월 초 어느 날 아침, 마지막 해외임지임이 확실시되는 함부르크의 알토나 역에 도착했다. 빈에서 밤새 야간열차를 타고 온 뒤였다. 외교관이 임지를 옮길 때 비행기가 아닌 자동차나 열차로 부임하게 되는 경우는 흔치 않다. 나의 경우에는 1990년대 중반 본에서 부다페스트로 부임할 때 자동차로 갔고 이번에 열차로 부임한 것이 비행기를 타지 않은 단 두 번의 예이다. 외교관은 직업상 비행기를 타게 되어 있는 몇 안 되는 직업이다. 그러나 나는 비행기 타는 것을 그다지 좋아하지 않는다. 그러니 성공적인 외교관이 되기에는 애당초 어려웠는지도 모른다. 나의 중학교 학적부에 장래 희망이 외교관으로 바뀌기 전 아마 마도로스로 기록되어 있던 것으로 기억한다. 10번의 해외임지 중 연수임지를 포함, 4번을 독일에 왔는데 그중 3번을 독일로 희망했던 것 말고는 7번이 내가 희망했던 임지가 아니었다. 사무관 때는 오스트리아로 나가라는 것을 독일에 가겠다고 6개월을 기다리기도 했다. 동료들이 워싱턴을 가려고 경쟁을 벌일 때 내가 희망한 첫 해외임지는 노르웨이였고 마지막이 될지 모르는 임지로는 바티칸을 희망했다. 하지만 노르웨이 대신 케냐를 갔고, 바티칸 대신 함부르크로 왔다. 카타르 대사를 지내고 바티칸 대사를 지원한 것은 전혀 야심찬 것이 아니었음에도 말이다. 인생은 그래서 재미있지 않은가? 함부르크 시내 외곽의 조용한 주택가 오트마르셴Othmarschen에 위치한 총영사 관저에 도착하니 때마침 정원 마당에 활짝 핀 하얀 체리꽃이 나와 내 아내를 맞아주었다. 왠지 모르게 그 체리꽃을 본 순간 잠시나마 생각에 잠겼고 눈물이 눈가를 적시고 있음을 느꼈다. 그래서 자연의 힘은 위대한 것일까? 그 활짝 핀 체리꽃은 갑작스럽게 이제 내가 그동안 몸담아왔던 조직을 떠나야 할 시간이 되었음을 상기시켜주었다.

월킨슨Endymion Wilkinson은 도쿄에서 유럽경제공동체EEC 공관을 창설하고 후일 주중국 EU 대사를 지낸 영국인 외교관이다. 그는 『일본 대 유럽Japan versus Europe』이란 책을 썼고 서문에서 "6년간의 일본 근무 후 어느 날 일본을 떠나야 할 시간이 임박했다는 것을 알게 된 그 '엄청난 순간awful moment'과 마주했을 때, 내가 일본 근무 동안 무엇을 배울 수 있었는지에 대해 자문하게 되었고, 이것을 쓰는 것만이 유일한 방도였고, 그 결과가 이 책이다"라고 소박한 집필 동기를 말했다. 그런데 그 '엄청난 순간'이 나에게도 닥쳐왔다. 하나의 해외임지를 떠나는 것이 아니라 30년 이상을 몸담아왔던 조직을 떠나는 '더욱 엄청난 순간'을 맞았던 것이다. 하기는 1981년에 외교관 생활을 시작했으니 세월이 많이 흘렀고 좋든 싫든 떠나야 할 시간이 임박했음은 명백해 보였다. 떠나야 한다고 생각하니 갑자기 허전해졌다. 그동안 난 무엇을 했나? 조국을 위해 그저 열심히 일했나? 그럼 나의 족적은 무엇이고 무엇을 기여했나? 우리나라가 나의 기여로 잘된 부분은 무엇이 있을까? 별로 생각나는 것이 없었고 순간 다시 한 번 멍해짐을 느꼈다. 늦었지만 뭔가를 해보자. 그럼 내가 할 수 있는 것은 무엇일까? 네 번씩이나 임지를 바꿔가며 주재했던 독일이다. 그 나라가 지금 세계 최고의 나라이지 않나? 혹시 우리가 이 나라로부터 배울 수 있는 것은 없을까? 이런저런 상념으로 2014년 부임 첫해를 넘겼다.

그동안 주위에서 열심히 책을 써서 내는 동료들이 많았지만 나는 크게 동요하지 않았다. '책을 쓰면서 일을 열심히 할 수 있을까?'라는 생각이 우선 있었고 대학원 때 지도교수가 이야기한 "어설픈 지식으로 절대 책 쓰지 마라"는 지침을 상기한 탓이리라. 즉, 대가가 아닌데 책을 써서 독자들에게 괜한 혼란을 주어서는 안 된다는 겸양지덕의 가르침이었지만 이제 그것이 나에게는 게으름에 안주하고자 했던 자기변명에 지나지 않았음을 깨닫게 되었다. 일을 하면서 책을 쓰는 것은, 꼭 책까지는 아니더라도 기록을 남기는 것은 모든 직업인들에게 도움이 되리라 확신한다. 특히 외교관은 분명 그런 직업 중의 하나다. 기록을 하면서, 책을 쓰면서, 특히 자신의 임지에 관한 책을 쓴다면 그 나라에 대한 관심을 높이고 그 관찰을 좀 더 예리하게 할 수 있다. 외교관 생활 36년이 그저 현자로 만들어주지는 않았을 터이고 아직도 어설프기 그지없다. 그래도 한 가지 믿는 것은 나도 이제는 더 미루면 기회가 없으니 인간적으로 그 점만큼은 독자들이 양해해주지 않을까 하는 것이다.

외교는 사람을 만나는 데서 시작하는 만큼 그 만남의 내용이 결국 외교의 내용을 만들어낸다. "회의는 춤춘다"란 말이 함축적으로 나타내고 있는 과거 19세기 전통적 외교의 개념을 뒤로 하고 시민계급의 부상 및 이들의 국가정책 과정에의 직간접적인 참여와 함께 현대적 통신수단의 발전으로 외교도 혁명적 변화를 겪고 있다. 유엔헌장과 세계인권선언은 인류의 기본권과 보편적 인권신장을 보호하고 촉진하는 것을 각 회원국의 의무로 규정하고 있으며 이것이 시민사회를 통해서도 신장되어야 한다는 국제적 공통인식을 갖게 되었다. 코피 아난^{Kofi Annan} 유엔사무총장이 "종교·문명 간 대화"를 창설한 배경도 세계화된 국제환경에서 문화와 종교적 배경이 다른 각 민족 간에 상호 이해를 증진하고자 하는 것으로, 과거 "문명의 충돌"이란 생각에 대항하는 우리 인류의 긍정적 의지와 노력을 부각하고 있다. 그래서 요즘의 외교활동은 상대 국가의 외교관이나 정부관리라는 한정된 범위를 벗어나 모든 일반인들을 대상으로 하는 총합적인 국가이미지 브랜딩 활동으로 초점이 옮겨졌다. 학자나 문화, 예술인, 언론인은 물론 학생이나 노인, 어린이 등도 그 대상이다. 주재지에서 우리의 정체성을 창달함으로써 궁극적으로 국제 사회에서 한국의 인지도와 국가브랜드를 드높임은 물론, 인간 존중의 기본 토대 위에서 인류 문명 간의 대화와 교류를 촉진함에 기여하고자 하는 것이다.

나의 경우 독일 사회에서 지성집단이 갖는 독특한 위치를 감안하여 교수나 학자들과의 만남에 비중을 두었다. 독일은 교수들이 사회에 미치는 영향이 매우 크다. 어느 곳이든 그렇겠지만 특히 독일의 교수는 학문적 자질이나 성과 면에서 매우 우수한 집단이다. 보통은 박사학위보다 한 단계 높은 "하빌리타치온Habilitation"이라는 과정을 거치며 지도교수의 인정과 추천이 있어야 한다. 엄선된 지식집단인 셈이다. 이들의 생각은 정부나 언론을 통해서 일반 시민사회에 직접적인 영향을 미친다. 어떻게 보면 정부관리나 언론인을 직접 만나는 것보다 중장기적으로 더 효과적이다. 정부의 정책이나 언론은 특정 개인이나 집단의 의견을 반영한다기보다는 일반적인 학설이나 여론에 영향을 받을 수밖에 없는데, 이것을 바로 교수를 중심으로 하는 학자들이 주도하기 때문이다. 내가 만난 학자들은 정치, 경제, 사회, 법학, 역사, 교육, 공학, 환경, 예술 등 다양한 분야를 전공하는 사람들이었다. 그 만남과 대화는 나에게 큰 즐거움을 주었고 나의 외교관 활동에 날개를 달아주었다. 이 과정에서 이 사람들은 어떻게 살고 있고 무엇을 생각하고 있는지를 들어보았고, 또 이것들이 혹시 우리에게 어떤 의미를 가질 수 있을까를 고민해보았다.

이 책을 쓰게 된 보다 더 직접적인 동기는 2016년 1월에 있었던 부체리우스 로스쿨에서의 강연과 함부르크 "알스터탈Alstertal" 로터리클럽 초청 강연이었다. 두 번 다 "독일과 한국의 경제모델: 우리는 서로 무엇을 배울 수 있나?"를 주제로 한 강연이었는데 이 강연들을 준비하면서 독일 경제모델에 한 걸음 다가가게 되었고 여기에 정치, 역사, 사회적인 측면을 추가하여 이 책을 쓰게 되었다. 상기 강연 외에도 2015년 10월 "오르츠게슈프레히^{Ortsgespräch} 클럽" 초청 강연을 포함해서 독일 공무원 퇴직자 협회, 한인학교 독일인 성인반, 한인 2세들, 함부르크-청주시 교환 청소년 방문단, 함부르크 대학 한국학과, 뤼네부르크의 로이파나 대학, 하펜시티 $^{Hafen City}$ 대학 학생들을 대상으로 강연하고 그들과 대화했다. 우리 국민을 대상으로도 2015년 8월 여성잡지인 ≪퀸^{Queen}≫의 전재성 발행인과 독일의 직업교육을 주제로 인터뷰를 가졌고, 2015년과 2016년 3월 공관장회의 참석을 계기로 대구보건대, 서울대 로스쿨 및 사범대학, 포항공대, 한국해양대, 영남대 등의 대학들과 한국산업인력공단에서도 우리 청년들을 대상으로 강연했다.

함부르크는 언론, 출판의 중심도시로서 150년 전인 1867년 마르크스의 『자본론』이 최초로 출간된 곳이며 독일의 사회적 시장경제에 관한 기념비적 저서인 뮐러-아르막의 『지도경제와 시장경제』도 1946년 이곳에서 출간되었을 만큼 지적인 활동이나 교류가 매우 활발한 도시다. 그만큼 함부르크의 지성인들은 독일모델의 실체에 접근하려는 나의 시도에 큰 도움이 되었다. 이 책에서는 독일의 제도적 측면을 소개했고, 특히 마지막 제16장에서는 한독 간에 비교할 수 있는 몇 가지 단상들을 정리해보았다. 오랜 해외생활로 국내 실정을 잘 모르는 가운데 의욕만 앞서지 않았나 하는 두려움도 있다. 우연한 계기에 일본 외교관인 가와사키 이치로^{河崎一郎} 대사가 쓴 "Japan Unmasked"를 읽게 되었다. 이 책이 나온 지는 50년 가까이 되는데 직업외교관인 저자가 전후 일본 사회의 미성숙성이나 부패상 또는 후진적 관행 같은 것을 비교적 여과 없이 비판한 책이다. 나도 그렇지만 외교관들이 해외를 다니다 보면 자연스레 자신의 고국은 어떤가 하는 생각을 하게 되나 보다.

『일등국가 일본$^{Japan \ as \ Number \ One}$』을 쓴 에즈라 보겔$^{Ezra \ Vogel}$이 이야기했듯이 한 나라의 관행들은 그 사회의 오랜 전통에 뿌리박고 있어 다른 나라로 이식하기가 쉽지 않다. 당연한 말이다. 한 번의 계획 같은 것으로는 옮겨올 수 없다. 최소한 수년에 걸쳐 문제를 밝혀내고 토론하고 연구하고 평가해서 시도하더라도 또 다른 시행착오를 겪게 마련이다. 150년 전 일본은 명치유신 이후 서양을 무섭게 따라잡았지만, 우리는 서양문물을 받아들이는 데 실패했다. 그 정신은 도외시하고 기술만 배우겠다는 '동도서기東道西技'의 패착이었다. 생각건대, 독일모델을 보고 이해하면서 그 기저를 이루는 정신(법치주의와 계약정신, 기업가 정신, 지속가능한 사고방식, 소임을 다하는 전문 직업정신, 고발정신, 사회공헌 등 시민정신, 사회적 연대정신과 이익의 균형 기제, 허심탄회한sachlich 대화 등)을 우리 생활에 접목시키려는 의식과 그 생각에 조화로운 행동이 우선이다. 바로 "근본적인 발상의 전환과 결연한 행동Radikal umdenken, entschlossen handeln"이 그 핵심일 것이다. 이런 생각은 비단 우리나라에서만 필요한 것은 아닐 것이다. 보다 더 나은 세상을 만들기 위해 전 세계 시민이 들어야 할 메시지다. ≪슈피겔≫은 고삐 빠진 세계화를 바로잡기 위해 바로 이런 생각이 필요하다고 했다.[1]

이 책이 나오기까지 큰 도움을 준 스반트예 퇴니스Swantje Tönnies 씨, 박소현 씨, 정수연 씨, 그리고 법치국가 부문에서 자문을 해준 서울대 로스쿨의 석광현 교수, 퇴고에 도움을 준 신향식 기자와 한울엠플러스(주)의 배유진 팀장께도 깊은 감사를 전한다.

세월이 많이 흘렀다. 그동안 외교관 생활을 하면서 전 세계를 다녔다. 슈미트 총리의 말대로 호주만 근무했다면 5대양 6대주 세계 근무가 완성될 뻔했다. 그는 나에게 "페어뤼크트verrückt!"라고 했다. 직접적인 말뜻은 "미쳤군!"이다. 물론 미쳤다기보다는 "굉장하군!" 정도의 의미일 것이다. 후회 없는 삶이었다고 말하고 싶다. 물론 100%는 아니다. 앞에서 이야기했지만 누구나 완벽할 수는 없다. 내 마음 한 구석에 남아 있는 좌절도 있다. 그럼에도 나는 무엇보다 학창 시절의 꿈을 이룬 행운아다. 그리고 실제가 된 그 꿈속에서 36년 이상의 세월을 보낼 수 있었다. 중1

때의 꿈은 외항선원, 마도로스였다. 기적을 울리며 항만에 들어오는 기선, 그리고 선글라스를 끼고 파이프를 문 잘생긴 마도로스! 그러다 중3이 되면서 외교관이란 직업을 알게 되었고 교지에 유엔에 관한 글도 올렸다. 그때는 정말 내가 외교관이 되리라고는 생각지 못했을지 모른다. 하지만 꿈은 이루어졌다. 피와 땀과 눈물, 정직한 독일모델을 생각한다. 이 세상 어디에도 왕도는 없다! 내가 우리 젊은 이들에게 하고 싶은 말이다. 다시 외치고 싶다. 꿈은 이루어진다고. 그리고 또다시 외쳐본다. 노병은 죽지 않는다. 다만 사라질 뿐이다…….

만남과 대화로 생각을 나누어주신 분들

Für unseren offenen Austausch bin ich in Dankbarkeit verbunden:

Ariane Abayan, Pascal Abb, Emma Aisbett, Elisabeth Allgoewer, Erika Andress, Hubert Baltes, Sabine Bamberger-Stemmann, Olaf Bartsch, Alexander Bassen, Henrik Becker-Christensen, Ulrike Beisiegel, Günther Berger, Hartmut Berghoff, Lukas Birsak, Katharina Boele-Woelki, Ewald Brandt, Michael Brzoska, Peter Burschel, Hiltraud Casper-Hehne, Sebastian Conrad, Adolf Csekits, Hans-Jörg Czech, Jürgen Deller, Britta Dittmann, Rainer Dormels, Adolf-Friedrich Eggerts, Raimund Fastenbauer, Katharina Fegebank, Kirsten Fehrs, Thomas Finn, Matthias Fonger, Susanne Formanek, David Forster, Rolf-Barnim Foth, Hans-Georg Frey, Michael Fuhr, Detlef Garbe, Susanne Gerbsch, Ingrid Getreuer-Kargl, Vladimir Golitsyn, Michael Göring, Birgit Grasse, Peter Griep, Claudio Griese, Wolfgang Griesert, Beate Gröblinghoff, Rolf Hammel-Kiesow, Armin Hatje, Stefan Heße, Uwe Jean Heuser, Rudolf Hickel, Elke Hofmann, Otmar Höll, Nina Holley, Frank Horch, Wolfram Horstmann, Michael Hüther, Carl Michael Illies, Frank Imhoff, Teresa Indjein, Jordan, Oliver Junk, Ulrike Jureit, Anita Jürgeleit, Martin Kaltschmitt, Gerd Kaminski, Karl-Heinz Kamp, Katja Karger, IngridGetreuer-Kargl, Stefan Karner, Ulrich Karpen, Josef Katzer, Jens Kerstan, Mathias Kifmann, Felix Kloke, Wolfgang Knöbl, Susanne Knödel, Torsten Köhne, Patrick Köllner, Wulf Köpke, Swetlana Krätzschmar, Stefan Krawielicki, Ursula Kriebaum, Norbert Lammert, Ulrich Lappenküper, Christoph Lattemann, Young-kee Lee, Gerhard Lenz, Dieter Lenzen, Melanie Leonhard, Roland Lhotta, Jürgen Lillteicher, Ludwig Linder, Sepp Linhart, Kerstin Lührßen, Wolfgang Maderthaner, Armin Mahler, Walter Manoschek, Lutz Marmor, Fritz Horst Melsheimer, Karl-Josef Mondorf, Regina Mühlhäuser, Amrita Narlikar, Siegfried Nasko, Sighard Neckel, Nicola Nymalm, Alexander Osipov, Jacqueline Otten, Constantin von Österreich, Beatrix Palt, Eva Pfisterer, ManfredPohl, Clara Polley, Ute Barbara Pötig, Timo Prekop, Karin Prien, Bernhard Proksch, Carsten Prudent, Uwe Ram, Manfried Rauchensteiner, Dirk Reimers, Marcus Reinberg, Jan Rispens, Galit Ronen, Sonja Rüther, Thilo Sarrazin, Bernd Saxe, Reinhard Schlimm, Helmut Schmidt, Kai-Uwe Schnapp, Thomas Schneider, Dirk Schumann, Harald Schumann, Adrian Seigis, Carsten Sieling, Hermann Simon, Theo Sommer, Michael Staack, Karl Stahn, Bettina Stangneth, Uwe Starossek, Sybille Steinbacher, Hans Steinhart, Felicia Sternfeld, Eduard Strauss, Rolf Strittmatter, DirckSüß, Peter Tamm, Jörg-Philipp Thomsa, Karsten Thorn, Peter Tschentscher, Brigitte Unger, Gabriele Vogt, Henning Vöpel, Uli Wachholtz, Martin Wetzel, Ralf Wiechmann, JohannesWilhelm, Katja Windt, Birgit Xylander, Elisabethzu Ysenburgund Büdingen, Reinhard Zinkann.

692

강연으로 생각을 나누어주신 분들

Für ihre erhellenden Reden und Vorträge, denen ich beiwohnen durfte, danke ich:

Bernd Aufderheide, Gareth Austin, Ban Ki-moon, Alexander Bassen, Michael Batz, Alyn Beßmann, Jagdish Bhagwati, Dirk Briese, Susan Brownmiller, Heinz Bude, David Cameron, Benedikte von Dänemark, Giles Dickson, Klaus von Dohnanyi, Jürgen Dorbitz, Björn Engholm, Joschka Fischer, Manfred Flügge, Marcel Fratzscher, Hans-Georg Frey, Akiko Fukushima, Sigmar Gabriel, Joachim Gauck, Dennis Görlich, Thomas Grosse, Christian Growitzsch, Frank K. Grube, Martin Günthner, Nataly Jung-Hwa Han, Gerhard Händler, Klaus Hardraht, Johannes Heil, Hanns-Günther Hilpert, Jonathan Holslag, Michael Hüther, Jeffrey Immelt, Wolfgang Ischinger, Carlos Jahn, Greg Johnson, Peter Griep, Udo van Kampen, Karen Karsten-Licht, Ian Kershaw, Hans-Dieter Kettwig, Roland Kießling, Kim Bok-Dong, Kim Dong-Myung, Lutz Kipp, Bronislow Komorowski, Stefan Kooths, Annegret Kramp-Karrenbauer, Wolfgang Knöbl, Swetlana Krätzschmar, Rüdiger Kruse, Norbert Lammert, Michael Lawrence, Philipp Lengsfeld, Melanie Leonhard, Hubert Lienhard, Jürgen Lillteicher, Christian Lindner, Ulrich Malchow, Paul Mecheril, Fritz Horst Melsheimer, Angela Merkel, Pero Mićić, Reimer Möller, Takeshi Nakane, Rafael Otero, Boris Pahor, Supatchai Panitchpakdi, Hans-Jürgen Papier, Park Ji-Hyun, Martin Paulekuhn, Louis Pauly, Christopher A. Pissarides, Ulrich Raulff, Jan Philipp Reemtsma, Ulrich Reinhardt, Klaus Richter, Klaus Schlie, Thomas Schmaus, Birgit Schweeberg, Olaf Scholz, Ole Schröder, Martin Schulz, Yvonne Schulz-Zinda, Maroš Šefčovič, Hans-Werner Sinn, Notger Slenczka, Etel Solingen, Michael Spatz, Nicolai Sprekels, Jens Spudy, Michael Staack, Frank-Walter Steinmeier, Thomas Straubhaar, Thomas Strothotte, Yuki Tanaka, Jörg Philipp Terhechte, Peter Tomka, Kristine & Douglas Tompkins, Justin Trudeau, Carola Veit, Gabriele Vogt, Henning Vöpel, Eggert Voscherau, Christian Weber, Jens Weidmann, Birgit Xylander, Gabi Zipfel, Barbara Zollmann.

주

제1부 제1장 젊은 나라 독일

1 Karl Renner, Für Recht und Frieden, 카를 레너Karl Renner의 80세 기념 연설문집(Der Österreichschen Staatsdruckerei, 1950), 55쪽.
2 Manfried Rauchensteiner, 빈, 2014.1.10.
3 세계 최초의 제트 엔진은 영국의 프랭크 휘틀Frank Whittle이 독일의 한스 폰 오하인Hans von Ohain 보다 조금 앞서 만들었다고 하나, 실제 최초의 제트 비행기는 1939년 독일의 하인켈Heinkel 사에서 제작된 하인켈 He 178이다. 이 제트 비행기는 폰 오하인이 설계한 것으로 1939년 9월 1일 독일의 폴란드 침공 며칠 전에 시험 비행에 성공했다.
4 Geis von Matthias, DIE ZEIT, 2017.2.9.
5 A. Gerhard Ritter, Der Föderalismus in Deutschland, Modell Deutschland(Vandenhoeck & Ruprecht, 2007), 78~79쪽.
6 Fragen an die deutsche Geschichte(Deutscher Bundestag, 1983), 27쪽.
7 Karlheinz Schönherr, Deutschland, Land im Herzen Europas(Deutscher Bücherbund und Verlag Herder KG, 1974), 45~50쪽.
8 송병건, 《중앙선데이》, 2016.6.5.
9 Heinz-Werner Brandes 외, Quer Geschichte 2 (Verlag Ferdinand Schöningh, 1998), 44쪽.
10 Fragen an die deutsche Geschichte(Deutscher Bundestag, 1983), 62쪽.
11 ibid., 98쪽.
12 ibid., 120쪽.
13 Nürnberger Urteil(Duesseldorf: Verlag Schwann, 1946), 9~10쪽.
14 Heinz-Werner Brandes 외, Quer Geschichte 2 (Verlag Ferdinand Schöningh, 1988), 119쪽.
15 ibid., 123쪽.
16 Florence Braunstein/Jean-Francois Pepin, 1 Kilo Kultur(C. H. Beck, 2017), 986~988쪽.

제1부 제2장 성공적인 과거사 극복은 독일모델의 중추

1 Maximilian Czesany, Nie wieder Krieg gegen die Zivilbevölkerung, 2te Auflage, Selbstverlag des Verfassers (Graz 1964), 194~199쪽.
2 Ulich Herbert, Geschichte Deutschlands im 20. Jahrhundert(München: C. H. Beck, 2014), 549쪽.
3 Horst Pötzsch, Deutsche Geschichte von 1945 bis zur Gegenwart(Zentralen für politische Bildung, 2009), 24쪽.

4 Ulich Herbert, *Geschichte Deutschlands im 20. Jahrhundert*(München: C. H. Beck, 2014), 549쪽.

5 *ibid.*, 550쪽.

6 *Nürnberger Urteil*(Verlag Schwann-Düsseldorf, 1946), 9~11쪽.

7 Ian Burma, *The Wages of Guilt*(Atlantic Books, 2009), 129~135쪽.

8 Regina Mühlhäuser(함부르크 사회연구원), 함부르크, 2014.11.18.

9 Horst Pötzsch, *Deutsche Geschichte von 1945 bis zur Gegenwart*(Zentralen für politische Bildung, 2009), 39~42쪽.

10 *ibid.*, 62~63쪽.

11 Richard Evans, *Rethinking the German Past The West German Model*, (ed.)William Paterson/Gordon Smith(Frank Cass & Company,1981), 144~145쪽.

12 죙케 나이첼Sönke Neitzel/하랄트 벨처Harald Welzer, 김태희 옮김, 『나치의 병사들Soldaten』(민음사, 2015), 359~360쪽.

13 ZDFinfo, 다큐필름(Das Erbe der Nazis)(2016.5).

14 ZDFinfo, 다큐필름(Das Erbe der Nazis)(2016.5).

15 *International Herald Tribune*, 2014.9.4.

16 Ian Burma, *The Wages of Guilt*(Atlantic Books, 2009), 148~150쪽.

17 Ulich Herbert, *Geschichte Deutschlands im 20. Jahrhundert*(München: C. H. Beck, 2014), 852~859쪽.

18 Steven Ozment, *A mighty fortress: A new history of the german people*(Harper Perennial, 2005), 294~299쪽.

19 이영기, 『빌리 브란트의 동방정책』(형상사, 1990), 18~19, 110쪽.

20 Ian Kershaw(영국 사학자), 함부르크, 2016.9.16.

21 *Die Zeit*, 2016.5.12.

22 Henrik Becker-Christensen(플렌스부르크 주재 덴마크 총영사), 플렌스부르크, 2016.11.17.

23 Kurt Ziesel, Das verlorene Gewissen(J. F. Lehmanns Verlag München, 1957) 18~30쪽.

24 Britta Dittmann(토마스 만 기념관 학예관), 뤼베크, 2015.11.30.

25 W. W. Rostow, *The Stages of Economic Growth*(Cambridge University Press 1963), 11쪽.

26 Peter Merseburger, *Willy Brandt, Visionaer und Realist*(Pantheon 2013), 13~16쪽.

27 Sebastian Hammelehle, *Spiegel*, 2015.4.14.

28 *Hamburger Abendblatt*, 2016.8.11.

29 민세진, ≪중앙선데이≫, 2016.6.12~13.

30 *Hamburger Abendblatt*, 2016.8.19.

31 Sepp Linhart(빈 대학 일본학 명예교수), 빈, 2014.1.22.

32 Aage Krarup Nielsen, Karl Jettmar(독일어 번역), *Kimono und Khaki*(Ullstein Verlag, 1952), 183~184쪽.

33 Ian Burma, *The Wages of Guilt*(Atlantic Books, 2009), 172~175쪽.

34 Ralf Grauel/Jan Schwochow, *Deutschland Verstehen*(Gestalten Berlin, 2012), 85쪽.

35 Ian Burma, *The Wages of Guilt*(Atlantic Books, 2009), 132쪽.

36 *Nippon Times, ibid.*, 162~166쪽.

37 *ibid.*, 108쪽.

제1부 제3장 독일, 이보다 더 좋을 수 없다!

1 *Frankfurter Allgemeine Sonntag FAS*, 2017.1.29.

2 Torben M. Andersen, Giuseppe Bertola, John Driffill, Harold James, Hans-Werner Sinn, Jan-Egbert Sturm und Branko Uroševic, "Das dänische Modell: Zu schön, um wahr zu sein?" ökonomen-stimme.org, 2016.3.29.

3 Timothy Garton Ash, "The New German Question", *The New York Review of Books*, 2013.8.15.

4 한스 알렉산더 크나이더, 『독일인의 발자취를 따라, 한독관계: 초창기부터 1910년까지』, 최경인 옮김 (일조각, 2009), 286~287쪽.

5 김영주, 『외교의 경험과 단상』(인사동문화, 2004), 162~183쪽.

6 OECD, *How's Life? 2015: Measuring Well-Being*, 5~8쪽.

7 *ibid.*, 55~102쪽.

8 박명림, ≪중앙일보≫, 2013.8.29.

9 *Bild*, 2016.10.22.

10 Hans Diefenbacher/Roland Zieschank, *Woran sich Wohlstand wirklich messen lässt*(oekom, Verlag, 2011), 55~68쪽.

11 Werner Abelshauser, *Deutsche Wirtschaftsgeschichte*(Verlag C. H. Beck, 2011), 159~160쪽.

12 Karl Stahn(전 연방은행 근무), 브레멘, 2016.5.10.

13 Arnold Anderson/Mary Jean Bowman, *Education and Economic Development*(Aldine Publishing Co., 1966), 347쪽.

14 Andrea Meyer/Martha Wilhelm, *Das deutsche Wirtschaftswunder*(Richard Borek, 2015), 21~25쪽.

15 Karl-Josef Mondorf, 함부르크, 2017.1.9.

16 Gideon Rachman, *Finantial Times*, 2017.5.29.

17 W. W. Rostow, *The Stages of Economic Growth*(Cambridge, 1963), 7~11쪽.

18 글렌 허바드Glenn Hubbard/팀 케인Tim Kane, 김태훈 옮김, 『강대국의 경제학Balance』, 223쪽.

19 Harold James, *The German Slump, Politics and Economics 1924~1936*(Clarendon Press, Oxford, 1986), 419쪽.

20 *ibid.*, 424쪽.

21 Wolfgang Mathertaner(오스트리아 국가기록보관소장), 빈, 2014.2.3.

22 Werner Abelshauser, *Deutsche Wirtschaftsgeschichte*(Verlag C. H. Beck, 2011), 27~28쪽.

23 Bert Rürup, *Handelsblatt*, 2016.2.5.

24 Thomas Jahn, *Handelsblatt*, 2016.7.4.

제2부 제4장 무엇이 독일적인가?

1 Dieter Borchmeyer, *Was ist deutsch? Die Suche einer Nation nach sich selbst*(Berlin: Rowohlt, 2017), 13쪽.

2 *Bild*, 2016.5.23.

3 *Bild*, 2016.5.24.

4 *Bild*, 2016.5.26.

5 *Bild*, 2016.5.27.

6 *Bild*, 2017.2.

7 *Bild*, 2016.5.25.

8 *Bild*, 2017.6.22.

9 *Bild*, 2017.6.24.

10 Ulich Herbert, *Geschichte Deutschlands im 20. Jahrhundert*(München: C. H. Beck, 2014), 881~883쪽.

11 Thomas Hertfelder, *Modell Deutschland-Erfolgsgeschichte oder Illusion?*(Vandenhoeck & Ruprecht, 2007), 17~25쪽.

12 Brigitte Unger, *The German Model*(SE Publishing), 13~17, 43~48쪽.

13 스튜어트 우드Stewart Wood, "독일을 좋아해도 괜찮아Whisper it softly: it's OK to like Germany", *The Guardian*(번역: 신호철, 뉴스페퍼민트, 2014.7.15).

14 Reimut Zohlnhöfer/Kathrin Dümig, *Politik und Wirtschaft*, 4~7쪽.

15 Uwe Heuser, *Humanomics*(Campus Verlag, 2008).

16 프랜시스 후쿠야마Francis Fukuyama, 구승회 옮김, 『트러스트Trust』(한국경제신문사, 1996), 185~186쪽.

17 장하준Ha-Joon Chang, 이순희 옮김, 『나쁜 사마리아인들Bad Samaritans: The Guilty Secrets of Rich Nations and the Threat to Global Prosperity』(도서출판 부키, 2007), 279~308쪽.

18 *Bild*, 2017.1.16.

19 Charles Greene, *Wie ich lernte, die Deutschen zu lieben*(Eichborn Verlag, 2002), 5~6쪽.

제2부 제5장 한자정신과 루터의 종교개혁

1 Gabriel Vogt(함부르크 대학 일본학 교수), 2015.12.14.

2 롤프 함멜-키조Rolf Hammel-Kiesow, 박민수·조현천 옮김, 『한자Die Hanse』(선인, 2012), 14쪽.

3 *ibid.*, 13쪽.

4 Gisela Graichen/Rolf Hammel-Kiesow, *Die deutsche Hanse*(Rowohlt Taschenbuch Verlag, 2014), 7~8쪽.

5 Bernd Saxe(뤼베크 시장), 뤼베크, 2016.6.20.

6 Gisela Graichen/Rolf Hammel-Kiesow, *Die deutsche Hanse*(Rowohlt Taschenbuch Verlag, 2014), 309~310쪽.

7 *Hamburger Morgen Post*, 2017.2.18.

8 Willi Winkler, *Luther: Ein Deutscher Rebell*(Berlin: Rowohlt, 2016).

9 Atlas Verlag, *Schlüsselfiguren der Epoche 1500~1789*.

10 Stefan Hesse(함부르크 대주교), 함부르크, 2017.2.16.

11 Helmuth Plessner, *Die verspätete Nation*(Suhrkamp, 1974), 73쪽.

12 Reinhard Pohanka, *Dokumente der Freiheit*(Marix Verlag, 2009), 24~25쪽.

13 Kerstin Lührssen(브레멘 시 의전관), 브레멘, 2016.9.1.

14 손봉호, ≪중앙일보≫, 2014.12.31.

제2부 제6장 연방, 의회민주주의, 법치국가, 관료제

1 닐 맥그리거Neil McGregor, 김희주 옮김, 『독일사 산책Germany, Memories of a Nation』(도서출판 옥당, 2014), 117쪽.

2 1905년 우편사무 강제 통합 직전인 1904년에 이화우표와 어극 기념우표를 발행하지만 이는 우편사무 통합 기념 우표첩에 쓸 것을 목적으로 그전에 발행된 우표를 복제한 것으로서 정식 우표는 아니다.

3 Yokichi Yamamoto, *Japanese Postage Stamps*(Japan Travel Bureau, 1962), 44~45쪽.

4 *ibid.*, 102~103쪽.

5 *Michel-Katalog*(Schwanberger Verlag, 2010), 135쪽.

6 Yokichi Yamamoto, *Japanese Postage Stamps*(Japan Travel Bureau, 1962), 43~44쪽

7 *Bild*, 2016.7.4.

8 Gerhard Ritter, *Der Förderalismus in Deutschland, Modell Deutschland*, 78~79쪽.

9 *ZEIT Geschichte*, Heft 2/16, 115쪽.

10 Reimut Zohlnhöfer/Kathrin Dümig, *Politik und Wirtschaft*(Oldenbourg Verlag, 2011), 58~59쪽.

11 영국 여왕의 의회 개원연설은 정부의 향후 주요 정책이나 입법계획 같은 것이 담긴 연설로 의회 개원식에서 낭독한다. 따라서 이것을 위해서는 최소한 의회 내 과반수의 지지가 필요하다.

12 김누리, "권터 그라스 특별전에 붙여", 「예술과 인간을 사랑한 위대한 시민: 권터 그라스의 삶과 예술」(단원 미술관, 2016.4), 22~23쪽.

13 *Bild*, 2017.4.4.

14 Brigitte Unger(위트레흐트 대학 교수), 위트레흐트, 2015.12.8.

15 *Die Zeit*, 2016.8.18.

16 성명 미상(독일 법관), 2016.2.25.

17 주진형 전 한화증권대표, 〈JTBC 뉴스룸〉, 2017.5.29.

18 ≪중앙선데이≫, 2017.4.30.

19 *Bild*, 2016.5.3.

20 김영주, 『외교의 경험과 단상』(인사동문화, 2004), 362~363쪽.

21 Brigitte Unger(위트레흐트 대학 교수), 위트레흐트, 2015.12.8.

22 ≪중앙일보≫, 2017.1.5.

23 장하준, 『다시 발전을 요구한다』(도서출판 부키, 2008), 72쪽.

24 Michael Göring(차이트 재단 이사장), 함부르크, 2016.11.9.

25 Robert Tillman/Henry Pontell, "Corporate Fraud Demands Criminal Time", *International New York Times*, 2016.6.29.

26 데이비드 프리스틀랜드David Priestland, 이유영 옮김, 『왜 상인이 지배하는가Merchant, Soldier, Sage』(원더박스, 2016), 129쪽.

27 *ibid.*, 60쪽.

28 Steven Ozment, *A Mighty Fortress, A New History of the German People*(Harper Perennial, 2005), 295쪽.

29 Ulich Karpen(함부르크 대학 명예교수), 함부르크, 2017.3.7.

제2부 제7장 지식과 교육은 공공재

1 Thomas Strothotte(퀴네물류대학 총장), 함부르크, 2015.6.9.

2 Ulich Karpen(함부르크 대학 명예교수), 함부르크, 2017.7.11.

3 《중앙선데이》, 2017.1.1~2.

4 Susan Dynarski, "A punishing student loan system", *International New York Times*, 2016.7.9.

5 Lee Jong-Wha, "Economic Growth and Human Development in the Republic of Korea, 1945~1992"(1997).

6 Dieter Lenzen, *Bildung statt Bologna*(Ullstein Buchverlag, 2014), 41~46쪽.

7 *Bild*, 2017.3.13.

8 Henning Vöpel(함부르크 세계경제연구소장), 함부르크, 2015.10.20.

9 Rolf-Barmin Foth(함부르크 경제부 차관보), 함부르크, 2015.7.29.

10 성명 미상(독일 건축업자), 2016.6.17.

제2부 제8장 독일은 사회적이기에 강하다

1 Ariane Abayan(함부르크 사회법원 부원장), 함부르크, 2016.3.31.

2 연방노동사회부, 『2015년 사회보장 개관』.

3 Manfred G. Schmidt, *Der Deutsche Sozialstaat, Geschichte und Gegenwart*(C. H. Beck, 2012), 62~64쪽.

4 *ibid.*, 11쪽.

5 *ibid.*, 12쪽.

6 Meinhard Miegel, *Die deformierte Gesellschaft*(Propyläen Verlag, 2002), 261쪽.

7 Berd Rürup, *Handelsblatt*, 2016.4.18.

8 Hinz & Kunzt, 2017.5.17. 30~33쪽.

9 한스 피터 마르틴Hans Peter Martin/하랄트 슈만Harald Schumann, 강수돌 옮김, 『세계화의 덫The Global Trap: Globalization and the Assault on Prosperity and Democracy』(영림카디널, 2003), 275쪽.

10 *Bild*, 2016.4.18.

11 *Bild*, 2016.5.7.

12 *Bild*, 2016.7.7.

13 이영기, 『빌리 브란트의 동방정책』(형상사, 1990), 111~112쪽.

14 *Bild*, 2016.6.11.

제2부 제9장 사회적 시장경제는 사회적인가?

1 론도 캐머런Rondo Cameron/래리 닐Larry Neal, 이헌대 옮김, 『간결한 세계경제사A Concise Economic History of the World』(이퍼블릭 코리아, 2003), 294쪽.

2 W. W. Rostow, *The Economics of Take-off into Sustained Growth*(Macmillan, 1974), 83~94쪽.

3 Peter Hall/David Sockice, *The Varieties of Capitalism*(Oxford University Press, 2001), 337~360쪽.

4 Jan Nederveen Pieterse, *Rethinking Modernity and Capitalism*(2014).

5 Alfred Müller-Armack, *Wirtschaftslenkung und Marktwirtschaft*(Kastell, 1990), 5쪽.

6 *ibid.*, 2쪽.

7 Gustav Stolper, Karl Häuser, Knut Borchardt, *The German Economy 1870 to the Present* (Weidenfeld & Nicolson, 1967), 234쪽.

8 Werner Abelshauser, *Deutsche Wirtschaftsgeschichte*(Verlag C. H. Beck, 2011), 98~100쪽.

9 *ibid.*, 163~172쪽.

10 "The Union shall work for the sustainable development of Europe based on balanced economic growth and price stability, a highly competitive social market economy."

11 Werner Abelshauser, *Deutsche Wirtschaftsgeschichte*(Verlag C. H. Beck, 2011), 159~163쪽.

12 Gustav Stolper, Karl Häuser, Knut Borchardt, *The German Economy 1870 to the Present* (Weidenfeld & Nicolson, 1967), 235쪽.

13 Mark Spörer, "Wohlstand für alle?, Soziale Marktwirtschaft", in Thomas Hertfelder, *Modell Deutschland-Erfolgsgeschichte oder Illusion?*(Vandenhoeck & Ruprecht, 2007), 33쪽.

14 우리 헌법 제119조 제2항에서 "경제의 민주화"를 수식하는 문구가 어디까지인지가 명확하지는 않아 보인다. 즉, "균형 있는 국민경제, 소득 분배, 시장의 지배력과 경제력 남용 방지와 경제주체 간의 조화"라는 '경제의 민주화' 이전에 나오는 문구 전부가 '경제의 민주화'를 수식하는 것인지 아니면 맨 마지막의 '경제주체 간의 조화' 문구만이 이를 수식하는 것인지가 불명확해 보인다. 어떤 경우에도 "경제주체 간의 조화를 통한" 경제의 민주화를 위한 경제상의 규제와 조정을 할 수 있다는 것은 확실해 보인다.

15 *Bild*, 2015.7.26.

16 *Bild*, 2017.2.24.

17 Leo Kissler, Ralph Greifenstein, Karsten Schneider, *Die Mitbestimmung in der Bundesrepublik Deutschland*(VS Verlag, 2011), 45~46쪽.

18 *Stern*, 2017.1.19., 97쪽.

19 1972년 제정된 Betriebsverfassungsgesetz는 "경영조직법" 또는 "작업장조직법" 등으로 번역되고 있으나 법의 내용이 전적으로 노동자평의회Betriebsrat나 이의 대체 기관들에 관한 것이어서 이를 "노동자평의회법"으로 번역하는 것이 적절할 것으로 생각된다. 당초 1952년에 「노동자평의회법Betriebsratsgesetz」이 제정되었는데 1972년 「노동자평의회법」도 이 골격을 유지하고 있어 독일어 명칭은 바뀌었지만 번역 시에는 "노동자평의회법"을 그대로 쓰는 것이 적절한 것으로 보인다.

20 *Handelsblatt*, 2016.4.4.

21 ≪大公報≫(홍콩판), 2017.5.29.

22 Jim Yong Kim, Speech on a "New Approach to Economic Challenges", 2016.7.24.

23 Werner Abelshauser, *Deutsche Wirtschaftsgeschichte*(Verlag C. H. Beck, 2011), 443~450쪽.

24 김재훈, 『사민주의 복지국가와 사회적 경제』(한울아카데미, 2013), 115쪽.

제2부 제10장 균형재정은 신성한 암소다

1 Marcel Fratzscher(DIW경제연구소장), 함부르크 경제이사회 강연, 2016.1.14.

2 Reinhard Christian Zinkann(밀레 공동대표), 귀터슬로, 2016.12.5.

3 *Handelsblatt*, 2017.2.17/18/19. 35번 그라픽Grafik.

4 류광철, 『만델라와 무가베, 아프리카의 극과 극』(Book Star, 2016), 308~309쪽.

5 *Handelsblatt*, 2017.3.15.

6 *Bild*, 2016.4.

7 Hans-Werner Sinn(Ifo경제연구소장), 한델스블라트 경제클럽 함부르크 강연, 2016.5.17.

8 *Bild*, 2017.3.10.

9 *Hamburger Abendblatt,* 2016.9.2.

10 '우편함 회사'는 letterbox company/Briefkastenfirma의 번역이다. 페이퍼컴퍼니paper company라고도 한다. 재화생산이나 영업활동이 없고 조세회피 등 특정한 재정적 목적으로 설립된 기업이나 회사를 일컫는다.

11 *International New York Times*, 2016.3.6.

12 ≪중앙일보≫, 2015.11.21.

13 한스 피터 마르틴Hans-Peter Martin/하랄트 슈만Harald Schumann, 강수돌 옮김, 『세계화의 덫』(영림카디널, 1999), 100~129쪽.

14 Wolfgang Michalski, *Capitalising on Change in a Globalising World*(Murmann, 2011), 23~24쪽.

15 ≪중앙일보≫, 2016.5.11.

제2부 제11장 미텔슈탄트와 빅챔피언 가파

1 Michael Hüther, *Die Junge Nation, Deutschlands neue Rolle in Europa*(Murmann, 2014), 243~253 쪽.

2 *Handelsblatt*, 2016.6.10.

3 *Handelsblatt*, 2016.5.17.

4 헤르만 지몬Hermann Simon, 이미옥 옮김, 유필화 감수, 『히든챔피언Hidden Champions』(흐름출판, 2007), 117~134쪽.

5 Kirsten Ludowig, *Handelsblatt*, 2016.3.1.

6 Günter Wierichs, *Das Finanz Lexikon*(Westend Verlag, 2013), 45쪽.

7 *Bild*, 2017.2.16.

8 *Die Zeit*, 2017.2.23.

9 *Bild*, 2016.4.29.

10 *Süddeutsche Zeitung*, 2017.3.6.

11 이병천, 『한국자본주의 모델』(책세상, 2014).

12 조순, 『한국경제개조론』(다산출판사, 1994), 254쪽.

13 우베 장 호이저Uwe Jean Heuser/존 융클라우센John Jungclassen, 『신화가 된 30인의 사업가』, 이은화 옮김 (2015), 4~15쪽.

14 Hans-Jürgen Jakobs, Wem gehört die Welt? Die Machtverhältnisse im globalen Kapitalismus, (Knaus Verlag, 2016), 199~201, 219~220, 357~359쪽,

제2부 제12장 대외무역과 세계화

[1] *Finantial Times*, 2017.1.25.

[2] *International New York Times*, 2017.3.9.

[3] *Foreign Affairs*, 2017.1.22.

[4] Christoph Giesen, *Süddeutsche Zeitung*, 2017.5.31.

[5] Wolfgang Michalski, *Capitalising on Change in a Globalising World*(Murmann, 2011), 11~30쪽.

[6] Sigmar Gabriel, 2015.10.19.

[7] Christian Lindner(자민당 대표), 함부르크, 2014.11.13.

[8] Frank-Walter Steinmeier(외교장관), 함부르크, 2014.9.3.

[9] Henning Vöpel(함부르크경제연구소장), 함부르크, 2015.10.20.

[10] *Finantial Times*, 2017.3.14.

[11] Amrita Narlikar(GIGA 총재), 함부르크, 2016.3.23.

[12] Thomas Straubharr(함부르크 대학 교수), 앵글로-저먼 클럽 강연, 2016.2.2.

[13] Heidrun Abromeit, *Government-industry relations in West Germany, Governments, Industries, and Markets*, (ed.)Martin Chick(Edward Elgar Publishing, 1990), 61쪽.

[14] 한스 쿤드나니Hans Kundnani, 김미선 옮김, 『독일의 역습The Paradox of German Power』(사이, 2015), 21쪽.

[15] *Handelsblatt*, 2016.5.12.

[16] Edward N. Luttwak, *Weltwirtschaftskrieg*(Rowohlt, 1994), 119~120쪽.

[17] Hermann Simon, *Handelsblatt*, 2017.2.10/11/12.

[18] Christian Spurrier, *The Guardian*, 2016.8.

[19] 장시정, 함부르크, 2016.9.12.

[20] 조순, "한국경제의 발전과 앞으로의 방향", 연합뉴스 2006.5.15.

[21] Ludwig Linder(변호사), 함부르크, 2016.9.6.

[22] Francis Fukuyama, *Handelsblatt*, 2016.1.18.

제2부 제13장 환경과 에너지 전환

[1] *Bild*, 2016.7.1.

[2] *Bild*, 2017.2.11.

[3] Maroš Šefčovic(EU집행위 부위원장), 함부르크, 2016.9.27.

[4] Hans-Dieter Kettwig(에너콘 사장), 함부르크, 2016.9.27.

[5] Martin Kaltschmitt(함부르크 공대, 환경기술/에너지연구소장), 2017.6.28.

[6] 조윤수, 『에너지 자원의 위기와 미래』(일진사, 2012), 10쪽.

[7] 임마누엘 페스트라이쉬(이만열), 『한국인만 모르는 다른 대한민국』(21세기북스, 2013), 244~246쪽.

[8] Martin Kaltschmitt(함부르크 공대, 환경기술/에너지연구소장), 함부르크, 2015.12.2.

[9] Felix Ekardt, *Jahrhundertaufgabe Energiewende*(Zentralen für politische Bildung, 2014), 28~31쪽.

[10] *Frankfurter Rundschau*, 2017.7.10.

[11] 장시정, 함부르크, 2016.4.6.

[12] *Handelsblatt*, 2016.5.12.

13 *Bild*, 2017.8.2.

제3부 제14장 쏟아지는 경고

1 Uwe Starossek(함부르크 공대 교수), 함부르크, 2016.5.26.
2 성명 미상(야콥스 대학 교수), 2017.4.5.
3 FAZ am Sonntag, 2015.12.
4 Gabor Steingart, *Deutschland, Der Abstieg eines Superstars*(Piper, 2006), 261~270쪽.
5 Olaf Gersemann, *Die Deutschland-Blase*(dva, 2014), 9~15쪽.
6 Peter A. Hall, *The Fate of German Model in The German Model*, (ed.)Brigitte Unger (SE Publishing, 2014), 50~52쪽.
7 Christian Lindner(자민당 대표), 함부르크 경제이사회 강연, 2014.11.13.
8 *Handelsblatt*, 2016.3.2.
9 Eggert Vorscherau(전 BASF 부회장), 함부르크 앵글로-저먼 클럽 강연, 2015.2.4.
10 *Bild*, 2015.9.4.
11 Melanie Leonhard(함부르크 노동사회장관), 함부르크, 2016.2.4.
12 *International New York Times*, 2016.7.16/17.
13 *Hamburger Abendblatt*, 2016.7.16.
14 콘라트 아데나워 재단 함부르크 강연회, 2014.10.30.

제3부 제15장 유럽통합과 독일

1 "그동안 신자유주의자들은 공공부문에 대한 불신과 경시를 조장함으로써 공공부문(국가)은 정치적으로 독립된 기관의 전문가에게 정책 결정권을 넘겨야 한다는 이론적 근거를 마련해왔다. 이런 전략을 통해 통화정책은 독립된 중앙은행에, 환율정책은 통화위원회에, 그리고 재정정책은 예산위원회에 위임된다." 장하준, 『다시 발전을 요구한다』(도서출판 부키, 2008), 74쪽.
2 토마 피케티Thomas Piketty, 장경덕 외 옮김, 이강국 감수, 『21세기 자본Capital in the Twenty-First Century』(글항아리, 2013), 673~677쪽.
3 Udo van Kampen(독일 제2방송ZDF 전 뉴욕/브뤼셀 지국장), 함부르크 하펜클럽Hafen Club 연설, 2017.5.17.
4 로스토의 경제발전 5단계 중 가장 중요한 제3단계인 "이륙단계"는 영국이 1783~1802년에 시작한 반면 독일은 1850~1873년에야 시작했다. W. W. Rostow, *The Stages of Economic Growth*(Cambridge, 1963), 36~40쪽.
5 Ulich Karpen(함부르크 대학 명예교수), 함부르크, 2017.3.7.
6 Armin Hatje(함부르크 대학 유럽통합연구소장), 함부르크, 2016.7.13.
7 *Frankfurter Allgemeine*, 2016.12.2.
8 YouGov für Bild.
9 *Bild*, 2016.5.3.

제4부 제16장 독일모델과 한국

1 Peter A. Hall and David Soskice, *Varieties of Capitalism*, 서문.

2 ≪중앙일보≫, 2017.5.12.

3 박원호, ≪중앙일보≫, 2017.6.19.

4 Young-Iob Chung(정영엽), *South Korea in the Fast Lane, Economic Development and Capital Formation*(Oxford University Press, 2007), 3쪽.

5 Ezra Vogel, *Japan as Number One*(Harvard University Press, 1979), 231쪽.

6 신광철, 『극단의 한국인, 극단의 창조성』(쌤앤파커스, 2013).

7 Susanne Knödel, 함부르크, 2016.5.17.

8 *Welt*, 2011.11.30.

9 Manfred Kittel, *nach Nürnberg und Tokio*(R. Oldenbourg Verlag, 2004), 174~175쪽.

10 Ralf Grauel/Jan Schwochow, *Deutschland Verstehen*(Gestalten, 2013), 84~85쪽.

11 Detlef Garbe(노이엔감메 수용소 추모관장), 함부르크, 2014.9.23.

12 Frank-Walter Steinmeier(독일 외교장관), GIGA초청연설, 2016.6.27.

13 방창완, ≪한국유로저널≫, 2016.6.29.

14 양지혜, ≪조선일보≫, 2016.6.15.

15 *Bild*, 2016.4.20.

16 함부르크 총영사관 주최 평화통일포럼, 함부르크, 2014.6.21, 2015. 3.17.

17 김동명, 『독일통일, 그리고 한반도의 선택』(한올아카데미, 2010), 452쪽.

18 "독일과 한국, 양국의 분단은 2차 대전의 결과이기는 하지만 유럽에서는 독일이 전쟁을 시작했고 아시아에서는 일본이 시작했습니다. 그 반면 한국은 처음부터 이 전쟁의 희생양일 뿐이었습니다. 한국은 몇 세대에 걸쳐 일본에 점령당했고 식민지화 되었습니다. 한국은 그 어떤 책임도 없습니다." Helmut Schmidt, "한국 통일에 보내는 조언", 명지대-함부르크대 공동학술대회(1996.12.7) 자료집 1~15쪽.

19 Michael Staack(헬무트슈미트 대학 교수), 청소년 통일 글짓기 대회 및 통일강연(2016.6.4), "대한민국 공공외교, 함부르크를 만나다"(함부르크 총영사관, 2017), 162~169쪽.

20 이호재, "한반도의 통일과 동북아 국제정치체제", 명지대-함부르크대 공동학술대회 자료집, 101쪽.

21 Michael Staack(헬무트슈미트 대학 교수), 청소년 통일 글짓기 대회 및 통일강연(2016.6.4), "대한민국 공공외교, 함부르크를 만나다"(함부르크 총영사관, 2017), 162~169쪽.

22 이호재, "한반도의 통일과 동북아 국제정치체제", 명지대-함부르크대 공동학술대회 자료집, 101쪽.

23 손선홍, 『독일통일 한국통일』(푸른길, 2016), 214~217쪽.

24 박지현, 세계인권의 날 기념 북한 인권 강연회, 함부르크, 2015.12.10.

25 Dirk Reimers(독일 국가재단 이사장), 함부르크, 2014.12.1.

26 이호철, 함부르크, 2014.10.17.

27 이종석, 『새로 쓴 현대 북한의 이해』(역사비평사, 2000), 388~389쪽.

에필로그

1 *Der Spiegel*, 2017.7.1.

찾아보기

706

라

마

아

지은이 ／ 장시정

1957년 서울에서 출생했다. 용산고교와 서울대학교 사범대학을 졸업하고 같은 대학교에서 법학 석사학위를 받았다. 제15회 외무고시에 합격한 후 1981년 외교부에 들어와 지금까지 36년간 외교관 생활을 하고 있다. 베를린에서 정무담당 공사참사관을 지내고 한국국제협력단에 파견

되어 국제협력이사를 지냈다. 카타르 주재 대사와 오스트리아 주재 차석대사를 거쳐 현재는 함부르크 총영사로 재직하고 있다. 2012년 카타르 이임 시 한국-카타르 간 우호협력 증진 공로로 하마드 Hamad bin Khalifa Al Thani 국왕으로부터 카타르 수교훈장을 수훈했다. 수차에 걸친 독일어권 근무로 독일의 정치, 경제, 사회에 걸쳐 나타나는 모델적 제도와 현상에 관심을 갖고 관찰한 끝에 이 책을 내게 되었다. 우리나라, 대한민국의 국가진로 형성에 도움이 되기를 바라는 절실한 마음을 담았다.

전자우편 sjchang81@gmail.com

한국 외교관이 만난 독일모델

ⓒ 장시정, 2017

지은이 장시정
펴낸이 김종수
펴낸곳 한울엠플러스(주)
편집책임 배유진

초판 1쇄 인쇄 2017년 8월 25일
초판 1쇄 발행 2017년 9월 1일

주소 10881 경기도 파주시 광인사길 153 한울시소빌딩 3층
전화 031-955-0655
팩스 031-955-0656
홈페이지 www.hanulmplus.kr
등록번호 제406-2015-000143호

Printed in Korea
ISBN 978-89-460-6362-4 03300

* 이 도서의 국립중앙도서관 출판예정도서목록(CIP)은 서지정보유통지원시스템 홈페이지(http://seoji.nl.go.
  kr)와 국가자료공동목록시스템(http://www.nl.go.kr/kolisnet)에서 이용하실 수 있습니다.
  CIP제어번호: CIP2017020303
* 책값은 겉표지에 표시되어 있습니다.